ABT SUGER VON SAINT-DENIS
AUSGEWÄHLTE SCHRIFTEN

ABT SUGER VON SAINT-DENIS
AUSGEWÄHLTE SCHRIFTEN

Ordinatio
De consecratione
De administratione

herausgegeben von
Andreas Speer und Günther Binding
zusammen mit Gabriele Annas, Susanne Linscheid-Burdich
und Martin Pickavé

WISSENSCHAFTLICHE BUCHGESELLSCHAFT
DARMSTADT

Die Deutsche Bibliothek – CIP-Einheitsaufnahme
Ein Titeldatensatz für diese Publikation ist bei
Der Deutschen Bibliothek erhältlich.

Die Deutsche Bibliothek –
CIP-Cataloguing-in-Publication-Data
A catalogue record for this publication is available from
Die Deutsche Bibliothek.

Online-Recherche unter:
For further information see:
http://www.ddb.de/online/index.htm

Bestellnummer 11320-9

Gedruckt auf säurefreiem und alterungsbeständigem Papier
Satz: Fotosatz Janß, Pfungstadt
Printed in Germany
Schrift: Linotype Times

ISBN 3-534-11320-9

Inhalt

IV. Anhang

Vorwort

Das vorliegende Buch verdankt sich einer interdisziplinären Zusammenarbeit zwischen dem Thomas-Institut und der Abteilung Architekturgeschichte des Kunsthistorischen Instituts der Universität zu Köln. Ausgangspunkt war ein gemeinsames Hauptseminar „Mittelalterliche ›Ästhetik‹" im Wintersemester 1990/91. Die dort begonnene kritische Bestandsaufnahme, die vor allem dem Begriff der Ästhetik und den mit diesem verbundenen Konzeptionen galt, ist in dem 1993 herausgegebenen und 1994 in zweiter Auflage erschienenen Band „Mittelalterliches Kunsterleben nach den Quellen des 11. bis 13. Jahrhunderts" dokumentiert.

Im Zentrum vieler Überlegungen zu einem mittelalterlichen Kunsterleben steht Abt Suger von Saint-Denis. Wie der zu Sugers Zeiten entstandene und 1144 geweihte Chor der Abteikirche des heiligen Dionysius im Norden von Paris als Geburtsplatz der Gotik angesehen wurde, so galten insbesondere die das Kloster betreffenden Schriften des Abtes als wichtige Zeugnisse einer mittelalterlichen „Ästhetik". In seinen Chroniken hingegen glaubte man die Urspünge eines französischen Nationalbewußtseins erkennen zu können. So verwundert das seit einigen Jahren neu erwachte Interesse an Suger nicht. Darunter fällt auch unsere Studienausgabe zu *De consecratione*, derjenigen Schrift, die ihren Namen von den darin geschilderten Weihen der von Suger an der Abteikirche vorgenommenen Erweiterungs- und Umbauten hat. Mit dieser Anfang 1995 erschienenen Studienausgabe wurde ein Modell zur Diskussion gestellt, das nunmehr – vielfältig verbessert und überarbeitet – für die vorliegende Ausgabe fortgeschrieben werden konnte. Im Zentrum steht die kritische Edition dreier Schriften, die unter den Titeln *Ordinatio*, *De consecratione* und *De administratione* bekannt sind. Denn gerade angesichts der Bedeutung, die diesen Schriften des Abtes Suger zugebilligt wird, erstaunt die Tatsache, daß die Forschung nach wie vor auf ältere Editionen angewiesen ist, unter denen Erwin Panofskys Textausgabe mit ihrer englischen Übersetzung insbesondere für die Kunstgeschichtsschreibung einen bestimmenden Einfluß erlangt hat. An dieser Feststellung ändert auch die in der Zwischenzeit erschienene Ausgabe von Françoise Gasparri nichts, die im allgemeinen eher in Kontinuität mit der älteren Forschung steht. Eine vollständige deutsche Übersetzung aller drei

Schriften liegt bislang nicht vor, sieht man einmal von unserer früheren Teilausgabe von *De consecratione* ab.

Ziel der vorliegenden Ausgabe ist die umfassende historisch-kritische Erschließung der genannten Schriften Sugers. Damit soll einer selektiven Rezeption und einer Reduzierung auf nur einen Bedeutungszusammenhang vorgebeugt werden. Die kritisch edierten Schriften, die im Mittelpunkt dieser Ausgabe stehen, werden durch einen Varianten- und einen Similienapparat erschlossen. Erklärende und kommentierende Hinweise finden sich unter der deutschen Übersetzung. In einem Anhang werden zwei weitere Texte mit deutscher Übersetzung wiedergegeben: ein Auszug aus einer späteren Chronik aus Saint-Denis, die Teile unserer Schriften enthält, sowie aus der Biographie, die Sugers langjähriger Sekretär Wilhelm nach dessen Tod verfaßte. In einem Glossar werden häufiger verwendete Begriffe vor allem aus den Bereichen Architekturterminologie, Ökonomie, Geschichte und Theologie erläutert; einleitende Beiträge führen in die verschiedenen Ebenen der edierten Schriften ein. Ein zweigeteilter lateinischer Wortindex, ein deutsches Personen- und Ortsregister sowie Karten und Grundrißpläne, welche die Lage der Ortschaften und Besitzungen sowie der genannten Altäre, Reliquien und Kirchenschätze anzeigen, runden die Arbeitsinstrumentarien der vorliegenden Ausgabe ab. Auf Abbildungen wird hingegen verzichtet; hingewiesen sei auf die einschlägigen Veröffentlichungen, die in das Kurztitelverzeichnis (pp. 167 sq.) aufgenommen worden sind.

Aufbau und Ausstattung spiegeln eine langjährige interdisziplinäre Zusammenarbeit wider, ohne die eine angemessene Erschließung der Sugerschriften in der vorliegenden Form nicht möglich gewesen wäre. Unser besonderer Dank gilt daher allen Mitarbeitern, an erster Stelle den namentlich genannten Gabriele Annas, Susanne Linscheid-Burdich und Martin Pickavé für die hervorragende Zusammenarbeit über all die Jahre hinweg. Die namentlich nicht gekennzeichneten Teile des Buches werden gemeinsam verantwortet. Sie sind in enger Zusammenarbeit und in unzähligen Zusammenkünften entstanden, bei denen die Ergebnisse immer wieder einer kritischen Bewertung unterzogen wurden. An diesen Treffen hat in der Anfangsphase auch noch Frau Nicola Senger teilgenommen, der an dieser Stelle gleichfalls unser besonderer Dank gilt. Zusammen mit Herrn Christoph Fischoeder hat Frau Senger auch die Datengrundlage für den lateinischen Wortindex geschaffen, den Frau Susanne Linscheid-Burdich (Index verborum) und Frau Gabriele Annas (Index nominum et locorum) weiterbearbeitet haben. Ein besonderer Dank gilt an dieser Stelle unseren Kollegen Herrn Peter Christian Jacobsen für die kritische Durchsicht von *De consecratione* und erhellende Bemerkungen zur sachlichen Klärung sowie Herrn Franz Irsigler für die Hilfe bei der Entschlüsselung vor allem des ökonomischen Vokabulars in *De administratione*. Gedankt sei ferner Frau Martina Schönenborn für die Erstellung des Kartenmaterials sowie Frau Julia Wippermann und Herrn Franz Fischer für die Mithilfe beim Korrekturlesen und bei der Erstellung des deutschen Orts- und Personenregisters.

Für die Gewährung einer substantiellen Anschubfinanzierung gilt schließlich unser besonderer Dank der Gerda Henkel Stiftung Düsseldorf, namentlich Herrn Dr. Ulbrich, sowie der Deutschen Forschungsgemeinschaft, welche die Anschlußfinanzierung übernommen und damit den erfolgreichen Abschluß dieses Forschungsprojekts ermöglicht hat. Zum Schluß sei der Wissenschaftlichen Buchgesellschaft gedankt, insbesondere Herrn Karl Ferger und Herrn Heribert Heuschneider, für die großzügige Ausstattung und die verlegerische Betreuung.

Köln, am 9. Oktober 1999

Andreas Speer
Günther Binding

I. Einleitung

Andreas Speer

Abt Sugers Schriften zur fränkischen Königsabtei Saint-Denis

1. Stand und Methoden der Sugerforschung

Als einen Mann, „der durch göttliche Fügung dorthin geführt worden war, nicht nur diesem einen Kloster, dem er vorstand, sondern dem ganzen Frankenreich Glanz zu verleihen", und der „zu diesem Amt erhoben worden war, nicht nur den Stand der Mönche, sondern alle Ordnungen der Kirche in einzigartiger Weise selbst voranzubringen"[1] – so charakterisiert Wilhelm, der letzte Sekretär und humanistisch gebildete Biograph Sugers, rückblikkend einen der bedeutendsten Äbte der fränkischen Königsabtei Saint-Denis[2]. Er verweist damit zugleich auf die verschiedenen Wirkungskreise Sugers: Kirche und Reich, und auf ihren gemeinsamen Bezugspunkt: die Abtei des dreifach heiligen Dionysius (*ter beatus Dionysius*[3]). Sugers Wirken am französischen Königshof und als Abt von Saint-Denis fällt in die erste Hälfte des 12. Jahrhunderts – eines Jahrhunderts, das im lateinischen Abendland durch bemerkenswerte soziale, politische und geistige Aufbrüche und Wandlungen gekennzeichnet ist. Unter den Versuchen, die Eigenart dieses Jahrhunderts zu erfassen, ist der von Charles Homer Haskins gewählte Begriff der „Renaissance", mit dessen Hilfe er das 12. Jahrhundert als paradigmatischen Gegenentwurf gegenüber dem Zerrbild vom „finsteren Mittelalter" stilisierte, der wirkungsgeschichtlich einflußreichste geblieben[4].

[1] Vita Sug., p. 378: „*Videtur itaque vir iste ad hoc divinitus directus, ut non unum tantum cui praeerat locum, sed totum Francorum illustraret imperium; ad hoc promotus, non ut unum monchorum genus, sed universos Ecclesiae ordines singulariter ipse proveheret*". Cf. den Auszug aus der *Vita Sugerii* im Quellenteil, p. 388, 1–4.

[2] Zu Wilhelm von Saint-Denis cf. Grant (1998), pp. 43–46, sowie H. Glaser, Wilhelm von Saint-Denis. Ein Humanist aus der Umgebung des Abtes Suger und die Krise seiner Abtei von 1151 bis 1153, in: Historisches Jahrbuch 85 (1965), pp. 257–322.

[3] Cf. *ord* 4,14 und *adm* 191,859; zur Herkunft dieser Formel und ihrer urkundlichen Bezeugung cf. Anm. 1 zu *ord* 4,14.

[4] C. H. Haskins, The Renaissance of the Twelfth Century, Cambridge 1927; cf. ferner R. L. Benson/G. Constable (eds.), Renaissance and Renewal in the Twelfth Century, Cambridge 1982; G. Wieland (ed.), Aufbruch – Wandel – Erneuerung. Bei-

In dieses Bild fügt sich nahtlos Erwin Panofskys wirkmächtiges Sugerporträt eines – so ist man geneigt zu sagen – hochmittelalterlichen Renaissance-Abtes ein, auch wenn gerade Panofsky an anderer Stelle die Verschiedenheit der Renaissancen hervorgehoben und insbesondere den Bruch zwischen Mittelalter und „Rinascimento“ betont hat[5]. In seiner in viele Sprachen übersetzten Einleitung, die er der von ihm mit Übersetzung und Kommentar versehenen Auswahl von vermeintlich die Baugeschichte von Saint-Denis betreffenden Schriften Sugers voranstellt[6], entwirft Erwin Panofsky mit suggestiver Kraft das psychologisierende Porträt eines politisch einflußreichen, kunstsinnigen, denkerisch originellen und mäzenatisch tätigen Abtes[7]. Ganz unter dem Eindruck von Panofskys Porträtstudie steht auch der Versuch Georg Mischs im dritten Band seiner umfänglichen „Geschichte der Autobiographie“, die Schriften Sugers als Selbstzeugnisse einer außerordentlichen Persönlichkeit zu interpretieren, die das Selbstgefühl eines „Tatmenschen geistlichen Standes“ widerspiegeln, dessen individuelle Eigenart sich durch eine außergewöhnliche Intensität innerhalb eines unantastbaren Lebensgefüges zur Geltung bringt[8].

Auf das vielschichtige Geflecht an Intentionen und zeitgeschichtlichen Implikationen, die Panofskys Suger-Porträt bestimmen, hat Bruno Reudenbach aufmerksam gemacht[9]. Panofsky sieht in Suger den Exponenten einer

träge zur „Renaissance“ des 12. Jahrhunderts (9. Blaubeurer Symposion vom 9.–11. Oktober 1992), Stuttgart 1995, sowie Kap. I in: A. Speer, Die entdeckte Natur. Untersuchungen zu Begründungsversuchen einer *scientia naturalis* im 12. Jahrhundert (Studien und Texte zur Geistesgeschichte des Mittelalters 45), Leiden–New York–Köln 1995, bes. pp. 1–8.

[5] E. Panofsky, Die Renaissances der europäischen Kunst, Frankfurt a. M. 1984, p. 116 (original: Renaissance and Renascences in Western Art, Stockholm 1960).

[6] Panofsky (1979) pp. 1–37; dt. Abt Suger von St. Denis, in: E. Panofsky, Sinn und Bedeutung in der bildenden Kunst (Meaning in the Visual Arts), Köln 1978, pp. 125–165.

[7] Zu der psychologisierenden Gestalt von Panofskys Suger-Porträt cf. B. Reudenbach, Panofsky und Suger von St. Denis, in: B. Reudenbauch (ed.), Erwin Panofsky, Beiträge des Symposions Hamburg 1992, Hamburg 1994, pp. 109–122, hier p. 112 und pp. 116–117.

[8] Cf. hierzu das Suger gewidmete zweite Kapitel des dritten Abschnitts in G. Misch, Geschichte der Autobiographie III/1, Frankfurt a. M. 1959, pp. 316–387; zur abschließenden Bewertung siehe pp. 386–387, zur Typisierung des übergeordneten Abschnitts pp. 283–287. Der psychologisierenden Sichtweise Panofskys folgt jüngst auf überraschend unkritische Weise auch noch M. Kramp, Kirche, Kunst und Königsbild. Zum Zusammenhang von Politik und Kirchenbau im capetingischen Frankreich des 12. Jahrhunderts am Beispiel der drei Abteien Saint-Denis, Saint-Germain-des-Près und Saint-Remi/Reims, Weimar 1995 (Diss. Aachen 1993), pp. 41–43.

[9] B. Reudenbach (Panofsky und Suger von St. Denis [wie Anm. 7], pp. 109–111

das Mittelalter übersteigenden Kontinuität, die in der ungebrochenen Wirksamkeit einer in der Antike gründenden, aber letztlich die Zeiten übergreifenden und bis in die Gegenwart hinein reichenden geistigen Tradition besteht. Vor dem Hintergrund der erlebten Gefährdung dieser Tradition – Panofsky plante seine Ausgabe der Schriften Sugers für den 800. Jahrestag der Chorweihe von 1144 – gerät sein Suger-Porträt zu einem dem abendländischen Humanismus verpflichteten Gegenentwurf zur Barbarei des Nationalsozialismus. Grundlage dieser Stilisierung Sugers zu einer humanistischen Identifikationsfigur bildet die Einholung des mittelalterlichen Individuums „in eine epochenüberspannende, Epochengrenzen einebnende, zeitlos aktuelle Geistes-Tradition"[10].

Dies geschieht in Panofskys Interpretation durch den Rückgriff auf das neuplatonisch-lichtmetaphysische Erklärungsmodell, vermittels dessen er jene umfangreichen Baumaßnahmen an der Abteikirche des Heiligen Dionysius, von denen Suger in den betreffenden Schriften berichtet, im Sinne des kunstgeschichtlichen Paradigmas einer Stilgeburt interpretiert: als die Umsetzung neuplatonischer Lichtmetaphysik in eine Lichtarchitektur, in der das überirdische göttliche Licht in irdischer Materialität aufscheint und auf diese Weise dem menschlichen Intellekt den Aufstieg zur Erkenntnis Gottes ermöglicht[11]. Diese Vorstellung gilt vor allem dem sogenannten „Sugerchor" der Königsabtei von Saint-Denis, mit dem sich – ungeachtet aller Einwände – bis heute weithin das Bild des „Prototypus der Kathedrale" und des „Schöpfungsbaus der ars nova" verbindet[12]. Diese Sichtweise war bereits zuvor unter anderem von Ernst Gall vorbereitet worden, der in seinem Buch „Die Gotische Baukunst in Frankreich und Deutschland" eine deutsche Teilübersetzung von Sugers *De consecratione* veröffentlichte und diese Schrift

und 118–122), verweist vor allem auf den engen, von Panofsky selbst mehrfach reflektierten Zusammenhang, der zwischen der Drucklegung des Manuskripts und der Endphase des Zweiten Weltkriegs besteht, insbesondere dem Abwurf der ersten Atombombe.

10 B. Reudenbach, Panofsky und Suger von St. Denis (wie Anm. 7), p. 118.

11 Panofsky (1979), pp. 18–26; siehe auch B. Reudenbach, Panofsky und Suger von St. Denis (wie Anm. 7), p. 113 und pp. 117–118; cf. auch E. Panofsky, IDEA. Ein Beitrag zur Begriffsgeschichte der älteren Kunsttherorie, Leipzig 1924/Berlin ^{6}1989, pp. 52–53 und pp. 81–82 (dort Anm. 68).

12 So H. Sedlmayr, Die Entstehung der Kathedrale, Zürich 1950/Graz ^{2}1976, pp. 235–237 und 585sq.; cf. hierzu die kritische Bewertung der Forschungslage bei van der Meulen/Speer (1988), pp. 1–8 und 256–260, sowie bei G. Binding, Die neue Kathedrale. Rationalität und Illusion, in G. Wieland (ed.), Aufbruch – Wandel – Erneuerung (wie Anm. 4), pp. 211–235, bes. pp. 211–213. Siehe dagegen erst unlängst wieder M. Büchsel, Die Geburt der Gotik. Abt Sugers Konzept für die Abteikirche Saint-Denis, Freiburg i. Br. 1997.

konsequent auf den genannten „Sugerchor" bezog, der auch in der Folgezeit in seiner scheinbar prototypischen Ideallösung als Schöpfungsbau der Gotik angesehen wurde[13]. Dieser Eindruck wurde nicht zuletzt durch den Umstand begünstigt, daß wir in den Schriften des Abtes Suger in der Tat ungewöhnlich ergiebige Schilderungen der Weihen von bedeutenden Baumaßnahmen in der ersten Hälfte des 12. Jahrhunderts besitzen. Folgt man den gängigen Interpretationen seiner Selbstzeugnisse durch die Kunstgeschichte und Kunsttheorie, so haben wir in Suger den genialischen Schöpfer der epochemachenden „gotischen Stilprinzipien" vor uns, die – in deutlicher Absetzbewegung von bestehenden Bautraditionen – im Chor der fränkischen Königsabtei, welcher in seiner Amtszeit als Abt von Saint-Denis gebaut und geweiht wurde, erstmalig Anwendung fanden[14]. Suger als „Schöpfer jener Kunst, die wir als die gotische bezeichnen"[15] – dieses Sugerbild entspricht der Leitvorstellung, daß kreative Aufbrüche und Neuerungen eines theoretisch ausweisbaren Motivs bedürfen, einer innovativen, eingefahrene Verhaltensformen sprengenden Leitidee, welche sich einer nicht weiter ableitbaren Individualität verdankt, die sich einer vollständigen Zurückführung auf zugrundeliegende, geschichtlich vermittelte Denk-, Wahrnehmungs- und Handlungsmuster entzieht[16]. Hans Sedlmayr[17] und vor allem Otto von Simson[18] haben dieses Interpretationsmodell noch ausgebaut und den Nachweis einer formalen Wirksamkeit der neuplatonisch-dionysischen Philosophie auf die gotische Architektur zu führen versucht, ohne allerdings über Panofskys analogisch-insinuierendes Verfahren hinauszugelangen[19].

[13] E. Gall, Die gotische Baukunst in Deutschland und Frankreich, Leipzig 1925 (repr. Braunschweig 1955), pp. 93–101 und 103sq.; Panofsky nimmt in seinem Vorwort zur ersten Auflage ausdrücklich auf Gall Bezug. Eine erste kritische Bewertung dieser Forschungslage liegt vor bei van der Meulen/Speer (1988), pp. 1–8 und pp. 256–260. Das „klassische" Saint-Denis-Bild zeichnet dagegen H. Sedlmayr, Die Entstehung der Kathedrale (wie Anm. 12), pp. 235–237 und pp. 585sq. Siehe demgegenüber zur architekturhistorischen Einordnung von Saint-Denis: G. Binding, Die neue Kathedrale (wie Anm. 12), pp. 222–235.

[14] Einen Überblick hierüber vermitteln van der Meulen/Speer (1988), pp. 1sqq.

[15] G. Duby, Die Zeit der Kathedralen. Kunst und Gesellschaft 980–1420, Frankfurt a. M. 1980, p. 175 (frz.: Le Temps des cathédrales, l'art et la société, 980–1420, Paris 1976).

[16] Siehe hierzu die Überlegungen bei Pierre Bourdieu, Zur Soziologie der symbolischen Formen (übers. von W. Fietkau), Frankfurt a. M. 1970/1974, pp. 153–156.

[17] H. Sedlmayr, Die Entstehung der Kathedrale (wie Anm. 13).

[18] O. von Simson, Die gotische Kathedrale. Beiträge zu ihrer Entstehung und Bedeutung, Darmstadt 1968, [2]1972 (engl.: The Gothic Cathedral. Origins of Gothic Architecture and the Medieval Concept of Order, New York 1956); zu Saint-Denis bes. Kap. II, pp. 93–221.

[19] Cf. hierzu Panofsky (1979), pp. 18–26; A. Speer, Kunst und Schönheit. Kriti-

Ungeachtet dessen gehört das neuplatonisch-lichtmetaphysische Erklärungsmodell bis heute zum Standardrepertoire nicht nur der Kunstgeschichte, sondern auch vieler Nachbardisziplinen[20].

Das zweite, nicht weniger bedeutsame Paradigma stellt Suger als eine Schlüsselfigur im kapetingischen Frankreich in der ersten Hälfte des 12. Jahrhunderts vor. Als politisch einflußreicher Abt am französischen Königshof, als Vertrauter und Biograph zweier Könige – Ludwigs VI. und Ludwigs VII. –, und schließlich als zeitweiliger Reichsverweser während des zweiten Kreuzzuges, an dem Ludwig VII. teilnahm, gilt Suger zugleich als ein – in den Worten Lindy Grants – „influential royal ideologist", der die sozialen und politischen Strukturen des kapetingischen Frankreich klarsichtig beschrieben und die Idee des französischen Königtums ideologisch befestigt, wenn nicht gar geschaffen hat: Suger als der Vater Frankreichs[21]. Hierbei habe Suger auf geschickte Weise seine politische Vision mit den kultisch-dynastischen Traditionen der fränkischen Königsabtei Saint-Denis verbunden, die von Dagobert I. als Königsgrablege der merowingisch-fränkischen Dynastie begründet, von Pippin, Karl dem Großen und Karl dem Kahlen in dieser Stellung bestätigt und unter Ludwig dem Frommen durch Abt Hilduin in Form einer Gründungslegende festgefügt worden ist. Auf diese Weise vermochte Suger zugleich den Einfluß und die kirchenrechtlich exempte Stellung seiner Abtei zu stärken[22].

Dieses Bild Sugers als einer Schlüsselfigur der französischen Geschichte ist bestimmend für die von französischen Historikern dominierte Suger-Literatur des 18. und 19. Jahrhunderts. Bezeichnenderweise lobte die Académie française für das Jahr 1779 einen Wettbewerb zum Thema „Éloge de Suger" aus. Die Zahl der veröffentlichten Preisschriften und weiterer da-

sche Überlegungen zur mittelalterlichen Ästhetik, in: Craemer-Ruegenberg/Speer (1994), pp. 945–966, bes. pp. 958–965; B. Reudenbach, Panofsky und Suger von St. Denis (wie Anm. 7), pp. 113–116.

[20] Siehe etwa W. Beierwaltes, *Negati affirmatio*: Welt als Metapher. Zur Grundlegung einer mittelalterlichen Ästhetik durch Johannes Scotus Eriugena, in: Philosophisches Jahrbuch 83 (1976), pp. 237–265, wieder abgedruckt und mit einem neuere Einwände aufgreifenden Postscriptum versehen in: id., Eriugena. Grundzüge seines Denkens, Frankfurt a. M. 1994, pp. 115–158; hierzu kritisch: A. Speer, Vom Verstehen mittelalterlicher Kunst, in: Binding/Speer (1993), pp. 13–52, bes. pp. 40sq. Cf. auch J. A. Aertsen, Artikel 'Schöne (das), II. Mittelalter', in: Historisches Wörterbuch der Philosophie VIII (Basel 1992), coll. 1351–1356, hier coll. 1351sq.

[21] Cf. Grant (1998), pp. 3sqq. und 10sqq. unter Hinweis vor allem auf J. F. Lemarignier, Le gouvernement royal aux premiers temps capetiens, 987–1108, Paris 1965; cf. auch M. Bur, Suger, abbé de Saint-Denis, régent de France, Paris 1991.

[22] Grant (1998), pp. 14sq.; van der Meulen/Speer (1988), pp. 267–273.

durch angeregter Essais und Studien geben beredtes Zeugnis von der historischen Bedeutung, die dem Abt von Saint-Denis zugemessen wurde. In dieses Bild fügt sich, daß auch die ersten Editionen, die, wie der Beitrag von Martin Pickavé zur Überlieferung der drei Sugerschriften zeigt, seit der Mitte des 17. Jahrhunderts entstanden, ausnahmslos von französischen Historikern vorgelegt wurden: François Duchesne und Jean Mabillon, Michel Félibien in seiner bedeutenden „Histoire de l'Abbaye de Saint-Denys en France" aus dem Jahre 1706 und A. Lecoy de la Marche, dessen von der Société de l'Histoire de France angeregte und herausgegebene Ausgabe der „Œuvres complètes de Suger" noch immer die einzige vollständige Werkausgabe ist[23]. Auch der erste Band der 1996 erschienenen Neuausgabe der „Œuvres" Sugers von Françoise Gasparri ist in der Reihe „Les classiques de l'histoire de France au moyen âge" erschienen.

Im Blick auf die Forschungsgeschichte zu Saint-Denis wird deutlich, in welchem Ausmaß Rezeption und Interpretation eines Textes von den zugrundeliegenden Leitvorstellungen bestimmt werden[24]. Dies gilt in eminenter Weise für die Schriften, die in diesem Band versammelt sind. Zu diesen nach wie vor die verschiedenen Fachdisziplinen bewegenden Debatten soll hier gleichwohl kein eigener Beitrag geleistet werden. Das Ziel ist vielmehr eine umfassende historisch-kritische Annäherung an den lateinischen Text und die Erschließung der Eigenart und des Verständnisses der jeweiligen Schrift.

2. Die Sugerschriften: Inhalt und Binnengliederung

Die in diesem Band versammelten Sugerschriften: *Ordinatio*, *De consecratione* und *De administratione*, haben einen doppelten Bezugspunkt: zum einen die fränkische Königsabtei Saint-Denis, d. h. die dem Heiligen Dionysius geweihte Kirche und das zugehörige Kloster, zum anderen Suger als Abt von Saint-Denis – jeweils verstanden in der vollen Komplexität des Gegenstandes und in der ganzen Breite der Aufgaben. Dies sei betont in Hinblick auf die oftmals selektive Rezeption der genannten Schriften. Der Staatsmann Suger tritt ganz hinter dem Mönch und Abt zurück, der eigenem Bekunden nach all sein Trachten und Tun völlig in den Dienst des Klosters des Heiligen Dionysius stellt, in das er seinerzeit als Oblat gegeben worden war. Ein weiteres Verbindungsglied stellen die Arbeiten an und in der Ab-

[23] Cf. hierzu ausführlich den Beitrag von M. Pickavé, Zur Überlieferung der drei Schriften des Suger von Saint-Denis, pp. 152–154.

[24] Cf. hierzu A. Speer/M. Pickavé, Abt Sugers Schrift *De consecratione*. Überlieferung – Rezeption – Interpretation, in: Filologia mediolatina 3 (1996), pp. 207–242.

teikirche dar, die in drei Weihehandlungen kulminieren. Diese bilden zugleich einen wichtigen Anhaltspunkt für die Datierung der drei Schriften: die Weihe des erneuerten Westteils der Abteikirche am 9. Juni 1140, die Grundsteinlegung für die Umbauarbeiten im Bereich der Ostanlage am 14. Juli 1140 und schließlich die Weihe der erneuerten Ostanlage am 11. Juni 1144[25].

Die genannten Schriften nehmen in der Reihenfolge ihrer Entstehung aufeinander Bezug. So enthält die Schrift *De consecratione* verbatim einen umfangreicheren, die Grundsteinlegung im Bereich der Ostanlage betreffenden Auszug aus der *Ordinatio*[26], einer Urkunde, mit der umfassende Erneuerungsmaßnahmen hinsichtlich der mit Karl dem Kahlen verbundenen Kulttraditionen sowie Reformen des Klosterlebens von einigen der zu dieser Zeit mächtigsten und Suger persönlich verbundenen Kirchenmännern Frankreichs beglaubigt werden. Diese monastisch-liturgische Erneuerung findet ihre Bekräftigung in der abschließend geschilderten Grundsteinlegung für die geplanten Umbauten im Bereich der Ostanlage. Dieser Zusammenhang, der von der letzten Schrift *De administratione* bestätigt wird – Suger selbst verweist dort explizit auf seine frühere Schrift[27] – und für das Verständnis der Eigenart von Sugers Schriften nicht ohne Bedeutung ist, wird in der von Erwin Panofsky besorgten Ausgabe entschieden verunklärt, indem er die Schriften entgegen ihrer relativen Chronologie und dazu noch auszugsweise abdruckt. Dies gilt insbesondere für Sugers *De administratione*; diese Schrift erscheint in Panofskys Präsentation als eine Art von Inventar der Kirchenschätze: *Abbot Suger on the Abbey Church of St. Denis and Its Art Treasures*[28]!

Nun ist die Kenntnis und Berücksichtigung der Abfolge nicht nur für die Datierung und Beurteilung der einzelnen Schriften von Bedeutung, sondern auch für den Fall von Abweichungen – etwa bei Personenlisten[29], Patrozinien[30] und Zahlangaben[31] – oder von bewußten Nuancierungen, die

[25] Zur Datierung siehe im einzelnen den einleitenden Beitrag von M. Pickavé, pp. 157sq.

[26] *cons* 50,305–56,341 = *ord* 38,211–44,248.

[27] *adm* 176,791sq.: *„quemadmodum in scripto consecrationis eiusdem superioris operis inuenitur"*.

[28] Siehe Panofsky (1979), pp. 40–80. Cf. hierzu van der Meulen/Speer (1988), pp. 258–262.

[29] In *adm* 169,745 findet sich gegenüber *cons* 42,238 Manasse von Meaux anstelle von Odo von Beauvais.

[30] Cf. in *ord* 34 und *adm* 169 die Abweichungen in der Patrozinienordnung im westlichen *augmentum*; cf. hierzu im folgenden Abschnitt 4; ferner A. Speer/M. Pickavé, Abt Sugers Schrift *De consecratione* (wie Anm. 24), pp. 226sq.

[31] Cf. die Abweichung bezüglich der Ertragsangabe aus Villaine in *ord* 42,240 und *cons* 54,333.

Suger in Hinblick auf die Schilderung ein und desselben Ereignisses vorgenommen hat. Ein Beispiel für eine derartige offenkundig bewußt vorgenommene Nuancierung liegt vor, wenn Suger das Motiv der Enge zur Begründung der Notwendigkeit von Baumaßnahmen, das sich in der *ord* 36–37 nur auf die alte Ostanlage bezieht, in *cons* 10–13 und in *adm* 164 zur Rechtfertigung der Erweiterung der gesamten Kirche, beginnend mit der Westanlage, verwendet. So wird die eindringliche Schilderung der lebensgefährlichen Bedrängnis der Gläubigen und der von weither anreisenden Pilger vor allem an besonderen Festtagen, unter denen Suger das Fest des Heiligen Dionysius und den Lendit namentlich anführt (*adm* 164), zu Beginn von *De consecratione* auf den gesamten Dagobertbau bezogen (*cons* 10). Wenn Suger später auf die Baumaßnahmen im Osten im Zusammenhang mit der dort vorgenommenen Grundsteinlegung zu sprechen kommt, so wiederholt er diese dramatische Schilderung der Bedrängnis nicht mehr eigens, sondern begnügt sich mit einer knappen Erinnerung an die Enge, welche die aufblühende Frömmigkeit „in dem Bereich der Heiligen" *(circa sanctorum)* „während so langer Zeit und in so unerträglicher Weise bedrückte" (*cons* 46,273sq.). Doch kommen wir nun auf die Schriften im einzelnen zu sprechen.

(a) *Ordinatio:*

1 Protokoll

2–44 Hauptteil

2–4 Einleitung

5–8 die tägliche Speiseration der Brüder
9–11 die erste Mahlzeit
12–14 die zweite Mahlzeit (Abendbrot)
15–21 Kranken- und Armenfürsorge

22–30 Wiederherstellung der Gedächtnisfeiern für Karl (den Kahlen)
31 urkundliche Beglaubigung
32 Zuweisung an die Küster

33–35 Baumaßnahmen und Kapellenweihe im Westen, Hinwendung zu den Baumaßnahmen im Osten
36–37 Motivation der Baumaßnahmen im Osten

38–41 Grundsteinlegung für die Baumaßnahmen im Chorbereich am 11. Juli 1140
42–44 Finanzierungsfragen

45 Eschatokoll

Bei der *Ordinatio* handelt es sich nicht um eine Schrift im eigentlichen Sinne. Sie gehört vielmehr – zusammen mit der im Herbst des Jahres 1124 in Anwesenheit der päpstlichen Kardinallegaten Petrus und Gregorius ausgefertigten Urkunde, der von Suger unterzeichneten Urkunde von 1125, in der sich ein erster Hinweis auf die beabsichtigten Renovierungsarbeiten findet, sowie Sugers durch hochrangige Zeugen beglaubigtem Testament von 1137 mit den darin enthaltenen urkundlichen Verfügungenen – zu den bedeutenden Urkunden aus Sugers Hand für das Kloster des Heiligen Dionysius[32]. Die *Ordinatio* ist unmittelbar im Anschluß an die feierlich vollzogene Grundsteinlegung in Anwesenheit des Königs Ludwig VII. am 11. Juli 1140 im gemeinschaftlichen Kapitel zu Saint-Denis in Anwesenheit der unterzeichnenden Persönlichkeiten verhandelt worden („*actum in communi capitulo beati Dyonisii*" – *ord* 45,249). Den Rahmen bilden Protokoll (*ord* 1) und Eschatokoll (*ord* 45). In der auf das Protokoll folgenden Einleitung im Stile einer Arenga spricht Suger von der mit seinem Amt gegebenen Verantwortung für diejenigen, „die im Dienst für Gott den Allmächtigen stehen", und insbesondere für die kontemplativ Lebenden, die er mit seiner Person „gegen jegliche Widrigkeit zu schützen" habe – oftmals zu Lasten seiner eigenen Frömmigkeit, weshalb er selbst der Fürsprache der Frommen bedürfe (*ord* 2–4).

Diese Fürsorge Sugers erstreckt sich zunächst sehr konkret auf die alltäglichen Bedürfnisse der Brüder (*ord* 5–21): auf die tägliche Speiseration, deren Verbesserung er urkundlich festlegt (*ord* 5–8), auf die Zukost zur ersten Mahlzeit (*ord* 9–11) und ein reichlicheres Abendbrot, für das er die wirtschaftlichen Grundlagen sicherzustellen sucht (*ord* 12–14), schließlich auf die Kranken- und Armenfürsorge; hierfür trifft Suger umfangreiche Regelungen (*ord* 15–21). Auf diese Weise erhalten wir einen guten Einblick in ein nach der benediktischen Regel organisiertes Klosterleben.

Der zweite Bereich (*ord* 22–32), dem Sugers besondere Fürsorge gilt, sind die „Gedächtnisfeiern unserer Kaiser und unserer Vorfahren", die „durch den langen Lauf der Zeiten dem Schlaf ⟨des Vergessens⟩ anheimgefallen

[32] Die beiden Urkunden sind abgedruckt bei Lecoy: die Ordinatio von 1124 (die Lecoy fälschlich auf 1130 datiert) auf pp. 326–331, Sugers Urkunde von 1125 auf pp. 319–322 und Sugers Testament von 1137 auf pp. 333–341. Cf. hierzu Grant (1998), pp. 46sq.

waren“ (*ord* 22,96–100). Sein besonderes Augenmerk richtet er auf die Wiederbelebung und Wiederherstellung der „feierlichen Gedächtnisfeiern des erhabenen und alleredelsten Karl ⟨des Kahlen⟩, des dritten Kaisers“ („*incliti et nobilissimi Karoli tertii sollemnes memorias*“ – *ord* 22,100sq.). Mit diesen Gedächtnisfeiern für Karl den Kahlen verbinden sich bedeutende kultgeschichtliche Traditionen, vor allem aber die seit merowingischer Zeit mit Unterbrechungen bestehende Vorzugsstellung von Saint-Denis als Grablege der französischen Könige. Suger berichtet minutiös unter Rückgriff auf eine erhaltene Urkunde von den Anweisungen Karls des Kahlen (*ord* 24–30), der sich an dem der Trinität geweihten Matutinalaltar im Mönchschor hatte bestatten lassen; diesen Willen Karls findet Suger in einer anderen dem Grab beiliegenden Urkunde (*ord* 25,125sqq.) bestätigt, die allerdings nicht mehr erhalten ist. Ferner erwähnt Suger die Armreliquien des Heiligen Jakobus des Älteren, des Stephanus und des Vincentius, die Karl aus der Schatzkammer seiner kaiserlichen Kapelle („*de techa imperialis capelle*“ – *ord* 25,118sq.) nach Saint-Denis gegeben hat, ferner die für die Volksfrömmigkeit noch bedeutenderen „Zeichen der Passion unseres Herrn“, nämlich Nagel und Dronenkrone, sowie den Arm des heiligen Greises Simeon (*ord* 30), der in *cons* 67–69 im Mittelpunkt einer Mirakelerzählung steht. Suger beschließt diesen Teil der *Ordinatio* mit einer urkundlichen Beglaubigungsformel (*ord* 31) und einem Beschluß, der die Einkünfte der Küster betrifft (*ord* 32).

Der dritte Bereich der Fürsorge Sugers gilt schließlich der Abteikirche selbst (*ord* 33–44). Der Abt berichtet, wie er im 19. Jahr seiner Amtsführung nach Abschluß „des neuen Werks“ *(nouum opus)* im vorderen (d. h. westlichen) Teil der Kirche und im Anschluß and die Weihe der Kapellen in diesem neuen „mit dem alten in schönem Zusammenkommen neuer Säulen und Bogen in passender Weise“ vereinten Werk („*ipsoque nouo antiquo operi pulchra nouarum columnarum et arcuum conuenientia apte unito*“ – *ord* 34,182–184) – hingerissen durch die Liebe und Hingabe für die heiligen Märtyrer – sich der Vergrößerung und Erweiterung der oberen Kirche zuwandte. Als Begründung dient ihm die drangvolle Enge an jenem „Ort innerhalb des Allerheiligsten“ („*infra sancti sanctorum locus*“ – *ord* 36,198sq.). Es folgt eine kurze Schilderung der Grundsteinlegung im östlichen Chorbereich, die bereits gut einen Monat nach der Weihe des neuen Westbaus am 9. Juni 1140 (*ord* 40,223) am 14. Juli 1140 in Anwesenheit des Königs und zahlreicher Bischöfe und Äbte stattfindet (*ord* 38–41). Den Abschluß bilden, da Suger die Unbeständigkeit der Zeiten fürchtet (*ord* 42,232), umfangreiche Regelungen zur Finanzierung der Umbaumaßnahmen (*ord* 42–44), die auf diese Weise Gegenstand der urkundlichen Bestätigung werden.

(b) *De consecratione:*

1–7 Prolog

8–15 Einleitung
- 8–9 Dagoberterzählung und Dagobertbau
- 10–13 Notwendigkeit der Baumaßnahmen
- 14–15 Sugers autobiographische Motive

16–48 Baumaßnahmen im Westen
- 16 Baubeginn im vorderen Teil (Westbau)
- 17–21 Bereitstellung der erforderlichen Mittel
- 22–31 Säulen-Mirakel
- 32–41 Balken-Mirakel
- 42–43 Weihe des Westbaus
- 44–45 Beleuchtungskosten und Weihedatum

46–97 Baumaßnahmen im Osten
- 46–47 Entschluß zu Bauarbeiten im Bereich der Ostanlage
- 48–49 erforderliche Baumaßnahmen im Osten
- 50–53 Grundsteinlegung im Osten
- 54–56 Finanzierungsfragen
- 57–58 Fortgang der Arbeiten
- 59–66 Vorbereitung der Reliquien-Translation und Ausschmükkung des neuen Altares
- 67–69 Gewölbebogen-Mirakel
- 70–73 Schaffleisch-Mirakel
- 74–76 Festsetzung und Bekanntgabe des Weihetages
- 77–79 Gästeliste
- 80–82 Vorbereitungen für die Weiheliturgie
- 83–97 Weiheliturgie der östlichen Choranlage

98 Schlußgebet

Abt Suger berichtet in *De consecratione* in unterschiedlicher Ausführlichkeit von drei liturgischen Ereignissen. Hierbei handelt es sich um zwei Teilweihen von erneuerten Bauwerken zunächst im Westen (*cons* 42–43) und sodann im Osten (*cons* 83–97) der Basilika von Saint-Denis sowie um eine feierliche Grundsteinlegung im Bereich der Ostanlage (*cons* 50–53). Die beiden Weihen, im Westen wie im Osten, sind jeweils mit Altarweihen verbunden, die Weihe im Osten sogar mit einer Reliquientranslation, deren Vorbereitung Suger ausführlich schildert (*cons* 80–82). Im einzelnen handelt

Sugers Bericht von der Weihe des Westteils der Abteikirche von Saint-Denis am 9. Juni 1140, von der Grundsteinlegung im Bereich der Ostanlage am 14. Juli 1140 und schließlich von der Weihe der erneuerten Ostanlage am 11. Juni 1144, ferner von einer Reihe von Begebenheiten, die mit diesen Ereignissen in unmittelbarer Beziehung stehen. Dabei enthält *De consecratione*, wie bereits erwähnt, verbatim einen umfangreicheren, die Grundsteinlegung im Bereich der Ostanlage betreffenden Auszug aus der *Ordinatio* (*cons* 50,305–56,341 = *ord* 38,211–44,248).

Den Anfang bildet ein recht umfangreicher Prolog (*cons* 1–7), in dem Suger das theologische Motiv für sein Handeln und insbesondere für seine Bemühungen um die ihm als Abt anvertraute Abteikirche angibt: den scheinbar unüberbrückbaren Gegensatz zwischen Menschlichem und Göttlichem „durch das glückliche Zusammenstimmen der einen höheren, wohl ausgeglichenen Harmonie“ („*unius superioris moderate armonie conuenientia grata*“) zu einem Ausgleich zu bringen (*cons* 1,4sq.). Nach diesem Prolog lenkt die Erzählung vom Bau einer Basilika zu Ehren der in Saint-Denis ruhenden Märtyrer durch König Dagobert I. (*cons* 8–9) auf Sugers eigentliches Anliegen. Die Pracht der von Dagobert erbauten Kirche, zu deren Schilderung Suger auf die *Gesta Dagoberti* zurückgreift[33], kontrastiert mit ihrer Kleinheit, die zu einer Bedrängnis der Gläubigen und Pilger führt (*cons* 10–13), dem bereits bekannten Rechtfertigungsmotiv Sugers für seine Baumaßnahmen. Dieser einleitende Teil endet mit einem autobiographischen Hinweis auf Sugers Beweggründe für die nun einsetzende Schilderung der Baumaßnahmen, die er als Abt von Saint-Denis durchführen ließ (*cons* 14–15).

Anschließend berichtet Suger vom Baubeginn im Westen (*cons* 16). Die Schilderung der Bereitstellung der hierzu erforderlichen Mittel ist verbunden mit wichtigen Hinweisen auf Sugers Selbstverständnis und die Leitvorstellungen für diese und auch die folgenden Baumaßnahmen (*cons* 17–21). Es folgen zwei Mirakelerzählungen, die einmal die Beschaffung von Säulen (*cons* 22–31) – diese Stelle wurde von der Saint-Denis-Forschung zu Unrecht meist auf die Baumaßnahmen im Bereich des Chorumgangs bezogen, von denen Suger jedoch erst später berichtet –, zum anderen das Auffinden von zwölf ausreichend langen Baumstämmen „als Bedeckung des neuen Werkes“ (*cons* 32–41) zum Gegenstand haben. Es schließt sich ein knapper Bericht über die Weihe „der neuen Erweiterung“ („*noui incrementi*“) im Westen an (*cons* 42–43). Den Abschluß dieses Abschnitts bildet eine Festlegung, wie die Beleuchtungskosten sicherzustellen seien (*cons* 44), sowie die Bestätigung des Weihedatums (*cons* 45).

Unmittelbar nach der feierlichen Weihe des Westteils der Abteikirche entschließt sich Suger, alle Kraft „der Vergrößerung unserer Mutter Kirche“

[33] Gesta Dag., p. 403,17sq.

(„*augmentacioni matris ecclesie*" – *cons* 46,276) zuteil werden zu lassen und sich vor allem dem Ostchor zuzuwenden (*cons* 46–47). Nach einer knappen Schilderung der Baumaßnahmen im Bereich der Ostanlage (*cons* 48–49) – der von der Kunstgeschichte am meisten diskutierten Passage aus *De consecratione*[34] – berichtet Suger gleichfalls nur in knappen Worten von der Grundsteinlegung für die Umbauten im Osten, die erneut als eine große Zeremonie ausgerichtet wird (*cons* 50–53). Es folgt die Festlegung der Finanzierung der beabsichtigten Baumaßnahmen, wobei Suger eine dauerhafte Regelung auch über seinen Tod hinaus anstrebt (*cons* 54–56). Der Fortgang der Bauarbeiten für den Zeitraum der folgenden drei Jahre und elf Monate wird kurz zusammengefaßt (*cons* 57–58). Lediglich die Säulentypologie – konventioneller Bestandteil der Kirchbauallegorese[35] – und das später erwähnte Gewölbebogen-Mirakel lassen einen gewissen Rückschluß auf den Stand der Arbeiten zu[36]. Ein gleiches gilt von dem anschließenden Bericht über die Vorbereitung der Translation der Heiligen Märtyrer und die Ausgestaltung und Ausschmückung des für sie neu errichteten Altares (*cons* 59–66). Es folgen abermals zwei Mirakelerzählungen, die dieses Mal von der Bewahrung noch vereinzelt stehender Gewölbebogen in einem Gewittersturm (*cons* 67–69) und der Lösung eines Versorgungsproblems angesichts der zu erwartenden Gästeschar durch unerwartet zur Verfügung gestelltes Schaffleisch handeln (*cons* 70–73). Auf die Festsetzung und Bekanntgabe des Weihetermins (*cons* 74–76) folgt die ausführliche Gästeliste (*cons* 77–79). Ein kurzer Abschnitt, der von den Vorbereitungen der Liturgie handelt (*cons* 80–82), leitet über zur groß angelegten Schilderung der feierlichen Weiheliturgie der östlichen Choranlage (*cons* 83–97), die in den Weihehandlungen selbst kulminiert (*cons* 95–97); diese bilden auch für Suger zweifellos den Höhepunkt seiner Schrift. Der Weihebericht mündet in ein epilogartiges Schlußgebet (*cons* 98), das Suger den versammelten Bischöfen in den Mund legt. Dieses Gebet, das sich an den Hohenpriester *(summus ponitfex)* Christus wendet, greift die theologischen Motive des Prologs, die Versöhnung des Irdischen und Himmlischen, noch einmal auf, um sie in der an Christus gerichteten Gebetsbitte ekklesiologisch zu bekräftigen.

[34] Cf. etwa van der Meulen/Speer (1988), pp. 289–295; ferner G. Binding, Beiträge zum Architektur-Verständnis bei Abt Suger von Saint-Denis, in: Binding/Speer (1993), pp. 184–207, hier pp. 185–187.

[35] Cf. B. Reudenbach, Säule und Apostel, in: Frühmittelalterliche Studien 14 (1980), pp. 310–351, bes. pp. 344sq.; G. Binding, Beiträge zum Architektur-Verständnis (wie Anm. 32), pp. 190–192.

[36] Siehe hierzu G. Annas/G. Binding, *Arcus superiores*. Abt Suger von Saint Denis und das gotische Kreuzrippengewölbe, in: Wallraf-Richartz-Jahrbuch 50 (1989), pp. 7–24. Ferner mit Blick auf die 12 „Apostel" und 12 „Propheten" im Chorumgang cf. van der Meulen/Speer (1988), pp. 284sq.

Sugers Schrift über die Weihehandlungen in Saint-Denis gliedert sich also in zwei Teile, welche die Baumaßnahmen im Westen und im Osten von der Beschlußfassung bis zur Weihe schildern. Es fällt der parallele Aufbau ins Auge: Entschluß und Vorbereitungen für die Bauarbeiten – Beginn der Bauarbeiten (im Osten als liturgischer Akt) – summarische Schilderungen der Arbeiten – jeweils zwei Mirakel-Erzählungen – die Weihe als abschließender Höhepunkt; hierbei ist der die Ostanlage betreffende Teil, der Bedeutung der dortigen Kulte entsprechend, ungleich reichhaltiger ausgestaltet. Eingerahmt sind diese beiden Teile durch einen Prolog mit nachfolgender Einleitung und einem kurzen Epilog in Form eines Gebetes.

(c) *De administratione:*

1–2 Vorwort

3–159 Teil I: Die Vermehrung der Einkünfte
- 3–17 Einkünfte aus der Umgebung von Saint-Denis
- 18–23 Einkünfte aus Tremblay
- 24–32 Einkünfte aus dem Rückgewinn der Abtei von Argenteuil
- 33–40 Einkünfte aus dem Vexin
- 41–47 Einkünfte aus den Besitzungen im Val-d'Oise
- 48–56 Einkünfte aus den Besitzungen der Iveline
- 57–75 Einkünfte aus den Besitzungen der Beauce
- 76–92 Einkünfte aus Toury
- 93–108 Weitere Einkünfte aus den Besitzungen der Beauce
- 109–117 Die Kapelle von Champs
- 118–123 Das Wunder an der Stummen
- 124–139 Die Wassersüchtige
- 140–144 Weitere Einkünfte für Saint-Martin-des-Champs aus Besitzungen in der Gegend von Corbeil
- 145–147 Einkünfte aus Mareuil-lès-Meaux
- 148–151 Regelungen bezüglich der weitgehend verlorenen Gebiete im Westen
- 152–154 Einkünfte aus Chaumont
- 155–159 Einkünfte aus Berneval-le-Grand, Carrière

160–189 Teil II: Die Errichtung von Bauwerken
- 160–163 Die Ausschmückung der Kirche
- 164–166 Die erste Erweiterung der Kirche
- 167–169 Die Weihe der ersten Erweiterung

170–175 Die gegossenen und vergoldeten Türen
176–182 Die Erweiterung des oberen Teils
183–189 Die Fortsetzung der Arbeit an beiden Werken

190–288 Teil III: Die Vermehrung der Schätze
190–192 Die Gegenstände zum Schmuck der Kirche
193–197 Die goldene Tafel oben
198–200 Die Schreine der Heiligen
201–213 Der goldene Kruzifix
214–221 Der Hauptaltar
222–239 Weitere *ornamenta*
240–255 Der „Heilige Altar“ und die *Detectio* der Reliquien
256 Das große Kreuz
257–262 Weitere Ausstattungsgegenstände
263–274 Die Fenster
275–286 Altarschmuck und liturgische Gefäße
287–288 Paramente und Bitte um Gebetsgedenken

Die Schrift *De administratione* geht auf einen Kapitelbeschluß zurück, der in Sugers 23. Amtsjahr, dem Jahr der großen Weihe der östlichen Choranlage[37], gefaßt wurde. In dieser Schrift dokumentiert der Abt von Saint-Denis auf das beharrliche Bitten der Brüder hin minutiös den Zugewinn *(incrementa)*, „den die freigebige Mildtätigkeit des allmächtigen Gottes in der Zeit unseres Amtes [...] dieser Kirche beigeschafft hatte“ (*adm* 1). Im einzelnen will Suger, wie er in seinem kurzen Vorwort schreibt, Rechenschaft über den Zugewinn aus drei Bereichen ablegen: (i) hinsichtlich des Erwerbs *(acquisitio)* neuer, des Wiedererwerbs *(recuperatio)* verlorener sowie der Vermehrung *(multiplicatio)* wieder instandgesetzter Besitzungen, (ii) mit Bezug auf die Errichtung (*constitutio* bzw. *institutio)* von Bauwerken, und (iii) über die Anlage *(repositio)* und Vermehrung *(augmentatio)* der Schätze von Gold, Silber, kostbarsten Edelsteinen und vollkommensten Paramenten (*adm* 1–2). Entsprechend diesen drei Schwerpunkten läßt sich Sugers Rechenschaftsbericht in drei Hauptteile gliedern.

Der erste, bei weitem umfangreichste Teil handelt von der Vermehrung der Einkünfte („*de redditituum augmentatione*“ – *adm* 2,26sq.) aus den Besitzungen der Abtei Saint-Denis (*adm* 3–159). Suger führt die Leser in Form eines imaginären Itinerars durch die Besitzungen der Abtei, beginnend mit den Gütern in der Umgebung von Saint-Denis (*adm* 3–17). Die Einkünfte aus Tremblay (*adm* 18–23) und aus der Wiedergewinnung der Abtei von

[37] Zur Abfassung von *De administratione* cf. den einleitenden Beitrag von M. Pikkavé, p. 158.

Argenteuil (*adm* 24–32) werden besonders hervorgehoben; ihnen widmet Suger jeweils einen eigenen Abschnitt. Die Rundreise führt dann zuächst weiter nach Nordwesten in das Vexin (*adm* 33–40) und die Besitzungen im Val-d'Oise (*adm* 41–47), sodann nach Süden in das Gebiet der Iveline (*adm* 48–56) und der Beauce (*adm* 57–108), unter denen Toury besondere Beachtung erfährt (*adm* 76–92), von dort in nordöstlicher Richtung nach Corbeil (*adm* 140–144) und Maureil-lès-Meaux (*adm* 145–147) in die Brie, von hier weit nach Osten in die abgelegenen Besitzungen in Lothringen und im Elsaß, deren Restituierung er weitgehend vergeblich betreibt (*adm* 148–151), um schließlich in das Vexin nach Chaumont zurückzukehren (*adm* 152–154). Den Abschluß der Rundreise bildet ein Abstecher an die normannische Atlantikküste nach Berneval-le-Grand (*adm* 155–159). Auf dem Weg von der Beauce in die Brie macht Suger einen längeren Halt in einem Kloster, „das an einem Ort namens Champs gebaut wurde" (*adm* 109,499). Von diesem ursprünglich der Abtei von Saint-Denis gehörenden Kloster war nach zwei Jahrhunderte währenden Streitigkeiten nur noch eine halb zerfallene Kapelle zu Ehren der heiligen Maria übrig geblieben (*adm* 109–111), die Suger als einen wundertätigen Ort schildert. Dies belegt er durch zwei große Wundererzählungen, bei denen Maria selbst einer stummen und einer wassersüchtigen Frau erscheint (*adm* 118–123 und 124–139). Die Bedeutung, die Suger dem Wiedergewinn dieses Ortes für die Abtei des Heiligen Dionysius beimißt, unterstreicht er durch seine reiche Ausstattung der Kirche mit zahlreichen Schenkungen und den Ausbau des Klosters zu einem Priorat (*adm* 132–139), dem auch Einkünfte aus Besitzungen aus der Gegend von Corbeil zugeteilt werden (*adm* 140–144), und zusätzlich dadurch, daß er seinen langjährigen Prior Herveus zusammen mit Odo von Tourcy, dem Subprior von Saint-Martin-de Champs und einem alten Freund Sugers, an die Spitze des neu errichteten Priorats stellt (*adm* 114)[38].

Im zweiten Teil handelt Suger von der Errichtung von Bauwerken („*de edificiorum institutione*" – *adm* 2,24). Am Anfag aber – „als erstes Werk" *(primum opus)* – steht die Ausschmückung *(ornatus)* und Instandsetzung der alten Kirche (*adm* 160–163), die Suger, wie wir in *cons* 8–9 lesen können, auf Dagobert I. zurückführt. Es schließt sich der Bericht über die erste Erweiterung *(primum augmentum)* an, womit Suger die Umgestaltung der Westanlage mit dem Grab Pippins zu einem dreiportaligen Eingangsbereich anspricht (*adm* 164–166), gefolgt von einem kurzen Weihebericht (*adm* 167–169). Der glückliche Abschluß dieser Baumaßnahme dient Suger als Ansporn, in seinen Bemühungen um die Basilika des Heiligen Dionysius fortzufahren. Es folgt der Bericht über die gegossenen und vergoldeten Türen, die Suger für den Westbau anfertigen läßt und mit Inschriften versieht

[38] Cf. hierzu Grant (1998), pp. 204–206 und 210sq.

(*adm* 170–175); diese haben zu mannigfachen Deutungen Anlaß gegeben und werden vor allem als Beleg für die anagogische Kunstauffassung Sugers herangezogen[39]. Hieran schließt sich eine knapp gehaltene Schilderung der Erweiterung des oberen, östlichen Teils der Basilika an. Suger nennt erneut seine Motive und gibt einen kurzen Hinweis auf den Zeitraum und den Umfang der Baumaßnahmen im Chorhaupt von Saint-Denis (*adm* 176–179). Von der Weihe ist nur in Hinblick auf die Weiheinschrift die Rede (*adm* 180–181). Suger beschließt diesen Abschnitt mit einem Ausblick auf den Fortgang der Arbeiten an der Abteikirche im Bereich der Kreuzarme (*cruces collaterales – adm* 182). Den Abschluß des zweiten Teils bildet ein Bericht über die Fortsetzung der Arbeit an beiden Werken im Westen wie im Osten. Darin eingeschlossen sind Arbeiten an den Gewölben des Mittelschiffs *(nauis)* der alten Kirche sowie der Beginn der Erweiterung der Seitenschiffe (*alae – adm* 183–189). Die Ordnung ist also nicht nur chronologisch, sondern auch topologisch.

Im dritten Teil schließlich dokumentiert Suger ausführlich die Vermehrung der Schätze (*„de thesaurorum augmentatione“ – adm* 2,24sq.). Nach einem allgemeinen Vorwort zu den *ornamenta ecclesie*, welche die Kirche wie eine Braut ausschmücken (*adm* 190–192), beginnt Suger mit der Beschreibung des Antependium vor dem neu errichteten Altar im umgestalteten Hochchor, auf dem die Schreine der heiligen Märtyrerpatrone nach ihrer Translation aus der Krypta aufgestellt waren (*adm* 193–196), sowie mit der Beschreibung der Schreine des heiligen Dionysius und seiner Gefährten Eleutherius und Rusticus (*adm* 198–199); sowohl die goldene Altartafel als auch die Schreine tragen Versinschriften (*adm* 197 und 200). Es folgt die minutiöse Beschreibung von Sugers goldenem Kruzifix (*adm* 201–203 und 208–211), der ursprünglich zwischen den Reliquienschreinen und dem Hauptaltar, unterhalb dessen der heilige Dionysius nach Sugers Angaben mehr als fünf Jahrhunderte gelegen hatte (*adm* 204), Aufstellung fand und nicht mehr erhalten ist. Dieses Kreuz, dessen große Pracht und Kostbarkeit aufgrund der Fülle an Edelsteinen Suger mehrfach hervorhebt (*adm* 203 und im Verbund mit einer Wundererzählung in *adm* 205–207), war am Osterfest 1147 von Papst Eugen III. geweiht und eigenhändig mit einem Teilchen „von dem Titulus des wahren Keuzes unseres Herrn“ ausgestattet worden (*adm* 212–213). Sodann schreitet Suger fort zum Hauptaltar *(altare principale)*, der von alters her dem Salvator geweiht war. Diesen Altar, den bis dahin nur eine von Karl dem Kahlen gestiftete goldene Platte als Antependium zierte, ließ Suger ganz mit kostbaren goldenen Tafeln einfassen, die mit Edelsteinen, Reliefarbeiten und Versinschriften versehen waren (*adm* 214 und 218–221),

[39] Siehe hierzu die nachfolgenden Ausführungen zum Quellenhintergrund (Abschnitt 3) sowie zu den Versen den Beitrag von S. Linscheid-Burdich, pp. 120–125.

welche nicht nur die Allegorien erklären (*adm* 221) und die Beteiligung an der Ausschmückung namhaft machen (*adm* 216), sondern auch einen Bannfluch gegen mögliche Altarräuber aussprechen (*adm* 217). Die Erwähnung des „bewunderungswürdigen Kreuzes des heiligen Eligius", das bereits in den *Gesta Dagoberti* genannt ist, und der *crista* Karls des Kahlen (*adm* 222,1008–1010) nimmt Suger zum Anlaß einer weit ausgreifenden Rechenschaftsgabe über die Bedeutung der *ornamenta* im Ausgang von *Ez* 28,13. Deutlich tritt zudem der Vorbildcharakter der Hagia Sophia zutage, deren Pracht der Abt von Saint-Denis zu übertreffen sucht (*adm* 224–230). Energisch verteidigt sich Suger zudem gegen Einwände, die möglicherweise auf Bernhard von Clairvaux zurückgehen (*adm* 236–237), die theologische Bedeutung der *ornamenta*, die „dem Dienst an der hochheiligen Eucharistie" gewidmet sind (adm 231), als Sühne für unsere Sünden (*adm* 235), hingeordnet auf den Dienst am heiligen Opfer, „und zwar sowohl in aller Reinheit im inneren wie in aller Vornehmheit im äußeren" (*adm* 238, 1057sq.).

Anschließend schreitet Suger die Mittelachse weiter gen Westen fort zum sogenannten „Heiligen Altar" *(altare sanctum)*, dem der Trinität geweihten Matutinalaltar im Mönchschor, der auf Abt Hilduin zurückgeführt wird. Dieser Altar birgt die von Karl dem Kahlen, der unter oder genauer nahe bei diesem Altar bestattet war[40], aus der kaiserlichen Schatzkammer *(de theca imperiali)* gestifteten Armreliquien des Apostels Jakobus des Älteren, des Stephanus und des Vincentius (*adm* 240–242 und 250; cf. *ord* 25). Im Mittelpunkt dieses dem „Heiligen Altar" gewidmeten Abschnitts steht der Bericht einer feierlichen *Detectio* dieser in dem Altar bestattenen Reliquien, die hinsichtlich ihres Umfangs die den erneuerten Teilen der Abteikirche im Westen wie im Osten geltenden Weiheberichte bei weitem übertrifft (*adm* 243–255). Ziel der Detectio in Anwesenheit zahlreicher Bischöfe, Äbte, Mönche, Kleriker und Adliger ist die authentische Bekräftigung der mit diesen Reliquien begründeten Kulttradition, die dem Andenken Kaiser Karls des Kahlen gilt. Suger greift zu diesem Zweck auf den entsprechenden zweiten Abschnitt des Hauptteils der *Ordinatio* zurück, welcher der Wiederherstellung der Gedächtnisfeiern für diesen Kaiser gewidmet ist (cf. *ord* 22–30), ohne daß dort allerdings eine Reliquiendetectio ausdrücklich erwähnt wird; es findet sich lediglich eine Andeutung dieses bedeutenden Ereignisses (*ord* 25,122). Auch das sogenannte große Kreuz, das zwischen dem Trinitätsaltar und dem Grab Karls des Kahlen aufgestellt war, gehört zu den reichen Stiftungen Karls des Kahlen; es verweist zugleich auf die Anfänge

[40] Hier liegt eine abweichende Beschreibung Sugers vor: cf. *ord* 25,126sq.: *„prope altare sepultus"* und *adm* 250,1116sq.: *„eidem altari subiacet gloriose sepultus"*. Die genaueste Beschreibung findet sich wohl in *adm* 256,1134: *„inter altare et tumulum eiusdem Karoli"*.

der Dionysiusverehrung in Saint-Denis, war es doch der Überlieferung nach mit dem Halsband der Königin Nantildis, der Gattin Dagoberts I., geschmückt (*adm* 256). Schließlich erwähnt Suger eine Reihe kostbarer Ausstattungsgegenstände im Mönchschor, darunter eine alte Kanzel (*adm* 259), den „edlen Thron des ruhmreichen Dagobert" (*adm* 261) und einen Ambo in Form eines Adlers (*adm* 262).

Danach schreitet Suger wieder hinauf in das erneuerte Chorhaupt und geht in den Chorumgang mit den „neuen Fenstern in ihrer leuchtenden Vielfalt". Dort betritt er zunächst die Marienkapelle in der Mittelachse mit dem Motiv der „Wurzel Jesse" (*adm* 263). Besondere Aufmerksamkeit widmet Suger dem sogenannten anagogischen Fenster, auf dem sich das Motiv der mystischen Mühle findet, von Suger in eigenen Versen erläutert (*adm* 264–265), sowie dem Mosefenster, dessen Bildprogramm durch die typologisch geprägten Bildinschriften Sugers vor die Augen des Lesers tritt (*adm* 266–273)[41]. Zur Instandhaltung dieser kostbaren Fenster bestellt der Abt eigens einen Spezialisten (*adm* 274).

Den Abschluß der Dokumentation der Kirchenschätze bildet die Erwähnung kostbarster Gerätschaften für den Schmuck des Altares, etwa Kerzenleuchter (*adm* 275), und liturgische Geräte, darunter kostbarste Kelche (*adm* 276 und 281), ein Weihrauchschiffchen (*adm* 277) und Kristallgefäße, unter denen sich auch ein besonderes Maßgefäß befand, das eine Hochzeitsgabe Eleonores von Aquitanien an Ludwig VII. war (*adm* 279 und 284), ferner eine ausgezeichnete Wasserkanne (*adm* 283) und schließlich Sugers berühmte Adlervase (*adm* 285). Die summarische Nennung kostbarster Paramente, die an seinem Jahrgedächtnis ausgestellt werden sollen, verbindet Abt Suger mit der abschließenden Bitte um das Gebetsgedenken der Mitbrüder (*adm* 287–288).

3. Zum Quellenhintergrund der Sugerschriften

In keiner anderen Frage herrscht mehr Unklarheit als in der Frage des Quellenhintergrundes der drei Sugerschriften. Werden die Schriften nicht einfachhin als Urkunden im weitesten Sinne behandelt – wobei es auch hier darum geht, inwiefern Suger auf frühere Urkunden zurückgegriffen und diese inkorporiert hat –, dann ist die Frage des Quellenhintergrundes zumeist auf das engste mit Deutungsversuchen höchst spekulativer Art verbunden. Dies gilt insbesondere für solche Interpretationen, die im Anschluß

[41] Zu den Versen Sugers siehe den Beitrag von S. Linscheid-Burdich; ferner die Verweise auf Grodecki, Études I (1976) und Grodecki, Études III (1995) in den Anmerkungen zu *adm* 266–273.

an Erwin Panofsky dem kunstästhetischen Paradigma folgen, das vermeintlich eine zusätzliche historische Evidenz durch den Umstand erhält, daß die Abtei Saint-Denis als der Ort gilt, an dem unter Abt Hilduin im Jahre 827 eine Abschrift des seit Beginn des 6. Jahrhunderts bekannten griechischen Schriftencorpus des vermeintlichen Apostelschülers Dionysius durch den byzantinischen Kaiser Michael II. an Kaiser Ludwig den Frommen übergeben worden war; der Prachtkodex wurde seitdem in Saint-Denis aufbewahrt[42]. Die entsprechende Forschungsdiskussion läßt sich allgemein durch den Versuch kennzeichnen, die Schriften Sugers dem durch die Schriften des Pseudo-Dionysius vermittelten Traditionszusammenhang zuzuordnen, wobei lediglich in der Frage eines direkten oder eines, sei es durch Johannes Scottus Eriugena oder sei es durch Hugo von St. Viktor, vermittelten Einflusses die Positionen unterschieden werden können[43]. Mit dieser Zuordnung zur dionysischen Tradition ist zugleich die Annahme einer „implizit philosophischen und prononciert theologischen Idee" verbunden, die als ein kreatives Element „Architektur in ihrer formalen Gestaltung von Grund auf bestimmt und damit geradezu den Anfang einer neuen Epoche setzt"[44]. Auch die Berufung auf eine damit zum Ausdruck gebrachte lediglich „historisch mögliche, plausible Annahme", die im eigentlichen Sinne eine „sachlich aufschließende Verbindung" zu der jeweils vorgestellten kunstästhetischen Interpretation darstellen soll, und zwar gerade da, „wo kein historisch-kritischer Beweis schlüssig zu liefern ist"[45], entbindet nicht von der Notwendigkeit einer unvoreingenommenen Analyse der Sugerschriften, die sich von derartigen Leitbildern zunächst völlig frei machen und vielmehr von den textimmanenten Bezügen und zweifelsfei zu belegenden Überlieferungszusammenhängen ausgehen muß. Denn die meisten der immer wieder angeführten Belege für einen pseudo-dionysischen Einfluß auf Sugers Schriften müssen – darin ist Christoph Markschies zuzustimmen – weit eher traditionsgeschichtlich dem Grundinventar allegorischer Schriftexegese oder

[42] Cf. den Artikel 'Dionysius', in: LexMA III (1986), coll. 1076–1083; ferner É. Jeauneau, L'abbaye de Saint-Denis introductrice de Denys en occident, in: Y. de Andia (ed.), Denys l'Aréopagite et sa postérité en orient et en occident (Collection des Études Augustiniennes – Série Antiquité 151), Paris 1997, pp. 361–378.

[43] Neben dem Kunsthistoriker Otto von Simson, Die gotische Kathedrale (wie Anm. 18) sind exemplarisch vor allem zu nennen: mit Bezug auf Eriugena W. Beierwaltes, *Negati affirmatio* (wie Anm. 20), mit Bezug auf Hugo von St. Viktor C. Rudolph, Artistic Change at St-Denis. Abbot Suger's Program and the Early Twelfth-Century Controversy over Art, Princeton/New Jersey 1990.

[44] W. Beierwaltes, *Negati affirmatio* (wie Anm. 20), pp. 115 und 158 (die Seitenangaben beziehen sich auch im folgenden auf den Wiederabdruck).

[45] W. Beierwaltes, *Negati affirmatio* (wie Anm. 20), p. 158 (Postscriptum 1993).

auch, spezieller, der Topik theologischer Kirchenbau-Allegoresen zugerechnet werden[46], als daß sie auf konkrete Vorbilder wie das *Corpus Dionysiacum* und die immer wieder ins Spiel gebrachten Dionysius-Kommentare Eriugenas und Hugos von St. Viktor zurückgeführt werden können.

In Hugo, in dessen Kommentar zur Schrift *De caelesti hierarchia* des Pseudo-Dionysius Otto von Simson das Vorbild für die anagogische Methode bei Suger erblickt[47], sehen vor allem Grover A. Zinn Jr.[48] und Conrad Rudolph[49] den entscheidenden Vermittler dionysischen Gedankenguts; auch Françoise Gasparri greift diese These auf und verbindet – allerdings ohne eine weitergehende Begründung – Hugos Kommentar zur Himmlischen Hierarchie mit der Aufwertung der mechanischen Künste im *Didascalicon* sowie gemeinsamen theologischen Ideen in Christologie und Sakramentenlehre[50]. Demgegenüber beruft sich Zinn vor allem auf die in *De administratione* überlieferten *tituli* Sugers, welche der Theologie der Praefatio zu Hugos Dionysius-Kommentar über die himmliche Hierarchie verpflichtet seien, sowie auf das sogenannte „anagogische Fenster", dessen Reste heute in der ehemaligen Peregrinus-Kapelle gezeigt werden[51]. Rudolph hingegen gründet seine Absicht, Hugo von St. Viktor als den eigentlich produktiven theoretischen Kopf für das Bauprogramm von Saint-Denis – und damit als Urheber eines grundlegenden „artistic change"[52], welcher die Gotik hervor-

[46] So C. Markschies, Gibt es eine „Theologie der gotischen Kathedrale"? Nochmals: Suger von Saint-Denis und Sankt Dionys vom Areopag (Abhandlungen der Heidelberger Akademie der Wissenschaften, Philos.-histor. Klasse, Jahrgang 1995, 1. Abh.), Heidelberg 1995, pp. 23–39 und pp. 54sq., unter Hinweis auf H. de Lubac, Exegèse médiévale, vol. II, Paris 1959, pp. 621–633; siehe jedoch auch H. Brinkmann, Mittelalterliche Hermeneutik, Darmstadt 1980, pp. 243–259.

[47] O. von Simson, Die gotische Kathedrale (wie Anm. 18), pp. 171–173. Diese These wird auch nicht dadurch plausibler, daß man – wie jüngst Lindy Grant (1998), pp. 23sq. – in diesem Zusammenhang auf die Tatsache verweist, daß Auszüge aus *De hierarchia caelesti* „in vigilia B. Dionysii" als Tischlesung vorgelesen wurden; cf. hierzu D. Ph. Schmitz, Les lectures de table a l'abbaye de Saint-Denis vers la fin du moyen-âge, in: Revue Bénédictine 42 (1930), pp. 163–167, bes. p. 166.

[48] G. A. Zinn Jr., Suger, Theology and the Pseudo-Dionysian Tradition, in: Gerson (1986), pp. 33–40.

[49] C. Rudolph, Artistic Change at St-Denis (wie Anm. 43).

[50] Gasparri (1996), Introduction, pp. XXXIII–XXXIX.

[51] G. A. Zinn, Suger, Theology and the Pseudo-Dionysian Tradition (wie Anm. 48), p. 36, und C. Markschies, Gibt es eine „Theologie der gotischen Kathedrale"? (wie Anm. 43), p. 36 mit Anm. 88, dort mit weiterführenden Literaturhinweisen zum sog. „anagogischen Fenster". Die Textgrundlage bei Suger bildet *adm* 264–268; cf. hierzu ausführlich den Beitrag von S. Linscheid-Burdich, pp. 134–144.

[52] C. Rudolph, Artistic Change at St-Denis (wie Anm. 40), p. 73.

gebracht habe – zu erweisen, lediglich auf das Postulat einer kirchenpolitischen und theologischen „Aktionsgemeinschaft“ der Abtei Saint-Denis und des Stiftes Saint-Victor und ihrer führenden Persönlichkeiten Suger und Hugo. Diese These kann Rudolph allerdings durch keinerlei Quellenbelege untermauern; sie führt deshalb über den status quaestionis bei Panofsky und von Simson nicht hinaus[53]. Dies gilt auch mit Bezug auf die beiden vermeintlich gemeinsame Zielrichtung: die Rechtfertigung der eigenen cluniazensisch inspirierten Vision der das himmlische Jerusalem widerspiegelnden Pracht des Kircheninnenraums gegenüber dem zisterziensischen Kargheitsideal Bernhards von Clairvaux[54]. In diesem Zusammenhang werden insbesondere die Glasfenster und ihre Inschriften mit einer dionysischen Lichttheologie in Verbindung gebracht, die das eigene Programm gegen Bernhards Kritik zu legitimieren vermöge[55].

Die eingehende Analyse der in *De administratione* überlieferten Versinschriften, die neben den Glasfenstern (*adm* 265–273) auch die vergoldeten Portale im Westen (*adm* 174–175), die beiden Weihepitaphe (*adm* 173 und 180–181), ferner zwei Altarplatten (*adm* 197 sowie *adm* 216–217 und 221) sowie den Reliquienschrein der Märtyrerpatrone (*adm* 200) und vereinzelte liturgische Gefäße (*adm* 279, 282 und 285) zieren, ist einem eigenen Artikel unseres Buches vorbehalten, in dem sich Susanne Linscheid-Burdich außer mit den älteren auch mit neueren Deutungen der Inschriften insbesondere von Peter Diemer, Christoph Markschies, Martin Büchsel und Arwed Arnulf auseinandersetzt[56]. Die minutiösen Rekonstruktionen geben Aufschluß

[53] C. Rudolph, Artistic Change at St-Denis (wie Anm. 40), bes. pp. 32–47 und pp. 69–75; cf. hierzu auch C. Markschies, Gibt es eine „Theologie der gotischen Kathedrale“? (wie Anm. 46), p. 37, sowie die Rezension von J. Ehlers, in: Francia 21/1 (1995), pp. 340–341.

[54] Cf. Panofsky (1979), pp. 10–15; Grant (1998), pp. 4sq.; eine recht unbestimmte Anspielung findet sich allein in *adm* 231–236. Ferner C. Rudolph, The „Things of Greater Importance“. Bernard of Clairvaux's *Apologia* and the Medieval Attitude towards Art, Philadelphia 1990; zu Suger-Bernhard cf. bes. pp. 30–35 und pp. 61–63.

[55] Cf. C. Rudolph, Artistic Change at St-Denis (wie Anm. 40), p. 65; hierauf bezieht sich weitgehend zustimmend H. Kessler, The Function of *vitrum vestitum* and the Use of *materia saphirorum* in Suger's St. Denis, in: Cahiers du Léopard d'Or 5 (1996), pp. 179–203, bes. p. 185.

[56] P. Diemer, Abt Suger von Saint-Denis und die Kunstschätze seines Klosters, in: G. Boehm/H. Pfotenhauer (eds.), Beschreibungskunst – Kunstbeschreibung. Ekphrasis von der Antike bis zur Gegenwart, München 1995, pp. 177–216; C. Markschies, Gibt es eine „Theologie der gotischen Kathedrale“? (wie Anm. 46); P. Büchsel, Die Geburt der Gotik (wie Anm. 12); A. Arnulf, *Versus ad picturas*. Studien zur Titulusdichtung als Quellengattung der Kunstgeschichte von der Antike bis zum Hochmittelalter, München-Berlin 1997. Hierzu der Beitrag von S. Linscheid-Burdich, pp. 112–146.

über die Intentionen des Abtes von Saint-Denis und über seinen literarischen Hintergrund, in dem sich „Schulbildung, monastische Frömmigkeit und eigene Lektüreinteressen" miteinander verbinden. Ein Ergebnis sei allerdings schon hier besonders hervorgehoben. Mit Bezug auf das anläßlich der Chorabschlußweihe vom 11. Juni 1144 gestiftete Weiheepitaph (*adm* 180–181) weist Susanne Linscheid-Burdich neben Prosper von Aquitanien, einem weit verbreiteten Schulautor, vor allem auf die *Carmina* des Paulinus von Nola hin, der – ähnlich wie Suger in Saint-Denis – die Basilika des heiligen Felix einer erheblichen Erweiterung unterzogen hat und über dieses Ereignis in Versform berichtet[57].

Auf ein anderes ähnliches Vorbild für Suger hatte bereits Erwin Panofsky in seinem Kommentar zu *De consecratione* fast beiläufig hingewiesen, ohne dieser Beobachtung jedoch größere Beachtung zu schenken. Hierbei handelt es sich um die *Narratio de consecratione ecclesiae Casinensis*[58], eine nicht sehr umfangreiche, um 1094 entstandene Schilderung des unter dem Abt Desiderius (dem späteren Papst Viktor III.) vorgenommenen Neubaus und der Weihe der neuen Kirche des Klosters Montecassino. Bereits ein kurzer Blick auf den Inhalt dieser Schrift erhellt die strukturellen Parallelen mit Sugers *De consecratione*[59]. Die *Narratio* berichtet nach einer kurzen Einleitung (219a1–18) davon, daß der Abt Desiderius versprochen hatte, den Zustand des Klosters zu verbessern (219a19–b9). Es folgt die Schilderung des Neubaus der Kirche, die kurze Mitteilungen über das Material (darunter Säulen aus Rom), über die Bauleute sowie über die prachtvolle Ausstattung des Neubaues enthält (219b9–52). Der anschließende Bericht über die Weihe der Kirche in Anwesenheit des Papstes Alexander II. enthält umfangreiche Listen der bei der Weihe anwesenden Bischöfe und ihre Zuordnung zu den von ihnen geweihten Altären; auch die anwesenden Adeligen werden aufgezählt (219b52–223a39). Schließlich kommt der Verfasser noch auf die Weihen der Kapellen des Westteils der Kirche mit den Türmen zu sprechen, die erst mehr als drei Jahre nach der Weihe der eigentlichen Kirche vorgenommen werden (223a40–b27).

Noch von einer zweiten Casinenser Quelle kann man aufgrund einiger wörtlicher Zitate sagen, daß Suger sie mit Sicherheit gekannt hat. Es handelt sich um die *Chronica Monasterii Casinensis*, einem Anfang des 12. Jahrhunderts zum größten Teil durch Leo von Ostia (Mitte des 11. Jh. – 1115) ver-

[57] Cf. den Beitrag von S. Linscheid-Burdich, pp. 113–119 und 146.

[58] Narratio de cons., pp. 213–225. Dieser Text wird unter Angabe der Seitenzahl, sowie der Spalten und Zeilen der Edition zitiert.

[59] Siehe hierzu ausführlich A. Speer/M. Pickavé, Abt Sugers Schrift *De consecratione* (wie Anm. 24), pp. 222–230.

faßten Text[60], dem seinerseits die *Narratio* als Quelle gedient hat[61]. So läßt sich Suger bei seiner Darstellung des Transports von Säulen aus dem Steinbruch bei der Burg Pontoise (*cons* 22–31) vermutlich von Leos Schilderung des Transports von Säulen auf den Casinenser Klosterberg inspirieren; dieser Bericht der *Chronica*[62] findet sich nicht in der *Narratio*. Auch die Anregung für die Verseinschübe in *De consecratione*, in einem viel stärkeren Maße aber in *De administratione*, könnten auf das Vorbild der beiden Casinenser Texte zurückgehen. Zudem sei auf die Stellung der beiden handelnden Äbte, Leo wie Suger, verwiesen, die – ausgehend vom persönlichen Wunsch bezüglich der Behebung der Mißstände über die den Baumaßnahmen gewidmete Aufmerksamkeit bis hin zur abschließenden Weiheliturgie – stets die handelnde Instanz sind. Gerade im Blick auf das Selbstverständnis Sugers als Mönch und Abt von Saint-Denis sind durch diese deutlichen Bezüge das Kloster des heiligen Dionysius und die Abtei Montecassino in einem weiteren Rahmen zueinander in Beziehung gesetzt, das Mutterkloster des Ordens und die französische Niederlassung, deren Rang als wichtigstes Kloster, ja sogar als wichtigste religiöse Stätte Frankreichs – hingewiesen sei auf die Auseinandersetzung mit Reims um den Ort der Königsweihe[63] – Suger durch die Baumaßnahmen und die in diesem Zusammenhang getroffenen urkundlichen Festlegungen zu erneuern und zu festigen trachtet. In dieser Hinsicht kann von einem echten Imitatio-Verhältnis gesprochen werden, jedoch nicht, wie bisweilen von der Forschung vorgeschlagen, von einer Rom-Imitatio, sondern von einer Montecassino-Imitatio[64].

Die in *De consecratione* vorliegende Verbindung von Repräsentation (Montecassino-Imitatio) und Kodifikation (schriftliche Fixierung der Weihen) erinnert in hohem Maße an die Form und Funktion mittelalterlicher Urkunden. Daher verwundert es nicht – zumal Suger allein schon aufgrund seiner Aufgaben am Königshof und als Abt von Saint-Denis auch als Autor

[60] Der uns hier betreffende Abschnitt ist noch von Leo selbst geschrieben; cf. die Praefatio von Hoffmann (MGH SS 34), p. XXI.

[61] Cf. den Quellenapparat der Edition von Hoffmann, p. 393sqq.

[62] Chronica Mons. Cas., p. 394,27: *„primam hic columnam ab ipso montis exordio sola civium numerositas colli brachiique proprii virtute imposuit …“*. Cf. *cons* 23; darauf läßt Suger seinen Wunderbericht folgen (*cons* 24–30).

[63] Cf. hierzu den nachfolgenden Beitrag von G. Annas, pp. 96–101.

[64] Siehe hierzu A. Speer/M. Pickavé, Abt Sugers Schrift *De consecratione* (wie Anm. 24), pp. 228–230 (cf. bes. Anm. 60 u. 63). Dagegen hat B. Brenk (Suger's Spolia, in: Arte medioevale 1 [1983], pp. 101–107) die Meinung vertreten, Suger habe wirklich vorgehabt, Säulen aus Rom zu beschaffen und sieht hierin das Motiv einer Rom-Imitatio. Sugers Säulen in *cons* 20 sind jedoch *„contra spem et humanum opinionem“* durch göttliche Bereitstellung ausgezeichnet (*cons* 21), obwohl sie nicht aus Rom sind, wie Suger erwogen hatte.

zahlreicher Urkunden bekannt ist[65] –, daß sich in *De consecratione* ebenfalls ein starker Einfluß der Urkundensprache findet[66]. Dies gilt erst recht für die beiden übrigen Schriften, für die *Ordinatio*, die selbst eine Urkunde ist, und für *De administratione*, die zu jener Gattung grundherrlichen Schriftguts gehört, das in einer eigentümlichen Verschränkung von Verzeichnissen und Urkunden besteht und im 12. Jahrhundert, wie Ludolf Kuchenbuch erst jüngst in einer breit angelegten Untersuchung zeigen konnte, einen erheblichen Zuwachs an deskriptiver Konkretion, an begrifflicher und ordinativer Systematik sowie an domanialer Rechenhaftigkeit erfährt[67]. Bei Suger ist dies unter anderem daran ablesbar, daß die Angaben vor allem hinsichtlich der Kategorien *ubi* und *quanti* erfolgen; dies gilt auch für die *ornamenta* und *thesauri*. Darüber hinaus ist die Gesamtanlage der Schrift zu beachten: Eingebunden in eine umfassende altbenediktinische *renovatio* in einer Zeit höchst verschiedener geistiger, sozialer und wirtschaftlicher Herausforderungen ist alles Trachten nach Vermehrung der Erträge auf ein sakrales Verausgabungsziel ausgerichtet: den Umbau und die Neuausstattung der Klosterkirche, die Suger unter Bezugnahme auf vorliegende Urkunden zusammenfassend dokumentiert[68]. Zu diesen zählt auch die *Ordinatio*, deren Angaben in *De administratione* in der Regel ebenso bestätigt werden wie diejenigen aus Sugers Kirchweihtraktat.

Wie ein Blick in den Similienapparat unserer Edition zeigt, bilden die Urkunden neben den Selbstzitaten Sugers – Auszüge aus der *Ordinatio* finden sich in *De consecratione* und *De administratione*, ferner greift Suger in der letzteren Schrift einige Male auch auf seinen Kirchweihtraktat zurück, dazu auf die *Vita Ludovici VI.* – und den Bibelzitaten die mit Abstand größte Gruppe der Similien. Daneben sind die *Gesta Dagoberti* – eine mit der Gründung Saint-Denis als Königsabeit eng verbundene Quelle – und die

[65] Eine Zusammenstellung der Urkunden und Briefe findet sich bei Lecoy, pp. 319–374; cf. auch Cartellieri Reg. (pp. 127–166).

[66] Cf. hierzu ausführlich und mit Beispielen A. Speer/M. Pickavé, Abt Sugers Schrift *De consecratione* (wie Anm. 24), pp. 230–233.

[67] L. Kuchenbuch, Ordnungsverhalten im grundherrlichem Schriftgut vom 9. bis zum 12. Jahrhundert, in: J. Fried (ed.), Dialektik und Rhetorik im frühen und hohen Mittelalter. Rezeption, Überlieferung und gesellschaftliche Wirkung antiker Gelehrsamkeit vornehmlich im 9. und 12. Jahrhundert (Schriften des Historischen Kollegs, Kolloquien 27), München 1997, pp. 175–268, hier bes. pp. 239 und 252–253. Cf. auch G. Lebel, Histoire administrative, économique et financière de l'Abbaye de Saint-Denis (étudiée spécialement dans la Province ecclésiastique de Sens, de 1151 à 1346), Paris 1935.

[68] Zu Suger siehe L. Kuchenbuch, Ordnungsverhalten (wie Anm. 67), pp. 253–257.

beiden Casinenser Quellen zu nennen. Schließlich finden sich Zitate aus liturgischen Quellen – vor allem aus dem Antiphonale –, ferner einige wenige literarische Anspielungen und schließlich Bezugnahmen auf solche theologischen Schriften, die in aller Regel als Bestandteil des täglichen Stundengebets eines benediktinischen Mönchs angesehen werden können. Es bleiben als eine bedeutende Quellengattung die mit den liturgischen und kultgeschichtlichen Traditionen in Saint-Denis verbundenen Quellen; ihnen gilt im folgenden Abschnitt eine eingehendere Analyse.

4. Suger und die liturgischen und kultgeschichtlichen Traditionen in Saint-Denis

Vergegenwärtigt man sich noch einmal die Eigenart und den Inhalt der drei Sugerschriften, so scheint es kaum begreiflich, daß die liturgische Dimension dieser Schriften über so lange Zeit von der Saint-Denis-Forschung fast vollständig ignoriert werden konnte. Erst neuere Veröffentlichungen haben die zentrale Bedeutung der liturgischen Dimension für das Verständnis des in diesen Schriften Berichteten erkannt[69]. Zu nennen sind in diesem Zusammenhang auch die beiden Studien von Edward B. Foley und Anne Walters Robertson, die anhand liturgischer Quellen – Foleys Studie rekonstruiert das im Codex 526 der Bibliothèque Mazarine überlieferte erste *Ordinarium* der Königsabtei Saint-Denis, Robertson untersucht auf der Grundlage eines umfangreichen Quellenmaterials das Verhältnis von Liturgie und Kirchenmusik – einen Einblick in die Geschichte von Saint-Denis gewinnen wollen; hierbei gilt ein besonderes Augenmerk der Kirche als dem liturgischen Raum. Allerdings zeigt sich in beiden Studien zugleich die Problematik ideengeschichtlicher Leitvorstellungen, wenn diese wie die eingangs erwähnten Interpretationsmuster der Kunstgeschichtsschreibung die Untersuchungen leiten oder gar als deren Ausgangspunkt dienen[70]. Darin mag der

[69] A. Speer, Kunst als Liturgie. Zur Entstehung und Bedeutung der Kathedrale, in: C. Dohmen/T. Sternberg (edd.), ... kein Bildnis machen. Kunst und Theologie im Gespräch, Würzburg 1987, pp. 97–117; van der Meulen/Speer (1988); Binding/Speer (1993) darin besonders die Beiträge von A. Speer, Vom Verstehen mittelalterlicher Kunst, pp. 13–52, und von H. P. Neuheuser, Die Kirchweihbeschreibungen von Saint-Denis und ihre Aussagefähigkeit für das Schönheitsempfinden des Abtes Suger, pp. 116–183.

[70] E. B. Foley, The First Ordinary of the Royal Abbey of St.-Denis in France (Paris, Bibliothèque Mazarine 526), Fribourg 1990, pp. 25–45 (Spicilegium Friburgense 32); A. W. Robertson, The Service-Books of the Royal Abbey of Saint-Denis. Images of Ritual and Music in the Middle Ages, Oxford 1991, pp. 46–49 und 235–248.

Grund für die eigentlich erstaunliche Tatsache liegen, daß weder Foley noch Robertson den eigentümlichen liturgischen Hintergrund von *De consecratione* erkannt haben. Dabei nennt Suger am Ende seines Prologs unmißverständlich Motiv und Inhalt seiner Schrift: „die herrliche und vor Gott würdige Weihe dieser heiligen Kirche sowie die hochheilige Translation der uns allerteuersten Märtyrer, unserer Schutzpatronen und Apostel Dionysius, Rusticus und Eleutherius, sowie der anderen Heiligen, auf deren gnädigen Beistand wir uns stützen, zur Kenntnis unserer Nachfolger niederzuschreiben; hierbei legten wir dar, warum, gemäß welcher Ordnung, wie feierlich und auch durch welche Persönlichkeiten dieses vollzogen wurde, um sowohl der göttlichen Gnade für diese so große Gabe, soweit wir es vermögen, besonders würdigen Dank abzustatten als auch für die aufgewandte Sorge um das so große Werk wie für die Niederschrift derart großer Feierlichkeiten der günstigen Fürsprache unserer Schutzheiligen bei Gott teilhaftig zu werden" (*cons* 7,47–58).

Dies ist auch der Sitz im Leben für die *Ordinatio*, die unmittelbar im Anschluß an die feierlich vollzogene Grundsteinlegung für die Umbauten der Ostanlange am 11. Juli 1140 im Kapitel zu Saint-Denis verhandelt worden ist. Ausgangspunkt der urkundlich geregelten liturgischen und baulichen Erneuerung sind die Gedächtnisfeiern für Karl den Kahlen, mit denen sich bedeutende kultgeschichtliche Traditionen verbinden. Und schließlich gilt auch für die Gesamtanlage von *De administratione*, daß alles Bemühen um die Vermehrung der Erträge auf den Umbau und auf die Neuausstattung der Abteikirche im Kontext einer umfassenden *renovatio* der bestehenden liturgischen und kultgeschichtlichen Traditionen in Saint-Denis ausgerichtet ist[71].

Wie sehr sich Suger diesen kultgeschichtlichen und liturgischen Traditionen verpflichtet fühlte, deutet er durch die Dagoberterzählung an, die er an den Beginn seiner Einleitung zu *De consecratione* stellt. Damit wird nicht nur die Gründungslegende der Königsabtei durch Dagobert I. in Erinnerung gerufen, Suger führt auf diese Weise zwei Determinanten ein, die seine Baumaßnahmen von Anfang an bestimmen: die alte Dagobert-Basilika mit ihren liturgischen Traditionen und die merowingisch-fränkischen Königs- und Kaiserkulte. Es verwundert demnach auch nicht, daß Suger, der vermeintliche Neuerer, seine Arbeiten an der Basilika mit der Ausschmückung *(ornatus)* der alten Dagobert-Kirche beginnt. Diese, in den eigenen Worten Sugers „mit wunderbarer Vielfalt marmorner Säulen zusammengefügt, in unvorstellbarer Weise mit zahlreichen Schätzen reinsten Goldes und Silbers reichlich ausgestattet", dazu von Dagobert mit goldbestickten und mit vielfälti-

[71] Cf. etwa den Beginn des zweiten Teiles: *adm* 160–161.

gen Arten von Perlen reichlich geschmückten Tüchern behängt, „bis sie den Schmuck der anderen Kirchen zu übertreffen schien und, auf jegliche Weise in unvergleichlichem Glanz erblühend und mit aller irdischen Schönheit angetan, in unvorstellbarer Pracht erglänzte“ (*cons* 9,67–74), ist und bleibt das Maß für alle erforderlichen Um- und Teilneubauten, um deren *„conuenientia et coherentia“* (*cons* 20,137) mit dem alten Werk sich Suger stets nachhaltig bemüht.

Nach dieser Renovierung und Ausschmückung der alten Kirche wendet sich Suger der Erweiterung *(augmentatio)* der Kirche im Westen zu. Bei diesem Westbau handelte es sich ursprünglich, wie Suger in *adm* 165 bezeugt, um ein *augmentum* Karls des Großen, das er als Grabstätte für seinen Vater Pippin hatte errichten lassen[72], und das nunmehr im Zuge der Umgestaltung „in schönem Zusammenkommen neuer Säulen und Bogen in passender Weise“ mit der alten Basilika vereint wird (*ord* 34,182–184) und in der neuen Erweiterung *(augmentum quoddam)* aufgeht (*adm* 165,78). Hierbei wird das alte Romanus-Patrozinium im oberen Teil des Westbaus wiederbelebt,[73] flankiert im unteren Bereich durch zwei dem Hippolyt[74] und dem Bartholomäus[75] geweihte Oratorien. Diese klare Patrozinienordnung

[72] Cf. hierzu van der Meulen/Speer (1988), p. 267; zum karolingischen Königskult und insbesondere zum Karlskult ferner ibid., pp. 172–179. – Bereits in einer Urkunde aus dem Jahre 1125 legt Suger 200 Pfund *„ad introitum monasterii Beati Dionysii renovandum et decorandum“* fest (Lecoy, p. 320; cf. Cartellieri Reg. n. 44, p. 133). Allerdings ist nicht deutlich, wo dieser Eingang liegt, ob es sich tatsächlich um den Eingangsbereich zur Klosterkirche im Westen handelt; allerdings stellt Suger einen erheblichen Betrag bereit.

[73] *adm* 167; in *cons* 43,249–253 erwähnt Suger auch ein Michael- und Marienpatrozinium, das in *ord* 33,184, jedoch gleichfalls nicht genannt ist; Suger greift in *adm* 167–169 also auf die ältere Urkunde zurück.

[74] Übereinstimmend *ord* 34,184 und *adm* 169,744. In *cons* 43,255–257 (mit Ortsangabe *in sinistro*) werden weitere Heilige zugefügt, nämlich Laurentius, Sixtus, Felicissimus und Agapitus. Die letzten drei werden später in *cons* 96,600sq. in der ersten rechts der Marienscheitelkapelle gelegenen Kryptenkapelle wieder genannt; womöglich liegt also eine Translation vor.

[75] Übereinstimmend *ord* 33,185 und *cons* 43,253sq. (mit Ortsangabe *in dextro latere*); nach *adm* 169,745 ist dieses Oratorium dem Nicolaus geweiht – möglicherweise ein weiterer Hinweis auf Sugers Kenntnis der *Chronica Monasterii Casinensis*, in der *iuxta porticum* eine dem Nikolaus geweihte *edecula* genannt wird, zusammen mit einem Bartholomaeus-Oratorium (Chronica Mons. Cas. III, 26, p. 395,26–29). Möglicherweise aber zählt Nikolaus, der in der 1247 neugeweihten Hilariuskapelle im Chorhaupt unter den Konfessoren erscheint, auch zu der Gruppe weiterer namenloser Heiliger *(aliorum multorum)*, die Suger in *cons* 43,254sq. in der Hippolyt-Kapelle nennt; cf. hierzu A. Speer/M. Pickavé, Abt Sugers Schrift *De consecratione* (wie Anm. 24), pp. 226sq.

ist in der Forschung gänzlich verunklärt worden. Panofsky „verlegt" gar die Hippolyt-Kapelle in das Langhaus der Kirche, wo sie – ohne jede weitere Evidenz – durchweg auf den Grundrissen erscheint[76].

Die anläßlich der Weihe der westlichen Erweiterung abgefaßte *Ordinatio* erwähnt im Hauptteil auch die Wiederherstellung der verfallenen Memorialkulte der merowingisch-karolingischen Könige und Kaiser. Diese urkundlich verbürgte *renovatio* umfaßt zwei Punkte, die beide auf liturgische Traditionen zurückgehen, die von Karl dem Kahlen begründet wurden. Hierbei handelt es sich – nimmt man die ausführliche Schilderung dieses Ereignisses in dem diesem „Heiligen Altar" gewidmeten Abschnitt in *De administratione* hinzu – um die *detectio* der Jakobus-, Stephanus- und Vincentius-Reliquien, die unter Karl dem Kahlen zum Schutz seiner Grabstätte in den Trinitäts- oder Matutinalaltar – eine unter Abt Hilduin erfolgte karolingische Stiftung, wie auch das von Suger in *adm* 240 überlieferte „Zeugnis der Alten" belegt – eingelassen worden waren, sowie um die Umgestaltung der Kultstätte der gleichfalls von Karl dem Kahlen gestifteten Passions- und Simeonreliquien[77]; diese befand sich, wie aus den Berichten zur Grundsteinlegung für die Erweiterung des oberen, östlichen Teils der Basilika hervorgeht, im Bereich der ursprünglichen Märtyrergräber „innerhalb des Allerheiligsten"[78]. Suger legt den Tag der Detectio absichtsvoll auf den Festtag des Hl. Dionysius, also auf den 9. Oktober (*adm* 244,1088–1090) fest. Mit Blick auf das Datum der Grundsteinlegung, nämlich den 11. Juli 1140, anläßlich dessen die *Ordinatio* im Kapitel in Anwesenheit des Königs verhandelt wurde (*„actum" – ord* 45,249), ist ein frühere Zeitpunkt anzunehmen, wahrscheinlich das Jahr 1138. Diese Datierung liegt nahe, wenn man die zweijährige Vakanz des Reimser Bischofstuhls in Betracht zieht, der erst am 2. Juni 1140 durch Samson von Mauvoisin wiederbesetzt wurde. Damit würde Suger seine Renovierungs- und Erweiterungsarbeiten an der Abteikirche bedeutungsvoll an dem Ort begonnen haben, an dem sich die Brüder mehrfach täglich zum Gebet versammelten[79].

[76] Panofsky (1979), pp. 152–154; siehe hierzu kritisch van der Meulen/Speer (1988), pp. 277sq. mit Anm. 894 (dort auch ausführlich zur Frage der Patrozinien im Westbau). Diese Lokalisierung übernimmt auch Edward B. Foley (The First Ordinary [wie Anm. 70], pp. 225–232 und Figur 1) unkritisch. Auf unserer Abb. 2 ist dieser Fehler korrigiert.

[77] *ord* 22–30, bes. *ord* 25–26; cf. *adm* 240–255, zur Detectio bes. *adm* 243–250. Cf. van der Meulen/Speer (1988), pp. 200sq und 267sq.

[78] *ord* 36, auch *ord* 39 und *cons* 51.

[79] Suger nennt den Reimser Erzbischof – allerdings wie die übrigen Bischöfe ohne Namensnennung – sowohl in *ord* 25,123 als auch in *adm* 245,1093. Die Vakanz des Reimser Bischofsstuhls währte von 1138–1140. Nimmt man diese Vakanz zum Bezugspunkt, so folgte für die geschilderte Detectio entweder eine Datierung vor 1139

In *De consecratione* fehlt dieser Hinweis auf die Memoria Karls, ebenso die Schilderung der Detectio[80]. Dafür aber berichtet Suger eingehend über den Volksandrang bei den von Karl dem Kahlen gestifteten Passionsreliquien, denen in einem weit größeren Umfang als den drei Ortspatronen eine breite volkstümliche Verehrung zukam[81]. In *adm* 164 bringt Suger diesen *„clamosus tumultus"* unter anderem mit dem Fest des Lendit *(indictum)* in Verbindung, das Ludwig VI. nach seinem Sieg über Heinrich V. durch ein königliches Privileg in seiner äußeren Form wie in seiner Bedeutung für den Kult der heiligen Patronatsmärtyrer (*„indictum exterius in platea, interius enim Sanctorum"*) wiederherstellte[82]. Gegenüber diesem Popularkult der Passionsreliquien verbindet Suger die Kulttradition der Patronatsheiligen mit der Gründungslegende der Dagobert-Basilika und mit dem Kultdienst für den Merowingerkönig Dagobert selbst[83]. Diese Kulttradition verweist auf die Gründung des Klosters im *vicus Catulliacensis* als Königsabtei durch Dagobert I. und somit auf die kirchlich-dynastische Verbindung zwischen dem französischen Königtum und der fränkischen Königsabtei Saint-Denis[84]. Es

– also 1138 oder noch früher – oder aber nach 1140, d. h. 1141. Im zweiten Fall ergäbe sich eine andere Abfolge der Baumaßnahmen: die Detectio wäre eine Zwischenstation im Übergang von der Erweiterung im Westen zu den weitaus komplexeren Arbeiten im Osten. Würde im ersten Fall der Beginn der Umbaumaßnahmen deutlich vorverlegt, so stellt sich im zweiten Fall das Problem der Datierung der *Ordinatio*; allerdings läßt das *„actum"* keine genaue Festlegung zu, daß der Zeitpunkt der Unterhandlung mit dem Datum der Ausfertigung identisch ist. Zur Datierung cf. den Beitrag von M. Pickavé, p. 157; cf. auch Gasparri (1996), pp. 227sq. (Anm. 243).

[80] Diese befindet sich in *De administratione* gleichfalls nicht am angezeigten Platz, nämlich im zweiten Teil, welcher nach Sugers eigenem Bekunden über die Errichtung der Kirchengebäude *(de edificiorum institutione)* handelt, sondern im dritten Teil, der von den Kirchenschätzen *(thesauri)* handelt im Zusammenhang mit dem genannten Altar; dies hat Panofsky zu einer falschen Ordnung verleitet und ihn damit ein wesentliches Motiv für Sugers Handeln, nämlich die renovatio der Königskulte, verkennen lassen.

[81] *cons* 10–13; van der Meulen/Speer (1988), pp. 268–271.

[82] Vita Lud. VI., c. XXVIII (p. 228); cf. *ord* 9 (mit Anm. 5). Zur Bedeutung des „Lendit" für das religiöse und politische Selbstverständnis von Saint-Denis sowie zum Zusammenhang mit der Gründungslegende der Patronatsmärtyrer und ihrer Bestattung in Saint-Denis siehe die ausführliche historische Studie von Anne Lombard-Jourdan, „Montjoie et saint Denis!" Le centre de la Gaule aux origines de Paris et de Saint-Denis, Paris 1989, zum Fest des Lendit insbesondere pp. 193–197 und 224–227. Zu den Ereignissen des Jahres 1124 siehe Vita Lud. VI., c. XXVIII (pp. 220–229); cf. hierzu J. Ehlers, Geschichte Frankreichs im Mittelalter, Stuttgart 1987, pp. 104–106, ferner Lombard-Jourdan, op. cit., pp. 218sq.

[83] *cons* 8–9 und *cons* 88–90.

[84] Siehe hierzu mit ausführlichen Quellenbelegen van der Meulen/Speer (1988),

liegt in der Konsequenz von Sugers eigenem kirchlichen und politischen Wirken, diese Verbindung neu und dauerhaft zu befestigen und dies auch liturgisch zum Ausdruck zu bringen. Die baulichen Erneuerungsarbeiten an der Abteikirche – auf das engste verbunden mit den drei Grabstätten Pippins, Karls des Kahlen und Dagoberts sowie den mit ihnen verbundenen Kulttraditionen – kulminieren somit in der erneuerten Oberkirche, die Sugers eigenen Angaben zufolge als ein Ort aufzufassen ist, wo die hocherhabenen Bischöfe *(summi pontifices)* und die dazu berechtigten Persönlichkeiten *(persone auctentice)* zusammen mit den Mönchen das Meßopfer feierten[85]. Es sind daher Bischöfe, Fürsten und selbst der König, die für den Altar vor dem neuen Schrein der *corpora* der Patronatsmärtyrer in der Oberkirche stiften[86].

Die Voraussetzung für diese liturgische Neuordnung ist jene Umgestaltung des Chorbereichs, die in der Architekturgeschichte des Mittelalters zu den meistdiskutierten Sujets gezählt werden kann. Dies gilt vor allem für die betreffende Textpassage *cons* 47–49, in der Suger in knappen Worten die Baumaßnahmen im Osten zusammenfaßt. Ich möchte in diesem Zusammenhang nur auf einen wesentlichen – und allgemein übersehenen – Umstand aufmerksam machen, der sich auf die eingangs genannte Determinante der alten Basilika bezieht, um die alle Vorüberlegungen zu den geplanten Baumaßnahmen im Bereich der Ostanlage zentriert sind. Diese gelten vor allem den – aufgrund der durch göttliches Handeln eigenhändig („*propria et manuali extensione*“) gespendeten Weihe – geweihten Steinen („*ipsis sacratis lapidibus*“) der alten Kirche, die deswegen gleichsam wie Reliquien zu behandeln seien („*tamquam reliquiis deferremus*“)[87]. Mehr noch als die Auszeichnung des Neubaus durch die Schönheit des Längen- und Breitenmaßes liegt Suger offenkundig die Bewahrung der durch seine Weihetradition besonders ausgezeichneten Teile des alten Kirchbaus am Herzen; konsequent bezieht er daher in *adm* 183 diese Aussage auf die gesamte alte Kirche, weshalb bei der Neugestaltung des „mittleren Gewölbes der Kirche, das man Schiff nennt“ („*mediam ecclesie testudinem quam dicunt nauim*“), gleichfalls „ein möglichst großer Anteil der alten Wände, denen der oberste Priester, unser Herr Jesus Christus, nach dem Zeugnis alter Schriften selbst die Hand aufgelegt hatte“, erhalten werden sollte[88]. Jene Vorstellung einer Weihe von Christi Hand in

pp. 141–147; ferner G. M. Spiegel, The Cult of Saint Denis and Capetian Kingship, in: Journal of Medieval History 1 (1975), pp. 43–69.

[85] *cons* 61; cf. van der Meulen/Speer (1988), p. 272.

[86] *cons* 63–64.

[87] *cons* 47,283–286.

[88] *adm* 183,835–837: „*reseruata tamen quantacumque porcione de parietibus antiquis, quibus summus pontifex Dominus Jesus Christus testimonio antiquorum scriptorum manum apposuerat*“.

Anwesenheit der Apostelfürsten Petrus und Paulus und der Ortsheiligen, des heiligen Märtyrerbischofs Dionysius und seiner Gefährten Rusticus und Eleutherius, die sich mit der alten Basilika verbindet, ist im 11. Jahrhundert erstmals schriftlich bezeugt. Diese „consécration légendaire" geht auf eine Reliqientranslation der genannten Ortsheiligen, verbunden mit einer Neuweihe des Sanktuariums nach umfangreichen Bauarbeiten unter König Dagobert I., zurück, die kultgeschichtlich für Saint-Denis eine herausragende Bedeutung besitzt[89]. Die legendäre Weiheerzählung ist damit zum einen Ausdruck jenes Bewußtseins der Dauerhaftigkeit einer einmal gespendeten Weihe und der damit gegebenen fortwährenden Präsenz Gottes in seinem Haus; zum anderen gibt sie Zeugnis von der kultgeschichtlichen Kontinuität, die neben den bestehenden Patrozinien vor allem die Kultdienste für die merowingisch-fränkischen Könige und Kaiser umfaßt.

In den drei Schriften werden mit teilweise bemerkenswerter Genauigkeit verschiedene die Kirche betreffende liturgische Handlungen beschrieben. Im einzelnen handelt es sich um eine Reliquiendetectio am Trinitäts- oder Matutinalalter im Bereich des Mönchschores (*adm* 243–250; cf. *ord* 25–26), ferner um eine feierliche Grundsteinlegung im Bereich der Ostanlage (*ord* 38–41 = *cons* 50–53) sowie um zwei Teilweihen von erneuerten Bauteilen zunächst im Westen (*cons* 42–43; cf. *adm* 167–169 und *ord* 34) und sodann im Osten (*cons* 82–97) der Basilika von Saint-Denis. Die beiden Weihen, im Westen wie im Osten, sind jeweils mit Altarweihen verbunden, die Weihe im Osten sogar mit einer Reliquientranslation, deren Vorbereitung Suger mit großer Ausführlichkeit schildert (*cons* 59–66).

Mit *consecratio* oder *dedicatio* – Suger verwendet beide Begriffe ohne erkennbaren Unterschied in der Bedeutung, wenngleich mit einer deutlichen Präferenz für *consecrare* gegenüber *dedicare* – wird im kirchenrechtlich-liturgischen Sprachgebrauch neben der Weihe neu errichteter Bauten auch die Weihe von Umbauten, Neubauten, teilweise wiedererrichteten und exsekrierten Gebäuden bezeichnet, auch wenn, wie im *Decretum Gratiani* ausdrücklich festgehalten, das Kirchengebäude als Ganzes nur einmal konsekriert wird[90]. Als dem Bischof vorbehaltene Pontifikalhandlung zählt der

[89] *De dedicatione ecclesie beatissimi ariopagite Dyonisii sociorumque eius*, ed. Ch. J. Liebman Jr., La consécration légendaire de la basilique de Saint-Denis, in: Le Moyen Âge 45 (1945), pp. 252–264; zum historischen Befund und den liturgiegeschichtlichen Hintergründen siehe van der Meulen/Speer (1988), pp. 147–172; ferner A. Lombard-Jourdan, La légende de la consécration par le Christ de la basilique mérovingienne de Saint-Denis et de la guérison du lépreux, in: Bulletin Monumental 143 (1985), pp. 237–269.

[90] Cf. hierzu H. P. Neuheuser, Die Kirchweihbeschreibungen von Saint-Denis und

Kirchweihritus zu den bedeutendsten kirchlichen Riten überhaupt, der von Anbeginn eng mit der Altarweihe und der Reliqiuendeposition verbunden ist. Schon vom 8. Jahrhundert an existieren Kirchweihordines, die den liturgischen Ablauf der Kirchweihe präzise festhalten[91]. Das von Michel Andrieu konstituierte *Pontificale Romanum* des 12. Jahrhunderts dürfte der für Sugers Jahrhundert maßgebliche Pontifikaltyp gewesen sein[92]. Hierfür sprechen auch die deutlichen Parallelen in der formalen Abfolge, so daß sich anhand des genannten Pontifikaltyps des *Pontificale Romanum* des 12. Jahrhunderts der liturgische Ablauf der von Suger geschilderten Weihehandlungen rekonstruieren läßt[93]. Als Beispiel seien die beiden Weiheberichte aus *De consecratione* herangezogen, welche die am 9. Juni 1140 erfolgte Weihe des Westbaus (*cons* 42–43) und die am 11. Juni 1144 zugleich als Bauschlußweihe vollzogene feierliche Weihe der Ostanlage (*cons* 83–97) betreffen:

De consecratione 42,233–43,258: Weihe des *primum augmentum* im Westen am 9. Juni 1140	**Pontificale Romanum XII saeculi:** XVII. *Ordo ad benedicandam ecclesiam*	**De consecratione** 81,502–97,610: Weihe des *augmentum superioris partis* im Osten am 11. Juli 1144
	1. am Vortag: Übertragen der Reliquien in ein Zelt vor der Kirche oder zu einem anderen Ort für die Vigilfeier (XVII,1 [L])	am Vortag: Niederlegen der Reliquien aus den Kapellen in Zelten vor der Kirche (81,503–506)
	2. Vorbereitung der sakramentalen Gerätschaften (XVII,1 [BCO])	Vorbereitung der sakramentalen Gerätschaften (81,506sq.)

ihre Aussagefähigkeit für das Schönheitsempfinden des Abtes Suger, in: Binding/Speer (1993), pp. 116–183, hier pp. 119–121; van der Meulen/Speer (1988), pp. 144sq. mit Anm. 412 (zum *Decretum Gratiani*).

[91] Van der Meulen/Speer (1988), pp. 164–167; H. P. Neuheuser, Die Kirchweihbeschreibungen (wie Anm. 87), pp. 122–123; dort jeweils mit ausführlichen Literaturangaben.

[92] Andrieu (1938); der *Ordo ad benedicandam ecclesiam* des Pontificale Romanum des 12. Jahrhunderts (= PR XII) findet sich auf pp. 176–195. Aufschlußreich in Hinblick auf die Entwicklung dieses Pontifikaltyps und auf die Überlieferung der diesem Pontifikaltyp zugehörigen Pontifikalbücher ist auch die Einleitung sowie die ausführliche Beschreibung der Manuskripte auf pp. 4–114; siehe insbesondere die Hinweise zu den beiden Leithandschriften Vat. lat. 7818 (pp. 92sq.) und Vat. Barber. 631 (pp. 95–97).

[93] Cf. H. P. Neuheuser, Die Kirchweihbeschreibungen (wie Anm. 90), pp. 123–141.

	3. Vigilfeier (XVII,1 [L])	Vesper- und Matutinfeier (83,514–519)
vielfacher Lobgesang (42,238–240)		
Versammeln der drei Amtsträger in der Mitte des neuen Bauteils am dortigen Weihwasserbekken (42,240–43,241)	4. Versammlung am Ort der für die Kirche bestimmten Reliquien (XVII,1 [L])	Versammlung der Amtsträger in der Nähe des Weihwasserbeckens (84,519–524)
	5. feierliche Übertragung der Reliquien bis vor die zu weihende Kirche (XVII,1 [L]))	
	6. Anzünden der zwölf Leuchter während eines Rundgangs durch die Kirche und Einschließen des Diakons (XVII,2)	
Segnung des ersten Weihwassers (43,241sq.)	7. Segnung von Salz und Wasser (XVII,3–7)	
Prozession durch die Kapelle des hl. Eustachius (43,242sq.)	8. Rundgang und Aspersion (XII,8–9)	
Prozession über den Platz „Panteria“ (43,243sq.)		
	9. dreimaliges Klopfen mit dem Bischofsstab gegen die Kirchentür und dreifacher Dialog zw. Konsekrator und dem eingeschlossenen Diakon (XVII,10–16)	
Rückkehr in die Kirche durch die Bronzetüre, die zum Friedhof führt (43,244sq.)	10. Einzug des Konsekrators in die Kirche, Proskynese, Litanei (XVII,17)	
	11. Alphabetritus (XVII,18–21)	
	12. Bereitung des Gregoriuswassers (Wasser, Salz, Asche) (XVII,22–31)	Umschreiten des Weihwasserbeckens und Weihe des Wassers (85,525–529)

	13. Besprengung des Altars (XVII,32–34)	
	14. Kreuzförmige Besprengung des Kirchenraumes (XVII,36)	Aspersion der Kirche durch die Amtsträger (86,533–535)
	15. Gebete zum Abschluß der Lustration (XVII,37–39)	
	16. Ausgießen des restlichen Wassers am Fuß des Altares, Bereiten des Mörtels (XVII,40)	
	17. Prozession zum Aufbewahrungsort der Reliquien (XVII,41–43)	Gang zu den Gräbern der Patronatsmärtyrer in der Krypta (87,537–540)
		Niederwerfen vor den Gräbern (88,541sq.)
		Öffnung der Reliquienschreine (88,542–544)
		Bitte an den König um Erhebung der Reliquien (88,545–90,560)
	18. Erhebung der Reliquien und Prozession (XVII,44–45)	Erhebung der Reliquien (91,560–562)
		Herausführen der Reliquien aus der Krypta durch die Erzbischöfe und den König (92,562–566)
		Reliquienprozession von den Zelten vor der Kirche zum Chor (93,566–571)
		Aufeinandertreffen und gemeinsame Reliquienprozession durch Kirche und Kreuzgang (93,571–575)
	19. Ansprache des Bischofs (XVII,46)	

	20. Gebet vor dem feierlichen Einzug in die Kirche (XVII,47)	
	21. feierlicher Einzug mit den Reliquien zum Altar (XVII,47)	Rückkehr der Prozession und Niederlegung der Reliquien (95,576–578)
Salbung mit Chrisam (43,245sq.)	22. Salbung des Altargrabes und Beisetzung der Reliquien (XVII,49–50)	Weihe des neuen Hauptaltars vor den Reliquienschreinen im Hochchor (95,578–580)
Weihe der oberen Kapelle und der unteren Kapellen (43,248–258)		Weihe der übrigen Altäre im Chor und in der Krypta (96,581–604)
	23. Verschließen des Reliquiengrabes (XVII,51–53)	
	24. Verbrennen von Weihrauch auf der Altarmensa (XVII,54)	
	25. dreifache Salbung des Altares (XVII,55–57)	
	26. Salbung der Kirche an zwölf Stellen (Apostelkreuze) (XVII,58)	
	27. Weihrauchopfer auf dem Altar und Weihegebete (XVII,59–65)	
	28. Bekleidung des Altares (XVII,66–70)	
	29. Empfang der Meßgewänder in der Sakristei und Einzug zur Weihemesse (XVII,71)	
Meßfeier (44,246sq.)	30. Weihemesse (XVII,71–81)	Weihemesse (97,605–610)

Der synoptische Vergleich der beiden Weiheberichte mit der idealen Abfolge des *Pontificale Romanum* des 12. Jahrhunderts legt die besondere Bedeutung der Weihe in der östlichen Choranlage offen. Diese ergibt sich vor allem durch die Verbindung der Weihe eines in wesentlichen Bereichen neu errichteten Gebäudeteiles mit einer Reliquientranslation der Titelheiligen und der hierfür notwendigen Weihe eines zu diesem Zweck neu errichteten Altares, wodurch die Teilweihe gleichsam den Charakter einer Neuweihe erhält. Dieser Eindruck wird noch betont durch die Verbringung der Reliquien am Vorabend der Weihe aus den Altären der Ostanlage in Zelte vor der Kirche (*cons* 81,503–506); von dort aus werden sie in einer feierlichen Prozession in die Kirche gebracht, wo sie, wie Suger berichtet, eingangs der neuen Choranlage auf die aus ihrem alten Platz in der Ringconfessio der Unterkirche erhobenen Gebeine des heiligen Dionysius und seiner Gefährten treffen (*cons* 93,568–572). Nicht umsonst deutet Abt Suger diese Weihe der zentralen Kultanlage im Osten der Basilika von Saint-Denis in formaler wie inhaltlicher Entsprechung zur „consécration légendaire", bei welcher der Legende nach Christus selbst die Weihe vollzogen haben soll[94].

Im Strukturvergleich mit dem Idealtyp des Pontificale Romanum des 12. Jahrhunderts zeigen sich mit Bezug auf beide Weihehandlungen gleichwohl signifikante Abweichungen, die eine genauere Bestimmung des Vorbildcharakters dieser Quelle für Sugers Schrift geboten erscheinen lassen. Es fällt vor allem auf, daß die Auslassungen zum Teil zentrale Riten der Kirchweihliturgie betreffen. So fehlen in Sugers Bericht die eindrucksvollen Eingangsriten am Kirchenportal mit dem dreifachen Anklopfen des Konsekrators und dem Dialog mit dem im Innern eingeschlossenen Diakon, ferner der das Kirchengebäude gewissermaßen liturgisch vermessende Alphabetritus, das Verbrennen von Weihrauchkörnern auf der Altarmensa sowie die Salbung der Apostelkreuze an zwölf Stellen des Kirchengebäudes[95]. Ganz offensichtlich besteht Sugers Absicht – wie ein Vergleich mit dem *Mitrale* des Sicardus von Cremona, dem pseudo-hugonischen *Speculum de mysteriis ecclesiae* und dem Kirchweihtraktat in *De sacramentis*, dem theologischen Hauptwerk des Hugo von St. Viktor, zeigt[96] – nicht in einer vollständigen

[94] Siehe *cons* 47,283–286; *cons* 83,516–519; *cons* 93,567–568; zur „consécration légendaire" cf. supra Anm. 89.

[95] Cf. hierzu H. P. Neuheuser, Die Kirchweihbeschreibungen (wie Anm. 90), pp. 130–141. Die dort angesprochene Frage der Verbindung von Kirchweihe und Festkrönung (ibid., pp. 132–133), die auf einer Lesart Verdiers *„sceptrigera manus"* beruht, ist jedoch zu verneinen, da sie keine Grundlage in den Handschriften hat (cf. *cons* 91,562 mit Anm. 54).

[96] Siccardus von Cremona, Mitrale seu de officiis ecclesiasticis summa, I,6–10 (PL 213, 23A–40A); Ps.-Hugo, Speculum de mysteriis ecclesiae, cap. II (PL 177, 338D–340C); Hugo von St. Viktor, De sacramentis, II, 5, 1–3 (PL 176, 439A–441A). Ein wesentlicher Hauptunterschied besteht auch darin, daß es in den genannten Werken um eine Exegese der Kirchweihliturgie ohne Bezug auf eine bestimmte historische Weihehandlung geht.

Liturgieallegorese, dagegen hebt er die Besonderheiten bei der Kirchweihliturgie in Saint-Denis hervor. Die Hinzufügungen bei der Weihe im Ostteil der Kirche wie der Gang zu den Gräbern, die Proskynese und die Erhebung der Reliquien durch den König selbst ergeben sich als lokale Sonderriten insbesondere aus der besonderen Bedeutung von Saint-Denis als Grablege des französischen Königtums. Ohne Zweifel kann Suger voraussetzen, daß seine Leser mit den Grundelementen der Kirchweihliturgie des *Pontificale Romanum*, deren Abfolge er strikt wahrt, vertraut sind, ohne daß diese vollständig repetiert werden müßten. Schließlich gilt es, die besondere Eigenart der beiden von Suger geschilderten Weihen zu beachten. Beide Male nämlich handelt es sich um Teilweihen, so daß bestimmte Riten wie der das Kirchengebäude im ganzen betreffende Alphabetritus der liturgischen Ordnung gemäß nicht mehr vollzogen werden[97]. Zutreffend hat Hanns Peter Neuheuser mit Bezug auf Sugers Kirchweihschilderungen von einem „absoluten Vorrang liturgischer Genauigkeit vor ästhetischer Auskleidung" gesprochen[98].

Auch für die Detectio am Matutinalaltar und für die Grundsteinlegung im Osten läßt sich der liturgische Ablauf anhand von Sugers Beschreibungen rekonstruieren. Die Detectio beginnt mit der Terz und einer feierlichen Prozession (*adm* 246), welche die Zeugen der Reliquienerhebung zum Ort des Geschehens bringt, wo Goldschmiede die Altargräber der Heiligen öffnen (*adm* 249). In *ord* 26 berichtet Suger, daß die Reliquien sodann für die Gläubigen sichtbar ausgestellt wurden, während die Goldschmiede alles für die erneute Beisetzung der Reliquien vorbereiten.

Die Grundsteinlegungszeremonie, die nur kurze Zeit nach der feierlichen Weihe des Westteils von Saint-Denis am 14. Juli 1140 begangen wurde, weist nach Sugers Bericht in *cons* 50–53 (= *ord* 38–41) folgende Bestandteile auf[99]: Einfinden der Bischöfe und Äbte sowie des Königs und anderer Persönlichkeiten in Saint-Denis – Ordnen der Prozession – Reliquienprozession und Deposition der Reliquien – Hinabsteigen zur Baugrube – Anrufung des Heiligen Geistes mit Bitte um guten Baubeginn und guten Abschluß – Anrühren des Mörtels mit dem von der Kirchweihe aufbewahrten Weihwasser – Anstimmen der Antiphon „*Fundamenta eius*" – Legen der Grundsteine durch die Bischöfe, durch den König, durch Mitglieder des Konvents und andere Anwesende – Gesang des „*Lapides preciosi*".

[97] Eine systematische Zusammenstellung der maßgeblichen liturgischen und kirchenrechtlichen Regeln bietet das *Rationale divinorum officiorum* des Durandus de Mende vom Ende des 13. Jahrhunderts (ca. 1286–1291); siehe Rationale, lib. I, cap. VI, 31–46 (CCCM 140 [edd. A. Davril/T. M. Thibodeau], pp. 74–84).

[98] H. P. Neuheuser, Die Kirchweihbeschreibungen (wie Anm. 90), p. 152.

[99] Cf. H. P. Neuheuser, Die Kirchweihbeschreibungen (wie Anm. 90), p. 139.

Auch wenn ein eigener liturgischer Ritus für die Grundsteinlegung einer Kirche vor dem 13. Jahrhundert nicht besteht[100], haben wir es nicht mit einer „kreativen“ Ritenschöpfung Sugers zu tun. Der Abt von Saint-Denis greift vielmehr auf allgemeine Elemente der Pontifikalliturgie und der Reliquienverehrung sowie auf den älteren Ritus der Segnung des Baugeländes einer Kirche etwa nach dem Römisch-Gemanischen Pontifikale sowie auf Elemente des Kirchweihritus zurück[101]. Daß mehrere Grundsteine gelegt werden, und zwar durch Kleriker und durch Laien gleichermaßen, und daß ferner manche der Anwesenden anstelle eines Bausteins andere Beigaben, etwa einen Edelstein, in das Fundament legen, ist auch für andere entsprechende Riten des 12. Jahrhunderts bezeugt[102].

Der allgemeine Vorbildcharakter des *Pontificale Romanum* des 12. Jahrhunderts für Sugers Kirchweihtraktat wird auch durch inhaltliche Paralleln bezeugt, welche den theologischen Hintergrund der Sugerschen Liturgieauslegung und damit jenen Bereich betreffen, nach dem in der Forschung im Sinne einer leitenden Idee gesucht worden ist. Nicht nur sind die Hymnen und viele der von Suger verwandten Bibelzitate der Kirchweihliturgie entnommen, insbesondere in jenen Passagen, in denen Suger seine theologischen Intentionen zum Ausdruck bringt – dies ist neben dem Prolog (*cons* 1–7) und dem gebetsartigen Epilog (*cons* 98) vor allem jene den Fortgang der Arbeiten betreffende Passage (*cons* 57–58), die unmittelbar den Vorbereitungen für die Translation der Märtyrerpatrone vorausgeht –, finden sich direkte Anleihen vornehmlich aus den Orationen des *Pontificale Romanum*, welche die verschiedenen Riten begleiten oder abschließen. Dies gilt zunächst für die durchgängige Vorstellung der spirituellen Dimension des Bauens, das nicht nur auf die Kirche als Gebäude beschränkt ist, sondern sich auch auf die Gemeinde aus lebendigen Steinen erstreckt, deren *lapis angularis* Christus selbst ist[103]. In dieser Parallelisierung von äußerer Erscheinung und innerer Wirkung – bezogen sowohl auf die subjektive Disposition des einzelnen wie auf die ekklesiologische Dimension, die im Doppelcharakter des Kirchenbegriffs zum Ausdruck kommt – erfährt der Kirchweihritus eine

[100] Cf. K. J. Benz, *Ecclesiae pura simplicitas.* Zu Geschichte und Deutung der Grundsteinlegung im hohen Mittelalter, in: Archiv für mittelrheinische Kirchengeschichte 23 (1980), pp. 9–25, hier p. 10.

[101] H. P. Neuheuser, Die Kirchweihbeschreibungen (wie Anm. 90), pp. 139–141.

[102] Cf. K. J. Benz, *Ecclesiae pura simplicitas* (wie Anm. 100), pp. 21–23; ferner Binding (1998), pp. 283–314.

[103] Cf. PR XII (n. XVII), 12 (ed. Andrieu [1938], p. 179,13–17) und *cons* 58,353–361; cf. Binding (1998), pp. 315–338.

theologische Aufwertung als sakramentales *instrumentum*, da er die Salbung des mit Chrisam gesalbten Christus abbildet[104].

In diesem Zusammenhang findet sich sowohl im Kirchweihordo wie in Sugers Kirchweihtraktat die Bezeichnung *holocaustum*, in Verbindung mit *odor* bzw. *odoriferum*. In der sakramententheologischen Sprache des 12. Jahrhunderts wird durch *holocaustum* vor allem der Reinigungs- und Opfergedanke betont, wobei gegenüber *sacrificium*, das nur das Opfer eines Teiles bezeichnet[105], der Aspekt des Ganzopfers hervorgehoben und in besonderer Weise die innere ganzheitliche Anteilnahme und die persönlichen Hingabe des Opfernden zum Ausdruck gebracht wird. Auch Suger knüpft an diesen Reinigungsgedanken an, der als ein Reflex pseudo-dionysischer Theologie gelesen werden kann, indem er in dem „durch das sehr angenehme Brandopfer eines geläuterten Geistes" (*cons* 5,28) die Voraussetzung für die vor allem durch das Sakrament der Eucharistie bewirkte Rückkehr der *puriores* zu ihrem Ursprung sieht (*cons* 98,617)[106]. Wie Suger, der vor allem

[104] Cf. etwa PR XII (n. XVII), 64 (ed. Andrieu [1938], p. 191,22): „*sacrae unctionis libamine*"; ibid., p. 191,24–25: „*sacrosancti chrismatis unctione est delibutum*". Cf. *cons* 81,506: „*sacramentalia consecrationis instrumenta*". Ferner *cons* 98,614: „*sacramentali sanctissimi crismatis delibutione*" (cf. Hbr 1,9). Zum zeitgenössischen Hintergrund der sakramententheologischen Diskussion siehe Hugo von St. Viktor, De sacramentis II, 5, 1 (PL 176, 439B): „*Alia vero sacramenta omnia ad quae conficienda et sanctificanda universa haec quasi quaedam instrumenta praemissa sunt*".

[105] Cf. hierzu Hildebert von Lavardin in seinem Brief an Wilhelm von Champeaux (Epistolae I,1 [PL 171, 142B]), unter Berufung auf Gregor den Großen (In Ezechielem, II, 8, 16 [PL 76, 1037C]).

[106] Cf. *cons* 5,28; *cons* 61,383. – PR XII (n. XVII), 61 (ed. Andrieu [1938], p. 190,20–22): „ … *preces humilitatis nostrae exaudi et respicie ad huius altaris holocaustum, quod non igne visibli probetur, sed infusione sancti spiritus in odorem tuae suavitatis ascendat*". PR XII (n. XVII), 61 (ed. Andrieu [1938], p. 191,26–29): „*dignum tibi fiat holocaustum atque omnium dic offerentium sacrificia a te pio domino benigne suscipiantur et per ea peccatorum nostrorum vincula absolvantur, maculae deleantur, veniae impetrentur, gratiae acquirantur, quatenus una cum sanctis tuis vitam percipere mereamur aeternam*".
In dieser Bedeutung verwendet Suger den Begriff auch in der Ludwigsvita zur Beschreibung der tiefen Verehrung, die Papst Paschalis II. bei seinem Besuch in Saint-Denis den Patronatsmärtyrern entgegenbringt: „*holocaustum seipsum Domino et sanctis ejus toto animo inferebat*" (Vita Lud. VI., c. X [p. 54]). Zum theologischen Hintergrund siehe ferner Hildebert de Lavardin, Epistolae I,1 (PL 171, 142B) und Hugo von St. Viktor, De sacramentis I, 12, (PL 176, 362D). Cf. ferner J. Châtillon, La culture de l'École de Saint-Victor au XIIe siècle, in: M. de Gandillac/É. Jeauneau (edd.), Entretiens sur la Renaissance du XIIe siècle, Paris-La Haye 1968, pp. 147–178, hier p. 149; wiederabgedruckt in: J. Châtillon, Le mouvement canonical au moyen âge. Réforme de l'église, spiritualité et culture. Études réunies par P. Sicard (Bibliotheca Victorina III), Paris-Turnhout 1992, pp. 327–353, hier p. 329.

in seinem Prolog und in dem Epilog zu *De consecratione*, aber auch an verschiedenen Stellen, an denen er die unmittelbare Wirkung des sakramentalen Handelns auf die Beteiligten schildert[107], die Weihe der Kirche und die Heiligung der Gläubigen parallelisiert, deuten die Orationen des Kirchweihordo die Wirkungen der im Sakrament gespendeten Gnadenmittel als Heilshandeln Gottes in Christus[108]. Die von Suger oftmals beschworene Gnadenmittlerschaft der Heiligen Märtyrer bringt die Oration, welche die Aspersion der Kirche beschließt und zur Erhebung der Reliquien überleitet (PR XII,39 – *cons* 86–87), ebenso zum Ausdruck wie das heilsmächtige Wirken der Hand Gottes („*beata et sancta manus Dei*"), welche die Vorstellung von der unmittelbaren göttlichen Präsenz bei der Kirchweihe und ihrer daraus abgeleiteten unaufhebbaren Qualität, die auf das Kirchengebäude übergeht, begründet, welches so zu einem Ort wird, wo außer der spirituellen Reinigung auch die körperlichen Gebrechen geheilt werden können[109]. Nicht umsonst verbindet sich die Vorstellung von der Weihe der alten Kirche durch Christi Hand („*propria et manuali extensione*") – die auch von Suger zitierte „consécration légendaire" – mit der Wundererzählung einer Leprösenheilung; der entsprechende Brunnen des wundertätigen Wassers insbesondere gegen Hautkrankheiten war bis in das ausgehende 15. Jahrhundert hinein nachweislich in Gebrauch[110].

[107] Siehe etwa etwa *cons* 80, *cons* 85 und *cons* 97.

[108] Zum theologischen Hintergrund von Prolog und Epilog von *De consecratione* cf. A. Speer/M. Pickavé, Abt Sugers Schrift *De consecratione* (wie Anm. 24), pp. 236–239.

[109] PR XII (n. XVII), 39 (ed. Andrieu [1938], p. 184,19–29): „*O beata et sancta trinitas, quae omnia purificas, omnia mundas et omnia perornas; o beata maiestas Dei quae cuncta imples, cuncta contines, cuncta disponis; o beata et sancta manus Dei, quae omnia sanctificas, omnia benedicis, omnia locupletas; o sancte sanctorum Deus, tam clementiam humillima devotione deposcimus, ut hanc ecclesiam per nostrae humilitatis famulatum in honore sanctae et victoriosissimae curcis et sancti martyris N. purificare, benedicere, consecrareque perpetua sanctificationis tuae ubertate digneris. [...] In hac ergo, quaesumus, domine, domo tua spiritus sancti gratia egroti sanentur, infirmi recuperentur, claudi curentur, leprosi mundentur, caeci illuminentur, demones eiciantur*".

[110] *cons* 47,283–285; siehe dort auch den Textauszug aus *De dedicatione ecclesie beatissimi ariopagite Dyonisii sociorumque eius* , cap. II (ed. Charles J. Liebman [Anm. 89], p. 260). Hierzu ausführlich van der Meulen/Speer (1988), pp. 147–172.

5. Sugers Schriften als Zeugnis der Baumaßnahmen in Saint-Denis

Erst unlängst hat Peter Diemer nochmals den besonderen Wert der Schriften Sugers betont, die „gegenüber typisierendem und verallgemeinerndem Lob" eine „eindrucksvolle Vorstellung von Qualität und Rang derjenigen Bauten und Kunstwerke" geben, um die Suger seine Abteikirche bereicherte, und dabei gleichfalls subjektive Eindrücke, gefühlsmäßige Reaktionen sowie über objektive Merkmale und Daten wie Größe, Anzahl und Materialwert hinaus auch Augeneindrücke festhalten[111]. In dieser Charakterisierung spiegelt sich die Vorstellung wider, Sugers Schriften könnten als Zeugnisse im Sinne einer am deskriptiven Modell heutiger Architekturgeschichte orientierten Baubeschreibung verstanden werden, die uns Aufschluß nicht nur über die Beweggründe, sondern auch über die konkrete Gestalt der von Suger realisierten Bauvorhaben zu geben vermögen, zumal die Bauarchäologie – zumindest nach dem derzeitigen Stand der Forschung – noch viele Fragen offen läßt[112]. Doch zeigt gerade die Saint-Denis-Forschung auf exemplarische Weise, daß die offenen bauarchäologischen Fragen nicht durch eine einfache Applikation der vorhandenen Schriftquellen beantwortet werden können. Manche der auf diese Weise rekonstruierten Bauten oder Bauteile existieren folglich nur im Kopf des jeweiligen Quelleninterpreten; hierzu zählen beispielsweise alle Aussagen und Rekonstruktionen zum Aussehen des oberen Chorbereichs zur Zeit Sugers[113]. Schon Otto von Simson verlieh der unverhohlenen Enttäuschung des Architekturhistorikers Ausdruck, daß in Sugers Schrift *De consecratione* „bautechnische Probleme ent-

[111] P. Diemer, Abt Suger von Saint-Denis und die Kunstschätze seines Klosters (wie Anm. 56.), pp. 177sq.

[112] Cf. hierzu van der Meulen/Speer (1988), pp. 1–8 sowie die Untersuchungen zum Baubefund ibid., pp. 9–120; auch das umfangreiche (wenngleich nur selten zureichend interpretierte) Dokumentationsmaterial in der von Pamela Z. Blum posthum besorgten Monographie von S. McK. Crosby, The Royal Abbey of Saint-Denis from its Beginnings to the Death of Suger, 475–1151, New Haven 1987– als Folgeband zu Cosbys Untersuchung von 1942 gestaltet (S. McK. Crosby, The Abbey of St.-Denis 475–1122, vol. I, New Haven 1942) – unterstreicht diese Feststellung; cf. auch das bei Formigé (1960) publizierte Material.

[113] Als Beispiel möge nur die (auf Crosby zurückgehende) Querschnittzeichnung des „Sugerchors" in Panofskys Ausgabe gelten (Panofsky [1979], p. 239); cf. auch die Ausführungen von D. Kimpel/R. Suckale, Die gotische Architektur in Frankreich 1130–1270, München 1985, pp. 86–87; U. Bangert/B. Laule/H. Wischermann, Saint-Denis 1: Der Aufriß des Suger-Chores (Berichte und Forschungen zur Kunstgeschichte 4), Freiburg i. Br. 1980. Siehe zu dieser Frage kritisch van der Meulen/Speer (1988), pp. 104sq.

weder als entmutigende Schwierigkeiten oder als Gelegenheiten für das wundertätige Eingreifen des Himmels" erscheinen[114]. Doch auch von Simsons durch Erwin Panofsky maßgeblich inspirierte Deutung dieser Schrift als Traktat über den „ästhetischen Wert der Harmonie", welcher den Bau einer Kirche „von der keimhaften Idee bis zur Vollendung der Konstruktion als einen rein geistigen Prozeß" darstellt, kann nicht als der angemessene hermeneutische Verständnisrahmen einer methodisch zureichenden Annäherung an die Frage nach dem – ebenfalls von Dieter Kimpel und Robert Suckale betonten[115] – Zeugniswert der Sugerschriften in Hinblick auf die während seines Abbatiats erfolgten Baumaßnahmen an der fränkischen Köngisabtei Saint-Denis gelten.

Es mag daher überraschen, daß die geschlossenste Beschreibung eines Bauwerks der alten Dagobert-Basilika gilt (*cons* 9), mehr noch, daß Suger sich hierbei verbatim der Beschreibung der *Gesta Dagoberti* bedient[116]. Auch die Art der Beschreibung erinnert an die in einem Reichenauer Kodex aus dem Anfang des 9. Jahrhunderts erhaltene Baubeschreibung der Abteikirche Saint-Denis aus dem Jahre 799: Betont wird die Vielfalt der Säulen, die Pracht der Ausstattung und der von dem Gebäude ausgehende Glanz[117]. Mit Bezug auf Sugers eigene Baubeschreibungen – Suger selbst spricht von „*descriptio*" im Zusammenhang der Beschreibung der *ornamenta*[118] – gilt es zwischen zwei Problemkreisen zu unterscheiden: zwischen der Bauerfassung in einem eher technischen und allgemeinen Sinne (und damit zusammenhängend der Frage nach der Architekturterminologie) und der beschreibenden Intention Sugers. Hinsichtlich der ersten Fragestellung ist zutreffend festgestellt worden, daß Sugers Verwendung von der Architekturterminologie zugerechneten Benennungen wie etwa *fundamentum, murus, columna, arcus, fenestra* – weitere Begriffe sind im Glossar ausführlich dokumentiert – den traditionellen Sprachgebrauch nicht verläßt und bisweilen sogar hinter

[114] O. von Simson, Die gotische Kathedrale (wie Anm. 18), p. 176.

[115] D. Kimpel/R. Suckale, Die gotische Architektur (wie Anm. 113), p. 80.

[116] Cf. Gesta Dag., p. 407,25–29.

[117] Die sogenannte Baubeschreibung von 799 liegt in zwei Editionen vor: (a) B. Bischoff, Eine Beschreibung der Basilika von Saint-Denis aus dem Jahre 799, in: Kunstchronik 34 (1981), pp. 97–103 (Edition auf pp. 99sq.); (b) A. J. Stoclet, Une description contemporaine de la basilique carolingienne de S. Denis, près de Paris, in: Latomus 39 (1980), p. 191 (kommentarloser erster Abdruck), sodann id., La *Descriptio Basilicae Sancti Dyonisii* – Premiers Commenaires, in: Journal des Savants (1980), pp. 103–117 (Edition auf pp. 104sq.). Cf. hierzu W. Jacobsen, Saint-Denis im neuen Licht: Konsequenzen der neuentdeckten Baubeschreibung aus dem Jahre 799, in: Kunstchronik 36 (1983), pp. 301–308; ferner van der Meulen/Speer (1988), pp. 179–188.

[118] Cf. *adm* 190,855 und *adm* 220,994.

den wenigen Vergleichsbeispielen an deskriptiver Prägnanz zurückzubleiben scheint[119]. Gleiches gilt für die Benennungen von einzelnen Bauteilen aufgrund der traditionellen Raumfunktion wie *cripta, ala, oratorium, claustrum.* Es fällt ferner auf, daß Suger für die Bezeichnung der Neu- und Umbauten im Westen wie im Osten der Basilika neutrale bautechnische Angaben wie *novum incrementum, novum augmentum* oder *augmentatio* benutzt[120]. Zudem gilt es festzuhalten, daß alle Textpassagen, die üblicherweise als Baubeschreibungen gelesen werden, stets in einen bestimmten kultisch-liturgischen Funktionszusammenhang eingebunden sind und demnach nicht kontextunabhängig im Sinne einer analytisch-funktionalen Architekturbeschreibung interpretiert werden können.

Gerade darin aber zeigt sich die eigentliche beschreibende Intention Sugers, die nicht so sehr auf die isolierte Erfassung einzelner Bauteile zielt, sondern auf eine umfassende Erschließung der Disposition und Einrichtung der Basilika als eines einheitlichen liturgischen Raumes. Diese Intention tritt besonders deutlich in drei Bescheibungsmodellen hervor, die im folgenden kurz angedeutet seien.

In Sugers Schilderungen liturgischer Ereignisse kommt den *Prozessionen* ein besonderer Stellenwert zu. Darüber hinaus wird die Absicht Sugers erkennbar, insbesondere die Erweiterungen im Westen und im Osten in ihrer liturgischen Funktion dem ursprünglichen, „von Christi Hand geweihten" sakralen Raum der Dagobert-Basilika zuzuordnen und den Kirchenbau als einen einheitlichen Liturgieraum vorzustellen. Daher hebt Suger bei der

[119] Hierzu ausführlich G. Binding, Beiträge zum Architektur-Verständnis bei Abt Suger von Saint-Denis, in: Binding/Speer (1993), pp. 184–207; J. Schröder/I. Pagel, Kategorien Sugerscher Bauerfassung, in: Studienausgabe (1995), pp. 95–126, hier pp. 98–104. Besonders signifikant erscheint mit Bezug auf die möglichen literarischen Vorbilder für Sugers Consecratio der Vergleich mit der Anfang des 12. Jahrhunderts zum größten Teil durch Leo von Ostia verfaßte *Chronica Monasterii Casinensis*, die in ihren Ausstattungs- und Architekturbeschreibungen weit mehr Detailgenauigkeit (bis hin zu konkreten Maßangaben, die bei Suger gänzlich fehlen) erkennen läßt (Chronica Mon. Cas., pp. 393–407); cf. hierzu A. Speer/M. Pickavé, Abt Sugers Schrift *De consecratione* (wie Anm. 24), pp. 222–233.

[120] Siehe hierzu auch H. P. Neuheuser, *Ne lapidum materia apparentium locus vilesceret.* Die Raumvorstellung des Abtes Suger in seiner Kirchweihbeschreibung von Saint-Denis, in: J. A. Aertsen/A. Speer (eds.), Raum und Raumvorstellungen im Mittelalter (Miscellanea Mediaevalia 25), Berlin-New York 1998, pp. 641–664, hier bes. p. 649; J. Schröder/I. Pagel, Kategorien Sugerscher Bauerfassung, in: Studienausgabe (1995), pp. 98–104; siehe ferner exemplarisch G. Binding/G. Annas, *Arcus superiores.* Abt Suger von Saint-Denis und das gotische Kreuzrippengewölbe, in: Wallraf-Richartz-Jahrbuch 50 (1989), pp. 7–24.

Westteilweihe die Prozession der Bischöfe und die an verschiedenen Stellen liegenden Kapellen hervor (*cons* 43); auch die Detectio am Matutinalaltar beginnt mit einer feierlichen Prozession (*adm* 246), in der die Zeugen der Reliquienerhebung zum Ort des Geschehens gelangen (*adm* 249–250). Bezüglich der Ostteilweihe betont Suger das Durchschreiten des neu gestalteten Sakralraumes: So geht der Besprengung der Kirchenwände (*cons* 86) ein Reigen der Bischöfe *(chorea pontificum)* voraus, die das im liturgischen Zentrum zwischen den Gräbern der Märtyrer und dem Salvatoraltar („*inter sanctorum martirum sepulturas et sancti saluatoris altare*") aufgestellte Weihwasserbecken umschreiten (*cons* 85); diese Stelle „*inter duo altaria*" wird auch von dem ersten Ordinarium von Saint-Denis und durch zahlreiche liturgische Quellen bezeugt, unter anderem im Zusammenhang mit dem Jahrgedächtnis für König Dagobert[121]. Die Translation der Reliquien ist verbunden mit einer ausführlich geschilderten Prozession: Während die Erzbischöfe und der König im engen Ringstollen die Gebeine der Patronatsheiligen erheben, wo sie seit Dagoberts Zeiten lagen, bewegt sich von den Zelten außerhalb der Kirche her die Prozession mit den übrigen Reliquien und „eilt dem heiligen Dionysius und seinen Gefährten bei der elfenbeinernen Tür entgegen", die inzwischen aus der Krypta heraufgebracht worden sind; derart wird der gesamte Kirchenraum durchmessen. Die vereinigte Prozession durchschreitet sodann den Kreuzgang, um schließlich an dem Ort der neuen Grabstätte für die Patronatsheiligen im neugestalteten Hochchor zu enden (*cons* 93–95)[122]. Damit erhalten die einzelnen Bauteile in diesem Raum ihren bestimmten liturgischen Ort. Höhepunkt ist schließlich die simultane Weihe der zwanzig Altäre in den beiden Kapellenkränzen (*cons* 96), die durch die anwesenden Bischöfe zeitgleich an den verschiedenen Orten stattfindet; auf diese Weise wird der Kirchenraum in seiner ganzen Ausdehnung erfaßt[123].

Suger schreitet die zu weihenden Altäre zudem in einer bestimmten Richtung ab: vom dem Salvator „*in medio*" geweihten Hochaltar *(altare principale)* im Binnenchor (*cons* 96,582) zum Marienaltar in der Achskapelle (*cons* 96,584sq.); von dieser aus zunächst in die nördliche Richtung, um dann zur Achskapelle zurückzukehren und die südlich anschließende Reihe der Kapellen abzuschreiten (*cons* 96,586–593). Bei der Weihe der Altäre in der

[121] E. B. Foley, The First Ordinary of the Royal Abbey of St.-Denis in France (wie Anm. 70), pp. 197–199; A. W. Robertson, The Service-Books of the Royal Abbey of Saint-Denis (wie Anm. 70), pp. 86–87, 92, 315–316, 380.

[122] F. Gasparri (1996), p. 193 (Anm. 97) spricht – nicht ganz zutreffend – von zwei Prozessionen.

[123] Cf. hierzu auch H. P. Neuheuser, *Ne lapidum materia apparentium locus vilesceret* (wie Anm. 120), pp. 646–647.

Krypta (*cons* 96,593–604) kehrt Suger diese Ordnung um und wendet sich von der gleichfalls der Maria geweihten Achskapelle zunächst nach rechts und dann nach links[124]. Dieses Beschreibungsmodell verweist auf den liturgischen Mittelpunkt der Basilika, auf den die Ordnung des Kirchenraumes, wie sie in der Liturgie erfahrbar wird, bezogen ist. Diese Mitte ist durch den Standort des Dionysiusgrabes und des Salvatoraltars bezeichnet, der schon in der Dagobertbasilika eine besondere Auszeichnung besaß, wie Suger bei der dramatischen Schilderung der Ausgangslage für die Umbauten im Osten der Basilika unterstreicht: Es ist die Enge „in dem Bereich der Heiligen" (*circa sanctorum* – *cons* 46,273) bzw. „innerhalb des Allerheiligsten" (*infra Sancti Sanctorum* – *ord* 36,198sq.), die Suger zu seiner Umgestaltung des liturgischen Zentrums der Abteikirche und zur Errichtung eines neuen Altares im Chor für den Schrein der Mätryrerpatrone veranlaßt[125].

Besonders aufschlußreich ist ferner die *Altar- und Patrozinienanordnung*. So liegt der neue Altar in der Mittelachse des Chores, die nach Osten in der der Maria geweihten Achskapelle des neuen Chorumgangs endet. Nach Westen hin verbindet die Mittelachse die von Suger mit neuem Leben erfüllten Königs- und Kaiserkulte: Dagoberts Hauptaltar, die Grabstätte Karls des

[124] In den meisten Kryptengrundrissen ist diese bei Suger deutlich vorgegebene Patrozinienanordnung spiegelverkehrt wiedergegeben. Unter Berufung auf Léon Levillain, L'église carolingienne de Saint-Denis, in: Bulletin Monumental 71 (1907), pp. 211–262, hier bes. pp. 257–262, spricht Panofsky (1979), pp. 249sq., in der Anmerkung zu dieser Textpassage von *De consecratione* davon, daß Suger hier die Blickrichtung ändert und „rechts" und „links" somit vertauscht werden müßten (so auch ohne weitere Begründung Gasparri [1996], p. 193, Anm. 104). Für eine solche Änderung der üblichen Beschreibungsrichtung mit Blick nach Osten läßt sich aber weder ein Hinweis in Sugers Text finden, noch wird ein anderer Quellenbeleg angeführt. Als exemplarisch für die Forschungsdiskussion kann Edward B. Foleys Anhäufung von vermeintlichen Autoritäten gelten, die aber alle von Levillain abhängen (E. B. Foley, The First Ordinary of the Royal Abbey of St.-Denis in France [wie Anm. 70], p. 233 mit Anm. 224). Die Sugers Beschreibung in *cons* 96,593–604 entsprechende Patrozinienanordnung findet sich bei Formigé (1960) und bei van der Meulen/Speer (1988).

[125] Suger ist also einmal mehr genau, wenn es um liturgische Angaben geht: Es handelt sich um den alten Zentralort des Hauptaltars *(altare principale)* im Bereich alten Apsis. Diese barg auch in einer Ringstollenconfessio unter dem Hauptaltar die Sarkophage mit den Reliquien des heiligen Dionysius und seiner Gefährten. Rechts und links des „Allerheiligsten" befinden sich die Zugänge zur Krypta wie auch die Aufgänge zum neuen Chorumgang. Es handelt sich also nicht um eine Ungenauigkeit oder gar um eine widersprüchliche Angabe; somit fällt auch jede Notwendigkeit einer Konjektur fort, wie sie Panofsky für *cons* 46,273 nach dem Vorbild von *ord* 36,199 vorgeschlagen hat.

Kahlen am der Trinität geweihten Matutinalaltar und schließlich die Grablege Pippins im architektonisch und liturgisch neugestalteten westlichen *augmentum*. Aus dieser Betonung der Mitte ergibt sich auch die Bedeutung der Angleichung der Längsachsen („*ut ... medium antique testudinis ecclesie augmenti noui medio equaretur*“ – *cons* 49,295–299) zwischen der alten Basilika und dem östlichen *augmentum*, der Sugers besondere Aufmerksamkeit gilt – nicht so sehr in konstruktiver Hinsicht, denn die Baulösung ist bereits durch die Unterkirche vorgegeben, vielmehr als Herstellung der liturgischen Einheit von basilikalem Langhaus und neuem Chorhaupt[126].

Daß die dem heiligen Dionysius im Hauptpatrozinium geweihte Basilika als Chor mit Unterkirche konzipiert ist, findet ihren Ausdruck auch in der Patrozinienanordnung, von der wir im Zusammenhang der geschilderten Altarweihen im Westen wie im Osten erfahren. Sowohl bei der Westteil- wie bei der Ostteil-Weihe mit ihren zu konsekrierenden zwanzig Altären ist jedoch nicht erkennbar, daß die Patrozinien in der Abteikirche von Saint-Denis neu festgelegt werden (sieht man einmal von der möglichen Translation der Sixtus-, Felicissimus- und Agapitus-Reliquien von der Hippolytkapelle im Westen in die erste Kryptenkapelle, die rechts von der Maria geweihten Scheitelkapelle liegt, ab[127]); soweit die Quellen diese Aussage zulassen, werden die Patrozinien erneuert und bestätigt. Die in dieser Patrozinienanordnung zum Ausdruck kommende liturgische Kontinuität, die auch von den zeitgenössischen Liturgiebüchern bezeugt wird[128], besitzt Vorrang vor dem schöpferischen Akt und stellt für den Freiraum der liturgischen Gestaltung eine bedeutungsvolle Determinante dar[129]. Hierbei stiftet die Liturgie, in der sich das Unsichtbare im Sichtbaren manifestiert, den Bedeutungszusammenhang der einzelnen Glieder des Kirchbaus. Sie ist somit auch im Verständnis Sugers der eigentliche Konvergenzpunkt von Bau- und Kultgeschichte der fränkischen Königsabtei Saint-Denis[130].

[126] Siehe hierzu G. Binding, *Geometricis et arithmeticis instrumentis*. Zur mittelalterlichen Bauvermessung, in: Jahrbuch der rheinischen Denkmalpflege 30/31 (1985), pp. 9–24; zu „*in medio ecclesiae*“ cf. ferner H. P. Neuheuser, Die Kirchweihbeschreibungen (wie Anm. 90), pp. 146–152; F. Oswald, *In medio ecclesiae*. Die Deutung der literarischen Zeugnisse im Lichte archäologischer Funde, in: Frühmittelalterliche Studien 3 (1969), pp. 313–326.

[127] Cf. supra Anm. 74.

[128] Cf. E. B. Foley, The First Ordinary of the Royal Abbey of St.-Denis in France (wie Anm. 70), pp. 184–233; A. W. Robertson, The Service-Books of the Royal Abbey of Saint-Denis (wie Anm. 70), pp. 235–248.

[129] H. P. Neuheuser, Die Kirchweihbeschreibungen (wie Anm. 90), p. 153.

[130] Cf. *cons* 98; ferner A. Speer, Kunst als Liturgie (Anm. 69), p. 107.

In ähnlicher Weise kann die *Anordnung der Einrichtungsgegenstände*, der *ornamenta* und *thesauri* sowie der Verse und *tituli*, als ein Verweissystem gelesen werden, mit dessen Hilfe Suger den Leser durch seine Kirche leitet, dabei im Westen beginnend (*adm* 173–175) zunächst den gesamten Chor erfaßt (*adm* 180–181), um dann die liturgische Mittelachse der Kirche vom Reliquienschrein (*adm* 197–200) und dem goldenen Kruzifix (*adm* 201–213) über den Salvatoraltar (*adm* 214–221) bis zum Matutinalaltar (*adm* 240–242) hinabzuschreiten, von dort – geleitet von weiteren Ausstattungsgegenständen wie dem großen Kreuz beim Grab Karls des Kahlen, das der Überlieferung nach mit einem Halsband der Königin Nantildis, der Gattin König Dagoberts, geschmückt war (*adm* 256), und dem goldenen Adler (*adm* 262) – wieder hinauf in den Chor zu den Fenstern in der Marienkapelle in der Mittelachse (Marienleben, Wurzel Jesse – *adm* 263), um dann schließlich – gemäß der von der Beschreibung der Altarweihe her bekannten liturgischen Ordnung – zunächst dem nördlichen Kreisbogen zu folgen (Mosesfenster, anagogisches Fenster – *adm* 264–265)[131]. In gleicher Weise dürfte auch Sugers zu vielen Spekulationen Anlaß gebende Redewendung aus *cons* 49,301sq. vom „wunderbaren und ununterbrochenen Licht der strahlenden Glasfenster, wenn dieses die Schönheit des Innenraumes durchschien“, weniger ein klares Zeugnis mutmaßlicher Dionysiusrezeption darstellen[132], als vielmehr Sugers Versuch einer Beschreibung der bleibenden Durchlichtung des Chores im Wechsel der Tageszeiten, die der Mönch unter liturgischen Vorzeichen beim Tagzeitengebet im Rahmen der von König Dagobert I. in Saint-Denis als persönlicher Gebetsdienst eingerichteten *laus perennis* erleben konnte[133].

[131] Zu den Glasfenstern siehe M. H. Caviness, Suger's Glass at Saint-Denis: The State of Research, in: Gerson (1986), pp. 257–272. Eine den dionysischen Hintergrund betonende Deutung der Glasfenster mit Blick auf ihre anagogisch-typologische Funktion, die sich auf das Material wie auf die dargestellten Bilder bezieht, findet sich erneut bei H. Kessler, The Function of *vitrum vestitum* and the Use of *materia saphirorum* in Suger's St. Denis (wie Anm. 55), pp. 179–203.

[132] So Panofsky (1979), p. 240 in seinem Kommentar zu dieser Stelle *cons* 49,300–302.

[133] H. P. Neuheuser, Die Kirchweihbeschreibungen (wie Anm. 90), pp. 153–162, bes. pp. 154–157; ferner die Beiträge von A. Speer, *Lux mirabilis et continua*. Anmerkungen zum Verhältnis von mittelalterlicher Lichtspekulation und gotischer Glaskunst (pp. 92sqq.) und von H. Westermann-Angerhausen, Glasmalerei und Himmelslicht – Metapher, Farbe, Stoff (pp. 98sqq.) in: H. Westermann-Angerhausen (ed.), Himmelslicht. Europäische Glasmalerei im Jahrhundert des Kölner Dombaus (1248–1349) (Katalog zur gleichnamigen Ausstellung des Schnütgen-Museums vom 20. 11. 1998 bis 7. 3. 1999 in Köln), Köln 1998. – Die ältesten Zeugnisse zur Errichtung eines immerwährenden Psallentiums an den Gräbern der Heiligen Märtyrerpatrone in Saint-

Bevor man also neuplatonische Ideen zum Nachweis bewußter architektonischer Entwurfsziele bemüht wie Sumner McK. Crosby[134] oder als „bewegendes, creatives Element“ im Sinne einer Leitidee oder gar „metaphysischen Intention“ wie Erwin Panofsky, Otto von Simson oder Werner Beierwaltes,[135] sollte man die unmittelbare Quellenevidenz nicht übersehen, die den Zugang zu einem nicht weniger faszinierenden und zudem der historischen Realität näheren Erklärungsmodell eröffnet. Dies gilt sogar für die Lichtmetaphorik – das Erleuchten der Dunkelheit, das Erstrahlen des Kirchbaus –, die ihren Sitz im Leben gleichfalls in der Kirchweihliturgie hat und eng mit der Vorstellung der irdischen Liturgie als Abbild des himmlischen Glanzes verbunden ist[136]. Für die Suche nach den Sugers Vorstellungskraft prägenden Leitideen bedeutet dies, daß der tragfähigere Ausgangspunkt offensichtlich in der primären Evidenz des unmittelbar gegebenen liturgischen Kontextes als in abstrakten philosophischen oder theologischen Ideen liegt.

6. Ein neues Sugerbild?

Sind wir damit bei einem neuen Suger-Paradigma angekommen – nunmehr basierend auf der longue durée der christlich-monastischen Tradition, deren Selbstverständnis weit eher in der Bewahrung der Kontinuität als in der Setzung von Neuanfängen und Umbrüchen zum Ausdruck kommt? Blicken wir in Sugers Schriften, die sich auf das Kloster des Heiligen Dionysius beziehen, dann erhalten wir in der Tat das Bild eines „Restaurators“, der die teilweise in Vergessenheit geratenen liturgischen und dynastischen Traditionen der fränkischen Königsabtei wiederbeleben und erneuern will. Dieser Kontinuitätsanspruch der *„conuenientia et coherentia antiqui et noui operis“*, des Übereinkommens und des Zusammenhalts des alten und des neuen Werks (*cons* 20,137), gilt sogar in einem ganz besonderen Maße von jener Baumaßnahme im Osten der Abteikirche, mit der sich allgemein und durchgängig am klarsten die Vorstellung einer bleibenden Innovation, eines kreativen Neuaufbruchs verbindet: dem sogenannten „Sugerchor“.

Denis stammen im übrigen aus der ersten Hälfte des 7. Jahrhunderts; siehe hierzu ausführlich van der Meulen/Speer (1988), pp. 137sq. mit Anm. 375–377.

[134] S. McK. Crosby, Crypt and Choir Plans at Saint-Denis, in: Gesta 5 (1966), pp. 4–8, bes. pp. 4–6. Siehe hierzu van der Meulen/Speer (1988), pp. 18sq.

[135] W. Beierwaltes, *Negati affirmatio* (wie Anm. 20), p. 115 (Wiederabdruck).

[136] PR XII (n. XVII), 30 (ed. Andrieu [1938], p. 182,18–19): „*... ut tenebras ab eo repellat et lumen infundat ...*“. PR XII (n. XVII), 63 (ed. Andrieu [1938], p. 191,10–12): „*Horum igitur, domine, efflagitatus precibus, dignare hoc altare coelesti sanctificatione perfundere et benedicere. Assistant angeli claritatis et sancti spiritus illustratione praefulgeat*“.

Georges Duby allerdings sieht gerade in dieser Rückkehr der karolingischen Tradition zu ihren Ursprüngen den Schlüssel für einen Neuaufbruch. Die in Saint-Denis entstehende neue Kunst ist Ausdruck dieses „Rückstroms", so Duby, der dem Willen eines einzigen Mannes entsprang, Suger, der die „symbolischen Werte" des Klosters, dessen Leitung er übernommen hatte, deutlicher als jeder andere wahrnahm. Diese Rückbesinnung auf die Tradition des alten Franziens kulminierte – im Kontext eines kluniazensischen Selbstverständnisses und bestimmter theologischer Vorstellungen, unter denen der dionysischen Lichttheologie wiederum eine Schlüsselrolle zukommt – in einer neuen Kunst von Frankreich, für die Sugers Abteikirche das Modell bildete[137]. Die gotische Kathedrale wird für Duby so zu einer ästhetischen Synthese des politischen, wirtschaftlichen und sozialen Wandels des lateinischen Westens im 12. Jahrhundert, der mit einem geistlichen und kulturellen Aufbruch einhergeht: Feudalisierung der Gesellschaft, Kreuzzugidee und die Anfänge scholastischer Wissenschaft, um nur einige Stichworte zu nennen. In Sugers Schriften finden sich vielfältige Zeugnisse dieser Entwicklungen; hingewiesen sei an dieser Stelle nur auf die lehnsrechtlichen und ökonomischen Aspekte (hierzu zählen auch Innovationen im Landbau, etwa der zweirädrige von Ochsen gezogene Pflug[138]). Die bestimmende Perspektive bilden jedoch die Bedürfnisse des Klosters und das monastische Selbstverständnis Sugers, das sich auch in seiner unsicheren Begegnung mit zwei Repräsentanten der neuen, frühscholastischen Bildungswelt zeigt: mit Peter Abaelard und Gilbert von Poitiers[139].

Dieses durchgängig monastische Selbstverständnis Sugers zeichnet auch das Porträt, das Wilhelm, der bereits eingangs genannte letzte Sekretär des Abtes von Saint-Denis, in der kurz nach Sugers Tod im Jahre 1151 verfaßten *Vita Sugerii* entwirft, in deren Anhang sich (in Lecoys Edition) ein aus

[137] G. Duby, Die Zeit der Kathedralen (wie Anm. 15), pp. 171–175.

[138] Cf. den Glossarartikel *carruca*.

[139] Von seinem wenig glücklichen Aufenthalt in Saint-Denis unter Sugers Amtsvorgänger Abt Adam berichtet Abaelard in seiner *Historia calamitatum* (ed. J. Monfrin, Paris 1959), pp. 81sq. Zu Abaelard und Suger cf. L. Grodecki, Abélard et Suger, in: Pierre Abélard, Pierre le Vénérable: les courants philosophiques, littéraires et artistiques en occident au milieu du XIIe siècle (Colloques internationaux du Centre National de la Recherches Scientifique N° 546), Paris 1975, pp. 279–284; É. Jeauneau, Pierre Abélard à Saint-Denis, in: J. Jolivet (ed.), Abélard et son temps, Paris 1981, pp. 161–173. Anläßlich seines Auftretens gegen Gilbert von Poitiers auf der Synode von Reims (1148) an der Seite Bernhards von Clairvaux spricht Johannes von Salisbury in seiner *Historia pontificalis* von Suger als *„Sigerius abbas Sancti Dionisii, uir litteratus et eloquens"* (ed. M. Chibnall, Oxford 1986, pp. 15sq.); zum Prozeß gegen Gilbert cf. Grant (1998), pp. 162–165 und allgemein N. M. Häring, The Commentaries on Boethius by Gilbert of Poitiers (PIMS Studies and Texts 13), Toronto 1966, pp. 3–13.

Anlaß des Todes im Namen des Konvents verfaßtes Rundschreiben findet, das die Angaben der Suger-Vita bestätigt und das mit einem Epitaph schließt[140]. Wilhelm betont vor allem die Frömmigkeit und Demut Sugers, der, wenn es um das Stundengebet und die Eucharistiefeier geht, „keine Angelegenheit der Welt auf sich eindringen ließ" („*ut nullum penitus seculi negotium ad se ingredi permitteret*" – Vita Sug., p. 390), sowie die persönliche Bescheidenheit des Abtes von Saint-Denis, die auch in der Kleinheit seiner Zelle zum Ausdruck kommt (Vita Sug., pp. 393sq.). Hierfür zollt ihm sogar Bernhard von Clairvaux tiefen Respekt (Vita Sug., p. 393), der in einem an Suger gerichteten Brief noch dessen übertriebenen Prunk und mit einem Paulus-wort (Eph 4,22) die „Unverschämtheit jenes früheren Lebenswandels" („*illa pristinae conversationis insolentia*") getadelt hatte[141]. Diese Motive finden sich auch mehrfach in Sugers eigenen Schriften[142], ebenso wie die von Wilhelm gerühmte Zuneigung des Abtes von Saint-Denis gegenüber kranken Brüdern, für deren Wohl er jeden denkbaren Aufwand betreibt – eine weitere implizite Replik auf den von Bernhard in der *Apologia* erhobenen Vorwurf, die für die prachtvolle Ausstattung der Kirche erforderlichen Mittel würden für die Bedürftigen fehlen: „*Fulget ecclesia parietibus et in pauperibus eget*"[143].

Zurecht ist auf die Stilisierungen hingewiesen worden, die Wilhelm in seiner *Vita Sugerii* rückblickend in für ihn und das Kloster schwieriger Zeit vornimmt; Lindy Grant spricht sogar von „William's Myths"[144]. Viele dieser Stilisierungen haben allerdings das Sugerbild bis heute maßgeblich geprägt: die unermüdliche Geschäftigkeit des kleinen, zerbrechlich wirkenden Abtes, seine Umgänglichkeit und Bildung, Sugers einfache Lebensführung und persönliche Bescheidenheit, seine niedrige Herkunft und seine besondere Stellung zu den beiden Königen Ludwig VI. und Ludwig VII. ; die Textauszüge aus Wilhelms Suger-Vita mögen den Ursprung dieser Sugerlegende belegen[145].

[140] Vita Sugerii, ed. Lecoy, pp. 377–404; es folgt der Rundbrief *(litterae encyclicae)*, pp. 404–411, das Epitaph findet sich auf pp. 410sq.

[141] Epistola 78,10 (S. Bernardi Opera vol. VII, edd. J. Leclercq/H. Rochais, Rom 1974, p. 207, 21sq.) – Ferner Epistola 78,3 (S. Bernardi Opera vol. VII, p. 203, 10–11): „*Solumque ac totum erat quod nos movebat, tuus ille scilicet habitus et apparatus cum procederes, quod paulo insolentior appareret*".

[142] Cf. etwa *cons* 72–73 (Suger bittet die *fratres albi*, bis nach der Messe zu warten); *cons* 72,445 (Sugers bescheidene Zelle: *camerula nostra*); *ord* 4 (Sugers Frömmigkeit) und *adm* 2, 15–20 (Sugers Demut).

[143] Apologia XII. 28 (S. Bernardi Opera, vol. III [edd. J. Leclercq/H. Rochais, Rom 1974], p. 105,25sq.). Cf. *ord* 15–21 und *adm* 113–117.

[144] Grant (1998), pp. 45sq.; cf. auch den nachfolgenden Beitrag von G. Annas, pp. 68sq. und 77sq.

[145] Siehe Quellen, pp. 388–397.

Von Erwin Panofsky bis zu Georges Duby finden wir das Porträt eines tatkräftigen Mannes, der, indem er sich durch seine Erneuerung der karolingischen Formen der monarchischen Verehrung zur zweiten „Renaissance" bekannte, die von den Ländern der Loire und Seine ausging, in voller historischer Bewußtheit zum „Urheber des Umbruchs aller architektonischen Konzeptionen" wird[146]. Es fällt jedoch auf, daß in den genannten Beispielen das monastische Selbstverständnis Sugers wenn nicht gänzlich ausgeblendet, dann doch nur allzuoft zu einer äußerlichen, durch die damalige Zeit vorgegebenen, ja zu einer politisch-strategischen Größe herabgewürdigt ist.

Nimmt man aber die Frage nach dem mittelalterlichen Kunsterleben in dem Sinne ernst, daß man dieses nicht nur vom eigenen Verstehenshorizont her zu rekonstruieren sucht, der zumeist von neuzeitlichen ästhetischen Fragestellungen her bestimmt ist, dann sind wir in einem besonderen Maße darauf verwiesen, den Kontext und das Selbstverständnis im Blick zu behalten, von dem her die Menschen der damaligen Zeit jene Gegenstände, die wir heute als Kunstwerke zu bezeichnen pflegen, betrachtet und verstanden haben[147]. Hierzu hat uns Suger in der Tat vieles zu sagen, das aber erst vor dem Hintergrund des von der Liturgie geprägten monastischen Selbstverständnisses in der gebotenen Klarheit hervortritt. Dies gilt beispielsweise für die subtile Replik auf Bernhards Vorwurf, daß der Kirchenschmuck die Frömmigkeit des Volkes allenfalls durch körperlichen und damit äußerlichen Glanz, nicht aber durch geistlichen und innerlichen Reichtum befördern könne, ja daß die goldenen Reliquienschreine zwar die Augen anziehen, aber vom eigentlichen Glanz der Heiligkeit ablenken: „*O vanitas vanitatum, sed non vanior quam insanior!*"[148]. Suger wendet diesen Vorwurf um. Gleichfalls unter Berufung auf Ps 25,8 – einen locus classicus in dieser Debatte zwischen kluniazensischer und zisterziensischer Auffassung bezüglich des Schmucks des Gotteshauses[149] – hebt er hervor, wie ihn die vielfar-

[146] G. Duby, Die Zeit der Kathedralen (wie Anm. 15), pp. 181sq.; cf. auch D. Kimpel/R. Suckale, Die gotische Architektur (wie Anm. 113), p. 77.

[147] Zur Frage einer rekonstruktiven Hermeneutik mittelalterlichen Kunsterlebens ausführlich A. Speer, Vom Verstehen mittelalterlicher Kunst (wie Anm. 20); id., Kunst und Schönheit. Kritische Überlegungen zur mittelalterliche Ästhetik (wie Anm. 19); ferner id., Art as Liturgy. Abbot Suger of Saint-Denis and the Question of Medieval Aesthetics, in: J. Hamesse (ed.), Roma, magistra mundi. Itineraria culturae medievalis. Mélanges offerts au Père L. E. Boyle à l'occasion de son 75e anniversaire (FIDEM – Textes et Études du Moyen Âge 10,2), Louvain-la-Neuve 1998, pp. 855–875.

[148] Apologia XII. 28 (S. Bernardi Opera, vol. III [edd. J. Leclercq/H. Rochais, Rom 1974], p. 105,24sq.); cf. auch ibid., pp. 104,21–105,8 und pp. 105,16–25.

[149] Cf. hierzu C. Rudolph, The „Things of Greater Importance" (wie Anm. 54), pp. 30–35.

bige Schönheit der Steine von den äußeren Sorgen ablenkte und zu würdigem Nachsinnen führte (*adm* 224,1016–1019), zumal doch „alles, was besonders kostbar ist, und alles, was äußerst kostbar ist, vor allem dem Dienst an der hochheiligen Eucharistie gewidmet sein solle" (*adm* 231,1040–1043). In dieser Hinsicht besteht auch mit „denjenigen, die dem nicht uneingeschränkt beipflichten können", keine Meinungsverschiedenheit, daß für diesen Dienst „ein heiligmäßiger Geist, ein reines Herz, eine gläubige Absicht genügen" (*adm* 236,1053sq.). Dies ist in einem guten Sinne traditionelle, soteriologisch geprägte Theologie, die in der Betonung der Eucharistiefrömmigkeit einen nicht zeituntypischen Akzent besitzt. Suger erhebt keinen Anspruch auf besondere theologische Originalität; er zählt nicht zu den gelehrten Theologen-Äbten wie Bernhard von Clairvaux, Wilhelm von St. Thierry und Petrus Venerabilis. Seine theologischen Quellen – dies zeigt unser Apparatus fontium – sind vor allem die gelebte Liturgie: Stundengebet und Eucharistiefeier, ferner Schriftlesung und religiöse Dichtung. Hinzu kommen die das Kloster betreffenden Urkunden; doch Suger begreift das klösterliche Leben, wie vor allem aus der *Ordinatio* und aus *De administratione* erkennbar ist, als eine Ganzheit. Nur sofern sie Teil dieses „Gesamtkunstwerks" sind, von dem Suger in den das Kloster des heiligen Dionysius betreffenden Schriften berichtet, vermögen wir dann auch einen angemessenen Zugang zu den Baumaßnahmen seines Abbatiats zu gewinnen. Das gilt nicht nur für die angesprochene Frage mittelalterlichen Kunsterlebens, sondern betrifft, wie wir gesehen haben, das elementare Verständnis des im Text Berichteten überhaupt.

Damit relativiert sich zugleich das kunstwissenschaftliche Paradigma, und zwar auf eine zweifache Weise: hinsichtlich seiner stilgeschichtlichen Gründungslegende und – im Sinne von Dubys „outillages mentales" – mit Bezug auf seine Geltung als ästhetischer Ausdruck der „Renaissance" des 12. Jahrhunderts. Sugers Stellung in dieser Welt im Wandel ist auf eigentümliche Weise retrospektiv. Er stellt uns in seiner „restaurativen" Vision noch einmal die frühmittelalterliche Welt vor Augen, an deren Transformation er an politisch exponierter Stellung teilhat. Als Abt eines Klosters, das den merowingisch-fränkischen Königen und Kaisern als Grablege diente, repräsentiert er die klösterliche Welt, nicht die stetig an Bedeutung gewinnende städtische Welt der Bürger und der Universitäten. In der Erneuerung der dynastischen Kulttraditionen und in der Bekräftigung der Gründungslegende des *„monasterium ter beati Dionysii sociorumque ejus"*[150] in einer Zeit wachsenden kritischen philologischen Bewußtseins sucht er die Stellung seines Klosters und des Königshauses, dem er sich verbunden fühlt, in einer Gesellschaft zu stärken, an deren Umbau nach dem Modell einer feudalen

[150] Cf. Dufour II, p. 338, n. 163 und ibid., p. 465, n. 220 sowie *ord* 4,14.

Ordnung er selbst tatkräftig mitwirkt. Und in der erklärten Absicht, die erforderlichen Um- und Neubauten der wiederhergestellten Pracht der alten Kirche möglichst vollkommen anzugleichen, wird er zu einem der Wegbereiter einer neuen Architekturidee. Dies aus der Distanz von Jahrhunderten zu sagen, erscheint nicht illegitim. Darin zeigt sich jedoch die Problematik geschichtlicher Interpretation, insbesondere wenn sie einem bestimmten historiographischen Modell wie dem Fortschrittsparadigma verpflichtet ist. Offenkundig haben Menschen zu verschiedenen Zeiten bestimmte Sachverhalte unterschiedlich beurteilt und gewertet. Wollen wir sie in ihrer Zeit verstehen, so müssen wir uns unweigerlich auf ihr jeweiliges Selbstverständnis einlassen. Das gilt auch für Suger, den Mönch und Abt von Saint-Denis.

Gabriele Annas

Abt Suger von Saint-Denis (um 1081–1151). Eine historisch-biographische Skizze*

„Ich kenne den Menschen und weiß, daß er in den Belangen dieser Welt treu und klug, im geistlichen Leben voll Feuer, hier wie dort aber demütig ist und, was das Schwierigste ist, ohne Tadel lebt. Beim König gilt er wie einer aus der römischen Kurie, bei Gott wie einer aus der Kurie des Himmels“[1]. Mit diesen beinahe hymnisch zu nennenden Worten – einem wohl kurz nach dem 18. Februar 1147 entstandenen offiziösen Schreiben an Papst Eugen III. entnommen[2] – würdigte kein geringerer als Bernhard von Clairvaux (1090–1153), einer der auch politisch einflußreichsten Vertreter der monastischen Reformbewegung des 11. und 12. Jahrhunderts, Persönlichkeit und Leistungen eines Zeitgenossen, der wie kaum ein zweiter seiner Generation noch einmal den spätantik-frühmittelalterlichen Synergismus von geistlicher und weltlicher Gewalt eindrucksvoll (vor)zuleben wußte[3]: Suger von Saint-De-

* Überarbeitete und aktualisierte Fassung eines gemeinsam mit Gerhard Lubich bereits 1995 vorgelegten Beitrags über „Suger von Saint-Denis und seine Schrift *De consecratione* – Versuch einer historisch-biographischen Annäherung an Autor und Text“, in: Studienausgabe (1995), pp. 21–57.

[1] *„Novi siquidem virum, quod et in temporalibus fidelis et prudens, et in spiritualibus fervens et humilis in utrisque, quod est difficillimum, sine reprehensione versetur. Apud Caesarem est tamquam unus de curia Romana, apud Deum tamquam unus de curia caeli“*. Bernhard von Clairvaux, Brief an Papst Eugen, in: Bernhard von Clairvaux, Sämtliche Werke lateinisch/deutsch, ed. G. B. Winkler, vol. III, Innsbruck 1992, Brief 309, p. 498 (lateinischer Text), p. 499 (deutsche Übersetzung). – Zu Bernhard von Clairvaux zuletzt: P. Dinzelbacher, Bernhard von Clairvaux. Leben und Werk des berühmten Zisterziensers, Darmstadt 1998. – Diese pointierten Aussagen Bernhards von Clairvaux zum Gleichklang von geistlicher Befähigung und politischer Begabung bei Suger wurden nochmals von Wilhelm von Saint-Denis in der *Vita Sugerii* aufgenommen: *„Scripsit quoque idem Deo amabilis pater Bernardus summo Pontifici Eugenio brevem quidem epistolam, sed non breves viri istius laudes continentem: in qua illum asserit apud Caesarem quasi unum de curia fuisse Romana, apud Deum quasi unum de curia coelesti* [...]“ (Vita Sug., p. 392).

[2] Zur Datierung siehe den entsprechenden Kommentar zu diesem Schreiben in: Bernhard von Clairvaux, Sämtliche Werke lateinisch/deutsch, vol. III (wie Anm. 1), pp. 1159sq. (mit weiterführendem Literaturhinweis).

[3] Und dies nicht zuletzt vor dem Hintergrund der monastischen Reformbewegun-

nis – geistlicher Fürst an der Spitze einer der mächtigsten Königsabteien des Landes, enger politischer Berater König Ludwigs VI. von Frankreich (1108–1137) und seines Sohnes Ludwig VII. (1137–1180), aber auch Bauherr einer der nach Cluny (III) (1080 bis um 1130; 1095 Weihe des Hochaltars) größten Klosterkirchen Frankreichs und in dieser Funktion noch in der älteren Literatur wiederholt als „Erfinder der Gotik" apostrophiert[4]; aus den späteren Jahren sind darüber hinaus mehrere nachgelassene Schriften überliefert, die ebenso wie der weitgespannte, zumindest fragmentarisch erhaltene Briefwechsel mit hochrangigen Kirchenvertretern, Königen und Fürsten beredt Zeugnis von seinen vielfältigen Tätigkeiten für Kirche und Königtum ablegen[5]. Zusammen mit einem unmittelbar nach seinem Tode abgefaßten „Rundschreiben" *(Litterae encyclicae)*[6] des Konvents von Saint-Denis sowie der wohl ebenfalls bereits kurz nach 1151 entstandenen, topoi-belasteten *Vita Sugerii*[7] – beide Werke stammen offenbar aus der Feder des Mönches Wilhelm von Saint-Denis[8], eines engen Vertrauten Abt Sugers – bilden diese gattungsspezifisch nur schwer einzuordnenden (Selbst-)Zeugnisse Grund-

gen des 11. und 12. Jahrhunderts, welche die Forderung nach einer asketischen Lebensweise der Geistlichkeit im Sinne der neutestamentlichen *vita apostolica* mit einer Zurückdrängung des Mönchtums aus dem weltlichen Leben verbanden.

4 Cf. hierzu die entsprechenden Ausführungen von A. Speer im einleitenden Beitrag dieser Ausgabe, pp. 15sq.

5 Während H. Waquet bereits 1929 als Band 11 der Reihe „Les classiques de l'histoire de France au Moyen Age" eine neue Edition der *Vita Ludovici grossi regis* vorgelegt und F. Gasparri 1996 in der gleichen Reihe (als Band 37) weitere Schriften Sugers (*De consecratione, De administratione* sowie die fragmentarische Lebensbeschreibung König Ludwigs VII., *De glorioso rege Ludovico, Ludovici filio)* kritisch ediert hatte, ist die ältere Edition A. Lecoys de la Marche (1867) für die Urkunden und Briefe des Abtes von Saint-Denis bislang noch nicht durch eine moderne Ausgabe ersetzt worden. – Mit einem guten Überblick über die Schriften Sugers: Grant (1998), pp. 32–42. – Zu den Sammlungen mit Briefen Sugers vor allem aus den späteren Jahren: Grant (1998), pp. 42sq. – Zu den im Namen Sugers ausgestellten Urkunden (Testamentum, *Ordinatio* u. a.): Grant (1998), pp. 46–48.

6 Unter dem Titel *„Litterae encyclicae conventus Sancti Dionysii de morte Sugerii abbatis"* im Druck vorgelegt von Lecoy, pp. 404–411. – Zu diesem „Rundschreiben": H. Glaser, Wilhelm von Saint-Denis. Ein Humanist aus der Umgebung des Abtes Suger und die Krise seiner Abtei von 1151 bis 1153, in: Historisches Jahrbuch 85 (1965), pp. 257–322, hier pp. 258–260.

7 Ebenfalls abgedruckt bei Lecoy, pp. 377–404. Auszüge aus der *Vita Sugerii* des Wilhelm von Saint-Denis (mit deutscher Übersetzung) darüber hinaus im Anhang der hier vorgelegten Ausgabe, pp. 388–397. – Zur *Vita Sugerii* des Wilhelm von Saint-Denis cf. H. Glaser (wie Anm. 6), pp. 268–282.

8 Allgemein zur Person und den Schriften des Mönches Wilhelm von Saint-Denis: H. Glaser (wie Anm. 6). – Grant (1998), pp. 43–45.

lage und ersten Ansatzpunkt jeder wissenschaftlichen Beschäftigung mit dem vielschichtig-schillernden Phänomen 'Suger'. Historisches Geschehen literarisch vielfältig brechend, stehen sie darüber hinaus jedoch zugleich am Beginn jener weitreichenden historisch-kunsthistorischen Mythenbildungen, die – wie nicht zuletzt jüngere Forschungsarbeiten belegen[9] – Leben und Werk des Abtes von Saint-Denis auch heute noch zu überlagern scheinen[10].

Bereits vor mehr als hundert Jahren hatte Otto Cartellieri erstmals die quellenmäßig überlieferten Nachrichten zu Abt Suger von Saint-Denis umfassend gesichtet und schließlich 1898 unter dem Titel „Abt Suger von Saint-Denis 1081–1151“ zu einer historischen Monographie zusammengefaßt, die eine erste wichtige, über lange Jahre weithin gültige Grundlage für jede weiterführende wissenschaftliche Beschäftigung mit dem historischen Phänomen 'Suger' bilden sollte[11]. Seither sind – mit je eigenen Schwerpunktsetzungen – eine Reihe weiterer biographischer Studien zu Leben und Werk des Benediktinerabtes und späteren französischen „Regenten“ erschienen; neben der allerdings kaum über den bereits von Otto Cartellieri vorgegebenen Rahmen hinausweisenden Suger-Biographie Marcel Auberts[12] sind in diesem Zusammenhang vor allem die biographischen Einführungen Erwin

[9] Exemplarisch sei an dieser Stelle verwiesen auf die bisweilen unkritische Übernahme von Quellenangaben nicht zuletzt durch Lindy Grant, die in ihrer jüngst erschienenen, sehr gehaltvollen Suger-Biographie beispielsweise zu der Tätigkeit Sugers als Abt von Saint-Denis bemerkt: „He was stiffly orthodox in his religion, and a strict disciplinarian. He imposed monastic discipline fairly, but very firmly, often with beatings; and he was known as a tyrant in the running of his monastery, as in his running of the regency. He had an abiding and sincere interest in monastic reform from his student days in the Loire Valley, when he saw the work of Robert d'Arbrissel at Fontevrault at close quarters. He was deeply concerned about the sick“ (Grant [1998], p. 9). Tatsächlich berufen sich die hier zitierten Ausführungen jedoch vor allem auf die *Vita Sugerii* des Wilhelm von Saint-Denis, deren gattungsspezifisch stark stilisierte Angaben insbesondere zu Persönlichkeit und Wesen Abt Sugers nur mit großem Vorbehalt zu berücksichtigen sind.

[10] Cf. zusammenfassend zum Suger-Bild bzw. – besser – zu den Suger-Bildern der Forschung die entsprechenden Ausführungen im einleitenden Beitrag von A. Speer, pp. 13–18.

[11] Cartellieri (1898). – Die entsprechenden historischen Nachrichten sind im wesentlichen den Schriften Sugers – und hier insbesondere der *Vita Ludovici grossi regis* – sowie zeitgenössischen Urkunden zu entnehmen; sie wurden – soweit zu diesem Zeitpunkt bekannt – von Otto Cartellieri in Form von urkundlichen und historiographischen Regesten im Anhang seiner Arbeit über den Abt von Saint-Denis zusammengestellt (pp. 127–166).

[12] M. Aubert, Suger, S. Wandrille 1950. – Cf. daneben auch die ältere, ebenfalls wenig

Panofskys[13] und John F. Bentons[14] zu nennen. Das breit angelegte wissenschaftliche Interesse insbesondere der jüngeren Suger-Forschung dokumentieren darüber hinaus zahlreiche zumeist französische sowie anglo-amerikanische Spezialuntersuchungen, die sich ausführlich den verschiedenen politischen, ökonomisch-administrativen, geistlichen, literarischen und kulturellen Aktivitäten des Abtes von Saint-Denis widmen[15]. Schwerpunkte der Diskussion bilden hierbei neben historisch-politischen Fragestellungen vor allem Überlegungen zur kunsthistorischen Bedeutung des angesehenen Benediktinerabtes (und hier nicht zuletzt im Kontext seiner nachgelassenen Schriften)[16]. Die Ergebnisse der jüngeren Suger-Forschung wurden schließlich 1991 noch einmal von Michel Bur aufgenommen und zu einer Biographie zusammengefügt, die sich allerdings nicht allein auf eine dürre Schilderung der einzelnen Lebensabschnitte des Abtes von Saint-Denis beschränkt, sondern zugleich ein bisweilen romanesk ausgeschmücktes Bild der Lebenswirklichkeit in der ersten Hälfte des 12. Jahrhunderts zu zeichnen sucht[17]. Als weitaus gehaltvoller erweist sich demgegenüber die zuletzt von Lindy Grant vorgelegte Monographie über „Abbot Suger of St-Denis. Church and State in Early Twelfth-Century France“[18], die – bei manchen

rezipierte Arbeit von H. Glaser, Beati Dionysii qualiscumque Abbas. Studien zu Selbstbewußtsein und Geschichtsbild des Abtes Suger von Saint-Denis, Diss. München 1957.

[13] E. Panofsky, Abt Suger von St.-Denis, in: E. Panofsky, Sinn und Deutung in der bildenden Kunst (Meaning in the Visual Arts), Köln 1978 (englische Ausgabe New York 1955), pp. 125–166.

[14] J. F. Benton, Suger's Life and Personality, in: Gerson (1986), pp. 3–15.

[15] Einen anschaulichen Überblick über die vielfältigen Tätigkeitsbereiche des Abtes Suger von Saint-Denis vermittelt beispielsweise ein von Paula Lieber Gerson herausgegebener Sammelband, der die Vorträge eines 1981 gehaltenen Kolloquiums zu Leben und Werk Sugers zusammenfaßt: Gerson (1986). – Cf. beispielsweise zum Themenkomplex „Suger und dessen Stellung zu den Juden“: A. Graboïs, L'Abbaye de Saint-Denis et les Juifs sous l'abbatiat de Suger, in: Annales ESC 24 (1969), pp. 1187–1195. – J. DelPlato, On Jews and the Old Testament Precedent for Sacred Art Production: The Views of Some Twelfth-Century Abbots, in: Comitatus. A Journal of Medieval and Renaissance Studies 18 (1987), pp. 34–44, hier pp. 35–37.

[16] Siehe hierzu die Ausführungen zu „Stand und Methoden der Sugerforschung“ im einleitenden Beitrag von A. Speer, pp. 13–18.

[17] Mit einem ausführlichen Verzeichnis der Forschungsarbeiten, die sich mit der historischen Persönlichkeit des Abtes Suger, seinem vielschichtigen politischen Wirken, seinen literarischen Werken sowie seiner kunsthistorischen Bedeutung befassen: M. Bur, Suger. Abbé de Saint-Denis, régent de France, Paris 1991, pp. 319–338 (zugleich mit einem umfassenden Nachweis der Editionen seiner Schriften).

[18] Grant (1998).

fehlerhaften Angaben im einzelnen[19] – durchaus bemerkenswerte Neuansätze in der Interpretation des Phänomens 'Suger' formuliert.

Die Individualität einer historischen Persönlichkeit mit ihrem je eigenen Denken und Handeln zu verstehen, heißt zugleich, nach den gesamtgesellschaftlichen – politischen, wirtschaftlichen, sozialen und kulturellen – Rahmenbedingungen zu fragen, welche die Lebenswelt(en) des betreffenden Individuums wesentlich formten und prägten. Erst mit dem Wissen um den Gleichklang, vor allem aber um die vielfältigen Spannungen und Widersprüche zu den bestehenden zeitgenössischen Denk- und Handlungsmustern kann so das unverwechselbare Profil einer Persönlichkeit hervortreten, erst vor diesem Hintergrund ist es zugleich möglich, die potentielle Wirkung eines Menschen auf Zeit und Welt angemessen einzuordnen[20]. Ausgehend von diesen Überlegungen seien daher der hier vorgelegten biographischen Skizze zunächst einige einleitende Bemerkungen zu jenen historisch-politischen Tendenzen vorangestellt, welche die gesamtgesellschaftliche Situation zur Zeit Sugers weitreichend prägen sollten.

Im Verlaufe des 11. und 12. Jahrhunderts wurde das gesamte christliche Abendland von einem tiefgreifenden strukturellen Wandel erfaßt, der sich auf verschiedene Bereiche des politischen, wirtschaftlichen, gesellschaftlichen, geistlichen und geistigen Lebens erstreckte und diese nachhaltig veränderte[21].

[19] Cf. beispielsweise Grant (1998), p. 32 lies „autograph" statt „orthograph", p. 33 mit dem Bericht über den Transport von Säulen aus Rom lies *„De consecratione"* (*cons* 20,140–146) statt *„De administratione"*.

[20] In einem entsprechenden Sinne zuletzt prägnant formuliert von H. Müller, Heribert, Kanzler Ottos III. und Erzbischof von Köln, in: Rheinische Vierteljahrsblätter 60 (1996), pp. 16–64, hier p. 63.

[21] Cf. zu diesem grundlegenden Wandel auch die Ausführungen Marc Blochs in seiner wegweisenden Untersuchung der „Feudalgesellschaft": „Um die Mitte des 11. Jahrhunderts kann man eine Reihe von sehr tiefen und grundsätzlichen Veränderungen beobachten, die ohne Zweifel durch das Aufhören der letzten Invasionen hervorgerufen oder möglich gemacht worden sind, aber in dem Maße, in dem sie selbst das Ergebnis dieses großen Ereignisses waren, zeigen sie sich ihm gegenüber um einige Generationen verspätet. Gewiß war es keineswegs ein Bruch, eher ein Richtungswechsel, der trotz aller unvermeidlichen Verschiebungen je nach den betroffenen Ländern oder Erscheinungen Zug um Zug fast alle Kurven der gesellschaftlichen Entwicklung erreichte" (M. Bloch, Die Feudalgesellschaft, Frankfurt/M. 1982, p. 82). Mit einer anschaulichen Schilderung dieses grundlegenden strukturellen Wandels: J. Le Goff, Das Hochmittelalter (Fischer Weltgeschichte 11), Frankfurt/M. 1965, pp. 9–186. – Cf. daneben für Frankreich vor allem auch die prägnante Zusammenfassung bei: B. Schneidmüller, Die Entstehung Frankreichs (9. Jahrhundert – 1270), in: Kleine Geschichte Frankreichs, ed. E. Hinrichs, Stuttgart 1994, pp. 13–62, hier pp. 49–54.

Mehrere Entwicklungspotentiale trafen hierbei zusammen: Der innere Landesausbau (Rodung, Binnenkolonisation) und die ersten Anfänge der Ostkolonisation hatten in Verbindung mit einzelnen technischen Neuerungen (Einsatz des schollenbrechenden Pfluges, Einführung des Kummets) und einem neuen System der Bodennutzung (Dreifelderwirtschaft) seit dem 9. bzw. 10. Jahrhundert zu einem breit angelegten wirtschaftlichen Aufschwung geführt, der zugleich die Grundlage eines allgemeinen Bevölkerungswachstums geschaffen hatte[22]. Der Ausbau und die Intensivierung von Wirtschaft und Handel bildeten wiederum zusammen mit der zunehmenden Arbeitsteilung und Spezialisierung einer komplizierter werdenden Gesellschaft den notwendigen Hintergrund für die Entfaltung des mittelalterlichen Städtewesens nördlich der Alpen; mit dem Typus des „Bürgers" brachte die kommunale Bewegung darüber hinaus eine neue rechtliche und soziale Lebensform hervor, welche die Sozialverfassung der alteuropäischen Gesellschaft – von Bischof Adalbero von Laon (977– Beginn der 1030er Jahre) möglicherweise um die Mitte der zwanziger Jahre des 11. Jahrhunderts idealtypisch als ein dreigeteiltes Schema von *oratores* (Beter, Klerus), *bellatores* (Kämpfer, Ritter) und *laboratores* (Arbeiter, Bauern) beschrieben[23] – nachdrücklich veränderte. Ausgehend von den Nachfolge'staaten' des fränkisch-karolingischen Reiches hatte sich schließlich seit dem 10. Jahrhundert das Lehnswesen in ganz Europa – wenn auch in unterschiedlicher Intensität – ausgebreitet und zum Aufbau einer feudalen (Gesellschafts-)Ordnung[24] beigetragen, die sich maßgeblich auf lehnsrechtliche Prinzipien („Feudalisierung" der Gesellschaft) stützte[25].

[22] Cf. für Frankreich den Überblick von G. Fourquin, Le temps de la croissance, in: G. Duby/A. Wallon (edd.), Histoire de la France rurale, vol. 1: La formation des campagnes françaises, Paris 1975, pp. 377–547.

[23] Zu diesem nur in einer Handschrift überlieferten Gedicht des Adalbero von Laon, das als Dialog des Bischofs mit dem französischen König Robert II. (d. Frommen) (987/996–1031) gestaltet ist („*Carmen ad Rotbertum regem*") ausführlich: O. G. Oexle, Die funktionale Dreiteilung der „Gesellschaft" bei Adalbero von Laon. Deutungsschemata der sozialen Wirklichkeit im früheren Mittelalter, in: Frühmittelalterliche Studien 12 (1978), pp. 1–54.

[24] Die Begriffe „Feudale Ordnung" bzw. „Feudalismus" werden hier allein in einem – engeren – technisch-juristischen Sinne verwandt und beziehen sich nicht gemäß der marxistischen Historiographie auf einen – weiteren – universalhistorischen Kontext. – Siehe zu dieser Unterscheidung: H. K. Schulze, Grundstrukturen der Verfassung im Mittelalter, vol. 1: Stamm, Gefolgschaft, Lehnswesen, Grundherrschaft, Stuttgart–Berlin–Köln ^{3}1995, pp. 54–56.

[25] Immer noch grundlegend zur Geschichte des mittelalterlichen Lehnswesens: F. L. Ganshof, Was ist das Lehnswesen?, Darmstadt ^{7}1989. – Daneben: H. K. Schulze (wie Anm. 24), pp. 54–94. – K.-H. Spieß, Artikel 'Lehn(s)recht, Lehnswesen', in: Handwörterbuch zur deutschen Rechtsgeschichte (im folgenden zitiert als: HRG) II

Flankiert wurde dieser von Jacques Le Goff auch als „große innere Wende der westlichen Geschichte“[26] apostrophierte politische, wirtschaftliche und soziale Wandel des 11. und 12. Jahrhunderts durch einen geistig-geistlichen und kulturellen „Aufbruch“ der mittelalterlichen Gesellschaft, der sich nicht allein in den Reformbestrebungen der Amtskirche und des Papsttums artikulierte, sondern allgemein breite gesellschaftliche Schichten erfaßte. „Die Suche der Menschen nach dem richtigen Weg zum Heil ließ sich in den überkommenen Formen der Frömmigkeit nicht mehr befriedigen. Seit dem späten 11. Jahrhundert machten Wanderprediger und Klostergründer Ernst mit der Rückbesinnung auf apostolische Vorbilder und auf das Armutsgebot des Neuen Testaments“[27]. Mit den Gründungen von Cîteaux (durch Robert von Molesme [1098])[28], Fontevrault (durch Robert von Arbrissel [um 1101])[29] und Prémontré (durch Norbert von Xanten [1120])[30] entstanden zunächst vor allem in Frankreich neue geistliche Lebensformen, die im weiteren Verlaufe des 12. und 13. Jahrhunderts auch in anderen europäischen Ländern weite Resonanz und Anerkennung fanden[31]. Diese allenthalben zu beobachtende gesellschaftliche Wertschätzung monastischer Ideale, die schließlich sogar bis zur Zuweisung einer mehr oder weniger chiliastischen Rolle an das Mönchtum (z. B. in den Werken des Bischofs Otto von Freising [1138–1158])

(1978), coll. 1725–1741. – Ferner Artikel ‘Lehen, -swesen; Lehnrecht’ (mit Beiträgen verschiedener Autoren), in: LexMA V (1991), coll. 1807–1825.

[26] J. Le Goff (wie Anm. 21), p. 14.

[27] B. Schneidmüller (wie Anm. 21), pp. 51sq.

[28] Cf. allgemein zur Geschichte von Cîteaux bzw. der Zisterzienser zuletzt: K. Elm, Artikel ‘Zisterzienser, -innen’, in: LexMA IX (1999), coll. 632–635. – C. Sommer-Ramer, Die Zisterzienser, in: Helvetia Sacra, Abt. III: Die Orden mit Benediktinerregel, vol. 3: Die Zisterzienser und Zisterzienserinnen, die reformierten Bernhardinerinnen, die Trappisten und Trappistinnen und die Wilhelmiten in der Schweiz, red. C. Sommer-Ramer/P. Braun, Erster Teil, Bern 1982, pp. 27–86 (mit ausführlicher Bibliographie pp. 66–86). – M. Weitlauff, Artikel ‘Zisterzienser’, in: Mönchtum, Orden, Klöster. Von den Anfängen bis zur Gegenwart. Ein Lexikon, ed. G. Schwaiger, München 1993, pp. 451–470. – Die Zisterzienser. Ordensleben zwischen Ideal und Wirklichkeit. Ausstellungskatalog Bonn 1980 (Schriften des Rheinischen Museumsamtes 10). – Daneben: Die Cistercienser. Geschichte – Geist – Kunst, edd. A. Schneider, A. Wienand, W. Bickel und E. Coester, Köln 1974.

[29] Zu dem wohl um 1101 durch Robert von Arbrissel († 1116) gegründeten Reformkloster Fontevrault cf. die Ausführungen zu *adm* 206,935 mit Anm. 123.

[30] Cf. allgemein: M. Heim, Artikel ‘Prämonstratenser’, in: Mönchtum, Orden, Klöster (wie Anm. 28), pp. 355–366. – Norbert von Xanten. Adliger – Ordensstifter – Kirchenfürst. Festschrift zum Gedächtnis seines Todes vor 850 Jahren, ed. K. Elm, Köln 1984.

[31] Cf. allgemein zu den neuen Orden des 11. und 12. Jahrhunderts: K. S. Frank, Geschichte des christlichen Mönchtums (Grundzüge 25), Darmstadt [5]1993, pp. 66–85.

reichen konnte, war bereits im 10. und 11. Jahrhundert in den Reformzentren des traditionellen benediktinischen Mönchtums (u. a. Cluny, Gorze sowie – später – Hirsau) vorbereitet worden, die als Ausgangs- und zugleich Mittelpunkt einer monastischen Erneuerungsbewegung wesentlich zu einer tieferen Verchristlichung der abendländischen Gesellschaft beigetragen hatten[32]. Vor diesem Hintergrund ist nicht zuletzt auch die herausragende Rolle zu verstehen, die in jenen Jahrzehnten führende Vertreter des Mönchtums und nicht mehr – wie noch in den Jahrhunderten des früheren Mittelalters – des Weltklerus im politischen Leben der Zeit spielten[33]. Persönlichkeiten wie Robert von Molesme (um 1027–1111), Wilhelm von Hirsau († 1091) oder der „ehrwürdige“ Abt von Cluny Petrus Venerabilis (um 1094–1156) prägten ein Zeitalter, das nach dem vielleicht bedeutendsten Vertreter der neuen Orden – Bernhard von Clairvaux – auch das „bernhardinische“ genannt wurde[34].

Neben Ober- und Mittelitalien, neben England, Flandern und dem Rheingebiet gehörte auch das sich politisch-rechtlich formierende Frankreich („France in the Making“ [Jean Dunbabin]) zu den wirtschaftlich und kulturell führenden Regionen des ausgehenden 11. und beginnenden 12. Jahrhunderts. Die politische Situation der Kapetinger hingegen, die 987 mit Hugo Capet (987–996) die Nachfolge der letzten Karolinger im westfränkischen Reich angetreten hatten, war wesentlich bestimmt durch ein spannungsreiches Gegen- und Miteinander von Königtum und Adel, das auch in den Schriften des Abtes Suger von Saint-Denis – und hier insbesondere in der *Vita Ludovici grossi regis* – wiederholt thematisiert wurde[35]. Auf den engeren Herrschaftsbereich der Krondomäne[36] verwiesen, hatten sich

[32] Zur Entwicklung des Mönchsideals und der Wechselwirkung mit den damaligen innerkirchlichen Reformgedanken cf. zusammenfassend: J. Laudage, Priesterbild und Reformpapsttum im 11. Jahrhundert (Beihefte zum Archiv für Kulturgeschichte 22), Köln-Wien 1984.

[33] G. Miccoli, Les moines, in: J. Le Goff (ed.), L'homme médiéval, Paris 1989, pp. 45–85.

[34] Zu diesem Begriff zuletzt: O. Engels, Artikel 'Bernhardinisches Zeitalter', in: LThK II (^{3}1994), coll. 280–282.

[35] Aus der Fülle entsprechender Literatur zur französischen Geschichte des 11. und 12. Jahrhunderts seien an dieser Stelle nur genannt: E. Bournazel, Le gouvernement capétien au XIIe siècle 1108–1180. Structures sociales et mutations institutionnelles, Limoges 1975. – J. Dunbabin, France in the Making 843–1180, Oxford 1985, pp. 133sqq. – Daneben: J. Favier, Frankreich im Zeitalter der Lehnsherrschaft 1000–1515 (Geschichte Frankreichs 2), Stuttgart 1989 (französische Ausgabe: Le Temps des principautés de l'an mil à 1515 [Histoire de France 2], Paris 1984), pp. 108–114. – J. Ehlers (wie Anm. 77), pp. 65–121. – B. Schneidmüller (wie Anm. 21), pp. 38–43. – Grant (1998), pp. 50–55.

[36] Mit dem Begriff der „Krondomäne“ bezeichnet „man alle Rechte, Besitzungen

die politischen Beziehungen des kapetingischen Königtums zu den großen französischen Fürstentümern (u. a. Normandie, Flandern, Burgund, Aquitanien) deutlich gelockert: „Ohne den prinzipiellen Vorrang der Monarchie in Frage zu stellen, suchte das Fürstentum eigene Wege und kam immer seltener zum Königshof“[37]. Die entscheidenden politischen Funktionen und wichtigsten Hofämter (die vier „grands officiers du roi“: Seneschall, Mundschenk, Konnetabel und Kämmerer) wurden von Angehörigen der großen, miteinander rivalisierenden Adelsfamilien – zu nennen sind in diesem Zusammenhang vor allem die Familien der Garlande, der Senlis, der Montmorency und Rochefort – übernommen, deren dominierender Einfluß innerhalb der königlichen „entourage“ (mit der Tendenz zur Erblichkeit der Hofämter) erst im weiteren Verlaufe des 12. Jahrhunderts zurückgedrängt werden konnte[38].

Nach langen, mit wechselndem Erfolg geführten Auseinandersetzungen war es König Philipp I. (1060–1108) schließlich gelungen, mit dem Erwerb des Gâtinais, des Vexin français (westlich von Paris), des Berry sowie der Abtei von Corbie erste Grundlagen für ein weiteres Ausgreifen des französischen Königtums in die Gebiete jenseits des unmittelbaren politischen Macht- und Einflußbereiches der Krondomäne zu schaffen[39]. Korrespondierend zu der nachhaltigen Stärkung der kapetingischen Machtbasis zeichnete sich darüber hinaus seit dem ausgehenden 11. Jahrhundert – nach einer Phase des drohenden soziopolitischen Absinkens auf die Ebene des Adels – eine erste Stabilisierung der Königsmacht ab, die den späteren Wiederaufstieg der königlichen Autorität unter König Ludwig VI. (1108–1137) und dessen gleichnamigem Sohn Ludwig VII. (1137–1180) vorbereiten sollte. Nachdem die Thronfolge Ludwigs VI. gegenüber den konkurrierenden Ansprüchen seines Halbbruders Philipp (aus der zweiten Ehe König Philipps I. mit Bertrada von Montfort) endgültig gesichert war, widmete sich der junge Herrscher zunächst der weiteren inneren Konsolidierung des kapetingi-

und Einkünfte des Königs, deren Kernbereich sich beim Tode Heinrichs I. ungefähr von Orléans über Paris bis ins Tal der Oise erstreckte. Diese Landschaften waren zentral gelegen und ragten durch ihre Wirtschaftskraft hervor. Zudem verfügte der König über die Kronbistümer, die etwa ein Drittel aller französischen Diözesen ausmachten; sie lagen vor allem in den Kirchenprovinzen Reims und Sens und umschlossen wie ein Ring die weltliche Krondomäne“ (R. Große, Philipp I. 1060–1108, in: Die französischen Könige des Mittelalters. Von Odo bis Karl VIII. 888–1498, edd. J. Ehlers, H. Müller und B. Schneidmüller, München 1996, pp. 113–126, hier pp. 116sq.).

[37] B. Schneidmüller (wie Anm. 21), p. 40.

[38] Cf. die Ausführungen von E. Bournazel (wie Anm. 35), pp. 31–65, pp. 93–127.

[39] Zu König Philipp I. von Frankreich knapp zusammenfassend: R. Große (wie Anm. 36).

schen Machtbereiches: In zäh geführten Kämpfen u. a. gegen die gewalttätigen, vielfach fehdeführenden Herren von Crécy-en-Brie, Rochefort und Le Puiset – von Abt Suger von Saint-Denis in der *Vita Ludovici grossi regis* ausführlich geschildert[40] – wußte sich König Ludwig VI. schließlich militärisch erfolgreich zu behaupten und die Macht der kleineren, unabhängigen Burgherrschaften innerhalb der Krondomäne endgültig zu brechen. „Die Herren werden gezwungen, auf Ladung vor dem Königsgericht zu erscheinen. König und Herren stehen nicht mehr auf einer Rangstufe mit diesem freiherrlichen Adel. [...] Jetzt herrscht ein neues Königtum und ein neues Bewußtsein königlicher Majestät"[41]. Noch jedoch konnte sich diese neu gewonnene Autorität des Königtums – abgesehen von einzelnen Fällen wie dem freiwilligen Heeresaufgebot der Fürsten gegen Kaiser Heinrich V. im Jahre 1124 – nicht endgültig gegenüber den großen Fürstentümern durchsetzen[42]: Der König von Frankreich blieb im Kreise der Herzöge Aquitaniens und der Normandie, der Grafen von Flandern und Toulouse auch weiterhin zunächst kaum mehr als ein „primus inter pares".

Mitten in dieser Zeit vielfältiger Umbrüche und Wandlungen wurde Suger von Saint-Denis wohl um das Jahr 1081 geboren – nach Otto Cartellieri möglicherweise in Saint-Denis oder Argenteuil[43]. Das Necrologium von Saint-Denis nennt den Namen seines Vaters – Helinandus[44] – sowie eines

[40] Cf. Vita Lud. VI., c. XXI (pp. 152–168).

[41] D. Lohrmann, Ludwig VI. 1108–1137, in: Die französischen Könige des Mittelalters. Von Odo bis Karl VIII. 888–1498, edd. J. Ehlers, H. Müller und B. Schneidmüller, München 1996, pp. 127–138, hier p. 135.

[42] In diesem Sinne: B. Schneidmüller (wie Anm. 21), p. 47. – Daneben: D. Lohrmann (wie Anm. 41), pp. 135sq. – J. Dunbabin (wie Anm. 35), pp. 257–268.

[43] Cf. Cartellieri (1898), pp. 3sq.; Reg. n. 1, p. 127. – J. F. Benton (wie Anm. 14), p. 3. – M. Bur (wie Anm. 17), p. 15. – Die Lebensdaten Sugers sind mittelbar dem bereits einleitend erwähnten, wohl von dem Mönch Wilhelm von Saint-Denis abgefaßten „Rundschreiben" *(Litterae encyclicae)* zu entnehmen, das im Zusammenhang mit einer Würdigung der Person des Verstorbenen bemerkt: *„Transiit autem idem desiderabilis pater et pastor egregius inter verba Dominicae orationis et Symboli, die iduum januarii, septuagesimo aetatis suae anno, a susceptione autem monastici habitus fere sexagesimo, praelationis vero suae vigesimo et nono anno*" (Lecoy, p. 408). – Mit entsprechenden Angaben zu diesem „Rundschreiben": H. Glaser (wie Anm. 6), pp. 258–260. – Zu den Lebensdaten Sugers daneben: J. F. Benton (wie Anm. 14), p. 3. Die Glaubwürdigkeit dieser Ausführungen wird gestützt durch die Angabe über das Jahr der Priesterweihe des Abtes von Saint-Denis (1122); tatsächlich wurde Suger nach eigenen Angaben am 11. März 1122 zum Priester geweiht (cf. Vita Lud. VI., c. XXVII [p. 212]).

[44] Cf. M. Félibien, Histoire de l'Abbaye royale de Saint-Denis en France. Lettre-préface de M. le duc de Bauffremont. Introduction de H. Pinoteau, Paris 1973 (ND

Bruders Radulphus, der gemeinsam mit seiner Ehefrau Emmelina aufgeführt ist[45]; daneben ist ein weiterer Bruder namens Petrus urkundlich belegt[46]. Über die familiäre und soziale Herkunft Sugers herrschte in der Forschung lange Zeit Unklarheit: Gestützt auf einzelne Selbstaussagen Sugers[47] sowie einen Hinweis in der kurz nach 1151 abgefaßten *Vita Sugerii* des Mönches Wilhelm von Saint-Denis[48] hatte noch die ältere Forschung allgemein das Bild eines sozialen Aufsteigers gezeichnet, der aus „ganz niedrigen Verhältnissen“[49] stammte – Erwin Panofsky spricht in diesem Zusammenhang eher pejorativ von einem „Emporkömmling“[50] oder „unsophisticated parvenu“[51] – und eine glänzende geistliche und politische Karriere als Vorsteher der altehrwürdigen Abtei von Saint-Denis und enger politischer Berater der französischen Könige durchlief[52]. Bereits 1965 konnte jedoch Charles Hi-

der Ausgabe Paris 1706), p. CCXV (unter dem Datum des 4. September). – Obituaires de la Province de Sens. Vol. 1 (Diocèses de Sens et de Paris). Publié par A. Molinier. Pars 1, Paris 1902 (Recueil des Historiens de la France. Obituaires 1,1), p. 325. – Cf. daneben auch: E. Panofsky (wie Anm. 13), p. 166. – Cartellieri Reg. n. 1, p. 127. – M. Bur (wie Anm. 17), p. 16. – Grant (1998), Genealogische Tafel II, p. 311.

45 Cf. M. Félibien (wie Anm. 44), p. CCXVIII (unter dem Datum des 28. November). – Obituaires de la Province de Sens, vol. 1,1 (wie Anm. 44), p. 332. – Cf. E. Panofsky (wie Anm. 13), p. 166. – Cartellieri (1898), p. 4, Anm. 2. – J. F. Benton (wie Anm. 14), p. 3. – Grant (1998), Genealogische Tafel II, p. 311. – Im Unterschied zu den Ausführungen der älteren Forschung benennt M. Bur (wie Anm. 17), p. 16, – ohne nähere Quellenangaben – Emmelina als Tochter des Helinandus und damit zugleich auch als Schwester (nicht Schwägerin) des Abtes von Saint-Denis; nicht erwähnt hingegen wird ein Bruder Sugers namens Radulphus.

46 Cf. hierzu: Cartellieri (1898), p. 4, Anm. 2. – E. Panofsky (wie Anm. 13), p. 166. – M. Bur (wie Anm. 17), p. 16. – J. F. Benton (wie Anm. 14), p. 3. – Grant (1998), Genealogische Tafel II, p. 311. – Zu einzelnen namentlich belegten Neffen Sugers: Cartellieri (1898), p. 4, Anm. 2 (mit weiteren Quellenangaben). – E. Panofsky (wie Anm. 13), p. 166. – J. F. Benton (wie Anm. 14), p. 3. – Allgemein zur Familie Sugers: Grant (1998), pp. 75sq.

47 Cf. Vita Lud. VI., c. XXVII (p. 212): *„insufficientia nostri tam generis quam scientie“*. Bei dieser im Zusammenhang mit seiner Wahl und Ordination zum Abt von Saint-Denis geäußerten Angabe könnte es sich allerdings auch um einen literarischen Topos als Ausdruck christlicher Demut und Bescheidenheit handeln, den Suger wiederholt auch in seiner Schrift *De consecratione* verwendet hat: *cons* 16,126.

48 Wilhelm von Saint-Denis, Vita Sug., p. 380.

49 Cartellieri (1898), p. 3. – Siehe hierzu auch: G. Duby, Die Zeit der Kathedralen. Kunst und Gesellschaft 980–1420, Frankfurt/M. ^{4}1985, p. 171 („Dieser Mönch [i. e. Suger (Anm. d. Verf.in)], der selbst von keiner hohen Herkunft war […]“).

50 E. Panofsky (wie Anm. 13), p. 161.

51 Nach Grant (1998), p. 5.

52 Wilhelm von Saint-Denis, Vita Sug., p. 380. – Cf. hierzu: Cartellieri (1898), p. 3 („Er wurde in ganz niedrigen Verhältnissen im Jahre 1081 geboren […]“). – E. Pan-

gounet im Rahmen einer Studie über „La Grange de Vaulerent" den Nachweis führen, daß Suger einer wohl als *minores milites* zu bezeichnenden Familie entstammte, die über Besitzungen in Chennevières-les-Louvres (18 km nördlich von Saint-Denis) verfügte[53]. Einer der ersten namentlich bekannten Vertreter dieser von Michel Bur auch als „gros paysans"[54] benannten Familie war ein Suger Magnus, offenbar ein Bruder oder Neffe des Helinandus[55], der möglicherweise Verbindungen zu der politisch einflußreichen Familie der Herren von Garlande unterhielt[56].

Eine nähere sozialständische Einordnung der Familie des späteren Abtes von Saint-Denis bereitet allerdings größere Schwierigkeiten, da sich die *militia* des 11. Jahrhunderts aus rechtlich durchaus unterschiedlich gestellten sozialen Schichten zusammensetzte und neben freien und adligen Herren auch politisch bewährte unfreie *milites* aufnehmen konnte[57]. „Die Ritter bildeten zu dieser Zeit ein offenes sozioprofessionelles Milieu, mit stark divergierender wirtschaftlicher Situation, doch schon abgehoben von der Masse der geringgeachteten *rustici*. Sie waren die Begleiter ihrer Herren im

ofsky (wie Anm. 13), p. 157. – Zu diesem Mythos der niedrigen Geburt Sugers zuletzt Grant (1998), p. 45.

[53] Cf. Ch. Higounet, La Grange de Vaulerent. Structure et exploitation d'un terroir cistercien de la plaine de France XIIe–XVe siècle (Les hommes et la terre 10), Paris 1965, p. 12. – Cf. zur Familie der Herren von Chennevières-les-Louvres auch: J. F. Benton (wie Anm. 14), p. 3, pp. 11–15. – M. Bur (wie Anm. 17), pp. 15sq. – Grant (1998), p. 75.

[54] M. Bur (wie Anm. 17), p. 15.

[55] Cf. M. Bur (wie Anm. 17), p. 16. – J. F. Benton (wie Anm. 14), p. 3.

[56] Cf. hierzu M. Bur (wie Anm. 17), p. 16. – Cf. zu der Familie von Garlande: J. Dufour, Artikel 'Garlande, frz. Familie', in: LexMA IV (1989), col. 1118. – A. Luchaire, Louis VI le Gros. Annales de sa vie et de son règne (1081–1137). Avec une Introduction historique, Paris 1890 (ND Brüssel 1964), pp. XLIII–LIV. – Cartellieri (1898), pp. 20–23. – Zu den bekanntesten Vertretern der Familie von Garlande gehörte Stephan von Garlande (um 1070 bis vor 1. Juni 1148 [nach J. Dufour (siehe unten)] bzw. bis 14. Januar 1151 [nach J. Favier (siehe unten)]), der von 1118 bis zu seinem Sturz 1127 und danach noch einmal von 1132 bis 1137 als einflußreicher Kanzler am französischen Königshof tätig war. – Zu Stephan von Garlande: J. Dufour, Artikel 'Garlande, Etienne de', in: LexMA IV (1989), coll. 1118sq. – Artikel 'Garlande (Etienne de)', in: J. Favier, Dictionnaire de la France Médiévale, (o. O. [Paris]) 1993, p. 442.

[57] Cf. hierzu allgemein: J. Fleckenstein, Artikel 'Ritter, –tum, –stand'. Kap. I. Allgemein und Mitteleuropa, in: LexMA VII (1995), coll. 865–873 (mit weiteren Literaturangaben), hier insbes. col. 868. – Cf. daneben auch: Ph. Contamine, Artikel 'Chevalier', in: LexMA II (1983), coll. 1800–1803. – W. Paravicini, Die ritterlich-höfische Kultur des Mittelalters (Enzyklopädie deutscher Geschichte 32), München 1994, insbes. pp. 3–6.

Krieg und auf der Jagd, besaßen zumindest ihre Streitrösser und Waffen und verfügten selbst über Knechte“[58]. Die Angaben der Quellen über die *„insufficientia* [...] *generis“*[59] des Abtes von Saint-Denis sind mithin keineswegs – wie noch die Ausführungen Otto Cartellieris und Erwin Panofskys nahelegten (siehe oben) – auf eine mögliche Herkunft aus den Unterschichten der mittelalterlichen Gesellschaft zu beziehen[60]. Ungeachtet breiter gesellschaftlicher Berührungszonen zwischen Bauern und Rittern hoben sich vielmehr die *milites* des 11. und 12. Jahrhunderts – und hierzu gehörten auch die gegenüber den *maiores milites* am unteren sozialen Ende der *militia* anzusiedelnden *minores milites* – als eine rechtlich und wirtschaftlich im allgemeinen besser gestellte soziale Gruppe deutlich von den bäuerlichen Schichten ab. Darüber hinaus ist zu bedenken: Gerade das 11. und 12. Jahrhundert als eine Zeit grundlegender politischer, wirtschaftlicher und gesellschaftlicher Wandlungen bzw. Umbrüche war durch eine „hohe soziale Mobilität: also eine starke Veränderlichkeit des sozialen Status für Einzelpersonen, Familien, institutionalisierte Personenverbände und andere Gruppen“[61] gekennzeichnet, die auch die reale Möglichkeit eines gesellschaftlichen Aufstiegs bzw. einer politischen Karriere in dem für Suger geschilderten Umfang bot. Für das römisch-deutsche Reich ist in diesem Zusammenhang nicht zuletzt auf die Rechtsform bzw. Institution der sog. „Ministerialität“ zu verweisen: Ursprünglich unfreie Gefolgsleute in den Diensten des Herrschers, zeichnete sich unter den Saliern und Staufern im 11. und 12. Jahrhundert ein bemerkenswerter sozialer Aufstieg der Ministerialen ab, die bisweilen sogar herausragende Positionen im politischen und wirtschaftlichen Leben sowie im Heerwesen übernehmen konnten[62].

Im Alter von 10 Jahren (um 1091) wurde der junge Suger von seinem Vater Helinandus – über die Mutter Sugers liegen keine Nachrichten vor – als Oblat der renommierten Abtei von Saint-Denis übergeben[63]. Dieser Um-

[58] Ph. Contamine (wie Anm. 57), col. 1801.

[59] Cf. Vita Lud. VI., c. XXVII (p. 212); cf. Vita Sug., p. 380 (Anhang, p. 390, 31sq.).

[60] Cf. in diesem Zusammenhang auch die Bemerkung von Eric Bournazel zur sozialen Herkunft Abt Sugers von Saint-Denis: „Suger's humble origins do not necessarily mean that he was of servile descent“ (E. Bournazel, Suger and the Capetians, in: Gerson [1986], pp. 55–72, hier p. 56).

[61] A. Haverkamp, Aufbruch und Gestaltung. Deutschland 1056–1273 (Neue Deutsche Geschichte 2), München 1984, p. 79.

[62] Cf. K. Schulz, Artikel 'Ministerialität, Ministerialen', in: LexMA VI (1993), coll. 636–639. – K.-H. Spieß, Artikel 'Reichsdienstmannen', in: HRG IV (1990), coll. 557–561. – A. Erler, Artikel 'Ministeriale', in: HRG III (1984), coll. 577sq.

[63] Cf. Cartellieri (1898), p. 4; Reg. n. 2, p. 127. – J. F. Benton (wie Anm. 14), p. 4. – Grant (1998), p. 77. – Zur Datierung der Übergabe Sugers als Oblat der Abtei von

stand sowie die Tatsache, daß Suger mindestens zwei Brüder (Radulphus und Petrus) besaß[64], könnte indirekt die Forschungen von Charles Higounet zur niederadeligen Abstammung Sugers bestätigen: Es war im Adel jener Zeit durchaus üblich, nachgeborene Söhne durch die Unterbringung in einem Kloster oder Stift finanziell zu versorgen und ihnen auf diese Weise zugleich eine mögliche geistliche Karriere zu eröffnen. Seine Erziehung und schulische Bildung (im Rahmen der *artes liberales*) erhielt der junge Suger in den folgenden zehn Jahren zunächst in der zu Saint-Denis gehörenden Schule von Saint-Denis-de-L'Estrée[65], die indes nicht nur den Geistlichen offenstand: Zu den dortigen Schülern gehörte zu dieser Zeit auch der älteste Sohn König Philipps I. von Frankreich (1060–1108), Ludwig (VI.) (1108–1137), dessen dortige schulische Ausbildung allerdings bereits im Jahre 1092 endete[66]. Quellenmäßig belegte Hinweise auf eine persönliche Bekanntschaft des jungen Suger mit dem späteren französischen König schon zu diesem frühen Zeitpunkt liegen nicht vor[67].

Nach einem weiteren, vermutlich mehrjährigen schulischen Aufenthalt in einem namentlich nicht bekannten Kloster – möglicherweise in der Nähe des neugegründeten Reformklosters von Fontevrault[68] – kehrte Suger im

Saint-Denis cf. die bereits in Anmerkung 43 zitierte Passage aus dem wohl von Wilhelm von Saint-Denis verfaßten „Rundschreiben" *(Litterae encyclicae)*: Lecoy, p. 408. – Cf. daneben auch *adm* 214,971 („*quia eidem* [d. h. am Altar der Abteikirche von Saint-Denis (Anm. d. Verf.in)] *ad monasticum propositum oblati fuimus*").

[64] Cf. Cartellieri (1898), p. 4, Anm. 2. – J. F. Benton (wie Anm. 14), p. 3.

[65] In einem 1137 abgefaßten Testament hatte Abt Suger die dortige Gründung eines dem Hl. Dionysius geweihten Priorats mit 12 Mönchen verfügt und dabei auch auf seinen langjährigen Aufenthalt in der Schule von Saint-Denis-de-L'Estrée hingewiesen: Lecoy, pp. 333–341, hier p. 339. – Hierzu auch: M. Bur (wie Anm. 17), p. 22. – Cf. zu seiner schulischen Ausbildung zudem die Bemerkungen Sugers in seiner Schrift *De consecratione* (*cons* 14,104sq.). – Daneben: Cartellieri (1898), p. 4; Reg. n. 3, p. 127. – J. F. Benton (wie Anm. 14), p. 4. – Grant (1998), p. 78.

[66] Cf. A. Luchaire (wie Anm. 56), p. 4, n. 3. – Hierzu auch M. Bur (wie Anm. 17), pp. 19sq. – Grant (1998), pp. 78sq.

[67] Tatsächlich liegen erst für das Jahr 1104 quellenmäßig belegte Nachrichten über ein Zusammentreffen des jungen Suger mit König Philipp I. und dessen Sohn Ludwig (VI.) vor. Cf. Vita Lud. VI., c. VIII (pp. 36–38). – A. Luchaire (wie Anm. 56), pp. 19sq., n. 32. – Cartellieri (1898), p. 4; Reg. n. 4, p. 127. – In späteren Jahren widmete Abt Suger König Ludwig VI. eine Lebensbeschreibung, die auch eine Schilderung des jungen Königssohnes enthält (Vita Lud. VI., c. I [pp. 4–6]). Ob diese Darstellung tatsächlich – wie Cartellieri (1898), p. 4, und M. Bur (wie Anm. 17), p. 20, rein hypothetisch annehmen – aus einer damaligen persönlichen Bekanntschaft resultierte oder in ihren idealisierenden Tendenzen nicht eher als Topos aufzufassen ist, mag allerdings fraglich sein. – Cf. daneben: J. F. Benton (wie Anm. 14), p. 4.

[68] Cf. hierzu die Angabe in einem Schreiben Abt Sugers aus dem Jahre 1149 mit

Frühjahr/Frühsommer des Jahres 1106 nach Saint-Denis zurück[69]. Im Dienste des Klosters bzw. Abt Adams von Saint-Denis (1094–1122) konnte der junge Mönch in den folgenden Jahren bereits erste Erfahrungen in jenen Bereichen sammeln, die auch seine spätere Tätigkeit als Vorsteher der Abtei von Saint-Denis und Berater der französischen Könige nachdrücklich bestimmen sollten: Gemeint ist hierbei zum einen die erfolgreiche Verwaltung klösterlicher Güter, über die Suger in seinen nachgelassenen Schriften wiederholt und mit einem gewissen Stolz berichtet[70], zum anderen die Mitwirkung an „diplomatischen Missionen" im Dienste von Kirche *und* Königtum[71]. Wohl um das Jahr 1107 entsandte Abt Adam von Saint-Denis den jungen Mönch nach Berneval-le-Grand, einer bei Dieppe (Normandie) gelegenen Propstei, die sich zu diesem Zeitpunkt offenbar in einem schlechten wirtschaftlichen Zustand befand[72]. Dort bot sich dem späteren Abt von Saint-Denis möglicherweise auch die Gelegenheit, administrative Neuerun-

der Bitte an Papst Eugen III., die Nonnen von Fontevrault gegen den Bischof von Poitiers zu unterstützen: *„cum in partibus illis* [gemeint ist die Gegend um Fontevrault (Anm. d. Verf. in)] *in scholis essemus"* (Lecoy, p. 264, n. XIV; Cartellieri Reg. n. 242, p. 156). – In diesem Sinne: J. F. Benton (wie Anm. 14), p. 4. – Grant (1998), p. 81 (mit einem Verweis auf die Schule St-Florent bei Saumur). – Zu dem wohl um 1101 durch Robert von Arbrissel († 1116) gegründeten Reformkloster Fontevrault cf. die Ausführungen zu *adm* 206,935 (mit Anm. 123). – Hingegen mit dem Hinweis auf die zu dieser Zeit bedeutende Abtei Saint-Benoît-sur-Loire/Fleury: Cartellieri (1898), p. 4; Reg. n. 5, p. 127. – Mit einer Zusammenstellung der gängigen Forschungsmeinungen zur umstrittenen Lokalisierung dieser Klosterschule: M. Bur (wie Anm. 17), p. 66.

[69] Cf. Cartellieri, p. 4; Reg. n. 5, p. 127. – M. Bur (wie Anm. 17), p. 62. – Grant (1998), p. 81.

[70] Cf. hierzu allgemein den Bericht Sugers in *De administratione* über die unter seiner Leitung vorgenommenen ökonomischen Reformmaßnahmen, die nach dem finanziellen Niedergang der Abtei im 11. Jahrhundert zu einer neuen wirtschaftlichen Blüte des Klosters geführt hatten. – Beispielhaft hier nur der Hinweis auf eine in der Beauce gelegene, ursprünglich offenbar unbearbeitete Besitzung des Klosters namens Villaine, deren Einkünfte sich nun durch die Bemühungen Sugers auf eine Summe von 80 bis 100 Pfund jährlich beliefen (*cons* 54,331–334): „[...] *quinquaginta etiam de possessione sita in Belsa que dicitur Villana prius inculta, sed* auxilio Dei et nostro labore [!] *composita et ad ualens quater uiginti aut centum librarum singulis annis adaptata*"; in einem entsprechenden Sinne auch die Angaben in *adm* 73,330–333.

[71] Cf. zu dieser „Doppelbegabung" Sugers auch die Skizze bei O. von Simson, Die gotische Kathedrale. Beiträge zu ihrer Entstehung und Bedeutung, Darmstadt 1982, pp. 98–100.

[72] Cf. *adm* 155,671–677. – Daneben: Cartellieri Reg. n. 9, p. 128. – E. Panofsky (wie Anm. 13), p. 132. – J. F. Benton (wie Anm. 14), p. 4. – M. Bur (wie Anm. 17), pp. 73sq.

gen der verwaltungstechnisch fortgeschrittenen Herrschaftsorganisation der Normandie kennenzulernen[73]. Nur zwei Jahre später (1109) wurde Suger in gleicher Funktion mit der Verwaltung der Propstei Toury-en-Beauce betraut, die – in einer ertragreichen Region südwestlich von Paris (Beauce) gelegen – seit längerer Zeit den wiederholten Übergriffen des benachbarten Burgherren Hugo von Le Puiset ausgesetzt war. Unterstützt von König Ludwig VI. und verschiedenen lokalen Kräften gelang es Suger endlich, nach mehrjährigen, mit wechselndem Erfolg geführten Kämpfen 1112, die Burg von Le Puiset zu zerstören[74] und die wirtschaftliche Lage der Propstei in den folgenden Jahren zu konsolidieren[75].

Zu diesem Zeitpunkt hatte der spätere Abt von Saint-Denis bereits – parallel zu seiner administrativen Tätigkeit als Propst von Berneval-le-Grand und Toury-en-Beauce – im Dienste der Abtei bzw. der französischen Krone an verschiedenen „diplomatischen Missionen" mitgewirkt, die im engen Zusammenhang mit der endgültigen Klärung der „Investiturfrage"[76] standen: Im Anschluß an das Konzil von Guastalla, das Ende Oktober 1106 auf dem Gebiet der Markgräfin Mathilde von Tuszien (1046–1115) abgehalten worden war, hatte sich Papst Paschalis II. (1099–1108) gegen Ende des Jahres 1106 nach Frankreich begeben, wo unter dem Schutz König Philipps I. und seines bereits mitregierenden Sohnes Ludwig (VI.) Verhandlungen mit den Gesandten König Heinrichs V. (1106–1125) über die Beilegung des sog. „Investiturstreites" stattfinden sollten[77]. Nach verschiedenen Zwischenauf-

[73] Cf. E. Panofsky (wie Anm. 13), p. 132. – M. Bur (wie Anm. 17), p. 74. – Grant (1998), pp. 89sq.

[74] Siehe hierzu die Schilderung Sugers in der *Vita Ludovici grossi regis* (c. XXI [p. 168]): „*Rex vero non tantum Hugonem Puteolensem exheredavit quam etiam castrum Puteoli, dirutis meniis et effossis puteis, tanquam locum divine maledictioni patulum, subvertens deplanavit.*"

[75] Mit einer ausführlichen Schilderung der Auseinandersetzungen mit Hugo von Le Puiset: Vita Lud. VI., c. XIX–XXI (pp. 128–168). – Cf. daneben *adm* 76,340–92,423. – Zu den Auseinandersetzungen um die Propstei von Toury-en-Beauce und deren Beilegung: Cartellieri Reg. nn. 10–13, p. 128; Reg. nn. 15–16, pp. 128sq. – E. Panofsky (wie Anm. 13), pp. 132sq. – J. F. Benton (wie Anm. 14), p. 4. – M. Bur (wie Anm. 17), pp. 79–91. – Grant (1998), pp. 91–93.

[76] Aus der unendlichen Fülle an Literatur zum Thema des sog. „Investiturstreites" seien nur – als eine Auswahl – genannt (jeweils mit der jüngeren Literatur): W. Hartmann, Der Investiturstreit (Enzyklopädie deutscher Geschichte 21), München ^{2}1996. – J. Laudage, Gregorianische Reform und Investiturstreit (Erträge der Forschung 282), Darmstadt 1993. – Als bereits ältere Darstellung: U.-R. Blumenthal, Der Investiturstreit, Stuttgart-Berlin-Köln-Mainz 1982.

[77] Cf. J. Ehlers, Geschichte Frankreichs im Mittelalter, Stuttgart–Berlin–Köln–

enthalten in Cluny, Lyon und Châlons-sur-Saône traf der Papst Anfang März 1107 in der Benediktinerabtei La-Charité-sur-Loire ein und weihte dort am 9. März 1107 die neu errichtete, nach dem benediktinischen Reformzentrum Cluny größte Klosterkirche Frankreichs ein[78]. An der königlichen Gesandtschaft, die Papst Paschalis II. in La-Charité-sur-Loire empfing, nahm auch der junge Suger von Saint-Denis teil, der bei dieser Gelegenheit zugleich einen ersten größeren öffentlichen Erfolg verzeichnen konnte: Nachdem die bereits seit längerer Zeit schwelenden Auseinandersetzungen zwischen der Abtei von Saint-Denis und dem Pariser Bischof um die Exemtion des Klosters aus der bischöflichen Gewalt zunächst auf der Lateransynode des Jahres 1065 im Sinne der Mönche von Saint-Denis beigelegt[79] und diese Entscheidung nochmals durch ein erweitertes päpstliches Schutzprivileg Paschalis' II. (1102) bestätigt worden war[80], sàh sich die Abtei nun erneut den Vorwürfen des zuständigen Ortsbischofs Galo (1104–1116) ausgesetzt. Nicht ohne einen gewissen Stolz berichtet Suger in der *Vita Ludovici grossi regis* über seine erfolgreiche Intervention bei Papst Paschalis II.[81], der diesen Streit im März 1107 endgültig zugunsten der altehrwürdigen Benediktinerabtei schlichtete[82]: „[...] *et contra dominum episcopum Parisiensem Galonem, multis querimoniis ecclesiam beati Dionisii agitantem, in conspectu domini pape viriliter stando, aperta ratione et canonico judicio satis-*

Mainz 1987, p. 85. – Cartellieri (1898), pp. 5sq. – C. Servatius, Paschalis II. (1099–1118). Studien zu seiner Person und seiner Politik (Päpste und Papsttum 14), Stuttgart 1979, pp. 205sq.

[78] Cf. Cartellieri (1898), p. 6; Reg. n. 7, p. 128. – J. F. Benton (wie Anm. 14), p. 4. – M. Bur (wie Anm. 17), p. 69. – Grant (1998), p. 88.

[79] Cf. hierzu das in einer doppelten Ausfertigung vorliegende Privileg Papst Alexanders II. von 1065 Mai 6: Große, pp. 116–124, nn. 18a und 18b (mit weiterführender Literatur). – Daneben auch mit weiteren Schreiben Papst Alexanders II. und König Philipps I., die sich auf die Entscheidung von 1065 beziehen: Große, pp. 124–129, nn. 19–23. – Zur Vorgeschichte dieser Auseinandersetzungen cf. L. Morelle, Moines de Corbie sous influence sandionysienne? Les préparatifs corbéiens du synode romain de 1065, in: L'Église de France et la Papauté (X^{e}–XIIIe siècle). Die französische Kirche und das Papsttum (10.–13. Jahrhundert), ed. R. Große (Studien und Dokumente zur Gallia Pontificia 1), Bonn 1993, pp. 197–218, hier p. 211 mit Anm. 57 und 58.

[80] Cf. Große, pp. 131–133, n. 25 (Rom, 1102 März 21).

[81] Zum erfolgreichen Vorgehen des jungen Suger in diesen Auseinandersetzungen cf. zuletzt die Ausführungen von R. Große, Saint-Denis und das Papsttum zur Zeit des Abtes Suger, in: L'Église de France et la Papauté (wie Anm. 79), pp. 219–238, hier pp. 221sq. – Große, p. 134.

[82] Cf. Cartellieri Reg. n. 7, p. 128. – M. Bur (wie Anm. 17), pp. 69sq. – Dufour II, p. 452 (Vorrede zu n. 3). – Große, p. 134.

fecimus“[83]. (Darüber hinaus bestanden jedoch offenbar auch weiterhin massive Spannungen zwischen dem Kloster von Saint-Denis und dem Bischof von Paris[84].) Ende April 1107 fand schließlich in der Abtei von Saint-Denis ein feierliches Treffen zwischen Papst Paschalis II. und König Philipp I. sowie dem Thronfolger Ludwig (VI.) statt, bei dem man sich offenbar – so zumindest der Bericht Sugers – *familiariter* über nicht näher definierte kirchliche Angelegenheiten („*de statu ecclesiae*“) verständigte[85]; darüber hinaus wandte sich der Papst mit der Bitte an den französischen Herrscher, der römischen Kirche beizustehen und diese im Kampf gegen Tyrannen und Feinde – gemeint ist hier vor allem König Heinrich V. – zu unterstützen („*ecclesiam manutenere, et, sicut antecessorum regum Francorum Karoli Magni et aliorum mos inolevit, tyrannis et ecclesie hostibus et potissimum Henrico imperatori audacter resistere*“[86]). Die nachfolgenden Verhandlungen, die Anfang Mai 1107 in Châlons-sur-Marne zwischen Papst Paschalis II. und einer Gesandtschaft König Heinrichs V. über die seit langem strittige Frage der Investitur (mit Ring und Stab durch den Herrscher) geführt wurden, verliefen jedoch erneut ergebnislos[87]; zur „Entourage“ des Papstes hatten

[83] Vita Lud. VI., c. X (p. 52).

[84] Cf. das Privileg Papst Calixt' II. von 1119 Oktober 13 mit einer erneuten Bestätigung der Besitzungen, Freiheiten und Rechte des Klosters von Saint Denis (Große, pp. 137–139, n. 29). – Im Zusammenhang mit den Auseinandersetzungen zwischen Kloster und Ortsbischof ist darüber hinaus auch auf den Bericht Sugers über die Weihe des Westwerkes (cf. *cons* 42,233–240) sowie die Grundsteinlegung des Chores im Jahre 1140 zu verweisen (cf. *cons* 79,478–498), der eine mögliche Mitwirkung Bischof Stephans von Paris (1124–1142) an keiner Stelle erwähnt.

[85] Cf. Cartellieri (1898), p. 6 mit Anm. 3. – M. Bur (wie Anm. 17), pp. 70sq. – U.-R. Blumenthal (wie Anm. 76), pp. 173sq. – Cf. daneben auch: A. Becker, Studien zum Investiturproblem in Frankreich. Papsttum, Königtum und Episkopat im Zeitalter der gregorianischen Kirchenreform (1049–1119), Saarbrücken 1955, p. 121. – C. Servatius (wie Anm. 77), p. 206.

[86] Vita Lud. VI., c. X (p. 54). – Cf. daneben: Cartellieri (1898), p. 6. – U.-R. Blumenthal (wie Anm. 76), p. 173. – A. Becker (wie Anm. 85), pp. 121sq.

[87] Cf. zu den Verhandlungen von Châlons-sur-Marne 1107: A. Becker (wie Anm. 85), p. 122. – I. Ott, Der Regalienbegriff im 12. Jahrhundert, in: Zeitschrift der Savigny-Stiftung für Rechtsgeschichte, Kan. Abt. 35 (1948), pp. 234–304, hier pp. 251–253. – R. L. Benson, The Bishop-Elect. A Study in Medieval Ecclesiastical Office, Princeton/New Jersey 1968, pp. 242–244. – P. Classen, Das Wormser Konkordat in der deutschen Verfassungsgeschichte, in: Investiturstreit und Reichsverfassung, ed. J. Fleckenstein (Vorträge und Forschungen 17), Sigmaringen 1973, pp. 411–460, hier p. 420. – M. Minninger, Von Clermont zum Wormser Konkordat. Die Auseinandersetzungen um den Lehnsnexus zwischen König und Episkopat (Forschungen zur Kaiser- und Papstgeschichte des Mittelalters. Beihefte zu J. F. Böhmer, Regesta Imperii 2), Köln-Wien 1978, pp. 134–146. – P. Millotat, Transpersonale Staatsvorstel-

dabei neben verschiedenen Erzbischöfen und Bischöfen auch Abt Adam sowie Suger von Saint-Denis gehört, dessen Schilderung in der *Vita Ludovici grossi regis* sicherlich eine der wichtigsten historiographischen Quellen zu diesen Vorgängen darstellt[88]. Auch für die folgenden Jahre sind nähere Kontakte Sugers zum Papsttum nachzuweisen – Carlo Servatius bezeichnet den späteren Abt von Saint-Denis in diesem Zusammenhang vielleicht etwas übertrieben als König Ludwigs (VI.) „Verbindungsmann zur Kurie"[89]. Wohl in königlichem Auftrage nahm Suger an der Lateransynode vom März 1112 teil[90], die sich erneut dem Investiturproblem und damit auch den Auseinandersetzungen zwischen der kirchlichen Reformpartei einerseits und Kaiser Heinrich V. sowie seinen Anhängern andererseits widmete[91]. Konfrontiert mit dem wachsenden Druck einer innerkirchlichen Opposition radikaler Reformer, sah sich Papst Paschalis II. schließlich gezwungen, den am 11. April 1111 mit König Heinrich V. geschlossenen Vertrag von Ponte Mammolo („Pravilegium" – „Schandbrief") zurückzunehmen; dieses Privileg – dem Herrscher von Paschalis II. in einer scheinbar aussichtslosen politischen Lage zugestanden – hatte u. a. eine Regelung des strittigen Investiturproblems im Sinne der von Heinrich V. bislang geübten Praxis vorgesehen (Investitur mit Ring und Stab vor der Weihe)[92]. Auch in den folgenden Jahren

lungen in den Beziehungen zwischen Kirchen und Königtum der ausgehenden Salierzeit (Historische Forschungen 25), Rheinfelden-Freiburg i. Br.-Berlin 1989, pp. 246–253. – C. Servatius (wie Anm. 77), pp. 206–209.

[88] Cf. Vita Lud. VI., c. X (pp. 50–60).

[89] C. Servatius (wie Anm. 77), p. 313. – Zu den Beziehungen Sugers zum Papsttum zuletzt: R. Große (wie Anm. 81).

[90] Cf. Vita Lud. VI., c. X (p. 66). – Cartellieri Reg. n. 14, p. 128. – Zuletzt B. Schilling, Guido von Vienne – Papst Calixt II. (MGH Schriften 45), Hannover 1998, p. 363.

[91] Cf. zur Lateransynode vom März 1112: W. Hartmann (wie Anm. 76), p. 39. – J. Laudage (wie Anm. 76), p. 54. – U.-R. Blumenthal, Opposition to Pope Paschal II: Some comments on the Lateran Council of 1112, in: Annuarium Historiae Conciliorum 10 (1978), pp. 82–98. – W. Maleczek, Papst und Kardinalskolleg von 1191 bis 1216. Die Kardinäle unter Coelestin III. und Innocenz III. (Publikationen des Historischen Instituts beim österreichischen Kulturinstitut in Rom I,6), Wien 1984, pp. 215sq. – C. Servatius (wie Anm. 77), pp. 309–325.

[92] Cf. für die Gesamtentwicklung: G. Tellenbach, Die westliche Kirche vom 10. bis zum frühen 12. Jahrhundert (Die Kirche in ihrer Geschichte II F 1), Göttingen 1988, pp. 218–222. – Cf. daneben: U.-R. Blumenthal (wie Anm. 76), p. 177. – J. Laudage (wie Anm. 76), pp. 53sq. – W. Hartmann (wie Anm. 76), pp. 38sq. – J. Fried, Der Regalienbegriff im 11. und 12. Jahrhundert, in: Deutsches Archiv (im folgenden zitiert als: DA) 29 (1973), pp. 450–528. – S. Weinfurter, Artikel 'Ponte Mammolo, Vertrag v.', in: LexMA VII (1995), col. 93. – C. Servatius (wie Anm. 77), pp. 245–252.

zeichnete sich zunächst keine einvernehmliche Regelung der Investiturpraxis zwischen dem römischen Papsttum und Kaiser Heinrich V. ab[93]. Bedroht von einer kaiserfreundlichen Opposition unter Führung der einflußreichen stadtrömischen Adelsfamilie der Frangipani, begab sich Papst Gelasius II. (1118–1119) – dem Vorbild seines unmittelbaren Vorgängers Paschalis II. folgend – im Spätherbst des Jahres 1118 nach Frankreich, um dort Schutz und Beistand im Kampf gegen die päpstlichen Gegner zu erbitten[94]. Zu der Gesandtschaft König Ludwigs VI., die den Papst auf der kleinen Halbinsel Maguelonne feierlich empfing, gehörte erneut auch der spätere Abt von Saint-Denis – allerdings wohl nicht, wie noch Otto Cartellieri vermutete, in leitender Funktion[95]. Gegen eine kirchenpolitisch exponierte Stellung Sugers zumindest zu diesem Zeitpunkt könnte auch der Umstand sprechen, daß die im Herbst des Jahres 1119 unter französischer Vermittlung durchgeführten Ausgleichsverhandlungen zwischen Papst Calixt II. (1119–1124), dem Nachfolger Gelasius' II., und Kaiser Heinrich V. offenbar ohne die Mitwirkung des späteren Abtes von Saint-Denis stattfanden. Vertreten wurden die päpstlichen Interessen vielmehr zunächst – bei den Beratungen mit dem römisch-deutschen Herrscher in Straßburg – durch Abt Pontius von Cluny († 1126) sowie den bedeutenden Pariser Gelehrten und Bischof von Châlons-sur-Marne, Wilhelm von Champeaux (1113–1122)[96], doch konnten auch diese das spätere Scheitern des vereinbarten Vertragswerks und – damit eng verbunden – des für den 24. Oktober 1119 im ostfranzösischen Mouzon geplanten Zusammentreffens von Kaiser und Papst nicht verhindern[97]. Persönliche Kontakte

– Zu den Ereignissen des Jahres 1111 aus deutscher Perspektive: S. Weinfurter, Reformidee und Königtum im spätsalischen Reich. Überlegungen zu einer Neubewertung Kaiser Heinrichs V., in: id. (ed.), Reformidee und Reformpolitik im spätsalisch-frühstaufischen Reich. Vorträge der Tagung der Gesellschaft für mittelrheinische Kirchengeschichte vom 11. bis 13. September 1991 in Trier (Quellen und Abhandlungen zur mittelrheinischen Kirchengeschichte 68), Mainz 1992, pp. 1–45, hier bes. pp. 33–39.

[93] Die politische Stituation nach den Ereignissen von 1112 umreißt U.-R. Blumenthal (wie Anm. 76), p. 177, knapp mit folgenden Worten: „Man befand sich wieder am Nullpunkt."

[94] Zu Papst Gelasius II. (1118–1119) zuletzt: G. Schwaiger, Artikel 'Gélase II', in: Dictionnaire Historique de la Papauté, ed. sous la direction de Ph. Levillain, o. O. (Paris) 1994, pp. 723sq. (mit weiterführender Literatur). – Cf. daneben: Cartellieri (1898), p. 10; Reg. n. 18, p. 129. – M. Bur (wie Anm. 17), pp. 92sq.

[95] Cf. Cartellieri (1898), p. 10; Reg. n. 18, p. 129. – A. Becker (wie Anm. 85), p. 132. – Zutreffend hingegen wohl die entsprechenden Überlegungen Michel Burs (wie Anm. 17), p. 93.

[96] Cf. B. Schilling (wie Anm. 90), p. 414.

[97] Zu den Verhandlungen von Straßburg/Mouzon 1119 cf. J. Haller, Die Verhand-

Sugers zu Papst Calixt II. sind demgegenüber erst für den Beginn des Jahres 1122 überliefert, als sich der spätere Abt von Saint-Denis in königlichem Auftrage – begleitet von Abt Hugo IV. von Saint-Germain-des-Prés (Paris) – nach Italien begab und am 28. Januar 1122 im süditalienischen Bitonto vom kirchlichen Oberhaupt ehrenvoll („*honorifice*“[98]) empfangen wurde[99]. In seiner Schrift über „Das Leben König Ludwigs des Dicken“ benennt Suger als eigentlichen Anlaß der Reise allein – ohne weitere präzisierende Angaben – die Regelung „gewisser Angelegenheiten des Königreichs“ („*pro quibusdam regni negotiis*“[100]); gemeint ist hier möglicherweise – so zuletzt Beate Schilling – die Frage nach einer für König Ludwig VI. kirchenpolitisch durchaus vorteilhaften Vereinigung der beiden Bistümer Tournai und Noyon, „der mit dieser Personalunion die französische Kontrolle über das wichtigste flandrische Bistum zu sichern wünschte“[101].

lungen von Mouzon (1119) (1892), in: id., Abhandlungen zur Geschichte des Mittelalters, Stuttgart o. J., pp. 175–195. – J. Laudage (wie Anm. 76), pp. 54–56. – A. Becker (wie Anm. 85), pp. 134–138. – M. Minninger (wie Anm. 87), pp. 176–189. – P. Millotat (wie Anm. 87), pp. 291–298. – G. Tellenbach (wie Anm. 92), p. 223. – U.-R. Blumenthal (wie Anm. 76), pp. 177sq. – Zuletzt ausführlich hierzu: B. Schilling (wie Anm. 90), pp. 413–422 (mit weiterführenden Literaturhinweisen).

98 Vita Lud. VI., c. XXVII (p. 206).

99 Cf. Vita Lud. VI., c. XXVII (p. 206). – Daneben: Cartellieri (1898), pp. 11sq.; Reg. nn. 19–20, p. 129. – M. Bur (wie Anm. 17), p. 97. – J. F. Benton (wie Anm. 14), p. 4. – B. Schilling (wie Anm. 90), p. 540 Anm. 185 (mit Zusammenstellung ausgewählter Literatur), p. 713. – Grant (1998), pp. 105sq.

100 Vita Lud. VI., c. XXVII (p. 206).

101 B. Schilling (wie Anm. 90), pp. 539sq. (mit Anm. 185 zu Abt Suger von Saint-Denis als königlichem Gesandten). – Zu dieser Gesandtschaft cf. auch Grant (1998), pp. 105sq. – Da sich die römische Kurie zu diesem Zeitpunkt zudem in letzten wichtigen Verhandlungen mit dem römisch-deutschen Kaiserhof befand, die schließlich zu einer endgültigen Verständigung über die Investiturfrage im Wormser Konkordat vom 23. September 1122 führen sollten, ist zugleich – bei allen grundsätzlichen Vorbehalten – nicht auszuschließen, daß Suger und seine Begleiter mit der Wahrung französischer Interessen bei der Beilegung dieses säkularen Konfliktes betraut worden waren. – Cf. in diesem Sinne Cartellieri (1898), pp. 11sq. – Hingegen mit dem Hinweis auf vor allem innerklösterliche Motive: R. Große (wie Anm. 81), p. 244 (päpstliche Bestätigung einer zuvor von König Ludwig VI. vorgenommenen Schenkung der Kirche zu Cergy: Große, pp. 139sq., n. 30 [Acquaviva delle Fonti, 1122 Januar 28]). – Aus der Fülle an Literatur zum Wormser Konkordat von 1122 seien nur genannt: W. Hartmann (wie Anm. 76), pp. 42sq. und pp. 91sq. (mit Forschungsüberblick). – J. Laudage (wie Anm. 76), pp. 56–58. – G. Tellenbach (wie Anm. 92), pp. 223–225. – P. Classen (wie Anm. 87). – M. Minninger (wie Anm. 87), pp. 189–209.

Auf der Rückreise von Italien wurde Suger die Kunde vom Tode Abt Adams von Saint-Denis überbracht[102]; über die vom Konvent ohne königliche Mitwirkung durchgeführte Wahl Sugers zum neuen Vorsteher der Abtei von Saint-Denis zeigte sich Ludwig VI. offenbar zunächst verärgert – nach den Angaben Sugers in der *Vita Ludovici grossi regis* waren die Boten, welche die Nachricht von der Entscheidung des Konvents vorgetragen und den König um seine nachträgliche Zustimmung gebeten hatten, von diesem mit Vorwürfen überschüttet und in Orléans in ein Gefängnis geworfen worden[103] –, doch mußte der Herrscher die nach kanonischen Regeln erfolgte Wahl schließlich anerkennen[104]. Nachdem zunächst mit der Weihe zum Priester am 11. März 1122 zu Saint-Denis die notwendige Voraussetzung für den Antritt des Abbatiats durch Suger geschaffen worden war, wurde dieser am darauffolgenden Sonntag, dem 12. März 1122, feierlich zum Abt ordiniert[105].

In den folgenden Jahren widmete sich der neugewählte Abt von Saint-Denis zunächst zwei drängenden monastischen Problemkomplexen: der Reform des klösterlichen Lebens einerseits sowie der ökonomisch-administrativen Konsolidierung der Abtei andererseits. Der bedeutende Pariser Gelehrte Petrus Abaelard (1079–1142) – einer der ersten mittelalterlichen „Intellektuellen" (im Sinne Jacques Le Goffs [siehe unten]) und in den Jahren von 1119 bis 1122 selbst Mitglied des Konvents von Saint-Denis – berichtet in der sog. *Historia Calamitatum*, der wohl in der Mitte der dreißiger Jahre des 12. Jahrhunderts verfaßten „Leidensgeschichte", über die kritikwürdigen Zustände im dortigen Kloster zur Zeit des Abtes Adam (1094–1122): „Ich war in ein Kloster geraten, in dem ein schändliches Weltleben die Regel war. Der Abt stand auch darin, in der Zuchtlosigkeit und Verrufenheit, an der Spitze seiner Mönche"[106]. In einem ähnlichen Sinne äußerte

[102] Cf. Vita Lud. VI., c. XXVII (pp. 206–208). – Cf. hierzu: M. Bur (wie Anm. 17), p. 98. – Cartellieri (1898), p. 12; Reg. n. 21, p. 129. – Grant (1998), p. 106.

[103] „[...] *sed, quia inconsulto rege factum fuerat, meliores et religiosiores fratrum, milites etiam nobiliores, cum obtulissent domino regi electionem ut assensum preberet, multis affectos convitiis, Aurelianis castello inclusos reportat*" (Vita Lud. VI., c. XXVII [p. 208]).

[104] Mit einer ausführlichen Wiedergabe des Berichtes Sugers über die entsprechenden Ereignisse in der *Vita Ludovici grossi regis*: Cartellieri (1898), pp. 12–15. – M. Bur (wie Anm. 17), pp. 97–100. – J. F. Benton (wie Anm. 14), p. 4. – Grant (1998), p. 106.

[105] Cf. Vita Lud. VI., c. XXVII (p. 212). – Daneben: Cartellieri (1898), p. 15; Reg. nn. 23–24, pp. 129sq. (mit genaueren Ausführungen zur Datierung dieser Ereignisse). – J. F. Benton (wie Anm. 14), p. 4. – Grant (1998), p. 107.

[106] „*Erat autem abbatia illa nostra ad quam me contuleram secularis admodum vite atque turpissime, cujus abbas ipse quo ceteris prelatione major tanto vita deterior atque infamia notior erat*" (Abélard, Historia Calamitatum. Texte critique avec une introduction, publié par J. Monfrin, Paris 1959, p. 81). Deutsche Übersetzung: Abae-

sich auch Bernhard von Clairvaux in einem aus dem Jahre 1127 stammenden Schreiben an Abt Suger von Saint-Denis: „Denn der Ort [gemeint ist das Kloster von Saint-Denis (Anm. d. Verf.in)] war von alters her angesehen, von königlicher Würde. Man pflegte in den Geschäften des Hofes und in den königlichen Heeren seine Dienste anzubieten. Ohne Zögern und ohne Beeinträchtigung wurde dem Cäsar das Seine gegeben (Mt 22,21). Aber nicht mit gleicher Treue wurde auch Gott dargebracht, was Gottes ist. [...] Wie man sagt, füllte sich sogar der Kreuzgang des Klosters oft mit Soldaten. Geschäfte wurden abgeschlossen. Man konnte das Geschrei der Streitenden hören. Manchmal stand der Kreuzgang auch den Frauen offen“[107]. Und auch wenn diese kritisch-anklagenden Schilderungen im einzelnen sicherlich übertrieben und mehrheitlich aus der allgemein – und aus verschiedenen Gründen – eher ablehnenden Haltung ihrer Verfasser gegenüber den Formen des in Saint-Denis geführten monastischen Lebens zu erklären sind, so scheinen diese Klagen doch nicht einer gewissen Grundlage zu entbehren[108]. Suger selbst enthielt sich jeder direkten Bemerkung über die von Zeitgenossen getadelten klösterlichen Verhältnisse, erhob vor allem keine Vorwürfe gegen seinen unmittelbaren Amtsvorgänger Adam, den er einmal als seinen „geistlichen Vater und Pflegevater“[109] bezeichnet hatte. In seinen Schriften verweist der Abt von Saint-Denis jedoch verschiedentlich auf die zunächst angespannte administrativ-wirtschaftliche Situation des Klosters und berichtet in diesem Zusammenhang von „klaffenden Rissen in den Wänden, von beschädigten Säulen und Türmen, ‘die zu zerfallen drohten’, von Lampen und anderen Einrichtungsgegenständen, die, weil sie nicht repariert wurden, in Stücke gingen; von wertvollen Elfenbeinstücken, ‘die im Kirchenschatz

lard. Die Leidensgeschichte und der Briefwechsel mit Heloisa, ed. E. Brost, Darmstadt 1984, p. 34.

[107] *„Locus quippe ab antiquo nobilis, et regiae dignitatis exstiterat; palatii causis regumque exercitibus deservire solebat. Sine cunctatione et fraude, sua Caesari reddebantur; sed non etiam Deo quae Dei sunt persolvebantur aeque fideliter.* [...] *claustrum ipsum monasterii frequenter, ut aiunt, stipari militibus, urgeri negotiis, iurgiis personare, patere interdum et feminis“* (Bernhard von Clairvaux. Sämtliche Werke lateinisch/deutsch, ed. G. B. Winkler, vol. II, Innsbruck 1992, Brief 78, pp. 642–661 [mit den ergänzenden Bemerkungen dazu ibid., pp. 1089sq.], hier pp. 646sq. [lateinischer Text und deutsche Übersetzung]).

[108] Cf. allgemein zu den monastischen und wirtschaftlichen Reformmaßnahmen Abt Sugers von Saint-Denis: G. Constable, Suger's Monastic Administration, in: id., Monks, Hermits and Crusaders in Medieval Europe, London 1988, Nr. X, pp. 1–51, zu den Anklagen des Petrus Abaelard sowie Bernhards von Clairvaux ibid., pp. 6–8. – Daneben auch: Cartellieri (1898), pp. 75sq. – J. F. Benton (wie Anm. 14), pp. 4sq.

[109] Vita Lud. VI., c. XXVII (p. 208): *„patri spiritali et nutritori meo“*. – Cf. hierzu auch: J. F. Benton (wie Anm. 14), p. 4. – E. Panofsky (wie Anm. 13), p. 131.

zerbröckeln', von Altargeräten, 'verschollen als Pfandstücke'; von uneingelösten Verpflichtungen gegenüber fürstlichen Wohltätern; von Zehnten, die Laien überlassen wurden; von abgelegenen Besitzungen, die überhaupt nicht kultiviert wurden oder von den Pächtern aufgrund der Unterdrückung durch benachbarte Gutsbesitzer und Barone verlassen worden waren; und, was das Schlimmste ist, von beständigen Schwierigkeiten mit den 'Amtmännern' *(advocati)*, die das ererbte Recht auf gewisse Abgaben aus den Besitztümern der Abtei als Gegenleistung für den Schutz gegen Feinde von außen *(advocationes)* hatten, häufig aber nicht in der Lage oder nicht willens waren, diesem Amt nachzukommen, und es sogar recht häufig durch willkürliche Besteuerung, Aushebung und Fron mißbrauchten"[110].

Genauere Angaben über die Form und den Umfang der monastischen Reformen liegen zwar zunächst – abgesehen von vereinzelten Hinweisen der *Administratio* auf die materielle Besserstellung der Konventsmitglieder[111] – nicht vor[112]; möglicherweise hat sich der neue Abt von Saint-Denis bei der Durchführung entsprechender Maßnahmen jedoch weniger an den asketischen Idealen der zeitgenössischen monastischen Reformbewegungen und den damit eng verbundenen Forderungen nach einem Leben in apostolischer Armut orientiert, sondern vielmehr – entsprechend auch dem Tenor seiner Schriften – im Sinne des benediktinischen Mönchtums traditioneller Prägung argumentiert[113]. Allerdings sollte in diesem Zusammenhang nicht übersehen werden, daß sich der Abt von Saint-Denis zeit seines Lebens auch für konkurrierende monastische Konzeptionen offen gezeigt hatte: Wohl noch während seiner weiteren schulischen Ausbildung („*cum* […] *in scholis essemus*") in einem unbekannten Kloster außerhalb von Saint-Denis (siehe oben) war der junge Suger in Kontakt mit der um 1101 neugegründeten Religiosengemeinschaft von Fontevrault gekommen, die aus der Wan-

[110] E. Panofsky (wie Anm. 13), pp. 131sq. – Cf. daneben auch: G. Constable (wie Anm. 108), pp. 8sq. – Zu einigen ausgewählten Verweisen auf entsprechende Schäden namentlich an der Klosterkirche cf. *cons* 16,116sq. („*gemellis nec altis nec aptis multum sed minantibus ruinam turribus*"), *cons* 33,195 („*patulas antiquarum maceriarum rimas*") sowie *adm* 162,706sq. („*antiquarum maceriarum uetustatem et aliquibus in locis minacem diruptionem*").

[111] Cf. in diesem Zusammenhang beispielsweise die Angaben in *ord* 9,41–47 (de pulmento) und *ord* 12,51–56 (de cena) sowie *adm* 49,214 (fratres infirmi) und *adm* 158,688–692.

[112] Cf. in diesem Zusammenhang die sicherlich zutreffende Bemerkung von Giles Constable: „The precise nature of this reform is unclear" (G. Constable [wie Anm. 108], p. 9). – Daneben ausführlich zum monastischen Reformwerk Sugers: Grant (1998), pp. 185–190.

[113] Hierzu die entsprechenden Überlegungen von G. Constable (wie Anm. 108), pp. 9–11. – Daneben Grant (1998), p. 189.

derprediger-Bewegung hervorgegangen war[114]. Darüber hinaus bestanden sowohl zu dem älteren benediktinischen Reformzentrum von Cluny als auch zu Vertretern der jüngeren Reformbewegung von Cîteaux (u. a. zu Bernhard von Clairvaux [siehe oben]) persönliche Verbindungen. (Bezeichnenderweise sollten denn auch an den in Saint-Denis abgehaltenen Weihehandlungen der Jahre 1140 und 1144 neben Vertretern des cluniazensischen Mönchtums [u. a. der eng mit dem Abt von Cluny, Petrus Venerabilis, befreundete Erzbischof von Rouen, Hugo von Amiens[115]] zugleich ausgewiesene Anhänger reformorientierter [zisterziensischer] Kreise innerhalb des französischen Episkopats [u. a. Samson von Mauvoisin, Erzbischof von Reims, Gottfried II. von Lèves, Bischof von Chartres][116] teilnehmen).

In das weitere Umfeld der erwähnten Reformbestrebungen ist darüber hinaus sicherlich auch die Beilegung der älteren Auseinandersetzungen zwischen Abt Adam von Saint-Denis und Petrus Abaelard einzuordnen: Nachdem der gelehrte Pariser Theologe und Philosoph zunächst vergeblich und gegen den Willen Abt Adams versucht hatte, seinen Austritt aus dem Konvent von Saint-Denis zu erwirken, erteilte ihm Suger noch im Jahre 1122 die Erlaubnis, das Kloster zu verlassen – allerdings unter der Bedingung, ein der Regel gemäßes Leben zu führen und in keinen anderen Konvent einzutreten[117]. Einen ersten Abschluß scheint das reformerische Werk des Abtes wohl erst um das Jahr 1127 gefunden zu haben[118].

Während das monastisch-religiöse Reformwerk in den Schriften des Abtes von Saint-Denis nur eine auffallend randhafte Erwähnung gefunden hat und vor allem durch die Berichte verschiedener Zeitgenossen dokumentiert ist[119], nehmen die Ausführungen zu den wirtschaftlichen Reform-

[114] Nach den Angaben eines an Papst Eugen III. gerichteten Schreibens Abt Sugers aus dem Jahre 1149: „*utpote tantum tantae religionis locum* [gemeint ist Fontevrault (Anm. d. Verf.in)], *quem, cum in partibus illis in scholis essemus, noviter incoeptum esse vidimus*" (Lecoy, p. 264, n. XIV; Cartellieri Reg. n. 242, p. 156).

[115] Cf. J. Wollasch, Cluny – „Licht der Welt". Aufstieg und Niedergang der klösterlichen Gemeinschaft, Zürich-Düsseldorf 1996, p. 291.

[116] Cf. hierzu die Ausführungen von Grant (1998), pp. 25sq. und p. 188 (mit Hinweisen auf die Beziehungen Abt Sugers zu den Zisterziensern).

[117] Cf. entsprechend: Abélard, Historia Calamitatum (wie Anm. 106), pp. 81sq. – Deutsche Übersetzung: Abaelard. Die Leidensgeschichte und der Briefwechsel mit Heloisa (wie Anm. 106), p. 34. – Daneben: M. Bur (wie Anm. 17), pp. 108–110.

[118] Cf. das bereits erwähnte, in das Jahr 1127 zu datierende „Gratulationsschreiben" des Bernhard von Clairvaux an den Abt von Saint-Denis, in dem dieser Suger zur erfolgreichen Reform des Konvents gratuliert: Bernhard von Clairvaux, Sämtliche Werke lateinisch/deutsch, vol. II (wie Anm. 107), Brief 78, pp. 642–661.

[119] Cf. hierzu vor allem das bereits in der vorherigen Anmerkung zitierte „Gratu-

maßnahmen einen weitaus größeren Raum ein; dies gilt in besonderem Maße für die offenbar über einen längeren Zeitraum nach 1144/45 entstandene Schrift *De administratione*, die von Ludolf Kuchenbuch durchaus zutreffend als „Ausdruck umfassender altbenediktinischer renovatio in einer Zeit höchst verschiedener geistiger, sozialer und wirtschaftlicher Herausforderungen"[120] charakterisiert wurde[121]. Nicht ohne einen gewissen Stolz berichtet Abt Suger von Saint-Denis über die reformerischen Maßnahmen, die unter seiner Leitung im Rahmen der wirtschaftlichen Reorganisation des Klosters eingeleitet worden waren[122]. Drei größere Pro-

lationsschreiben" Bernhards von Clairvaux an Abt Suger von Saint-Denis aus dem Jahre 1127.

[120] L. Kuchenbuch, Ordnungsverhalten im grundherrlichen Schriftgut vom 9. zum 12. Jahrhundert, in: J. Fried (ed.), Dialektik und Rhetorik im früheren und hohen Mittelalter. Rezeption, Überlieferung und gesellschaftliche Wirkung antiker Gelehrsamkeit vornehmlich im 9. und 12. Jahrhundert (Schriften des Historischen Kollegs. Kolloquien 27), München 1997, pp. 175–268, hier p. 253. – Grundlegend zu dieser Schrift daneben auch Ph. Verdier, La politique financière de Suger dans la reconstruction de Saint-Denis et l'enrichissement du trésor, in: Artistes, artisans et production artistique au moyen age. Colloque international. Centre National de la Recherche Scientifique Université de Rennes II – Haute-Bretagne 2–6 mai 1983, organisé et édité par X. Barral i Altet, vol. II: Commande et travail, Paris 1987, pp. 167–182.

[121] Bislang noch nicht überzeugend geklärt werden konnte hingegen die mögliche Zuordnung dieser Schrift zu einer der geläufigen Gattungen der mittelalterlichen Historiographie: Die durchaus systematische Anlage der Schrift – sowohl im dreiteiligen Aufbau selbst (Vermehrung der Einkünfte – Errichtung der Kirchengebäude – Vermehrung der Schätze) als auch in der geographisch orientierten Abhandlung der Klosterbesitzungen, mag vielleicht, wie Lindy Grant (1998), pp. 35sq., dargelegt hat, auf eine gewisse strukturelle Nähe zu den sog. *Gestae abbatum*, den „Tatenberichten" der Äbte einzelner Klöster, hindeuten, deren „Verfasser [...] vielfach die Archive ihres Bistums oder ihrer Abtei ausgiebig ausgenutzt und mehrmals Texte in ihre Erzählung eingefügt [haben]. Einige haben dieses Verfahren so weit getrieben, daß ihr Werk schlechthin zu einem Chartular angewachsen ist, worin der erzählende Teil nur noch einen Rahmen für die Urkunden bildet" (R. C. van Caenegem [unter Mitarbeit von F. L. Ganshof], Kurze Quellenkunde des Westeuropäischen Mittelalters. Eine typologische, historische und bibliographische Einführung, Göttingen 1964, p. 30). Oder sollte die Abfassung dieser Schrift möglicherweise in Verbindung mit einem bislang nicht belegten, von Rolf Große jedoch für das 12. Jahrhundert postulierten älteren Chartular der Abtei von Saint-Denis – sei es als ordnende Vorarbeit, sei es als Extrakt – gestanden haben? Cf. R. Große, Remarques sur les cartulaires de Saint-Denis aux XIIIe et XIVe siècles, in: Les Cartulaires. Actes de la Table ronde organisée par l'Ecole nationale des chartes et le G.D.R. 121 du C.N.R.S. (Paris, 5–7 décembre 1991), réunis par O. Guyotjeannin, L. Morelle et M. Parisse (Mémoires et Documents de l'École des Chartes 39), Paris 1993, pp. 279–289, hier p. 284.

[122] *adm* 1,5–9: „[...] *ea, que larga Dei omnipotentis munificentia contulerat huic*

blemfelder bestimmten das ökonomisch-administrative Reformwerk Sugers[123]:

(1) der Erwerb *(acquisitio)* neuer Besitzungen;

(2) die Wiedergewinnung *(recuperatio)* von älteren Gütern und Besitztiteln, die der Abtei wohl nicht zuletzt in der zweiten Hälfte des 11. Jahrhunderts unter dem Abbatiat Ivos I. von Saint-Denis entfremdet worden waren[124];

(3) eine verbesserte wirtschaftliche Nutzung und Ausnutzung der Ländereien der Abtei und damit verbunden auch eine grundsätzliche Erhöhung der klösterlichen Einkünfte *(multiplicatio)*, die eng mit der geschickt vorangetriebenen Peuplierungspolitik Abt Sugers verknüpft war.

Zu den vielleicht bekanntesten Beispielen für die nicht immer unumstrittene Rekuperationspolitik des Abtes von Saint-Denis gehört sicherlich auch und vor allem die Auseinandersetzung um die „Restitution" des Nonnenklosters von Argenteuil an die Abtei von Saint-Denis[125]. Nach eigenen Angaben war Suger bereits in jungen Jahren bei der Durchsicht des Klosterarchivs von Saint-Denis (angeblich) auf die Gründungsurkunde des bei Paris gelegenen Klosters gestoßen, aus der hervorgegangen sei, daß der Frauenkonvent von Argenteuil von einem Ehepaar namens Ermenrich und Mumma (Numma) (wahrscheinlich in der zweiten Hälfte des 7. Jahrhunderts) gestiftet und der Abtei von Saint-Denis als Schenkung übertragen worden sei[126]. Zur Zeit

ecclesie prelationis nostre tempore, incrementa tam in nouarum acquisitione quam in amissarum recuperatione, emendatarum etiam possessionum multiplicatione [...]".

[123] Allgemein hierzu: G. Constable (wie Anm. 108), pp. 16–26. – L. Kuchenbuch (wie Anm. 120). – Ph. Verdier (wie Anm. 120). – Ch. Higounet, L'abate Suger e le campagne francesi, in: A. Ferrabino (Ed.), La bonifica benedettina, Rom 1963, pp. 121–126. – Daneben: Cartellieri (1898), pp. 81–104.

[124] Cf. hierzu auch: R. Große (wie Anm. 81), p. 223.

[125] Cf. zuletzt zu diesen Auseinandersetzungen: Th. G. Waldman, Abbot Suger and the Nuns of Argenteuil, in: Traditio 41 (1985), pp. 239–272. – M. Groten, Die Urkunde Karls des Großen für St.-Denis von 813 (D 286), eine Fälschung Abt Sugers?, in: Historisches Jahrbuch 108 (1988), pp. 1–36, hier pp. 4–7. – R. Große (wie Anm. 81), pp. 226sq. – Die jüngere Forschung nochmals zusammenfassend: Große, pp. 142sq. – Daneben: Cartellieri (1898), pp. 84sq. – J. F. Benton (wie Anm. 14), p. 5. – M. Bur (wie Anm. 17), pp. 145–149. – Grant (1998), pp. 191–193. – Zur Frühgeschichte von Argenteuil schließlich auch: J. Semmler, Saint-Denis: von der bischöflichen Coemeterialbasilika zur königlichen Benediktinerabtei, in: La Neustrie. Les pays au nord de la Loire de 650 à 850. Colloque historique international, publié par H. Atsma, vol. 2 (Beihefte der Francia 16/2), Sigmaringen 1989, pp. 75–123, hier pp. 113–115.

[126] Cf. J. Semmler (wie Anm. 125), p. 113. – Bemerkenswert die leicht abweichen den Angaben Sugers in der *Vita Ludovici grossi regis* (Vita Lud. VI., c. XXVII [pp. 216

Kaiser Karls des Großen sei das Nonnenkloster, das bereits in den Tagen König Pippins I. (751–768), seines Vaters, bestanden habe – hier liegt offenbar eine Verwechslung mit dem gleichnamigen karolingischen Hausmeier Pippin II. (dem Mittleren) (*640/50–714) vor[127] –, Saint-Denis schließlich entzogen und rechtlich-administrativ entfremdet worden („*quod a tempore Pipini regis beati Dyonisii abbatia extiterat, sed quadam occasione contractus incommodi in tempore Karoli Magni filii eius alienata fuerat*")[128]. Wohl im Frühjahr 1129[129] tagte unter dem Vorsitz des päpstlichen Legaten Matthäus von Albano in Saint-Germain-des-Prés (Paris) eine Synode, die sich auch mit den offenbar reformbedürftigen Zuständen in Argenteuil[130] befaßte und schließlich für eine Vertreibung der Nonnen aus dem Kloster eintrat, die sich einer monastischen Erneuerung bislang widersetzt hatten[131]. (Im übrigen versah zu dieser Zeit die berühmte Heloisa [† 1164], die „Leidensgefährtin" des Petrus Abaelard, das Amt der Priorin.) Als Abt Suger von Saint-Denis daraufhin die Rückgabe von Argenteuil an das Kloster von Saint-Denis einforderte, wurden die älteren, offensichtlich urkundlich dokumentierten Ansprüche der Abtei von der Synode anerkannt und einvernehmlich die „Restitution" des Priorats an Saint-Denis beschlossen[132]. Mit der Bitte um Bestätigung

und 218]) und der *Administratio* (*adm* 24,115–123). – Hierzu Th. G. Waldman (wie Anm. 125), pp. 241–243.

[127] Möglicherweise ein Indiz für die Fälschung der betreffenden Urkunde. Cf. in diesem Zusammenhang die Argumentation Th. G. Waldmans (wie Anm. 125), pp. 255sq. – Daneben Grant (1998), p. 191.

[128] Cf. *adm* 24,120–123. – R. Große (wie Anm. 81), p. 226. – M. Groten (wie Anm. 125), p. 5. – Mit einem entsprechenden Hinweis, daß hier wahrscheinlich eine Verwechslung Sugers vorliege und Argenteuil bereits am Ende des 7. Jahrhunderts als eigenständiges *monasterium* konstituiert worden sei: J. Semmler (wie Anm. 125), pp. 113sq. – In diesem Sinne auch: M. Bur (wie Anm. 17), pp. 145sq. – Cf. daneben die Ausführungen zu *adm* 24–29 mit den entsprechenden Anmerkungen.

[129] Zur genaueren Datierung dieser Synode cf. die Ausführungen von R. Große (wie Anm. 81), p. 226 mit Anm. 40. – Große, p. 142.

[130] Über die kritikwürdigen Zustände im Frauenkonvent von Argenteuil cf. auch die Bemerkung Sugers in seinem vom 17. Juni 1137 datierten Testament: „*videlicet apud Argentoilum, quem locum, per multa tempora trecentorum fere annorum ab ecclesia ista alienatum, et monacharum extraordinaria levitate pene prostratum, labore nostro, praesidente et privilegio firmante summo Pontifice bonae memoriae Honorio, regnante et concedente inclito rege Ludovico, restitui elaboravimus*" (Lecoy, p. 338).

[131] Cf. R. Große (wie Anm. 81), pp. 226sq. – M. Groten (wie Anm. 125), p. 5.

[132] Cf. R. Große (wie Anm. 81), pp. 226sq. – M. Groten (wie Anm. 125), p. 5. – J. Semmler (wie Anm. 125), p. 115. – M. Bur (wie Anm. 17), pp. 146sq. – Cartellieri (1898), p. 85; Reg. n. 58, p. 134.

der synodalen Beschlüsse wandte sich Abt Suger dabei nicht allein an den Kardinallegaten Matthäus von Albano sowie an den als Ordinarius für Argenteuil zuständigen Bischof Stephan von Paris (1124–1142), sondern auch an König Ludwig VI. und dessen Sohn Philipp (1116–1131) sowie an Papst Honorius II. (1124–1130)[133]. Bei einem Zusammentreffen mit dem neuen Papst Innozenz II. (1130–1143) in Cluny Ende Oktober/Anfang November 1130 erwirkte Suger schließlich eine zweite päpstliche Urkunde mit einer erneuten Konfirmation der in Saint-Germain-des-Prés ein Jahr zuvor verfügten „Restitution" von Argenteuil[134]. „Abt Suger von St.-Denis hat den Erwerb von Argenteuil mehrmals als ein herausragendes Ereignis der Klostergeschichte gefeiert. Nicht ohne Grund, denn die reichen Einkünfte des neuerworbenen Priorats spielten wohl bei der Finanzierung des großartigen Ausbaus der Klosterkirche eine nicht unwesentliche Rolle"[135].

Sugers Schrift *De administratione* dokumentiert darüber hinaus anschaulich die vielfältigen Bemühungen des Abtes um einen inneren Landesausbau der klösterlichen Besitzungen insbesondere durch die Einführung neuer Techniken und einer intensivierten Nutzung landwirtschaftlicher Flächen. Zu verweisen ist in diesem Zusammenhang vor allem auf die verschiedentlich erwähnte Einrichtung sog. „Pflugländereien" *(carruca*; eigentlich: *carrucata)*[136] sowie die Ansiedlung sog. *hospites*, die im allgemeinen zu schweren Rodungsarbeiten eingesetzt wurden[137]. Mit der quantitativ-qualitativen (Weiter-)Entwicklung der klösterlichen Grundherrschaft waren jedoch zugleich – wie der Verfasser der *Administratio* wiederholt betont – weitsichtige finanzielle Investitionen verbunden: „Ohne den ständigen Griff ins klösterliche marsupium […] [*adm* 18,96] waren für Suger Neuerwerb, Wiederer-

[133] Cf. M. Groten (wie Anm. 125), pp. 5–7. – R. Große (wie Anm. 81), p. 227. – Zu den einzelnen für Abt Suger ausgestellten Urkunden cf. Große, pp. 141–144, n. 32 (Urkunde des Kardinalbischofs Matthäus von Albano, Saint-Germain-des-Prés, 1129 Februar/Anfang März); pp. 144–146, n. 33 (Urkunde Papst Honorius' II., Lateran, 1129 April 23). – Daneben: Cartellieri Reg. nn. 59–61, n. 63, p. 135 (mit entsprechenden Quellenangaben). – Th. G. Waldman (wie Anm. 125), pp. 251–253.

[134] Zu der vom 2. November 1130 datierten Urkunde Papst Innozenz' II. cf. Große, pp. 146sq., n. 34 (Urkunde Papst Innozenz' II., Cluny [1130] November 2). – Daneben: Cartellieri Reg. n. 67, p. 136. – Cf. hierzu R. Große (wie Anm. 81), pp. 227sq. – M. Groten (wie Anm. 125), pp. 6sq. – Th. G. Waldman (wie Anm. 125), p. 252.

[135] M. Groten (wie Anm. 125), pp. 4sq. – Cf. auch die abschließende Beurteilung des Vorgehens Sugers durch Grant (1998), p. 192.

[136] Cf. hierzu den entsprechenden Artikel *„carruca"* im Glossar p. 404 (mit weiterführenden Literaturhinweisen).

[137] Erwähnt in *adm* 10,61, 11,66 sowie 51,219. – Zu den sog. *hospites* cf. auch die Ausführungen im Sammelartikel „Grundherrschaft" des Glossars p. 434sq.

werb und Verbesserung der Güter nicht mehr möglich. Das Bewußtsein tritt hier zutage, daß ohne vorherige 'Kosten' kaum Fortschritte zu machen, Verbesserungen zu erwarten sind"[138]. Daß zwischen diesem administrativ-ökonomischen Reformwerk (mit der Schaffung einer stabilen finanziellen Grundlage) und der späteren baulichen Tätigkeit des Abtes von Saint-Denis tatsächlich – wie bereits oben angedeutet – ein gewisser kausaler Nexus bestand, mag beispielhaft eine Verfügung der *Ordinatio* belegen, welche die weitere Finanzierung der Baumaßnahmen an den östlichen Teilen der Abteikirche von Saint-Denis sicherzustellen suchte: Aus den Einkünften einer in der Beauce gelegenen klösterlichen Besitzung namens Villaine –"*prius inculta, sed auxilio Dei et nostro labore composita et ad ualens quater uiginti librarum singulis annis adaptata*"[139] – sollten 50 Pfund zur Vollendung der Bauarbeiten zur Verfügung gestellt werden. Ohne eine hinreichende Konsolidierung der wirtschaftlichen Ressourcen des Klosters von Saint-Denis wäre ein zügiger Um- und Ausbau der Abteikirche sicherlich nicht möglich gewesen.

Mit der Wahl zum Abt von Saint-Denis war Suger nicht nur die geistliche, rechtliche und ökonomische Leitung eines großen, altehrwürdigen Benediktinerklosters übertragen worden, dessen Anfänge bis in die Zeit des frühen gallisch-fränkischen Christentums zurückreichten[140]. Bedingt durch die neue Würde als geistlicher Fürst an der Spitze einer eng mit dem Königtum verbundenen Abtei, die bereits seit dem 6. Jahrhundert wiederholt als Grablege der fränkischen bzw. – später – französischen Herrscher gedient hatte, gewann auch das politische Wirken Sugers im Dienste der französischen Monarchie eine neue Qualität; mitunter – wie z. B. bei den nachfolgend geschilderten Ereignissen des Jahres 1124 geschehen – wußte der Abt von Saint-Denis die monastischen und politischen Aufgabenstellungen, die sich aus dieser doppelten Prädisposition ergaben, durchaus geschickt – offenbar zum beiderseitigen Nutzen von Königtum und Kloster – zu verbinden. Vielleicht allzu einseitig die Bedeutung der Abtei von Saint-Denis als alleinigen

[138] L. Kuchenbuch (wie Anm. 120), p. 255.

[139] *ord* 42,239–241. Mit leicht abweichenden Angaben wurde diese Verfügung auch in die wenige Jahre später entstandene *Consecratio* aufgenommen: *cons* 54,332–334: „*prius inculta, sed auxilio Dei et nostro labore composita et ad ualens quater uiginti aut centum librarum singulis annis adaptata*".

[140] Cf. hierzu mit ausführlichen Quellenangaben: K. H. Krüger, Königsgrabkirchen der Franken, Angelsachsen und Langobarden bis zur Mitte des 8. Jahrhunderts. Ein historischer Katalog (Münstersche Mittelalter-Schriften 4), München 1971, pp. 171–189. – van der Meulen/Speer (1988), pp. 123–147 (mit einer sorgfältigen Sichtung der historischen Nachrichten zur Frühgeschichte der Abtei von Saint-Denis).

Bezugsrahmen für das politische Handeln Sugers betonend, verweist Lindy Grant demgegenüber auf die gezielte Instrumentalisierung des französischen Königtums durch den Abt, der auf diese Weise allein die Belange des Klosters zu wahren bzw. zu fördern suchte: „Suger did not glorify the monarchy, but as abbot of St-Denis, he had need of it, and he manipulated it as far as he could for the advantage of his abbey. It was not glorification of the kings of France, or of France itself, which motivated Suger, but glorification of St Denis, to whom Suger had been given as a child oblate, and of the abbey which housed the relics of the saint. Suger's great loyalty was not to the house of Capet, but to the abbey of St-Denis and its tutelary saint“[141].

Ausführlich berichtet der Abt von Saint-Denis in der *Vita Ludovici grossi regis* – der in diesem Zusammenhang wichtigsten Referenzquelle – über die entscheidenden Ereignisse des Jahres 1124: Bevor König Ludwig VI. in den Kampf gegen den überraschend an den Grenzen Frankreichs in Heeresstärke aufmarschierten römisch-deutschen Herrscher, Kaiser Heinrich V. (1106–1125), zog, begab er sich zu seinem – wie Suger formulierte – *„specialis patronus et singularis post Deum regni protector“*[142], dem heiligen Dionysius, nach Saint-Denis. Die gewöhnlich in der Krypta der Abteikirche aufbewahrten Reliquien des heiligen Dionysius und seiner Gefährten wurden auf den Hauptaltar der Oberkirche erhoben[143], und der französische König nahm das Banner der vom Kloster lehensabhängigen Grafschaft des Vexin (*„quo ad ecclesiam feodatus est“*) vom Altar auf, *„tanquam a domino suo“*[144].

[141] Grant (1998), p. 21.

[142] Vita Lud. VI., c. XXVIII (p. 220). – Nach den Angaben von J. Ehlers (wie Anm. 77), p. 104, nahm Abt Suger mit der Formulierung *„specialis patronus“* eine Bezeichnung auf, die offenbar bereits in der Kanzlei der karolingischen Herrscher Verwendung gefunden hatte und welche die besondere Beziehung des Hl. Dionysius zum fränkisch/französischen Königtum zum Ausdruck bringen sollte.

[143] Cf. Vita Lud. VI., c. XXVIII (p. 220).

[144] Vita Lud. VI., c. XXVIII (p. 220). – Cf. zu diesem in der Forschung immer wieder hervorgehobenen und diskutierten Rechtsakt u. a.: R. Große (wie Anm. 81), pp. 232sq. – F. Graus, Lebendige Vergangenheit. Überlieferung im Mittelalter und in den Vorstellungen vom Mittelalter, Köln-Wien 1975, pp. 151sq. – Mit der geschilderten rechtssymbolischen Handlung aber war König Ludwig VI. ein mittelbares Rechtsverhältnis zum Hl. Dionysius und seinen Gefährten eingegangen: In einer die Ereignisse flankierenden Urkunde aus dem Jahre 1124 bezeichnete der französische Herrscher sich selbst als Lehnsmann der genannten Heiligen – und nicht des Klosters! – Cf. hierzu Dufour I, p. 465, n. 220. In den von Achille Luchaire zusammengestellten Regesten zur Herrschaft König Ludwigs VI. wird der französische Herrscher hingegen nicht gänzlich korrekt als „vassal de l'abbaye“ bezeichnet: A. Luchaire (wie Anm. 56), pp. 160sq., n. 348 (hier p. 160). In diesem Sinne nicht ganz richtig auch der Hinweis bei J. Ehlers (wie Anm. 77), p. 105, Suger habe Ludwig VI. als Lehnsmann

Sich an der Spitze eines kleines Gefolges (*„pauca manu“*[145]) gegen den Feind wendend, rief Ludwig VI. als Herrscher von ganz Frankreich (*„tota Francia“*[146]) dazu auf, ihn im Kampf gegen Kaiser Heinrich V. zu unterstützen[147]; und tatsächlich setzte sich das schließlich aufgebotene königliche Heer nicht allein – wie bislang häufig geschehen – aus den geistlichen und weltlichen Herren der Krondomäne, dem eigentlichen politisch-rechtlichen Einflußbereich der französischen Könige jener Zeit, zusammen. Unterstützt wurde Ludwig VI. vielmehr auch durch die Kontingente Herzog Hugos II. von Burgund sowie der Grafen Theobald IV. von Blois, Hugo von der Champagne, Wilhelm II. von Nevers, Rudolf von Vermandois und Karl von Flandern[148]. Die Nachricht von der ungewöhnlich großen Heeresmacht, die der französische Herrscher unter seiner Führung hatte vereinigen können, veranlaßte Kaiser Heinrich V. schließlich zum Abbruch des Feldzuges und zum Rückzug[149]. Das Banner des Vexin aber, in der späteren Tradition mit der

des Klosters bezeichnet. Auf diesen durchaus rechtserheblichen Unterschied hat u. a. M. Groten (wie Anm. 125), p. 34, hingewiesen: „Der König erscheint im Hinblick auf die Grafschaft Vexin als Vasall der Heiligen, wohlbemerkt der Heiligen, nicht des Klosters!“ Cf. hierzu allgemein auch R. Barroux, L'Abbé Suger et la vassalité du Vexin en 1124, in: Le Moyen Age 64 (4. Série 13) (1958), pp. 1–26, hier p. 7, der ebenfalls von einem unmittelbaren Rechtsverhältnis zwischen dem französischen König und der Abtei von Saint-Denis spricht. – In diesem Sinne auch: B. Schneidmüller (wie Anm. 21), p. 46.

[145] Vita Lud. VI., c. XXVIII (p. 220).

[146] Vita Lud. VI., c. XXVIII (p. 220).

[147] So zumindest nach den Worten des Abtes von Saint-Denis: Vita Lud. VI., c. XXVIII (pp. 218–230).

[148] Cf. in diesem Zusammenhang die Aufzählung in der *Vita Ludovici grossi regis*, c. XXVIII (pp. 222–226). Herzog Wilhelm X. von Aquitanien, Cono III. als Graf der Bretagne sowie Graf Fulco V. (der Jüngere) von Anjou waren offenbar nicht mehr rechtzeitig mit ihren Kontingenten eingetroffen. Cf. hierzu: J. Ehlers (wie Anm. 77), p. 105.

[149] Die politischen Folgen dieses mit himmlischem Beistand errungenen Sieges reichten weit über das aktuelle tagespolitische Geschehen hinaus. In der Bereitschaft der einzelnen, mit der französischen Monarchie nur locker lehnrechtlich verbundenen Territorialfürsten, helfend in den Kampf des französischen Königs gegen Kaiser Heinrich V. einzugreifen, deuten sich nicht zuletzt – vorsichtig formuliert – erste Anzeichen einer „integrierende[n] Idee vom Dasein einer französischen Monarchie“ (J. Ehlers [wie Anm. 77], p. 106) an, welche die Geschichte des nationalen Selbstverständnisses Frankreichs nachhaltig geprägt hat. Dem politischen „Programm“, das sich offenbar hinter den Ereignissen des Jahres 1124 verbarg und dem sich der Staatsmann Suger verpflichtet fühlte, hat der Abt von Saint-Denis in der Darstellung einer wohl fiktiven Rede der Großen vor dem Heer Ausdruck verliehen: *„Transeamus, inquiunt, audacter ad eos, ne redeuntes impune ferant quod in terrarum dominam Fran-*

legendären „Oriflamme", der Fahne Kaiser Karls des Großen, identifiziert und seither vor jedem Heereszug vom französischen Herrscher in Saint-Denis aufgenommen, wurde im folgenden ebenso wie die Salbung des französischen Königs mit dem heiligen Reimser Salböl zu einem wichtigen Bestandteil einer im 12. und 13. Jahrhundert angelegten „Königstheologie", die – wirkmächtig bis in die Frühe Neuzeit – die Vorstellung von einer herausgehobenen Stellung der französischen Monarchie und der Franzosen begründete[150].

Über die genuin politische Bedeutung hinaus verbanden sich die Ereignisse von Saint-Denis 1124 – Bernd Schneidmüller spricht im Hinblick auf die Übergabe der Lehnsfahne des Vexin an König Ludwig VI. auch von einem „wohlinszenierten Akt"[151] – zugleich mit den Bemühungen Sugers, die Bindung des französischen Königtums an den Reichsheiligen Dionysius und dessen bei Paris gelegenes Kloster zu festigen und damit auch die Stellung der Abtei als des einzigen und unangefochtenen religiös-ideellen Mittelpunktes Frankreichs vor allem gegenüber den konkurrierenden Ansprüchen der Kathedrale und des Domkapitels von Reims zu stärken. Geschichtsbewußte Hinweise auf eine enge Verbindung zwischen der französischen Monarchie, dem heiligen Dionysius und Saint-Denis durchziehen denn auch leitmotivisch den gesamten Bericht Sugers über die Weihe der Kirche des heiligen Dionysius (*De consecratione*)[152]. Langfristig betrachtet war den ent-

ciam superbe presumpserunt" (Vita Lud. VI., c. XXVIII [p. 222]). – Hingegen sehr zurückhaltend im Hinblick auf eine „nationale" Interpretation der Ereignisse von 1124: B. Schneidmüller, Nomen Patriae. Die Entstehung Frankreichs in der politisch-geographischen Terminologie (10.–13. Jahrhundert) [Nationes 7], Sigmaringen 1987, p. 128 mit Anm. 92 und 93.

150 Cf. hierzu: M. Bloch, Les rois thaumaturges. Etude sur le caractère surnaturel attribué à la puissance royale particulièrement en France et en Angleterre, Straßburg-Paris 1924 (ND Paris 1961), pp. 235sq. – C. Beaune, Naissance de la nation France, Paris 1985, pp. 112sq. – P. E. Schramm, Der König von Frankreich. Das Wesen der Monarchie vom 9. bis zum 16. Jahrhundert. Ein Kapitel aus der Geschichte des abendländischen Staates, 2 vol., Weimar 1939, hier vol. 1, pp. 139sq., p. 204. – J. Petersohn, Saint-Denis – Westminster – Aachen. Die Karls-Translatio von 1165 und ihre Vorbilder, in: DA 31 (1975), pp. 420–454, hier pp. 442sq. – F. Graus (wie Anm. 144), pp. 152sq. – Zusammenfassend zuletzt: B. Schneidmüller (wie Anm. 21), pp. 46sq.

151 B. Schneidmüller (wie Anm. 21), p. 46.

152 Nach dem Bericht des Abtes von Saint-Denis hatte König Dagobert I. (608–638/39) in dem kleinen *vicus Catulliacum* (Saint-Denis) eine *basilica* zu Ehren des Hl. Dionysius und seiner legendären Gefährten Eleutherius und Rusticus errichtet und diese Keimzelle der späteren Abtei von Saint-Denis mit Marmorsäulen und Tuchen bzw. Wandteppichen reich ausgestattet (cf. *cons* 8,59–9,80). – In der ungebrochenen Tradition dieses wohl populärsten fränkischen Merowingerkönigs stehend,

sprechenden Bemühungen Sugers jedoch kein Erfolg beschieden, da eine tragende „Säule“ dieser auf die enge Verbindung der französischen Monarchie mit dem Patron des Klosters und Reichsheiligen Dionysius ausgerichteten gedanklichen Konzeption – nämlich die Durchsetzung des alleinigen Krönungsrechtes gegenüber der Kathedrale von Reims und damit auch die unmittelbare Verbindung von Krönungskirche und Königsgrablege in Saint-Denis[153] – ausfiel: Am 14. April 1129 – nur fünf Jahre nach dem wohlinszenierten Akt von Saint-Denis – wurde in Reims (und eben nicht in der Abteikirche von Saint-Denis!) der Thronfolger Philipp, der älteste Sohn König Ludwigs VI., zum Mitkönig gekrönt[154]; gegenüber konkurrierenden Ansprüchen der Abteikirche von Saint-Denis sowie des rivalisierenden Erzbischofs von Sens auf die Herrscherweihe konnte sich die Kathedrale von

nahm der Kapetinger Ludwig VII. nicht allein aktiv an den kirchlichen Weihehandlungen im Zusammenhang mit der Grundsteinlegung der Ostteile von Saint-Denis 1140 teil (cf. *cons* 53,319–323), sondern wirkte auch an herausgehobener Stelle an der Kirchweihliturgie aus Anlaß der Fertigstellung der Choranlage vier Jahre später mit (cf. *cons* 75,464sq.; 77,475; 82,510; 86,535; 88,541–92,566).

[153] In einem engen Zusammenhang mit den wiederholt formulierten Ansprüchen der Abteikirche von Saint-Denis auf das alleinige Recht zur Königsweihe steht die Diskussion um eine gefälschte Urkunde Kaiser Karls des Großen aus dem Jahre 813 (D 286), die das Kloster von Saint-Denis zur Krönungsstätte der fränkisch-französischen Herrscher bestimmte. – Hierzu grundlegend, mit einer eingehenden Diskussion zur Frage nach der Datierung und damit auch zum politischen Kontext dieser Fälschung: M. Groten (wie Anm. 125). – Cf. daneben auch: M. Buchner, Das gefälschte Karlsprivileg für St.-Denis BM^2 Nr. 482 und seine Entstehung. Zugleich ein Beitrag zur Geschichte Frankreichs im 12. Jahrhundert, in: Historisches Jahrbuch 42 (1922), pp. 12–28, pp. 250–265. – R. Barroux (wie Anm. 144), pp. 15–25. – C. van de Kieft, Deux diplômes faux de Charlemagne pour Saint-Denis, du XIIe siècle, in: Le Moyen Age 64 (4. Série 13) (1958), pp. 401–436, hier pp. 416–436. – R. Große (wie Anm. 81), pp. 233–235.

[154] M. Groten (wie Anm. 125), p. 8, hat auf die Möglichkeit hingewiesen, die Übertragung des begüterten Klosters von Argenteuil 1129 auch als eine Entschädigung für den Verzicht des Abtes von Saint-Denis auf entsprechende Krönungsansprüche zu deuten (die Krönung des Thronfolgers Philipp am 14. April 1129 zu Reims erfolgte nur wenige Tage nach dem Ende der Synode von St.-Germain-des-Prés); hingegen interpretiert R. Große (wie Anm. 81), pp. 234–238, die für die Jahre 1129 bis 1131 zu beobachtende ungewöhnliche Häufung päpstlicher Urkunden für Suger bzw. die Abtei von Saint-Denis als Ausdruck einer demonstrativen Hinwendung des Abtes von Saint-Denis zum Papsttum, das ihn als Gegengewicht zu König Ludwig VI. im weiteren Kampf um die Durchsetzung der eigenen Ansprüche auf die Herrscherweihe unterstützen sollte. Mit der 1131 ebenfalls in Reims vorgenommenen Krönung des neuen Thronfolgers Ludwig (VII.) zum Mitkönig Ludwigs VI. zeichnete sich jedoch das endgültige Scheitern dieser Bemühungen Sugers ab.

Reims seither erfolgreich durchsetzen. „Über den Stand von 1124 hinaus" – so zusammenfassend Manfred Groten – „hat sich Ludwig VI. nicht an den hl. Dionysius und sein Kloster binden lassen"[155].

In einer für die Abtei von Saint-Denis ausgestellten königlichen Urkunde war Abt Suger bereits 1124 als *fidelis et familiaris* bezeichnet worden[156] – ein Titel, der nach den Ausführungen Eric Bournazels offenbar nur wenigen Mitgliedern der königlichen „entourage", dem Kreis der engeren politischen Berater des Herrschers, vorbehalten war[157]; und wohl im Auftrage König Ludwigs VI. hatte der neugewählte Abt von Saint-Denis noch im März des Jahres 1123 an der großen Lateransynode teilgenommen[158], die das im Jahr zuvor vereinbarte Wormser Konkordat mit Kaiser Heinrich V. offiziell anerkennen sollte. Nach einem längeren zeitlichen Abstand mehren sich jedoch erst am Ende der zwanziger Jahre, nach dem vorläufigen Abschluß der monastischen und administrativ-ökonomischen Reorganisation der Abtei und dem – allerdings nur vorübergehenden – Sturz des mächtigen königlichen Kanzlers Stephan von Garlande (1127/28)[159], Hinweise auf eine verstärkte politische Präsenz Sugers am französischen Königshofe. „Mit dem Jahre 1128 anfangend, nimmt Suger an den laufenden Verwaltungsgeschäften teil, er ist zugegen, wenn der König Abteien und Kirchen Abgaben erlässt, Privilegien erteilt, ihren Grundbesitz durch reiche Schenkungen erweitert und vergrößert, die Lage der Bauern auf geistlichen Gütern verbessert. Er wohnt Gerichtssitzungen bei und unterstützt den König in seiner richterlichen Thätigkeit"[160]. Doch auch bei schwierigen politischen Entscheidungen, welche

[155] M. Groten (wie Anm. 125), p. 34.

[156] Cf. die kurz nach dem 3. August 1124 – in Verbindung mit den geschilderten Ereignissen in Saint-Denis – ausgefertigte Urkunde König Ludwigs VI.: Dufour I, p. 465,24, n. 220: „*Sugeri[us], quem fidelem et familiarem in consiliis nostris habebamus*". – Cartellieri (1898), p. 20; Reg. n. 38, p. 132. – E. Bournazel (wie Anm. 60), p. 56.

[157] Cf. E. Bournazel (wie Anm. 60), p. 58. – Grant (1998), p. 7. – Hierzu auch: Cartellieri (1898), p. 20.

[158] Cf. Vita Lud. VI., c. XXVII (pp. 214–216) (mit Angaben zu seinen persönlichen Motiven für diese erneute Reise nach Italien). – Cartellieri (1898), pp. 15sq. – Grant (1998), pp. 110sq.

[159] Zu Stephan von Garlande cf. die Ausführungen in Anmerkung 56 dieses Beitrages. – Zusammenfassend zuletzt Grant (1998), pp. 55–57.

[160] Cartellieri (1898), p. 25. – Hierzu auch: R. Große (wie Anm. 81), p. 221 mit Anm. 8. – In einem gewissen Widerspruch zu dieser Tatsache, die nicht zuletzt durch die wiederholte Nennung Sugers als Zeuge in den Herrscherurkunden jener Jahre nachdrücklich dokumentiert ist (hierzu zurückhaltender: Cartellieri [1898], p. 25 mit Anm. 4), steht die Beobachtung, „daß von 1129 April 14 bis 1143/44 kein sicher da-

unmittelbar die Geschicke Frankreichs betrafen, konnte der Abt von Saint-Denis offenbar seinen beträchtlich gewachsenen Einfluß am kapetingischen Königshofe geltend machen. Als am 13. Oktober 1131 der bereits 1129 zum Mitkönig erhobene Thronfolger Philipp, der älteste Sohn König Ludwigs VI., überraschend bei einem Reitunfall starb, stand der kränkelnde Herrscher vor der schwerwiegenden Frage nach einer möglichst raschen Neuregelung der Thronfolge. „Mit scharfem Blick erkannte Suger die Gefährlichkeit der Lage: der König, dessen Gesundheitszustand sich beständig verschlimmerte, konnte plötzlich hinweggerafft werden. Vielleicht mochten bei dieser Gelegenheit die Gegner der Dynastie den Versuch wagen, die Krone an sich zu reissen. Daher gab Suger im Verein mit anderen Vertrauten dem tief gebeugten König den Rat, seinen zweiten Sohn Ludwig krönen zu lassen. Der König ging darauf ein und begab sich nach Reims, wo Innocenz [gemeint ist Papst Innozenz II. (1130–1143) (Anm. d. Verf.in)] eine Synode abhalten wollte, und bat ihn, den jungen Ludwig zu salben"[161]. Bereits am 25. Oktober 1131 wurde der neue Thronfolger Ludwig (VII.) in der Kathedrale zu Reims von Papst Innozenz II. feierlich und in Anwesenheit zahlreicher Kirchenfürsten zum (Mit-)König geweiht[162].

Als enger politischer Berater und Vertrauter König Ludwigs VI. begleitete Abt Suger auch in den folgenden Jahren erfolgreich das weitere „innen"- und „außen"-politische[163] Vorgehen des alternden Herrschers. Wohl unter dem vermittelnden Einfluß des Abtes von Saint-Denis war noch im Herbst 1135 angesichts der schweren Erkrankung Ludwigs VI. eine Versöhnung zwischen Graf Theobald IV. von Blois, einem Neffen König Heinrichs I. Beauclerc von England (1100–1135) und langjährigen Feind des kapetingischen Königshauses, und Graf Rudolf von Vermandois († 1152), einem Cousin des Königs, eingeleitet worden, die eine erfolgreiche Machtübernahme

tierbares Königsdiplom für Saint-Denis nachweisbar ist" (R. Große [wie Anm. 81], p. 231). Ob diese auffällige Diskrepanz tatsächlich – wie Rolf Große annimmt (R. Große [wie Anm. 81], pp. 232 und 237sq.) – auf eine verstärkte politische Anlehnung des Abtes von Saint-Denis an das römische Papsttum in den Jahren 1129 bis 1131 zurückzuführen ist, mag allerdings fraglich sein.

[161] Cartellieri (1898), p. 32; Reg. n. 74, p. 136. – Cf. auch: A. Luchaire (wie Anm. 56), p. 219, n. 474. – M. Bur (wie Anm. 17), p. 155. – Cf. hierzu auch den entsprechenden Bericht Sugers über diese Ereignisse in der *Vita Ludovici regis grossi*: Vita Lud. VI., c. XXXII (pp. 266–268).

[162] Cf. Vita Lud. VI., c. XXXII (p. 268). – Daneben: A. Luchaire (wie Anm. 56), pp. 220sq., n. 476. – Cartellieri (1898), p. 32. – M. Bur (wie Anm. 17), pp. 155sq. – J. Ehlers (wie Anm. 77), pp. 106sq.

[163] Hier in einem genuin mittelalterlichen (und nicht anachronistischen modernen, nationalstaatlichen) Sinne als Regelung der „Außenbeziehungen" des Königtums verstanden.

durch den jugendlichen Thronfolger Ludwig (VII.) vorbereiten sollte[164]. Von seiner Krankheit zunächst erholt, konnte König Ludwig VI. schließlich im Frühsommer des Jahres 1137 einen letzten großen politischen Erfolg – die (allerdings nur vorübergehende) Vereinigung der königlichen Gebiete mit dem mächtigen Herzogtum Aquitanien – verzeichnen: Gemäß den letzten Verfügungen des im Frühjahr 1137 verstorbenen Wilhelms X. von Aquitanien und im Einvernehmen mit den Großen des Herzogtums sollte die älteste Tochter und Erbin des Herzogs, Eleonore von Aquitanien (1122–1204), eine Ehe mit dem jungen Ludwig (VII.) eingehen[165]. Zu der Gesandtschaft, die offenbar unter der Leitung der Grafen Theobald (IV.) von Blois und Rudolf von Vermandois stand und den französischen Thronfolger im Juni 1137 auf seiner Reise nach Aquitanien begleitete, gehörte als Vertrauter des französischen Herrschers neben Bischof Gottfried von Chartres (1116–1149) auch Abt Suger von Saint-Denis[166]. Vor dieser Reise hatte Suger am 17. Juni 1137 sein Testament gemacht, seine älteste uns bekannte Schrift[167]. In Bordeaux fanden zunächst Ende Juli/Anfang August 1137 die Hochzeitsfeierlichkeiten zwischen dem französischen Thronfolger und der jungen Eleonore von Aquitanien statt; nur wenige Tage später, am 8. August 1137, wurde Ludwig (VII.) in Poitiers feierlich zum Herzog von Aquitanien gekrönt[168]. Die Nachricht vom Tode König Ludwigs VI. bereits am 1. August 1137 zwang das jungvermählte Paar schließlich zur raschen Rückkehr nach Paris, um dort ein mögliches Ausbrechen von Unruhen zu vermeiden und die Herrschaft zu übernehmen[169].

Über langjährige politisch-administrative Erfahrungen im Königsdienst verfügend, gehörte Abt Suger von Saint-Denis zunächst – in den ersten Monaten der (Allein-)Herrschaft König Ludwigs VII. – sicherlich zu den wichtigsten Trägern politischer Kontinuität am französischen Königshofe. Ende 1137 war es aus nicht näher bekannten Gründen zu heftigen Auseinandersetzungen zwischen der Königin-Mutter Adelaide von Maurienne und dem Seneschall Rudolf von Vermandois einerseits sowie dem jungen Herrscher und seinen Anhängern – darunter auch Abt Suger – andererseits ge-

[164] Cf. Cartellieri (1898), p. 33; Reg. n. 87, p. 187. – M. Bur (wie Anm. 17), pp. 156sq.

[165] Cf. Cartellieri (1898), pp. 33sq. – M. Bur (wie Anm. 17), p. 160. – J. Ehlers (wie Anm. 77), p. 107. – Daneben auch die Ausführungen zu *adm* 279,1235 mit Anm 182.

[166] Cf. Cartellieri (1898), p. 34; Reg. n. 92, p. 139. – M. Bur (wie Anm. 17), p. 162. – J. F. Benton (wie Anm. 14), p. 5.

[167] Cartellieri Reg. n. 88, p. 138. – Bei M. Bur (wie Anm. 17), p. 198, ein sinnentstellender Druckfehler (1131).

[168] Cf. Cartellieri (1898), p. 34sq.; Reg. nn. 93–95, p. 139. – M. Bur (wie Anm. 17), p. 162.

[169] Cf. Cartellieri (1898), p. 35.

kommen[170], die schließlich zum (allerdings nur vorläufigen) Rückzug der Königin-Mutter und des Grafen von Vermandois vom königlichen Hofe führten[171]. Langfristig betrachtet konnte (oder wollte?) sich Suger jedoch offenbar nicht gegenüber den rivalisierenden Kräften im Königreich durchsetzen: Nachdem der Abt von Saint-Denis noch im Frühjahr 1138 mit politischer Weitsicht und Geschick mäßigend auf die militärischen Unternehmungen Ludwigs VII. gegen die aufständischen Bürger von Poitiers sowie bei dem folgenden Kriegszug gegen Wilhelm von Lézai eingewirkt hatte[172], fehlen für die folgenden Jahre nähere Hinweise auf eine weiterreichende politische Tätigkeit Sugers in den Diensten des jungen Herrscherpaares[173]. „Nichts verlautet von ihm, als der bischöfliche Stuhl in Langres, der erzbischöfliche in Reims neu besetzt wird; er erscheint nicht auf der Synode von Sens, wo Abälard, früher Mönch von Saint-Denis, verurteilt wird; er nimmt nicht teil an den Verhandlungen, die Ludwig mit dem englischen König Stephan führt"[174].

Neben seinen vielfältigen Aufgaben als Vorsteher der Abtei von Saint-Denis und enger politischer Berater König Ludwigs VI. sowie seines Nachfolgers Ludwig VII. wandte sich der vielseitig begabte Abt in diesen Jahren einem neuen Vorhaben zu, das – schenkt man den Ausführungen Sugers in *De consecratione* Glauben – bereits den jungen Mönch bewegt hatte: die bauliche Erneuerung *(renovatio)* der altehrwürdigen Klosterkirche von Saint-Denis, deren Anfänge bis in die fränkisch-merowingische Zeit zurückreichten[175]. Spätestens seit dem Jahre 1125 hatte Abt Suger offenbar Gelder „*ad introitum monasterii Beati Dionysii renovandum et decorandum*" gesammelt

[170] Cf. hierzu: Cartellieri (1898), p. 35; Reg. n. 97, p. 139. – J. F. Benton (wie Anm. 14), p. 5.

[171] Cf. Cartellieri (1898), pp. 35sq. – J. F. Benton (wie Anm. 14), p. 5.

[172] Cf. Cartellieri (1898), pp. 36sq.; Reg. nn. 100–101, p. 140. – M. Bur (wie Anm. 17), p. 164–166.

[173] In diesem Sinne: Cartellieri (1898), p. 37. – J. F. Benton (wie Anm. 14), pp. 5 und 10 (Anm. 32). – M. Bur (wie Anm. 17), p. 166. – Hingegen ohne einen Hinweis auf einen vorübergehenden Rückzug des Abtes von Saint-Denis von den politischen Geschäften des Königreiches: E. Bournazel (wie Anm. 60), pp. 59 und 69 (Anm. 77).

[174] Cartellieri (1898), p. 37.

[175] Cf. hierzu die Bemerkung Sugers im Zusammenhang mit den baulichen Unzulänglichkeiten der Abteikirche von Saint-Denis, die offenbar den Andrang der Gläubigen nicht mehr zu fassen vermochte (*cons* 14,104sq.): „*Quod cum scolaris puer inter fratres erudirer audiebam, extra iuuenis dolebam, maturus corrigi affectuose appetebam*" („Als Schuljunge, als ich inmitten der Brüder erzogen wurde, hörte ich dies, als jungen Mann außerhalb ⟨der Schule⟩ schmerzte es mich, als reifer Mann trachtete ich mit Eifer, daß dies verbessert werde").

bzw. bereitgestellt[176]. Ob sich diese Formulierung allerdings tatsächlich – wie u. a. die Ausführungen Dieter Kimpels und Robert Suckales nahelegen[177] – bereits auf die Erneuerung der 1140 geweihten Westfassade der Abteikirche bezieht oder nicht vielmehr auf Umbaumaßnahmen an den Klosterbauten selbst verweist, mag indes fraglich sein. (Im allgemeinen wußte der Abt von Saint-Denis in seinen Schriften deutlich zwischen dem *monasterium* und der *ecclesia beati/sancti Dionysii* zu unterscheiden.) Folgt man den Überlegungen Sumner McKnight Crosbys, so waren die Baumaßnahmen an den Westteilen der Abteikirche vielleicht bald nach 1130 aufgenommen worden; die Hauptarbeiten aber wären dann innerhalb eines vergleichsweise kurzen Zeitraumes in den Jahren 1135 bis 1140 durchgeführt worden[178]. Auf einen zunächst schleppenden Beginn der Bauarbeiten an der Westfassade mag möglicherweise auch die in diesem Zusammenhang geäußerte Bemerkung Sugers in *De consecratione* hinweisen, „daß wir, während es uns anfangs, als wir wenig ausgaben, an vielem gebrach, späterhin, als wir viel ausgaben, überhaupt keinen Mangel an irgendetwas hatten“[179]. Bereits am 9. Juni 1140[180] konnte der bis zu diesem Zeitpunkt fertiggestellte Westteil der Abteikirche von Saint-Denis – die Westfassadentürme waren noch nicht vollendet – feierlich geweiht werden[181]. Nur wenige Wochen später, am 14. Juli 1140, wurde in einem feierlichen Rahmen und unter Mitwirkung zahlreicher Erzbischöfe und Bischöfe sowie des jungen Königs Ludwig VII.

[176] Lecoy, pp. 319–322, n. I, hier p. 320 (Urkunde Abt Sugers von Saint-Denis vom 15. März 1125). – Cf. hierzu auch: D. Kimpel/R. Suckale, Die gotische Architektur in Frankreich 1130–1270, München 1985, p. 83 mit Anm. 42 (p. 480).

[177] Cf. D. Kimpel/R. Suckale (wie Anm. 176), p. 83 mit Anm. 42 (p. 480).

[178] Cf. S. McK. Crosby, The Royal Abbey of Saint-Denis from its Beginnings to the Death of Suger (Yale Publications in the History of Art 37), New York 1987, p. 32. – Zusammenfassend zuletzt: Grant (1998), pp. 245–247.

[179] Cf. *cons* 16,124sq.: „[...] *cum primum pauca expendendo multis, exinde multa expendendo nullis omnino indigeremus*“. – In diesem Sinne: D. Kimpel/R. Suckale (wie Anm. 176), p. 480 (Anm. 42).

[180] Zur genauen Datierung der feierlichen Weihe der Westteile von Saint-Denis, die in Anwesenheit des Erzbischofs Hugo von Rouen (1130–1164) und verschiedener Bischöfe sowie *„magnarum diuersarum personarum ecclesiasticarum, cleri et populi maximo conuentu“* (*cons* 42,239sq.) vollzogen wurde (*cons* 42,233–240; *adm* 167,736–739; 169,742–746 [mit einer abweichenden Nennung der teilnehmenden Bischöfe]), cf. *cons* 52,316. – Cartellieri Reg. n. 104, p. 140, hingegen allein mit dem vagen Hinweis, daß die Weihehandlungen im Zeitraum zwischen dem 12. März 1140 und dem 14. Juli 1140 stattgefunden hätten.

[181] Cf. *cons* 42,233–43,258; *adm* 167,736–169,755. – Cf. daneben: Cartellieri (1898), p. 105; Reg. n. 104, p. 140. – M. Bur (wie Anm. 17), pp. 237sq. – Grant (1998), pp. 247sq.

der Grundstein für den Bau der neuen Ostanlage gelegt[182]. Nach einer vergleichsweise kurzen Bauzeit von weniger als drei Jahren und 11 Monaten – Suger spricht in diesem Zusammenhang in einem wohl symbolisch gemeinten Dreiklang von drei Jahren und *drei* Monaten[183] – erfolgte schließlich am 11. Juni 1144 in Anwesenheit der königlichen Familie und zahlreicher geistlicher und weltlicher Würdenträger die Weihe der neuerrichteten Ostanlage[184]. „Eine glänzende Versammlung hatte sich dazu eingefunden, an ihrer Spitze König Ludwig VII. mit seiner Gemahlin Eleonore und seiner Mutter Adelaide; aus allen Teilen des Reiches waren Prälaten und Barone eingetroffen, aus England sogar war der Erzbischof Theobald von Canterbury erschienen“[185]. Mit der wohl um 1145 abgefaßten Schrift *De consecratione* hat Abt Suger von Saint-Denis schließlich einen ausführlichen Bericht über diese Ereignisse hinterlassen, der sich jedoch weniger um eine genaue Darstellung des Ablaufs der konkreten Baumaßnahmen bemüht als vor allem – im Sinne des Titels des Werkes – auf die Schilderung der feierlichen Weihehandlungen 1140 sowie insbesondere 1144 konzentriert[186].

Nach einer mehrjährigen Phase der politischen Zurückhaltung Sugers verzeichnete die an Höhepunkten sicherlich nicht arme geistliche und politische Karriere des Abtes von Saint-Denis einen letzten, vielleicht den größten Erfolg: „Le couronnement d'une vie“ – wie Michel Bur das entsprechende Kapitel seiner Suger-Biographie zusammenfassend überschrieben hat[187]. Im Rahmen der Vorbereitungen für einen zweiten, bereits Ende 1145 verkündeten Kreuzzug ins Heilige Land[188] hatte König Ludwig VII. auf den 16. Fe-

[182] Cf. *cons* 50,303–53,323. – Hierzu auch S. McK. Crosby (wie Anm. 178), pp. 216sq., sowie zuletzt H. P. Neuheuser, Die Kirchweihbeschreibungen von Saint-Denis und ihre Aussagefähigkeit für das Schönheitsempfinden des Abtes Suger, in: Binding/Speer (1993), pp. 116–183, hier pp. 139–141.

[183] Cf. *adm* 179,805sq. – Hingegen mit dem Hinweis auf einen Zeitraum von nur drei Jahren für die Errichtung der Ostanlage von Saint-Denis: *cons* 57,342. – Cf. hierzu auch: S. McK. Crosby (wie Anm. 178), p. 217.

[184] Cf. hierzu die ungewöhnlich ausführliche Schilderung der liturgischen Weihehandlungen in *cons* 79,478–97,610. – Cf. zur Kirchweihliturgie im Zusammenhang mit der Weihe der Ostanlage von Saint-Denis auch: H. P. Neuheuser (wie Anm. 182), pp. 129–133. – Daneben: S. McK. Crosby (wie Anm. 178), pp. 217–220.

[185] Cartellieri (1898), p. 105.

[186] Cf. hierzu ausführlich die Darstellung im einleitenden Beitrag von A. Speer, pp. 23–26.

[187] M. Bur (wie Anm. 17), pp. 271–296.

[188] Zur Vorgeschichte dieses zweiten Kreuzzuges (1145–1149) cf. zusammenfassend: S. Runciman, A History of the Crusades, vol. II: The Kingdom of Jerusalem and the Frankish East 1100–1187, Cambridge 1954, pp. 247–257; deutsche Überset-

bruar 1147 einen feierlichen Hoftag nach Étampes einberufen, auf dem neben anderen Problemstellungen auch die politisch schwierige Frage einer Regentschaft für die Zeit der Abwesenheit des Herrschers geklärt werden sollte. Mit der Zustimmung der Großen des Reiches wurde das Amt des Regenten dem zunächst widerstrebenden und erst unter päpstlichem Druck nachgebenden Abt von Saint-Denis sowie Graf Wilhelm II. von Nevers übertragen[189]; nachdem der Graf von Nevers diese Aufgabe jedoch mit dem Hinweis auf seinen geplanten Eintritt in den Kartäuserorden abgelehnt hatte, ernannte König Ludwig VII. im Frühsommer des Jahres – wohl kurz nach seinem Aufbruch ins Heilige Land Mitte Juni 1147 – Erzbischof Samson von Reims (1140–1161) und Graf Rudolf von Vermandois zu Mitregenten Sugers[190]. Genauere Angaben über den jeweiligen Anteil der einzelnen Regenten an der – nach anfänglichen Schwierigkeiten mit aufrührerischen Vasallen[191] – durchaus erfolgreichen Verwaltung des Königreiches liegen zwar nicht vor; für eine (haupt)verantwortliche Position des Abtes von Saint-Denis könnte dabei jedoch der Umstand sprechen, daß in dieser Zeit zahlreiche administrative Anweisungen Ludwigs VII. mit Bitten um eine weitreichende finanzielle Unterstützung allein an Abt Suger gerichtet waren und die beiden anderen Regenten hier eine deutlich nachgeordnete Stellung einnahmen[192]. Noch vor der offiziellen Rückkehr König Ludwigs VII. aus

zung: S. Runciman, Geschichte der Kreuzzüge, vol. 2: Das Königreich Jerusalem und der Fränkische Osten 1100–1187, München 1958, pp. 237–247. – V. G. Berry, The Second Crusade, in: K. M. Setton (ed.), A History of the Crusades, vol. I: The First Hundred Years, ed. M. W. Baldwin, Philadelphia 1955, pp. 463–512, hier pp. 463–478. – H. E. Mayer, Geschichte der Kreuzzüge, Stuttgart–Berlin–Köln ^{8}1995, pp. 87–91. – Daneben auch: J. G. Rowe, The Origins of the Second Crusade: Pope Eugenius III, Bernard of Clairvaux and Louis VII of France, in: The Second Crusade and the Cistercians, ed. M. Gervers, New York 1992, pp. 79–89. – J. Ehlers (wie Anm. 77), p. 110.

[189] Cf. hierzu ausführlich, mit Hinweisen auf die Motive für die zunächst ablehnende Haltung Sugers: Cartellieri (1898), pp. 45–47; Reg. n. 134, p. 143. – Daneben: M. Bur (wie Anm. 17), pp. 273–275. – J. F. Benton (wie Anm. 14), p. 6. – Grant (1998), p. 157.

[190] Cf. Cartellieri (1898), pp. 47sq.; Reg. n. 142, p. 144. – J. F. Benton (wie Anm. 14), p. 6. – Grant (1998), p. 157.

[191] Hierzu ausführlich: Cartellieri (1898), pp. 52–54. – E. Panofsky (wie Anm. 13), pp. 130sq.

[192] Cf. hierzu die Ausführungen einer hier sicherlich auch einseitig „Suger-lastigen" Forschung: Cartellieri (1898), p. 48: „Der Erzbischof von Reims hat als Regent gar keine Bedeutung erlangt, sein Amt war nur formeller Natur; er wird Suger beigeordnet worden sein, um ein missgünstiges Verhalten der Erzbischöfe und Bischöfe dem Abte von Saint-Denis gegenüber zu verhindern. [...] Bei dem Seneschall Rudolf von Vermandois, dem Verwandten des königlichen Hauses, dem Vertreter der grossen

dem Heiligen Land von einem letztendlich erfolglos verlaufenen Kreuzzug[193] kam es wohl zu einem „Geheimtreffen" Sugers mit dem Herrscher in der Abtei von Cluny, bei dem etwaige Unstimmigkeiten ausgeräumt werden sollten: „Aus Sugers Thaten erkannte der König seine Treue nicht minder, als durch das Zeugnis des Papstes, und er, der Suger schon vor dem Kreuzzuge vor allen geliebt hatte, liebte und ehrte ihn nach der Rückkunft, da aller Argwohn geschwunden war, noch viel mehr. Von jener Zeit an wurde Suger von seinem Volk, wie von seinem Fürsten Vater des Vaterlandes genannt"[194].

Einen späten Ausdruck fand der von Suger (vor)gelebte, allerdings nicht theoretisch ausformulierte Synergismus von geistlicher und weltlicher Gewalt schließlich in einem letzten großen politisch-geistlichen „Projekt", das offenbar zunächst von dem angesehenen Abt von Saint-Denis – und nicht von dem glücklosen Ludwig VII.! – initiiert worden war: Auf verschiedenen Versammlungen der weltlichen und geistlichen Großen warb Abt Suger im Frühjahr und Sommer des Jahres 1150 für einen weiteren Kreuzzug ins Heilige Land, der nun jedoch wesentlich vom Klerus des Reiches getragen werden sollte. Von den Erfahrungen des zweiten Kreuzzuges ernüchtert, standen Papst Eugen III. (1145–1153) sowie der französische Herrscher dem Vorhaben Sugers ebenso wie den konkurrierenden französisch-sizilischen Kreuzzugsplänen eines Bernhard von Clairvaux eher ablehnend gegenüber[195]. Im Herbst des Jahres 1150 – mitten in den Vorbereitungen für den

Barone, steht die Sache anders; er nimmt an der Verwaltung des Reiches teil, doch durchaus nicht in demselben Umfange, wie Suger. Wohl sind auch an ihn königliche Aufträge gerichtet, doch er erhält sie gemeinsam mit Suger, er bekommt keinen allein, wie dieser. Rudolf tritt nicht selbständig auf, er handelt mindestens im Einvernehmen mit Suger, wenn nicht in seinem Auftrage." – Cf. in diesem Zusammenhang u. a.: Cartellieri Reg. nn. 146–147, p. 145; n. 179, p. 148; n. 211, p. 152 u. a. – Daneben auch: E. Bournazel (wie Anm. 60), p. 59. – J. Ehlers (wie Anm. 77), p. 111. – M. Bur (wie Anm. 17), pp. 293sq. – Grant (1998), p. 161.

193 Zum zweiten Kreuzzug (1145–1149) zusammenfassend: S. Runciman (1954, wie Anm. 188) pp. 247–288. – S. Runciman (1958, wie Anm. 188), pp. 237–278. – V. G. Berry (wie Anm. 188), pp. 463–512. – H. E. Mayer (wie Anm. 188), pp. 87–99.

194 Cartellieri (1898), p. 62 (nach einem Bericht des Mönches Wilhelm von Saint-Denis in der *Vita Sugerii*): „*Nam rex, veritate comperta, et tam ex operibus quam papae testimonio fide viri cognita, cum hunc ante profectionem plurimum dilexisset, omni jam suspicione sublata, amplius post reditum, ut dignum erat, dilexit et honoravit.* [...] *Ex illo jam tempore, tam a populo quam principe pater appellatus est patriae* [...]" (Vita Sug., p. 398). – Cf. zu diesem „Geheimtreffen" auch Grant (1998), p. 177.

195 Cf. Cartellieri (1898), pp. 65–67. – M. Bur (wie Anm. 17), pp. 301sq. – Ausführlich zu den Kreuzzugsplänen Abt Sugers: Grant (1998), pp. 279sq.

geplanten Kreuzzug – erkrankte Suger am Wechselfieber, von dem er sich nicht mehr erholte; von König Ludwig VII. tief betrauert, erlag der Abt von Saint-Denis schließlich am 13. Januar 1151 seinem Leiden[196].

Von den einleitend geschilderten vielschichtigen geistigen und geistlichen Entwicklungen des 11. und beginnenden 12. Jahrhunderts scheint die Persönlichkeit des Abtes von Saint-Denis – so vielleicht ein erstes Resümee – zwar in weiten Bereichen berührt, aber nicht tiefgreifend erfaßt worden zu sein – und dies auch ungeachtet des Umstandes, daß mit Petrus Abaelard einer der einflußreichsten „Intellektuellen" jener Zeit dem Konvent von Saint-Denis zumindest zeitweise als Mönch angehört und Suger in persönlichem Kontakt zu Bernhard von Clairvaux sowie anderen Vertretern der monastischen Reformbewegung gestanden hatte. In mancher Hinsicht könnte man sogar von gewissen anachronistischen Elementen in Leben und Werk des Abtes von Saint-Denis sprechen: Als Benediktiner gehörte Suger zu den Vertretern eines traditionell geprägten Mönchtums, dem seit dem Beginn des 12. Jahrhunderts mit den Orden der Zisterzienser, der Prämonstratenser sowie der Augustiner-Chorherren neue Formen einer geistlichen Gemeinschaft monastischer bzw. – bei den Chorherrenorden – klerikaler Prägung gegenübertraten, die dem im Rahmen der „Gregorianischen Reform" des 11. und 12. Jahrhunderts entwickelten kirchlichen Reformprogramm (Reform des monastischen und priesterlichen Gemeinschaftslebens) verpflichtet waren. Ausgehend vor allem von burgundischen und lothringischen Reformzentren (Cluny, Gorze u. a.) hatte zwar bereits im 10. und 11. Jahrhundert eine weithin erfolgreiche Erneuerungsbewegung des traditionellen benediktinischen Mönchtums eingesetzt, doch wurde der Konvent von Saint-Denis von diesen reformerischen Bestrebungen offenbar – wie nicht zuletzt die offensichtliche Notwendigkeit der von Suger zu Beginn seines Abbatiats durchgeführten Reformmaßnahmen anschaulich belegt (siehe oben) – nicht oder zumindest nicht hinreichend erfaßt. Auch die schulische Ausbildung des späteren Abtes von Saint-Denis scheint den durch die Tradition der *artes liberales* vorgegebenen Rahmen (*trivium* mit Grammatik, Rhetorik und Dialektik; *quadrivium* mit Arithmetik, Musik, Geometrie und Astronomie) nicht verlassen zu haben. Mit dem Hinweis auf eine lobende

[196] Cf. hierzu die Schilderung in dem von Wilhelm von Saint-Denis verfaßten „Rundschreiben" *(Litterae encyclicae)*: *„Ludovicus* [...] *et pietatis memor et regiae celsitudinis immemor, amarissime, dum sepeliretur, flere non destitit"* (Lecoy, p. 409). – Daneben: Cartellieri (1898), p. 70; Reg. n. 330, p. 165; pp. 170–174 (Beilage I mit einer Zusammenstellung der bekannten Quellenangaben zur Datierung des Todestages von Abt Suger von Saint-Denis). – M. Bur (wie Anm. 17), pp. 297–311. – Grant (1998), pp. 286–288.

Äußerung des Mönches Wilhelm von Saint-Denis über die Fähigkeit des Abtes, zwanzig bis dreißig Zeilen des antiken Dichters Horatius Flaccus auswendig zu zitieren[197], bemerkt John F. Benton in diesem Zusammenhang: „His classical training was solid though not unusually deep"[198]. Sicherlich gehörte Suger nicht zu jenem neuen Gelehrtentypus des „Intellektuellen"[199], der sich im städtischen Milieu des 12. Jahrhunderts in Verbindung mit den heranwachsenden Universitäten des hohen Mittelalters[200] entfaltete und durch die „Verbindung der persönlichen Gedankenwelt und ihrer Verbreitung in der Lehre"[201] charakterisiert war[202]. Seine Tätigkeit konzentrierte sich vielmehr auf die klösterliche Güterverwaltung, die Mitwirkung an „diplomatischen Missionen" im Dienste der Abtei und der französischen Krone sowie auf die Überwachung der Bauarbeiten an der Abteikirche von Saint-Denis (in seiner Rolle als Bauherr), praxisnahe Bereiche also, die weniger theoretische Kenntnisse als vor allem praktische Erfahrungen erforderten[203].

[197] Cf. Wilhelm von Saint-Denis, Vita Sug., p. 381: „*Gentilium vero poetarum ob tenacem memoriam oblivisci usquequaque non poterat, ut versus Horatianos utile aliquid continentes usque ad vicenos, saepe etiam ad tricenos, memoriter nobis recitaret*".

[198] J. F. Benton (wie Anm. 14), p. 4. – Cf. zu den literarischen Kenntnissen Abt Sugers von Saint-Denis allgemein den einleitenden Beitrag von S. Linscheid-Burdich, pp. 112–146.

[199] Die sog. „Intellektuellen" des 12. Jahrhunderts hatten allerdings noch kein geschlossenes sozialständisches Bewußtsein entwickelt; ein entsprechendes gruppenspezifisches Selbstverständnis ist nicht vor dem 19. Jahrhundert gegeben. Cf. allgemein zu den „Intellektuellen" des 12. Jahrhunderts: J. Le Goff, Die Intellektuellen im Mittelalter, Stuttgart ^{2}1987, pp. 15–69 (mit Literaturhinweisen im Anhang).

[200] Aus der abundanten Fülle an Literatur zur Entstehung der mittelalterlichen Universitäten seien nur genannt: Geschichte der Universität in Europa, ed. W. Rüegg, vol. 1: Mittelalter, München 1993. – E. Meuthen, Kölner Universitätsgeschichte, vol. I: Die alte Universität, Köln-Wien 1988, insbes. pp. 1–40 (mit einem sehr guten Überblick über die allgemeine Entwicklung der Universitäten im hohen und späten Mittelalter).

[201] J. Le Goff (wie Anm. 199), p. 9.

[202] Für diesen Umstand könnte auch die Tatsache sprechen, daß die literarische Tätigkeit Sugers offenbar erst zu einem vergleichsweise späten Zeitpunkt einsetzte: Die älteste, mit dem Namen Sugers verbundene Schrift (außerhalb der urkundlichen Tätigkeit) – sein Testament – stammt aus dem Jahre 1137.

[203] Cf. in diesem Zusammenhang auch die prägnanten Ausführungen Otto von Simsons über die administrativen und politischen Begabungen des Abtes von Saint-Denis: „Zu seiner [d. h. Sugers (Anm. d. Verf.in)] hohen kirchlichen Stellung gesellte sich die eigentümliche Begabung, die den Staatsmann auszeichnet. Als Verwalter besaß er sowohl die juristischen Kenntnisse, die zur Aufrechterhaltung und Vergrößerung der weit ausgedehnten Besitzungen seines Hauses nötig waren, als auch den Sinn für das

Kehren wir am Ende dieses kurzen historisch-biographischen Überblicks noch einmal zu dem einleitend zitierten selbstbewußten Diktum Bernhards von Clairvaux zurück. „*Novi siquidem virum*": Können wir, kann die heutige Forschung tatsächlich über die dokumentierten Fakten hinaus, jenseits der quellenmäßigen Stilisierungen bzw. Typisierungen des Abtes von Saint-Denis (durch diesen selbst, durch Zeitgenossen und Nachwelt), Persönlichkeit und Wesen des Menschen 'Suger' hinreichend erfassen und verstehen? Obgleich gegenüber dem frühen Mittelalter ungleich besser dokumentiert, sind auch für die Zeit des ausgehenden 11. und beginnenden 12. Jahrhunderts bestenfalls historisch-biographische „Annäherungen" möglich – ohne Anspruch auf eine allseitige Erfassung historischer Individualität und stets im irritierenden Wissen um die bleibende Ferne und Distanz.

Praktische, wie er etwa in der Anschaffung besserer Pflüge für seine Bauern, in einem planvoll und nützlich angelegten Programm zur Erhaltung seiner Forstbestände in Erscheinung tritt. Als Diplomat und Politiker besaß Suger den seltenen Instinkt für das Mögliche, die Bereitschaft zum Kompromiß. Kind eines kriegerischen Zeitalters, eignete ihm eine unfehlbare Vorliebe für friedliche Lösungen" (O. von Simson [wie Anm. 71] pp. 99sq.).

Susanne Linscheid-Burdich

Beobachtungen zu Sugers Versinschriften in *De administratione*

In seiner Schrift *De administratione* beschreibt Suger, entsprechend seinen programmatischen Äußerungen in *adm* 1,7sqq., seine Leistungen zur wirtschaftlichen Konsolidierung der Abtei Saint-Denis, seine Baumaßnahmen und seine erfolgreiche Erweiterung des Kirchenschatzes. Besondere Resultate, die eine herausragende Bedeutung für die Kirche selbst und ihre Ausstattung haben, würdigt er durch Inschriften unterschiedlichen Umfangs, die in Versen abgefaßt sind.

Diese Verse – es handelt sich um zwei Weiheinschriften[1], um Verse auf bzw. über den neuen Türflügeln[2], auf Altarplatten[3], auf bzw. vor den Gräbern der Heiligen[4], auf Fenstermedaillons[5] sowie auf verschiedenen kostbaren Altargeräten[6] – sind immer wieder in die Argumentation über Sugers Selbstverständnis als Bauherr sowie über seine philosophisch-theologischen Voraussetzungen einbezogen worden. Während Panofsky in ihnen geradezu eine Versifikation der Lehre des Pseudo-Dionysius Areopagita erblickte, sind vor allem in neueren Arbeiten Zweifel an dieser These geäußert und Parallelen zu anderen Autoren beobachtet worden[7]. Aufgabe der folgenden Untersuchung ist eine detaillierte Kommentierung der Verse unter Berück-

[1] *adm* 173,769 sowie *adm* 180,813sq. und 181,816sqq.

[2] *adm* 174,776sqq.

[3] *adm* 216,980sqq.; *adm* 217,985sq.; *adm* 221,1000sqq.

[4] Suger beschreibt in *cons* 61,380sqq. die Errichtung und Ausstattung eines herrlichen Altars vor den Leibern der Heiligen und erwähnt an dieser Stelle die Stiftung einer Altarplatte, die durch unvorhergesehene Spenden eine besonders prachtvolle Ausgestaltung erfährt. Diese Platte und ihre kostbaren Materialien beschreibt er auch in *adm* 193,865sqq., um in *adm* 197,880sqq. die Verse für diese Platte mitzuteilen. In *adm* 200,899 erwähnt er Verse für die *tumuli sanctorum*, die er im Anschluß daran, in *adm* 200,900sqq., wiedergibt.

[5] *adm* 265,1178sqq.

[6] *adm* 280,1241sq., 282,1250sq., 285,1262sq.

[7] Panofsky (1979), pp. 18sqq. und 164sqq. Einen Überblick über verschiedene Aspekte dieser Fragestellung vermittelt der Band Binding/Speer (1993); Einzelbeobachtungen auch anderer Autoren werden bei der Behandlung der jeweiligen Textstelle angeführt.

sichtigung bisheriger Forschungsergebnisse. Dabei werden zunächst unter den jeweiligen Versen Parallelen und mögliche Quellen zitiert und anschließend kurz diskutiert. Der unterschiedliche Umfang der Ausführungen ergibt sich teils aus dem Umfang der Inschriften selbst, teils aus der unterschiedlich eingehenden Würdigung, die sie in der Forschung erfahren haben. Inschriften, die mehr als ein Distichon umfassen, sind für die vorliegende Kommentierung mit einer eigenen Zählung versehen; den Ort innerhalb der Schrift *De administratione* gibt die Zeilenzahl für das Initium der Inschrift an. *Adm* 217,985 ist in der Kommentierung als (5) an *adm* 216,980 angeschlossen, da es sich um die Versinschriften der beiden Seitentafeln des Hauptaltars handelt, die Suger auch in unmittelbarem Zusammenhang wiedergibt. Editionen mehrfach zitierter Autoren werden nur bei der Mitteilung des ersten Zitats ausführlich angegeben.

I. Epitaphia consecrationum

adm 173,769–774:

Ad decus ecclesie, que fouit et extulit illum,
Suggerius studuit ad decus ecclesie,
Deque tuo tibi participans, martyr Dyonisi,
Orat, ut exores fore participem paradisi.
Annus millenus et centenus quadragenus
Annus erat uerbi, quando sacrata fuit.

1 Hildebertus Cenomanensis [Hildebert. Cenoman.], Carm. min. 1.1 (ed. A. B. Scott, Leipzig 1969, p. 1):
Ad decus ecclesiae ***cum te natura crearet***
cf. auch Eugenius Toletanus, Carminum appendix 21.1 (MGH AA 14 [ed. F. Vollmer, Berlin 1905, ND 1961], p. 276):
Tu decus ecclesiae, *virtus et gloria regni* (= id., Carminum appendix 23.9, [MGH AA 14], p. 277)
zu *ad decus ecclesiae* auch: Alcuin, Carm. 67,3 (MGH Poetae I, [ed. E. Dümmler, Berlin 1881, ND 1964], p. 286); ferner Carm. 107,I.3 (p. 333)
3 Anteil am Eigentum erstatten:
Sedulius, Carmen Paschale 4.208sq. [Carm. Pasch.] (CSEL 10 [ed. J. Huemer, Wien 1885], p. 105):
… cui dantur munera semper/quae sua sunt
Prosper Aquitanus [Prosp. Aquit.], De ingratis 3.614sq. (PL 51, 127):
dum largitori sua reddimus, aeque relatis
augemur, nostrumque bonum fit gloria dantis.
Paulinus Nolanus [Paul. Nol.], Carm. 2.8sq. (CSEL 30 [ed. W. Hartel, Wien 1894], p. 2):
hinc te ***participans*** *bis quinque et his tibi ternas*
transmisi aequoreo redolentes nectare testas.

Der Eingangsvers dieser Inschrift nennt Sugers häufig geäußertes Motiv, der Ehre der Kirche dienen zu wollen[8], und verknüpft es wie in *adm* 182,823sqq. mit dem Motiv persönlicher Dankbarkeit[9]. Die Übernahme eines Halbverses aus Hildeberts Carmen läßt sich in ihrer Bedeutung erst weiter unten anhand weiterer Similien beurteilen.

Die Apostrophe des Kirchenpatrons verbindet die demütige Relativierung des Geleisteten (es ist nur ein Anteil an dem, was dem Heiligen zukommt) mit der Bitte um Fürsprache[10]. Das verwendete Vokabular zeigt bereits Ankläge an den Sprachgebrauch Prospers von Aquitanien und Paulinus' von Nola, deren Einfluß in der zweiten Weiheinschrift noch deutlicher wird[11].

adm 180,813sq. und 816–821:

Annus millenus et centenus quadragenus
Quartus erat uerbi, quando sacrata fuit.
Pars noua posterior dum iungitur anteriori,
Aula micat medio clarificata suo.
Claret enim claris quod clare concopulatur,
Et quod perfundit lux noua, claret opus
Nobile, quod constat auctum sub tempore nostro,
Qui Sugerus eram, me duce dum fieret.

4sq. Prosp. Aquit., Epigramm [Epigr.] 36,3 (PL 51, 509):
claret opus *Domini totam qui construit* ***aulam***
Venantius Fortunatus [Venant. Fort.], Carm. 1.1.11 (MGH AA IV. 1 [ed. F. Leo, Berlin 1881, ND 1961], p. 7):
emicat aula *potens, solido perfecta metallo,*
quo sine nocte manet continuata dies.
invitat locus ipse deum sub ***luce perenni*** *…*
cf. auch Carm. 1.4.1 (p. 9); Carm 1.9.19 (p. 12): ***emicat aula***
Notkerus Sangallensis, Sequenz *Psallat ecclesia*, v. 1sqq. (ed. W. v. d. Steinen, Notker der Dichter und seine geistige Welt, I: Editionsband, Bern 1948, ND 1978, p. 74):

[8] Cf. e. g. *adm* 182,823: „*prosequi matris ecclesie honorem*".

[9] Cf. auch *adm* 2,22–24: „*a corpore ecclesie beatissimorum martyrum Dionysii, Rustici et Eleutherii, que nos quam dulcissime a mamilla usque in senectam fouit*".

[10] Darin sieht C. Maines, Good Works, Social Ties and the Hope for Salvation: Abbot Suger and Saint-Denis, in: Gerson (1986), pp. 77–94, hier p. 80, einen Beleg für ein reziprokes Verhältnis Sugers zu Gott und den Heiligen; Suger begreife sich selbst als zerknirschten, der Erlösung bedürfenden Sünder, der seine Leistungen in den Inschriften erwähnt, um dafür im Gegenzug Fürsprache und Vergebung zu erfahren.

[11] Cf. unten bei deren Behandlung.

Haec domus ***aulae*** *caelestis / probatur* ***particeps*** *in laude regis caelorum / et cerimoniis / et* ***lumine continuo*** *aemulans / civitatem sine tenebris*

6 Paul. Nol., Carm. 22.83 (p. 190):
divinoque tuam ***perfundit lumine*** *mentem*

Paul. Nol., Carm. 27.371sqq. (p. 278):
... venerandam ut martyris ***aulam***
eminus adversa foribus de fronte reclusis
laetior inlustraret honos et aperta per arcus
lucida frons bifores ***perfunderet intima*** *largo / lumina ...*

Paul. Nol., Carm 30.1.1sq. (p. 307):
Felicis penetral prisco venerabile cultu
lux nova diffusis *nunc aperit spatiis*

Paul. Nol., Epistula [ep.], 32.15. 8sq. (CSEL 29 [ed. W. Hartel, Wien 1894], p. 290):
Adtonitis ***nova lux*** *oculis aperitur, et uno*
limine consistens geminas simul adspicit ***aulas.***

Ennodius, Carm. 2.11.1 (CSEL 6 [ed. W. Hartel, Wien 1882], p. 561):
<antiquum> ecce nitet templum, quod sorduit ante,
cui faciem veterem ***lux nova*** *composuit.*

Fardulf, Carm. (MGH Poetae I [ed. E. Dümmler Berlin 1881, ND 1964], pp. 353sq.):
1.11sq.: *Inter quae* ***sancti Dionysii*** *rector ut* ***aulae***
fieret, indulsit pacificus Carolus.
2.1sq.: *Hanc tibi, praecursor domini, Fardulfus opimam*
condidit ornatam divinis cultibus ***aulam*** *...*
4.3: *Haec est alma domus, veniae locus,* ***aula*** *salutis*

Dungal, Carm. 6.1sqq. (MGH Poetae I [ed. E. Dümmler, Berlin 1881, ND 1964], p. 401):
Haec est mira domus vario depicta metallo,
nobilis *in clero, dogmate* ***clara*** *pio.*
auro tecta ***nitent,*** *paries argenteus albet,*
et ***nitido*** *pressa marmore terra gemit.*
haec formosa domus – viator cognoscere debes –
corpora sanctorum continet una trium.

7 Ven. Fort., Carm. 1.7.7sq. (MGH AA 4.1 [ed. F. Leo, Berlin 1881, ND 1961], p. 11):
cum Baudegunde quo mente Basilius una
hoc renovans priscum reddit et ***auget opus.***

Suger selbst rückt diese Inschrift in engen Zusammenhang mit der ersten Weiheinschrift, indem er darauf hinweist, daß diese bei nur minimaler Abwandlung (*una sola sublata dictione – adm* 180,810sq.) auch die Weihe des *opus superius* mit umschließt *(concludit)*. Dennoch ist die Inschrift häufig isoliert von der ersten (*adm* 173,769sqq.) interpretiert worden[12], was zum

[12] So von A. Arnulf, *Versus ad picturas*. Studien zur Titulusdichtung als Quellengattung der Kunstgeschichte von der Antike bis zum Hochmittelalter, München-Berlin 1997. Arnulf (hier p. 292) bespricht von den beiden Weiheinschriften ausschließ-

Teil auf ihre Form (vier elegische Distichen gegenüber der relativ geschlossenen Gruppe aus zwei Distichen, die zwei Hexameter rahmen) zurückgeht, zum Teil jedoch auch auf die Absicht der Interpreten, ihrem Text Hinweise auf Sugers Lichtästhetik zu entnehmen. Die Verbindung zwischen beiden Inschriften, die Suger durch die Verwendung des Schlußdistichons der ersten Inschrift als Initium der zweiten unterstreicht, hat jedoch programmatischen Charakter. Suger weist bei der Schilderung seiner Baumaßnahmen wiederholt auf sein Bemühen hin, zwischen Altem und Neuem eine harmonische Verbindung zu wahren[13]; der enge zeitliche Abstand zwischen beiden Weihefeierlichkeiten, der bezüglich des sprachlichen Materials die Doppelverwendung des Distichons *Annus millenus …* ermöglicht, ist für Suger auch ein Indiz göttlichen Einverständnisses[14] mit dem Bau als Gesamtheit.

In Auseinandersetzung mit Erwin Panofskys These, Sugers Gebrauch der Vokabeln *lux noua* und *claret, clarificata.* etc. gehe auf Pseudo-Dionysius Areopagita zurück, hat Christoph Markschies[15] verschiedene spätantike Inschriften angeführt, worin ihm Arwed Arnulf[16] z. T. unausgesprochen folgt; Markschies[17] und nach ihm Büchsel[18] ziehen Prospers Epigramm heran, ohne indessen den Autor zu identifizieren[19]. Prospers Werke waren als

lich diejenige von 1144. Cf. dagegen die Wiedergabe als zusammenhängender Text bei C. Maines, Good Works (wie Anm. 12), p. 85sq.

[13] Cf. *cons* 20,136sqq.: „*In agendis siquidem huiusmodi adprime de* ***conuenientia et coherentia antiqui et noui operis*** *sollicitus …*“; *adm* 183,837sqq.: „*ut* ***et antique consecrationis reuerentia et moderno operi*** *iuxta tenorem ceptum* ***congrua coherentia*** *servaretur*“.

[14] *adm* 178,803sqq.

[15] C. Markschies, Gibt es eine „Theologie der gotischen Kathedrale“? (Abh. d. Heidelberger Akad. d. Wiss., Phil.-Hist. Kl., Jg. 1995,1), Heidelberg 1995, p. 50.

[16] A. Arnulf, *Versus ad picturas* (wie Anm. 12), p. 293; Arnulf erklärt, „die Häufigkeit des Wortstammes *clar*“ beruhe „wohl eher auf dem sprachlichen Schmuckbedürfnis und Einsatz gängiger Stilfiguren als auf der Rezeption des Ps.-Dionysius“.

[17] C. Markschies, Gibt es eine „Theologie der gotischen Kathedrale“? (wie Anm. 15), p. 50.

[18] M. Büchsel, Gibt es eine ästhetische Theorie der Skulptur im Mittelalter?, in: H. Beck/K. Hengevoss-Dürkop (edd.), Studien zur Geschichte der europäischen Skulptur im 12./13. Jahrhundert, vol. I.: Text, Frankfurt a. M. 1994, p. 58; ferner id., Die Geburt der Gotik. Abt Sugers Konzept für die Abteikirche St.-Denis, Freiburg 1997, p. 58.

[19] Das Epigramm erscheint als v. 1–6 der Bauinschrift der Aachener Pfalzkapelle Karls d. Gr. (MGH Poetae I, [ed. E. Dümmler, Berlin 1881, ND 1964], p. 432); zur Identifizierung als Prospers Gedicht cf. G. Bernt, Das lateinische Epigramm im Übergang von der Spätantike zum frühen Mittelalter, München 1968, p. 87; zur Deutung cf. G. Binding, Zur Ikonologie der Aachener Pfalzkapelle nach den Schriftquellen, in:

Schullektüre verbreitet[20], und in der Abtei Saint-Denis ist mindestens eine Handschrift seiner Werke entstanden[21]. Daß Suger seine Werke gekannt hat, machen auch weitere Parallelen deutlich, wie sich weiter unten zeigen wird. Im Anschluß an Markschies[22] nennt Büchsel auch das oben angeführte Zitat aus Venantius Fortunatus[23] und vermutet dessen Nachhall in Sugers Erwähnung der *lux mirabilis et continua* in *cons* 49,301sq.; dabei ist darauf hinzuweisen, daß Venantius Fortunatus ähnlich wie später Notker von St. Gallen in seiner Kirchweih-Sequenz *Psallat ecclesia* bekannte ekklesiologische Aussagen aus der Apokalypse verwendet[24]. Notkers Sequenz verdient unter den oben aufgeführten Texten besondere Beachtung wegen der Junktur *lumen continuum*, die als früheste literarische Erwähnung des Ewigen Lichts in der Kirche gilt[25]; neben den markierten Wortparallelen lassen Übereinstimmungen in der Bildlichkeit der Sequenz vermuten, daß sie Suger bekannt war: Notker kennzeichnet die Kirche als Ort, an dem die Leiber der Heiligen geborgen sind und der Gläubige Schutz erfährt[26], und als eine Stätte, die von Engeln besucht wird[27]. Die liturgische Verwendung der Sequenzen Notkers war weit verbreitet[28]; ferner ist hinzuweisen auf die Beziehungen zwischen den Skriptorien von Sankt Gallen und Saint-Denis[29], die zur Verbreitung auch der prominenten Kirchweih-Sequenz beigetragen haben könnten.

D. Bauer e. a. (edd.), Das fränkische Reich 750–1000. Herrschaft – Kirche – Mönchtum, Sigmaringen 1998, pp. 187–211.

[20] Cf. G. Glauche, Schullektüre im Mittelalter. Entstehung und Wandlung des Lektürekanons bis 1200 nach den Quellen dargestellt, München 1970, pp. 31sqq. et passim.

[21] Paris, BN lat. 18554; cf. Nebbiai-Dalla Guarda (1985), p. 76.

[22] Supra Anm. 15, p. 51.

[23] Supra Anm. 18, p. 59.

[24] Apc 21,23sqq.: „*Et civitas non eget sole, neque luna ut luceant in ea, nam claritas Dei illuminavit eam, et lucerna eius est Agnus. [...] Et portae eius non claudentur per diem: nox enim non erit illic.*"

[25] Cf. W. v. d. Steinen, Notker der Dichter und seine geistige Welt. II: Darstellungsband, Bern 1948, p. 536, Anm. 3.

[26] Cf. v. 4: „*Et corpora in gremio confovens/animarum quae in caelo vivunt*"; v. 9: „*Fugiunt universa/corpori nocua*"; eine ähnliche Vorstellung vermitteln Sugers Verse für die *tumuli sanctorum*, cf. *adm* 200,900–907.

[27] Cf. v. 8: *Angeli cives/visitant hic suos*; cf. *cons* 43,249: „*... pulcherrimum et angelica mansione dignum superius oratorium*".

[28] Cf. U. Chevalier, Poésie liturgique du moyen âge. Rythme et histoire. Hymnaires Italiens, Paris 1893, ND Genf 1977, p. 96sqq.; A. W. Robertson, The Service Books of the Royal Abbey of Saint-Denis. Images of Ritual and Music in the Middle Ages, Oxford 1991, p. 180 weist die liturgische Verwendung von Notkers Sequenz *Clare sanctorum senatus* in Saint-Denis nach.

[29] Cf. Nebbiai-Dalla Guarda (1985), p. 59sq.

Die Verwendung des Wortes *aula* für eine Kirche ist in den oben erwähnten Inschriften wie auch in literarischen Zeugnissen und liturgischen Texten[30] reich belegt, ohne daß der Begriff Hinweise auf die architektonische Gestaltung böte; als Beleg für Saint-Denis sei auf das Zitat aus Gedicht 1.11 des Abtes Fardulf von Saint-Denis († 806) hingewiesen.

Das Gedicht des irischen Mönches Dungal, der sich in den Jahren nach 784 in Saint-Denis aufhielt[31], hat bereits Markschies[32] herangezogen, um zu zeigen, „daß man schon über dreihundert Jahre vor Suger in der Benediktinerabtei die Lichtterminologie der christlichen Tituli kannte und auch verwendete“[33]. Dungal stand „dem Kreis um Alkuin und dem Hof Karls des Großen nahe“[34]; er zog sich später ins Kloster Bobbio zurück und schenkte der dortigen Klosterbibliothek mehrere Handschriften, unter denen auch ein Codex mit Werken des Paulinus von Nola war. Diese Tatsache ist für den nun zu erörternden Zusammenhang von Bedeutung:

Neben den anderen Similien ist besonders die Berührung mit mehreren Carmina des Paulinus von Nola hervorzuheben. Paulinus hatte die Basilika des heiligen Felix einer erheblichen Erweiterung unterzogen[35], die zugleich größere Helligkeit mit sich brachte. Diese zunächst optische, der Intention nach freilich auch spirituelle Verbesserung beschreibt er in denjenigen Car-

[30] Ein frühes und sehr bekanntes Zeugnis findet sich im sog. *Exultet* der Osternacht: „*Laetetur et mater Ecclesia, tanti luminis adornata fulgoribus: et magnis populorum vocibus haec aula resultet*“. Hier fällt auf, daß die eher metaphorischen Wendungen über die Lichtfülle an die *Ecclesia* gebunden sind, während das Wort *aula* den realen Raum bezeichnet; cf. ferner die liturgischen Prosen aus Saint-Martial (Limoges), AH 7 (ed. G. M. Dreves, Leipzig 1889), Nr. 225 (p. 242), Nr. 242 (p. 244), Nr. 244 (p. 245) (alle *In dedicatione ecclesiae).*

[31] Cf. dazu den Artikel 'Dungal' in: LexMA III (1986), coll. 1456–1458.

[32] C. Markschies, Gibt es eine „Theologie der gotischen Kathedrale“? (Anm. 15), p. 52.

[33] A. Arnulf, *Versus ad picturas* (wie Anm. 12), p. 293, nennt die Palastbeschreibung in Ovid, Metamorphosen II, bes. vv. 2 und 4, als Beispiel dafür, daß „die Verwendung von Lichtmetaphern ... schon in der Antike zum Lob von Produkten menschlicher Kunstfertigkeit“ gehörte; die von Arnulf zitierten Verse stehen in unmittelbarer Nähe der Junktur „*materiam superabat opus*“, die Suger *adm* 218,990 bei der Beschreibung der kostbaren Altartafel stolz zitiert. Arnulfs Beschränkung auf „Produkte menschlicher Kunstfertigkeit“ kann indessen nicht auf Sugers Aussagen angewandt werden, da Suger zum einen die Assoziation von Kirche und Licht bewußt anklingen läßt und zum anderen wiederholt auf die Beteiligung Gottes bei der Fertigstellung und Ausschmückung seiner Kirche hinweist, so e. g. *adm* 1,6sqq.; 178,803sqq.; 197,883; 205,930sqq.

[34] Cf. Artikel 'Dungal' in: LexMA III (1986), col. 1457.

[35] Cf. dazu besonders R. Goldschmidt, Paulinus' Churches at Nola, Amsterdam 1940, pp. 35–47 und 93–103.

mina[36], die in einen Brief an Sulpicius Severus eingeschlossen sind[37]. Die Anklänge bei Suger sind daher besonders bedeutsam, weil Paulinus auch in einer vergleichbaren Situation schreibt: wie Suger erklärt er die Notwendigkeit der Baumaßnahme mit drangvoller Enge und preist die verbesserte Raumgestaltung[38], um die Lichtfülle infolge der Umgestaltung hervorzuheben[39], und in ganz ähnlicher Weise betont er die Einheit des Ergebnisses[40]. Sugers Vertrautheit mit diesem Autor zeigt sich auch in weiteren Parallelen, auf die weiter unten einzugehen sein wird.

Panofsky stellt Sugers Formulierung *me duce* der in Inschriften begegnenden Wendung *te duce* gegenüber, die „God or Christ, and not a human being" als Erbauer kennnzeichne[41]; diese demütige Haltung ist Suger durchaus zu eigen, wie mehrere Stellen in *De administratione* belegen[42], doch

[36] Ep. 32 (CSEL 29), p. 275–301.

[37] C. Markschies (Gibt es eine „Theologie der gotischen Kathedrale"? [wie Anm. 15], p. 52sq.) sieht in diesen Carmina Beispiele „für das Licht als Metapher für Erkenntnis- bzw. Glaubenskraft". Der Vers Ep. 32. 15. 8 ist indessen gerade ein Beispiel für den nicht-metaphorischen Gebrauch der Wendung *nova lux*.

[38] Carm. 30.1.3sq. (CSEL 30, p. 307):
angusti *memores solii gaudete videntes*
praesulis ad laudem quam ***nitet*** *hoc solium.*
Carm. 30.2.1sqq. (p. 307):
parvus erat locus ante sacris angustus agendis
supplicibusque negans pandere posse manus,
nunc populo ***spatiosa*** *sacris altaria praebet*
officiis medii martyris in gremio.

[39] Cf. oben Zitat aus Carm. 30.1; ferner Carm. 30.2.7sq. (p. 307):
sic et dilecti solium Felicis honorans
et ***splendore*** *simul protulit et* ***spatio****;*
cf. auch Carm. 28.204sqq. (p. 300):
namque his et duplex spectandi gratia fulget,
qua renovata novis aequali lumine certant
culmina culminibus ...

[40] Cf. Carm. 28.206sqq. (p. 300):
tectorum dissidet aetas,
concordat *species;* ***veterum*** *manus atque* ***recentum***
convenit; *in facie simili decor unus utrumque*
ornat opus; ***coeunt*** *olim fundata novellis.*
Cf. dazu Sugers Aussagen in *cons* 20,136sqq. und *adm* 183,837sqq., supra Anm. 13.

[41] Panofsky (1979), p. 169; für die Geläufigkeit der Wendung ***me duce*** lassen sich hingegen auch zahlreiche Beispiele anführen: z. B. Marius Victorinus, Alethia 3.337 (CCSL 128 [ed. P. F. Hovingh, Turnhout 1960], p. 178); Prudentius, Contra Symmachum 1.433 (CCSL 126 [ed. M. P. Cunningham, Turnhout 1966], p. 201).

[42] Cf. supra Anm. 33.

macht er zugleich in dieser Inschrift seine Leitung bei der Erweiterung *(auctum)* geltend.

II. Versus portarum

adm 174,775–783:

Portarum quisquis attollere queris honorem,
Aurum nec sumptus operis mirare laborem.
Nobile claret opus, sed opus, quod nobile claret,
Clarificet mentes, ut eant per lumina uera
Ad uerum lumen, ubi Christus ianua uera.
Quale sit intus, in his determinat aurea porta.
Mens hebes ad uerum per materialia surgit
Et demersa prius hac uisa luce resurgit.

2 Augustinus, Sermo 346C (ed. G. Morin, Sancti Augustini Sermones post Maurinos reperti, in: Miscellanea Agostiniana 1 [1930], p. 274,16):

si laboriosum putas, et deiceris ***labore operis****, erigere splendore mercedis;*

Cassiodorus, Variarum libri duodecim, lib. 1, epist. 21 (CCSL 96 [ed. A. J. Fridh, Turnhout 1973], p. 30,11):

Quocirca praesenti decernimus iussione romanae civitatis fabricas vos debere discutere, si ***labor operis*** *concordat expensis;*

Gregorius Magnus [Gregor Magn.], In librum primum Regum expositionum libri VI, lib. 3, cap. 3 (CCSL 144 [ed. P. Verbraken, Turnhout 1963], p. 205,43):

velut enim rem, quam habere volumus, pretio emimus, cum per sermonem praedicationis, quem accipimus, ***laborem operis*** *exhibemus;*

Petrus Abaelardus [Abaelard], Commentaria in epistulam Pauli ad Romanos, lib. 4, cap. 9, (CCCM 11 [ed. E. M. Buytaert, Turnhout 1969], p. 241,311):

alius itaque ex eis, desiderio ostensae et promissae sibi mercedis accensus, ***laborem operis*** *arripit et perficit.*

cf. Abaelard, Hymnus Paraclitensis [Hymn. Paraclit.] , 6.8.1sqq. (ed. J. Szöverffy, Peter Abelard's Hymnarius Paraclitensis, vol. 2: Texts and Notes, Albany, New York, Brookline 1975):

Opus *magis eximium / est naturae quam hominum, / quod nec* ***labor*** */ nec* ***sumptus*** *praeparat.*

3 cf. *adm* 181,819sq.: *et quod perfundit* ***lux noua****, claret opus/nobile …*

4 Rupertus Tuitiensis [Rupert. Tuit.], Commentaria in evangelium S. Iohannis, lib. 8 (CCCM 9 [ed. R. Haacke, Turnhout 1969], p. 425,460):

quia videlicet quisquis aqua huius sapientiae imbuitur statim ***clarificato sensu*** *a cunctis errorum tenebris liberatur.*

Ambrosius Mediolanensis [Ambros. Mediol.], Hymnus *Aeterna Christi munera* (ed. W. Bulst, Hymni latini antiquissimi LXXV, Psalmi III, Heidelberg 1956), Str. 2 (p. 52):

ecclesiarum principes, / belli triumphales duces / caelestis aulae milites / et ***vera*** *mundi* ***lumina***

Beda Venerabilis [Beda], Hymnus *Apostolorum gloriam* (AH 50 [ed. G. M. Dreves, Leipzig 1907], 86, p. 108sq.), Str. 18:

*Sic principes ecclesiae, sic / **vera** mundi **lumina** / mortis triumpho nobili / sumpsere palmam gloriae*

Hymnus *Exultet celum laudibus*[43] (AH 51 [ed. C. Blume, Leipzig 1908], 108, p. 125), Str. 2:

*vos, saecli iusti iudices / et **vera** mundi **lumina***

Aldhelm, Carm. eccl., 1.3 (MGH AA 15 [ed. R. Ehwald, Berlin 1919, ND 1961], p. 11):

*Hic Petrus et Paulus, tenebrosi **lumina** mundi*

5 Jo 1,9: *erat **lux vera**, quae illuminat omnem hominem venientem in hunc mundum*

Paschasius Radbertus [Paschas. Radb.], Expositio in Matheo, lib. 11 (CCCM 56B [ed. B. Paulus, Turnhout 1984], p. 1177,925):

*quoniam his ab initio plena est omnis ecclesia plena fulgore fidei ab oriente usque in occidentem et quae plena est **lumine vero***

Hrabanus Maurus [Hraban. Maur.], De laudibus Sanctae Crucis [Laud. s. Cruc.] B 7,1sq. (CCCM 100 [ed. M. Perrin, Turnhout 1997], p. 69):

*Omnia iam splendent, **vero** de **lumine** Christi / illustrata*

Jo 10,7: *Amen, amen, dico vobis, quia **ego sum ostium** ...*

Sedulius, Carm. Pasch. 1. 340 (p. 40): *Ianua nos aeterna vocat, quae **ianua Christus***

7 Ambros. Mediol., De consolatione Valentiniani 3.10 (ed. Th. A. Kelly, Washington 1940, p. 182):

***Oculi** non solum corporis, sed etiam **mentis hebetati** sunt, et quadam caecitate omnis sensus obductus est.*

Ambros. Mediol., Expositio psalmi CXVIII, 24 (CSEL 62 [ed. M. Petschenig, Wien 1913], p. 434,19):

*... quia Christi gratiam videre non potuit **hebetato** debilis **mentis obtutu***

Prosp. Aquit., De ingrat. 3.604sq. (PL 51, 127):

*huius ope et fructu vescendum est, ut **revalescens / languida mens** ....*

idem, De ingrat. 4. 910 (PL 51, 143):

*aut cum **hebetes visus**, longa ex caligine tandem*

Ven. Fort., Vita S. Martini 1.28 (MGH AA 4.1 [ed. F. Leo, Berlin 1881, ND 1961], p. 296):

***mente hebes**, arte carens, usu rudis, ore nec expers*

ibid., 1.492 (p. 312): *mente hebes*

Ambros. Mediol. Explanatio psalmorum XII [Expl. psalm. XII], ps. 36, cap. 77.3 (CSEL 64 [ed. M. Petschenig, Wien 1919], p. 132,17):

*Sicut enim Moyses **animo et mente transivit materialia** et deum vidit, ita et tu, si transeas hinc, ad dei gratiam uestigium tuae mentis attollens uidebis eum nihil esse, qui in hac terra sibi potentissimus uidebatur.*

Hildebert. Cenoman., Biblical Epigrams [Bibl. Epigr.] 20.5 (edd. A. B. Scott/D. F.

[43] E. B. Foley, The First Ordinary of the Royal Abbey of St.-Denis in France (Paris, Bibl. Maz. 526), Fribourg 1990 (Spicilegium Friburgense 32): p. 728, *Commune martyrum*, Nachweis liturgischer Verwendung in Saint-Denis.

Baker/A. G. Rigg, The Biblical Epigrams of Hildebert of Le Mans. A Critical Edition, in: Medieval Studies 47 [1985], pp. 272–316), p. 287:

*stant **hebetes** longe, capientes exteriora*

8 Ambros. Mediol., Exameron, dies 1.4 (CSEL 32,1), p. 12,18sqq.:

*nec iam serviet ei vel terrenis huius corporis passionibus vel depravatae mentis erroribus qui **demersa** omni malitia vice plumbi bonis operibus dextra laevaque munitus inoffenso saeculi huius freta studet vestigio transire.*

Ambros. Mediol., Expl. psalm. XII, ps. 47, cap. 4.1 (p. 384):

*itaque hominum **conscientia**, quae ante flagitiorum suorum gurgitibus **demersa** lugebat, nunc per indulgentiam Christi et remissionem omnium peccatorum metu absoluta laetatur.*

Gregor. Magn., Registrum epistularum 7, ep. 22 (CCSL 140, [ed. D. Norberg, Turnhout 1982], p. 473,23):

*Pensemus, si possumus, quae sunt ista viscera supernae pietatis, ut mulier, quae in profundo voraginis fuerat **demersa** per culpam, ex amoris penna sic in altum **levatur** per gratiam.*

Beda, Homiliarum evangelii libri III, lib. 1., hom. 18 (CCSL 122 [ed. D. Hurst, Turnhout 1955], p. 131,119):

*Infelix namque satis est qui agnita resurrectionis gloria deterius cadit qui **visa luce veritatis** gravioribus peccatorum nebulis obcaecatur.*

Prosp. Aquit., De providentia 94 (PL 51, 619): *inque viam, **visa luce**, referre pedem*

Petrus Pictor [Petr. Pictor], De Sacramentis, Carm. v. 627 (CCCM 25 [ed. L. v. Acker, Turnhout 1972], p. 45):

*Cum vicii crucifixa caro **prius** emoriatur, / vivificata Deo **mens surgat** eumque sequatur.*

Die für die Türen gedichteten Verse haben verschiedene Deutungen erfahren, vor allem in bezug auf Sugers Wertschätzung des Lichtes. Im Zusammenhang damit muß die Frage nach dem Verständnis von v. 2 gestellt werden. Panofskys Übersetzung[44] („Marvel not at the gold and the expense but at the craftmanship of the work“) wurde übernommen von Diemer[45], während Hoffmann[46], Markschies[47] und Büchsel[48] zutreffend die Negation ausschließlich auf *sumptus* beziehen. Suger weist mögliche Kritik an dem hohen materiellen Aufwand zurück, den er in *adm* 170,759 bereits erwähnt

[44] Panofsky (1979), p. 47.

[45] P. Diemer, Abt Suger von Saint-Denis und die Kunstschätze seines Klosters, in: Beschreibungskunst – Kunstbeschreibung. Ekphrasis von der Antike bis zur Gegenwart, München 1995, pp. 177–216, hier p. 186.

[46] K. Hoffmann: Zur Entstehung der Königsportale in Saint-Denis, in: ZfK 48 (1985), p. 36, Anm. 49.

[47] C. Markschies, Gibt es eine „Theologie der gotischen Kathedrale“? (wie Anm. 15), p. 66.

[48] M. Büchsel, Gibt es eine ästhetische Theorie (wie Anm. 18), p. 57.

hat[49]; *aurum* und *labor* sollen gleichermaßen Anlaß der Bewunderung sein[50], ihre spirituelle Aufgabe *(clarificet mentes)* rechtfertigt die entstandenen Ausgaben.

Die oben gezeigte Ähnlichkeit des dritten Verses mit dem Wortlaut von *adm* 181,819sq. hat Anlaß gegeben, beiden Versen eine gleiche Aussage über Sugers Ansichten über das Licht zu entnehmen[51]. Eine solche Deutung bringt indessen Probleme mit sich; wie wir oben gesehen haben, beschreibt Suger in der Weiheinschrift *adm* 180,813sqq. eine durchaus reale Erfahrung von Helligkeit, auch wenn seine Formulierungen die Assoziation der erwähnten ekklesiologischen Aussagen bewußt zulassen. Die *noua lux*, die er dort erwähnt, ist nicht identisch mit dem *uerum lumen* der Türverse, das hier vielmehr ein Bild für Christus ist.

Auch die Junktur *per lumina uera* ist unterschiedlich verstanden worden[52]; dabei wurde bisher nicht berücksichtigt, daß sie in etlichen Hymnen als Metapher für Petrus und Paulus sowie für Märtyrer allgemein erscheint. Gerade diese Beobachtung eröffnet jedoch ein Verständnis, das zur Tür einer den Märtyrern geweihten Kirche gut paßt: die Fürsprache der Märtyrer stellt einen wichtigen Zugang zu Christus und zum ewigen Leben dar, wie Suger an mehreren Stellen betont[53].

Die Wendung *uerum lumen* spielt dabei ebenso auf die Erwartung der ewigen Seligkeit – wie die Apokalypse sie beschreibt – wie auf Christus selbst an und wird verknüpft mit einer abgewandelten Formulierung der Selbstaussage Jesu „*Ego sum ostium*" (Jo 10,7). Im Johannesevangelium steht diese Formulierung der bildhaften Warnung vor Dieben und Räubern gegenüber, die den rechtmäßigen Eingang zu den Schafen bewußt nicht benutzen; die Selbstaussage Jesu ist verbunden mit dem Wahrheitsanspruch, den Sugers Wendung *ianua uera* reflektiert. Zugleich differenziert Suger damit zwischen der materiellen Kirchentür und dem in ihrem Bildprogramm dargestellten Christus. Das Bildprogramm belehrt über das Leben Jesu[54] und gibt damit Aufschluß über das *uerum lumen*; die Angabe *in his* läßt sich damit auf die Reliefs der Tür beziehen[55].

[49] Cf. hierzu weitere Belegstellen für hohe Ausgaben: e. g. *adm* 188,850sq.; 198,890sq.; 203,918sqq.; 208,945–210,949; 218,987sq.; 274, 1208sq.

[50] Wie auch bei anderen Kostbarkeiten aus dem Kirchenschatz, z. B. dem goldenen Kruzifix, *adm* 203,921 und 923sq.

[51] M. Büchsel, Gibt es eine ästhetische Theorie (wie Anm. 18), p. 60.

[52] Ibid., p. 61.

[53] E. g. *adm* 173,772; 197,884; 200,905.

[54] Cf. Sugers Angabe: *adm* 170,758sq.

[55] Cf. dagegen Panofskys Deutung „in this world", Panofsky (1979), p. 165; P. Diemer, Abt Suger von Saint-Denis (wie Anm. 45), p. 187: „in diesen [Menschen]".

Der folgende Vers greift die didaktische und zugleich spirituelle Aufgabe der kostbaren Tür, die in v. 3sq. bereits genannt wurde, wieder auf und leitet mit der Vokabel *surgit* zur Bildlichkeit des Schlußverses *(demergi/resurgere)* und dem darin anklingenden Zusammenhang von Schuld, Vergebung und Auferstehung über. Die oben angeführten Belegstellen aus Ambrosius und Beda zeigen deutlich, daß die Erkenntnismöglichkeiten der *mens* durch das Versinken in Schuld eingeschränkt sind[56]. Die Überwindung dieses Zustandes geschieht durch die Begegnung mit Christus im Sakrament, zu der die Tür ebenso in ihrer realen Funktion als Eingang der Kirche wie in ihrer spirituellen Funktion, über Christus zu belehren, hinführt.

adm 175,785sq.:
1 *Suscipe uota tui, iudex districte, Sugeri,*
inter oues proprias fac me clementer haberi.

1 cf. Bernardus Morlanensis, Epilogus (Mariale) 3.3 (AH 50 [ed. G. M. Dreves, Leipzig 1910], p. 455):
***suscipe vota** precibusque cuncta / pelle molesta*
Ambrosius Autpertus, Expositio in Apocalypsin [Ambros. Autpert., Expos. Apoc.], lib. 6, cap. 14, v. 11a (CCCM 27A [ed. R. Weber, Turnhout 1975], p. 545,38):
*si iustus **iudex districtusque** veniens;*
ibid., p. 545,43sq.: *ad **districti** ergo **iudicis** iustitiam pertinet.*
Paul. Nol., ep. 32.6.26 (p. 281):
*haec peccatorum bonus **accipe vota** rogantum*
Paul. Nol., Carm. 14.131sqq. (an Felix; p. 50):
*posce **ovium grege nos** statui, ut sententia summi*
***iudicis** hoc quoque nos iterum tibi munere donet,*
ne male gratatis laevos adiudicet haedis
et potius dextre positos in parte piorum
munifico pecori laudatisque adgreget agnis.
Hraban. Maur., Laud. s. Cruc. A. 3.26 (p. 8):
***inter oves proprias me** ut miserum numeres.*

Die Verse über der Tür wenden sich in Form einer Oration an Christus als Richter. In den damit gegebenen Kontext des Jüngsten Gerichts fügt sich die Bitte des zweiten Verses, der das geläufige Bild der Scheidung von Schafen und Böcken[57] aufgreift, es jedoch in einer speziellen Weise akzentuiert: die *oves propriae* erscheinen im Johannesevangelium innerhalb des Gleichnisses vom Guten Hirten, der sein Leben für die Schafe hingibt, während der Mietknecht, dem sie eben nicht gehören, sie bei Gefahr im

[56] Ähnlich argumentiert Suger bereits im Prolog zu *De consecratione*, nämlich *cons* 2,5–19.

[57] Mt 25,32sq.

Stich läßt[58]. Die Verbindung der Metapher für die Trennung von Gerechten und Sündern mit dem Bild des Guten Hirten ist ungewöhnlich; Suger dürfte sie von Hrabanus Maurus übernommen haben, der um 845 ein Exemplar seines Werkes *De laudibus sanctae crucis* den Mönchen von Saint-Denis zum Geschenk machte[59].

III. Versus tabulae aureae superioris

adm 197,881–886:

Magne Dyonisi, portas aperi paradisi,
Suggeriumque piis protege presidiis,
Quique nouam cameram per nos tibi constituisti,
In camera celi nos facias recipi
Et pro presenti celi mensa saciari.
Significata magis significante placent.

1 Petr. Pictor, De Sacramentis, Carm. v. 308 (p. 30):
letaque christicolis ***paradisi porta*** *patescit*
2 Ven. Fort., Vita S. Martini, 1.307:
presidiis, *Martine,* ***tuis*** *delabimur astri*
3 cf. P. Ovidius Naso [Ovid], Fasti, 1.581 (edd. E. H. Alton/D. E. Wormell/E. Courtney, Leipzig 1978, p. 19):
constituitque sibi, *quae Maxima dicitur, aram*
4 Hieronymus, Commentarii in Isaiam, lib. 11, cap. 40, par. 21 (CCSL 73 [ed. M. Adriaen, Turnhout 1963], p. 463,19):
qui statuit quasi ***cameram caelum,*** *et extendit quasi tabernaculum ad habitandum*
cf. Abaelard, Hymn. Paraclit. 6.7.1sq. (p. 29):
In veri ***caeli camera*** */ pauper iacet pulcherrima*
5 Ambros. Mediol., Explanatio psalmorum XII, ps. 40, cap. 5 (CSEL 64 [ed. M. Petschenig, Wien 1919], p. 233,3sq.):
et paratur in conspectu tuo ***mensa caelestis***
Liber sacramentorum Augustodunensis (CCSL 159B [ed. O. Heiming, Turnhout 1986]) rubr. 371, lin. 1: *Dilitias domine mirabilis* ***mensae caelestis*** *ambimus*;
rubr. 430, lin. 1: *sanctificet nos domine qua pasti sumus* ***mensae caelestis*** *⟨sancta libatio⟩*.
Petrus Damiani, Sermones, Sermo 36 (CCCM 57 [ed. G. Lucchesi, Turnhout 1983], p. 222,277):
ad plenum nos convivium ***mensae caelestis*** *invitat*

[58] Jo 10,11–13.

[59] Cf. J. Vezin, Les relations entre Saint-Denis et d'autres scriptoria pendant le haut moyen âge, in: P. Ganz (ed.), The Role of Book in Medieval Culture. Proceedings of the Oxford International Symposium 26 September – 1 October 1982, vol. I, Turnhout 1986, pp. 17–39, hier p. 30.

Petr. Pictor, De sacramentis, Prol. 36 (p. 12):
vult et ***in altari*** *nos pane Deo* ***satiari***
Petr. Pictor, De Sacramentis, Carm., v. 464 (p. 37):
mensam celestem *numquam nisi mundus adiret*
6 Augustinus, Sermo 155 (PL 38, 843):
celebratum est ergo pascha in illo veteri populo, nondum in luce fulgente, sed in umbra ***significante****.*
Rupert. Tuit., De divinis officiis, lib. 11 (CCCM 7 [ed. R. Haacke, Turnhout 1967], p. 376,296):
sed ut ***significanda*** *notis* ***significationibus*** *melius et compendiosius exprimamus.*

Diese Inschrift verknüpft die schon aus der ersten Weiheinschrift bekannte Bitte an den Märtyrer um Interzession mit der Spannung zwischen Bezeichnendem und Bezeichnetem, zwischen der als vorläufig empfundenen Gegenwart des kirchlichen Lebens und dem Ausblick auf die Erfüllung im Himmel. Der dritte Vers weist die Leistung bei der Errichtung der *camera* dem Heiligen selbst zu, während Suger sich selbst als bloß Ausführenden stilisiert[60].

IV. Versus sanctorum tumulorum

adm 200,900–907:

1 *Sanctorum cineres ubi celicus excubat ordo,*
Plebs rogat et plorat, clerus canit in decacordo.
Spiritibus quorum referuntur uota piorum,
Cumque placent illis, mala condonantur eorum.
5 *Corpora sanctorum sunt hic in pace sepulta,*
Qui post se rapiant nos orantes prece multa.
Hic locus egregium uenientibus extat asilum,
Hic fuga tuta reis, subiacet ultor eis.

1 cf. Paul. Nol., Carm. 18.160sq. (p. 105):
et toto quo mundus erit fulgebit in aevo
lux eadem, ***sancti cineris*** *per saecula custos.*
Ven. Fort., Vita S. Martini 4.219 (p. 355):
Pervigil insistens nocturnis ***excubat*** *horis*
Vita Landelini, 38 (MGH Poetae V [ed. K. Strecker, Berlin 1937], p. 212):
nascitur in mundo, cui paret ***caelicus ordo***

[60] Cf. Ps 126,1: „*Nisi Dominus aedificat domum, in vanum laboraverunt qui aedificant eam*"; cf. *cons* 18,134–136: „*nisi idem eiusdem operis auctor ministratoribus copiose prepararet. Identitas auctoris et operis sufficientiam facit operantis*"; *ord* 35,195–197: „*quod Dei omnipotentia et illi priori et huic operi sequenti aut per nos aut per quos ei placuerit plenum poterit adaptare supplementum*".

Sigebertus Gemblacensis, Passio ss. Thebeorum, Mauricii, Exuperii et sociorum 1.591 (ed. E. Dümmler, Abh. d. kön. Akad. d. Wiss., Berlin, phil.-hist. Kl. 1 [1893], p. 44–125), p. 64:

Plus super hoc uno conversus ***caelicus ordo*** */ quam pro iustorum curto centusse triumphat*

3 Sedulius Scotus, Carm. 82.6 (MGH Poetae III [ed. L. Traube, Berlin 1896, ND 1964], p. 231):

eminet ecce Cherub antiquae gloria legis / angelus ac patrum fiala fert ***vota piorum***

Heinricus Autissiodorensis, Vita S. Germani 4.30 (MGH Poetae III. 2 [ed. L. Traube, Berlin 1896, ND 1964], p. 476):

Hic, Albane, preces, hic audis ***vota piorum***

5 ***Corpora sanctorum in pace sepulta sunt,*** *et vivent nomina eorum in aeternum* (Antiphon, für Saint-Denis nachgewiesen bei E. B. Foley, The First Ordinary [wie Anm. 43], pp. 441sq., 485, 576, 613, 619, 653).

6 Cf. Hildebert. Cenom., De mysterio missae, De Introitu. (PL 171, 1177B):

Hunc desideriis, hunc laudibus, hunc prece multa

7 Boethius, De consolatione philosophiae III, c. 10,6 (CCSL 94 [ed. L. Bieler, Turnhout 1958], p. 56):

hoc patens unum miseris ***asylum***

8 Cf. Prosp. Aquit., Epigr. 75.5 (PL 51, 521):

unum ***profugium tutum*** *est Deus ipse timenti*

Paul. Nol., ep. 32.3.24 (p. 277):

exemplar sanctis ille sit, iste ***reis***

Ausonius, Mosella (ed. R. Peiper, Stuttgart 1976) 401 (p. 189):

presidium sublime reis

Ven. Fort., Hymnus *Ave, maris stella* (Spur. appendix 9), 11 (p. 385):

solve vincla ***reis***

Marbod. Redon. Oratio ad Filium, *Iesu Christe, Deus noster* 30 (AH 50 [ed. G. M. Dreves, Leipzig 1907], 305), p. 395:

Licet ***reus*** *et transgressor / duplex oro, Iesu Christe / … /*
ut ***peccata*** *confitenti / et virtutes anhelanti / haec* ***condones,*** *illa dones*

ultor in der negativen Bedeutung „einer, der schaden will":
Nm 35,25: *Liberabitur innocens de* ***ultoris*** *manu*
Ps 8,3: *ut destruas inimicum et* ***ultorem***
cf. Paul. Nol., Carm. 14.35 (p. 47): *latet* ***ultor,*** *poena videtur.*

Die Inschrift gliedert sich in eine Gruppe aus drei endreimenden Hexameterpaaren und ein leoninisches Distichon. Die hexametrischen Verse evozieren ein Bild der sehr affektiv gezeichneten Heiligenverehrung[61] und der dazu gehörenden Liturgie[62], die auch im Zitat aus der Antiphon anklingt. Im Schlußdistichon kennzeichnet Suger die Ruhestätte der Heiligen als Ort, an dem der Gläubige Schutz erfährt. Dieses Motiv klang bereits in der zuvor

[61] v. 2: *plebs rogat et plorat*; cf. dazu *adm* 199,896sq., *cons* 88,544sq.
[62] v. 2: *clerus canit in decacordo*; v. 3: *referuntur uota piorum.*

besprochenen Inschrift an[63], hätte dort jedoch auch allgemein als Bitte um Interzession gedeutet werden können. Daß zudem der Ort, an dem die Heiligen in Gestalt der Reliquien leibhaftig zugegen sind, eine lokal definierte Schutzfunktion hat, erwähnt Suger auch an anderen Stellen, so in der *Ordinatio*, wenn er den ausdrücklichen Wunsch Karls des Kahlen nennt, in der Nähe der Heiligen bestattet zu werden; dort führt er aus, wie Karl den Ort seiner Grablege durch Reliquien gesichert habe[64]. Die Vokabel *rei* evoziert den Gedanken an das Jüngste Gericht, der auch in der Wendung *mala condonantur eorum* anklang; die Vorstellung persönlicher Verantwortung vor dem Richter wird jedoch gleich darauf aufgegeben zugunsten des umfassenderen Bildes von der Überwindung des Bösen[65].

V. Versus tabularum altaris beati Dionysii

adm 216,980–983:

1 *Has are tabulas posuit Sugerius abbas*
Preter eam, quam rex Karolus ante dedit.
Indignos uenia fac dignos, uirgo Maria.
4 *Regis et abbatis mala mundet fons pietatis.*

adm 217,985sq.:

5 *Si quis preclaram spoliauerit impius aram,*
Eque dampnatus pereat Iude sociatus.

3 cf. Paul. Nol., Carm. 21.580 (p. 177):
qua nos ***indignos*** *tanto* ***dignatus amore*** *est*
Ven. Fort. Carm. (Appendix) 5.9 (p. 279):
digne nec indignans, ***dignos dignatio dignans***

[63] *adm* 197,882; v. 2: „*Suggeriumque piis protege presidiis*".

[64] *ord* 25,117–122 „*ipsum sepulture sue locum tutissimis sanctarum reliquiarum muniuit presidiis de techa imperialis capelle sibi retinens et in anteriori parte benedicti altaris reponens os brachii sancti Iacobi apostoli fratris Domini, in dextra brachium sancti protomartiris Stephani, in sinistra uero beati martiris et leuite Vincentii*"; cf. auch *adm* 243,1083sqq. Die Wendung *muniuit presidiis (ord* 25,118) zeigt, daß Suger auch in *adm* 197,881sq. den Schutz am Ruheort des Heiligen meint.

[65] Das Prädikat *subiacet* macht deutlich, daß es sich hier nicht um den rächenden Gott – wie in Ps 93,1: „*Deus ultionum dominus*" – handeln kann, sondern um den Feind, der den Menschen schaden will – wie in Ps 8,3: „*ut destruas inimicum et ultorem*"; gemeint ist der Teufel, der jedoch keine Macht hat über die, die in der Gegenwart der Heiligen Schutz suchen.

Sylloga Sangallensis 4.8 (MGH Poetae IV [ed. P. v. Winterfeld, Berlin 1988, ND 1964] p. 319):

indignos famulos, virgo Maria, tuos

Prosp. Aquit., De providentia 816sq. (PL 51, 635):

*multa quidem semper mundo communia in isto / **indignos dignosque** manent: sol omnibus idem est*

Hildebert. Cenom., Vita B. Mariae Aegyptiacae, VII. 1269 (PL 171, 1331A):

*iamque mihi gratis monstrabat **fons pietatis***

4 Hildebert. Cenom., Inscriptionum Christianarum libellus [Inscr. Christ.], 20 (PL 171, 1232C) = Florilège, no. 257 (ed. A. Wilmart, Le Florilège de Saint-Gatien. Contribution à l'étude des poèmes d'Hildebert et de Marbode, in: Rev. Bénédictine 48 [1936], pp. 3–40, 147–181, 235–258), p. 35:

*parcit peccatis mulieris **fons pietatis***

Aelredus Rievallensis, Oratio pastoralis 5 (CCCM 1, [edd. A. Hoste/C. H. Talbot, Turnhout 1971], p. 759,92):

*hoc est igitur quod rogo, o **fons pietatis***

Bernardus Claraevallensis, Epistola 341,2 (S. Bernardi Opera vol. VIII [edd. J. Leclercq/H. Rochais, Rom 1977], p. 283,11):

*ut in **fonte misericordiae** suae nos lavare et emaculare dignetur ipse **fons pietatis** Iesus Christus*

(weitere Belege in Sermones)

Hincmarus Remensis [Hincmar. Rem.], Carm. 1.3.1 (MGH Poetae III,2 [ed. L. Traube, Berlin 1896, ND 1964], p. 409):

*Sancta dei genitrix et semper **virgo Maria***

5 Paschasius Radbertus [Paschas. Radbert.], De corpore et sanguine Domini, VIII. 11–16 (CCCM 16 [ed. P. Paulus, Turnhout 1969] p. 40):

***Si quis** ea [...] praesumpserit, nec dubium quin ob id iudicium excipiat et cum **Iuda culpae societur** obnoxius, tam quia corruit quam quia in conscientia **dampnatus** ausus est ...*

Von den drei Tafeln des Goldenen Altars, die Suger anbringt, ist die kostbarste die hintere, die mit einem Bildprogramm und entsprechenden Versen geschmückt wird. Die Tafeln an den Seiten tragen nach Sugers Angaben Verse (*adm* 216,980sqq. und *adm* 217, 985sq.), die den Stifter der Tafeln nennen und über etwaige Diebe eine Poenformel aussprechen. Zunächst legt Suger (*adm* 216,980sqq.) Wert darauf, seinen Anteil an der goldenen Einkleidung des Altars präzise anzugeben und dabei denjenigen Karls des Kahlen abzugrenzen, andererseits jedoch sich gemeinsam mit diesem der Fürbitte der Jungfrau Maria anzuvertrauen. Die Vokabel *venia* nimmt die Thematik des Jüngsten Gerichts wieder auf [66], ebenso läßt die Erwähnung der *mala* die Vergebungserwartung in der zuvor besprochenen Inschrift[67] wie-

[66] Cf. *adm* 200,900sqq.

[67] *adm* 200,903: „*cumque placent illis, mala condonantur eorum*".

der anklingen. Mit der Junktur *fons pietatis* bedient sich Suger einer häufig appellativ verwendeten Umschreibung für Christus.

Das Verspaar *adm* 217,985sq. spricht einen Fluch über mögliche Altarräuber aus. Judas, der im Bewußtsein seines Verrates mit Jesus beim letzten Abendmahl zu Tisch saß, erscheint bei Paschasius Radbertus als Beispielfigur für ungerechtfertigten Empfang der Eucharistie, der Verdammnis nach sich zieht. Suger, dessen Formulierungen sich eng an Paschasius' Vorbild anlehnen, wendet die Aussage auf ein offenbar verbreitetes Vergehen an Altären und liturgischen Geräten an[68].

adm 221,1000–1005:

Voce sonans magna Christo plebs clamat 'osanna'.
Quae datur in cena, tulit omnes hostia uera.
Ferre crucem properat, qui cunctos in cruce saluat.
Hoc, quod Abram pro prole litat, Christi caro signat.
Melchisedech libat, quod Abram super hoste triumphat.
Botrum uecte ferunt, qui Christum cum cruce querunt.

1 Mt 21,8: turbae autem, quae praecedebant, et quae sequebantur, clamabant dicentes: Hosanna filio David

Lc 19,37: *coeperunt omnes* ***turbae*** *discipulorum laudare Deum* ***voce magna***

cf. Hildebert. Cenoman. Inscr. Christ., 24 (PL 171, 1283) = Florilège no. 221 (p. 33): ***Turba*** *Redemptorem venerans et in eius honorem / tripudians* ***magna cum voce*** *frequentat:* ***osanna.***

2 Paul. Nol., Carm. 27.616 (p. 289): ***hostia viva*** *deo, tamquam puer offerar Isac*

2/5 Marius Victorinus, Alethia 3.463sqq. (CCSL 128 [ed. P. F. Hovingh, Turnhout 1960], p. 182): *… decimam tamen* ***offert*** */ hostibus excussae, quae* ***vera est hostia,*** *praedae /* ***Melchisedech***

4 cf. Sedulius, Carm. Pasch. 1.114sqq. (p. 24): *Mactandumque Deo pater obtulit, at sacer ipsam / pro pueri iugulis aries mactatur ad aram.*

Hildebert. Cenom., Bibl. Epigr. 50.I.7sq., 50.II.11sq. (p. 302): *Hic tamen est aries, non infans sacrificatus, / sic* ***Christi caro,*** *non Deitas, est in cruce passus.*

5 Sedulius, Carm. Pasch. 4.207sq. (p. 105): *… gemini* ***libaminis*** *auctor / ordine* ***Melchisedech***

cf. Paul. Nol., Carm. 29.35 (p. 306): *(Felix …) / et de vipereo fortissimus* ***hoste triumphat***

[68] Cf. e. g. *adm* 198,889sq., ferner Sugers Vorsichtsmaßnahmen *adm* 215,976 und *adm* 219,990sqq.

Aldhelm, De virginitate Carmen, v. 853 (MHG AA 15 [ed. R. Ehwald, Berlin 1919 Neudruck 1961], p. 389):

*sic miles Christi devicto **hoste triumphat***

6 Nm 13,18: *misit ergo eos Moyses ad consderandam Terram Chanaan*

Nm 13,24: *peregentesque usque ad Torrentem **botri**, absciderunt palmitem cum uva sua, quem **portaverunt in vecte** duo viri.*

cf. Hraban. Maur., Laud. s. Crucis B. 11.27 (p. 306):

***botrum** hoc **vecte** pium re nota vexit uterque/vectorum*

Hraban. Maur., Hymnus *Gratuletur omnis caro* (AH 50 [ed. G. M. Dreves, Leipzig 1907], 145, p. 195), Str. 8:

*Hoc in ligno vitis vera / pinguem **botrum** protulit*

Abaelard, Hymn. Paracl. 94,1.1sq.–2.4 (p. 196):

*Torcular crux est dominica, / **botrum** hic Christum considera, /*
***vecte** suspensum hunc mystica / praefiguravit historia. /*
*Hunc **deferentes** ad populum / fertilitatis indicium /*
*hi sunt, qui **crucis** mysterium / mundi salutem aperiunt.*

Die Verse sind jeweils einzelnen Bildszenen zuzuordnen, die Suger in Reliefarbeit ausführen ließ[69]. Arnulf, der die Verse in ihrer Funktion als Tituli behandelt[70], geht auf die Ausführungen ein, mit denen Suger die Wiedergabe der Verse einleitet. Er weist mit Recht Panofskys[71] Versuch zurück, Gellius' *Noctes Atticae* zur Erklärung der Wendung *apicibus litterarum mandari fecimus* (*adm* 220,996sq.) heranzuziehen. Ob der Formulierung indessen der Hinweis zu entnehmen sei, „daß Suger die Tituli in Auftrag gab", scheint doch fraglich; *mandari fecimus* kann ebenso die Tatsache meinen, daß Suger einen Kunstfertigen beauftragen mußte, der die entsprechenden Schriftzüge zu den bildlichen Darstellungen gestaltete, ohne daß man an Sugers Autorschaft zweifeln müßte, zumal die oben angeführten Parallelen der bisher beobachteten Zitierweise Sugers entsprechen.

Wie Büchsel[72] geht auch Arnulf auf Sugers Formulierung *ut enucleatius intelligantur* (*adm* 221,998) ein. Beide Autoren sehen hier die Funktion der Verse angegeben: die Verse dienten demnach der Erklärung der bildlichen Darstellungen. Dazu müßte jedoch der Finalsatz auf die Bildszenen bezogen werden, ohne daß ein entsprechendes grammatisches Subjekt im Satz greifbar wäre – eine Lösung, die syntaktisch fragwürdig ist und zudem den Blick für die Möglichkeit verschließt, daß das Subjekt des Finalsatzes die *uersus*

[69] *adm* 218,989sqq.; hier fällt Sugers ausdrückliche Wertschätzung der gekonnt ausgeführten Arbeit auf, die auch in der in ihrer Knappheit oft mißverstandenen Wendung *labor operis* in den Versen für die Türen beobachtet werden konnte.

[70] A. Arnulf, *Versus ad picturas* (wie Anm. 12), pp. 287–289.

[71] Panofsky (1979), p. 188.

[72] M. Büchsel, Geburt der Gotik (wie Anm. 18), hier pp. 72sqq.

selbst sein könnten: Suger hat deren eher kommentierende als eigentlich erklärende Funktion ja bereits im voraufgegangenen Satz angesprochen und nennt nun zusätzlich ein Argument für die Mitteilung der Verse im Text. So gibt er dem Leser von *De administratione* Gelegenheit zu einer gründlicheren[73] Auseinandersetzung mit den Versen und ihrem theologischen Inhalt.

Völlig unhaltbar scheint die bei beiden Autoren übereinstimmende Deutung der *iucundae allegoriae* (*adm* 220,995sq.) als „unterhaltende Sprachspiele"[74] bzw. „allegorische Sprachspielereien"[75]. Allegorisierende Exegese kann für Suger nicht den Charakter eines intellektuellen Spiels haben, sondern sie erschließt das Verständnis der Heiligen Schrift und unterstreicht deren Wahrheitsgehalt. Darauf beruht ihre *iucunditas*. Den erhellenden Charakter der Allegorese bringt Suger gerade auch in diesem Zusammenhang metaphorisch durch das Wort *iubar* (*adm* 220,996) zum Ausdruck, zu dem der Leser das Bild der Sonne und damit eine Anspielung auf Christus assoziiert[76].

Arnulf nennt jeweils eine Bibelstelle als inhaltliche Vorlage des Titulus und gibt ikonographische Hinweise. Dabei versucht er die Verse sowie die entsprechenden Bildszenen jeweils paarweise in typologische Beziehung zu setzen[77]. Zwei der Tituli bespricht er eingehender: denjenigen über Abrahams Opfer[78] und denjenigen über die Kundschafter mit der Traube[79]. Da die Deutung dieser beiden Tituli entscheidenden Einfluß auf die Rekonstruktion des typologischen Programms der Altartafel hat, soll ihre Besprechung ausführlicher erfolgen.

[73] A. Arnulf, *Versus ad picturas* (wie Anm. 12) übersetzt *enucleatius* mit „von Schwierigkeiten befreit"; das kann hier kaum gemeint sein. Die Verse tragen nicht zur Aufhebung exegetischer Schwierigkeiten bei, die ein gebildeter mittelalterlicher Betrachter wohl auch nicht gehabt hätte, sondern bieten einen knappen Kommentar zur jeweiligen Bildszene. Das Adverb *enucleatius* verweist durch die geläufige Metapher von Schale und Kern *(nucleus)* auf die Notwendigkeit, ins Innere der Sache vorzustoßen, um das Gemeinte gründlicher zu verstehen. Dazu lädt die Mitteilung der Verse im Text ein. Ganz entsprechend verwendet Suger das Adverb in *ord* 16,69; *adm* 29,142 und 82,376: es geht um ein eindringliches, die Kenntnisse verbesserndes Behandeln eines Gegenstandes.

[74] M. Büchsel, Geburt der Gotik (wie Anm. 18), p. 73.

[75] A. Arnulf, *Versus ad picturas* (wie Anm. 12), p. 287.

[76] Cf. auch Sugers Formulierung in *ord* 30,155–159: *„ecclesiam … tamquam splendidissimo **ueri solis iubare** irradiantem"*.

[77] A. Arnulf, *Versus ad picturas* (wie Anm. 12), p. 288 sqq.; cf. Panofsky (1979), p.187sq.

[78] v. 4; der Begriff „Isaacsopfer" ist bei Arnulf irreführend, da ja auch die Inschrift auf den statt des Knaben geopferten Widder verweist.

[79] v. 6.

Völlig zutreffend weist Arnulf hier Panofskys abwegige Übersetzung[80] zurück und führt Hildeberts Bibelepigramm über das Opfer Abrahams als Parallele an, die die Aussage des Suger-Verses vorzüglich erklärt: der Ersatzfunktion *(pro prole)* des Widders entspricht die Tatsache, daß Christus eben nur dem Fleische nach geopfert wird und in seiner Gottheit nicht stirbt. Gerade diese Erklärung läßt indessen Arnulfs Überlegung fragwürdig erscheinen, daß an dieser Stelle Isaak, der das Holz zum Opfer auf dem Rükken trägt, und Christus, der das Kreuz trägt, typologisch parallelisiert werden sollen: diese Zuordnung würde auf der Gemeinsamkeit des Gestus und der Intention (Opferbereitschaft bis in das Tragen des Holzes, das zum Vollzug des Opfers nötig ist) beruhen und ist in diesem Verständnis auch bezeugt. Sugers Vers aber hebt gerade darauf ab, daß in der dargestellten Szene ein Opfer, nicht seine Vorbereitung, gezeigt wird und daß das Leben des Sohnes erhalten bleibt. Unter dem Blickwinkel der vom Opfer unangetasteten Würde hingegen ließe sich die dargestellte Szene – ohne daß an dieser Stelle ihr Inhalt eindeutig zu rekonstruieren wäre – durchaus dem Einzug in Jerusalem zuordnen: obwohl damit die Karwoche und damit auch das liturgische Gedenken der Passion im engeren Sinne beginnt, erinnert noch heute die Kirche am Palmsonntag mit Triumphliedern an den Einzug Christi als eines Königs. Als Typus Christi mit dem Kreuz wird hingegen die alttestamentliche Szene gedeutet, in der zwei von Mose ausgesandte Kundschafter mit einer riesigen Traube aus dem Lande Kanaan zurückkehren. Es ergäbe sich damit eine typologische Gruppierung der Verse und Bildszenen 1–3 (Neues Testament, der Würde Christi entsprechend als obere Bildreihe auf dem Antependium) zu den Versen und Szenen 4–6 (Altes Testament, jeweils darunter)[81], die eine Abfolge beider Reihen in normaler europäischer Leserichtung von links nach rechts vorstellen ließe[82]. Die typologisch zusammengehörenden Szenen stünden dabei jeweils untereinander: Einzug Jesu in Jerusalem – Ersatzopfer des Widders durch Abraham; das letzte Abendmahl – Opfer des Melchisedech; Christus mit dem Kreuz – Kundschafter mit der Traube.

[80] „The promise which Abraham obtains for his seed is sealed by the flesh of Christ" (Panofsky [1979], p. 189); cf. hierzu den Kommentar Panofskys (ibid.).

[81] Panofsky (1979) hatte trotz Mißverständnis der ersten Szene aus dem Alten Testament diese Gruppierung richtig vermutet. Die Zuordnung der Kundschafter mit der Traube zum kreuztragenden Christus belegt u. a. auch das Klosterneuburger Antependium, das Arnulf *(Versus ad picturas* [wie Anm. 12], p. 289, Anm. 1423) selbst erwähnt.

[82] – statt, wie Arnulf *(Versus ad picturas* [wie Anm. 12], p. 288) vorschlägt, die alttestamentarischen Szenen gleichsam rückwärts aufrollend den Szenen aus dem Neuen Testament zuzuordnen.

VI. Versus vitrearum

adm 265,1179–1182:

1 *Tollis agendo molam de furfure, Paule, farinam.*
Mosaice legis intima nota facis.
Fit de tot granis uerus sine furfure panis,
Perpetuusque cibus noster et angelicus.

1 cf. Mt 3,12: *et congregabit triticum suum in horreum, paleas autem comburet igni inextinguibili.*

2 Beda, Homelia II.17 (CCSL 122 [ed. D. Hurst, Turnhout 1955], p. 307,230): *quia nimirum altiora et* ***intima legis*** *archana perfectiores solum capere et servare noverunt*

3 cf. I Cor 10,17: *Quoniam* ***unus panis****, unum corpus* ***multi*** *sumus, omnes, qui de* ***uno*** pane *participamus.*

Jo 6,32: *Dixit ergo eis Iesus: Amen, amen dico vobis: Non Moyses dedit vobis panem de caelo, sed Pater meus dat vobis* ***panem de caelo verum****.*

48: *Ego sum* ***panis*** *vitae.*

51sq.: *Ego sum* ***panis*** *vivus, qui de caelo descendi. Si quis manducaverit ex hoc* ***pane****, vivet in* ***aeternum****.*

Paul. Nol., Carm.
16.214 (p. 77): *caelestum* ***panis****, quo vescitur* ***angelus*** *omnis;*
24.683sq. (p. 229): *hunc* ***angelorem pane*** *dulcis gratia / et melle de petra* ***cibet;***
26.244 (p. 256): ***angelico*** *plebem de caelis* ***pane cibavit***

Hincmar. Rem., Carm. 2,57sqq. (p. 411):
Est quoque praeclarum: quoniam haec ***hostia*** *constat*
ex multis granis*, pluribus atque acinis,*
oblata a multis una est oblatio sicut,
redditur et cunctis una simul populis,
corporea non parte, magis virtute superna
manna *dei signat quod veteri in populo*

Petr. Pictor, De Sacramentis, Carm.:
v. 59 (p. 18): *hic* ***verus cibus*** *est, hec vera refectio* ***panis***
v. 88 (p. 19): ***numquam deficiens cibus****, omnis ad omnia cuique*
v. 393sq. (p. 34): *sic vite* ***panis*** *Christus nos pascit ubique, / civibus* ***angelicis escam*** *prebens* ***hominique****.*
v. 413 (p. 35): *ex uno* ***multis*** *affluxit copia* ***granis****, / de quibus* ***efficitur*** *nunc unus in ethere* ***panis****.*

Zwei Distichen eröffnen die Reihe der Tituli auf dem sogenannten „anagogischen Fenster“[83], dem Louis Grodecki[84] sich in mehreren wichtigen Ar-

[83] Cf. K. Hoffmann, Sugers „Anagogisches Fenster“ in St. Denis, in: Wallraf-Richartz-Jahrbuch 30 (1968), pp. 55–88.

beiten zugewandt hat[85]. Suger erwähnt einführend die Eigentümlichkeit der Darstellungen auf dem Fenster – sie weisen über sich hinaus[86] – und gibt anschließend den Inhalt der Darstellung sowie den Titulus wieder.

Das erste Distichon beschreibt die aus bildlichen Darstellungen bekannte „mystische Mühle"[87]. Diese ist ein Bild für die Überzeugung, daß erst durch Christus das Gesetz des Mose erfüllt und verständlich wird; auf diesem Verständnis beruht die allegorisierende Exegese. Der Apostel Paulus weist in seinen Briefen wiederholt[88] auf die Spannung zwischen Sichtbarem und Unsichtbarem, zwischen Vorläufigkeit und Erfüllung, zwischen Gesetz und Gnade hin[89]. Daher kommt ihm in Sugers Bild und Vers die Rolle dessen zu, der der Schrift ihren Inhalt entnimmt[90]; der kostbare Inhalt wird verbildlicht im Mehl, das von der Kleie befreit wird[91].

[84] Grodecki, Études III (1995); id., The Style of Stained-Glass Windows of Saint-Denis, in: Gerson (1986), pp. 273–281.

[85] Identifizierung der Motive und Literaturangaben zu den einzelnen Tituli auch bei Arnulf, *Versus ad picturas* (wie Anm. 12), p. 291sq.

[86] *adm* 264,1175sq.: „*una quarum de materialibus ad inmaterialia excitans*"; cf. Sugers Aussagen über die spirituelle Funktion der Edelsteine, *adm* 224,1018–1123: „*sanctarum etiam diuersitatem uirtutum de materialibus ad inmaterialia transferendo ... uideor ... ab hac etiam inferiori ad illam superiorem anagogico more Deo donante posse transferri*".

[87] Cf. dazu A. Thomas, Mystische Mühle, in: E. Kirschbaum e. a. (edd.), Lexikon der christlichen Ikonographie, Freiburg 1971, coll. 297–299.

[88] Cf. Rm 1,20: „*Invisibilia enim ipsius, a creatura mundi, per ea quae facta sunt, intellecta, conspiciuntur;*" Rm 5,14: „*Sed regnavit mors ab Adam usque ad Moysen etiam in eos, qui non peccaverunt in similitudinem praevaricationis Adae, qui est forma futuri*"; II Cor 3,13–15: „*Et non sicut Moyses ponebat velamen super faciem suam, ut non intenderent filii Israel in faciem eius, quod evacuatur, sed obtusi sunt sensus eorum. Usque in hodiernum enim diem, idipsum velamen in lectione veteris testamenti manet non relevatum (quoniam in Christi evacuatur) sed usque in hodiernum diem, cum legitur Moyses, velamen positum est super cor eorum. Cum autem conversus fuerit ad Dominum, auferetur velamen.*"

[89] Cf. grundlegend zu dieser Problematik und zur mittelalterlichen Exegese F. Ohly, Vom geistigen Sinn des Wortes im Mittelalter, in: ZfdA 89 (1958), pp. 1–23; wieder abgedruckt in: id., Schriften zur mittelalterlichen Bedeutungsforschung, Darmstadt 1977, pp. 1–31.

[90] K. Hoffmann, Sugers „Anagogisches Fenster" (wie Anm. 83), p. 58, zitiert Grodeckis Vermutung, Paulus werde hier in seiner Rolle als Lehrer des angeblichen Klosterpatrons besondere Verehrung zuteil; wichtiger scheint jedoch die Bedeutung, die ihm durch seine die Allegorese begründenden Aussagen (s. o.) zufällt.

[91] K. Hoffmann, Sugers „Anagogisches Fenster" (wie Anm. 83), p. 71, beobachtet, daß Suger die aus Mt 3,12 bekannte Trennung von Hülsen und Mehl auf das Verhältnis der beiden Testamente anwendet und hier bereits eine Überleitung zu Motiv und Beischrift des folgenden Medaillons (Entschleierung des Mose) anlegt.

Der Gedanke prägt die Formulierung auch zweier weiterer Tituli auf Bildfeldern desselben Fensters[92]; zusammengenommen, beleuchten sie wieder den Zusammenhang zwischen Wahrheitserkenntnis und Gnade, wie er auch im Schlußdistichon der Tür zu erkennen ist, wenn auch dort mit einer anderen Akzentuierung[93].

Im zweiten Distichon wird die Bildlichkeit des Mahlens in das Bild der eucharistischen Gemeinschaft überführt. Das Brot aus vielen Körnern ist seit der Didaché[94] ein Symbol für die Einheit der Kirche im eucharistischen Mahl[95]. Die oben angeführten Texte zeigen, daß das Manna der Väter in der Wüste, dessen Herkunft aus dem Himmel die Deutung als Speise der Engel *(cibus ... angelicus)* eröffnet [96], überboten wird durch Jesus, der sich selbst als das wahre vom Himmel herabgekommene Brot zu erkennen gibt. Die Kennzeichnung als *cibus perpetuus* reflektiert die Verheißung *vivat in aeternum* im Johannesevangelium.

Auffallende Parallelen in Vokabular und Reim zeigen sich zu einigen Versen aus dem *Carmen de Sacramentis* des Petrus Pictor[97], das lange fälschlich zu den Werken Hildeberts von Lavardin gezählt wurde. Da in Sugers Text mehrere Hildebert-Zitate nachgewiesen werden konnten, wäre zu prüfen, ob die Übereinstimmungen mit Petrus Pictor auf die Benutzung einer Hildebert-Handschrift, die auch das *Carmen de Sacramentis* enthielt, zurückgehen.

Grodecki[98] bietet grundlegende ikonographische Ausführungen zu diesen Versen, der entsprechenden bildlichen Darstellung und den übrigen Medaillons des Fensters. Eine wichtige Parallele ist das von ihm herangezogene folgende Distichon aus St. Trophime in Arles:

[92] *adm* 266,1184: „*Quod Moyses uelat, Christi doctrina reuelat*", und *adm* 273,1206: „*Lege data Moysi iuuat illam gratia Christi*".

[93] Die Türverse deuten an, daß die Gottesschau und die Erkenntnis durch die Sünde verhindert werden, die Verse des „Anagogischen Fensters" verweisen auf die Notwendigkeit der Offenbarung. In beiden Perspektiven kommt es der Gnade Christi zu, Erkenntnis zu ermöglichen.

[94] Lat. Text nach J. M. Rouet de Journel, Enchiridion Patristicum, Freiburg 1929, hier 9,3sq.: „*De pane fracto autem: Gratias tibi agimus, Pater noster, pro vita et scientia, quam indicasti nobis per Iesum puerum tuum; gloria tibi in saecula. Sicut hic panis fractus dispersus erat super montes, et collectus factus est unus, ita colligatur ecclesia tua a finibus terrae in regnum tuum ...*".

[95] Cf. Artikel 'Brot', in: RAC 7 (1954) B IV, coll. 619sq.

[96] – auch ohne daß darin ein Hinweis auf einen von Dionysius Areopagita herzuleitenden Engelkult im Kloster Saint-Denis enthalten sein müßte; cf. dazu Hoffmann, Sugers „Anagogisches Fenster" (wie Anm. 83), p. 71 mit Hinweis auf Friend, Carolingian Art in the Abbey of Saint-Denis, 1923, p. 65–75.

[97] CCCM 25; zur handschriftlichen Überlieferung cf. dort pp. XVIsqq.

[98] Grodecki, Études III (1995), p. 56.

***Lex Moysi celat** quod **Pauli** sermo **revelat**,*
*nunc data **grana** Sinai per eum sunt facta **farina**.*[99]

Die Übereinstimmungen mit dem vorliegenden wie dem folgenden Titulus Sugers (*adm* 266,1184) verweist auf eine noch zu untersuchende Beziehung zwischen diesen Texten[100].

Hoffmann[101] zieht zur ikonographischen Erklärung zwei berühmte karolingische Bibelhandschriften aus Tours heran. Er hält es für wahrscheinlich, daß Suger das Bildprogramm der Vivianus-Bibel und das dort überlieferte Distichon

Quam bene, sancte, doces vitalia dogmata, Paule,
ex serie prisca caelitus atque nova.

aus eigener Kenntnis der Handschrift vertraut gewesen seien[102].

adm 266,1184sq.:

Quod Moyses uelat, Christi doctrina reuelat.
Denudant legem, qui spoliant Moysen.

II Jo 9: *omnis qui praecedit et non manet in **doctrina Christi** Deum non habet.*
Ambros. Mediol., Expositio evangelii secundum Lucam, lib. 5 (CCSL 14 [ed. M. Adriaen, Turnhout 1957], p. 147,388):

***legi** igitur iam superfluit **doctrina Christi** nec legem solvit, sed implet*

Paul. Nol., Carm. 22. 154sqq. (p. 193):

*quae docuit **tabulis legalibus** indita **Moyses***
*aut evangelici quae **lex** nova testamenti*
*signat, **operta prius retegens** mysteria Christi.*

31.357sqq. (p. 320):

*iamque **revelata** facie speculamur apertum*
in Christo propriae lucis honore deum.
*et puto quod scissi in templo mysteria **veli***
*id quoque signarint, **gratia** quod tribuit.*
[...]
*inde sub antiquo legitur **velamine Moyses***
Iudaeis nebula cordis opertus adhuc,
quam de luminibus mentis mihi creditus aufert
***Christus**, adumbratas discutiens species*
*seque **docens** prisca **velatum legis** in umbra*
*iamque **revelatum** corporis in facie ...*

Paul. Nol., Carm. 28.258 (p. 302):

[99] Supra Anm. 98, cf. auch ibid. p. 84.

[100] Cf. ferner Grodeckis Ausführungen zum theologischen Hintergrund mit Hinweis auf Rupert von Deutz.

[101] K. Hoffmann, Sugers „Anagogisches Fenster“ (wie Anm. 83), p. 71.

[102] Zur turonischen Buchmalerei cf. auch Arnulf, *Versus ad picturas* (wie Anm. 12), Kap. 12.

si nobis ***doctrina dei*** *de lumine verbi / non aperit sensum ....*
Sedulius, Carm. Pasch. 5. 274sq. (p. 134):
... quia ***lex velamine Moyse***
tecta *diu Christo nobis veniente patescit*
Petr. Pictor, De Sacramentis, Carm.
v. 25sq. (p. 16): *qui carnis nostrae palea sua numina* ***velans,***
innotuit mundo Deitatis signa ***revelans.***
v. 201sq. (p. 25): *archanum celi Dominus pro tempore celat,*
et poscente fide, cui vult et quando, ***revelat.***
v. 371 (p. 33): *pone tui* ***Moysi*** *demum* ***velamen*** *ab ore.*

Das Distichon *adm* 266,1184sq. thematisiert ausdrücklich das Bild des Verschleierns und Enthüllens[103]. Auffallend sind auch hier die Übereinstimmungen mit Petrus Pictor in Vokabular und Reim.

adm 267,1187sq.:
Federis ex archa Christi cruce sistitur ara,
Federe maiori uult ibi uita mori.

cf. Ex 24,7sq.
Paul. Nol., Carm. 19. 726 (p. 143):
(o crux ...) / concilians hominem medii per ***foedera*** *Christi*
Ven. Fort., Hymnus *Vexilla regis prodeunt* (ed. W. Bulst, Hymni latini antiquissimi LXXV, Psalmi III, Heidelberg 1956, p. 129), Str. 8:
Salve, ***ara,*** *salve, victima / de passionis gloria /*
qua ***vita mortem pertulit*** */ et morte vitam reddidit.*
Ven. Fort., Carm., 9.2.44 (p. 207): *dum pro me* ***voluit*** *hic mea* ***vita mori***
Hymnus *Ad cenam agni providi* (AH 51.83 [ed. C. Blume, Leipzig 1908], p. 87), Str. 2:
Cuius sacrum corpusculum / in ***ara crucis*** *torridum*
Petr. Pictor, De Sacramentis, Carm.
v. 78 (p. 19): *hostia viva patri* ***crucis*** *est oblatus in* ***ara***
v. 621 (p. 45): ***ara crucis lignum,*** *signatque calix monumentum*

Büchsel beschreibt ausführlich die Darstellung auf diesem Fenster[104], das er auf Seite 78 abbildet, und erläutert daran das Verfahren der allegorisierenden Exegese. „Die Verbindung von Saint-Denis zu Saint-Victor stellt aber nicht

[103] Grodecki, Études III (1995), pp. 55–58 und p. 86 sowie Hoffmann, Sugers „Anagogisches Fenster“ (wie Anm. 83), pp. 57sqq. verweisen auch auf eine Perikope in Sugers Ludwigsvita (Vita Lud VI., c. XXXI [p. 137]), in der Papst Innozenz II. bei einem Besuch in Saint-Denis für die Juden in Paris den Wunsch formuliert: *„Auferat Deus omnipotens velamen a cordibus vestris!“*

[104] M. Büchsel, Geburt der Gotik (wie Anm. 18), p. 77; cf. A. Arnulf, *Versus ad picturas* (wie Anm. 12), p. 291, der eine inhaltliche Bestimmung des Titulus vornimmt und Literatur dazu nennt.

Ps.-Dionysius Areopagita her, sondern das in beiden Fenstern propagierte Verfahren der Exegese. Evident wird dies in dem Bild der Bundeslade. Diese Darstellung ist signifikant, weil sie ein Beispiel der allegorischen Konstruktion ist, wie sie die Viktoriner vertreten haben"[105]. Eine sorgfältige philologische Untersuchung der Quellen, die Suger im einzelnen zur Verfügung standen, könnte hier noch zu weiterführenden Erkenntnissen verhelfen.

adm 268,1190sq.:

Qui Deus est magnus, librum leo soluit et agnus.
Agnus siue leo fit caro iuncta Deo.

cf. Apoc 5,5sqq.: *Et unus de senioribus dixit mihi: Ne fleveris: ecce vicit* ***leo*** *de tribu Iuda, radix David,* ***aperire librum****, et* ***solvere*** *septem signacula eius. Et vidi: et ecce in medio throni et quattuor animalium, et in medio seniorum,* ***agnum*** *stantem tamquam occisum. ... Et cum aperuisset* ***librum*** *...*

Ps 76,14: ***Quis Deus magnus*** *sicut Deus noster?*

Paul. Nol., Carm. 20.39sq. (p. 144):

qui deus est *genitore deo, cui gratia non est, / sed natura, quod est summi patris unicus heres*

Prosp. Aquit., Epigr. 105.1 (PL 51, 532):

Sic Deus est magnus*, de se valet et manet in se*

Ven. Fort., Spur. Appendix 1.31sq. (p. 372):

quod deus amplexus carnem est, ***caro iuncta*** *cohaesit*
stat ***deus et homo fit*** *Christus, utrumque genus*

Ambros. Autpert., Expos. Apoc. 5.5.13 (p. 260):

Non est autem mirum, si ***idem leo simul et agnus*** *vocetur. Nam sequens versus agnum tamquam occisum narrat, quem iste leonem vicisse confirmat. Leo scilicet propter victoriam, agnus vero propter victimam.*

Hraban. Maur., Laud. s. Cruc., c. 1.97 (p. 32):

agnus *dicitur, propter innocentiam. [...]* ***Leo****, pro regno et fortitudine.*

Petr. Pictor, De Sacramentis, Carm. 623 (p. 45):

agnus *in hac,* ***leo*** *fortis ab hoc surrexit .....*

Im Kontext bei Petrus Pictor steht der Vers *Ara crucis lignum ....*, cf. oben zu *adm* 267,1187.

[105] Nicht haltbar scheint hingegen seine Deutung von *ord* 3,8, wo Suger „sein Amt im Bild der Lade auf dem Ochsenkarren" spiegele; Suger führt vielmehr aus, daß es seine aus dem Amt erwachsene Pflicht sei, die Mönche („*contemplatiuos, qui uere sunt arca diuine propitiationis*" – *ord* 3,13) schützend zu versorgen: „*His siquidem signatum est domino precipiente, quomodo confouere et contegere eos oporteat bouinis et uaccinis coriis arcam federis domini ad repellendos imbres tumultuosos et quecumque molesta ...*" (*ord* 3,7–10). Zutreffende Deutung der Stelle und nützlicher Hinweis auf Cassian bei Hoffmann (Sugers „Anagogisches Fenster" [wie Anm. 83], p. 76); cf. grundlegend mit wertvollen Hinweisen auf theologische Quellen Grodecki, Études III (1995), p. 59sqq.

Grodecki[106] bietet den Hinweis auf den Apokalypse-Kommentar Ruperts von Deutz und eine zutreffende Interpretation der Bilder von Löwe und Lamm; Hoffmann[107] zieht zur Erklärung Miniaturen der bereits genannten turonischen Bibeln heran. Problematisch erscheint indessen seine Übersetzung des Pentameters *adm* 268,1191: „Statt *agnus sive leo* in der geläufigen Übersetzung der zweiten Zeile [. . .] als 'Lamm und Löwe werden Gottes Leib' (Panofsky) ist wohl '*caro iuncta Deo*' als Subjekt zu betrachten: 'Das mit Gott verbundene Fleisch (d. h. der inkarnierte Christus) nimmt die Gestalt von Lamm und Löwe an'. Suger stellt dem zeitlosen '*Qui Deus est magnus*' der ersten Zeile den zeitlichen Aspekt '*fit*' in der zweiten gegenüber“[108]. Zu Hoffmanns Übersetzung ist folgendes kritisch anzumerken: Christus ***wird*** nicht Lamm oder Löwe, sondern die Bilder von Lamm und Löwe sind ebenso zeitlos wie die Kennzeichnung '*Qui Deus est magnus*'. Der zeitliche Aspekt des Verbs '*fit*' betrifft die Inkarnation, die der Eintritt des Ewigen in die Zeitlichkeit eines sterblichen Menschen ist. Die Formulierung '*Agnus siue leo*' reflektiert die doppelte Charakterisierung im Sinne des unschuldigen Opfers wie des unüberwindbaren Siegers (s. dazu die Parallelen), um gleichsam staunend die Menschwerdung zu erwähnen. Subjekt ist dabei immer noch derjenige, auf den sich der Relativsatz bezieht.

adm 269,1193sq.:

Est in fiscella Moyses puer ille, puella
Regia mente pia quem fouet ecclesia.

Ex 2,5: *cum vidisset* ***fiscellam*** *in papyrione regia virgo*
regia virgo: cf. Ovid, Metamorphoses [Met.] 2.570, 2.868, 7.21, 13.5232 (ed. W. S. Anderson, Leipzig 1977, pp. 44, 53, 147 und 315)
mente pia: Paul. Nol., Carm. 15.293, 20.2, 26.56, 27.599, 28.222
Quodvultdeus, Liber promissionum et praedictorum Dei [Quodvultdeus, Prom. et praed.], I.33.45 (CCSL 60 [ed. R. Braun, Turnhout 1960], p. 53,5sqq.):

> [...] *Cumque eum* ⟨*i. e. Moysen*⟩ *amplius celare non possent, accepit mater eius capsam, linitque a foris bitumine, et misit infantem in eam, proiecitque in amnem. Figurae succedunt figuris, dum tamen* ***omnes actiones Christum Ecclesiamque significent****. [...] Desecendens filia Pharaonis lavari in flumine* [...], *agnovit quod de infantibus Hebraeorum esset, eumque suscipiens educavit ut filium. Dum descenderet ad Christum doctrina huius mundi, abluta spiritali unda deposuit superbiam, suscipiensque quasi grandis parvum per humilem gratiam, Ecclesiae sociata personae, quae filia Christi, efficitur mater.*

[106] Grodecki, Études III (1995), pp. 68 und 89.
[107] K. Hoffmann, Sugers „Anagogisches Fenster“ (wie Anm. 83), pp. 58sqq. und p. 79.
[108] K. Hoffmann, Sugers „Anagogisches Fenster“ (wie Anm. 83), p. 79, Anm. 11.

Isidorus Hispalensis, Allegoriae quaedam sanctae Scripturae. Ex veteri testamento, par. 83 (PL 83, 109):

__Filia Pharaonis__, quae Moysen expositum ad ripam fluminis collegit, __Ecclesia__ gentium est, quae Christum ad flumen salutaris lavacri reperit.

Rupert. Tuit., De sancta trinitate et operibus eius, cap. in librum Exodi 9 (CCCM 21 [ed. R. Haacke, Turnhout 1971], p. 25,821):

Cuius rei praesagium fuerit quod infantulus in __fiscella__ scirpea collocatus fuit et sic illum filia Pharaonis invenit et matri ipsius nutriendum tradidit.

Grodecki[109] weist die theologischen Voraussetzungen seit der Patristik nach.

Das Verb *fovere* verwendet Suger hier ebenso für das Handeln der mit der Kirche identifizierten Prinzessin, wie er es in der ersten Weiheinschrift und zu Beginn der Schrift *De administratione* benutzt, um dankbar die Bedeutung der Kirche Saint-Denis für sein Leben zu beschreiben[110].

adm 1196sq.:

Sicut conspicitur rubus hic ardere nec ardet,
Sic diuo plenus hoc ardet ab igne nec ardet.

Ex 3,2: *Apparuitque ei Dominus in flamma ignis de medio rubi: et videbat quod __rubus arderet et non combureretur.__*

Sedulius, Carm. Pasch. 1.127sq. (p. 25):

Ignibus innocuis flagrans apparuit olim / __non ardens ardere rubus__ ...[111].

Grodecki[112] führt Beispiele für die Interpretation der biblischen Szene vom 13. bis zum 15. Jahrhundert an, weist jedoch darauf hin, daß die Deutung weit älter ist.

Anders als in den bisher besprochenen Tituli des Fensters beleuchtet Suger hier nicht das Verhältnis zwischen Altem und Neuem Testament, sondern zieht einen Vergleich zum Leben der Gläubigen; das Feuer wird wie in *cons* 47,281sq. und 75,466 zu einem Bild leidenschaftlichen Verlangens. Eine ähnliche Anwendung auf das Leben der Gläubigen ist im nächsten Titulus zu beobachten.

adm 271,1198sqq.:

Item in eadem uitrea, ubi pharao cum equitatu suo in mare demergitur:

[109] Grodecki, Études III (1995), pp. 75sq.

[110] *adm* 173,769: „*Ad decus __ecclesie, que fouit__ et extulit illum*"; *adm* 2,22sqq.: „*a corpore __ecclesie__ beatissimorum martyrum Dyonisii, Rustici et Eleutherii, que nos quam dulcissime a mamilla usque in senectam __fouit__*".

[111] Dieses Zitat findet sich auch bei Arnulf (*Versus ad picturas* [wie Anm. 12], p. 292), ferner Identifikation des Motivs und Literaturangaben.

[112] Grodecki, Études III (1995), p. 78.

Quod baptisma bonis, hoc milicie pharaonis
Forma facit similis, causaque dissimilis.

Ex 14,28: *Reversaeque sunt aquae, et operuerunt currus et equites cuncti exercitus Pharaonis, qui sequentes ingressi fuerunt mare: nec unus quidem superfluit ex eis.*
I Pt 3,20sq. *nunc **similes formae** salvos facit **baptisma; similis/dissimilis*** (cf. Sedulius, Carm. pasch. 2.22sq. [p. 45])
Paul. Nol., ep. 32. 5.15sq. ([p. 279] Inschrift für das Baptisterium):
*Mira dei pietas: **peccator mergitur** undis, / mox eadem emergit iustificatus aqua.*
Prosp. Aquit., De ingrat. 3.625sqq. (PL 51, 127):
Et tamen ex istis miseratrix gratia quosdam
*eligit, et rursum genitos **baptismate** transfert*
in regnum aeternum, multis in morte relictis,
*quorum **causa** fuit **similis** de vulnere eodem.*
Hildebert. Cenoman. Bibl. Epigr. 12. 1–3 (p. 282):
*Israelitae, nos; **Pharao**, Satan; orbis Aegyptus*
*baptismus, **rubrum mare; rex submergitur undis***
et regnum Satanae perit in baptismate …

Grodecki[113] nennt zahlreiche patristische Quellen für diese Deutung, nach der der Untergang des Pharao mit seiner Reiterei bei der Durchquerung des Roten Meeres als Typus der Taufe verstanden wird.

Vor allem wenn man Sugers einleitenden Satz hinzunimmt, wird deutlich, daß Suger sich eng an die in einzelnen Schritten ausgeführte Interpretation Hildeberts anschließt. Die Anwendung des Gesagten auf das Leben der Gläubigen ist dort in Form von Gleichungen vorgegeben.

adm 272,1203sq.:
Sicut serpentes serpens necat eneus omnes,
Sic exaltatus hostes necat in cruce Christus.

Nm 21,3: *et locutus est Dominus ad eum: Fac **serpentem aeneum**, et pone eum pro signo: quem cum percussus aspexerit eum, vivet.*
Jo 12,32: *ut ego si **exaltatus** fuero a terra omnia traham ad me ipsum*
Hieronymus, Tractatus LIX in psalmos, ps. 107 (CCSL 78 [ed. G. Morin, Turnhout 1958], p. 91,78):
*quando **exaltatus** fuero, quando **crucifixus** fuero, tunc omnes traham ad me.*
Ambros. Mediol., Expositio psalmi CXVIII, lib. 6.15 (p. 115,25):
*in **serpente aereo** figuratus est meus **serpens, in ligno exaltatus** est meus serpens, serpens bonus.*
Quodvultdeus, Prom. et praed., II. 11. 21 (p. 91):
[…] *Verum ille semper pius et misericors Deus, qui partibus iudicans dat locum*

[113] Grodecki, Études III (1995), p. 78.

poenitentiae, remedium ***exaltati serpentis in ligno****, contra mortiferos serpentum morsus dedit. [...] Cum enim in huius vitae eremo diversis ex vitiis, iam consecratis in baptismo tamquam in mari Rubro, pestiferos morsus infixerit diabolus, statim* ***exaltatum in ligno crucis Iesum*** *Dominum respiciat ...*

Obwohl der Titulus ebenfalls einen mit *sicut* eingeleiteten Vergleich ausbreitet, unterscheidet sich die Deutungsrichtung von derjenigen in *adm* 270,1196: Suger zieht hier nicht einen Vergleich zwischen einem biblischen Geschehen und dem Leben der Gläubigen; vielmehr setzt er Altes und Neues Testament zueinander in Beziehung, wie dies im Verfahren der Allegorese üblicherweise geschieht. Grodecki[114] gibt neben der Bibelstelle auch ikonographische Hinweise.

adm 273,1206sq.:
Lege data Moysi iuuat illam gratia Christi.
Gratia uiuificat, littera mortificat.

Jo 1,17: *quia* ***lex per Moysen data*** *est,* ***gratia*** *et veritas per Iesum* ***Christum*** *facta est.*
II Cor 3,6: *qui et idoneos nos fecit ministros novi testamenti: non* ***littera****, sed spiritu: littera enim* ***occidit****, Spiritus autem* ***vivificat****.*
Paul. Nol., ep. 32.5.8sqq. (p. 280):
Aula duplex tectis ut ecclesia testamentis,
una sed ambobus gratia fontis adest.
Lex *antiqua novam firmat, veterem nova complet,*
in veteri spes est, in novitate fides.
Sed vetus atque novum coniungit ***gratia Christi***
Versschluß ***gratia Christi*** auch bei Paul. Nol., Carm. 16.283 (p. 80); 18.166 (p. 105); 18.182 (p. 105); 21.832 (p. 185).
Paul. Nol., Carm. 31. 351sqq. (p. 319):
finis enim ***legis*** *est Christus, quia lege fideli*
praedictus legi lex veniendo fuit, [...]
et puto quod scissi in templo mysteria veli
id quoque signarint, ***gratia*** *quod tribuit.*
Prosp. Aquit., De ingratis 1.165 (PL 51, 105):
cum sine delectu seu ***lex****, seu* ***gratia*** *Christi*
omnem hominem salvare velit ...
Prosp. Aquit., Epigr. 43 (PL 51, 511):
1sq. *Index peccati* ***lex*** *est plectanda vetando,*
quae, nisi cor mundet Spiritus, ***interimit****. [...]*
5 *hunc tamen affectum non* ***lex****, sed* ***gratia*** *confert*
Epigr. 44.5 (PL 51,511):
Lex *igitur facit ut poscatur* ***gratia Christi***

[114] Grodecki, Études III (1995), p. 79.

Versschluß ***gratia Christi*** auch De ingratis 2.240 (PL 51, 109), 272 (PL 51, 110), 331 (PL 51, 113); 3.637 (PL 51, 128)
Hildebert Cenoman., Bibl. Epigr., Appendix 1.7sq. (p. 312):
Lex data per Moysen, *peccati morte sepultum / non valet humanum* ***vivificare*** *genus.*
Petr. Pictor, De sacramentis, Carm.
69 (p. 18): ***gratia*** *successit, disparuit illa vetus* ***lex.***
312 (p. 30): *ex quo successit post* ***legem gratia*** *genti.*
343sqq. (p. 32): *Quos tua* ***lex*** *lapidare solet, ferroque* ***necare,***
gratia *nunc* ***Christi*** *studet* ***ad vitam revocare,***
gratia *nunc melior quam* ***littera quae perimebat,***
sub qua iusticie sol ceu sub nube latebat.

Wie bereits oben ausgeführt, steht das Distichon in engem Zusammenhang mit *adm* 265,1179 und *adm* 266,1184.

Grodecki[115] nennt Bibelstellen und gibt ikonographische Hinweise. Unter den oben gezeigten nicht-biblischen Parallelen ist besonders auffällig, wie Paulinus von Nola die Zusammengehörigkeit des alten und neuen Gebäudeteils mit den beiden aufeinander bezogenen Testamenten vergleicht, deren Verbindung und Vollendung in der *gratia Christi* geschieht – ein Aspekt, der ebenso in Sugers Bemühen um Kohärenz der Gebäudeteile wirkte; der Nachhall dieser Junktur in ihrer prominenten Stellung am Versende ist auch bei Suger zu beobachten. Bemerkenswert erscheint auch hier die Berührung sowohl mit Hildeberts Versen als auch mit denen des Petrus Pictor.

VII. Versus in vasibus pretiosis inscripti

adm 280,1241sq.:
Hoc uas sponsa dedit Aanor regi Ludouico.
Mitadolus auo, michi rex, sanctisque Sugerus.

Suger gibt in der Inschrift auf dem Kristallgefäß die *series donationis*[116] an, durch die es zum liturgischen Gefäß wurde. Die Verse lassen allenfalls in der Vokabel *sponsa* durchscheinen, daß es sich, wie Suger zuvor ausführt, um ein Geschenk besonderer Liebe handelt[117], die die gesamte Reihe der Schenkungsvorgänge prägt und ihre Überhöhung in der Zueignung an die Heiligen findet. Dies entspricht dem sehr affektiven Verhältnis zu den Hei-

115 Grodecki, Études III (1995), p. 81.

116 *adm* 280,1238sq.

117 *adm* 279,1236sqq.: „*pro magno amoris munere*; […] *nos uero sanctis martyribus dominis nostris ad libandum diuine mense affectuosissime contulimus*".

ligen, das Suger häufig bei der Darstellung seiner Handlungen erkennen läßt[118].

adm 282,1250sq.:

Dum libare Deo gemmis debemus et auro,
Hoc ego, Sugerius, offero uas Domino.

1 Mcc 1,23: *et* ***libatoria****, et phialas, et mortariola* ***aurea***
Vergil, Georgica 2.191sq. (ed. R. A. B. Mynors, Oxford 1969, p. 52):
sufficiet Baccho vitis, hic fertilis uvae / hic laticis, qualem pateris ***libamus et auro***
Servius ad Verg. Georg. 2.192 (ed. G. Thilo, H. Hagen: Servii Grammatici qui feruntur in Vergilii carmina commentarii, Hildesheim 1961, vol. III, p. 238):
pateris et auro – pateris aureis: hen dia dyoin, ut molemque et montes

Auf die Verpflichtung, in kostbaren Gefäßen das Opfer am Altar darzubringen, hat Suger schon in *adm* 232,1043sqq. hingewiesen; der wenngleich entfernte Anklang an Vergil mag auf die Kenntnis des Verses als Muster für die Stilfigur des Hendiadyoin zurückgehen.

adm 285,1262sq.:

Includi gemmis lapis iste meretur et auro,
Marmor erat, sed in his marmore carior est.

Vergil, Aeneis [Aen.] 1.728 (ed. R. A. B. Mynors, Oxford 1969, p. 125):
hic regina gravem ***gemmis auroque*** *poposcit (pateram)*
Verg., Aen. 12.430 (p. 406): *Ille avidus pugnae suras* ***incluserat auro;***
Ovid, Met. 13.704 (p. 320): *dant pateram claramque* ***auro gemmisque*** *coronam*
Ovid, Met. 5.213sq. (p. 109): *proxima tangit/corpora:* ***marmor erant***
Sidonius Apollinaris, epist. 4.18.5, v. 15 (MGH AA 8 [ed. C. Luetjohann, Berlin 1887], p. 70):
nam ***gemmis, auro****, argento si splenduit illud*

Gold und Edelsteine kommen dem Altargerät zu, wie Suger *adm* 232,1043sqq. ausführt; diese kostbaren Materialien verwendet er auch reichlich für andere *ornamenta ecclesiae*[119]. Die hier erwähnte Fassung hat zum einen die praktische Funktion, das amphorenförmige Gefäß in die standfähige Adlervase (*adm* 285,1258sq.) umzugestalten, steigert jedoch zugleich

[118] Cf. *adm* 161,704sq.: „*si ob amorem sanctorum martyrum de suo sibi secure seruiatur*"; *adm* 243,1084sqq.: „*eas uidere, eas deosculari … multo temporum processu rapiebar*".

[119] *adm* 190,854; *adm* 193,866sq.; *adm* 199,892sqq.; *adm* 203,918sqq.; *adm* 209,945sqq.; *adm* 215,977.

seine Kostbarkeit[120]. Die Einfassung eines an sich schon kostbaren Materials durch Gold und Edelsteine vollzieht in symbolischer Weise die Eingliederung des Gefäßes unter die anderen Gefäße zum Dienst am Altar.

Die hier besprochenen Verse lassen verschiedene Intentionen erkennen – sei es, daß sie das Gedächtnis an Weihedaten und den Bauherrn wachhalten, Gebete um Schutz oder um Vergebung formulieren oder die Darstellung biblischer Szenen theologisch kommentieren. Gemeinsam ist ihnen neben dem daktylischen Versmaß das Corpus der Texte, die ihrem Autor als Quelle dienten und die ihren Inhalt wie ihre Sprache offensichtlich geprägt haben. Zugleich ließen sich Übereinstimmungen zwischen Formulierungen der Verse und Sugers Prosa zeigen. Dies alles spricht dafür, Suger als Autor aller in *De administratione* mitgeteilten Verse anzusehen.

Die nachgewiesenen Parallelen zeigen, daß Suger eine Fülle von Texten verschiedener Autoren kannte. Die hier erhobenen Beobachtungen geben Aufschluß über einen Autor, der Schulbildung, monastische Frömmigkeit und eigene Lektüreinteressen miteinander verbindet, ohne indessen eigene innovative Ideen zu entwickeln, dessen Sprache vielmehr von kirchlichen wie literarischen Traditionen geprägt ist.

[120] B. Brenk, Sugers Spolien, in: Arte medievale 1 (1983), pp. 101–107, hier p. 107, sieht in der Farbe und der Adlerform des Gefäßes Anspielungen auf Herrscherattribute, die Christus zukommen und auf diese Weise zur Verwendung als Altargefäß passen. Seine Behauptung, der Adler, der mit seinen Fängen einen Fisch aus dem Meer holt, sei bei Isidor von Sevilla, Etymologiae XII. 7 (ed. W. M. Lindsay, Oxford 1911) ein Bild Christi, der eine Seele errette, ist durch Isidors Text allerdings nicht zu stützen und scheint auf oberflächliche Lektüre der lat.-frz. Ausgabe von J. André (Paris 1986) sowie Verwechslung der französischen Vokabeln für „Fischer" und „Sünder" zurückzugehen.

Martin Pickavé

Zur Überlieferung der drei Schriften des Suger von Saint-Denis[1]

1. Handschriften

Handschriften der direkten Überlieferung:

V: Vatikanstadt, Biblioteca Apostolica Vaticana, cod. Reg. lat. 571
Miscellancodex, 9.–13. Jh. Pergament, ff. 129, 26,7 × 18,2 cm.

Die Handschrift ist aus mehreren Lagen unterschiedlicher Herkunft zusammengebunden und beinhaltet verschiedene, zum Teil auch nur fragmentarisch erhaltene Texte (u. a. eine karolingische Taufumfrage, hagiographische Schriften, Sallust usw.). Es lassen sich sechs Teile genauer unterscheiden und bestimmen: I) ff. 1–2, II) f. 3, III) ff. 4–15, IV) ff. 16–31, V) ff. 32–71, VI) ff. 72–129. Beschrieben in: É. Pellegrin e. a., Les manuscrits classiques latins de la Bibliothèque Vaticane, vol. 2,1, Paris 1978, p. 84 (Datierungen zum Teil unzuverlässig); A. Poncelet, Catalogus Hagiographicorum Latinorum Bibliothecae Vaticanae, Brüssel 1910, pp. 376sq.

Der Codex (bereits in seiner heutigen Form) gehörte im 17. Jh. zur Bibliothek des Paul Petau und seines Sohnes Alexandre, von wo er über die Königin Christina von Schweden in den Bestand der Biblioteca Vaticana gelangte[2].

Im sechsten Teil der Handschrift ist die Schrift *De consecratione* zusammen mit anderen Saint-Denis betreffenden Texten enthalten[3]. Der Inhalt dort ist:

[1] Eine Darstellung der *De consecratione* betreffenden Überlieferung findet sich in meinem Beitrag, Zum lateinischen Text von *De consecratione*, in: Studienausgabe (1995), pp. 147–160. Die hier vorliegenden Ausführungen stellen eine Erweiterung und Überarbeitung des genannten Artikels dar.

[2] Auf f. 1r befindet sich die Signatur aus der Bibliothek Paul Petaus: G 49; Nennung als ms. 1336 im Katalog Montfaucons, in: Les manuscrits de la Reine de Suède au Vatican, Réédition du catalogue de Montfaucon et cotes actuelles, Città del Vaticano 1964, p. 76. Zur Geschichte der Handschriftensammlung unter Nennung der Hs., cf. C. Callmer, Königin Christina, ihre Bibliothekare und ihre Handschriften, Stockholm 1977, p. 156.

[3] Dieser Teil war ursprünglich ein selbständiger Codex, wie aus der Numerierung der einzelnen Lagen am Beginn derselben geschlossen werden kann (f. 72r etc.).

a) *Miracula Sancti Dionysii* (ff. 72r–95v)
b) *De obitu Gervasii Remorum archiepiscopi* (ff. 96r–97r)
c) *Gesta Dagoberti* (ff. 97v–118v)
d) *De consecratione* (ff. 119r–129v)[4]

Diese Texte sind von verschiedenen Händen wohl am Anfang des 13. Jhs. niedergeschrieben[5]. Pellegrin erwägt anhand des Inhalts dieses Teils des Codex für ihn sogar eine Herkunft aus Saint-Denis. Auf dem 5 × 14 cm großen Stück Pergament, das unterhalb des Schriftblocks auf f. 72 herausgeschnitten ist, könnte möglicherweise das entsprechende Exlibris vermerkt gewesen sein. Für diese zugegebenermaßen suggestive These können aber keine weiteren Anhaltspunkte geliefert werden[6].

Bis f. 119r findet man schlichte rote und grüne Initialen, im Text Sugers sind sie nicht ausgeführt (ff. 119r u. 124r). Der Text ist gegenüber den anderen Texten dieses Handschriftenteils etwas nachlässiger in einer frühen

[4] Der Text b) scheint etwas aus der Reihe zu fallen, es handelt sich bei ihm jedoch um die Schilderung eines Dionysius-Wunders (cf. Bibliotheca hagiographica latina. Novum Supplementum, ed. H. Fros, Brüssel 1986, p. 257, n. 2203a). Die *Miracula Sancti Dionysii* sind ediert in: J. Mabillon, Acta Sanctorum ordinis S. Benedicti, saecl. III, pars secunda, Paris 1672, pp. 343–365; die *Gesta Dagoberti* u. a. in: MGH SS rer. Merov. II (ed. B. Krusch, Berlin 1888), pp. 396–425. Bei der Handschrift V handelt es sich offensichtlich um den „codex Petavianus", von dessen Verbleib Krusch keine Kenntnis besaß und der daher bei seiner Edition der *Gesta Dagoberti* keine Verwendung fand, cf. das Vorwort Kruschs p. 397. Eine Diskussion der Handschrift V als Textzeuge im Vergleich mit den Editionen bietet A. Luchaire, Études sur quelques manuscrits de Rome et de Paris, Paris 1899 (Bibliothèque de la faculté des lettres 8), pp. 20–30.

[5] L. Bethmann (Dr. L. Bethmann's Nachrichten über die von ihm für die Monumenta Germaniae historica benutzten Sammlungen von Handschriften und Urkunden Italiens, aus dem Jahre 1854, Erster Teil: Der Kirchenstaat, in: Archiv der Gesellschaft für ältere deutsche Geschichtskunde 12 [1874], p. 295) datiert ins 13. Jh., Panofsky (id. [1979], p. 143) nimmt eine Entstehung um 1200 an. Gasparri (ead. [1996], p. LIX) glaubt sogar an eine Abfassung in der Mitte des 12. Jh.s! Aufgrund der kaum bzw. nur leicht gebrochenen Bögen und Schäfte sowie der nur sehr leicht ausgeprägten Formen einer frühgotischen Schrift ist man geneigt, eine frühere Datierung anzunehmen. Dagegen spricht aber, daß die Abschrift von Text c) aufgrund ihrer Anordnung nach derjenigen von Text b), der am Anfang des neubeginnenden Quaternio steht und deutliche Formen einer gotischen Buchschrift des angehenden 13. Jh.s erkennen läßt, auch nach ihr zu datieren ist. Daher scheint eine Datierung ins beginnende 13. Jh. angebracht.

[6] É. Pellegrin, Possesseurs français et italiens de manuscrits latins du fonds de la Reine à la Bibliothèque Vaticane, in: Revue d'histoire des textes 3 (1973), pp. 271–297, hier p. 275. Nebbiai-Dalla Guarda (ead. [1985], pp. 312sq.) übernimmt vorsichtig diese Auffassung.

gotischen Minuskel geschrieben. Der Schreiber verwendet nur sehr spärlich Abkürzungen. *De consecratione* ist von einer Hand des 17. Jh überschrieben: „*Suggerius Abbas Sancti Dionysii in 1140 de ecclesia a se aedificata*“[7]. Der Text ist unvollständig und bricht am Ende von f. 129v (*cons* 96,583 „*sancte cruci assig* ...“) ab[8].

A: Paris, Bibliothèque de l'Arsenal, cod. 1030

Miscellancodex, 15. Jh. Pergament und Papier, ff. 352, 30,5 × 21 cm. Herkunft: Saint-Victor.

Die Handschrift besteht aus mehreren Teilen verschiedenen Inhalts, die von unterschiedlichen Schreibern ausgeführt wurden. Im ersten Teil (ff. 1–143) sind ausschließlich Texte enthalten, die in irgendeiner Weise Saint-Denis zum Thema haben (z. B. *Miracula S. Dionysii*, *Gesta Dagoberti* usw.). Beschrieben in: H. Martin, Catalogue des manuscrits de la Bibliothèque de l'Arsenal, vol. 2, (Catalogue général des manuscrits des bibliothèques publiques de France [= CGMBF], Paris, Bibliothèque Mazarine, vol. 2) Paris 1886, pp. 239–242[9].

Der Text von *De consecratione* findet sich auf ff. 137r–143v und ff. 81r–82r. Nach dem Ende des Quaternio auf f. 143v (*cons* 88, 543 f. „... *scriniis rege Dagoberto*“) wird der Text auf f. 81r fortgesetzt[10]. *De consecratione* ist

[7] Dieselbe Hand hat auch die *Gesta Dagoberti* auf f. 97v übertitelt: „*Vita Dagoberti Fr. Regis*“. Oberhalb der Überschrift von *De consecratione* befindet sich auf zwei Zeilen ein radierter, nun nicht mehr lesbarer Text; ebenfalls auf f. 121r unten (beide Bemerkungen vermutlich aus dem 15. Jh.).

[8] Der fehlende Text hätte noch ca. 2–3 Seiten (1–2 Blätter) benötigt. Die letzte Lage besteht aus zwei Doppelblättern (Binio), deren zweites (bedingt keinen Textverlust) und viertes Blatt herausgeschnitten wurden.

[9] Die Handschrift wird ferner im Katalog der Bibliothek des Viktorinerklosters von Claude de Grandrue aus dem Jahre 1514 erwahnt (Le catalogue de la bibliothèque de l'abbaye de Saint-Victor de Paris de Claude de Grandrue 1514, Hrsg. v. Centre national de la recherche scientifique, Paris 1983, pp. 313sqq.). A. Luchaire, Études sur quelques manuscrits (wie Anm. 4), p. 2, teilt die Aufschrift des alten, nach einer neueren Restaurierung des Codex nicht mehr erhaltenen Buchrückens mit: „*Miscellanea de S. Dionysio, et de S. Martino, et de Predicatoribus et Minoribus*“. Der Codex enthält neben den Saint-Denis betreffenden Texten auch Schriften des Gregor von Tours (*De miraculis sancti Martini* u. a.) etc. Auf f. 82r, im Anschluß an *De consecratione*, folgt ein Text der mit *sermo de dedicatione* überschrieben ist (inc.: „*Dominice dedicacionis sollempnis dilectissimi fratres hodie christi solaciante clementia debita veneracione prosequimur*“; exp.: 84v, „*gestus totus cum reverencia ut in omnibus honorificetur deus cui est honor et gloria in secula seculorum amen.*“), aber trotz des Titels keine Verbindung mit dem Text Sugers besitzt. Weitere Beschreibung in: G. Ouy, Les manuscripts de l'abbaye de Saint-Victor (Bibliotheca Victorina 10), vol. 2, Turnhout 1999, pp. 472sq.

[10] Am Ende von f. 143v findet sich der entsprechende Vermerk (Hand des Schrei

von der Hand des Kopisten überschrieben: *„Hic incipit dedicacio ecclesie. De Renouatione ecclesie beati Dyonisii“*. Daneben am Rand von einer Hand des 17. Jh.: *„sequens tractatus tribuitur Sugerio abbati tom. 4. Histor. Franc. – Duchenei fol. 350“*.

Der Text ist vollständig enthalten[11] und von einer einzigen Hand in einer Bastarda des 15. Jahrhunderts ausgeführt. Er ist an einigen Stellen korrigiert, Fehlendes ist am Rande hinzugefügt, alles dies aber von der Hand des Schreibers selbst.

O: Paris, Archives Nationales, K 23 n. 5

Originaldokument, ca. 1140. Pergament, 67 × 57 (oben) / 60,5 (unten) cm. Die ursprünglichen acht Siegel sind verlorengegangen[12].

Unter dem Titel *Ordinatio* bekannte Urkunde Sugers. Abschriften sind meines Wissens bisher nicht aufgefunden worden.

P: Paris, Bibliothèque Nationale, cod. lat. 13835

13. Jh. Pergament, ff. III+66+I, 20 × 14,5 cm. Herkunft: Saint-Denis[13].

Alternierend blaue und rote Initialen, rote Kapitelüberschriften. Diese Handschrift enthält, sieht man von einer durch eine Hand des 17. Jahrhunderts auf den Vorsatzblättern ff. IIr–IIIr eingetragenen Liste der Äbte des Klosters ab, als einzigen Text die Schrift *De administratione*, die (f. 1r) von zwei späteren Schreibern (15. Jh., ober- und unterhalb des Schriftblocks) mit *„Gesta Suggeri abbatis“* betitelt ist. Der Text selbst ist von einer Hand in einer großen, sorgfältig ausgeführten gotischen Minuskel geschrieben. Die Handschrift, die über den Bestand des Klosters Saint-Germain-des-Près in die Bibliothèque Nationale gelangte, ist aufgeführt bei: L. V. Delisle, Inven-

bers): *„Quod hic deest require supra folio 81 ad tale signum +“*. Anfang f. 81r: *„Quod sequitur legendum est post finem folii 143 ad tale signum +“*.

11 An der Stelle, ab der der Text in V verlorengegangen ist, steht mit einem Zeichen im Text am Rand (Hand des 17. Jh.): f. 81v, *„huc usque in editis Historia Franc. Script. Duchenei to. 4 fol. 350, reliqua desunt“*.

12 Zur Zeit der Abschrift der Urkunde durch Lecoy de la Marche waren der Urkunde noch zwei Siegel angehängt (Lecoy, p. 360, n. 1); Doublet beschreibt die Urkunde als vollständig (Doublet, wie Anm. 19, p. 875): „Avec les seaux de cire sur lacs de cuir blanc“.

13 F. Ir: *„ex sancto Dionysio“*; f. IIr: *„iste liber est beati Dionysii“*; f. 1r oben: *„Bibliothecae S. Dionysii abbatis* (!)“ (17. Jh.), unten: *„Iste liber est beati dyonisii“* und die Signatur des 13. Jh.: „+Z+“; *„continetque sexaginta sex folia“* (17. Jh.). Siegel der Bibliothek am Rande. Außerdem am unteren Rand die Signatur des 15. Jh.s: „·I·X-XIX·“. Zur Geschichte und Datierung (13. Jh.) der Hs. cf. auch Nebbiai-Dalla Guarda (1985), p. 220. Gasparri (ead. [1996], p. LXI) dagegen datiert die Hs. auf 1160–1180.

taire des manuscrits latins de Saint-Germain-des-Près conservés à la Bibliothèque Impériale, Paris 1868, p. 118 (in: id., Inventaire des manuscrits latins conservés à la Bibliothèque Impériale sous les numéros 8823–18613, Paris 1863–1871; Nachdruck Hildesheim 1974).

Indirekte Tradition:

M: Paris, Bibliothèque Mazarine, cod. 2017

15. Jh. Pergament, pp. 652, 34,3 × 25,1 cm. Herkunft: Saint-Denis.

Kurz beschrieben in: A. Molinier, Catalogue des manuscrits de la Bibliothèque Mazarine, vol. 2 (CGMBF, Paris, Bibl. Mazarine, vol. 2), Paris 1886, pp. 325sq., vol. 3 (CGMBF, Paris, Bibl. Mazarine, vol. 3), Paris 1890, p. 396[14].

Die Handschrift enthält nicht wie im Katalog und auf dem Bucheinband angegeben eine zweite Redaktion der Chronik des Wilhelm von Nangis, sondern die Abschrift einer anonymen im Kloster Saint-Denis verfaßten Chronik des 14. Jahrhunderts[15]. Der Text ist von großer Bedeutung für *De consecratione*, *De administratione* und vor allem für die *Vita Ludovici grossi regis*, da sich der Kompilator für sein Geschichtswerk ausführlich der genannten Texte bedient, und zwar in dem Maße, daß er ihnen ganze Abschnitte wörtlich entnimmt. Obwohl Molinier diese indirekte Quelle deshalb für seine Ausgabe der *Vita* benutzt[16] und auch Luchaire auf ihren Wert für die Beurteilung der Überlieferung der Werke Sugers aufmerksam gemacht hat[17], wurde sie für die älteren Ausgaben der hier herausgegebenen Schriften Sugers nicht herangezogen. Im Anhang zu dieser Ausgabe sind die Passagen, die *De consecratione* und *De administratione* betreffen, vollständig abgedruckt.

[14] Zu Herkunft und Datierung vgl ferner: H. Waquet (ed.), Suger, Vie de Louis VI le Gros, Paris 1964, p. XXII (datiert die Handschrift wie Molinier in die zweite Hälfte des 14. Jh.); Nebbiai-Dalla Guarda (1985), pp. 197sq. (datiert ins 15. Jh.). Exlibris des 17. Jh. und Bibliotheksstempel auf p. 1: „*Ex libris Caenobii Sancti Dionysii in Francia congregationis Sancti Mauri*".

[15] Cf. A. Molinier, Ancienne chronique latine de Saint-Denis, in: Bibliothèque de l'École des chartes 48 (1887), p. 723; A. Luchaire, Une très ancienne histoire de France, in: Revue historique 34 (1887), pp. 259–276 (der allerdings nur die unten genannte Abschrift kannte). Zur Tradition der Geschichtsschreibung im Kloster Saint-Denis cf. G. M. Spiegel, The Chronicle Tradition of Saint-Denis, Brookline, Mass. – Leiden 1978.

[16] A. Molinier (ed.), Suger. Vie de Louis le Gros, Paris 1887. Erwähnung der Handschrift auf p. XXI. Molinier druckt auf pp. 132–146 diejenigen Auszüge aus der anonymen Chronik, die so frei sind, daß er sie nicht direkt im Apparat aufführen kann, gesondert ab (nach dem unten genannten cod. Paris, BN, lat. 5949A).

[17] A. Luchaire, Une très ancienne histoire (wie Anm. 15), p. 271.

In der Handschrift Paris, Bibl. Nat., cod. lat. 5949A existiert zudem eine Abschrift dieser anonymen Chronik, die André Duchesne, wohl als Vorarbeit für seine Ausgabe der „Historiae Francorum Scriptores coaetanei", angefertigt hat.

2. Editionen und Übersetzungen[18]

Die „Histoire de l'Abbaye de S. Denys" von Jacques Doublet, einem Mönch im Kloster Saint-Denis, ist wohl das erste gedruckte Werk, das eine gute Kenntnis der drei hier behandelten Schriften verrät. Der Inhalt von *De administratione*, *De consecratione* und der *Ordinatio* wird genau referiert, teilweise unter Wiedergabe des lateinischen Wortlauts. In einem Anhang findet sich zudem ein vollständiger Abdruck der *Ordinatio*[19]. Die editio princeps der beiden erstgenannten Werke enthält aber erst der vierte Band der fünfbändigen von André Duchesne begonnenen und von seinem Sohn François weitergeführten Ausgabe der „Historiae Francorum Scriptores coaetanei"[20]; ähnliches gilt für die hier nicht behandelten Briefe des Abtes Suger. Ein Vermerk des Herausgebers legt nahe, daß ihm für *De administratione* der Textzeuge P zur Verfügung gestanden hat[21]. Der Text von *De consecratione* geht auf die unvollständige Handschrift V zurück[22]. Die fehlende Schlußpassage wurde zum ersten Mal von Jean Mabillon nach einer Handschrift

[18] Bloße Teilabdrucke der Texte, wie z. B. in J. Schlosser, Quellenbuch zur Kunstgeschichte des Abendländischen Mittelalters, Wien 1896 (Nachdruck Hildesheim 1986), werden nicht aufgeführt, da sie nur Nachdrucke einer der unten genannten Ausgaben darstellen.

[19] J. Doublet, Histoire de l'Abbaye de S. Denys en France, Paris 1625. Wiedergabe von *adm* und *cons* in lib. 1, cap. XXXI sqq. (pp. 226sqq.). *Ordinatio* in lib. III (pp. 870–875). Es ist anzunehmen, daß Doublet für sein Werk alle Schriften in der Bibliothek von Saint-Denis vorgefunden hat.

[20] François Duchesne, Historiae Francorum Scriptores coaetanei IV, Paris 1641. Der Text der *adm* befindet sich auf pp. 331–350: „*Suggerii abbatis S. Dionysii liber de rebus in administratione sua gestis*". Die Kapitelzählung, die bis einschließlich zur Ausgabe Panofskys Verwendung fand, geht auf Duchesne zurück. Der Text der *cons* befindet sich auf pp. 350–358: „*Suggerii abbatis S. Dionysii libellus alter de consecratione ecclesiae a se aedificatae et translatione corporum S. Dionysii ac sociorum eius facta anno MCXL*".

[21] Am Beginn des Textes wird bemerkt: „*ex codice MS. Monasterii S. Dionysii nunc primum in lucem editus*".

[22] pp. 350–358; Auf p. 350 bemerkt Duchesne dazu: „*ex vetusto codice ms. qui est in Bibliotheca Viri Cl. Alex. Petavii Senatoris Parisiensis*".

aus Saint-Victor, die Luchaire später mit dem Textzeugen A identifizieren konnte, abgedruckt[23].

Im Jahr 1706 veröffentlichte der Mauriner Michel Félibien ein in Anlage und Inhalt Doublets „Histoire“ sehr verwandtes, in seinem wissenschaftlichen Wert diese aber weit übertreffendes Werk über die Geschichte der Abtei von Saint-Denis, wobei er in einem Anhang ebenfalls Abdrucke wichtiger Texte beigab. Félibiens Text von *De administratione* und *De consecratione* geht auf die Ausgabe Duchesnes zurück. Die dort nur unvollständig enthaltene Version von *De consecratione* ergänzt er durch Mabillons Nachtrag und liefert so zum ersten Mal einen vollständigen Abdruck des Textes. Er bietet ebenfalls einen Abdruck der *Ordinatio*, für den er nach eigener Aussage direkt auf die Urkunde zurückgegriffen hat[24]. Erst wieder fast hundert Jahre später erfahren *De consecratione* und *De administratione* einen Neudruck im Rahmen der Bände des „Recueil des Historiens des Gaules et de la France“ der Benediktiner von Saint-Maur in Paris. Die Bedeutung dieser Teilausgabe liegt weniger im Text selbst – er folgt der Ausgabe Duchesnes und wird zudem nur in Auswahl gegeben –, als in der großen Zahl von Anmerkungen und Konjekturvorschlägen[25].

Als eine Neuausgabe im eigentlichen Sinne läßt sich erst die Edition der Opera omnia Sugers von A. Lecoy de la Marche bezeichnen[26]. Alle drei Texte sind in dieser ersten Gesamtausgabe der Schriften Sugers enthalten[27]. Lecoy bietet für viele der bei ihm abgedruckten Texte eine durch Kontrolle der Handschriften gegenüber den vorausgehenden Editionen verbesserte Version, wenn er sich auch nicht immer von den fehlerhaften Wiedergaben der älteren Ausgaben freimachen konnte. Dies gilt auch für seine Ausgabe

[23] J. Mabillon, Vetera analecta, Paris 1675–1685. In der „nova editio“, Paris 1723 (Nachdruck 1967), pp. 463sq. Dort auf p. 464: *„Huius vero libelli supplementum, quod deerat in codice Petaviano, suppeditat codex Victorinus, cuius ope libellum istum in integrum restituo“*. Zur Identifikation A. Luchaire, Études sur quelques manuscrits (wie Anm. 4), p. 2.

[24] M. Félibien, Histoire de l'Abbaye royale de Saint-Denys en France, Paris 1706 (Nachdruck Paris 1973). Die Texte sind im Anhang („Recueil de pièces justificatives“) abgedruckt: *ord*: pp. CII–CV; *adm*: pp. CLXXII–CLXXXVII; *cons*: pp. CLXXXVII–CXCIV. Zur Herkunft seines Textes vgl. jeweils die Bemerkungen am Beginn der Texte. Auf diese Ausgabe stützt sich auch der Nachdruck von *cons* und *ord* in PL 186, wohingegen für *adm* der Text von Duchesne herangezogen wurde.

[25] M. Bouquet e. a., Recueil des Historiens des Gaules et de la France, 24 voll., Paris 1738–1840. In der Neuedition, ed. L. Delisle, Paris 1869–80 (Nachdruck Farnborough 1968) findet sich die *adm* in vol. 12, Paris 1877, pp. 96–102 (erste Ausgabe 1781); *cons* in vol. 14, Paris 1877, pp. 312–318 (erste Ausgabe 1806).

[26] A. Lecoy de la Marche (ed.), Suger. Œuvres complètes, Paris 1867 (Nachdruck Hildesheim 1979).

[27] *Ord*: pp. 349–360; *cons*: pp. 213–238; *adm*: pp. 155–209.

der *Ordinatio* und von *De administratione*. Der Text von *De consecratione* beruht dagegen nur auf einem Vergleich der vorherigen Editionen, da er die Handschriften für verloren hielt[28]. Zu dieser Ausgabe teilte später Luchaire, der die von Duchesne und Mabillon verwendeten Handschriften identifizieren konnte, eine Reihe von Emendationen mit[29].

Die wirkungsgeschichtlich bedeutungsvollste Ausgabe der hier zu behandelnden Schriften hat zweifelsohne Erwin Panofsky mit seinem Buch „Abbot Suger" besorgt. Hier ist vor allem die zweite, posthum erschienene Auflage zu erwähnen, die auf der Kenntnis aller Handschriften beruht, während der lateinische Text der ersten Ausgabe noch in einer bloßen Wiedergabe der Edition von Lecoy bestand[30]. Der Text von *De consecratione* wird vollständig, die *Ordinatio* und *De administratione* nur teilweise abgedruckt. Dies führt zumindest im Fall von *De administratione* zu einer gewissen Verzerrung des Leseeindrucks, da Panofsky auf die Wiedergabe des gesamten ersten, die Besitztümer des Klosters erwähnenden Teiles verzichtet, und somit die im strengen Sinne kunstgeschichtlich relevanten Passagen betont. Alle Texte sind zudem mit einer englischen Übersetzung und einem ausführlichen Kommentar versehen. Jüngst hat zudem Françoise Gasparri eine Neuausgabe mit französischer Übersetzung und umfangreichen Anmerkungen von *De consecratione* und *De administratione* vorgelegt.

Über das letztgenannte Werk hinaus sei noch auf die französische Übersetzung von *De consecratione* durch Jean Leclercq[31] und die von *De administratione* durch Michel Bur[32] aufmerksam gemacht. Eine vollständige deutsche Übersetzung aller drei Texte liegt nun erstmals vor[33].

[28] Lecoy, p. XII. In diesem Fehlurteil folgt ihm auch Max Manitius, Geschichte der lateinischen Literatur des Mittelalters, vol. 3, München 1931, p. 603, und zunächst Panofsky in Unkenntnis der Untersuchungen Luchaires.

[29] A. Luchaire, Études sur quelques manuscrits (wie Anm. 4), pp. 2sq., und id., Une très ancienne histoire (wie Anm. 15), p. 271.

[30] E. Panofsky, Abbot Suger on the Abbey Church of St.-Denis and its Art Treasures, Princeton 1946. Ein Jahr nach dem Erscheinen der ersten Auflage wurde Panofsky von einem Kollegen auf Luchaires Untersuchungen und den Verbleib aller Handschriften aufmerksam gemacht, worauf er Korrekturen an seinem Text vornahm (Postlogium Sugerianum, in: The Art Bulletin 29 [1947] pp. 119–121). Diese sind in der zweiten, von seiner Frau Gerda Panofsky-Soergel besorgten Ausgabe (Princeton 1979) eingearbeitet worden. Weitere Korrekturvorschläge zum Text hat Ph. Verdier unterbreitet (Some new readings of Suger's writings, in: Gerson [1986] pp. 159–162). Was er jedoch über die Korrektur einiger Kollationsfehler hinaus anzubieten hat, kann kaum überzeugen.

[31] Suger, Comment fut construit Saint-Denis, hrsg. u. übers. v. J. Leclercq, Paris 1945.

[32] In: Suger, La Geste de Louis VI, übers. v. M. Bur, Paris 1994, pp. 187–277. Die Übersetzung von *De consecratione*, die Bur abdruckt, ist nur eine Wiedergabe derjenigen Leclercqs.

[33] Eine deutsche Teilübersetzung findet sich in: E. Gall, Die gotische Baukunst in

3. Besonderheiten der Überlieferung

Aus einer überlieferungsgeschichtlichen Perspektive kann man feststellen, daß den drei hier präsentierten Werken im Mittelalter, in schroffem Gegensatz zu ihrer modernen Rezeption, kaum Beachtung geschenkt wurde. Die Texte dürften das Kloster von Saint-Denis kaum verlassen haben, und mit der Handschrift A ist erst für das 15. Jahrhundert ein Textzeuge außerhalb des Klosters sicher nachweisbar. Auch das einzig bekannte Rezeptionszeugnis, die Kompilation in einer anonymen Chronik, stammt aus Saint-Denis[34]. Über sein Kloster hinaus wirkte Suger literarisch nur durch seine Vita König Ludwigs VI.

Diese Feststellung dürfte am wenigsten für die sogenannte *Ordinatio* verwundern, handelt es sich dabei doch um eine Urkunde und keinen eigentlich literarischen Text. Mit zwei Abschriften stellt *De consecratione* den noch am besten überlieferten Text dar. Wie ich in einer früheren Ausgabe darzulegen versucht habe, stellt die deutlich jüngere Abschrift (A) eine direkte Kopie des älteren Textzeugen V dar und ist damit von nur geringem Wert für die Textkonstitution[35]. Ihr Wert besteht darin, daß sie die in V verlorengegangene Schlußpassage enthält. Von einiger Bedeutung ist die anonyme Kompilation des Codex Mazarinus. An einigen Stellen zeigt sich nämlich, daß die durch sie bezeugte Textversion unabhängig von derjenigen der beiden bekannten Handschriften ist. Dort kann sie zu einigen wichtigen Korrekturen herangezogen werden[36].

Frankreich und Deutschland, vol. I, Leipzig 1925 (2. Aufl. 1955); Auszüge in Englisch in: A. Kingsley Porter, Medieval Architecture, its origins and development, vol. 2, New Haven 1912 (Repr. New York 1966).

[34] Es ist jedoch ein Gedicht (in 42 Versen) auf Abt Suger aus der Feder eines kaum bekannten *Radulfus phisicus* zu erwähnen (*De nobilitate domni Sugerii abbatis et operibus eius*, ed. R. B. C. Huygens, in: Studi medievali, 3. Ser. 3 [1962], pp.763sq.; Lecoy, pp. 423sq.), bei dessen Inhalt man an eine Verwendung von *De administratione* denken könnte. Allerdings liegen die Person des Autors sowie die Abfassungszeit (noch zu Sugers Lebzeiten?) zu sehr im Dunkeln, als daß man daraus Schlüsse über die Verbreitung der Werke Sugers ziehen könnte.

[35] M. Pickavé, Zum lateinischen Text (wie Anm. 1), pp. 152–154.

[36] Es sind vor allem folgende Stellen, an denen M – bei aller Vorsicht, denn es handelt sich um eine freie Kompilation – für die Textkonstitution von *De consecratione* von Bedeutung ist: *cons* 26,177 *unamque* (*namque* AV) wird durch *unam* in M 29 gestützt; das *et* von *cons* 67,410 *superioribus et* wird nach M 70 gestrichen; *cons* 67,412–413 *intolerabilis* (*tolerabilis* AV) wird durch M 73 gestützt; *cons* 68,420 *suffultos* (*suffulto* AV) durch *suffultos* M 80; *cons* 79,487 *Nicolaus Cameracensis episcopus* (om. AV, wird aber 492–493 genannt), in M 106 steht er an seiner Stelle in

Für *De administratione* sind wir auf nur eine Handschrift angewiesen, die sich schon durch ihr Alter als eine Kopie ausweist. Auffällig sind in diesem Textzeugen gelegentliche Korrekturen von verschiedenen Händen. So korrigiert eine Hand des 15.–16. Jahrhunderts fast durchgehend die Wendung „*talliam annone*“ zu „*talliam et annonam*“ und „*elemosina*“ zu „*eleemosina*“, ohne daß man daraus schließen könnte, die Korrekturen basierten auf Lesarten einer Handschrift[37]. Andere Korrekturen tragen hingegen deutlich zur Verbesserung des Textes bei. Bemerkenswert ist dabei, daß in der Handschrift auf f. 65r (*adm* 282,1250–1251) die Inschrift, von der Suger sagt, sie sei auf einer Sardonyxkanne angebracht, ausgelassen wurde. Eine Hand des 16. oder 17. Jahrhunderts hat schließlich in kleiner Schrift das entsprechende Distichon nachgetragen, für das in der Handschrift eine Lücke von fast vier Zeilen gelassen worden ist[38]. Wie es zu der Textlücke kam, ist unklar. Möglicherweise war der die Inschrift tragende Fuß der Kanne noch nicht hergestellt, und sie sollte später von Suger in seinem Text ergänzt werden. Auch ist unbekannt, wer die Inschrift nachgetragen haben könnte. Vielleicht ist dies durch Doublet oder Félibien geschehen, die beide Sugers Schriften benutzten und denen auch der Kirchenschatz von Saint-Denis gut bekannt war[39]. Ferner weist die Handschrift noch weitere Benutzungsspuren im Sinne von Randbemerkungen jüngeren Datums (mindestens zwei Hände) auf, die aber keine Bedeutung für den lateinischen Text haben[40].

der Bischofsliste; *cons* 80,499 *ecclesie sue* in M 118 bestätigt die Variante in V gegenüber der Inversion in A.

[37] Zu *talliam annone* cf. *adm* 65,290, 72,323, 77,353, cf. ff. 16r, 17r, 19v; zu *elemosina* cf. *adm* 94,436, 95,439, 207,940, cf. ff. 24r, 49r. Gerade die offensichtlich unsinnige Schreibung „*talliam et annonam*“ zeigt deutlich, daß der Korrektor nicht aufgrund der Lesungen einer anderen Handschrift in den Text eingegriffen hat.

[38] Dieselbe Hand hat auch die Liste der Äbte ausgeführt, cf. die Beschreibung der Handschriften oben.

[39] Der Nachtrag kann zu dieser Zeit aber genausogut von jedem anderen Benutzer der Handschrift verfaßt worden sein; sowohl Handschrift als auch Schatz befanden sich ja am selben Ort. Verdier bemerkt zu der Inschrift auf der Kanne, daß sie sich von den anderen auf Stücken des Kirchenschatzes zur Zeit Sugers angebrachten Inschriften unterscheide. Es ist sicher, daß der Fuß vor 1534 restauriert wurde, wobei auch sie in ihrer heutigen Form angebracht wurde. Ob man daraus jedoch wie Verdier schließen muß, ein Goldschmied habe die Inschrift aufgrund der Kenntnis von Sugers Text angefertigt, ist fraglich. Man wird eher daran denken müssen, daß der Restaurator eine ältere Inschrift erneuert hat, die ja – wenn auch indirekt (durch die Lücke) – durch Sugers Text bezeugt ist. Cf. Ph. Verdier, Some new readings of Suger's writings (wie Anm. 30), p. 160; Le trésor de Saint-Denis (1991), pp. 177–181.

[40] Cf. e. g. ff. 6r und 10r, 32r, 35v, 43r, 49v, 56r, 58rv, 63v; oft auch mit Unterstreichungen.

4. Datierung und Titel der Schriften

Die drei Schriften stehen in einem klaren chronologischen Verhältnis zueinander, das sich darin zeigt, daß die jeweils jüngere Schrift explizit auf die älteren Bezug nimmt. Als älteste Schrift erweist sich demnach die *Ordinatio*. Ihr entnimmt *De consecratione* einen längeren Abschnitt, der wörtlich wiedergegeben wird (*ord* 38,211–44 = *cons* 50,305–56,341). Auf *De consecratione* wiederum wird in *De administratione* mit der Bezeichnung „*in scripto consecrationis eiusdem superioris operis*" (*adm* 176,792) verwiesen. Außerdem übernimmt Suger, um nur das markanteste Beispiel zu geben, bei der Beschreibung der Detectio der Reliquien in *De administratione* in freier Überarbeitung einen Abschnitt über die Wiedereinrichtung eines Kultes für Karl den Kahlen, der ursprünglich in der *Ordinatio* seinen Ort hatte (cf. *ord* 22,100–28,149 und *adm* 241,1073–255,1132).

So etabliert die relative Chronologie der Schriften damit gelten kann, die Bestimmung der exakten (absoluten) Abfassungszeit der einzelnen Werke bleibt unsicher. Die Urkunde *Ordinatio* trägt kein Datum, aber aus den im Dokument genannten Ereignissen läßt sich die Entstehungszeit eingrenzen. Als terminus a quo gilt demnach die Grundsteinlegung für den Neubau des Chores, die nach Sugers Schilderung am 14. Juni 1140 stattgefunden hat (*ord* 38)[41]. Ein Terminus ad quem ergibt sich aus der Nennung des Abtes Robert von Corbie unter den Zeugen für die Urkunde (*ord* 45,259); Robert verstirbt am 22. Januar 1142[42]. Da Suger in der *Ordinatio* auch die Finanzierung des Neubaus betreffende Regelungen festschreibt, wird man die Abfassung der Urkunde kurz nach der erfolgten Grundsteinlegung anzusetzen haben.

Die Schrift *De consecratione* widmet sich im zweiten Teil vor allem der Schilderung der Weihefeierlichkeiten für den neuen Chor. Diese wurden am 11. Juni 1144 im Beisein des französischen Königs abgehalten[43]. Ein gesicherter Zeitpunkt für die Beendigung der Schrift läßt sich jedoch nicht nennen; jedenfalls muß *De consecratione* wegen des schon erwähnten Verweises

[41] Suger spricht genaugenommen davon, daß die Grundsteinlegung „*pridie idus iulii*" in seinem 19. Amtsjahr (*ord* 34,180–181), d. h. zwischen dem 12. März 1140 und dem 12. März 1141, stattgefunden hat.

[42] Zum Todesdatum Roberts cf. Gallia christ. X, 1275 („*XI Kal. Febr.*").

[43] Suger spricht in *cons* 75,466–467 („*secunda iunii dominica, videlicet tertio idus quod est Barnabe apostoli*") vom 11. Juni, zum Jahr selbst macht er jedoch keine genauen Angaben. Dies ergibt sich aus der Fertigstellung des Chors (cf. *adm* 180,813–814, cf. auch *cons* 57,342sqq. u. 68,417 [mit Anm.]). 1144 als Weihejahr ist aber auch durch andere Quellen gut belegt: cf. Cartellieri Reg. 115 u. 118, pp. 141sq. (= Luchaire, n. 137 [Urkunde Ludwigs VII. anläßlich der Weihe]).

vor *De administratione* fertiggestellt worden sein. Aber auch hier ist nicht mit einem allzu großen zeitlichen Abstand zwischen Weihe und „Weiheschrift“ zu rechnen.

Folgt man Sugers eigener Darstellung am Beginn von *De administratione*, dann geht die Absicht zur Abfassung dieser Schrift auf die Bitten seiner Mitbrüder während eines Generalkapitels im dreiundzwanzigsten Amtsjahr Sugers zurück[44]. Damit wird jedoch nicht viel mehr als der bloße Beschluß zur Abfassung benannt, die eigentliche Ausführung dürfte erst später erfolgt sein, denn die Schrift nennt auch Ereignisse aus der Zeit nach 1145, z. B. die Erwähnung des Todes des Ebrard von Breteuil auf dem zweiten Kreuzzug (April 1148; cf. *adm* 94) und die Schilderung des Besuchs von Papst Eugen III. in Saint-Denis (April 1147; cf. *adm* 212). Einige Forscher setzen die tatsächliche Abfassung von *De administratione* deshalb sogar erst um 1150 an[45]. L. Grant hat jüngst mit guten Gründen die Auffassung vertreten, daß die Schrift unvollendet geblieben ist. *De administratione* sei über mehrere Jahre hinweg entstanden, indem Suger immer wieder neue Informationen einfügte, andere veränderte. Als Argumente hierfür ließen sich eine Reihe von „Unregelmäßigkeiten“ im Text nennen[46].

Daß die Schriften mit Ausnahme der *Ordinatio* genannten Urkunde anonym überliefert sind, ist unproblematisch[47]. An der Identität des Autors kann dem Inhalt nach kein Zweifel bestehen. Schwierig stellen sich allerdings die Titel der Schriften dar. Die Bezeichnung „*Ordinatio*“ bzw. „*Ordinatio A. D. MCXL° vel MCXLI confirmata*“ geht auf Panofsky zurück.

[44] D. h. irgendwann zwischen dem 12. März 1144 und dem 11. März 1145.

[45] C. Rudolph, Artistic Change at St-Denis, Princeton 1990, pp. 21sqq. Der Autor ist zudem der Auffassung, die an Suger herangetragene Bitte zur Abfassung von *De administratione* habe eigentlich *De consecratione* gegolten. In Sugers Text ist jedoch ausdrücklich von der Bitte nach einer Schrift über den Wiedererwerb und die Vermehrung der Besitzungen und den Bau von Gebäuden sowie der Anhäufung von Schätzen die Rede, eine Charakterisierung, die in keiner Weise auf *De consecratione* zutrifft. Man sollte Sugers eigene Angabe nur als das lesen, was sie wirklich ist, nämlich eine Bemerkung zum Zeitpunkt der Absicht der Abfassung, nicht der Abfassung selbst.

[46] Grant (1998), pp. 33sq. Grant nennt vor allem vier Gründe: die Konfusion bei einigen Bischofsnamen (cf. *cons* 42 und *adm* 169 [dort mit Anmerkung zu Manasse von Meaux]), das fehlende Distichon in *adm* 282, die scheinbare „Unvollständigkeit“ bei der Erwähnung der Besitztümer von Saint-Denis, das fehlende aber angekündigte Verzeichnis der Besitzungen für den Unterhalt der Burg von Toury in *adm* 92.

[47] Die Urkunde führt in der ersten Zeile den Namen ihres Ausstellers Suger. Die anderen Schriften sind in dem Sinn anonym überliefert, daß die Nennung des Autors in den Handschriften von späteren Schreibern (bisweilen des 17. Jh.s) und nie dem Kopisten selbst stammen.

Natürlich hat dieser Titel keinen Anspruch auf historische Authentizität, stützt sich aber auf Sugers eigene Verwendung des Terminus *ordinatio* für seine Urkunden (cf. *ord* 6,34 u. 35: „... *in alia ordinatione*"). Der Titel *De consecratione* dürfte von Sugers schon zitiertem Verweis aus *De administratione* angeregt sein. Seit Duchesnes Ausgabe trifft man deshalb gewöhnlich die Bezeichnung „*Libellus alter de consecratione ecclesiae*" an, den ein eifriger Benutzer ja sogar in die Handschrift V eingetragen hat[48]. Aus der in der Handschrift A gebotenen Überschrift „*Hic incipit dedicacio ecclesie. De renovatione ecclesie beati Dyonisii*" dürfte sich – bei Berücksichtigung der Tatsache, daß A nur eine Kopie des Textes von V darstellt – ebenfalls kein ursprünglicher Titel ableiten lassen. Zudem ist sie sachlich eigentlich nicht zutreffend.

Die meisten Bedenken ruft jedoch die Titulatur „*De administratione*" bzw. „*Liber de rebus in administratione sua gestis*" hervor, die ebenfalls auf Duchesne zurückgeht[49]. Die Wendung dürfte von der erst durch eine jüngere Hand (15. Jh.) am oberen Rand des ersten Blattes eingetragenen Bezeichnung „*Gesta Suggeri abbatis*" inspiriert worden sein. Manche Herausgeber (Doublet, Gasparri) halten denn auch „*Gesta Suggeri abbatis*" für den eigentlichen Titel. Gegen beide Versionen spricht aber – abgesehen von der Tatsache, daß sie kaum Anspruch auf historische Authentizität haben dürften –, daß sie, insofern sie von *res gestae* reden, nicht unbedingt dem Inhalt der Schrift entsprechen, die zwar häufig das bei der Erwerbung von Eigentum notwendige Engagement Sugers beschreibt, die Betonung jedoch in erster Linie auf die Aufzählung und Katalogisierung von Besitztümern des Klosters legt, wie schon aus der „geographischen" Ordnung zu entnehmen ist. Trotz dieser Bedenken benutzen wir für unsere Ausgabe dennoch die traditionellen Titel in ihren bekannten und weitverbreiteten Kurzformen: *Ordinatio*, *De consecratione*, *De administratione*. Sie haben sich in der langjährigen kunst- und kulturgeschichtlichen Forschung durch- und festgesetzt.

[48] Zum vollständigen Titel cf. Anm. 20; zur Eintragung in V cf. supra p. 149.
[49] Cf. Anm. 20.

Martin Pickavé

Prinzipien der Edition und Hinweise zur Benutzung

Die *Texte* sind in dieser Ausgabe mit einer Satzzählung versehen, die in den Handschriften größtenteils den mit Maiuskeln ausgeführten Satzanfängen entspricht. Die Interpunktion ist so sparsam wie möglich und kommt bisweilen den Interpunktionselementen in den Handschriften nahe. Die traditionelle Kapitelzählung für *De consecratione* und *De administratione*, die auf die Ausgabe Duchesnes zurückgeht, wurde verworfen. Allerdings bietet die deutsche Übersetzung weitere Gliederungseinheiten, die das Textverständnis erleichtern sollen.

Der *textkritische Apparat* führt neben den Varianten der Handschriften auch alle Lesungen der modernen Ausgaben von Panofsky, Gasparri und Lecoy an. Nicht zuletzt dadurch wird ein Benutzer der Ausgabe auch schnell auf problematische Stellen des lateinischen Texts aufmerksam gemacht, denn wir haben versucht, bei der Textkonstitution so selten wie möglich in den von den Handschriften überlieferten Wortlaut einzugreifen. An den mehreren Schriften gemeinsamen Passagen sind die Lesungen des älteren Texts im Apparat verzeichnet worden, an relevanten Stellen wurden auch die Varianten, die sich aus der indirekten Überlieferung ergeben, aufgeführt[1]. Auf eine vollständige Wiedergabe der Lesarten aller früheren Ausgaben wurde verzichtet, da sie sich offensichtlich nicht auf weiteres, heute unbekanntes handschriftliches Material stützen.

Ein *Quellenapparat* und dazu ergänzend die Fußnoten unter den deutschen Übersetzungen sollen eine ausführliche Kommentierung der Texte ersetzen. Der Quellenapparat führt dabei nur die deutlichen sprachlichen Parallelen zu Sugers Texten auf und versucht die abundant zitierten Urkunden zu identifizieren bzw. auf ähnliche Verfügungen aus Sugers Amtszeit zu verweisen[2]. Auch werden dort thematische Überschneidungen unter den

[1] Die Varianten, die sich aus der Kompilation M ergeben, sind im Falle, daß in M nicht wörtlich zitiert ist, in Modus, Tempus und Numerus bzw. Kasus angeglichen.

[2] Das heißt konkret, daß für die vielen die Besitzungen des Klosters betreffenden Aussagen Parallelen (in den Urkunden Sugers und event. der französischen Könige) ausgewiesen werden, wobei jedoch nicht beabsichtigt wurde, *alle* möglichen Parallelnennungen zu verzeichnen.

drei Texten dokumentiert. In einigen Fällen hätte man freilich noch weitere Parallelen für viele Wendungen anzeigen können, die Suger aus der Urkundensprache entlehnt. Wegen des geringen Informationsgehaltes wurde hierauf jedoch verzichtet.[3] Wörtliche Zitate sind, wenn sie aus der Bibel, liturgischen Texten oder von antiken Autoren stammen, im lateinischen Text durch Kursivierung hervorgehoben. Es sei ausdrücklich darauf hingewiesen, daß die von Suger aufgeführten Tituli und ihre literarischen Vorlagen und Quellen im Beitrag von Susanne Linscheid-Burdich ausführlich kommentiert werden.

Der *Text* der vorliegenden Edition versucht außerdem die mittelalterlichen Schreibungen der lateinischen Ausdrücke zu bewahren und gibt daher das „polygraphe“ Erscheinungsbild der Handschriften wieder[4]. Im Fall von *De consecratione* folgen wir dem ältesten Textzeugen V, die nur in A (15. Jh.) überlieferte Schlußpassage ist den Gewohnheiten des Schreibers von V angepaßt. Für den ungeübten Leser sei auf einige Eigenheiten der mittelalterlichen Graphien hingewiesen: Prinzipiell werden die Umlaute ae und oe zu e; ti vor Vokal wird bisweilen zu ci und umgekehrt; h kann ausfallen und/oder an anderer Stelle eingefügt werden (z. B. *ord* 37,209: *hanelare* statt *anhelare)*; b und p wechseln (z. B. *ord* 25,116: *preobtabat* statt *praeoptabat)*; quu wird zu cu und umgekehrt; g kann vor Nasalen ausfallen (z. B. *ord* 6,37: *dinoscitur* statt *dignoscitur*, oder *cons* 67,410: *aumenti* statt *augmenti)*; den Buchstaben v gibt es nur als Großbuchstaben von u. Gemination bzw. Geminatenvereinfachung ist ein relativ häufig anzutreffendes Phänomen: z. B. *attauus* (statt *atavus*, *adm* 67,298), *reditibus* (statt *redditibus*, *ord* 24,110), *atributa* (statt *attributa*, *adm* 94,436). Daneben muß man mit Formen wie *rubustus* (statt *robustus*, *cons* 16,118), *locupectasset* (statt *locupletasset*, *cons* 9,69) usw. rechnen. Vor allem die Schreibung von Namen ist uneinheitlich: z. B. *Ludoicus* (statt *Ludouicus*, *adm* 95,440), *Gauffredus* (neben der Form *Gaufredus*, *cons* 96,595 u. 597) sowie *Widoni* (statt *Guidoni*, *cons* 96,587). Letztgenannte Erscheinung (Equivalenz von *w* und *gu)* trifft man auch in der Form *garantia* (statt *warantia* bzw. *warentia*, *adm* 8,58) an. Zahlzeichen erscheinen im Text aufgelöst, Personen- und Ortsnamen werden großgeschrieben.

[3] Hierbei ist z. B. an Wendungen wie *„communicato …. consilio“* und ähnliches zu denken; cf. *adm* 26,129–130 u. Vita Lud. VI. c. XXXIV (p. 280) mit Dufour I, p. 465, n. 220 (und Dufours Bemerkungen pp. 462sqq.). Cf. zu Sugers Sprache auch A. Speer/M. Pickavé, Abt Sugers Schrift *De consecratione*. Überlieferung-Rezeption-Interpretation, in: Filologia mediolatina 3 (1996), pp. 230sqq.

[4] Leider mußte aus drucktechnischen Gründen auf die Wiedergabe der in *Ordinatio* und teilweise in *De administratione* verwendeten e-caudata für ae/oe-Umlaute verzichtet werden.

Das *Glossar* ist der größeren Übersichtlichkeit wegen nach der sogenannten „normalisierten“ Schreibung geordnet. Dasselbe gilt für den *Wortindex (Index verborum)*, dessen Formen zudem lemmatisiert wurden.

Andreas Speer

Hinweise zur deutschen Übersetzung und zur Kommentierung

Der vorliegenden Teiledition derjenigen Schriften Abt Sugers, welche die dem Heiligen Dionysius geweihte Abteikirche und das zugehörige Kloster im Norden von Paris betreffen, ist eine deutsche Übersetzung beigegeben. Damit liegt nicht nur die erste vollständige deutsche Übersetzung dieser Schriften vor, vielmehr die erste vollständige Übersetzung aller drei Schriften überhaupt. Die von Françoise Gasparri bearbeitete französische Ausgabe ist noch nicht abgeschlossen und die von Erwin Panofsky besorgte Ausgabe, die ihren bis heute bestimmenden Einfluß nicht zuletzt der beigegebenen englischen Übersetzung verdankt, bietet, wie bereits ausgeführt, einen mitunter unvollständigen Text, der gerade in Hinblick auf *De administratione* kaum einen Eindruck von Sugers Absicht und Komposition zuläßt[1].

Das vorrangige Ziel der vorliegenden Übersetzung besteht darin, Hilfe zum besseren Verstehen des Sugerschen Textes zu bieten. Der Grund liegt auf der Hand: Sugers Latein ist bisweilen sperrig, erfordert eine gewisse Übung in stilistischen Besonderheiten des 12. Jahrhunderts und eine Vertrautheit mit verschiedenen Sprachstilen von der theologisch-spekulativen Begrifflichkeit über die liturgische Sprache und religiöse Dichtung bis hin zu Geschichtsschreibung und Urkundensprache. Darüber hinaus bewahrt der lateinische Text der Edition soweit wie möglich die mittelalterliche Schreibung; auch die Interpunktion ist sparsam und manuskriptnah gehalten. Die Regeln und Besonderheiten sind im vorausgehenden Kapitel der Einleitung erläutert[2]. Ein solches historisch angemessenes Erscheinungsbild des hochmittelalterlichen lateinischen Textes erfordert zweifellos von dem damit nicht vertrauten Leser ein gewisses Maß an Einübung. Diese Hemmschwelle zu mindern, ist gleichfalls Absicht der deutschen Übersetzung, die versucht, soweit wie möglich der Sugerschen Syntax zu folgen, ohne diese aber nachahmen zu wollen. Das Ziel war ein lesbarer Text, der dazu einladen möchte, die Sugerschen Schriften auch einmal im Zusammenhang zu lesen. Die deutsche Übersetzung richtet sich ausdrücklich auch an Nicht-Philologen, hofft jedoch nicht weniger, vor Philologen bestehen zu können.

[1] Cf. hierzu in den Beitrag von A. Speer, p. 19.
[2] Cf. den Beitrag von M. Pickavé, pp. 160sq.

Die folgenden Hinweise mögen eine Hilfestellung für den leichten Gebrauch der vorliegenden Ausgabe sein:

(a) Die deutsche Übersetzung folgt der Satzzählung des lateinischen Textes. Darüber hinaus ist jeder Schrift ein Übersichts- und Gliederungsschema vorangestellt. In der Schrift *De administratione* findet sich über weite Strekken eine – allerdings nicht immer konsequent durchgehaltene – Gliederung; diese wurde im Sinne der vorgefundenen Ordnung ergänzt.

(b) Für die *Ortsnamen* wurde die moderne französische Form gewählt; über den Index nominum wie über das Ortsregister können beide Formen ermittelt werden. Ähnlich können auch die Personennamen zweifach über den Index nominum und über das Personenregister aufgesucht werden. Für die *Personennamen* wurde in der Regel die lateinische Form gewählt und nach deutscher Regel mit dem modernen Ortsnamen verbunden.

(c) Ein besonderer Hinweis gilt den im deutschen Text verwendeten *Klammern*:

– runde Klammern ( ) werden wie gewöhnliche Satzzeichen behandelt

– spitze Klammern ⟨ ⟩ umschließen für das Textverständnis wesentliche Ergänzungen

– eckige Klammern [ ] bezeichnen Erläuterungen, die nicht zum Text gehören.

(d) Unter dem deutschen Text finden sich *erklärende und kommentierende Anmerkungen*, die dem Textverständnis dienen oder in aller gebotenen Kürze bestimmte unerläßliche Hintergrundinformationen zu Ereignissen, Personen oder Gegenständen geben. In den Fußnoten nicht noch einmal erwähnt sind alle Hinweise, die bereits im *Similienapparat* unter dem lateinischen Text vermerkt sind. Anders als in den vorliegenden Textausgaben von Erwin Panofsky und Françoise Gasparri, in denen es einen integrierten Anmerkungsteil gibt, wird nicht zuletzt aus methodischen Gründen strikt zwischen den verschiedenen Erläuterungsebenen unterschieden. Neben dem Similienapparat und den erklärenden Fußnoten zur deutschen Übersetzung sei noch auf das *Glossar* verwiesen, das solche Begriffe eingehender erläutert, die bei Suger häufiger vorkommen bzw. von besonderem Gewicht sind. Größere Zusammenhänge werden zudem in den *Aufsätzen der Einleitung* dargestellt; entsprechende Hinweise finden sich mitunter in den Fußnoten zum deutschen Text. Auf diese Weise gibt es für die vorliegenden Schriften ein vierfaches Erschließungsinstrumentarium, das erst im Zusammenspiel seinen ganzen Wert entfaltet.

Verzeichnis der Abkürzungen, Kurztitel und Siglen für den Variantenapparat

Suger-Schriften:

ord	Ordinatio
cons	De consecratione
adm	De administratione

weitere Quellen:

Gesta Dag.	Gesta Dagoberti I regis Francorum, MGH SS rer. Merov. II (ed. B. Krusch, Berlin 1888), pp. 399–425.
Vita Lud. VI.	Vita Ludovici Grossi Regis, in: Suger, Vie de Louis VI le Gros, ed. H. Waquet, Paris 1929 (^{2}1964).
Vita Sug.	Vita Sugerii, in: Suger, Œuvres complètes, ed. A. Lecoy de la Marche, Paris 1867 (ND Hildesheim–New York 1979), pp. 375–411.
Chronica Mon. Cas.	Chronica Monasterii Casinensis, MGH SS XXXIV (ed. H. Hoffmann), Hannover 1980.
Narratio de cons.	Narratio de consecratione ecclesiae Casinensis, ed. T. Leccisotti, in: Le vicende della basilica di Montecassino attraverso la documentazione archeologica, edd. A. Pantoni/T. Leccisotti (Miscellanea Cassinese 36 [1973]), pp. 213–225 (= PL 173, 997–1002).
BR	Benedicti Regula, CSEL 75 (ed. R. Hanslik), Wien 1960.
Chevallier	U. Chevallier, Repertorium hymnologicum, vol. 1–4, Louvain 1892–1922; vol. 5–6, Bruxelles 1921.
Hesbert	R.-J. Hesbert, Corpus Antiphonalium officii, vol. 3/4 (Rerum ecclesiasticarum documenta. Series maior 9/10), Rom 1968/70.
Gallia christ.	Gallia christiana in provinciis ecclesiasticis distributa I–XVI, Paris 1715–1869.

große lateinische Editionsreihen:

CCSL	Corpus Christianorum. Series latina, Turnhout 1954sqq.
CCCM	Corpus Christianorum. Series latina. Continuatio mediaevalis, Turnhout 1971sqq.
CSEL	Corpus scriptorum ecclesiasticorum latinorum, Wien 1866sqq.
MGH	Monumenta Germaniae Historica
PL	Patrologia latina, ed. I. P. Migne, Paris 1844sqq.

Urkundeneditionen und Regesten:

Cartellieri Reg.	O. Cartellieri, Abt Suger von Saint-Denis 1081–1151, Berlin 1898 (Historische Studien XI), Regesten, pp. 125–169.
Doublet	J. Doublet, Histoire de l'Abbaye de S. Denys en France, Paris 1625.
Dufour	J. Dufour, Recueil des actes de Louis VI, 4 vol., Paris 1992–1994.
Große	R. Große, Papsturkunden in Frankreich. Neue Folge. 9. Bd. Diözese Paris II. Abtei Saint-Denis, Göttingen 1998 (Abhandlungen der Akademie der Wissenschaften in Göttingen. Philol.-Histor. Kl. 3. Folge, Nr. 225).
Lecoy	A. Lecoy de la Marche, Œuvres complètes de Suger (Société de l'Histoire de la France, publications no. 139), Paris 1867 (ND Hildesheim-New York 1979).
Luchaire	A. Luchaire, Études sur les actes de Louis VII (Histoire des institutions monarchiques de la France sous les premiers Capétiens. Memoires et documents), Paris 1885.
Tardif	J. Tardif, Monuments historiques. Cartons des rois (Archives de l'Empire. Inventoires et documents), Paris 1866.
Tessier	G. Tessier, Recueil des actes de Charles II le Chauve, Roi de France, 3 vol., Paris 1943–1955.

häufig zitierte Sekundärliteratur:

LexMA	Lexikon des Mittelalters, München–Zürich 1980sqq.
Studienausgabe (1995)	Abt Suger von Saint-Denis, *De consecratione*. Kommentierte Studienausgabe, edd. G. Binding/A. Speer, Köln 1995 (56. Veröffentlichung der Abteilung Architekturgeschichte des Kunsthistorischen Instituts der Universität zu Köln).
Andrieu (1938)	M. Andrieu, Le Pontifical Romain au Moyen Age, I: Le Pontifical Romain du XIIe siècle (Studi e testi 86), Vatikan 1938 (= PR XII).
Atlas historique (1996)	Atlas historique de Saint-Denis. Des origines au XIIIe siècle, ed. M. Wyss, Paris 1996 (Documents d'archéologie française, 59).
Binding (1998)	Der mittelalterliche Bauherr als *sapiens architectus*, Darmstadt ^{2}1998.
Binding/Speer (1993)	G. Binding/A. Speer (edd.), Mittelalterliches Kunsterleben nach Quellen des 11. bis 13. Jahrhunderts, Stuttgart 1993 (^{2}1994).
Cartellieri (1898)	O. Cartellieri, Abt Suger von Saint-Denis 1081–1151, Berlin 1898 (Historische Studien XI).
Craemer-Ruegenberg/Speer (1994)	I. Craemer-Ruegenberg/A. Speer (edd.), *Scientia* und *ars* im Hoch- und Spätmittelalter (Miscellanea Mediaevalia 22), 2 vol., Berlin-New York 1994.
Formigé (1960)	J. Formigé, L'abbaye royale de Saint-Denis. Recherches nouvelles, Paris 1960.
Gasparri (1996)	Suger, Œuvres I: Écrit sur la consécration de Saint-Denis; L'Œuvre administrative; Histoire de Louis VII, ed. F. Gasparri, Paris 1996 (Les classiques de l'Histoire de France au Moyen Âge, 37).
Gerson (1986)	P. L. Gerson (ed.), Abbot Suger and Saint-Denis. A Symposion, New York 1986.
Grant (1998)	L. Grant, Abbot Suger of St-Denis. Church and State in Early Twelfth-Century France, London–New York 1998.
Grodecki, Études I (1976)	L. Grodecki, Études sur les vitraux de Suger à Saint-Denis (XIIe siècle), Corpus Vitrearum, France. Études I, Paris 1976.
Grodecki, Études III (1995)	L. Grodecki, Études sur les vitraux de Suger à Saint-Denis (XIIe siècle), Corpus Vitrearum, France. Études III, Paris 1995.

Le trésor de Saint-Denis (1991)	Le trésor de Saint-Denis, Musée du Louvre, Paris 12 mars – 17 juin 1991 (Ausstellungskatalog), Paris 1991.
Nebbiai-Dalla Guarda (1985)	D. Nebbiai-Dalla Guarda, La bibliothèque de l'abbaye de Saint-Denis en France du IXe au XVIIIe siècle, Paris 1985.
Panofsky (1979)	E. Panofsky, Abbot Suger on the Abbey Church of St.-Denis and its Art Treasures, 2nd ed. by G. Panofsky-Soergel, Princeton 1979.
van der Meulen/Speer (1988)	J. van der Meulen/A. Speer, Die fränkische Königsabtei Saint-Denis. Ostanlage und Kultgeschichte, Darmstadt 1988.

Siglen für den Variantenapparat:

A	: Paris, Bibl. de l'Arsenal, cod. 1030
M	: Paris, Bibl. Mazarine, cod. 2017
O	: Paris, Archives Nationales, K 23 n. 5
P	: Paris, Bibl. Nat., cod. lat. 13835
V	: Vatikan, Bibl. Apost., cod. Reg. lat. 571
g	: Edition Gasparri 1996
l	: Edition Lecoy 1867
p	: Edition Panofsky 1979[1]
App.	: Appendix
+, add.	: addidit, addidunt, addendum usw.
cens.	: censuit usw.
cf.	: confer usw.
coni.	: conicit usw.
corr.	: corrigit, corrigendum usw.
del.	: delevit, delendum usw.
exp.	: expunxit usw.
fort.	: fortasse
inv.	: invertit, invertendum usw.
iter.	: iteravit usw.
man. rec.	: manu recentiore

[1] Zu den Handschriften und Editionen cf. den einleitenden Beitrag von M. Pickavé pp. 147–154.

om.	: omittit, omittunt usw.
scrips.	: scripsimus
sup. lin.	: supra lineam

II. Editionen (mit dt. Übersetzung)

Ordinatio

Gliederung:

1 Protokoll

2–44 Hauptteil

2–4 Einleitung

5–8 die tägliche Speiseration der Brüder
9–11 die erste Mahlzeit
12–14 die zweite Mahlzeit (Abendbrot)
15–21 Kranken- und Armenfürsorge

22–30 Wiederherstellung der Gedächtnisfeiern für Karl (den Kahlen)
31 Bekräftigung der urkundlichen Verfügungen
32 Zuweisung an die Küster

33–35 Baumaßnahmen und Kapellenweihe im Westen, Hinwendung zu den Baumaßnahmen im Osten
36–37 Motivation der Baumaßnahmen im Osten
38–41 Grundsteinlegung für die Baumaßnahmen im Chorbereich am 11. Juli 1140
42–44 Festlegung der Finanzierung

45 Eschatokoll

⟨Ordinatio⟩

(1) In nomine Patris et Filii et Spiritus sancti amen. **(2)** Suggerius beati Dyonisii qualiscumque abbas Dei omnipotentis servitio mancipatis prouidere labores et certaminum sudores quibuscumque seu spiritualium seu temporalium remediis alleuiare, uictualibus, *ne deficiant in uia*, sustentare cum omnibus fidelibus tum precipue prelatis ecclesie coram Deo et honestum et utile arbitramur. **(3)** His siquidem signatum est Domino precipiente, quomodo confouere et contegere eos oporteat bouinis et uaccinis coriis arcam federis Domini ad repellendos imbres tumultuosos et quecumque molesta, in quo idem ipsi exprimuntur, qui prelacionibus actuales ex debito officii ex seipsis habent loco coriorum et confouere et contra omnem molestiam protegere contemplatiuos, qui uere sunt arca diuine propitiationis. **(4)** Eapropter ego Suggerius Dei pacientia ter beati Dyonisii uocatus abbas, mandatorum

codex.: O, *editiones*: *l*, *p*   2 qualiscumque *om.* *l*   10 exprimuntur] exprimunt *l*

5 Mt 15,32
8sq. cf. Ex 26,14sq. u. 36,19

⟨Ordinatio⟩

(1) Im Namen des Vaters und des Sohnes und des Heiligen Geistes. Amen. **(2)** Wir, Suger, wie auch immer Abt von Saint-Denis, glauben, daß es sowohl für alle Gläubigen als auch besonders für alle, die ein leitendes Amt in der Kirche bekleiden, vor Gott ehrenvoll und nützlich ist, Fürsorge zu treffen für diejenigen, die im Dienst für Gott den Allmächtigen stehen, ihnen Mühe und Schweiß ihres Eifers mit jeglicher Art von Hilfsmitteln, sei es geistlicher, sei es weltlicher Art, zu erleichtern, sie mit Mitteln zum Unterhalt zu versorgen, auf daß sie auf ihrem Wege nicht ermatten; **(3)** zumal ihnen durch Gottes Weisung bedeutet wurde, auf welche Weise sie mit Rinds- und Kuhhäuten die Bundeslade Gottes hegen und schützen sollen, um stürmische Regengüsse und Widrigkeiten jeglicher Art abzuhalten; damit sind eben diejenigen gemeint, die, in ihren leitenden Ämtern tätig, aus der Schuldigkeit ihres Amtes heraus die Aufgabe haben, mit ihrer Person statt mit Lederhäuten die kontemplativ Lebenden – die in Wahrheit die Lade der göttlichen Versöhnung sind! – zu hegen und gegen jegliche Widrigkeit zu schützen. **(4)** Ich, Suger, dank Gottes Langmut zum Abt ⟨im Kloster⟩ des dreimal heiligen Dionysius[1] berufen, der ich, obgleich ich die Gebote Gottes

[1] Diese Formel verweist auf die von Abt Hilduin kompilierte Dionysiuslegende, derzufolge der in Saint-Denis bestattete Dionysius, der von Papst Clemens I. nach Gallien gesandte erste Pariser Märtyrerbischof, mit dem Paulusschüler vom Athener Areopag identisch sein sollte. Dieser galt als Autor eines seit Beginn des 6. Jahrhunderts bekannten griechischen Schriftencorpus. Eine Abschrift desselben wurde im Jahre 827 durch den byzantinischen Kaiser Michael II. an Kaiser Ludwig den Frommen in einem Prachtkodex übergeben wird, der seitdem in Saint-Denis aufbewahrt wurde. Hilduin fertigte in der Folge nicht nur die erste lateinische Übersetzung des *Corpus Dionysiacum* an, sondern stellte in der von ihm verfaßten *Passio sanctissimi Dionysii* (PL 106, 23– 50) durch die dreifach verschränkte Dionysiuslegende – Pariser Märtyrerbischof, Paulusschüler und Autor des *Corpus Dionysiacum* – die fränkische Königsabtei, die in Urkunden als „*monasterium ter beati Dyonisii*" bezeichnet wird (cf. Dufour II, p. 338, n. 163, und ibid., p. 465, n. 220), auch in die unmittelbare petrinische und paulinische Sukzession, gewissermaßen als Galliens *altera Roma*. Cf. den Artikel 'Dionysius', in: LexMA III (1986), coll. 1076–1083; ferner van der Meulen/ Speer (1988), pp. 188sqq.

Dei preuaricator ad cor Dei miseratione redire festinans, unde uenerim, quid fecerim et quo ire debeam, in timore et amaritudine anime mee recogitans ad seruorum Dei tutelam tremulus confugio et qui irreligiosus existo religionem eorum toto animo amplectens religiosorum suffragia suppliciter imploro et, ut deuocius et efficatius nobis in spiritualibus sustentando prouideant, in temporalibus eis prouidendo eos sustentare uictualibus confouere deuotissime accuramus.

(5) De prepositura siquidem Vilcassini, que olim ante nos adeo destituta erat, ut uix posset quinque solidos ad cotidianum fratrum generale sufficere, quam in nouitate prelationis nostre Dei auxilio multo sumptu ualida et quod etiam conscientiam meam grauat militari manu ab oppressione aduocatorum et aliorum malefactorum eam excussimus et sicut nobis uidetur duppliciter aut tripliciter aumentando in melius composuimus, generali fratrum quinque solidos diebus quinque in omni ebdomada apponimus, ut in illis semper decem habeant solidos. **(6)** Aliis siquidem duobus diebus uidelicet feria quinta et septima ob reuerentiam sanctarum memoriarum sancte Dei Genetricis et sanctorum martirum quatuordecim solidos in alia ordinatione constituimus, quicquid tamen et in hac et in alia ordinatione ultra quinque solidos consistit, nostro labore ob amorem Dei et sancte regule obseruationem amplificato fratrum numero per Dei misericordiam constare dinoscitur. **(7)** Hanc autem augmentationis cartam communi fratrum nostrorum consensu minui aut in aliquo defraudari perpetuo anathemate, perpetua maledictione prohibemus. **(8)** Hec de generali.

(9) De pulmento autem, quia nescio qua occasione fratribus ab

20 prouideant] + et *l p* 28 eam *del. cens. p* 32 feria] feriis *l* | sanctarum] nostrarum *l p*

23–37 cf. *adm* 37,168–177 und Cartellieri Reg. n. 41, p. 132; Lecoy, p. 328, n. IV [1124]

ständig übertrat, eile, mit Gottes Erbarmen zu seinem Herzen zurückzukehren, der ich in Furcht und Bitterkeit meiner Seele immer wieder bedenke, woher ich gekommen bin, was ich getan habe und wohin ich gehen muß, suche daher zitternd Zuflucht in der Obhut der Diener Gottes; ich, der ich nicht fromm lebe, umfasse liebend mit ganzem Gemüt deren Frömmigkeit, erflehe demütig die Fürsprache der Frommen, und damit sie demütiger und wirksamer für uns sorgen, indem sie in geistlichen Dingen verharren, bemühen wir uns auch, indem wir in zeitlichen Dingen für sie sorgen, in aller Demut sie zu unterstützen und mit Unterhalt zu hegen.

(5) Von der Vogtei im Vexin zumal, welche einst vor uns⟨erer Amtszeit⟩ so heruntergewirtschaftet war, daß sie kaum fünf Solidi zur täglichen Speiseration der Brüder aufbringen konnte: Diese befreiten wir zu Beginn unserer Amtszeit dank Gottes Hilfe mit erheblichem Aufwand, mit starker und – was auch mein Gewissen belastet – mit bewaffneter Hand von der Unterdrückung der Vögte und anderer Übeltäter und versetzten sie, wie uns scheint, doppelt und dreifach ihren Gewinn erhöhend in einen besseren Zustand. ⟨Von ihr⟩ fügen wir an fünf Tagen jeder Woche fünf Solidi für die Speiseration der Brüder hinzu, damit sie an diesen ⟨Tagen⟩ immer zehn Solidi haben. **(6)** Für zwei andere Tage, nämlich den Donnerstag und den Samstag, haben wir in einer anderen Verfügung vierzehn Solidi festgesetzt, aus Ehrfurcht vor den heiligen Gedenktagen der heiligen Mutter Gottes und der heiligen Märtyrer[2]. Dennoch erkennt man, daß alles, was in dieser und der anderen Verfügung mehr als fünf Solidi beträgt, durch unsere Mühe um der Liebe zu Gott und der Befolgung der heiligen Regel willen[3], auch nachdem die Zahl der Brüder gewachsen war, dank Gottes Erbarmen seinen Bestand hat. **(7)** Daß aber die urkundliche Festlegung dieser Vermehrung beschränkt oder in irgendeiner Weise gebeugt werde, das verbieten wir laut gemeinsamem Beschluß unserer Brüder mit ewigem Bannspruch und mit ewiger Verfluchung. **(8)** Soweit über die Speiseration.

(9) Bezüglich der Zukost[4] aber, weil sie ja bei – ich weiß nicht, welcher –

[2] Mit der Bezeichnung „andere Verfügung" bezieht sich Suger auf eine im Jahre 1124 ausgestellte Urkunde (cf. Cartellieri Reg. n. 41, p. 132; ed. Lecoy, pp. 326–331 n. IV), in der er den Donnerstag als Festtag für die Heiligen und den Samstag als Tag der hl. Maria bestimmt und mit besonderen Zuwendungen ausgestattet hatte.

[3] Mit „heiliger Regel" ist die Benediktregel *(Regula Benedicti)* gemeint, auf die Suger auch im weiteren mehrfach Bezug nimmt, so z. B. *ord* 9,41sqq., 12,51sq., 16,69sq., 18,79sq.

[4] Im Unterschied zur allgemeinen Speiseration *(generale)* betreffen Sugers Ausführungen an dieser Stelle die Zukost, die in Ergänzung zu den – je nach Kirchenjahr, der Schwere der Arbeit oder den klimatischen Verhältnissen – täglichen ein bis zwei Mahlzeiten gereicht wurde. Entsprechend der Benediktregel (BR 39) werden ergän-

indicto usque ad octabas beati Dyonisii subtrahebatur, uolumus et constituimus deinceps per totum anni circulum per manus ministrorum monachorum aut laicorum continuatim suppleri et, ne materia his deficiat censum nouum nouorum hospitum, quos hospitari feci in uacua horti terra, quinquaginta uidelicet solidos aut amplius huic apposuimus incremento. **(10)** Hanc etiam pulmenti regulam firmissime teneri tam pro ipsis fratribus quam pro exteriorum pauperum supportatione, qui his et aliis indigent, sine interpelatione sanciendo firmamus. **(11)** Hec itaque de prima.

(12) De secunda uero que cena dicitur tertium confecimus capitulum, que ut conuenientius et solito decentius fecundior fiat, quibusdam olim a nobis aucta est incrementis uidelicet sancti Luciani decimis que ad nos pertinebant uiginti solidorum largitione, qui nobis de superhabundante ab ipsis hortolanis soluebantur, annona etiam que nobis de Petra ficta reddebatur. **(13)** Impresentiarum uero ob amorem et reuerentiam sancte religionis et fratrum nostrorum deuotionem censum etiam eiusdem uille uidelicet centum solidos aut si amplior fuerit et contulimus et perpetuo anathemate indissolubiliter confirmauimus hoc tamen retento, quod eiusdem

45 hospitum *om. l p*

45–47 cf. *adm* 10,60–62
51sq. cf. Cartellieri Reg. n. 41, p. 132; Lecoy, p. 329, n. IV [1124]: *Refectionibus quoque eorum vespertinis, quas dicunt coenas … decimam de Sancto Luciano … contulimus.*
53sq. cf. *adm* 12,68sq.

Gelegenheit den Brüdern vom Lendit[5] bis zur Oktav des heiligen Dionysius[6] entzogen wurde, wollen und bestimmen wir hierauf, daß sie den ganzen Jahreskreis hindurch beständig durch die Hand von Dienstleuten – Mönchen oder Laien – ergänzt werde, und damit ihnen nicht das Mittel dazu fehle, haben wir den neuen Zins neuer Bewirtschafter, die ich auf leerem Gartenland habe unterbringen lassen, nämlich 50 Solidi oder mehr, zum Zweck dieser Vermehrung bereitgestellt. **(10)** Daß auch diese Zukostregelung ganz zuverlässig eingehalten werde, sowohl für die Brüder selbst als auch für die Unterstützung auswärtiger Armer, die an diesen und anderen Dingen Mangel haben, bekräftigen wir, indem wir sie ohne Einspruch⟨srecht⟩ unverbrüchlich festsetzen. **(11)** Dies also über die erste Mahlzeit.

(12) Über die zweite aber, die Abendbrot genannt wird, haben wir einen dritten Beschluß gefaßt: Diese ist, damit sie – angemessener und schicklicher als ⟨bis dahin⟩ gewohnt – reichlicher werde, einst von uns um gewisse Gewinne vergrößert worden, nämlich um die Zehntgaben von Saint-Lucien[7], die uns zustanden, durch Zuwendung von 20 Solidi, die uns aus dem überreichen Ertrag von den Gärtnern selbst gezahlt wurden, und auch mit dem Getreide, das uns von Pièrrefittes(-sur-Seine) gegeben wurde. **(13)** Bei der gegenwärtigen Lage der Dinge aber, um der Liebe und der ehrfürchtigen Ausübung heiliger Frömmigkeit und um der Demut unserer Brüder willen, haben wir auch den Zins desselben Dorfes, nämlich 100 Solidi – oder wenn es mehr gewesen sein sollte – hinzugefügt und mit beständigem Bannspruch unauflöslich festgesetzt, mit der Einschränkung, daß nach der Überlegung

zend zum Brot gekochte Gerichte *(cocta pulmentaria)* gereicht, und zwar zwei verschiedene, um möglichen Unverträglichkeiten Rechnung zu tragen. Sind Obst und Gemüse vorhanden, so kann ein drittes Gericht gereicht werden.

[5] Gemeint ist der Jahrmarkt *(indictum*, daher „Lendit"), der am ersten Mittwoch nach dem Fest des hl. Barnabas (11. Juni) begann und bis zum Vorabend des Festes des hl. Johannes des Täufers (24. Juni) dauerte. Der Lendit, den König Ludwig VI. nach seinem Sieg über Kaiser Heinrich V. im Jahre 1124 durch ein königliches Privileg in seiner äußeren Form wie in seiner Bedeutung für den Kult der heiligen Patronatsmärtyrer wiederherstellte (*„indictum exterius in platea, interius enim sanctorum erat, libentissime reddidit"*; Vita Lud. VI., c. XXVIII [p. 228]; siehe ferner die nach dem 3. August 1124 ausgestellte Urkunde Ludwigs VI. für Saint-Denis [Dufour II, p. 458–466, n. 220]), besitzt für das religiöse und politische Selbstverständnis von Saint-Denis sowie für den Zusammenhang mit der Gründungslegende der Patronatsmärtyrer und ihrer Bestattung in Saint-Denis eine besondere Bedeutung; siehe hierzu A. Lombard-Jourdan, „Montjoie et saint Denis!", Paris 1989, pp. 193–197 und 224–227; ferner den klassischen Aufsatz von L. Levillain, Essai sur les origines du Lendit, in: Revue Historique 155 (1927), pp. 241–276.

[6] 16. Oktober.

[7] Es handelt sich wahrscheinlich um Saint-Lucien in La Courneuve; cf. *adm* 11–13.

monachi cenatoris deliberatione et testificatione uinearum nostrarum de eodem censu ibidem quantum ad nos pertinet collectio fiat. **(14)** Medietas etenim expensarum ad mediatores pertinet uinearum.

(15) Preterea operibus pietatis insistere, infirmorum curam gerere quanti constet ore sacratissimo ipsius audiuimus, qui dicturus est in illa uniuersali et admirabili auditione: *infirmus* fui *et uisitastis me* et contraria contrariis. **(16)** Quod autem ad prelatos potissimum spectet enucleatius edocuit, qui *ouem* morbidam *ad gregem in humeris reportauit*. **(17)** Hac siquidem sollicitudine uotiua angariatus fratres huius ministerii officiales tam presentes quam successuros in hoc ipso uicarios nostros auctoritate Dei commonemus et precipimus, quatinus hylariter, pie et mansuete fratribus egrotantibus, senibus, quibuscumque debilibus secundum diuersas infirmitates diuersis illorum appetitibus condescendant et ministrent tamquam angelis Dei, quoniam caritas est summa monastice religionis. **(18)** Et his quidem primo, secundario uero illis ordinarie seruiant, qui quacumque de causa iussu custodis ordinis in domibus infirmorum cesserint, uidelicet uno ferculo in omni mensa preter illud quod eis a refectorio deportabitur. **(19)** Ut autem hoc possit semper continuari, antiquis eiusdem prepositure redditibus sex libras apponimus, quos labore nostro in burgo adquisiuimus non aliquo malo ingenio sed emptione cuiusdam domus et positione stallorum, de quibus hic census irrefragabiliter debetur. **(20)** Commonemus autem et consulimus fratribus in hoc offitio agentibus quatinus preter ea, que ad exteriorem terrarum curam perti-

70 reportauit *iter. O* 76 angelis] angeli *dubitanter coni. p (cf. Mt 4,11 et Mc 1,13)* 77 secundario uero] sed animo uno *l p* 82 apponimus] addidimus *l p* + qui enim primos … *? sup. lin. (man. rec.?) O* | quos] quas *dubitanter coni. p* 85 hoc *om. l*

---

67 Mt 25,36 (cf. BR 36, 2)

69–70 cf. Mt 18,12 und Lc 15,4–5; cf. besonders Hieronymus, Commentarius in Ecclesiasten, III, 15 (CCSL 72, ed. M. Adriaen, Turnhout 1959, p. 280): … *ouem suis humeris ad gregem reportauit.*

76–77 cf. Petrus Abaelard, Epistula VIII (ed. T. P. McLaughlin, in: Mediaeval Studies 18 [1956], p. 243; PL 178, 258B): … *in quibus* [i. e. lumbos praecingere, omnibus renuntiare, otiosum verbum cavere] *religionis monasticae summam arbitror consistere*; cf. auch Petrus Comestor, Sermo L (PL 198, 1841B): *In his duobus* [i. e. electio et professio] *summa est totius monasticae religionis.*

80–84 cf. *adm* 6,43–48

und dem Zeugnis eines gewissen Mönchs, des Coenators, vom selben Zins unserer Weinberge dort, soweit es uns zusteht, eine Einnahme genommen wird: **(14)** denn die Hälfte der Leistungen steht den Verwaltern der Weinberge zu.

(15) Was es darüber hinaus bedeutet, sich den Werken der Gottgefälligkeit zu widmen und für die Schwachen Sorge zu tragen, das haben wir aus dem hochheiligen Munde dessen vernommen, der in jener an alle ergehenden und wunderbaren Rede sagen wird: „Ich war krank, und ihr habt mich besucht", und das Gegenteil zu denen, für die das Gegenteil gilt. **(16)** Was aber vorrangig diejenigen, die ein leitendes Amt innehaben, angeht, hat er noch gründlicher gelehrt, insofern er das kranke Schaf auf seinen Schultern zur Herde zurückgetragen hat[8]. **(17)** Durch diesen frommen Eifer in die Pflicht genommen, ermahnen wir mit der Autorität Gottes die Brüder, die zu diesem Dienst verpflichtet sind, die derzeitigen ebenso wie ihre Nachfolger, die darin selbst unsere Amtswalter sind, und weisen sie an, sich in Heiterkeit, getreulich und freundlich den kranken Brüdern, den Alten und allen sonstwie Gebrechlichen gemäß ihrer verschiedenen Gebrechen und in ihren verschiedenen Bedürfnissen helfend zuzuwenden und ihnen zu dienen wie den Engeln Gottes – denn die Liebe ist das Höchste der klösterlichen Frömmigkeit; **(18)** und sie sollen zwar diesen [i. e. den Engeln] in erster Linie dienen, an zweiter Stelle aber ordnungsgemäß jenen, die aus welchem Grund auch immer sich in den Häusern der Kranken dem Geheiß des Abtes fügten, nämlich mit einem Gericht zu jedem Tisch über das hinaus, was man ihnen vom Refektorium bringen wird[9]. **(19)** Damit dies aber immer fortgesetzt werden kann, fügen wir zu den alten Einkünften derselben Vogtei sechs Pfund hinzu, welche wir durch unsere Mühe in dem Marktflecken[10] hinzuerworben haben, nicht mit einem böse ersonnenen Betrug, sondern durch den Kauf eines Hauses und durch Einrichtung von ⟨Verkaufs⟩buden, von denen dieser Zins unverbrüchlich beansprucht werden kann. **(20)** Wir tragen aber den Brüdern, die in diesem Amt handeln, auf und raten ihnen, daß außer demjenigen, was auf die äußere Sorge für die Ländereien verwandt

[8] Suger spielt hier offensichtlich auf das Gleichnis vom verlorenen Schaf an. Seine Formulierung läßt darauf schließen, daß er sich auf eine Darstellung aus der Tradition dieses Stoffes stützt, obgleich er nicht dem biblischen Wortlaut folgt. Dort nämlich ist nie von einem kranken Schaf die Rede.

[9] Sugers Ausführungen hinsichtlich der besonderen Fürsorge für die Kranken, die auch bei den Mahlzeiten bevorzugt behandelt wurden, lassen vermuten, daß den Kranken neben der ohnehin gereichten Zukost (cf. oben *ord* 9,41–10,48) pro Mahlzeit ein besonderes Gericht *(ferculum)* gewährt wurde. Ebenso ist den Kranken Fleischverzehr erlaubt (cf. *adm* 55,239–241).

[10] Gemeint ist hier der Ort Saint-Denis. Zur Bezeichung von Saint-Denis als *burgus* oder *castellum* (cf. *adm* 2,26) cf. Atlas historique (1996), pp. 185sqq.

nere oportet, usumfructum totius prepositure fratrum necessitatibus expendat nec aliqua ei occasio aut emendorum palliorum aut aliorum ornamentorum subrepat, sed totum totaliter fratrum necessitatibus reseruetur. **(21)** Quibus etiam debilitati et senio eorum condescendendo ad calefaciendum eos quo ualde egebant tensamentum Garsonis uille nostrum qui de ipsa uilla eorum erat eum perpetuo anathemate confirmauimus.

(22) Porro quoniam paruitatis nostre memoriam presentium et futurorum fratrum delectioni absque precedentibus meritis obnixe commendamus, ut saluti anime nostre proficiat, opere precium duximus imperatorum et maiorum nostrorum, qui eas multa liberalitate, larga munificentia meruerunt fieri uel multo temporum curriculo sopitas ad salutem animarum suscitare et reformare memorias, inter quas incliti et nobilissimi imperatoris Karoli tertii sollemnes memorias recreare et restituere hoc modo censuimus. **(23)** Modus autem idem est, qui in testamento imperialis continetur maiestatis, eo uidelicet quo idem gloriosus imperator nobilem uillam Ruoilum cum appendiciis suis et aquarum foreste beato Dyonisio regia liberalitate contulit. **(24)** Constituit siquidem nobile et quod imperatorem decebat mandatum, quod quidem apud alios et de aliis regibus solet recoli singulis annis dies depositionis anniuersarius ipse suum sibi singulis mensibus pridie nonas mensis fieri decreuit, in capitulo pronuntiari, in monasterio ce-

88 expendat] expendatur *dubitanter coni. p* 89 totum *om. l* 90–91 senio eorum] seniorum *l p* 92 qui] quod *dubitanter coni. p* 93 eum] ei *l p* 99 reformare] informare *l p* 103 idem *om. l* 104 suis] sui *l* 106 quidem] idem *l*

100–149 cf. *adm* 241,1073–255,1132
102–105 cf. Tessier II, p. 349, n. 379 [875 III 27, „Praeceptum" Karls des Kahlen]: *…, villam juris nostri Riogilum, cum omni suarum integritate rerum et mancipiorum … fratribus … domini nostri Dionysii … conferimus et … confirmamus*. Cf. auch Tessier II, p. 651, n. 496 [873 X 9; Fälschung des 11. Jh]: *villam juris nostri Riogilum, cum omni suarum integritate rerum et mancipiorum, cum terris arabilibus … vineis … necnon forestem aquaticam … monachis … domni Dionysii … conferimus et … confirmamus, …*
105–111 cf. Tessier II, p. 349–350, n. 379: *Praeterea ut omni mense ex iam dicta villa* [Riogilum] *fratres generalem de omni re refectionem habeant, decernimus atque sancimus, ita tamen ut hae refectiones non diebus festis, neque loco aliarum refectionum … tribuantur. In his ergo generalibus refectionibus, generalis pro nobis fiat commemoratio … In anniversario quoque obitus nostri, Richildis et Bosonis, similis oratio similisque fiat refectio*. Cf. Tessier II, p. 651–652, n. 496.

werden muß, der Nießbrauch der ganzen Vogtei für die Bedürfnisse der Brüder aufkommen soll, und nicht irgendeine Gelegenheit, Gewänder oder anderen Zierrat zu kaufen, diesem ⟨Nießbrauch⟩ Abbruch tut, sondern er insgesamt gänzlich den Bedürfnissen der Brüder vorbehalten bleibt. **(21)** Indem ich mich in diesen Dingen auch ihrer Altersschwäche zuneigte, habe ich, um sie zu wärmen, unseren Haus- und Hofzins von Garsonville, dessen sie sehr bedurften, als denjenigen ⟨Nießbrauch⟩, der vom Dorf selbst ihnen zustand, mit ewigem Bannspruch festgesetzt.

(22) Da wir das Gedächtnis an unsere Wenigkeit, ohne daß etwa Verdienste vorausgingen, der Liebe gegenwärtiger und künftiger Brüder fest anvertrauen, auf daß es dem Heil unserer Seele diene, haben wir es weiterhin für der Mühe wert gehalten, die Gedächtnisfeiern unserer Kaiser und unserer Vorfahren, die mit großer Mildtätigkeit, mit großer Freigebigkeit deren Einsetzung verdient haben, wenn sie auch durch den langen Lauf der Zeiten dem Schlaf ⟨des Vergessens⟩ anheimgefallen waren, zum Heil ihrer Seelen wieder zu erwecken und wiederherzustellen; unter diesen haben wir die feierlichen Gedächtnisfeiern des erhabenen und alleredelsten Karl ⟨des Kahlen⟩, des dritten Kaisers[11], in dieser Weise wiederzubeleben und wiederherzustellen beschlossen. **(23)** Die Weise aber ist dieselbe, die im Testament[12] seiner kaiserlichen Majestät enthalten ist, in dem nämlich der ruhmreiche Kaiser das edle Dorf Rueil mit seinen Zugaben und denen der Gewässer und des Waldes durch einen Akt königlicher Freigebigkeit dem heiligen Dionysius übertrug. **(24)** Er traf aber eine vornehme Verfügung, die einem Kaiser wohl angemessen war: weil es ja auch bei anderen üblich ist, daß der Begräbnistag – auch von anderen Königen – jährlich wieder begangen wird, bestimmte er selbst, daß seiner für ihn monatlich jeweils am Tag vor den Nonen[13] begangen werde, daß er im Kapitel verkündet und in der ⟨Kloster⟩

[11] Entgegen dem heute üblichen Sprachgebrauch ist hier und an den folgenden Stellen nicht der dritte karolingische Kaiser dieses Namens im frankischen Reich gemeint – der ostfränkische König und Kaiser Karl III. (der Dicke) (876–888; seit 881 Kaiser; seit 885 auch Herrscher im westfränkischen Reich) –, sondern allgemein der nach Karl dem Großen (768–814) und Ludwig dem Frommen (814–840) dritte *Allein*herrscher des gesamtfränkischen Reiches mit imperialer Würde, der zunächst nur in den westlichen Reichsteilen herrschende Karl der Kahle (840–877), ein Sohn Ludwigs des Frommen aus der zweiten Ehe mit der Welfin Judith, der am Weihnachtstag (25. Dezember) des Jahres 875 von Papst Johannes VIII. zum Kaiser gekrönt wurde. Als Laienabt stand er dem Kloster Saint-Denis von 867 bis 877 vor.

[12] Suger bezeichnet Karls Urkunde auffälligerweise als Testament. Wahrscheinlich bedient er sich bei seiner Schilderung der Verfügung Karls nicht der Originalurkunde, sondern einer (im 11. Jahrhundert in Saint-Denis vorgenommenen) Fälschung, die eine umfangreichere Schenkung suggeriert (cf. Apparatus fontium zu den Zeilen 102–105).

[13] In seiner von Suger als 'Testament' bezeichneten Urkunde (wahrscheinlich we-

lebrari, in refectorio de prefate uille reditibus fratribus honestam refectionem adaptari nec illa ignobilior tanti imperatoris predicatur preceptio, quod de usufructu prefate uille septem luminaria septem lampadarum ante sacrosanctum altare sancte Trinitatis indeficienter per successiua secula ardere sanciuit. **(25)** Et quoniam in administratione regni, quocumque terrarum eum imperii necessitas deuocaret, semper tamen pleno animi affectu et preobtabat et designabat ibidem sepeliri, ipsum sepulture sue locum tutissimis sanctarum reliquiarum muniuit presidiis de techa imperialis capelle sibi retinens et in anteriori parte benedicti altaris reponens os brachii sancti Iacobi apostoli fratris Domini, in dextra brachium sancti protomartiris Stephani, in sinistra uero beati martiris et leuite Vincentii, quemadmodum oculis nostris nos ipsi uidimus cum uenerabilibus uiris archiepiscopis Lugdunensi, Remensi, Turonensi, Rothomagensi et episcopis Suessonensi, Beluacensi, Redonensi, Siluanectensi, Aletensi, Meldensi, Venetensi et anuli eius

112 usufructu] usufructo *l* 115 quocumque] quacumque *l* 116 preobtabat] pernoctabat *l p* 118 imperialis] imperiali *l p (cf. adm 250,1117)*

111–114 cf. Tessier II, p. 349, n. 379: ... *eo videlicet jure ut septem luminaria ante altare sanctae Trinitatis, post quod nos humanis solutum legibus sepeliri obtamus, semper tam in die quam et in nocte, sine aliqua extinctionis intercapedine, ardeant, lumenque in praesenti saeculo perpetualiter tribuant* ... Cf. Tessier II, p. 651, n. 496. 116–117 cf. supra 111–114 (app. ad loc.).

kirche feierlich begangen werde, und daß man im Refektorium von den Einkünften des vorgenannten Dorfes den Brüdern ein ansehnliches ⟨Gedächtnis⟩mahl bereite; ferner wird jene nicht minder vornehme Verfügung des erhabenen Kaisers bekannt gemacht, daß er unverbrüchlich festgesetzt hat, es sollten von dem Nießbrauch des vorgenannten Dorfes die sieben Lichter der sieben Lampen vor dem hochheiligen Altar der heiligen Dreifaltigkeit unablässig durch die nachfolgenden Jahrhunderte hindurch brennen. **(25)** Und weil bei der Verwaltung des Reiches, in welche seiner Ländereien auch immer ihn ein Erfordernis der Herrschaft abberief, er dennoch immer voller Inbrunst des Herzens es sich besonders wünschte und bestimmte, daselbst [i. e. in Saint-Denis] bestattet zu werden, sicherte er diesen Ort seiner Bestattung mit dem überaus starken Schutz heiliger Reliquien, indem er diese aus der Schatzkammer seiner kaiserlichen Kapelle für sich bewahrte und in dem vorderen Teil des geheiligten Altars einen Knochen vom Arm des heiligen Apostels Jakobus, des Bruders unseres Herrn, beisetzte, zur Rechten einen Arm des hochheiligen Erzmärtyrers Stephanus, zur Linken aber einen des heiligen Märtyrers und Leviten Vincentius – wie wir selbst mit eigenen Augen gesehen haben[14], zusammen mit ehrwürdigen Männern, den Erzbischöfen von Lyon, Reims, Tours, Rouen und den Bischöfen von Soissons, Beauvais, Rennes, Senlis, Saint-Malo, Meaux und Vannes[15]; und einen Abdruck seines Ringes ⟨auf einer Urkunde⟩ hielten wir für

gen der darin enthaltenen Regelung für einen Gedenktag nach dem Tode) bestimmte Karl der Kahle (a) ein Monatsgedächtnis, für das er lediglich festlegte, daß es nicht mit anderen Festen zusammenfallen sollte, und (b) ein Jahrgedächnis an seinem Todestag.

Suger faßt beide Gedächnisfeiern zusammen, indem er das Monatsgedächnis am Todestag Karls (Tag vor den Nonen des Oktober, i. e. 6. Okt.), das heißt jeden Monat am Tag vor den Nonen feiern läßt. So kann Suger davon sprechen, daß Karl den Tag für sein Monatsgedächtnis selbst bestimmt hätte. Zum Verständnis dieser Datumsangabe muß man berücksichtigen, daß neben der Datierung nach Heiligenfesten im Mittelalter die sog. römische Tagesdatierung weit verbreitet war, die ausgehend von den festen Daten der Kalenden, Nonen (neunter Tag vor den Iden) und Iden – unter Einbeziehung des Anfangstages – jeweils bis zum nächst gelegenen Termin rückläufig zählte. Während die Kalenden stets den Monatsersten bezeichneten, fielen die Iden in den Monaten März, Oktober, Mai und Juli (Merkwort: MOMJul) jeweils auf den 15. eines Monates (und die Nonen entsprechend auf den 7.), in den übrigen Monaten hingegen auf den 13. (die Nonen demnach auf den 5. eines Monats). Auf den Tag vor den Nonen *(pridie nonas)* eines Monats festgelegt, wurde das Gedenken zu Ehren Karls des Kahlen demnach jeweils am 4. bzw. – im März, Mai, Juli und Oktober – am 6. Tag eines Monats feierlich begangen.

14 Hinweis auf die in *adm* 243–250 geschilderte Detectio der erwähnten Reliquien. Zur Frage der Datierung siehe den einleitenden Beitrag von A. Speer, pp. 41sq.

15 Falco von Bothéon, Erzbischof von Lyon 1139–1142; Hugo von Ferté, Erzbi-

impressionem in argumento ueritatis tenuimus, ut prope altare sepultus circumquaque sanctorum pignoribus circumseptus omnem et spiritualem et temporalem euitaret molestiam. **(26)** Que quidem sanctorum pignora hi nobiscum populo Dei ad patrocinandum exposuerunt et reparato altari eodem auro precioso et opere approbato ibidem honorifice reposuerunt. **(27)** Verum quoniam he tanti imperatoris preceptiones, licet auro bullatis cartis sancirentur, emula longeui temporis uarietate quedam tepuerant, quedam omnino defecerant, nos ob amorem et honorem Dei et sanctarum reliquiarum nec minus ad remedium anime domni et serenissimi augusti Karoli communicato cum fratribus nostris consilio eas suscitare et reformare studiose laborauimus, luminaria septem lampadarum que deperierant iugiter ardere decreuimus, decrepita uasa ipsarum lampadarum argentea honeste restituimus, cereum ibidem iugiter ardentem illi, qui solus ante altare beati Dyonisii ardebat, ut indeficienter duo ardeant, concopulauimus, quemadmodum iam ante ipsa sanctorum corpora duo iugiter ardere constituimus, singulis mensibus pridie nonas anniuersarii eius exequia solito sollempnius celebrari firmissime determinauimus,

128 euitaret *dubitanter coni. l p* : euitare *O*

den Erweis der Wahrheit, daß er, nahe beim Altar bestattet, ringsumher von den Unterpfändern der Heiligen schützend umgeben, jeglicher sowohl geistlicher wie zeitlicher Bedrängnis zu entgehen trachtete[16]. **(26)** Diese Unterpfänder der Heiligen nun stellten diese ⟨ehrwürdigen Männer⟩ gemeinsam mit uns dem Gottesvolk aus, um es unter deren Schutz zu stellen, und in demselben Altar, der mit kostbarem Gold und anerkanntem Werk wiederhergestellt war, setzten wir sie daselbst in ehrenvoller Weise wieder bei. **(27)** Weil aber diese Anweisungen des so erhabenen Kaisers – obgleich sie durch Urkunden, die mit goldener Bulle[17] versehen waren, unverbrüchlich festgesetzt wurden – durch die neidische Wechselhaftigkeit der lang währenden Zeit teils nachlässig behandelt, teils gänzlich aufgegeben worden waren, haben wir – aus Liebe und Ehrfurcht vor Gott und den heiligen Reliquien, und nicht weniger für das Seelenheil des Herrn und allergnädigsten Kaisers Karl ⟨des Kahlen⟩ – uns nach gemeinsam mit den Brüdern gefaßtem Beschluß eifrig bemüht, die Anweisungen wiederzubeleben und wieder in Geltung zu setzen; wir ordneten an, daß die Lichter der sieben Lampen, die verlorengegangen waren, beständig brennen sollen; die zerbrochenen Silbergefäße der Lampen selbst stellten wir in ansehnlicher Weise wieder her; das Wachslicht, das daselbst unaufhörlich brannte, fügten wir demjenigen hinzu, das als einziges vor dem Altar des heiligen Dionysius brannte, so daß zwei dort unaufhörlich brennen, wie wir schon angeordnet haben, daß zwei vor den Leibern der Heiligen selbst beständig brennen; wir haben unverbrüchlich festgelegt, daß monatlich jeweils am Tag vor den Nonen[18] die Seelenmesse seines Anniversars feierlicher als üblich gefeiert wer-

schof von Tours 1133–1147; Hugo von Amiens, Erzbischof von Rouen 1130–1164; Ioslenus von Vierzy, Bischof von Soissons 1126–1152; Odo II., Bischof von Beauvais 1133–1144; Hamelinus, Bischof von Rennes 1127–1141; Petrus, Bischof von Senlis 1134–1151; Donaldus, Bischof von Saint-Malo 1120–1144; Manasse, Bischof von Meaux 1134–1158; Evenus, Bischof von Vannes 1137–1143. Der Reimser Bischofsstuhl war für zwei Jahre vakant (1138–1140) und wurde erst am 2. Juni 1140 durch Samson von Mauvoisin wiederbesetzt, der bis zum 22. 9. 1161 als Erzbischof amtierte. Zu dem sich daraus ergebenden Problem der Datierung siehe den einleitenden Beitrag von A. Speer, pp. 41sq.

[16] Diese Urkunde, die den Reliquien beigegeben war, ist nicht mehr erhalten.

[17] Zur Verwendung von Goldbullen – normalerweise eine Ausnahmeerscheinung zur Auszeichnung besonders wichtiger Dokumente – in der Kanzlei Karls des Kahlen cf. R.-H. Bautier, La chancellerie carolingienne et les actes royaux dans les royaumes carolingiens, in: Bibliothèque de l'École des chartes 142 (1984), p. 52 (unter Nennung der hier zur Diskussion stehenden Urkunde); Tessier III, pp. 144sqq. Der von Suger herangezogenen Fälschung der Originalurkunde Karls (cf. oben Anm. 12) war die ursprüngliche Goldbulle angehängt (cf. Tessier II, p. 650).

[18] 4. bzw. 6. Tag des Monats; zu *pridie nonas* siehe *ord* 24,108 (mit Anm. 13).

refectionem hisdem diebus in refectorio irrefragabiliter restituimus. **(28)** Ut autem et continuis luminaribus et determinatis refectionibus conuenientia deesse non ualeant alimenta de supradicta uilla Ruoilo quam his apposuit testamento decem libras in octabis beati Dyonisii assumi inuiolabiliter assignauimus. **(29)** Capiciario sacriste per manum magistri prioris dari instituimus, qui et luminaribus oleum preparare prouideat et exsequiarum refectionibus singulis mensibus decem solidos incessanter subministret. **(30)** Quid est enim quod tantus imperator et tam familiaris et precordialis beati Dyonisii amicus promereri non ualeat, qui eius ecclesiam tot et tantis possessionibus nobilitauit, tot auri et preciosarum gemmarum ornamentis declarauit, insuper ad cumulum omnium bonorum insignibus dominice passionis uidelicet clauo et corona Domini et brachio sancti senis Symeonis tamquam splendidissimo ueri solis iubare irradiantem celeberrime insigniuit.

(31) His ergo et huiuscemodi bene deuoti in capitulo nostro conuenientes hanc renouationis cartam morose et discrete conferentes auctoritate Dei omnipotentis et beatorum martirum Dyonisii sociorumque eius communi etiam et concordi capituli nostri confirmatione approbauimus et lege inconuulsa sanciuimus optestantes et per eum quem effudit Iesus Christus in cruce sanguinem adiurantes, ne quacumque occasione hec institutio destituatur, ne presens carta quacumque persona, quacumque occasione instar defectus antiquarum recidiuam sustineat calamitatem, sed sana et illibata suis institutionibus et capitulis semper et per inconuulsa seculorum secula firmissime consistat. **(32)** Matriculariis etiam quatuor clericis in eadem ecclesia ibidem iugiter desudantibus, ut nostri memoriam habeant, decimam quandam, quam quia de feodo nostro erat a Pagano de Gisortio in Francorum uilla comparauimus, quoniam prebende eorum copia aliquantum tepuerat,

169 per inconuulsa *inv. cens. p*

170sq. cf. *adm* 45,192–195

den solle; das Gedächtnismahl an diesen Tagen im Refektorium haben wir unverbrüchlich wiedereingesetzt. **(28)** Damit aber nicht der Fall eintreten kann, daß die angemessenen Mittel fehlen – sowohl für die beständig brennenden Lichter als auch für die festgesetzten Gedächtnismahlzeiten –, haben wir unabänderlich angewiesen, von dem oben genannten Dorf Rueil, welches der Kaiser in seinem Testament für diese Ausgaben zur Verfügung gestellt hat, zehn Pfund in der Oktav des heiligen Dionysius[19] zu nehmen. **(29)** Wir sorgten dafür, daß sie dem, der als Hüter der kirchlichen Gerätschaften und Sakristan tätig ist, durch die Hand des Magister Prior gegeben werden, der auch dafür sorgen soll, für die Lampen das Öl bereitzuhalten, und der für die Gedächtnismahlzeiten anläßlich der Seelenmessen monatlich zehn Solidi fortgesetzt zur Verfügung stellen soll. **(30)** Denn was gibt es, worauf der so erhabene Kaiser, ein so vertrauter und liebevoller Freund des heiligen Dionysius, nicht das Recht haben könnte, er, der doch dessen Kirche mit so vielen und so bedeutenden Besitzungen geehrt hat, der sie mit so viel Zierrat aus Gold und kostbaren Edelsteinen erstrahlen ließ, der darüber hinaus, alle Güter überhöhend, sie mit den Zeichen der Passion unseres Herrn, nämlich mit einem Nagel und mit der Dornenkrone des Herrn, sowie mit einem Arm des heiligen Greises Simeon in höchst rühmlicher Weise ausgezeichnet hat, so daß sie gleichsam vom strahlendsten Schein der wahren Sonne erstrahlt?

(31) Über diese und derartige Dinge kamen wir – in rechter Weise ergeben – in unserem Kapitel überein, setzten diese Urkunde, die Wiederherstellung betreffend, sorgfältig und gewissenhaft auf, genehmigten sie mit der Autorität des allmächtigen Gottes und der heiligen Märtyrer, des heiligen Dionysius und seiner Gefährten, mit gemeinsamer und einmütiger Bestätigung unseres Kapitels, und setzten sie mit unumstößlichem Gesetz fest, wobei wir versicherten und bei dem Blut, welches Jesus Christus am Kreuz vergossen hat, schworen, daß diese Einrichtung nicht – bei welcher Gelegenheit auch immer – außer Kraft gesetzt werden dürfe, daß die vorliegende Urkunde nicht durch welche Person, bei welcher Gelegenheit auch immer – eine erneute Schädigung wie die Einbuße ⟨infolge⟩ früherer ⟨Schädigungen⟩ hinnehmen dürfe, sondern heil und unversehrt in ihren Einrichtungen und ⟨ihren einzelnen⟩ Punkten immer und durch die ununterbrochene Folge von Jahrhunderten zu Jahrhunderten hindurch in allerfestester Weise Bestand haben solle.

(32) Auch den vier Klerikern, die in ebendieser Kirche daselbst sich als Küster beharrlich mühen, haben wir, damit sie uns in ihr Gebetsgedenken einschließen, einen gewissen Zehnt, den wir, da er von unserem Lehen war, von dem Paganus von Gisors in Franconville[20] ⟨zurück⟩erworben haben,

[19] 16. Oktober.

[20] (Theobaldus) Paganus von Gisors und Neaufles hatte als ein Gefolgsmann der normannischen Herzöge von 1096–1101 die im normannisch-französischen Grenzland

donauimus tam in pane quam in uino excepta illa parte que de clauso proprio uinearum ecclesie assumitur.

(33) Superest siquidem et aliud probabile capitulum quod, licet ex secutione rerum pollicitarum terminabile appareat, tamen, quia ad eternitatis nobis proficere et optamus et speramus retributionem, huic scripto interserere dignum duximus. **(34)** Nono decimo administrationis nostre anno, cum nouo operi in anteriori ecclesie parte libenter et fideliter desudassemus, ipsoque nouo antiquo operi pulchra nouarum columnarum et arcuum conuenientia apte unito superius sancti Romani oratorium, inferius sancti Ypoliti et ex alia parte sancti Bartholomei cum eadem noua ecclesia a uenerabili Rothomagensi archiepiscopo Hugone et aliis uenerabilibus episcopis consecrari fecissemus, ipsisque tribus oratoriis pro dote catholica terram regie domus, quam quater uiginti libris a Willelmo Cornillonensi fauore filiorum et parentum locandam et ospitandam comparauimus, ad luminaria ipsorum oratoriorum in perpetuum confirmassemus, subito sanctorum martirum dominorum et protectorum nostrorum amor et deuotio nos ad augmentandam et amplificandam superioris ecclesie partem capitalem rapuit. **(35)** Nec nos ab huius inceptione illius potuit imperfectio deuocare sperantes in Domino, quod Dei omnipotentia et illi priori et huic operi sequenti aut per nos aut per quos ei placuerit plenum poterit adaptare supplementum.

(36) Huc accessit nostram rapiendo deuotionem, quoniam infra sancti sanctorum locus ille diuinitati idoneus, sanctorum frequen-

177–178 ex secutione] exsecutione *p*

180–209 cf. *cons* 42,233–46,280 und *adm* 167,736–755
188–189 cf. *cons* 44,263 und *adm* 9,58–59
198–209 cf. *cons* 10,81–12,100 und *adm* 164,714–718

geschenkt, und zwar sowohl in Brot als auch in Wein, außer jenem Anteil, der vom eigenen Weingarten für die Kirche genommen wird; denn die Menge ihrer Pfründe hatte ein wenig nachgelassen.

(33) Es steht freilich auch ein anderer beachtlicher Punkt aus; wenngleich er nach der Folge der versprochenen Dinge nur von beschränkter Bedeutung zu sein scheint, haben wir es dennoch für angemessen gehalten, ihn diesem Schreiben einzufügen, da wir wünschen und hoffen, er möge uns zum Lohn des ewigen Lebens beitragen. **(34)** Im 19. Jahr unserer Amtsführung[21], als wir bereitwillig und gläubig unsere Mühe auf das neue Werk im vorderen Teil der Kirche verwandt hatten und, nachdem dieses neue Werk selbst mit dem alten in schönem Zusammenkommen neuer Säulen und Bogen in passender Weise vereint war, oben die Kapelle des heiligen Romanus, unten die des heiligen Hippolyt und auf der anderen Seite die des heiligen Bartholomäus gemeinsam mit dem neuen Kirche⟨nteil⟩ durch den verehrungswürdigen Erzbischof Hugo von Rouen[22] und andere verehrungswürdige Bischöfe hatten weihen lassen, als wir ⟨ferner⟩ für diese drei Kapellen als eine „dos catholica" ein Landstück des königlichen Besitzes, welches wir für 80 Pfund von Wilhelm von Corneil mit Einverständnis seiner Söhne und seiner Angehörigen zur Besiedlung und zur Bewirtschaftung gekauft hatten, auf immer für die Lichter der Kapellen selbst festgelegt hatten, da riß uns plötzlich die Liebe und Hingabe für die heiligen Märtyrer, unsere Herren und Beschützer, hin, den Hauptteil der oberen Kirche zu vergrößern und zu erweitern. **(35)** Und von dessen Beginn vermochte uns auch nicht der noch unvollkommene Zustand jenes ⟨vorherigen Werks⟩ abzurufen, da wir im Herrn hoffen, daß Gottes Allmacht sowohl jenem früheren als auch diesem folgenden Werk – sei es durch uns oder durch welche es ihm gefallen mag – eine vollständige Ergänzung passend verschaffen könne.

(36) Dazu kam es, da unsere Hingabe so reißend ergriffen wurde, weil jener Ort innerhalb des Allerheiligsten[23], für die Gottheit angemessen, hoch-

(dem Vexin) gelegene Burg Gisors Zum Besitz. Als Herr des Ortes Gisors geriet er 1109 mit dem englischen König Heinrich I. in Konflikt. Nachdem er 1123 mit Zustimmung Ludwigs VI. einen vergeblichen Versuch unternommen hatte, die Burg zurückzugewinnen, wurden ihm vom englischen König alle Güter entzogen; schließlich trat er in die Abtei Saint-Martin von Pontoise ein. Suger erwähnt ihn mehrere Male in seinen Schriften: Vita Lud. VI., c. I (p. 10) und c. XVI (p. 102); *adm* 45,193. Cf. auch Orderic Vitalis, Historia Ecclesiastica, lib. X (ed. M. Chibnall, Oxford 1975, pp. 216 und 308sq.) und Lecoy, pp. 427sq. (in beiden Werken werden auch Urkunden erwähnt, in denen Paganus als Zeuge auftritt).

[21] Suger wurde am 12. März 1122 zum Abt ordiniert. Das 19. Amtsjahr bezeichnet somit den Zeitraum vom 12. März 1140 bis zum 11. März 1141.

[22] Hugo von Amiens, Erzbischof von Rouen 1130–1164.

[23] Im Lateinischen liegt eine elliptische Konstruktion vor. Gemeint ist der alte Zen-

tationi angelorum gratissimus tanta sui angustia artabatur, ut nec hora sancti sacrificii in solemnitatibus fratres sacratissime eucharistie communicantes ibidem demorari possent nec aduentantium peregrinorum molestam frequentiam multociens sine magno periculo sustinere ualerent. **(37)** Videres alios ab aliis grauiter conculcari et quod multi discrederent promtas mulierculas super capita uirorum tamquam super pauimentum incedendo niti ad altare concurrere pulsas aliquando et repulsas et pene semimortuas uirorum miserantium auxilio in claustrum ad auram retrocedentes pene extremo spiritu hanelare.

(38) His igitur et huiuscemodi infestationibus toto animi feruore refragari maturantes, collecto uirorum illustrium tam episcoporum quam abbatum conuentu, accita etiam domini ac serenissimi regis Francorum Lugdouici presentia, quemadmodum in capitulo nostro consultum fuerat, pridie idus iulii die dominica ordinauimus ornamentis decoram, personis celebrem processionem. **(39)** Quin etiam manibus episcoporum et abbatum insignia dominice passionis uidelicet clauum et coronam Domini et brachium sancti senis Symeonis et alia sanctarum reliquiarum patrocinia proferentes ad defossa iaciendis fundamentis preparata humiliter ac deuote descendimus. **(40)** Deinde Paracliti Spiritus sancti consolatione inuocata, ut bonum domus Dei principium bono fine concluderet, cum primum ipsi episcopi ex aqua benedicta dedicationis facte

205 promtas] pronitas *l* 207–208 uirorum] uiuorum *l* 208 auram] horam *l p* 210 huiuscemodi] huiusmodi *l p* 211–247 *non apud p* 211 illustrium] illustrius *O* 216 etiam] + in *l* 218–219 proferentes] praeferentes *l*

211–248 = *cons* 50,305–56,341

willkommen den Scharen heiliger Engel, in seiner drangvollen Enge so sehr eingezwängt wurde, daß die Brüder, wenn sie während feierlicher Messen in der Stunde des Opfers an der hochheiligen Eucharistie teilhaben wollten, dort nicht verweilen konnten und häufig nicht ohne große Gefahr das lästige Gedränge der heranrückenden Pilger auszuhalten vermochten. **(37)** Man hätte sehen können, wie die einen von den anderen heftig niedergetreten wurden und – was viele nicht würden glauben wollen – Weiblein, die eifrig über die Köpfe der Männer wie über einen Fußboden zum Altar zu stürzen sich anstrengten, bisweilen hin- und hergestoßen und beinahe halbtot dank der Hilfe mitleidiger Männer in den Kreuzgang an die frische Luft zurückwichen und fast mit letztem Atem keuchten.

(38) Da wir es nun eilig hatten, mit der ganzen Glut des Herzens gegen diese und derartige Belästigungen Widerstand zu leisten, richteten wir, nachdem eine Gemeinschaft angesehener Männer, und zwar Bischöfe und Äbte, versammelt war und auch die Anwesenheit des Herren und ehrwürdigsten Königs der Franken Ludwig ⟨VII.⟩ erbeten worden war, wie wir in unserem Kapitel beschlossen hatten, am Vortag der Iden des Juli[24], an einem Sonntag, eine durch liturgisches Gerät prächtige, durch die Anwesenheit von Persönlichkeiten ausgezeichnete Prozession ein. **(39)** Sogar die Zeichen der Passion unseres Herrn, d. h. den Nagel und die Dornenkrone des Herrn[25], sowie den Arm des heiligen Greises Simeon[26] und die anderen Heiltümer der heiligen Reliquien ließen wir in den Händen von Bischöfen und Äbten öffentlich sichtbar tragen und stiegen demütig und andächtig zu den ausgeschachteten Stellen hinab, die vorbereitet worden waren, um die Fundamente zu legen. **(40)** Dann, als wir den Trost des Heiligen Geistes, unseres Beistandes, herabgerufen hatten, auf daß er den guten Beginn des Gotteshauses mit einem guten Ende abschließe, bereiteten die Bischöfe selbst zunächst aus

tralort des Hauptaltars *(altare principale)* im Bereich der alten Apsis, welche in einer Ringstollenconfessio unter dem Hauptaltar die Sarkophage mit den Reliquien des heiligen Dionysius und seiner Gefährten barg. Rechts und links des „Allerheiligsten" befinden sich die Zugänge zur Krypta wie auch die Aufgänge zum Chorumgang; cf. van der Meulen/Speer (1988), p. 338 (Abb. 27) und p. 344 (Abb. 44). – Zur Bedeutung von *infra* als „innerhalb" cf. Art. 'infra' in: J. F. Niermeyer, Mediae Latinitatis Lexicon Minus, Leiden 1976, p. 534 (bes. n° 1). Cf. auch die entsprechende Beschreibung in *cons* 46,273.

[24] Am 14. Juli 1140.

[25] Die Passionsreliquien zählen zu den zahlreichen Stiftungen, mit denen Karl der Kahle, der seit 867 zugleich Laienabt von Saint-Denis war, die Klosterkirche des heiligen Dionysius bedachte (cf. *ord* 30). Diese Reliquien erfreuten sich einer besonderen volkstümlichen Verehrung (cf. *cons* 11,87–89).

[26] Zum Simeon-Reliquiar siehe die Ausführungen von D. Gaborit-Chopin in: Le trésor de Saint-Denis (1991), p. 47 (mit fig. 4).

proximo quinto idus iunii propriis confecissent manibus cementum, primos lapides imposuerunt ymnum Deo dicentes et *Fundamenta eius* usque ad finem psalmi sollemniter decantantes. **(41)** Ipse enim serenissimus rex intus descendens propriis manibus suum imposuit nosque et multi alii tam abbates quam religiosi uiri lapides suos imposuerunt, quidam etiam gemmas ob amorem et reuerentiam Iesu Christi, decantantes *Lapides preciosi omnes muri tui.*

(42) Nos igitur tanta et tam festiua tam sancti fundamenti positione exhilarati, de peragendo solliciti, uarietatem temporum, diminutionem personarum et mei ipsius defectum pertimescentes communi fratrum consilio assistentium persuasione domini regis assensu annalem redditum his explendis constituimus, uidelicet centum quinquaginta libras de gazophilatio, idest de oblationibus altaris et reliquiarum, centum in indicto et quinquaginta in festo sancti Dyonisii, quinquaginta etiam de possessione sita in Belsa que dicitur Villana prius inculta, sed auxilio Dei et nostro labore composita et ad ualens quater uiginti librarum singulis annis adaptata. **(43)** Que si quocumque infortunio his explendis deficeret, alia Belsa nostra, quam duppliciter aut tripliciter in redditibus augmentauimus, suppleret. **(44)** Has autem ducentas libras preter ea, que ad arcam gazofilatii deuocione fidelium deportabuntur uel quecumque ipsi utrique operi offerentur, tantum continuari ipsis

235 annalem] annualem *l*

224–225 Ps 86
229–230 Antiphon Lapides preciosi, cf. Hesbert n. 3578
238–241 cf. *adm* 73,330–337

dem Weihwasser der kürzlich, fünf Tage vor den Iden des Juni[27], vollzogenen Weihe mit eigenen Händen den Mörtel zu und legten ⟨dann⟩ die ersten Steine hinein; dabei sangen sie für Gott einen Hymnus und sangen das „Fundamenta eius" bis zum Ende des Psalms in feierlicher Weise. **(41)** Nun stieg der erlauchteste König selbst hinab und legte seinen Stein mit eigenen Händen nieder. Auch wir und viele andere, Äbte wie Mönche, legten unsere Steine hinein – einige auch, aus Liebe und Ehrerbietung vor Jesus Christus, Edelsteine – und sangen „Lapides preciosi omnes muri tui"[28].

(42) Erleichtert, da nun die so erhabene und feierliche Handlung, in der man das so heilige Fundament gelegt hatte, vollzogen war, waren wir jedoch besorgt um die Vollendung und fürchteten die Unbeständigkeit der Zeiten, den Verlust mancher Personen und auch unseren eigenen Tod. Wir bestimmten daher nach der gemeinsamen Beratung der Brüder, der Überzeugung der Anwesenden und der Zustimmung des Herrn Königs eine jährliche Abgabe, um dies vollständig auszuführen: und zwar 150 Pfund aus dem Gazophilatium[29], nämlich von den Gaben für den Altar und die Reliquien, und zwar 100 am Jahrmarktstage[30] und 50 am Fest des heiligen Dionysius[31], ferner 50 aus der in der Beauce gelegenen Besitzung namens Villaines, früher unbebaut, aber durch den Beistand Gottes und durch unsere Arbeit wohlgeordnet und bis zu einem Ertrag von gut 80 Pfund pro Jahr hergerichtet. **(43)** Sollte diese durch irgendein Unglück für den Betrag, der für die Ausführung dieser Dinge vorgesehen ist, nicht aufkommen können, so soll unsere andere Besitzung in der Beauce, deren Abgaben wir um das Doppelte oder Dreifache vermehrt haben, ⟨den Fehlbetrag⟩ ersetzen. **(44)** Wir bekräftigen aber, daß diese 200 Pfund, abgesehen von dem, was durch die Ergebenheit der Gläubigen zum Geldkasten des Gazophilatiums hinzugebracht wird oder was auch immer für die beiden Werke selbst dargeboten wird, so

[27] Gemeint ist die am 9. Juni 1140 vollzogene und oben *(ord* 34) beschriebene Weihe des Westbaus.

[28] Zur Grundsteinlegung, für die es vor dem 13. Jahrhundert noch keine eigene liturgische Form gibt, greift Suger hier offensichtlich auf Elemente der Kirchweihliturgie zurück. Cf. A. W. Robertson, The Service-Books of the Royal Abbey of Saint-Denis, Oxford 1991, p. 236 (bes. Anm. 52), und E. B. Foley, The First Ordinary of the Royal Abbey of St.-Denis in France, Fribourg 1990, pp. 496–498. Zur Rekonstruktion des Ablaufs der Liturgie der Grundsteinlegung cf. H. P. Neuheuser, Die Kirchweihbeschreibungen von Saint-Denis, in: Binding/Speer (1993), pp. 139sq.

[29] Opferkasten vor dem Hauptaltar (siehe den entsprechenden Glossarartikel *gazophilatium)*.

[30] Gemeint ist der 'Lendit'; cf. *ord* 9,43.

[31] 9. Oktober.

operibus firmauimus, donec totaliter absque ulla questione et ipsa edificia et anteriora et superiora cum suis turribus omnino honorifice compleantur.

(45) Actum in communi capitulo beati Dyonisii presentibus personis que subterscribuntur quarum auctoritas sub anathemate confirmauit predicta capitula.

Signum Milonis Morinorum episcopi
Signum Guarini Ambianensis episcopi
Signum Gaufredi Charnotensis episcopi
Signum Hugonis Turonensis archiepiscopi
Signum Sansonis Remorum archiepiscopi
Signum Gosleni Suessionis episcopi
Signum Odonis Belleuacensis episcopi
Signum Rotberti abbatis Corbeie

254 Charnotensis] carnotensi *l*

lange nur für diese Werke abgeführt werden, bis diese Bauten, sowohl der vordere als auch der obere, mit ihren Türmen[32] vollständig und zur Gänze in ehrenvoller Weise vollendet sein werden, ohne daß noch etwas fehlte.

(45) Verhandelt im gemeinschaftlichen Kapitel zu Saint-Denis in Anwesenheit der Persönlichkeiten, die unten aufgeführt werden, deren Autorität unter Bannspruch die vorgenannten Beschlüsse bestätigt hat.
Siegel des Bischofs Milo von Thérouanne.
Siegel des Bischofs Guarinus von Amiens.
Siegel des Bischofs Gaufredus von Chartres.
Siegel des Erzbischofs Hugo von Tours.
Siegel des Erzbischofs Samson von Reims.
Siegel des Bischofs Ioslenus von Soissons.
Siegel des Bischofs Odo von Beauvais.
Siegel des Abtes Robert von Corbie[33].

[32] Die Bedeutung von *turris* ist ebensowenig eindeutig wie die Vorstellung des mit *turris* Bezeichneten: Während die Grundbedeutung „Turm" für den Westbau wohl zutreffend ist, darf diese Passage umgekehrt nicht als Beleg für das Vorhandensein von Chorflankentürmen im Osten gelten, kann doch *turris* auch das Chorhaupt im ganzen bezeichnen. Cf. hierzu die ausführliche Belegsammlung im Beitrag von R. Hoyer, „Turris" und Sakralbau, in: van der Meulen/Speer (1988), pp. 212–229.

[33] Milo, Bischof von Thérouanne 1131–1158; Guarinus von Châtillon-Saint-Paul, Bischof von Amiens 1127–1144; Gaufredus II. von Lèves, Bischof von Chartres 1116–1149; Hugo von Ferté, Erzbischof von Tours 1133–1147; Samson von Mauvoisin, Erzbischof von Reims 1140–1161; Ioslenus von Vierzy, Bischof von Soissons 1126–1152; Odo II., Bischof von Beauvais 1133–1144; Robert, Abt von Corbie 1123–1142.

De consecratione

Gliederung:

1–7 Prolog

8–15 Einleitung
- 8–9 Dagoberterzählung und Dagobertbau
- 10–13 Notwendigkeit der Baumaßnahmen
- 14–15 Sugers autobiographische Motive

16–48 Baumaßnahmen im Westen
- 16 Baubeginn im vorderen Teil (Westbau)
- 17–21 Bereitstellung der erforderlichen Mittel
- 22–31 Säulen-Mirakel
- 32–41 Balken-Mirakel
- 42–43 Weihe des Westbaus
- 44–45 Beleuchtungskosten und Weihedatum

46–97 Baumaßnahmen im Osten
- 46–47 Entschluß zu Bauarbeiten im Bereich der Ostanlage
- 48–49 erforderliche Baumaßnahmen im Osten
- 50–53 Grundsteinlegung im Osten
- 54–56 Finanzierungsfragen
- 57–58 Fortgang der Arbeiten
- 59–66 Vorbereitung der Reliquien-Translation und Ausschmükkung des neuen Altares
- 67–69 Gewölbebogen-Mirakel
- 70–73 Schaffleisch-Mirakel
- 74–76 Festsetzung und Bekanntgabe des Weihetages
- 77–79 Gästeliste
- 80–82 Vorbereitungen für die Weiheliturgie
- 83–97 Weiheliturgie der östlichen Choranlage

98 Schlußgebet

⟨De consecratione⟩

(1) Die wunderbare Kraft der einen und einzigartigen höchsten Vernunft bringt mildernd den Gegensatz zwischen Menschlichem und Göttlichem zum Ausgleich, und was einander durch die Niedrigkeit seines Ursprungs und die Gegensätzlichkeit seiner Natur zu widerstreben scheint, das verbindet sie allein durch das glückliche Zusammenstimmen der einen höheren, wohl ausgeglichenen Harmonie. **(2)** Diejenigen, die sich wahrhaftig bemühen, in der Teilhabe an der höchsten und ewigen Vernunft Anteil an der Herrlichkeit zu erhalten, widmen sich eifrig der Erforschung und Beurteilung des Ähnlichen, Unähnlichen und Gegensätzlichen, wobei sie auf dem Thron des scharfsinnigen Geistes gleichsam bei einem Tribunal über die ständige Auseinandersetzung zu Gericht sitzen; mit Hilfe der Liebe schöpfen sie zu ihrem Heil in der Quelle der Vernunft der ewigen Weisheit, wodurch sie dem inneren Kampf[1] und dem inneren Aufruhr Widerstand leisten können; indem sie Geistiges dem Körperlichen, Ewiges dem Vergänglichen der körperlichen Sinnenhaftigkeit vorziehen, setzen sie die Beschwernisse und schweren Bedrängnisse der äußeren Sinne hintan; indem sie sich selbst von deren Bedrückung erheben und die Sehkraft des Geistes unerschütterlich auf die Hoffnung ewigen Lohnes heften, widmen sie sich voller Eifer nur dem, was ewig ist, Wünsche des Fleisches vergessen sie, um anderes zu

[1] Das Bild des *bellum intestinum* als Zustand der inneren Zerrissenheit zwischen Körperlichem und Geistigem stammt aus den Schriften des Augustinus; cf. De civitate Dei XIX, 4 (CCSL 48 [edd. B. Dombart/A. Kalb, Turnhout 1955], p. 666,80sq.); Epistola 186 (CSEL 57,4 [ed. A. Goldbacher, Wien–Leipzig 1911], pp. 79,9sq.); Contra Julianum (PL 44, 856).

⟨De consecratione⟩

(1) ⟨D⟩iuinorum humanorumque disparitatem unius et singularis summeque rationis uis admirabilis contemperando coequat et que originis inferioritate et nature contrarietate inuicem repugnare uidentur, ipsa sola unius superioris moderate armonie conueniencia grata concopulat. **(2)** Cuius profecto summe et eterne rationis participatione qui gloriosi effici innituntur, crebro in solio mentis argute quasi pro tribunali residentes de concertatione continua similium et dissimilium et contrariorum inuentioni et iuditio insistunt; in eterne sapientie rationis fonte caritate ministrante, unde bello intestino et seditioni interiori obsistant, salubriter exhauriunt; spiritualia corporalibus eterna deficientibus preponentes corporee sensualitatis, exteriorum sensuum molestias et grauissimas angarias postponunt; ab earum oppressione seipsos subleuantes solidissimam mentis aciem in spem eterne infigentes remunerationis eternitati tantum studiose obsecuntur, carnalia desideria in

codices: AV (textus excerptus: M [cf. App.]), editiones: g, l, p 3 contrarietate] con contrarietate *A V*

6–7 cf. Augustinus, In Iohannis Evang., tract. 33, 5 (CCSL 36 [ed. R. Willems, Turnhout 1954], p. 308,20–22): *Consideret se unusquisque uestrum, intret in semetipsum, ascendat tribunal mentis suae, constituat se ante conscientiam suam*; Enarrationes in Psalmos, ps. 49,28 (CCSL 38/39 [edd. E. Dekkers/J. Fraipont, Turnhout 1956], p. 596,38): *Ascende tribunal mentis tuae, esto tibi iudex*; ps. 57,2 (p. 709,25–26): *Iudicis tribunal est in mente tua*; Ambrosius, Expositio Psalmi CXVIII, 20, 50 (CSEL 62,5 [ed. M. Petschenig, Wien 1913], p. 469,13–23): *Ergo in persecutionibus interioribus est fidelis et fortis, ut et istis forensibus persecutionibus adproberis. et in intimis persecutionibus sunt reges et praesides … habent etiam isti reges tribunal in mentibus plurimorum.*
10 cf. S. Bernardus Clarevallensis, In festivitate omnium sanctorum sermo 5, 8 (S. Bernardi Opera omnia V [edd. J. Leclercq/H. Rochais, Rom 1968], p. 366,22–24): *Vicina nimirum lucta et intestina seditio, bellum non civile, sed domesticum, spiritus adversus carnem et caro adversus spiritum concupiscens.*

⟨De consecratione⟩

(1) Die wunderbare Kraft der einen und einzigartigen höchsten Vernunft bringt mildernd den Gegensatz zwischen Menschlichem und Göttlichem zum Ausgleich, und was einander durch die Niedrigkeit seines Ursprungs und die Gegensätzlichkeit seiner Natur zu widerstreben scheint, das verbindet sie allein durch das glückliche Zusammenstimmen der einen höheren, wohl ausgeglichenen Harmonie. **(2)** Diejenigen, die sich wahrhaftig bemühen, in der Teilhabe an der höchsten und ewigen Vernunft Anteil an der Herrlichkeit zu erhalten, widmen sich eifrig der Erforschung und Beurteilung des Ähnlichen, Unähnlichen und Gegensätzlichen, wobei sie auf dem Thron des scharfsinnigen Geistes gleichsam bei einem Tribunal über die ständige Auseinandersetzung zu Gericht sitzen; mit Hilfe der Liebe schöpfen sie zu ihrem Heil in der Quelle der Vernunft der ewigen Weisheit, wodurch sie dem inneren Kampf[1] und dem inneren Aufruhr Widerstand leisten können; indem sie Geistiges dem Körperlichen, Ewiges dem Vergänglichen der körperlichen Sinnenhaftigkeit vorziehen, setzen sie die Beschwernisse und schweren Bedrängnisse der äußeren Sinne hintan; indem sie sich selbst von deren Bedrückung erheben und die Sehkraft des Geistes unerschütterlich auf die Hoffnung ewigen Lohnes heften, widmen sie sich voller Eifer nur dem, was ewig ist, Wünsche des Fleisches vergessen sie, um anderes zu

[1] Das Bild des *bellum intestinum* als Zustand der inneren Zerrissenheit zwischen Körperlichem und Geistigem stammt aus den Schriften des Augustinus; cf. De civitate Dei XIX, 4 (CCSL 48 [edd. B. Dombart/A. Kalb, Turnhout 1955], p. 666,80sq.); Epistola 186 (CSEL 57,4 [ed. A. Goldbacher, Wien–Leipzig 1911], pp. 79,9sq.); Contra Julianum (PL 44, 856).

De consecratione

Gliederung:

1–7 Prolog

8–15 Einleitung
- 8–9 Dagoberterzählung und Dagobertbau
- 10–13 Notwendigkeit der Baumaßnahmen
- 14–15 Sugers autobiographische Motive

16–48 Baumaßnahmen im Westen
- 16 Baubeginn im vorderen Teil (Westbau)
- 17–21 Bereitstellung der erforderlichen Mittel
- 22–31 Säulen-Mirakel
- 32–41 Balken-Mirakel
- 42–43 Weihe des Westbaus
- 44–45 Beleuchtungskosten und Weihedatum

46–97 Baumaßnahmen im Osten
- 46–47 Entschluß zu Bauarbeiten im Bereich der Ostanlage
- 48–49 erforderliche Baumaßnahmen im Osten
- 50–53 Grundsteinlegung im Osten
- 54–56 Finanzierungsfragen
- 57–58 Fortgang der Arbeiten
- 59–66 Vorbereitung der Reliquien-Translation und Ausschmükkung des neuen Altares
- 67–69 Gewölbebogen-Mirakel
- 70–73 Schaffleisch-Mirakel
- 74–76 Festsetzung und Bekanntgabe des Weihetages
- 77–79 Gästeliste
- 80–82 Vorbereitungen für die Weiheliturgie
- 83–97 Weiheliturgie der östlichen Choranlage

98 Schlußgebet

admirationem et spectaculum aliorum obliuiscuntur; summe rationis hoc modo et eterne beatitudinis consortio promittente unigenito Dei filio *in patientia possidebitis animas uestras* se gloriose conscientie merito uniri gratulantur. **(3)** Quod tamen conditionis prime corruptione depressa et grauiter sauciata humanitas, presentia potius amplectens quam futura exspectans nullomodo sustineret, si non etiam rationis et intelligencie humane rationabilis summe et diuine caritatis copiosa administratio hoc ipsum effectui mancipare misericorditer subpeditaret. **(4)** Vnde legitur et *misericordia eius super omnia opera eius.* **(5)** Ex quo quidem cum aliis audacter et ueraciter profitemur, quod quanto sola misericordia *saluos nos facit per lauacrum regeneracionis et renouationis Spiritus sancti*, tanto nos gratissimo purificate mentis holocausto pro toto uelle et posse iustitiam nostram, quantumcumque et ipse dederit, supplici ei deuotione offerre elaboremus, ut ipse qui potest ut Deus, qui debet ut creator, si non resistimus, disparitatem istam periculosam in nobis parificet, contrarietatis intestine inimicitias, quas in amiticie eius amissione prima preuaricatione incurrimus, ea ineffabili karitate, qua diuinitatem suam captiuate humanitati nostre ineffabiliter et inseparabiliter uniuit, dissoluat, sopita carnalitatis grauissima molestia tumultuque uiciorum sedato pacato habitaculo interiora repugnantia pacificet, ut mente et corpore expediti gratam ei offerentes seruitutem beneficiorum etiam inmensorum eius circa nos et nobilem, cui nos preferri sustinuit, ecclesiam replicare et predicare ualeamus largitatem, ne, si muti in laudem eius extiterimus, beneficiorum eius ob hoc defectum incurramus et uocem illam terribiliter audiamus: **(6)** 'Non est inuentus *qui rediret et daret gloriam Deo.*' **(7)** *Iustificati igitur ex fide* pace nostra interiori secundum apostolum *pacem* apud *Deum* habentes unum et inter multos singulare diuine largitatis beneficium more eorum, qui ad gratificandum impertita dona donatoribus

18 Dei filio *inv. A* 24 et *om. l p* 26 profitemur *l p*: proferemur *A g* profemur *V*

18 Lc 21,19
24–25 Ps 144,9 (cf. P. Sabatier, Bibliorum sacrorum Latinae versiones antiquae II, Reims 1743 [Repr. Turnhout 1976], p. 280)
27–28 Tit 3,5
43 Lc 17,18
43–44 Rm 5,1

bewundern und zu schauen; und da Gottes eingeborener Sohn verspricht: „Im geduldigen Ausharren werdet ihr euer Leben besitzen“, preisen sie sich glücklich, auf diese Weise mit der Gemeinschaft der höchsten Vernunft und der ewigen Glückseligkeit aufgrund des Verdienstes ihres Gewissens in Herrlichkeit vereint zu werden. **(3)** Die menschliche Natur aber, die niedergedrückt und schwer verwundet ist durch die Verderbtheit, die ihr ursprünglicher Zustand erlitten hat, und die eher Gegenwärtiges liebevoll umarmt als auf Künftiges ihre Erwartung setzt, würde davor in keiner Weise bestehen, wenn nicht auch die an höchster und göttlicher Liebe reiche Leitung der Vernunft und der vernünftigen menschlichen Einsicht barmherzig zu Hilfe käme, um dies selbst zur Wirkung zu bringen. **(4)** Und so liest man auch: „Sein Erbarmen waltet über all seinen Werken“. **(5)** Deshalb nämlich bekennen wir mit anderen furchtlos und aufrichtig: In dem Maße, wie die alleinige Gnade uns durch das Taufbad der Wiedergeburt und der Erneuerung im Heiligen Geist Heil bringt, wollen wir uns mit all unserem Wollen und Können bemühen, unsere Gerechtigkeit durch das sehr angenehme Brandopfer eines geläuterten Geistes ihm in demütiger Ehrfurcht darzubieten, wieviel auch immer er selbst gegeben hat, damit er, der dies vermag, weil er Gott ist, und es ⟨uns⟩ schuldet, da er Schöpfer ist, diese gefährliche Ungleichheit in uns zum Ausgleich bringe, wenn wir uns nicht widersetzen; damit er die Feindseligkeiten der inneren Gegensätzlichkeit, in die wir nach dem Verlust seiner Freundschaft durch die erste Übertretung geraten sind, durch die unaussprechliche Liebe auflöse, durch welche er seine Gottheit in unaussprechlicher und untrennbarer Weise mit unserer versklavten Menschheit vereinigt hat; und daß er, nachdem die außerordentliche Beschwernis der Fleischlichkeit gelindert, nachdem der Aufruhr der Laster beruhigt und die Wohnstatt befriedet worden ist, den inneren Widerstreit befriede, damit wir, an Geist und Körper bereit, ihm unsere freudige Unterwerfung anbieten und so die Kraft haben, die Freigebigkeit seiner unermeßlichen Wohltaten gegenüber uns und der edlen Kirche, der vorzustehen er uns gestattete, immer erneut zu bedenken und zu preisen, damit wir nicht, sollten wir uns bei seinem Lob stumm erzeigen, Gefahr laufen, deswegen seiner Wohltaten verlustig zu gehen, und jene Stimme hören, die in furchterregender Weise spricht: **(6)** „Es fand sich niemand, der umkehrte und Gott die Ehre gab“. **(7)** Gerechtfertigt durch den Glauben, haben wir daher in unserem inneren Frieden, wie der Apostel sagt, unseren Frieden bei Gott, und so haben wir nach der Art derjenigen, die, um ihren Gebern für die gewährten Geschenke zu danken, aus freien Stücken darüber berichten, dieses eine und bei vielen

suis ultro referunt, in medium proferentes gloriosam et Deo dignam sancte huius ecclesie consecrationem preciosissimorum martirum dominorum et apostolorum nostrorum Dyonisii, Rustici et Eleutherii et aliorum sanctorum, quorum prompto innitimur patrocinio, sacratissimam translationem ad successorum noticiam stilo assignare elaborauimus, qua de causa, quo ordine, quam sollempniter, quibus etiam personis idipsum actum sit, reponentes, ut et diuine propitiacioni pro tanto munere condignas pro posse nostro gratiarum acciones referamus et sanctorum protectorum nostrorum tam pro impensa tanti operis cura quam pro tante sollempnitatis adnotatione oportunam apud Deum optineamus intercessionem.

(8) Gloriosus et famosus rex Francorum Dagobertus, uir etsi in regni administratione magnanimitate regia conspicuus nichilominus tamen ecclesie Dei deuotus, cum ad declinandam patris sui Clotharii magni intolerabilem iram Catulliacum uicum aufugisset et sanctorum martirum ibidem quiescentium effigies uenerandas tamquam pulcherrimos uiros niueis uestibus comptos seruitium suum requirere et auxilium promittere incunctanter uoce et opere comperisset, basilicam sanctorum regia munificentia fabricatum iri affectu mirabili imperauit. **(9)** Quam cum mirifica marmore-

47 Deo *om. l* 49 martirum] nostrorum *l* | nostrorum *om. l* 53 idipsum *l* id- *ex* ad *corr. cens. g p*: ad ipsum *AV* 62 magni *om. l*

52–53 cf. Narratio de cons., p. 219a3–8 (= PL 173, 997B): *Qualiter huius sancti et venerabilis cenobii nova ecclesia quove tempore vel a quibus personis funditus renovata, constructa et dedicata sit ... litteris utcumque mandare*. Ebenso p. 221a1–3 (= PL 173, 998C): *Id tantum quanta gloria quantaque frequentia sit consecrata, pro posse narrabo*.
59 cf. Vita Lud. VI., c. I (p. 4): *Gloriosus igitur et famosus rex Francorum Ludovicus ...*
61–66 cf. Gesta Dag., p. 403,17–19: ... *Dagobertus, quia patri resistere nec fas nec possibile erat, in eo se illi obniti posse, iuste credidit, si in aedem praefatam beatorum martyrum iram patris declinans concederet*. Cf. auch p. 403,32–40: *Interea ... Dagobertum ... somnus repente corripit, eique prono ita coniacenti adstant tres viri et corporum liniamentis et vestium nitore conspicui. Cumque in eos stupefactus intenderet, unus eorum, qui socios praestare veneranda canicie et auctoritate videbatur, sic eum affatus est: '... si memoriam nostri te ornatum ire promittis, hac te possumus quam pateris liberare angustia et in cunctis, auxiliante Deo, praestare suffragium'*.
64 cf. Gesta Dag., p. 421,32sq.: ... *repente apparuisse praecellentissimos viros niveis comptos vestibus ...*

einzigartige Geschenk göttlicher Freigebigkeit bekannt gemacht und uns befleißigt, die herrliche und vor Gott würdige Weihe dieser heiligen Kirche sowie die hochheilige Translation der uns allerteuersten Märtyrer, unserer Schutzpatronen und Apostel Dionysius, Rusticus und Eleutherius, sowie der anderen Heiligen, auf deren gnädigen Beistand wir uns stützen, zur Kenntnis unserer Nachfolger niederzuschreiben; dabei legten wir dar, warum, gemäß welcher Ordnung, wie feierlich und auch durch welche Persönlichkeiten dieses vollzogen wurde, um sowohl der göttlichen Gnade für diese so große Gabe, soweit wir es vermögen, besonders würdigen Dank abzustatten als auch für die aufgewandte Sorge um das so große Werk wie für den Bericht über derart große Feierlichkeiten der günstigen Fürsprache unserer Schutzheiligen bei Gott teilhaftig zu werden.

(8) Der ruhmreiche und berühmte Dagobert ⟨I.⟩[2], König der Franken, ein Mann, der zwar für seine königliche Großherzigkeit bei der Führung des Reiches bekannt, nicht weniger aber der Kirche Gottes ergeben war, war in den Ort Catulliacum[3] geflohen, um dem unerträglichen Zorn seines Vaters, Chlothars des Großen[4], zu entgehen. Als er in Wort und Tat erfahren hatte, wie die ehrwürdigen Erscheinungen der dort ruhenden heiligen Märtyrer als sehr schöne, mit schneeweißen Gewändern bekleidete Männer[5] seinen Dienst verlangten und unverzüglich ihre Hilfe versprachen, befahl er mit staunenswerter Leidenschaft, daß durch einen Akt königlicher Freigebigkeit eine Kirche der Heiligen gebaut werde. **(9)** Er hatte diese mit wunderbarer

[2] Dagobert I., geb. ca. 608, Unterkönig 623, König des Gesamtreiches 629, gest. 638/9.

[3] Römischer Name für Saint-Denis. Erstmals als Begräbnisort des heiligen Dionysius erwähnt in der *Vita Genovefae*, c. 17: „*Quanta veneratione et amore dilexit Catulacensum vicum, in quo sanctus Dionisius et passus est et sepultus* [...]“, deren älteste Überlieferung in das beginnende 6. Jahrhunderts datiert werden kann; siehe M. Heinzelmann/J.-C. Poulin, Les Vies anciennes de sainte Geneviève de Paris, Paris 1986, p. 55.

[4] Chlotar II. geb. 584, Unterkönig 584; König des Gesamtreiches 613; gest. 629.

[5] Gemeint sind Dionysius, Rusticus und Eleutherius.

arum columpnarum uarietate componens copiosis purissimi auri et argenti thesauris inestimabiliter locupectasset ipsiusque parietibus et columpnis et arcubus auro tectas uestes margaritarum uarietatibus multipliciter exornatas suspendi fecisset, quatinus aliarum ecclesiarum ornamentis precellere uideretur et omnimodis incomparabili nitore uernans et omni terrena pulcritudine compta inestimabili decore splendesceret, hoc solum ei defuit, quod quandam oporteret magnitudinem non admisit, non quod aliquid eius deuotioni aut uoluntati deesset, sed quod forsitan tunc temporis in primitiua ecclesia nulla adhuc aut maior aut equalis existeret aut quod breuior fulgorantis auri et splendorem gemmarum propinquitati arridentium oculorum acutius delectabiliusque refundendo ultra satis, quam si maior fabricaretur, irradiaret.

(10) Huius breuitatis egregie grata occasione numerositate fidelium crescente et ad suffragia sanctorum crebro confluente tantas prefata basilica sustinere consueuit molestias, ut sepius in sollempnibus uidelicet diebus admodum plena per omnes ualuas turbarum sibi occurrentium superfluitatem refunderet et non solum intrantes non intrare, uerum etiam qui iam intrauerant precedentium expulsus exire compelleret. **(11)** Videres aliquando mirabile uisu quod innitentibus ingredi ad uenerationem et deosculationem sanctarum reliquiarum, claui et corone Domini, tanta congeste multitudinis opponebatur repugnantia, ut inter innumera populorum milia ex ipsa sui compressione nullus pedem mouere ualeret, nullus aliud ex ipsa sui constrictione quam sicut statua marmorea stare, stupere, quod unum supererat, uociferare. **(12)** Mulierum autem tanta et tam intolerabilis erat angustia, ut in com-

70 tectas] textas *coni. g p (cf. Gesta Dag., p.* 407,25*)*   73 terrena] terra *l*   74–75 quandam] quam *l p*

69–74 cf. Gesta Dag., p. 407,25–29: *Nam et per totam ecclesiam auro textas vestes, margaritarum varietatibus multipliciter exornatas in parietibus et columnis atque arcubus suspendi devotissime iussit, quatinus aliarum ecclesiarum ornamentis praecellere videretur, et omnimodis incomparabili nitore vernans, omni terrena pulcritudine compta atque inestimabili decore inradiata splendesceret.*
75 cf. Chronica Mon. Cas., p. 394,13–15: *… supradictam beati Benedicti ecclesiam tam parvitate quam deformitate … incongruam …; Narratio de cons., p.* 219b15–16 (= PL 173, 997D): *Que* [ecclesia] *et crescenti in dies fratrum numero parva …*
81–100 cf. *ord* 36,198–37,209 und *adm* 164,714–718

Vielfalt marmorner Säulen zusammengefügt, in unvorstellbarer Weise mit zahlreichen Schätzen reinsten Goldes und Silbers reichlich ausgestattet und goldbestickte und mit vielfältigen Arten von Perlen reichhaltig geschmückte Tuche vor deren Wände, vor die Säulen und vor die Bogen hängen lassen, so daß sie den Schmuck der anderer Kirchen zu übertreffen schien und, auf jegliche Weise in unvergleichlichem Glanz erblühend und mit aller irdischen Schönheit angetan, in unvorstellbarer Pracht erglänzte. Nur dieses eine fehlte ihr: Er gab ihr nicht jene Größe, die ihr gebührt hätte – nicht etwa weil an seiner Frömmigkeit oder seinem Willen etwas gefehlt hätte, sondern weil es vielleicht zur damaligen Zeit in der frühen Kirche noch keine größere oder gleich große gab, oder weil sie in ihrer kleineren Gestalt dadurch, daß sie den Glanz des blitzenden Goldes und der Edelsteine auf die aus der Nähe zulächelnden Augen schärfer und angenehmer zurückwarf, weit mehr erstrahlte, als wenn sie größer geschaffen worden wäre[6].

(10) Da durch einen glücklichen Umstand die Masse der Gläubigen wuchs und häufig zusammenströmte, um die Fürsprache der Heiligen zu erbitten, mußte die vorgenannte Basilika aufgrund ihrer außerordentlichen Kleinheit so erhebliche Bedrängnisse aushalten, daß sie öfter, nämlich an Feiertagen, bis zum Äußersten voll, durch alle Türen den Überfluß der ihr entgegenstürmenden Scharen zurückwies; und der Druck derjenigen, die vorausgingen, hinderte nicht nur gewaltsam die, die eintreten wollten, nicht einzutreten, sondern ⟨zwang⟩ auch diejenigen, die bereits hineingegangen waren, wieder hinauszugehen. **(11)** Man hätte zuweilen sehen können – welch seltsamer Anblick –, daß jenen, die sich hineinzugehen drängten, um die heiligen Reliquien, Nagel und Krone des Herrn[7], zu verehren und zu küssen, ein derartiger Widerstand seitens der zusammengedrängten Menge entgegenstand, daß unter den unzähligen Tausenden von Menschen aufgrund der eigenen Bedrängnis keiner einen Fuß bewegen konnte und infolge des eigenen Eingezwängtseins keiner etwas anderes vermochte, als wie eine marmorne Statue dazustehen, starr zu sein und, was allein übrigblieb, laut zu schreien. **(12)** Die Not aber war für die Frauen so groß und so unerträglich,

[6] Suger bedient sich bei der Darstellung des Glanzes der alten Kirche der sogenannten Emissionstheorie: Das Auge sendet Sehstrahlen aus, die vom jeweiligen Erkenntnisobjekt zurückgeworfen werden, das so in das erkennende Auge eintritt und vom Sehstrahl bis in die Seele getragen wird. Diese auf Platon (Timaios 67C–68D) zurückgehende Erklärung des Sehvorgangs wurde von Augustinus aufgegriffen und blieb bis zur Ausbreitung des scholastischen Aristotelismus maßgeblich. Siehe hierzu allgemein den Artikel 'Optik' in: LexMA VI (1993), coll. 1419–1422.

[7] Hierbei handelt es sich um die von Karl dem Kahlen gestifteten Passionsreliquien (cf. *ord* 30).

mixtione uirorum fortium sicut prelo depresse quasi imaginata morte exanguem faciem exprimere, more parturientium terribiliter conclamare, plures earum miserabiliter decalcatas, pio uirorum suffragio super capita hominum exaltatas, tamquam pauimento – abhorreres – incedere, multa etiam extremo singultantes spiritu in prato fratrum cunctis desperantibus hanelare. **(13)** Fratres etiam insignia dominice passionis aduentantibus exponentes, eorum angariis et contentionibus succumbentes, nullo diuertere habentes per fenestras cum reliquiis multocies effugerunt.

(14) Quod cum scolaris puer inter fratres erudirer audiebam, extra iuuenis dolebam, maturus corrigi affectuose appetebam. **(15)** *Cum autem placuit illi qui me segregauit ex utero matris mee et uocauit per gratiam suam*, meritis etiam repugnantibus paruitatem meam huius sancte ecclesie tante preficere administrationi, sola Dei omnipotentis ineffabili misericordia prefate molestie correctioni sanctorum martirum dominorum nostrorum suffragio raptus ad augmentacionem prefati loci toto animo tota mentis affectione accelerare proposuimus, qui numquam si tanta tam necessaria, tam utilis et honesta non exigeret oportunitas, manum supponere uel cogitare presumeremus.

(16) Quia igitur in anteriori parte ab aquilone principali ingressu principalium ualuarum porticus artus hinc et inde gemellis nec altis nec aptis multum sed minantibus ruinam turribus angebatur, ea in parte inito directe testudinis et geminarum turrium rubusto ualde fundamento materiali, robustissimo autem spirituali de quo dicitur: fundamentum aliud nemo potest ponere preter id quod *positum est quod est Christus Iesus* laborare strenue Deo coope-

96 more] morte *A V* 99 abhorreres] adhaerentes *l* | multa] multas *g l p* 103 multoties] multociens *A* 117 angebatur] augebatur *A* 118 testudinis] testitudinis *l*

104–105 cf. *adm* 163,710–711 und 182,822sq. 105–107 Gal 1,15
107 cf. Vita Lud. VI., c. XXVII (p. 212): … *cum in omnibus clementer parvitati nostre prosperata fuerit* …; cf. Cartellieri Reg. n. 90, pp. 138sq.; Lecoy, p. 344, n. IX [1137 VI 17?]: *Quia Dei omnipotentis larga miseratione parvitatem nostram promoveri et ad huius ecclesiae regimen contigit sublimari* …
115sq. cf. *adm* 165,727sq.
121 I Cor 3,11

daß sie inmitten starker Männer wie in einer Kelter gepreßt – gleichsam den Tod schon vor Augen – ein leichenblasses Gesicht zeigten, nach Art der Gebärenden furchtbar aufschrien, und daß – man würde erschrecken! – mehrere von ihnen erbärmlich niedergetreten wurden, daß die, die mit frommer Hilfe von Männern über die Köpfe der Menschen hochgehoben wurden, ⟨darauf⟩ wie auf einem Fußboden einherschritten, daß ⟨manche⟩ auch im Garten der Brüder[8] mit letztem Atem vieles herausschluchzten und zu jedermanns Verzweiflung röchelten. **(13)** Sogar die Brüder, die die Zeichen der Passion des Herrn den Herbeiströmenden darboten und deren Bedrängung und Heftigkeit nicht standhalten konnten, flohen, da sie keinen anderen Ausweg wußten, oftmals mit den Reliquien durch die Fenster.

(14) Als Schuljunge, als ich inmitten der Brüder erzogen wurde, hörte ich dies, als jungen Mann außerhalb ⟨der Schule⟩ schmerzte es mich, als reifer Mann trachtete ich mit Eifer, daß dies verbessert werde. **(15)** Als es aber jenem, der mich vom Mutterleib her ausgewählt und durch seine Gnade berufen hat, gefiel, auch wenn meine Verdienste dem widerstritten, mich in meiner Geringfügigkeit mit der so bedeutenden Aufgabe der leitenden Sorge für seine heilige Kirche zu betrauen, wurde ich allein durch die unaussprechliche Barmherzigkeit des allmächtigen Gottes vermittels der Fürsprache der heiligen Märtyrer, unserer Herren, zur Behebung besagten Übelstandes hingerissen. Und so nahmen wir uns vor, mit ganzem Verlangen und ganzer Ergriffenheit des Geistes zur Vergrößerung des vorher genannten Ortes zu eilen, die wir es uns niemals anmaßen würden, Hand daran zu legen oder auch nur darüber nachzudenken, wenn es nicht eine so bedeutende ebenso notwendige wie nützliche und angemessene Gelegenheit erfordern würde.

(16) Da also im vorderen Teil, von Norden her, beim Haupteingang der Haupttüre ein Verbindungsstück der Vorhalle beiderseits von zwei Türmen eingeengt wurde, die weder hoch noch sehr tauglich waren, vielmehr einzustürzen drohten, haben wir eifrig mit Gottes Unterstützung zu arbeiten begonnen, nachdem wir in diesem Teil mit dem Fundament für ein aufgerichtetes Gewölbe und Zwillingstürme angefangen hatten; ein Fundament, das seiner materiellen Qualität nach sehr fest, seiner geistlichen Qualität nach aber ganz besonders fest war, von dem gesagt wird: „Denn ein anderes Fundament vermag niemand zu legen als das, das gelegt ist; dieses ist Christus Jesus“. Indem wir auf Gottes Ratschluß, den wir uns nicht vorstellen

[8] Ungewöhnliche Bezeichnung für den Innenhof des Kreuzganges.

rante incepimus, cuius inestimabili freti consilio et irrefragabili auxilio usque adeo in tanto tamque sumptuoso opere profecimus, ut cum primum pauca expendendo multis, exinde multa expendendo nullis omnino indigeremus, uerum etiam habundando fateremur: *sufficientia nostra ex Deo est.*

(17) Materie autem ualidissime noua quadraria, qualis et quanta numquam in partibus istis inuenta fuerat, Deo donante occurrit. Cementariorum, lathomorum, sculptorum et aliorum operariorum sollers succedebat frequentia, ut ex hoc et aliis diuinitas ab hoc quod timebamus absolueret et uoluntatem suam nobis confortando et inopinata suppeditando ministraret. **(18)** Conferebam de minimis ad maxima non plus Salomonianas opes templo quam nostras huic operi sufficere posse, nisi idem eiusdem operis auctor ministratoribus copiose prepararet. **(19)** Identitas auctoris et operis sufficientiam facit operantis. **(20)** In agendis siquidem huiusmodi adprime de conuenientia et coherentia antiqui et noui operis sollicitus, unde marmoreas aut marmoreis equipollentes haberemus columpnas cogitando, speculando, inuestigando per diuersas remotarum partium regiones cum nullam offenderemus, hoc solum mente laborantibus et animo supererat, ut ab urbe Rome, enim in palatio Diocleciani et aliis termis sepe mirabiles conspexeramus, ut per mare Mediterraneum tuta classe, exinde per Anglicum et per tortuosam fluuii Sequane reflexionem eas magno sumptu amicorum, inimicorum etiam Sarracenorum proximorum conductu haberemus. Multis annis, multis temporibus cogitando, queritando angebamur, cum subito larga omnipotentis munificentia laboribus nostris condescendens, quod nec cogitare nec opinari

124–125 expendendo] explendo *l* 140 remotarum partium *inv. g l* 143 ut] *omittendum aut* et *coni. cens. p*

126 II Cor 3,5
131–132 cf. Vita Lud. VI., c. XXVII (p. 210): ... *voluntas enim Dei fuit ut cito occurreret quod volebamus ...*
140–146 cf. Chronica Mon. Cas., p. 394,20–25: *Ipse interea Romam profectus est ... simulque larga manu pecunias oportune dispensans columnas, bases et lilia ... coemit illaque omnia ab urbe ad portum, a portu autem Romano per mare usque ad turrem de Gariliano indeque ad Suium navigiis conductis ingenti fiducia detulit.* Narratio de cons., p. 219b26–29 (= PL 173, 998B): *Cuius quidem columnas omnes universosque pavimenti lapides ab urbe Roma magno labore et non parvo pretio convexit.*

können, und auf seine unverbrüchliche Hilfe vertrauten, haben wir bisher in diesem so großen und so aufwendigen Werk Fortschritte erzielt, so daß wir, während es uns anfangs, als wir wenig ausgaben, an vielem gebrach, späterhin, als wir viel ausgaben, überhaupt keinen Mangel an irgendetwas hatten, sogar angesichts unseres Überflusses bekannten: „Unsere Befähigung kommt von Gott".

(17) Von sehr festem Material indessen bot sich ein neuer Steinbruch dar, so beschaffen und ergiebig, wie er niemals zuvor in dieser Gegend gefunden worden war, den Gott uns schenkte. Eine große Menge geschickter Maurer, Steinmetze, Bildhauer und anderer Arbeiter folgte, so daß die Gottheit uns in diesem und in anderem von dem befreite, was wir fürchteten, und uns ihren Willen vermittelte, indem sie uns stärkte und uns zu Hilfe kam mit Dingen, die wir nicht zu hoffen gewagt hätten. **(18)** Ich ziehe gewöhnlich Vergleiche vom Kleinsten zum Größten, daß mehr noch als unsere Mittel für dieses Werk auch Salomons Schätze für den Tempel nicht ausreichen könnten, wenn sie nicht derselbe Urheber desselben Bauwerks seinen Dienern reichlich bereitstellte. **(19)** Die Identität von Urheber und Werk schafft die Befähigung dessen, der ⟨daran⟩ arbeitet. **(20)** Als wir nämlich bei der Ausführung von solcherlei Arbeiten vor allem um das Übereinkommen und den Zusammenhalt des alten und des neuen Werkes besorgt waren und beim Überlegen, Umherschauen und Nachforschen in verschiedenen Gegenden entfernter Gebiete keine finden konnten, von woher wir marmorne oder marmornen gleichwertige Säulen erhalten könnten, blieb uns, die wir uns in Geist und Sinn mühten, allein übrig, sie aus der Stadt Rom – wir hatten sie nämlich im Palast des Diokletian und in anderen Thermen oft wunderbar gesehen[9] – über das Mittelmeer mit sicherer Flotte und weiter über das englische Meer und durch die windungsreiche Biegung des Seine-Flusses unter großem Aufwand der Freunde, auch unter freiem Geleit der Feinde, der benachbarten Sarazenen, zu bekommen. Und viele Jahre lang haben wir uns oftmals durch Nachdenken und Fragen gequält, als plötzlich die großzügige Freigebigkeit des Allmächtigen sich zu unseren Mühen herabließ und, was weder auszudenken noch zu vermuten erlaubt schien, zur Verwun-

[9] Zu Sugers Aufenthalt in Rom siehe den einleitenden Beitrag von G. Annas, pp. 85 u. 101. Zur Berühmtheit der Säulen der Diokletiansthermen cf. den Art. *palatium* im Glossar.

liceret, decentes et peroptimas in admirationem omnium, sanctorum martirum merito reuelauit. **(21)** Vnde quanto contra spem et humanam opinionem apto et nullibi nobis gratiori loco miseratio diuina dignata est conferre, tanto maiores gratiarum actiones pro tanti remedio laboris opere pretium duximus rependendo referre.

(22) Locus quippe quadrarie admirabilis prope Pontisaram castrum terrarum nostrarum confinio collimitans uallem profundam, non natura sed industria concauam, molarum cesoribus sui questum ab antiquo offerebat nichil egregium hactenus proferens exordium tante utilitatis tanto et tam diuino edificio quasi primicias Deo sanctisque martiribus ut arbitramur reseruabat. **(23)** Quociens autem columne ab imo decliuo funibus innodatis extrahebantur, tam nostrates quam loci affines bene deuoti, nobiles et ignobiles brachiis, pectoribus et lacertis funibus astricti uice trahentium animalium educebant et per medium castri decliuum diuersi officiales relictis officiorum suorum instrumentis uires proprias itineris difficultati offerentes obuiabant quanta poterant ope Deo sanctisque martiribus obsequentes. **(24)** Vnde nobile quoddam et dignum relatione contigit miraculum, quod nos ipsi ab assistentibus addiscentes ad laudem omnipotentis sanctorumque suorum calamo et atramento adsignare decreuimus. **(25)** Quadam itaque die cum ymbrium refusione turbatum aera tenebrosa

168 addiscentes] addicentes *A V*

160–166 cf. Chronica Mon. Cas., p. 394,26–29: *Et ut magis fervorum fidelium obsequentium admireris, primam hic columnam ab ipso montis exordio sola civium numerositas colli brachiique proprii virtute imposuit.*

166–167 cf. Vita Lud. VI., c. XXXIV (p. 284): *… unum contigit quod silentio preterire dignum non videtur.*

derung aller durch das Verdienst der heiligen Märtyrer angemessene und ganz vorzügliche Säulen offenbarte[10]. **(21)** Je mehr uns daher das göttliche Erbarmen wider Hoffen und menschliches Erwarten mit einem passenden und nirgendwo angenehmeren Ort zu beschenken geruhte, umso größere Dankestaten glaubten wir als Preis für die Abhilfe bei solchen Schwierigkeiten mit dem dafür zu leistenden Werk zu entrichten.

(22) Der Ort freilich des wunderbaren Steinbruchs, der bei der Burg Pontoise[11] im Grenzgebiet unserer Ländereien an ein tiefes, nicht von der Natur, sondern durch menschlichen Fleiß ausgehöhltes Tal grenzte, bot den Brechern von Mühlsteinen von alters her ihren Erwerb, und – so glauben wir – er bewahrte, während er bisher nichts Besonderes hervorbrachte, den Beginn so erheblicher Brauchbarkeit für einen so großen und so göttlichen Bau, gleichsam als Erstlingsgaben für Gott und die heiligen Märtyrer. **(23)** Sooft aber die Säulen von der tiefsten Sohle mit zusammengeknoteten Seilen emporgezogen wurden, führten sehr fromme Leute, sowohl unsrige wie auch solche aus den benachbarten Gebieten, sowohl Edle wie Gemeine, diese, nachdem sie um Unterarme, Brust und Oberarme Seile geschnürt hatten, anstelle von Zugtieren heraus; und auf der Mitte des Absturzes der Burg kamen verschiedene Dienstleute hinzu, die, nachdem sie die Werkzeuge ihrer eigenen Aufgaben weggelegt hatten, die eigenen Kräfte anboten für die Schwierigkeit des Weges, indem sie mit aller zur Verfügung stehenden Kraft Gott und den heiligen Märtyrern Gefolgschaft leisteten. **(24)** Dabei trug sich ein denkwürdiges und erzählenswertes Wunder zu, welches wir, die wir es selbst von den Anwesenden erfuhren, zum Lobe des Allmächtigen und seiner Heiligen mit Feder und Tinte niederzuschreiben beschlossen haben. **(25)** Eines Tages nämlich, als infolge eines Regengusses düstere Finster-

[10] Diese Passage hat zu Diskussionen Anlaß gegeben, inwieweit Suger wirklich beabsichtigte, Säulen aus Rom als Spolien für seine Kirche zu verwenden. Dazu kritisch: A. Speer/M. Pickavé, Abt Sugers Schrift *De consecratione*. Überlieferung – Rezeption – Interpretation, in: Filologia mediolatina 3 (1996), pp. 228 u. 230.

[11] Die Burg Pontoise wird bereits in den *Annales Vedastini* zum Jahr 885 erwähnt: Unter Kaiser Karl III. „rüsteten sich die Franken von neuem zum Widerstand (885 gegen die Normannen), aber nicht in offener Schlacht, sondern sie errichteten *munitiones*, um ihnen die Fahrt zu Schiff unmöglich zu machen. Sie bauten auch ein *castrum* an der Oise bei dem Ort, der Pontoise genannt wird, und übergaben dieses dem Aletramnus zur Bewachung. […] Im November (885) aber drangen die Normannen in die Oise ein, belagerten das genannte *castrum* und hinderten die in dem *castrum* Eingeschlossenen daran, ihr Wasser aus dem Fluß zu holen, denn anderes hatten sie nicht". Die Besatzung des *castrum* aber hatte unter dem Wasssermangel zu leiden und mußte sich ergeben, die Burg wurde verbrannt. – Cf. R. Rau (ed. et transl.), Quellen zur karolingischen Reichsgeschichte, vol. 2 (Freiherr-vom-Stein-Gedächtnisausgabe 6), Darmstadt 1961, pp. 308sq.

obtexisset opacitas, aduentantibus ad quadrariam plaustris qui adiutores esse consueuerant operandi pro inpluuii infestatione se ipsos absentauerunt. **(26)** Bubulci uero querentibus et reclamantibus se ocio uacare, operarios prestolantes suspendere usque adeo clamando instituerunt, quod quidam inbecilles et debiles cum pueris aliquibus numero decem et septem presente nisi fallor sacerdote ad quadrariam accelerauerunt unamque cordarum assumentes, columpne innectentes aliam sudem in terra iacentem dimiserunt. **(27)** Neque enim erat qui ea trahere inniteretur. **(28)** Animatus itaque grex pusillus pio zelo 'sancte' inquiunt 'Dyonisi, pro te ipso uacantem accipiens sudem si placet nos adiuua. **(29)** Non enim nobis si non poterimus imputare poteris.' **(30)** Moxque fortiter inpingentes, quod centum quadraginta aut minus centum grauiter ab ima ualle extrahere consueuerant, ipsi non per se quod impossibile esset, sed uoluntate Dei et sanctorum quos inuocabant suffragio extraxerunt eamque ad ecclesie fabricam in plaustro destinauerunt. **(31)** Vnde per totam propalatum est uiciniam Deo omnipotenti hoc opus admodum placere, cum ad laudem et gloriam nominis sui his et huiusmodi intersignis eius operatoribus elegerit opem deferre.

(32) Secundatur et aliud nobile factum memoria dignum, relatione conspicuum, auctoritate predicandum. **(33)** Peracto siquidem magna ex parte opere et compactis noui et antiqui edificii tabulatis magnoque deposito quem diu habueramus timore propter illas patulas antiquarum maceriarum rimas, magnorum capitellorum et basium columpnas deportantium disruptionem exhilarati deaptare sollicitabamur. **(34)** Cumque pro trabium inuentione tam nostros

173 bubulci] bubulcis *g l p* 175 quod] *fort.* quoad 177 unamque *g l p (cf. et* unam *M [App. l. 29])*: namque *A V* 179 ea] eam *coni. g p* 185 sed *g l p*: quod *A V* 186 ad *om. l* 189 nominis sui *inv. A* | intersignis] intersigniis *l*

nis die aufgewühlte Luft bedeckt hatte, hatten sich, während die Wagen am Steinbruch eintrafen, diejenigen, die gewöhnlich als Arbeitshilfen tätig waren, wegen der Heftigkeit des Regens eigenmächtig entfernt. **(26)** Die Ochsentreiber aber setzten denen, die noch klagten und laut widersprachen, mit ihrem Geschrei, sie gingen müßig und ließen die wartenden Arbeiter im Ungewissen, solange zu, bis einige Schwache und Gebrechliche zusammen mit einigen Jungen, der Zahl nach 17, und, wenn ich mich nicht irre, mit einem Priester, der dabei war, zum Steinbruch eilten; und sie nahmen ⟨nur⟩ eines der Seile auf und ließen, als sie es um eine Säule schlangen, den anderen Pflock auf dem Boden liegen[12]. **(27)** Es war nämlich niemand da, der geholfen hätte, diesen zu ziehen. **(28)** Und so sprach die winzige Schar, beseelt von frommem Eifer: „Heiliger Dionysius, hilf uns, wenn es Dir gefällt, indem Du selbst den freibleibenden Pflock aufnimmst. **(29)** Denn nicht uns wirst Du die Schuld zuweisen können, wenn wir es nicht schaffen". **(30)** Alsbald nahmen sie beharrlich in Angriff, was gewöhnlich 140 oder mindestens 100 schwer aus dem tiefen Tal herausgezogen hätten, und schleppten – nicht aus eigener Kraft, was nicht möglich gewesen wäre, sondern durch den Willen Gottes und durch die Unterstützung der Heiligen, die sie anriefen – den Schaft heraus, den sie dann auf einem Wagen zur Baustelle der Kirche brachten. **(31)** Und so wurde in der gesamten Nachbarschaft verkündet, daß dieses Werk dem allmächtigen Gott überaus gefalle, da er sich entschlossen hatte, zum Lobe und Ruhme seines Namens durch diese und derartige Zeichen seinen Arbeitern[13] Hilfe zu leisten.

(32) Es folgt auch ein anderes würdiges Ereignis, das der Erinnerung wert ist und Aufmerksamkeit erregt, wenn man es berichtet, und das mit Autorität bekannt gemacht werden muß. **(33)** Nachdem ja zum großen Teil das Werk vollendet und das Gebälk des neuen und des alten Gebäudes zusammengefügt worden war und wir die große Furcht, die wir lange Zeit wegen jener breiten Risse der alten Mauern gehabt hatten, abgelegt hatten, trugen wir erleichtert dafür Sorge, die Spalten an den geborstenen großen Kapitellen und den die Säulen tragenden Basen auszubessern. **(34)** Und nachdem

[12] Mit *sudis* ist einer der je zwei Pflöcke gemeint, die jeweils an das eine Ende der beiden Seile gebunden waren und gegen die man sich beim Ziehen stemmte; die anderen Enden wurden um den Gegenstand geschlungen, in diesem Fall um den Säulenschaft. Da es nur wenige Leute waren, zogen sie nur an einem Seil und ließen den anderen Pflock am Boden liegen, den dann auf ihr inständiges Bitten hin der Heilige selbst übernimmt, um ein gleichmäßiges Herausziehen der schweren Last zu gewährleisten. Die Erklärung dieser Textpassage verdanken wir Peter Christian Jacobsen.

[13] Der Begriff *operator* bezeichnet hier einen nicht weiter spezifizierten Arbeitenden, während Suger für den Arbeiter im eigentlichen Sinne den Begriff *operarius* verwendet. Cf. auch den Sammelartikel „*artifex* und andere Handwerker" im Glossar.

quam Parisienses lignorum artifices consuluissemus, responsum nobis est pro eorum existimatione uerum in finibus istis propter siluarum inopiam minime inueniri posse uel ab Autisiodorensi pago necessario deuehi oportere. **(35)** Cumque omnes in hoc ipso consonarent nosque super hoc tam pro laboris magnitudine quam pro operis longa dilatione grauaremur, nocte quadam a matutinarum obsequio regressus lecto cogitare cepi me ipsum per omnes partium istarum siluas debere procedere, circumquaque perlustrare, moras istas et labores, si hic inueniri possent, alleuiare. **(36)** Moxque reiectis curis aliis summo mane arripiens cum carpentariis et trabium mensuris ad siluam que dicitur Iuilina accelerauimus. **(37)** Cumque per terram nostram Capreolensis uallis transiremus, accitis seruientibus nostris nostrarum custodibus et aliarum siluarum peritis adiurando fide et sacramento eos consuluimus, si eius mensure ibidem trabes inuenire quocumque labore ualeremus. **(38)** Qui subridentes, si auderent potius deriderent admirantes, si nos plane nesciremus in tota terra nichil tale inueniri posse, maxime cum Milo Capreolensis, castellanus homo noster, qui medietatem silue a nobis cum alio feodo habet, cum sustinuisset tam a domino rege quam ab Amalrich de Monte Forti longo tempore guerras, ad tristegas et propugnacula facienda nichil tale illibatum

203 dilatione] delatione *l p* 205 istarum *iter.* *V* 206 moras] mores *A V*
208 Iuilina] uiilina *A V* 217 Amalrico *g l p*

wir sowohl bei unseren als auch den Pariser Holzhandwerkern nachgefragt hatten, wie Balken aufzufinden seien, antworteten sie uns – ihrer Meinung nach wahrheitsgemäß –, daß man solche in dieser Gegend wegen des Mangels an Wäldern keinesfalls finden könne, beziehungsweise daß man sie notgedrungen aus dem Gau von Auxerre herbeibringen müsse. **(35)** Und da alle darin übereinstimmten und wir deshalb niedergeschlagen waren – sowohl wegen der Größe der Anstrengung als auch wegen der erheblichen Verzögerung des Werks –, begann ich eines Nachts, von der Feier der Matutin zurückgekehrt, im Bett zu erwägen, ich müsse selbst durch alle Wälder dieser Gegend gehen, überall herumziehen, um, wenn diese Stämme hier gefunden werden könnten, diese Verzögerungen und Mühen zu mildern. **(36)** Früh am nächsten Morgen raffte ich mich auf, da ich alle anderen Sorgen sogleich zurückgestellt hatte, und mit Zimmerleuten und mit den Maßen der Balken eilten wir in den Wald, der Iveline[14] genannt wird. **(37)** Und als wir unsere Besitzungen im Tal der Chevreuse durchquerten, riefen wir die uns dienenden Hüter herbei, die unsere und andere Wälder kannten, und befragten diese, indem wir sie bei Glauben und Sakrament beschworen, ob wir dort, mit welcher Mühe auch immer, Stämme von diesem Maß zu finden vermöchten. **(38)** Diese schmunzelten, und wenn sie es gewagt hätten, hätten sie uns lieber ausgelacht; sie wunderten sich, ob wir denn gar nicht wüßten, daß im ganzen Land nichts derartiges gefunden werden könne, vor allem weil Milo, der Kastellan von Chevreuse[15], unser Dienstmann, der die Hälfte des Waldes zusammen mit einem anderen Lehen von uns ⟨zum Lehen⟩ hat, da er lange Zeit unter kriegerischen Auseinandersetzungen seitens des Herrn Königs sowie des Amalrich von Mon(t)fort[16] gelitten hatte, zur Errichtung

[14] Forst bei Rambouillet (cf. *adm* 55). Der Wald von Iveline (*silva Aequalina*) wurde bereits im Jahre 768 durch König Pippin I. (751–768) dem Kloster vermacht. 774 schenkte ihn Karl der Große „erneut“ dem Kloster. Cf. MGH Dipl. Karol. I., ed. Mühlbacher, Hannover 1906, pp. 38–40, n. 28 (Pippin I.) und pp. 125–127, n. 87 (Karl der Große).

[15] Wahrscheinlich der von Suger in der *Vita Ludovici grossi regis* mehrfach erwähnte Milo II. von Montlhéry, Kastellan von Bray-sur-Seine und Vizegraf von Troyes; nach militärischen Auseinandersetzungen um den Besitz der südlich von Paris gelegenen, strategisch wichtigen Burg von Montlhéry (1105; cf. Vita Lud. VI., c. VIII [pp. 40–42]) zwischenzeitlich mit König Ludwig VI. von Frankreich ausgesöhnt (cf. Vita Lud. VI., c. XVIII [pp. 126–128]), verband sich Milo von Montlhéry schließlich mit seinem Schwager Graf Theobald IV. von Blois und unterstützte diesen bei der Belagerung von Troyes (1112) (cf. Vita Lud. VI., c. XXI [p. 163]); wohl 1118 durch Hugo von Crécy ermordet. Cf. hierzu Gasparri (1996), p. 184 (Anm. 32).

[16] Amaury III. Herr von Mon(t)fort (ca. 1101–1137), Comte d'Évreux, zählte zu den Freunden Sugers und zu den Magnaten am Hof Ludwigs VI. Er schlug im Frühjahr 1124 die Armee Heinrichs I. von England aus dem Vexin zurück, stritt aber einige

uel intactum preterisset. **(39)** Nos autem quicquid dicebant respuentes quadam fidei nostre audacia siluam perlustrare cepimus et uersus quidem primam horam trabem unam mensure sufficientem inuenimus. **(40)** Quid ultra: usque ad nonam aut cicius per frutecta, per opacitatem siluarum, per densitatem spinarum duodecim trabes, tot enim necessarie erant, in admiracionem omnium presertim circumstantium assignauimus et ad basilicam sanctam deportatas cum exultatione noui operis operture superponi fecimus ad laudem et gloriam domini Iesu, qui sibi sanctisque martiribus a manibus raptorum protegens, sicut facere uoluit, reseruauerat. **(41)** Nec igitur superflua neque minus continens id circa diuina extitit largitio que *in pondere et mensura omnia* moderari, omnia dare constituit, cum ultra quam oportuit nulla ulterius inueniri potuerit.

(42) Tantis itaque et tam manifestis tantorum operum intersignis constanter animati ad prefati perfectionem edificii instanter properantes, quomodo et quibus personis et quod ualde sollempniter Deo omnipotenti consecraretur, deliberantes accito egregio uiro Hugone Rotomagensi archiepiscopo et aliis uenerabilibus episcopis, Odone Beluacensi, Petro Siluanectensi ad id peragendum multimodam laudem magnarum diuersarum personarum ecclesiasticarum, cleri et populi maximo conuentu decantabamus. **(43)** Qui in medio noui incrementi priorem in consistente dolio benedicentes aquam, per oratorium sancti Eustachii cum proces-

230 extitit *l p*: extit *A V g* 231–232 inueniri *g p*: inuenire *A V l* 233 intersignis] intersigniis *l* 239 magnarum *scrips.*: magnoque *l p* magnos *A V g* 241 in consistente] in consistenti *l* inconsistenti *g*

230 Sap 11,21
233–280 cf. *ord* 34,180–37,209 und *adm* 167,736–755

von Wehrtürmen und Schutzwehren keine Stämme solcher Art unversehrt und unberührt gelassen hatte. **(39)** Wir aber wiesen zurück, was auch immer sie sagten, und begannen mit einer gewissen Kühnheit unseres Glaubens, den Wald zu durchstreifen; und gerade um die erste Stunde fanden wir einen dem Maße genügenden Stamm. **(40)** Und weiter: Bis zur neunten Stunde[17] oder früher bezeichneten wir zur Verwunderung aller, insbesondere der Umstehenden – durch die Sträucher, durch den Schatten der Wälder, durch das Dickicht der Dornen – 12 Stämme, denn so viele waren erforderlich. Wir ließen diese zur heiligen Basilika bringen und unter Jubel als Bedeckung des neuen Werkes aufsetzen, zum Lob und Ruhm des Herrn Jesus, der sie sich und den heiligen Märtyrern, indem er sie vor den Händen der Räuber schützte, vorbehalten hatte, so wie er es machen wollte. **(41)** Und die göttliche Freigebigkeit, die weder Überflüssiges noch zu wenig umfaßt, die beschlossen hat, nach Gewicht und Maß alles einzurichten, alles zu gewähren, zeigte sich gerade hierin, weil über das hinaus, was nötig war, kein weiterer Stamm gefunden werden konnte.

(42) Durch so große und so offenkundige Zeichen so großer Werke beständig ermutigt, eilten wir daher drängend zur Vollendung des zuvor genannten Baus und überlegten, wie, durch welche Persönlichkeiten, und daß er mit großer Feierlichkeit dem allmächtigen Gott geweiht werden solle[18]; und nachdem wir, um dies auszuführen, den vortrefflichen Herrn Hugo, den Erzbischof von Rouen[19], und andere verehrungswürdige Bischöfe, Odo von Beauvais[20] und Peter von Senlis[21], eingeladen hatten, konnten wir ⟨schließlich⟩ ein vielfaches Lob in einer sehr großen Versammlung vieler verschiedener kirchlicher Persönlichkeiten, des Klerus und des Volkes singen. **(43)** Sie weihten in der Mitte der neuen Erweiterung als erstes das Weihwasser in einem dort fest stehenden ⟨Weihwasser⟩becken, dann zogen sie mit einer Prozession durch die Kapelle des heiligen Eustachius, sodann

Jahre später mit dessen Unterstützung gegen Ludwig VI. vergeblich um die Position des Seneschalls. Cf. Grant (1998), pp. 113 und 127sq.; ferner mit Hinweisen auf die Vita Lud. VI.: Gasparri (1996), p. 198 (Anm. 71).

[17] Nach römischer Zeitrechnung werden Tag und Nacht in jeweils 12 Teile (Stunden) eingeteilt, die – abhängig vom „Lichttag“ – je nach Jahreszeit variieren konnten. Die Zeitspanne von der ersten (beginnt mit dem Sonnenaufgang) bis zur neunten Stunde (Nachmittag) umfaßt drei Viertel des Tages.

[18] Zum Verlauf der Weihehandlung siehe den einleitenden Beitrag von A. Speer, pp. 45–48.

[19] Hugo von Amiens, Erzbischof von Rouen 1130–1164.

[20] Odo II., Bischof von Beauvais 1133–1144; in *adm* 168,745 nennt Suger anstelle von Bischof Odo von Beauvais Manasse II., Bischof von Meaux 1134–1158.

[21] Petrus, Bischof von Senlis 1134/8–1151.

sione exeuntes per plateam que panteria eo, quod inibi omnia emptioni et uenditioni teruntur, antiquitus uocitatur, per aliam que in sacro cimiterio aperitur eream portam reuertentes in eterne benedictionis et sanctissimi crismatis delibutione, ueri corporis et sanguinis summi pontificis Iesu Christi exibitione, quicquid tanto et tam sancto conuenit edificio, deuotissime compleuerunt pulcherrimum et angelica mansione dignum superius oratorium in honore sancte Dei genitricis semperque uirginis Marie et sancti Michaelis archangeli omniumque angelorum, sancti Romani ibidem quiescentis aliorumque multorum sanctorum, quorum ibi nomina subtitulata habentur, dedicantes: inferius uero in dextro latere oratorium in honore sancti Bartholomei multorumque aliorum sanctorum, in sinistro autem ubi sanctus requiescere perhibetur Ypolitus, oratorium in honore eiusdem et sanctorum Laurentii, Sixti, Felicissimi, Agapiti aliorumque multorum ad laudem et gloriam Dei omnipotentis.

(44) Nos autem tante benedictionis pro fructu impensi laboris Dei dono participes effici toto affectu desiderantes quasi pro dote sicut solet fieri ad expensas emendorum luminariorum plateam quandam cimiterio collimitantem iuxta ecclesiam sancti Michaelis, quam quater uiginti libris a Willelmo Corneilensi emeramus, eisdem contulimus oratoriis, ut in sempiternum censum inde habeant. **(45)** De termino uero hec est ueritatis consistentia sicut legi-

244 emptioni et uenditioni] emptione et uenditione *coni. p* 250 semperque] semper *l* 263 Corneilensi] Cornillonensi *p* 263–264 eisdem] eiusdem *g l* 264 censum inde *inv. l*

260–265 cf. *ord* 34,187–191 und *adm* 9,58–59

über den Platz, der von alters her „Panteria"[22] genannt wird, weil dorthin alles für Kauf und Verkauf gebracht wird. Sie kehrten durch eine andere, eherne Tür, die sich zum heiligen Friedhof öffnet, zurück. Durch Salbung mit Chrisam, das ewigen Segen wirkt und hochheilig ist[23], und im Darbieten des wahren Leibes und Blutes Jesu Christi, unseres Hohenpriesters, vollzogen sie in aller Demut all das, was einem so großen und so heiligen Bau zukommt. Sie weihten ferner oben eine sehr schöne Kapelle, würdig als Wohnstatt der Engel, zu Ehren der heiligen und allzeit jungfräulichen Gottesmutter Maria sowie des heiligen Erzengels Michael und aller Engel, des heiligen Romanus, der dort ruht, und vieler anderer Heiliger, deren Namen sich dort verzeichnet finden. Unten hingegen weihten sie auf der rechten Seite eine Kapelle zu Ehren des heiligen Bartholomäus und vieler anderer Heiliger, auf der linken Seite aber, wo, wie überliefert ist, der heilige Hippolyt ruht, eine Kapelle zu dessen Ehren sowie zu Ehren der Heiligen Laurentius, Sixtus, Felicissimus, Agapitus und vieler anderer Heiliger – zu Lob und Ehre des allmächtigen Gottes.

(44) Da wir uns aber mit ganzer Leidenschaft danach sehnten, als Frucht der aufgewandten Mühe durch Gottes Gabe an so großem Segen Anteil zu erlangen, übertrugen wir gleichsam als Mitgift, wie es zu geschehen pflegt, für die Kosten der zu kaufenden Lichter ein unmittelbar an den Friedhof angrenzendes Gelände neben der Kirche des heiligen Michael[24], das wir für 80 Pfund Wilhelm von Corneil abgekauft hatten, an diese Kapellen, damit sie von dort auf immer Grundzins hätten. **(45)** Über das wahre Abschlußdatum findet sich die Wahrheit folgendermaßen festgehalten, wie zu lesen ist in der goldenen Inschrift (sofern sie nicht verdunkelt wird) über den

[22] Cf. *adm.* 8,55. – Zu dieser von Suger hier angegebenen griechisch-lateinischen Etymologie des Begriffes *Panteria* (πᾶν = omnia [alles]; terere = oft benutzen, viel gebrauchen) cf. auch die Ausführungen bei Gasparri (1996), p. 59, Anm. 15, und p. 185, Anm. 39. Cf. ferner den Art. 'pantera' sive 'panteria' in: Novum Glossarium Mediae Latinitatis …, P-Pazzu, Kopenhagen 1985–1993, col. 223 mit einem Hinweis auf einen überdachten Marktplatz. Mit näheren Angaben zur Lage dieses Platzes vor der Westfassade der Abteikirche von Saint-Denis cf. Atlas historique (1996), p. 289.

[23] Suger bezieht sich hier offenkundig auf die verschiedenen Salbungen mit Chrisam, die mit der Reliquiendeposition und der anschließenden Altarweihe verbunden sind. Die begleitenden Orationen des *Pontificale Romanum* betonen vor allem die Eigenschaft der Salbung, eine *benedictio eterna* zu wirken, cf. PR XII (n. XVII), 64 (ed. M. Andrieu [1938], p. 191,24sq.): „*sacrosancti chrismatis unctione est delibutum*"; und PR XII (n. XVII), 55 (ed. M. Andrieu [1938], p. 188,27sq.): „*Consecrare et sanctificare dignare, domine Deus, lapidem istum per istam unctionem et nostram benedictionem*".

[24] Zur Lage der Kirche des heiligen Michael (Saint-Michel-de-Degré) cf. Atlas historique (1996), p. 140.

tur, si tamen non obscuretur, in aureo super portas quas ad honorem Dei et sanctorum deauratas fieri fecimus epithaphio:

Annus millenus centenus et quadragenus.
Annus erat uerbi, quando sacrata fuit.

(46) ⟨I⟩gitur post illam que maiestatis summe opitulatione in anteriore parte de oratorio sancti Romani et aliorum celebrata est consecrationem nostra que tam ex ipsa sui prosperitate animabatur deuotio, quam ipsa circa sanctorum tanto tempore tam intolerabiliter opprimebat coartatio, uotum nostrum illo conuertit, ut prefato uacantes operi turriumque differendo prosecutionem in superiori parte, augmentacioni matris ecclesie operam et impensam pro toto posse pro gratiarum accione eo, quod tantillo tantorum regum et abbatum nobilitati succedenti tantum opus diuina dignatio reseruasset, quam decentius quam gloriosius rationabiliter effici posset, fieri inniteremur. **(47)** Communicato siquidem cum fratribus nostris bene deuotis consilio, quorum *cor ardens erat* de Iesu, *dum loqueretur* eis *in uia*, hoc Deo inspirante deliberando elegimus, ut propter eam, quam diuina operatio sicut ueneranda scripta testantur propria et manuali extensione ecclesie consecrationi antique inposuit, benedictionem ipsis sacratis lapidibus tamquam reliquiis deferremus, illam que tanta exigente necessitate nouitas inchoaretur longitudinis et latitudinis pulcritudine inniteremur nobilitare.

268 millenus] millesimus *l* 272 que] qua *l p* 273 circa] +sanctum *g p* 275 uacantes] uocantes *V* 288 nobilitare] nobilitate *A*

266–269 cf. *adm* 173,767–774
277–279 cf. *adm* 176,796–797
280–281 cf. Chronica Mon. Cas., p. 395,9–10: *Inde cum religiosis fratribus et altioris consilii viris communicato consilio …*
281–282 Lc 24,32
283–286 cf. *adm* 183,835–839

Türflügeln, die wir zur Ehre Gottes und seiner Heiligen in vergoldeter Ausführung anfertigen ließen:

Das Jahr tausend vierzig
war dasjenige Jahr des ⟨inkarnierten⟩ Wortes, in dem sie geweiht wurde.

(46) Nach jener Weihehandlung also, die dank der Hilfe der höchsten Erhabenheit im vorderen Teil ⟨der Kirche⟩ an der Kapelle des heiligen Romanus und anderer feierlich vollzogen worden war, stellten wir, da wir uns nun dem zuvor erwähnten Werk widmen konnten, die Verfolgung der Arbeit an den Türmen im oberen Teil hintan, und unsere Hingabe, die ebenso durch ihr gedeihliches Wirken beseelt wurde, wie die drangvolle Enge in dem Bereich der Heiligen[25] sie während so langer Zeit und in so unerträglicher Weise bedrückte, wandte unser Verlangen dahin, daß wir uns darauf verlegten, Mühe und Aufwendung nach all unserem Können für die Vergrößerung unserer Mutter Kirche geschehen zu lassen, so angemessen und herrlich sie vernünftigerweise ausgeführt werden könne, um unseren Dank dafür abzustatten, daß die göttliche Gnade einem so geringen Nachfolger der hohen Würde so großer Könige und Äbte ein so erhabenes Werk vorbehalten hatte. **(47)** Nach einer gemeinschaftlichen Beratung mit unseren in rechter Weise ergebenen Brüdern, deren Herz durch Jesus brannte, während er mit ihnen auf dem Weg sprach, überlegten wir mit Gottes Eingebung und entschieden folgendes: daß wir um des Segens willen, den (wie ehrwürdige Schriften bezeugen) das Handeln Gottes – indem er selbst die Hand ausstreckte, um die alte Weihe zu vollziehen – der Kirche erteilt hatte[26], den geweihten Steinen selbst gleichwie Reliquien unser Bemühen darbringen wollten, jene ⟨Kirche⟩, die aufgrund so drängender Notwendigkeit als eine neue begonnen werden sollte, durch Schönheit der Länge und Breite zu adeln.

[25] Hier wird mit anderen Worten derselbe Ort beschrieben wie in *ord* 36,198sq. (mit Anm. 23).

[26] Suger bezieht sich hier auf die sogenannte ‘consécration légendaire’; cf. die anonym überlieferte Schrift *De dedicatione ecclesie beatissimi ariopagite Dyonisii sociorumque eius* (ed. C. J. Liebman, Le Moyen Âge 45 [1935], pp. 252–264). In der Nacht vor der geplanten Weihe hält sich ein Leprakranker in der Kirche auf, dem Christus selbst, begleitet von den Aposteln Petrus und Paulus sowie dem heiligen Dionysius und seinen Gefährten, erscheint (cap. II, p. 260): „*Ecce repente dominus Jhesus, pontificum pontifex, cum illis suis familiaribus, beatis apostolis Petro et Paulo, affuit, sanctumque illud collegium sibi adiuncerat martyres gloriosos Dyonisium, Rusticum et Eleutherium*“. Christus selbst vollzieht die Weihe und spricht den Leprakranken an: „*Ne sollicitentur de cetero pro dedicationis adhibuimus et, prout vidisti, totum consecrationis offitium explevimus*“. – Suger erwähnt dieses Ereignis auch in *adm* 183,835–837. Zum historischen Hintergrund, der im Zusammenhang mit dem Aufenthalt Papst Stephans II. in Saint-Denis im Jahre 754 steht, und zu den liturgischen Traditionen siehe ausführlich van der Meulen/Speer (1988), pp. 147–172.

(48) Consulte siquidem decretum est illam altiori inequalem, que super absidem sanctorum dominorum nostrorum corpora retinentem operiebat, remoueri uoltam usque ad superficiem cripte cui adherebat, ut eadem cripta superioritatem sui accedentibus per utrosque gradus pro pauimento offerret et in eminentiori loco sanctorum lecticas auro et preciosis gemmis adornatas aduentantum obtutibus designaret. **(49)** Prouisum est etiam sagaciter, ut superioribus columpnis et arcubus mediis, qui inferioribus in cripta fundatis superponerentur, geometricis et arimeticis instrumentis medium antique testudinis ecclesie augmenti noui medio equaretur nec minus antiquarum quantitas alarum nouarum quantitati adaptaretur excepto illo urbano et approbato in circuitu oratoriorum incremento, quo tota clarissimarum uitrearum luce mirabili et continua interiorem perlustrante pulcritudinem eniteret.

(50) Vt autem sapienti consilio dictante Spiritu sancto, cuius unctio de omnibus docet, luculento ordine designatum est quid prosequi proponeremus, collecto uirorum illustrium tam episcoporum quam abbatum conuentu, accita etiam domini ac serenissimi regis Francorum Ludouici presentia pridie idus iulii die dominica ordinauimus ornamentis decoram, personis celebrem processionem. **(51)** Quin etiam manibus episcoporum et abbatum insignia dominice passionis uidelicet clauum et coronam Domini et brachium sancti senis Symeonis et alia sanctarum reliquiarum patrocinia preferentes ad defossa faciendis fundamentis preparata

298 testudinis] testitudinis *l* 301 clarissimarum] sacratissimarum *l* 312 preferentes] proferentes *ord 39,218–219* | faciendis] iacendis *ord 39,219*

305–341 = *ord* 38,211–44,248

(48) Mit Bedacht wurde daher entschieden, jene der höheren ungleiche Wölbung, die oben die Apsis abschloß (welche die Leiber der Heiligen, unserer Herren, barg), abzutragen bis zur oberen Bedeckung der Krypta, der sie anhaftete, so daß diese Krypta ihren oberen Abschluß den über die beiden Treppen Herantretenden als Fußboden anbot und an dem ⟨nunmehr⟩ etwas erhöhten Ort die mit Gold und kostbaren Edelsteinen geschmückten Schreine der Heiligen den Blicken der Herantretenden wies. **(49)** Es wurde auch auf scharfsinnige Weise dafür gesorgt, daß durch die oberen Säulen und mittleren Bogen, die den unteren, in der Krypta gegründeten, aufgesetzt werden sollten, mit geometrischen und arithmetischen Hilfsmitteln die Mitte des alten Gewölbes der Kirche der Mitte der neuen Vergrößerung angeglichen und nicht weniger die Größe der alten Seitenschiffe der Größe der neuen angepaßt werde, abgesehen von jener eleganten und gebilligten Erweiterung der Kapellen ringsum, durch die die ganze Kirche erstrahlen sollte von dem wunderbaren und ununterbrochenen Licht der strahlenden Glasfenster, wenn dieses die Schönheit des Innenraumes durchschien[27].

(50) Sobald aber dem weisen Ratschluß durch eine Eingebung des Heiligen Geistes, dessen Salbung über alles belehrt, in klarer Ordnung bestimmt worden war, was auszuführen wir uns vornehmen sollten, und nachdem eine Gemeinschaft angesehener Männer, und zwar Bischöfe und Äbte, versammelt war und auch die Anwesenheit des Herren und ehrwürdigsten Königs der Franken Ludwig ⟨VII.⟩ erbeten worden war, richteten wir am Vortag der Iden des Juli[28], an einem Sonntag, eine durch liturgisches Gerät prächtige, durch die Anwesenheit von Persönlichkeiten ausgezeichnete Prozession ein[29]. **(51)** Sogar die Zeichen der Passion des Herrn, d. h. den Nagel und die Dornenkrone des Herrn, sowie den Arm des heiligen Greises Simeon und die anderen Heiltümer der heiligen Reliquien ließen wir die Bischöfe und Äbte mit den Händen vorübertragen und stiegen demütig und andächtig zu den ausgeschachteten Stellen hinab, die vorbereitet worden waren, um die

[27] Suger verwendet *perlustrare* im Sinne von „durchstreifen“, „durchwandern“ (siehe Glossar); an dieser Stelle bezieht Suger zusätzlich den Materialwert der Glasfenster mit ein, wenn er die bleibende Durchlichtung des Chores im Wechsel der Tagzeiten beschreibt. Siehe hierzu die Beiträge von A. Speer (pp. 92sqq.) und H. Westermann-Angerhausen (pp. 98sqq.) in: Himmelslicht. Europäische Glasmalerei im Jahrhundert des Kölner Dombaus (1248–1349), ed. H. Westermann-Angerhausen, Köln 1998. Der Kapellenkranz des sog. Suger-Chores – „die gebilligte Erweiterung der Kapellen ringsum“ – hat die großen Umbaumaßnahmen des 13. Jahrhunderts unbeschadet überstanden; cf. Formigé (1960), p. 129 (fig. 100) und van der Meulen/Speer (1988), p. 333 (Abb. 17) und p. 337 (Abb. 26).

[28] 9. Juli 1140.

[29] Cf. *ord* 41. Zum liturgischen Ablauf der Grundsteinlegung siehe den einleitenden Beitrag von A. Speer, pp. 50sq.

loca humiliter ac deuote descendimus. **(52)** Dein Paracliti Spiritus sancti consolatione inuocata, ut bonum domus Dei principium bono fine concluderet, cum primum ipsi episcopi ex aqua benedicta dedicationis facte proximo quinto idus iunii propriis confecissent manibus cementum, primos lapides imposuerunt himnum Deo dicentes et *Fundamenta eius* usque ad finem psalmi sollempniter decantantes. **(53)** Ipse enim serenissimus rex intus descendens propriis manibus suum imposuit, nos quoque et multi alii tam abbates quam religiosi uiri lapides suos imposuerunt, quidam etiam gemmas ob amorem et reuerenciam Iesu Christi, decantantes *Lapides preciosi omnes muri tui.*

(54) Nos igitur tanta et tam festiua tam sancti fundamenti positione exhilarati, de peragendo solliciti, uarietatem temporum, diminutionem personarum et mei ipsius defectum pertimescentes communi fratrum consilio assistentium persuasione domini regis assensu annalem redditum his explendis constituimus, uidelicet centum quinquaginta libras de gazofilatio, idest de oblationibus altaris et reliquiarum, centum in indicto et quinquaginta in festo sancti Dyonisii, quinquaginta etiam de possessione sita in Belsa que dicitur Villana prius inculta, sed auxilio Dei et nostro labore composita et ad ualens quater uiginti aut centum librarum singulis annis adaptata. **(55)** Que si quocumque infortunio his explendis deficeret, alia Belsa nostra, quam dupliciter aut tripliciter in redditibus augmentauimus, suppleret. **(56)** Has autem ducentas libras preter ea, que ad archam gazophilatii deuocione fidelium deportabuntur uel quecumque ipsi utrique operi offerentur, tantum continuari ipsis operibus firmauimus, donec totaliter absque ulla questione et ipsa edificia et anteriora et superiora cum suis turribus omnino honorifice compleantur.

(57) Insistentes igitur per triennium multo sumptu, populoso ope-

313 loca *om. ord 39,219* | Dein] Deinde *ord 40,220* 320 nos quoque] nosque *ord 41,227* 333 aut centum *om. ord 42,240* 338–339 continuari] *fort.* continuandis 339 ulla] illa *l*

---

318 Ps 86
322–323 Antiphon Lapides preciosi, cf. Hesbert n. 3578
331–334 cf. *adm* 73,330–337

Fundamente zu legen. **(52)** Dann, als wir den Trost des Heiligen Geistes, unseres Beistandes, herabgerufen hatten, auf daß er den guten Beginn des Gotteshauses mit einem guten Ende abschließe, bereiteten die Bischöfe selbst zunächst aus dem Weihwasser der kürzlich, fünf Tage vor den Iden des Juni[30], vollzogenen Weihe mit eigenen Händen den Mörtel zu und legten die ersten Steine hinein; dabei sangen sie für Gott einen Hymnus und sangen das „Fundamenta eius" bis zum Ende des Psalms in feierlicher Weise. **(53)** Nun stieg der erlauchteste König selbst hinab und legte seinen Stein mit eigenen Händen nieder. Auch wir und viele andere, Äbte wie Mönche, legten unsere Steine hinein – einige auch, aus Liebe und Ehrerbietung vor Jesus Christus, Edelsteine – und sangen „Lapides preciosi omnes muri tui".

(54) Erleichtert, da nun die so erhabene und feierliche Handlung, in der man das so heilige Fundament gelegt hatte, vollzogen war, waren wir jedoch besorgt um die Vollendung und fürchteten die Unbeständigkeit der Zeiten, den Verlust mancher Personen und auch unseren eigenen Tod. Wir bestimmten daher nach der gemeinsamen Beratung der Brüder, der Überzeugung der Anwesenden und der Zustimmung des Herrn Königs eine jährliche Abgabe, um dies vollständig auszuführen: und zwar 150 Pfund aus dem Gazophilatium[31], nämlich von den Gaben für den Altar und die Reliquien, und zwar 100 am Jahrmarktstage[32] und 50 am Fest des heiligen Dionysius[33], ferner 50 aus der in der Beauce gelegenen Besitzung namens Villaines, früher unbebaut, aber durch den Beistand Gottes und durch unsere Arbeit wohlgeordnet und bis zu einem Ertrag von gut 80 oder 100 Pfund pro Jahr hergerichtet. **(55)** Sollte diese durch irgendein Unglück für den Betrag, der für die Ausführung dieser Dinge vorgesehen ist, nicht aufkommen können, so soll unsere andere Besitzung in der Beauce, deren Abgaben wir um das Doppelte oder Dreifache vermehrt haben, ⟨den Fehlbetrag⟩ ersetzen. **(56)** Wir bekräftigen aber, daß diese 200 Pfund, abgesehen von dem, was durch die Ergebenheit der Gläubigen zum Geldkasten des Gazophilatiums hinzugebracht wird oder was auch immer für die beiden Werke selbst dargeboten wird, solange nur für diese Werke abgeführt werden, bis diese Bauten, sowohl der vordere als auch der obere, mit ihren Türmen[34], vollständig und zur Gänze in ehrenvoller Weise vollendet sein werden, ohne daß noch etwas fehlte.

(57) Mit Eifer betrieben wir also unter großem Aufwand drei Jahre hin-

[30] 11. Juni 1140.

[31] Opferkasten vor dem Hauptaltar (siehe Glossar).

[32] Hierbei handelt es sich um den Jahrmarkt aus Anlaß des Lendit, der gewöhnlich am zweiten Mittwoch im Juni begann; cf. *ord* 9,43.

[33] 9. Oktober.

[34] Zur Bedeutung von *turris* cf. *ord* 44,340 (mit Anm. 32).

rariorum conuentu estate et hieme operis perfectioni, ne nobis conqueri Deo, *inperfectum meum uiderunt oculi tui*, iure oporteret, admodum ipso cooperante proficiebamus instarque diuinorum *fundabatur exultationi uniuerse terre*, *mons Syon latera aquilonis ciuitas regis magni*, cuius *in medio Deus non commouebitur*, sed peccatorum incitamentis commotus odorifero penitentium holocausto placari et propiciari non dedignabitur. **(58)** Medium quippe duodecim columpne duodenarium apostolorum exponentes numerum, secundario uero totidem alarum columpne prophetarum numerum significantes altum repente subrigebant edificium iuxta apostolum spiritualiter edificantem: '*Iam non estis*' inquit '*hospites et aduene, sed estis ciues sanctorum et domestici Dei, superedificati super fundamentum apostolorum et prophetarum, ipso summo angulari lapide Christo Iesu*, qui utrumque coniungit parietem *in quo omnis edificacio* siue spiritualis siue materialis *crescit in templum sanctum in Domino, in quo et nos* quanto altius, quanto aptius materialiter edificare instamus, tanto per nos ipsos spiritualiter *coedificari in habitaculum dei in Spiritu* sancto edocemur.'

(59) Interea siquidem potissimum de dominorum nostrorum sanctissimorum martirum et aliorum sanctorum, qui per ecclesiam sparsi diuersis colebantur oratoriis, translatione solliciti sacratissimas eorum lecticas, precipue dominorum, ornatum iri uotiue animabamur et, ubi gloriosius aduentantium obtutibus et conspicabilius transferrentur, eligentes aurifabrorum elegantia siue artis industria, auri gemmarumque preciosarum copia illustrem ualde fieri Deo cooperante elaborauimus et deforis quidem his et huius-

350 columpne duodenarium *om. l* | duodenarium] duodenorum *p* 352 significantes] in *add. cens. p* 367 transferrentur] transferretur *A V g* | elegantia *scrips.*: eleganti *A V g l p* 368 industria] +siue *g l p* | ualde] tumulum *vel* sepulturam *add. cens. g p*

---

344 Ps 138,16
346–347 Ps 47,3
347–348 Ps 45,6
350–351 cf. Hrabanus Maurus, De universo 14, 23 (PL 111, 404A): *Columnae enim sunt Apostoli et doctores Evangelii.*
353–361 Eph 2,19–22
362 cf. *adm* 198,887sq.

durch, mit einer vielköpfigen Schar von Arbeitern, sommers wie winters, die Vollendung des Werkes, damit wir nicht vor Gott mit Recht beklagen mußten: „Deine Augen sahen meine Unvollkommenheit", und kamen mit seiner Hilfe recht gut voran; und gemäß dem göttlichen Wort wurde zum Jubel der ganzen Erde der Berg Zion gegründet, in nördlicher Richtung, die Stadt des großen Königs, in deren Mitte Gott sich nicht erschüttern läßt; wenn er aber durch die provozierenden Taten der Sünder sich hat erschüttern lassen, so wird er es dennoch nicht verschmähen, sich durch das wohlriechende Brandopfer der Büßer besänftigen und versöhnen zu lassen. **(58)** In der Mitte nun erhoben zwölf Säulen, die die Anzahl der zwölf Apostel vorstellen, in zweiter Linie aber ebensoviele Säulen der Seitenschiffe, die die Zahl der Propheten bezeichnen, den Bau unvermittelt hoch, wie der Apostel sagt, indem er in geistlicher Weise baut: „Ihr seid nun nicht mehr Gäste und Fremdlinge, sondern Mitbürger der Heiligen und Hausgenossen Gottes, erbaut auf dem Fundament der Apostel und Propheten, mit Christus Jesus selbst als dem vorzüglichsten Eckstein", der beide Wände verbindet, „in dem das ganze Gebäude" – sei es geistig oder materiell – „zu einem heiligen Tempel im Herrn wächst". Je höher und je passender uns wir in ihm bemühen, materiell zu bauen, desto mehr werden wir belehrt, daß wir durch uns selbst geistlich „zu einer Wohnung Gottes im Heiligen Geist auferbaut werden".

(59) Inzwischen, da wir uns vornehmlich um die Überführung unserer Schutzherren, der hochheiligen Märtyrer, und der anderen Heiligen sorgten, die in der Kirche verteilt in verschiedenen Kapellen verehrt wurden, entschlossen wir uns, in der Weise, wie wir es gelobt hatten, ihre Schreine, insbesondere die der Schutzherren, schmücken zu lassen. Und indem wir einen Ort auswählten, wohin sie – für die Blicke der Herantretenden herrlicher und besser sichtbar – überführt werden sollten, wirkten wir mit dem Beistand Gottes darauf hin, daß der Ort durch die Gestaltungsfähigkeit der Goldschmiede oder auch die fleißige Ausübung ihrer Kunstfertigkeit, durch die Fülle des Goldes und der kostbaren Edelsteine sehr strahlend werde. Wir trafen Vorkehrungen, daß er – außen durch diese und derartige Dinge

modi pro ornatu nobilem, pro tuto uero intus fortissimorum lapidum muro non ignobilem circumquaque muniri, extra uero econtra, ne lapidum materia apparentium locus uilesceret, cupreis tabulis fusilibus et deauratis decorari, non tamen sicut deceret, preparauimus. **(60)** Exigit enim tantorum patrum experta nobis et omnibus magnificencia, ut, quorum uenerandi spiritus Deo omnipotenti *sicut sol fulg*entes assistunt, nos miserrimi qui eorum patrocinia et sentimus et indigemus, sacratissimos cineres eorum preciosiori qua possumus materia, uidelicet auro obrizo, iacinctorum et smaragdinum et aliarum gemmarum copia, opere precium liquet operiri. **(61)** Hoc autem unum egregie fieri elegimus, ut ante corpora sanctorum celeberrimam ad libandum Deo, que numquam ibidem fuerat, erigeremus aram, ubi summi pontifices et persone auctentice suffragio eorum, qui se ipsos holocaustum odoriferum Deo optulerunt, placabiles *Deo*que *acceptabiles hostias offerre* mereantur. **(62)** Cui etiam cum tabulam auream mediocrem tamen defectus pusillanimitate preponere proposuissem, tantam auri, tantam gemmarum preciosissimarum inopinatam et uix ipsis regibus existentem copiam ipsi sancti martires nobis propinauerunt, ac si nobis *ore ad os loqu*erentur ‘uelis nolis, optimam eam uolumus’, ut eam aliter quam mirabilem et ualde preciosam tam opere quam materia efficere aut non auderemus aut non ualeremus. **(63)** Neque enim ipsi pontifices, qui his egregie pro officii sui dignitate potiuntur, anulos etiam pontificales mirabili preciosorum lapidum uarietate gemmatos eidem imponere tabule presentes abnegabant, uerum absentes a transmarinis etiam partibus sanctorum martirum amore inuitati ultro delegabant. **(64)** Ipse etiam rex inclitus perlucidas et maculis distinctas smaragdines, comes Teobaldus

380 liquet] libeat *coni. p* 381 celeberrimam] celeberrima *l* 383 auctentice] auctentie *V* 384 Deoque] et Deo *l p* 393 preciosorum] preciosarum *A V g* 394 abnegabant: = agnegabant *A V*

---

376 Mt 13,43
380–403 cf. *adm* 193,865–196,879
384 I Pt 2,5
389 Nm 12,8

durch seinen Schmuck edel, innen aber durch eine sichere Mauer aus sehr festen Steinen nicht unedel – ringsum befestigt werde, daß er aber, damit nicht andererseits von außen der Ort durch das Material sichtbarer Steine an Wert verliere, mit aus Kupfer gegossenen und vergoldeten Platten[35] – wenn auch nicht so, wie es sich geziemt hätte – geschmückt werde. **(60)** Denn die von uns und allen anderen erfahrene Hochherzigkeit der so erhabenen Väter erfordert es, daß wir Erbarmungswürdigen, die wir ihren Schutz verspüren wie auch benötigen, ganz offensichtlich die hochheilige Asche derer, deren verehrungswürdige Seelen strahlend wie die Sonne dem allmächtigen Gott zur Seite stehen, mit möglichst kostbarem Material, nämlich mit lauterem Gold und vielen Hyazinthen, Smaragden und anderen Edelsteinen, zur Würdigung ihrer Verdienste einschließen. **(61)** Wir bestimmten aber, daß dieses eine in vorzüglicher Weise getan werde, nämlich daß wir vor den Leibern der Heiligen, um Gott zu opfern, einen sehr herrlichen Altar, der niemals ebendort gewesen war, errichteten, wo die hocherhabenen Bischöfe und Persönlichkeiten, die dazu berechtigt sind, auf die Fürsprache derjenigen, die sich bereits selbst als wohlriechendes Brandopfer Gott dargebracht hatten[36], versöhnende und Gott wohlgefällige Opfer darbringen dürfen. **(62)** Als ich mir, beschränkt durch meinen Kleinmut, vorgenommen hatte, ihm eine zwar goldene, aber dennoch nur mittelmäßige Tafel vorzusetzen[37], da haben uns die heiligen Märtyrer selbst eine so große, unerwartete Menge Goldes und äußerst kostbarer Edelsteine zukommen lassen, die selbst Königen kaum zur Verfügung steht, als wenn sie uns von Mund zu Mund gesagt hätten: „Ob Du willst oder nicht, wir wollen, daß sie die Beste sei", so daß wir es weder wagten noch vermochten, sie anders als bewunderungswürdig und äußerst kostbar sowohl in der Ausführung als auch im Material auszuführen. **(63)** Denn auch die anwesenden Bischöfe ließen es sich nicht nehmen, ihre mit einer wunderbaren Vielfalt kostbarer Steine besetzten Bischofsringe – sie besitzen diese vorzüglich aufgrund der Würde ihres Amtes – dieser Tafel beizugeben; die aber, die nicht selbst zugegen waren, schickten aus freien Stücken die ihrigen, selbst aus Gebieten jenseits des Meeres, ermuntert durch die Liebe zu den heiligen Märtyrern. **(64)** Sogar der erlauchte König selbst bot strahlende und durch Maserung gezeichnete Smaragde, Graf Theobald[38] Hyazinthe und Rubine, die Vor-

[35] Zur Herstellungsweise siehe im Glossar unter *fusor*.

[36] Zum theologischen Hintergrund siehe den einleitenden Beitrag von A. Speer, pp. 51–53.

[37] Hierbei handelt es sich um das im dritten Teil von *De administratione* an erster Stelle unter den *ornamenta ecclesie* beschriebene Antependium („De tabula aurea superiori" – cf. *adm* 193–197).

[38] Theobald (Tedbald/Thibaud) IV. (II.), Graf von Blois-Champagne (* ca. 1090/95; † 10. 1. 1152). Seit 1109 Graf von Blois, fällt ihm 1125 durch Erbschaft die Graf-

iacinctos, rubetos, optimates et principes diuersorum colorum et ualitudinum preciosas margaritas ultro offerentes nos ipsos ad peragendum gloriose inuitabant, preterea tot uenales ab omnibus pene terrarum partibus nobis afferebantur et unde eas emeremus Deo donante offerebatur, ut eas sine pudore magno et sanctorum offensa dimittere nequiremus. **(65)** Hic et alibi experiri potuimus, sit bonum opus in uoluntate, ex Dei adiutorio erit in perfectione. **(66)** Hoc itaque ornamentum tantorum deuocione tantis protectoribus commodatum, si quis temerario ausu auferre aut scienter minuere presumpserit, domni Dyonisii offensam et Spiritus sancti mucrone perfodi mereatur.

(67) Nec illud etiam silere dignum duximus, quod dum prefatum noui aumenti opus capitellis et arcubus superioribus ad altitudinis cacumen produceretur, cum necdum principales arcus singulariter uoluti uoltarum cumulo cohererent, terribilis et pene ⟨in⟩tolerabilis obnubilatione nubium, inundatione ymbrium, impetu ualidissimo uentorum subito tempestatis exorta est procella que usque adeo inualuit, ut non solum ualidas domos, sed etiam lapideas turres et ligneas tristegas concusserit. **(68)** Ea tempestate quadam die anniuersario gloriosi Dagoberti regis cum uenerabilis Carnotensis episcopus Gaufredus missas gratiarum pro anima eiusdem in conuentu ad altare principale festiue celebraret, tantus

400 peragendum] pereragendum *V* 401 afferebantur *ex* efferebantur *corr. V* 404 in perfectione] imperfectione *A* 410 superioribus *M p [cf. App. l. 70]*: +et *A V g l* 412 uoluti] ueluti *l* 412–413 intolerabilis *M p [cf. App. l. 73]*: tolerabilis *A V g l*

403–404 cf. *adm* 178,801–803
404 cf. Phil 2,13
406–408 cf. Gesta Dag., p. 420,18–19; Vita Lud. VI., c. X (p. 66–68): *mucrone beati Petri perfoderunt*; auch c. XXIV (p. 176) und häufig in Urkunden, cf. e. g. Dufour I, p. 338, n. 163 [1120 zw. IV 18 u. VIII 2]: *offensam domni Dyonisii.*

nehmsten und Fürsten boten von sich aus kostbare Perlen von unterschiedlicher Farbe und Beschaffenheit an und ermunterten so uns selbst auf rühmliche Weise zur Fertigstellung. Außerdem wurden uns aus beinahe allen Gegenden der Welt so viele Steine zum Kauf angeboten, und dank Gottes Gabe zeigte sich uns, wo wir sie kaufen könnten, so daß wir sie nicht hätten ausschlagen können, ohne uns sehr schämen zu müssen und die Heiligen sehr zu kränken. **(65)** Hier und anderswo konnten wir erfahren: Wenn ein Werk im Wollen gut ist, dann wird es mit Gottes Hilfe ebenso ⟨gut⟩ in seiner Vollendung sein. **(66)** Wenn jemand es also wagen sollte, diesen Schmuck, der in frommer Hingabe so bedeutender Männer unseren so erhabenen Schutzherren übergeben worden ist, in verwegener Dreistigkeit fortzutragen oder wissentlich zu mindern, dann verdient er die Ungnade des Herrn Dionysius und vom Schwert des Heiligen Geistes durchbohrt zu werden.

(67) Auch folgendes glauben wir nicht verschweigen zu dürfen: Während das zuvor genannte Werk der neuen Vergrößerung mit den oberen Kapitellen und Bogen zur vollen Höhe fortgeführt wurde, als die Hauptbogen, einzeln gewölbt, noch nicht mit dem Scheitel der Wölbungen zusammenhingen, brach urplötzlich ein Gewittersturm los, furchtbar und fast unerträglich aufgrund der Verfinsterung durch Wolken, der Überschwemmung durch Regengüsse und der sehr starken Kraft der Winde, der schließlich so sehr erstarkte, daß er nicht nur feste Häuser, sondern auch steinerne Türme und hölzerne Wehrtürme erschütterte. **(68)** Während dieses Unwetters, am Jahrestag des ruhmvollen Königs Dagobert ⟨I.⟩[39], als der ehrwürdige Bischof Gaufred von Chartres für dessen Seele inmitten der Mönchsgemeinschaft die Dankesmesse am Hauptaltar festlich feierte, erfaßte eine solche Kraft der anstürmenden

schaft Champagne zu. Theobald stand zeit seines Lebens in Konflikt mit dem kapetingischen Königshaus, was zeitweilig auch zu militärischen Auseinandersetzungen führte. Als Enkel Wilhelm des Eroberers wäre er nach dem Tode des englischen Königs Heinrich I. Beauclerc 1135 beinahe König von England geworden, jedoch kam ihm sein jüngerer Bruder Stephan (I., 1135–1154) zuvor. Cf. M. Bur, La formation du comté de Champagne, v. 950 – v. 1150, Nancy 1977, pp. 281sqq.

[39] Der erst 1108 unter Abt Adam wieder eingeführte Gedenktag für König Dagobert I. ist der 19. Januar (cf. *adm* 158,691 mit Anm. 84). Das geschilderte Wunder läßt sich in das Jahr 1143 „datieren". So berichtet die Chronik des Robert von Auxerre (geschr. 1203–11; ed. Holder-Egger, MGH SS XXVI, p. 235,47 – an dieser Stelle unvollständig, hier nach der Version der Handschrift Bibl. Apost. Vaticana, Reg. lat. 88, f. 145va): „*Anno domini MCXLIII° ventus vehemens XIIII Kal. febr. horribili impetu monasteria domosque subruit arbores annosas terre coequans*". Cf. auch Guillaume de Nangis zu diesem Jahr: „*Mense januario, ventus inauditus fuit, qui ecclesias et domos subvertit et terrae annosas arbores coaequavit*" (Chronique de Guillaume de Nangis de 1113 à 1300 [ed. H. Géraud], Paris 1843, vol. 1, p. 35); cf. auch Panofsky (1979), p. 244, der durch textimmanente Kriterien zu demselben Schluß kommt.

oppositorum uentorum impetus prefatos arcus nullo suffulto⟨s⟩ podio, nullis renitentes suffragiis impingebant, ut miserabiliter tremuli et quasi hinc et inde fluctuantes subito pestiferam minarentur ruinam. **(69)** Quorum quidem operturarumque impulsionem cum episcopus expauesceret, sepe manum benedictionis in ea parte extendebat et brachium sancti senis Symeonis signando instanter opponebat, ut manifeste nulla sui constantia, sed sola Dei pietate et sanctorum merito ruinam euadere appareret sicque, cum multis in locis firmissimis ut putabatur edificiis multa ruinarum incommoda intulisset, uirtute repulsa diuina titubantibus in alto solis et recentibus arcubus nichil proferre preualuit incommodi.

(70) Secutum est aliud dignum memoria factum quod non ex accidenti – sicut de talibus iudicant qui illi consentiunt secte, uidelicet quod fors incerta uagatur, fertque refertque uices et habent mortalia casus – sed diuina largitione, que in se sperantibus magnis et paruis in omnibus prouidet affluenter et que nouit profutura, administrat. **(71)** Cum enim quadam die de apparatu proxime consecrationis curie, quia maximam fore prestolabamur, et cum amicis et ministerialibus et uillicis nostris ageremus et pro temporum grauitate, mense enim iunio pene omnia uictualia cara erant, de aliis fauste satis prouidissemus, hoc nos solum grauiter offendebat, quod carnes arietinas propter ouium que eodem anno extiterant, morticina Aurelianensium pago et uersus Burgundiam queritare oporteret. **(72)** Cumque mille solidos aut quantum oporteret ob hoc illuc pergentibus dari grauiter, ne tarde redirent, quia sero inceperant, precepissem, sequente mane cum de camerula nostra ad sancti sacrificii ex consuetudine accelerarem celebracionem, subito quidam de fratribus albis monachus renitentem ad cameram me retrahit, in quem aliquantisper, quia nos a tanto impediebat opere,

420 suffultos *M g l p [cf. App. l. 80]*: suffulto *A V* 421 impingebant *A M V [cf. App. l. 80] constructio ad sensum!*: impingebat *g l p* 430 proferre] preferre *M [cf. App. l. 89]* 433 fors] foris *A V l* 442 morticina] morticinia *l p* | Aurelianensium] Aurelianensi *g l* 445 precepissem] precepissent *A V*

431–434 cf. Gregorius Magnus, Homilia in Evangelia, lib. 2, 26 (PL 76, 1201C): *Non hoc casu, sed diuina dispensatione gestum est.*
433–434 Lucan, Bellum civile, 2, 12–13

Winde die genannten Bogen, die von keinem Unterbau unterstützt waren und sich keinen Stützgerüsten entgegenstemmten, so daß sie, jämmerlich zitternd und gleichsam hin- und herschwankend, plötzlich verderbenbringend einzustürzen drohten[40]. **(69)** Als der Bischof mit Entsetzen das Schwanken der Bogen und der Bedachung sah, streckte er seine Segenshand mehrmals dorthin aus und hielt beim Segnen den Arm des heiligen Greises Simeon eindringlich entgegen, so daß er deutlich sichtbar offenkundig nicht durch seine Beharrlichkeit, sondern allein durch die Gnade Gottes und das Verdienst der Heiligen den Einsturz verhüten konnte. Und obgleich dieses Unwetter vielerorts an, wie man glaubte, sehr dauerhaften Bauten Einsturzschäden verursachte, vermochte es so, da es durch göttliche Kraft abgewehrt wurde, keinen Schaden anzurichten, wenn auch in der Höhe die einzeln stehenden und frisch gemauerten Bogen ins Wanken gerieten.

(70) Es folgte ein anderes, erinnernswertes Geschehen, das sich nicht aus Zufall – so, wie die über derlei urteilen, die jener Lehre zustimmen, daß „blinder Zufall waltet, Wechselfälle hervorbringt und sie rückgängig macht und Sterbliches dem Schicksal unterliegt“ –, sondern aufgrund göttlicher Freigebigkeit als hilfreich erweist, die in allen Dingen reichlich Vorsorge trifft für diejenigen, die auf sie hoffen, für Große wie Kleine, und die weiß, was von Nutzen sein wird. **(71)** Eines Tages nämlich besprachen wir uns sowohl mit Freunden, Dienstleuten wie mit unseren Verwaltern über den Aufwand für den Hoftag bei der bevorstehenden Weihe, denn wir rechneten mit einem sehr großen. Und obwohl wir wegen der Beschwernis der Zeit – im Monat Juni nämlich waren beinahe alle Lebensmittel knapp – für andere Dinge mit Glück hinreichend vorgesorgt hatten, machte uns dies eine schwer zu schaffen: daß es wegen des Schafsterbens, das es in diesem Jahr gegeben hatte, nötig war, um Schaffleisch aus dem Gau um Orléans und bis nach Burgund nachzufragen. **(72)** Ich hatte schon angeordnet, daß denen, die deswegen dorthin aufbrechen sollten, 1000 Solidi oder soviel, wie nötig war, gegeben werde, jedoch ungern, damit sie nicht spät zurückkehrten, weil sie schon zu spät begonnen hatten. Da geschah es am folgenden Morgen, als ich wie gewöhnlich von unserer Kammer zur Zelebration der heiligen Messe eilte, daß mich plötzlich gegen meinen Willen ein gewisser Mönch von den weißen Brüdern[41] zu meiner Kammer zurückzog. Als ich, zunächst eine

[40] Zum Sachverhalt cf. G. Annas/G. Binding, *Arcus superiores*. Abt Suger von Saint-Denis und das gotische Kreuzrippengewölbe, in: Wallraf-Richartz-Jahrbuch 50 (1989), pp. 7–24. Allerdings ist die dort vorgenommene Datierung des beschriebenen Ereignisses im Sinne der vorausgehenden Fußnote zu korrigieren.

[41] Welcher Ordensgemeinschaft die hier angesprochenen *fratres albi* angehören, ist nicht eindeutig zu klären; möglicherweise handelt es sich um Prämonstratenser, wahrscheinlicher aber um Zisterzienser.

commotus cum minus bene respondissem, 'audiuimus' inquit 'Domine pater, uos ad instantem consecrationis uestre sollempnitatem arietinis carnibus indigere et inde a fratribus nostris missus arietum gregem maximum paternitati uestre adduco, ut quot uobis placuerit retineatis, et quod non placuerit nobis dimittatis.' **(73)** Quo audito, ut post missas nos expectaret, precepimus et quod offerebat eo presente finita missa nostris retulimus, qui hoc ipsum diuine ascribebant largitioni, eo quod hoc solum, quod deerat, quod querendo fatigaremur, inopinate religiosorum fratrum deportatione delegasset.

(74) Vrgebat deinceps noue fieri consecrationem ecclesie tam operis laboriosa consummatio quam nostra, que ad hoc diu anhelauerat, suspensa deuotio. **(75)** Et quoniam tam ipsam quam sanctorum dominorum nostrorum uelud pro gratiarum accione et laboris nostri gratissimo fructu translationem fieri celeberrimam optando affectaremus, regie maiestatis serenissimi regis Francorum Ludouici placido fauore – desiderabat enim sanctos martires suos protectores ardentissime uidere – diem agendi secunda iunii dominica, uidelicet tertio idus quod est Barnabe apostoli, consulte assignauimus. **(76)** Inuitatorias itaque nuntiis multis, etiam cursoribus et preambulis, pene per uniuersas Galliarum regiones litteras delegauimus; archiepiscopos, episcopos ex parte sanctorum et debito apostolatus eorum tante interesse sollempnitati uotiue sollicitauimus.

(77) Quorum cum multos et diuersos ad hoc peragendum gratanter, gratantius omnes, si fieri posset, excepissemus, ipse dominus rex Ludouicus et regina coniunx eius Aanor et mater eius et regni

450 instantem] istantem *V* 452 paternitati uestre *ex* ad uos *corr. A* | quot] quod *l p* 454 precepimus] precipimus *l* 455 offerebat] offerebant *l* 475 Aanor] Alienor *M [cf. App. l. 93]*

468–470 cf. Chronica Mon. Cas., p. 398,9sq.: … *litteris invitatoriis* … *ad universos episcopos* … *delegatis.*

Weile verärgert über ihn, weil er uns von dieser wichtigen Handlung abhielt, ihm wenig freundlich geantwortet hatte, sagte er: „Wir haben gehört, Herr Vater, daß es Euch zur bevorstehenden Feier Eurer Weihe an Schaffleisch mangelt. Daher führe ich, von unseren Brüdern geschickt, Euch, Ehrwürdiger Vater, eine sehr große Schafherde zu, auf daß Ihr, soviel Euch gefällt, behalten, und was Euch nicht gefällt, zu uns zurückschicken mögt". **(73)** Nachdem wir dies vernommen hatten, baten wir ihn, uns nach den Messen zu erwarten; und nach Beendigung der Messe trugen wir, was er uns anbot, in seiner Gegenwart den Unsrigen vor, die dies der göttlichen Freigebigkeit zuschrieben, weil diese einzig das, was fehlte und wonach zu suchen uns Anstrengung kosten würde, uns unvermutet dadurch hatte zukommen lassen, daß die frommen Brüder es uns überbrachten.

(74) Nun drängten sowohl die Vollendung des Werkes, die viel Mühe gekostet hatte, als auch unsere erwartungsvolle Hingabe, die schon so lange sich seufzend danach gesehnt hatte, daß die Weihe der neuen Kirche geschehe. **(75)** Und da wir wünschten und danach strebten, daß sowohl diese als auch die sehr feierliche Translatio unserer heiligen Herren, als Dankestat und willkommenste Frucht unserer Mühe, sehr festlich würden, legten wir mit der huldvollen Gunst der erlauchtesten Majestät, des Königs der Franken, Ludwig ⟨VII.⟩, – denn er begehrte auf das brennendste, die heiligen Märtyrer, seine Beschützer, zu sehen – mit Bedacht den Tag des Geschehens auf den zweiten Sonntag des Juni fest, also auf den dritten Tag vor den Iden, den Tag des Apostels Barnabas[42]. **(76)** Daher verschickten wir durch viele Boten, auch Eilboten und Läufer, Einladungsschreiben durch beinahe alle Gebiete der Gallia und bewegten in der Weise, wie es dem Gelübde entsprach, Erzbischöfe und Bischöfe um der Heiligen wie um der Pflicht ihres Apostelamtes willen, der so großen Feierlichkeit beizuwohnen.

(77) Als wir, um dies durchzuführen, viele verschiedene von diesen Bischöfen mit Freuden aufgenommen hatten – noch lieber ⟨hätten wir⟩ alle ⟨aufgenommen⟩, wenn das möglich gewesen wäre –, erschienen am übernächsten Tag der Herr König Ludwig ⟨VII.⟩ selbst und seine Gattin, die

[42] 11. Juni.

optimates perendie aduentarunt. **(78)** De diuersis nationum et regnorum proceribus nobilibus et gregariis militum et peditum turmis nulla suppetit computatio. **(79)** Archiepiscoporum uero et episcoporum assistentium hec intitulata sunt nomina:

Samson Remensis archiepiscopus,
Hugo Rotomagensis archiepiscopus,
Hugo Senonum archiepiscopus,
Gaufredus Burdegalensis archiepiscopus,
Teobaldus Cantuariensis archiepiscopus,
Gaufredus Carnoti episcopus,
Ioslenus Suessorum episcopus,
⟨Nicolaus Cameracensis episcopus,⟩
Simon Nouiomi episcopus,
Elias Aurelianis episcopus,
Odo Beluaci episcopus,
Hugo Autisiodori episcopus,
Aluisus Atrebati episcopus,
Guido Catalaunis episcopus,
Algarus Constantiarum episcopus,
Rotrocus Ebroicensis episcopus,
Milo Teruanensis episcopus,
Manasses Meldis episcopus,
Petrus Siluanectis episcopus.

482 Hugo] Gwido *A M V [cf. App. l. 101]; cf. etiam infra 598* 483 Gaufredus Burdegalensis archiepiscopus *om. l* 487 Nicolaus Cameracensis episcopus *M [cf. App. l. 106]*: *om. A V g l p* 494 Algarus *M [cf. App. l. 113]*: Algarum *A V*

476–479 cf. Chronica Mon. Cas., p. 398,11–14: ... *tanta ... episcoporum ... ad diem condictam multitudo confluxit, ut stellarum fere celi quam illorum omnium numerositatem cuilibet fuerit estimare facilius.* Narratio de cons., p. 221a23–26 (= PL 173, 998D–999A): *Nomina et numerum episcoporum et magnatium aliquot qui affluerunt ... memorie tradere quatinus eorum numerositate, innumera etiam populi multitudine, qui tunc undique terrarum confluxit, ipsius dedicationis gloria innotescunt. Sunt autem hi ...* Cf. auch p. 221b32–35 (= PL 173, 1000B): *Tanta affuit multitudo, ut eorum numerum nedum nomina recenseri multe otiositatis indigeat.*
480sq. cf. Chronica Mon. Cas., p. 398,24sq.; Narratio de cons., p. 221a27sq. (= PL 173, 999Asq.).

Königin Eleonore[43], sowie seine Mutter[44] und die Fürsten des Königreiches. **(78)** Bezüglich der verschiedenen Vornehmen und Adligen aus Völkern und Reichen, bezüglich der Scharen an Rittern und Mengen an Fußvolk ist keine Berechnung hinlänglich. **(79)** Dies aber sind aufgezählt die Namen der anwesenden Erzbischöfe und Bischöfe:[45]

Samson, Erzbischof von Reims,
Hugo, Erzbischof von Rouen,
Hugo,[46] Erzbischof von Sens,
Gaufredus, Erzbischof von Bordeaux,
Theobald, Erzbischof von Canterbury,
Gaufredus, Bischof von Chartres,
Ioslenus, Bischof von Soissons,
Nikolaus, Bischof von Cambrai,
Simon, Bischof von Noyon,
Elias, Bischof von Orléans,
Odo, Bischof von Beauvais,
Hugo, Bischof von Auxerre,
Alvisus, Bischof von Arras,
Guido, Bischof von Châlons-sur-Marne,
Algarus, Bischof von Coutances,
Rotrocus, Bischof von Evreux,
Milo, Bischof von Thérouanne,
Manasse, Bischof von Meaux,
Petrus, Bischof von Senlis[47].

[43] Eleonore von Aquitanien, cf. *adm* 279,1234–280,1242 (mit Anm. 182).

[44] Adelaide (Adelheid) von Maurienne(-Savoyen) (um 1098–1154), eine Tochter Graf Humberts II. von Maurienne und Nichte Papst Calixt' II. (1119–1124); in erster Ehe (1115) verheiratet mit König Ludwig VI. von Frankreich (1108–1137), nach dessen Tod erneute Heirat mit Matthieu I. von Montmorency († 1160), Konnetabel von Frankreich (zu diesem cf. *adm* 4 [mit Anm. 4]).

[45] Suger verwendet hier eine geläufige Wendung aus der Urkundensprache, mit der gewöhnlicherweise in der Corroboratio die Aufzählung der Namen der Zeugen unter dem Zeichen des Herrschers eingeleitet wird. Cf. e. g. die Urkunden Ludwigs VII. aus den Jahren 1143 und 1144, in: Michel Félibien, Histoire de l'Abbaye de Saint-Denis en France, Paris 1706, vor allem p. CVI.

[46] Zur Zeit der Weihe ist Hugo von Toucy Bischof von Sens. In der gesamten Überlieferung ist der Name jedoch mit Guido angegeben. Offensichtlich geht dieser Fehler auf Suger selbst zurück.

[47] Samson von Mauvoisin, Erzbischof von Reims 1140–1161; Hugo von Amiens, Erzbischof von Rouen 1130–1164; Hugo von Toucy, Erzbischof von Sens 1142/3–1168; Gaufredus III. von Louroux, Erzbischof von Bordeaux 1136–1158; Theobald, Erzbischof von Canterbury 1139–1161; Gaufredus II. von Lèves, Bischof von Chartres 1116–1149; Ioslenus von Vierzy, Bischof von Soissons 1126–1152; Nikolaus,

(80) Qui omnes cum gloriose et altioribus ecclesie sue personis pro tanta et tam nobili accione, tanto spectaculo accessissent, interiorem mentis et cordis intentionem cultus et habitus exterior designauit. **(81)** Nos autem non tantum exterioribus, ea enim affluenter sine querela exhiberi preceperamus, die sabbati proxima sanctorum corpora de suis assumentes oratoriis ex consuetudine in palliatis tentoriis in exitu chori decentissime reponendo locauimus, sacramentalia consecrationis instrumenta deuote tantum gaudium prestolantes preparabamus, quomodo tanta tantarum personarum tam sancta expedite ecclesiam intus et extra perlustrare posset processio, componebamus. **(82)** Vnde cum gloriosum et humillimum Francorum regem Ludouicum, ut per optimates et nobiles suos ab ipsa processione obuiantem arceret turbam, humiliter rogassemus, humilius satis per se ipsum et per suos hoc se libenter facturum respondit.

(83) Pernoctantes itaque tota nocte uespertina matutinarum sinaxi in laudem diuinitatis Iesum Christum dominum nostrum *propiciationem pro peccatis nostris* factum, quatinus pro suo honore et sanctorum suorum amore sanctum locum misericorditer uisitare et sacris accionibus non tantum potentialiter, sed etiam personaliter adesse dignaretur, deuotissime flagitabamus. **(84)** Igitur summo

499 et] ex *g l p* | ecclesie sue *inv. A* 500 pro] per *A V g* 501 cordis] corporis *l p* 502 tantum] intenti *vel* instantes *add. cens. l p* 507 quomodo tanta] quo intenta *l p* quo in tanta *g (sed male scriptum pro* quo intenta *cens.)* 514 matutinarum *scrips.*: matutinorum *A V g l p*

515–516 I Jo 2,2

(80) Als diese alle in Ehren und mit höherrangigen Persönlichkeiten ihrer Kirche zu einer so bedeutenden und erhabenen Handlung, zu einem so bedeutenden Schauspiel zusammengekommen waren, da bezeichneten im Äußeren ihr Ornat und ihre Haltung die innere Ausrichtung des Geistes und des Herzens[48]. **(81)** Wir aber hatten nicht allein bezüglich der äußeren Dinge vorgesorgt, daß sie reichlich und ohne daß es Grund zum Klagen gäbe, bereitgestellt würden, sondern wir erhoben am Vortag, am Samstag, die Leiber der Heiligen aus ihren Kapellen und plazierten sie beim Niederlegen gemäß dem ⟨liturgischen⟩ Brauch auf das angemessenste in Zelten aus kostbaren Stoffen am Ausgang des Chores. Indem wir solche Freude mit Hingabe erwarteten, bereiteten wir die sakramentalen Gerätschaften der Weihe vor[49] und trafen Vorkehrungen, wie eine so umfangreiche, so heilige Prozession so erhabener Persönlichkeiten die Kirche innen und außen unbehindert durchschreiten konnte. **(82)** Als wir daher den König der Franken, Ludwig ⟨VII.⟩, der ruhmreich und ⟨zugleich⟩ zutiefst demütig war, demütig gebeten hatten, er möge durch seine Fürsten und Adeligen die entgegendrängende Menge von dieser Prozession fernhalten, antwortete er in noch tieferer Demut, das werde er gerne persönlich und durch die Seinen tun.

(83) Indem wir nun die ganze Nacht zum Lob der Gottheit gleichsam in einer ⟨durchgehenden⟩ Vesper- und Matutinfeier durchwachten, flehten wir in aller Demut zu unserem Herrn Jesus Christus, der zur Versöhnung für unsere Sünden wurde, daß er es um seiner Ehre und um der Liebe zu seinen Heiligen willen für würdig erachten möge, diesen heiligen Ort erbarmend zu besuchen und den heiligen Handlungen nicht nur im Walten seiner Macht, sondern auch in seiner persönlichen Gegenwart beizuwohnen[50].

Bischof von Cambrai 1137/8–1167; Simon von Vermandois, Bischof von Noyon 1123–1148; Elias, Bischof von Orléans 1137–1146; Odo II., Bischof von Beauvais 1133–1144 bzw. Odo III. Clarus, Bischof von Beauvais 1144–1148; Hugo von Mâcon, Bischof von Auxerre 1137–1151; Alvisus, Bischof von Arras 1131–1148; Guido von Montaigu, Bischof von Châlons-sur-Marne 1144–1147 bzw. Gualterius II. von Sercy, Bischof von Châlons-sur-Saône 1128–1156; Algarus, Bischof von Coutances 1132–1150/51; Rotrocus von Beaumont-Le-Roger, Bischof von Évreux 1139–1165; Milo, Bischof von Thérouanne 1131–1158; Manasse II., Bischof von Meaux 1134–1158; Petrus, Bischof von Senlis 1134/8–1151.

[48] Zu dieser Grundstruktur des Sakramentalen *„ab exterioribus ad interiora"* und *„de uisibilibus ad inuisibilia"* siehe Augustinus, Epist. 55,5 (CSEL 34,2 [ed. A. Goldbacher, Prag–Wien–Leipzig 1985], p. 179,13sqq.).

[49] Zu den vorbereitenden Riten cf. die einleitenden Rubriken des Kirchweihordo PR XII (n. XVII), 1 (ed. M. Andrieu [1938], p. 176).

[50] Das Wort *personaliter* betont nicht nur die Wirkungen der im Sakrament gespendeten Gnadenmittel als Heilshandeln Gottes in Christus, sondern enthält zu-

mane archiepiscopi, episcopi de propriis hospiciis cum archidiaconis et abbatibus et aliis honestis personis ad ecclesiam accedentes episcopaliter se componebant et ad dolium pro consecratione aquarum superius inter sanctorum martirum sepulturas et sancti saluatoris altare satis decenter, satis uenerabiliter assistebant. **(85)** Videres et qui aderant non sine deuotione magna uidebant tot tantorum choream pontificum uestibus albis decoram, mitris pontificalibus et circinatis aurifrisiis pretiosis admodum comatam pastorales uirgas manibus tenere, circumcirca dolium ambire, nomen Domini exorcizando inuocare, tam gloriosos et admirabiles uiros eterni sponsi nuptias tam pie celebrare, ut potius chorus celestis quam terrenus, opus diuinum quam humanum tam regi quam assistenti nobilitati uideretur apparere. **(86)** Populus enim pro intolerabili magnitudinis sue impetu foris agebatur et, dum chorus prefatus aquam benedictam extra hysopo ecclesie parietes uirtuose aspergendo proiciebat, rex ipse eiusque decuriones tumultuosum impetum arcebant et uirgis et baculis regredientes ad portas protegebant. **(87)** Vt autem peractis ordinarie sancte consecrationis misteriis uentum est ad sanctarum reliquiarum repositionem, ad sanctorum dominorum nostrorum antiquos et uenerandos tumulos accessimus; neque enim adhuc de loco suo mota erant. **(88)** Prosternentes autem se tam ipsi pontifices quam dominus rex et nos omnes, quantum pro loci angustia permittebamur, inspectis isto aperto uenerandis scriniis rege Dagoberto fabricatis, in quibus sanctissima et Deo cara eorum continebantur corpora, gaudio inestimabili psallebant et flebant regemque tam deuotum quam humilem accersientes ‘uade’ inquiunt ‘et tu ipse manibus tuis domi-

540 neque] eque *V*   543 aperto] operto *l*

---

530 cf. Petrus Abaelardus, Sermo 28, In dedicatione ecclesiae (Opera omnia I, ed. V. Cousin, Paris 1849, p. 534; PL 178, 551D): *Quid enim dedicatio Ecclesiae, nisi illa est fidelis animae sponsio, quae a saeculo recedens se penitus Deo dedicat, et quasi propriam sponsam Christi se copulat?*

(84) So kamen im Morgengrauen die Erzbischöfe und Bischöfe von ihren jeweiligen Quartieren, samt den Archidiakonen, Äbten und anderen ehrenwerten Personen zur Kirche, ordneten sich nach bischöflicher Folge an und stellten sich, sehr angemessen, sehr ehrwürdig, zur Weihe des Wassers an das ⟨Weihwasser⟩becken oben zwischen den Grabstätten der heiligen Märtyrer und dem Altar des Heiligen Heilands[51]. **(85)** Man hätte einen Reigen so vieler und so erhabener Bischöfe sehen können – und die zugegen waren, sahen ihn nicht ohne große Andacht –, prächtig in weißen Gewändern, angetan mit ihren bischöflichen, mit kostbaren Goldverbrämungen eingefaßten Mitren, wie sie ihre Hirtenstäbe in ihren Händen hielten, rings um das ⟨Weihwasser⟩becken herumschritten, beim Exorzismus den Namen des Herrn anriefen, wie diese Männer – in solcher Herrlichkeit und bewundernswert – die Hochzeit mit dem ewigen Bräutigam so fromm feierten, daß ebenso dem König wie dem anwesenden Adel eher eine himmlische als eine irdische Schar, eher ein göttliches als ein menschliches Werk sich zu offenbaren schien. **(86)** Denn das Volk wurde wegen des unerträglichen Ansturms seiner Menge nach draußen gedrängt, und während die zuvor genannte Schar bei der wirkmächtigen Aspersion das Weihwasser mit dem Ysop außen auf die Wände der Kirche sprengte, hielten der König selbst und seine Dekurionen den stürmischen Andrang in Schranken und schützten mit Hilfe von Ruten und Stöcken ⟨die Bischöfe⟩, als sie zu den Türen zurückgingen. **(87)** Als man aber, nachdem die Mysterien der heiligen Weihe der Ordnung gemäß vollzogen waren, zur Niederlegung der heiligen Reliquien kam, traten wir an die alten und verehrungswürdigen Gräber unserer heiligen Herren heran; denn bis zu diesem Zeitpunkt waren ihre Leiber noch nicht von ihrem Ort wegbewegt worden. **(88)** Es warfen sich aber sowohl die Bischöfe selbst als auch der Herr König und wir alle, insoweit es uns nach der Enge des Ortes möglich war, nieder. Als sie an dem nun geöffneten Ort in die verehrungswürdigen, unter König Dagobert ⟨I.⟩ verfertigten Schreine[52] Einblick genommen hatten, in denen ihre hochheiligen und Gott teuren Leiber bewahrt wurden, sangen und weinten sie in unvorstellbarer Freude. Sie holten den König heran, der ebenso andächtig und demutsvoll war, und sprachen: „Gehe hin und hilf auch Du selbst mit Deinen Händen, unseren Herrn,

gleich eine erneute Anspielung auf die 'consécration légendaire' (cf. *cons* 47,283–286 und *cons* 93,567sq.).

[51] Zum Ablauf der folgenden Kirchweihliturgie siehe den einleitenden Beitrag von A. Speer, pp. 45–49.

[52] Cf. den Bericht in den Gesta Dag., p. 406: „*memor voti iam dicti accessit ad supra memoratum locum et, sicut in somnis praemonitus fuerat, sanctorum martyrum Dyonisii, Rustici et Eleutherii corpora requirens, digesta eorum in sarcofagis nomina repperit, quae et in alium eiusdem vici locum summa cum veneratione decimo Kal. Maias transtulit, eorumque memorias auro puro et preciosissimis gemmis exornavit*".

num et apostolum et protectorem nostrum huc afferre adiuua, ut sacratissimos cineres ueneremur, sanctissimas urnas amplectamur, toto tempore uite nostre eas suscepisse, eas tenuisse gratulemur. **(89)** *Hi sunt* enim *sancti uiri, qui pro testamento Dei sua corpora tradiderunt*, qui pro salute nostra caritatis igne accensi terram suam et cognationem exierunt, qui fidem Iesu Christi apostolica auctoritate omnem Galliam edocuerunt, pro eo uiriliter certauerunt, nudi uirgas, ligati feroces et famelicas bestias compescuerunt, equulei extensionem, clibani succensionem illesi demumque hebetatis securibus decapitationem felicem sustinuerunt. **(90)** Age igitur, rex christiane, beatum suscipiamus susceptorem nostrum Dyonisium suppliciter flagitantes, ut pro nobis petat ab eo qui fideliter promisit: dilectio et benignitas quam habes semper pro quibuscumque petieris impetrabit.' **(91)** Protinus lacerti mouentur, brachia extenduntur, tot et tante manus initiuntur, quod nec etiam septima manus ipsa sancta scrinia attingere ualeret. **(92)** Eapropter ipse dominus rex se medium eis ingerens lecticam argenteam specialis patroni de manu episcoporum, sicut uidetur de manu Remensis archiepiscopi, Senonensis, Carnotensis et aliorum, assumens tam deuote quam honeste preuius egrediebatur. **(93)** Mirabile uisu – numquam talem preter illam, que in antiqua consecratione celestis exercitus uisa est, processionem aliquis uidere potuit, cum sanctorum corpora martirum et confessorum de tentoriis palliatis humeris et collis episcoporum et comitum et baronum

557 christiane] christianissime *l* 561 initiuntur (= innitiuntur) *A V*: mittuntur *g l* iniiciuntur *p* 567 talem *g l p*: talis *A V*

550–551 Antiphon Isti sunt sancti, qui pro testamento Dei , cf. Hesbert n. 3444
551–556 cf. Hilduin, Passio S. Dionysii, c. XXVII–XXXI (PL 106, 44B–46D): … *Dionysius … toto corpore nudus … flagellatur … super lectum ferreum, suppositis flammis, nudus extensus est … ad bestias ferocissimas, in rabiem multo jejunio excitatas, projectus subrigitur … Praeparantur quoque ingentia clibani incendia, et in ea … Dionysius projicitur … hebetatis, secundum praeceptum principis, securibus decollati sunt*; Reimoffizium (XI. Jh.), ed. in: A. W. Robertson, The Service-Books of the Royal Abbey of Saint-Denis, Oxford 1991, p. 232: *Non virgae non aequuleus* | *non ignea fornax* | *ferreus haud lectus …* [?] *ieiunave belva* | *terret adhletam christi.*
559–560 cf. Jo 14,13: *Et quodcumque petieris in nomine meo hoc faciam.* Cf. auch I Jo 5,14 und Petrus Abelardus, Hymus in dedicatione ecclesiae, Ad laudes (ed. G. M. Drewes, Analecta Hymnica 48, Leipzig 1905, n. 186, 11; ed. J. Szövérffy, Peter Abelard's Hymnarius Paraclitensis, Brookline, Mass. 1975, vol. 2, p. 168): *Quisquis hic fidelium* | preces deo fuderit, | impetrasse gaudeat | se, quidquid petierit.

Apostel und Schutzherren hierher zu tragen, auf daß wir die hochheilige Asche verehren, die hochheiligen Urnen umfassen und uns Zeit unseres Lebens glücklich preisen, diese aufgenommen, diese gehalten zu haben. **(89)** Diese nämlich sind die heiligen Männer, die, um für Gott Zeugnis abzulegen, ihre Leiber dahingaben, die für unser Heil, entflammt durch das Feuer der Liebe, ihr Land und die Ihren verließen, die mit apostolischer Vollmacht die ganze Gallia den Glauben an Jesus Christus lehrten[53], die für ihn mannhaft kämpften, die nackt die Ruten ⟨ertrugen⟩, gefesselt wilde und hungrige Bestien überwanden, die die Streckung auf dem Marterholz und die Glut des Ofens unverletzt und schließlich die glückselige Enthauptung durch stumpfe Beile ertrugen. **(90)** Wohlan denn, christlicher König, laßt uns nun unseren Beschützer, den seligen Dionysius, aufnehmen und demütig erflehen, daß er für uns bittend eintrete bei dem, der verläßlich verheißen hat: 'Die Liebe und Güte, die du hast, wird stets ⟨das Erbetene⟩ erlangen, für wen auch immer du bittest'." **(91)** Sogleich rührten sich die Oberarme, streckten sich die Unterarme, wurden aber und aber viele Hände angelegt, so daß nicht einmal jede siebte Hand[54] diese heiligen Schreine berühren konnte. **(92)** Deswegen begab sich der Herr König selbst in ihre Mitte, nahm die silberne Lade dieses besonderen Schutzherren von der Hand der Bischöfe – wie man sah, aus der Hand des Reimser Erzbischofs, des Sensers, des Chartresers und anderer – und schritt ebenso demütig wie ehrenvoll an ihrer Spitze hinaus. **(93)** Wunderlich zu schauen – denn nie war eine solche ⟨Prozession⟩ gesehen worden außer jener des himmlischen Heeres bei der alten Weihe[55] –, konnte man die Prozession sehen, als die Leiber der heiligen Märtyrer und Bekenner aus ihren Zelten aus kostbaren Stoffen auf Schultern und Nacken von Bischöfen, Grafen und Baronen dem hochheiligen Dionysius und seinen

[53] Zu Dionysius als Missionar Galliens (Nordfrankreichs) siehe den Brief Ludwigs des Frommen an Abt Hilduin von Saint-Denis (um 835), MGH Epistolae 5 (Karolini aevi 3), p. 326, n. 19: „*cunctae per transacta tempora Gallicae generationes* [...], *quae eius insigni apostolatu fidei rudimenta sumpserunt et salutis subsidia perceperunt*".

[54] Ph. Verdier (Some New Readings of Suger's Writings, in: Gerson [1986], pp. 161sq.) plädiert hier für die Lesung *sceptrigera manus* (die zeptertragende Hand), welche schon die Herausgeber des „Recueil des Historiens des Gaules et de la France" (vol. 13, Paris 1806) vorgeschlagen hatten. Zur Interpretation dieser Konjektur cf. H. P. Neuheuser, Die Kirchweihbeschreibungen von Saint-Denis und ihre Aussagefähigkeit für das Schönheitsempfinden des Abtes Suger, in: Binding/Speer (1993), pp. 132sq. Zur Verteidigung der Lesung der Handschriften cf. Panofsky (1979), pp. 247sq.

[55] Erneute Anspielung auf die 'consécration légendaire', cf. *cons* 47,283–286.

sanctissimo Dyonisio sociisque eius ad eburneum ostium occurrerunt, per claustrum cum candelabris et crucibus et aliis festiuis ornamentis cum odis et laudibus multis processerunt, dominos suos tam familiariter quam pre gaudio lacrimabiliter deportauerunt. **(94)** Nullo unquam maiori in omnibus potuerunt gaudio sublimari. **(95)** Reuertentes igitur ad ecclesiam et per gradus ad altare superius quieti sanctorum destinatum ascendentes super antiquum altare pignoribus sanctorum repositis de noua ante nouam eorum sepulturam consecranda agebatur principali ara, quam domino Remensi archiepiscopo Samsoni imposuimus consecrandam. **(96)** Agebatur etiam de aliis tam gloriose quam sollempniter aris uiginti consecrandis, quarum illam que in medio saluatori nostro et sanctorum choro angelorum et sancte cruci assignatur, domino Cantuariensi archiepiscopo Teobaldo, beate semperque uirginis Dei genitricis Marie domino Hugoni Rotomagensi archiepiscopo, sancti Peregrini domino Hugoni Autisiodorensi episcopo, sancti Eustachii domino Widoni Catalaunensi episcopo, sancte Osmane domino Petro Siluanectensi episcopo, sancti Innocentii domino Simoni Nouiomensi episcopo, sancti Cucufatis domino Aluiso Actrebatensi episcopo, sancti Eugenii domino Algaro Constantiarum episcopo, sancti Hilari domino Rotroco Ebroicensi episcopo, sancti Iohannis baptiste et sancti euangeliste domino Nicholao Cameracensi episcopo sacrandam imposuimus; in cripta uero inferius maius altare in honore sancte Dei genitricis Marie uirginis domino Gauffredo Burdegalensi archiepiscopo, in dextra parte altare sancti Christofori martiris domino Helie Aurelianensi episcopo, sancti Stephani prothomartiris domino Gaufredo Carnotensi

583–622 *non apud V*

579sq. cf. Chronica Mon. Cas., p. 400, 1sq.; Narratio de cons., p. 223a3sq. (= PL 173, 1000Bsq.).

Gefährten bei der elfenbeinernen Tür[56] entgegeneilten, wie ⟨die Bischöfe, Grafen und Barone⟩ mit Leuchtern und Kreuzen und anderem zur Feier gehörenden zeremoniellen Gerät unter Gesängen und vielfachem Lobpreis in einer Prozession durch den Kreuzgang schritten, als sie nun ihre Herren, ebenso vertraut mit ihnen wie vor Freude weinend, trugen. **(94)** Von keiner größeren Freude hätten sie jemals in allem erhoben werden können. **(95)** So wandten sie sich wieder zur Kirche und stiegen über Stufen zu dem oberen Altar empor, der zur Ruhestätte der Heiligen bestimmt war; und da die Reliquien der Heiligen auf dem alten Altar niedergelegt waren, wandte man sich der Weihe des neuen Hauptaltars vor ihrer neuen Grabstätte zu, den zu weihen wir dem Herrn Erzbischof Samson von Reims auftrugen. **(96)** Auch machte man sich daran, die anderen zwanzig Altäre ebenso ehrenvoll wie feierlich zu weihen, von denen wir jenen, der in der Mitte unserem Heiland und dem Chor der heiligen Engel und dem Heiligen Kreuz bestimmt ist, zu weihen dem Herrn Erzbischof Theobald von Canterbury zuwiesen; den zu Ehren der heiligen und allzeit jungfräulichen Gottesmutter Maria dem Herrn Erzbischof Hugo von Rouen, den des heiligen Peregrinus dem Herrn Bischof Hugo von Auxerre, den des heiligen Eustachius dem Herrn Bischof Guido von Châlons-sur-Marne, den der heiligen Osmana dem Herrn Bischof Petrus von Senlis, den des heiligen Innozenz dem Herrn Bischof Simon von Noyon, den des heiligen Cucuphas dem Herrn Bischof Alvisus von Arras, den des heiligen Eugen dem Herrn Bischof Algarus von Coutances, den des heiligen Hilarius dem Herrn Bischof Rotrocus von Evreux, den des heiligen Johannes des Täufers und des heiligen Johannes des Evangelisten dem Herrn Bischof Nikolaus von Cambrai. Unten in der Krypta aber den Hauptaltar zu Ehren der heiligen und allzeit jungfräulichen Gottesmutter Maria zu weihen, bestimmten wir dem Herrn Erzbischof Gaufredus von Bordeaux; im rechten Teil der Krypta den Altar des heiligen Märtyrers Christophorus dem Herrn Bischof Elias von Orléans, den des heiligen Erzmärtyrers Stephanus dem Herrn Bischof Gottfried von Chartres, den

[56] Bereits in der sog. Baubeschreibung von 799 aus dem Reichenauer Codex Aug. 238, ff. 159v–160r wird eine elfenbeinerne Tür erwähnt: *„Alias portas habet paratas* ***de iborio*** *et argento II"* (edd. B. Bischoff, in: Kunstchronik 34 [1981], pp. 99sq., sowie A. J. Stoclet, in: Journal des Savants [1980], pp. 104sq.); cf. van der Meulen/Speer (1988), pp. 180sq. Unklar ist allerdings, ob es sich bei der elfenbeinernen Tür *(ostium eburneum)* um die Pforte des heiligen Eustachius *(hostium sancti Eustachii – adm* 169,747) handelt – so Gasparri (1996), p. 193 (Anm. 97) – und wo diese, in deren Nähe die große Prozession von den Zelten außerhalb der Kirche her auf die Reliquien der Patronatsheiligen trifft, die von den Erzbischöfen und dem König von ihren Gräbern in der alten Ringconfessio in der Krypta heraufgetragen werden, sich genau befindet.

episcopo, sancti Eadmundi regis domino Hugoni Senonensi archiepiscopo, sancti Benedicti domino Iosleno Suessionensi episcopo, in sinistra parte sanctorum Sixti, Felicissimi et Agapiti domino Miloni Taruanensi episcopo, sancti Barnabe apostoli domino Manasse Meldensi episcopus, item et sancti Georgii martiris et Gauburgis uirginis eidem episcopo, sancti Luce euangeliste domino Odoni Beluacensi episcopo consecrandam assignauimus. **(97)** Qui omnes tam festiui tam sollempniter, tam diuersi tam concorditer, tam propinqui tam hilariter ipsam altarium consecrationem missarum sollempnem celebrationem superius inferiusque peragebant, ut ex ipsa sui consonantia et coherentia armonie grata melodia potius angelicus quam humanus concentus estimaretur et ab omnibus corde et ore acclamaretur:

(98) '*Benedicta gloria Domini de loco suo*, *benedictum* est *et laudabile et superexaltatum nomen tu*um *domine* Iesu Christe, quem summum pontificem unxit Deus pater *oleo exultationis pre participibus tuis*, qui sacramentali sanctissimi crismatis delibutione et sacratissime eucharistie susceptione materialia immaterialibus, corporalia spiritualibus, humana diuinis uniformiter concopulas, sacramentaliter reformas ad suum puriores principium, his et hui-

598 Hugoni] Widoni (= Guidoni) *A* 604 consecrandum] consecrandam *g l p* 605 festiui *scrips.*: festiue *A g l p* 606 consecrationem] consecratione *l p* 608 coherentia *scrips.*: coherentie *A*: cohaerente *g l p* | armonie] harmonia *coni. p* 611 est *om. l p* 614 qui] quae *l p* | delibutione] delibatione *l* 618–619 ecclesiam] etiam *l p*

611 Ez 3,12
611–612 Dn 3,52sq.
612–622 cf. Petrus Abaelardus, Sermo 28, In dedicatione ecclesiae (ed. Cousin, p. 537; PL 178, 554D–555A): *Quod in semet nobis sic complere concedat, ut quod visibilius sacramentis exterius actum est, in corporali templo ipse invisibiliter in nobis operando templum nos verius efficere dignetur summus pontifex et rex Jesus Christus, cuius tam sacerdotium quam regnum perseverat in saecula saeculorum. Amen.*
613–614 Hbr 1,9
617 cf. Liber sacramentorum Gellonensis (CCSL 159, ed. A. Dumas, Turnhout 1981, p. 59, n. 476): *Hec sacrificia nos omnipotens deus potente uirtute mundatus, ad suum faciant puriores uenire principium.* Cf. auch p. 217, n. 1676 und Lib. sacram. Engol. (CCSL 195C, ed. P. Saint-Roch, Turnhout 1987, p. 277, n. 1541 [app. ad. loc.]).
619–620 I Cor 15,24

des heiligen Königs Edmund dem Herrn Erzbischof Hugo von Sens, den des heiligen Benedikt dem Herrn Bischof Ioslenus von Soissons; im linken Teil den der Heiligen Sixtus, Felicissimus und Agapitus dem Herrn Bischof Milo von Thérouanne, den des heiligen Apostels Barnabas dem Herrn Bischof Manasse von Meaux, ebenso den des heiligen Märtyrers Georg und der Jungfrau Gauburga demselben Bischof, den des heiligen Evangelisten Lukas dem Herrn Bischof Odo von Beauvais[57]. **(97)** Sie alle vollzogen die Weihe der Altäre selbst sowie die feierliche Zelebration der Messen – oben wie unten – in so festlicher Freude, so feierlich, in ihrer Verschiedenheit so einmütig, in ihrer Verbundenheit so heiter, daß aufgrund des Zusammenklangs und des Zusammenhalts ihrer Harmonie der wohllautende Gesang eher für eine Musik der Engel als der Menschen hätte gehalten werden können und alle mit Herz und Mund ausriefen:

(98) „Gepriesen sei die Herrlichkeit des Herrn an seinem Ort, gepriesen, lobenswert und über alles verherrlicht ist dein Name, Herr Jesus Christus, den Gott Vater vor denen, die deiner teilhaftig sind, mit dem Öl jubelnder Freude zum Hohenpriester gesalbt hat. In der sakramentalen Salbung mit dem hochheiligen Chrisam und im Empfang der allerheiligsten Eucharistie vereinigst du Materielles mit Immateriellem, Leibliches mit Geistlichem, Menschliches mit Göttlichem in einer einzigen Gestalt, du stellst im Sakrament die Reineren ihrem Ursprung gemäß neu wieder her, du erneuerst

[57] Cf. die Liste der Erzbischöfe und Bischöfe in *cons* 79.

usmodi benedictionibus uisibilibus inuisibiliter restauras ecclesiam presentem, in regnum celeste mirabiliter transformas, ut, *cum tradideris regnum Deo et patri*, nos et angelicam creaturam, celum et terram unam rem publicam potenter et misericorditer efficias, qui uiuis et regnas Deus per omnia secula seculorum. Amen.'

621 cf. In resurrectione Domini hymnus (ed. G. M. Drewes, Analecta Hymnica 50, Leipzig 1907, p. 285 = Hymnus paschalis Fulberto Carnotensi attributus, PL 141, 352B–D): *… unam fecit rempublicam.*

durch diese und derartige sichtbare Segenszeichen in unsichtbarer Weise die gegenwärtige Kirche und verwandelst sie auf wunderbare Weise in das himmlische Königreich, um, wenn du das Reich Gott dem Vater dereinst übergeben hast, uns und die Kreatur der Engel, Himmel und Erde mit Macht und Barmherzigkeit zu einem einzigen Gemeinwesen zu vereinigen, der du lebst und herrschest, Gott, von Ewigkeit zu Ewigkeit. Amen."

De administratione

Gliederung:

190–288 Teil III: Die Vermehrung der Schätze

190–192	Die Gegenstände zum Schmuck der Kirche
193–197	Die goldene Tafel oben
198–200	Die Schreine der Heiligen
201–213	Der goldene Kruzifix
214–221	Der Hauptaltar
222–239	Weitere *ornamenta*
240–255	Der „Heilige Altar“ und die *Detectio* der Reliquien
256	Das große Kreuz
257–262	Weitere Ausstattungsgegenstände
263–274	Die Fenster
275–286	Altarschmuck und liturgische Gefäße
287–288	Paramente und Bitte um Gebetsgedenken

⟨De administratione⟩

⟨Prologus⟩

(1) Anno administrationis nostre uicesimo tertio, cum in capitulo generali quadam die conferendo cum fratribus nostris tam de hominibus quam de priuatis negociis consederemus, idem karissimi fratres et filii obnixe in caritate supplicare ceperunt, ne fructum tanti laboris nostri preteriri silentio sustinerem, quin potius ea, que larga Dei omnipotentis munificentia contulerat huic ecclesie prelationis nostre tempore, incrementa tam in nouarum acquisitione quam in amissarum recuperatione, emendatarum etiam possessionum multiplicatione, edifitiorum constitutione, auri, argenti et pretiosissimarum gemmarum, necnon et optimorum palliorum repositione calamo et atramento posteritati memorie reseruare ex hoc uno duo nobis repromittentes: tali notitia fratrum succedentium omnium iugem orationum pro salute anime nostre mereri instantiam et circa ecclesie Dei cultum hoc exemplo eorum excitare bene zelantem sollicitudinem. **(2)** Nos igitur tam deuote quam deuotis et rationabilibus eorum petitionibus assensum exhibentes, nullo inanis glorie appetitu nullam laudis humane aut retributio-

codex: P (textus excerptus: M [cf. App.]), editiones: g, l, p 2–3 hominibus] communibus *coni. p* 12 duo nobis (*ex* nobis duo *corr.*) *P* : nobis duo *g l p*

7 cf. Vita Lud. VI., c. XXVII (p. 212): [Divina manus] … *inter antiquorum prediorum ecclesie recuperationem et novorum adquisitionem, et ecclesie circumquaque augmentacionem et edificiorum restitucionem sive institucionem, hoc potissimum et gratissimum … prestitit …, quod … ordinem sanctum … reformavit …*

12–15 cf. *adm* 287,1272–1273 (cf. app. ad loc.)

15 cf. BR 72,2–3: *Ita est zelus bonus qui separat a vitia et ducit ad deum et ad vitam aeternam. Hunc ergo zelum ferventissimo amore exerceant monachi.*

⟨De administratione⟩

⟨Vorwort⟩

(1) Im 23. Jahr unserer Amtsführung[1], als wir eines Tages im allgemeinen Kapitel saßen, wobei wir uns mit unseren Brüdern sowohl über unsere Leute als auch über die privaten Geschäfte austauschten, begannen ebendiese mir sehr lieben Brüder und Söhne mich mit liebevoller Beharrlichkeit zu bitten, ich solle doch nicht zulassen, daß die Frucht unserer so großen Mühe mit Stillschweigen übergangen werde, sondern es vielmehr unternehmen, denjenigen Zugewinn, den die freigebige Mildtätigkeit des allmächtigen Gottes in der Zeit unseres leitenden Amtes – sowohl im Erwerb neuer als im Wiedererwerb verlorener wie in der Vermehrung wieder instandgesetzter Besitzungen, in der Errichtung von Gebäuden, in der Anhäufung ⟨eines Schatzes⟩ von Gold, Silber, kostbarsten Edelsteinen und auch vollkommensten Paramenten – dieser Kirche beigeschafft hatte, mittels Schreibrohr und Tinte der Nachwelt zum Gedächtnis aufzubewahren; von dieser einen Tat versprachen sie uns dabei ein zweifaches Resultat: durch solche Kundgabe werde eine immerwährende Beständigkeit der Gebete aller nachfolgenden Brüder für unser Seelenheil erworben, und hinsichtlich der Sorge für die Kirche Gottes erweckten wir durch dieses Beispiel deren Bemühen im guten Eifer. **(2)** Also gaben wir unsere Zustimmung – sowohl in eigener Demut als auch aufgrund ihrer demütigen und verständigen Bitten –, und mit keinerlei Begierde nach eitlem Ruhm, ohne jegliche Vergeltung in Form

[1] Suger wurde am 12. März 1122 zum Abt ordiniert; für das 23. Jahr seiner Amtsführung ergibt sich daher der Zeitraum vom 12. März 1144 bis 11. März 1145; zur Datierung von *De administratione* cf. den einleitenden Beitrag von M. Pickavé, p. 158.

nis transitorie exigendo retributionem, ne post decessum nostrum quacumque aut cuiuscumque defraudatione redditibus ecclesia minuatur, ne copiosa, que tempore amministrationis nostre larga Dei munificentia contulit, silentio malis successoribus depereant incrementa sicut a corpore ecclesie beatissimorum martyrum Dyonisii, Rustici et Eleutherii, que nos quam dulcissime a mamilla usque in senectam fouit, de edificiorum institutione et thesaurorum augmentatione loco suo incipere dignum duximus, ita etiam a castello suo uidelicet prima eius sede et in uicinia circumquaque de reddituum augmentatione tam presentium quam futurorum noticie significare honestum et utile proposuimus.

⟨I. De reddituum augmentatione⟩

(3) Erat itaque ministerium illud eiusdem castri, quod uulgo dicitur theloneum et cambiatio, constans sexaginta solidorum unaquaque ebdomada, sed Vrsellus iudeus de Monte Maurenciaco in uadimonio de his decem habebat cum uilla illa que dicitur Molignum pro quater uiginti marcis argenti et alia magna sicut dicebat denariorum pecunia. **(4)** Nos autem et uillam uiginti libras aut plus ualentem et ipsos decem solidos magno sumptu uidelicet tria milia solidorum reddendo Matheo de Monte Maurentiaco, qui

18 decessum *ex* dicessum *corr. P* 29–696 *non apud p* 33 quater] quatuor *l*

---

23 cf. Vita Lud. VI., c. XXVII (pp. 208–210): … *matrem ecclesiam, que a mamilla gratissimo liberalitatis sue gremio dulcissime fovere non destiterat …*
29–36 cf. Cartellieri Reg. n. 88, p. 138; Tardif, p. 234b, n. 425 [1137 VI 17; ‚Testament' Sugers] (= Lecoy, p. 338, n. VII): *Et de marsupio cambiatoris et thelonearii XL. solidos, pro ea recompensatione quod nos retraximus de manu Urselli iudei de Montemorenciaco x. solidos, quos accipiebat omni hebdomada in eodem marsupio occasione vadimonii. Expendimus enim tria millia solidorum pro retractione horum denariorum, et illius ville que dicitur Molignum, que ab eodem judeo tenebatur vadimonio*. Cf. auch p. 234b–235a (= Lecoy, p. 339): … *refectorio apposuimus villam Molignum, quam de manu Urselli judaei, ut supra diximus, retraxeramus …*

menschlichen Lobes oder vergänglicher Entlohnung zu fordern, vielmehr nur, damit nicht nach unserem Hinscheiden durch welche oder wessen Ableugnung auch immer die Kirche hinsichtlich ihrer Einkünfte Einbußen hinnehmen müsse und damit nicht der reichhaltige Zuwachs, den zur Zeit unserer Amtsführung die freigebige Mildtätigkeit Gottes beigeschafft hat, unter schlechten Nachfolgern im Stillschweigen unterginge, haben wir, wie wir es für würdig hielten, vom Leib der Kirche der hochheiligen Märtyrer Dionysius, Rusticus und Eleutherius – jener Kirche, die uns in liebreichster Weise von der Mutterbrust an bis ins hohe Alter genährt hat – über die Errichtung von Bauwerken und die Vermehrung der Schätze jeweils an ihrem Ort zu beginnen, es uns ebenso als ehrenvoll und nützlich vorgenommen, über die Vermehrung ihrer Einkünfte auch von ihrem Kastell, nämlich von ihrem ersten Sitz[2] her und in der Umgebung ringsherum, sowohl den Zeitgenossen als auch der Nachwelt Kunde zu geben und zu berichten.

⟨I. Die Vermehrung der Einkünfte⟩

⟨Einkünfte aus Saint-Denis und Umgebung.⟩

(3) Es gab also als an das Kastell gebundene Dienstleistung eine, die gemeinhin Zoll und Wechsel genannt wird, in der Höhe von 60 Solidi pro Woche, doch der Jude Ursellus von Montmorency hatte zehn von diesen als Pfand, zusammen mit jenem Dorf, das Montlignon genannt wird, für ⟨ein Darlehen von⟩ 80 Mark Silber und, wie er sagte, eine weitere große Geldsumme in Münzen[3]. **(4)** Wir aber nahmen diese ⟨Besitzungen⟩ – das Dorf, das 20 Pfund oder mehr als Ertrag brachte, und die 10 Solidi selbst – unter großem Aufwand wieder an uns, indem wir nämlich 3000 Solidi an Matthäus von Montmorency[4] zurückzahlten, der diese gerne an Stelle seines Juden in Besitz

[2] Gemeint ist der Ort des Mutterklosters und der Sitz der Reliquien. Zur Bezeichung von Saint-Denis als *castellum* oder *burgus* (cf. *ord* 19,82) cf. auch Atlas historique (1996), pp. 185sqq.

[3] Zu diesem möglicherweise bereits älteren Darlehen des nicht näher zu identifizierenden Juden Ursellus und dessen Rückzahlung durch Abt Suger von Saint-Denis cf. A. Graboïs, L'Abbaye de Saint-Denis et les Juifs sous l'abbatiat de Suger, in: Annales ESC 24 (1969), pp. 1187–1195, hier pp. 1188–1191.

[4] Matthieu von Montmorency († 1160), Sohn Bouchards IV. von Montmorency († 1134); in erster Ehe verheiratet mit Aline (Alix), einer natürlichen Tochter König Heinrichs I. Beauclerc von England (1100–1135), in zweiter Ehe vermählt mit Adelaide von Maurienne-Savoyen, der Witwe König Ludwigs VI. von Frankreich; 1138–1160 Konnetabel König Ludwigs VII. von Frankreich. Zu den offenbar vor allem in früheren Jahren nicht immer spannungsfreien Beziehungen zwischen Matthieu de Montmorency und der Abtei von Saint-Denis cf. auch Sugers Testament (Lecoy, pp. 337sq.) und Grant (1998), pp. 219 und 225. Hingegen in einer Urkunde Abt Sugers aus dem Jahre

eam occupare libenter pro iudeo suo uellet, ipsius uero iudei uxori decem libras et decem modios frumenti reddentes retraximus eos et de decem aliis in emendatione uille ministerium illud sine exactione fecimus augmentari. **(5)** Cum igitur constet factum de decem iudei et decem nouiter augmentatis, uniuscuiusque anni ebdomade uiginti solidorum augmentum quinquaginta duas libras effitiunt de uilla uero uiginti. **(6)** Census autem eiusdem uille in octabis sancti Dionisii duodecim libras, qui modo constat uiginti et plus; unde huius rei incrementi libre octo, et octo de quadam domo, quam constituens in macello emptione cuiusdam alterius domus usibus carnificum, fratrum infirmantium sustentationi contulimus; sunt igitur quater uiginti et decem. **(7)** De pedagico uero uiginti libras cum prius essent quadraginta librarum; nos autem inde sepe habuimus sexaginta et decem, cum multo plus, nisi rapinam et rapine anathematizaremus, facile unoquoque anno habere possemus.

(8) De indicto uero, quod dominus Ludouicus pater beato Dionisio dedit, trecentos solidos quiete et pacifice, triginta quinque de censu stallorum pistorum in pantera, quos in festo beatorum apostolorum Petri et Pauli refectioni fratrum apposuimus, decem solidos de Girardo nepote meo, quinque de domo sua et quinque de

46 emptione] emptitione *P*   48 pedagico *(cf. Dufour I, p. 293, n. 142 et p. 396, n. 189) P*: pedagio *coni. g l*   51 rapine] actores *add. cens. l* fautores *add. cens. g*

45–48 cf. *ord* 19,82–84
53–54 cf. Dufour I, p. 466, n. 220 [1124 kurz nach dem VIII 3]: *Preterea … universas consuetudines nundinum* (sic) *Indicti … in perpetuum condonavimus.*

nehmen wollte; der Frau des Juden selbst aber gaben wir 10 Pfund sowie 10 Scheffel Getreide. Und wir vermehrten die genannte Dienstleistung ⟨des Kastells⟩ durch die Verbesserung des Dorfes ohne Erhöhung der Forderungen um weitere 10 Solidi. **(5)** Da also mit den 10 ⟨Solidi⟩ des Juden und den 10 neuerlich hinzugewonnenen eine Vermehrung von 20 Solidi pro Woche des Jahres entstanden ist, ergeben sich daraus 52 Pfund, von dem Dorf aber 20. **(6)** Der Zins desselben Dorfes betrug 12 Pfund in der Oktav des heiligen Dionysius[5] und beläuft sich nun auf 20 und mehr; also schafften wir 8 Pfund an Zugewinn daraus; für die Unterstützung gebrechlicher Brüder stellten wir acht weitere bereit, ⟨gewonnen⟩ aus einem gewissen Haus, das wir auf dem Fleischmarkt einrichteten, indem wir für den Gebrauch der Metzger ein anderes Haus kauften. Das sind zusammen also 90. **(7)** Vom Wegegeld[6] aber ⟨schafften wir zusätzlich⟩ 20 Pfund bei, während es zuvor 40 waren. Wir aber hatten von dort häufig 70 ⟨Pfund⟩, wobei wir leicht jährlich um vieles mehr haben könnten, wenn wir nicht auch das Rauben von Geraubtem mit Bann belegten.

(8) Vom Lendit[7] aber ⟨erhalten wir⟩ das, was unser Herr Ludwig ⟨VI.⟩, der Vater[8], dem heiligen Dionysius gegeben hat: 300 Solidi in Ruhe und Frieden, 35 ⟨Solidi⟩ vom Zins der Bäckerbuden auf dem Platz „Panteria“[9], welche wir am Fest der heiligen Apostel Petrus und Paulus[10] für das Refektorium der Brüder festgesetzt haben, 10 Solidi von meinem Neffen Girardus[11], 5 von

1148 für das Kloster von Saint-Denis als Zeuge genannt: Lecoy, nr. XII, pp. 361–363, hier p. 362. Cf. A. Graboïs, L'Abbaye de Saint-Denis et les Juifs sous l'abbatiat de Suger, in: Annales ESC 24 (1969), pp. 1187–1195, hier p. 1190, n. 3.

5 16. Oktober.

6 Zum Begriff *pedagicum* (Wegegeld, frz.: péage) siehe im Glossar den Sammelartikel „Einkünfte und Abgaben“.

7 Zum Lendit cf. *ord* 9,43 (mit Anm. 5).

8 Um Ludwig VI. von seinem Nachfolger und Sohn Ludwig VII. zu unterscheiden, verwendet Suger wiederholt die Formel *Ludouicus pater* oder *Ludouicus Philippi* (cf. *adm* 28,137 u. ö.; „Ludwig, der Sohn König Philipps I.“), während er auf Ludwig VII. verschiedentlich mit der Wendung *Ludouicus filius* verweist.

9 Cf. *cons* 43,243sq. (mit Anm. 22) mit näheren Angaben zu diesem vor der Westfassade der Abteikirche von Saint-Denis gelegenen allgemeinen (Markt-)Platz.

10 29. Juni.

11 Entsprechend der inhaltlich enger geführten Bedeutung des Begriffes *nepos* wird der hier erwähnte Girardus in der Literatur im allgemeinen als ein direkter Neffe des Abtes von Saint-Denis bezeichnet (siehe u. a. Cartellieri [1898], p. 4, Anm. 2. – E. Panofsky, Sinn und Deutung in der bildenden Kunst [Meaning in the Visual Arts], Köln 1978 [englische Ausgabe New York 1955], pp. 125–166, hier p. 166. – J. F. Benton, Suger's Life and Personality, in: Gerson [1986], pp. 3–15, hier p. 3. Zuletzt mit weiteren, ungedruckten Belegstellen und dem Hinweis auf einen Bruder namens Matthaeus: Grant [1998], p. 291 mit Anm. 74 und p. 311 [genealogische Tafel] mit p. 312, Anm. 8 [Belegstellen]); doch ungeachtet dieser durchaus wohlbegründeten genealogische (Re-)Konstruktion ist zu bedenken, daß weder der Name der Eltern

theloneo garantie. **(9)** De plateis domus Guillelmi Corneilensis quam ego emi quater uiginti libras censum quindecim solidorum de tribus mansionibus reliquis duabus adhuc uacantibus. **(10)** In curticula fratrum in uacuo de nouis hospitibus sexaginta et decem solidos de annuo censu.

(11) De curia uero que extra uillam est, cum nec unus hospes umquam ibi mansisset, sed a seruientibus expensis propriis seruaretur, tam in ea quam in alia noua eidem adiacente, quater uiginti; et eo amplius nouis hospitibus positis uiginti librarum constat singulis annis augmentatum.

(12) Vbi etiam, scilicet apud sanctum Lucianum, magno sumptu, quia ecclesia his ualde indigebat, clausum uinearum fere quater uiginti arpennorum ut aiunt plantando excoli fecimus. **(13)** Cui ad maximum ecclesie commodum ipsas uiginti libras, ut inde bene excolatur, instituimus; consulte quidem omnia pro defectu uini, quia sepius cruces et calices et pallia multis in locis et etiam Latiniaci in uadimonio ponebantur. **(14)** Molendinorum uero eiusdem castri talis est augmentatio, quod cum olim singulis diebus quinque minas frumenti fratrum refectorio reddere consueuissent, modo singulis diebus octo reddere non desistunt, quorum incrementum de singulis ebdomadibus certa computatione deductum quadraginta modios dimidio minus recipit. **(15)** Denariorum uero incrementum septies uiginti et sex libras et decem solidos constat.

(16) Domum que superest porte Parisiensi uersus sanctum Medericum emimus mille solidis, quoniam cum frequenter interessemus negociis regni, nos et equos nostros, sed et successores nostros ibidem honestius hospitari dignum duximus.

(17) De porta uero Parisiensi que solebat reddere duodecim libras quinquaginta nobis reddit, ubi incrementum est triginta et octo librarum.

58 Corneilensis] Cormeilensis *coni. l*   66 librarum] libris *coni. l*

58–59 cf. *ord* 34,188–189 und *cons* 44,263
60–62 cf. *ord* 10,45–47
68 cf. *ord* 12,53

seinem Hause und 5 vom Krappzoll[12]. **(9)** Von den Landstücken des Gutes des Wilhelm von Corneil, das ich für 80 Pfund gekauft habe, ⟨erhalten wir⟩ einen Zins von 15 Solidi von drei Häusern, während die restlichen zwei noch leer sind. **(10)** Auf einem kleinen Hof der Brüder auf leerem Land erhielten wir von den neuen Bewirtschafter[13] 70 Solidi aus dem jährlichen Zins.

(11) ⟨Einkünfte⟩ von dem Gut, das außerhalb des Dorfes liegt[14]: Da es dort niemals vorher einen eigenständigen Bewirtschafter gegeben hatte, sondern das Land vielmehr von den Dienstleuten dort aus eigenen Leistungen – sowohl in diesem als auch in einem neuen, daran angrenzenden Bereich – unterhalten wurde, betrug der Ertrag 80 ⟨Solidi⟩; seit zusätzlich neue Bewirtschafter dorthin gesetzt wurden, beträgt der Zuwachs jährlich 20 Pfund.

(12) Dort auch, nämlich bei Saint-Lucien, ließen wir unter großen Ausgaben einen umzäunten Weingarten von beinahe 80 sogenannten Halbjoch pflanzen und kultivieren, da die Kirche daran großen Mangel hatte. **(13)** Für diesen ⟨Weinberg⟩ setzten wir zum größten Nutzen der Kirche diese 20 Pfund fest, damit für diesen Betrag der Weingarten gut gepflegt werde – mit Bedacht taten wir alles für den Mangel an Wein, da an vielen Orten, auch in Lagny, häufiger Kreuze, Kelche und Paramente als Pfand gestellt wurden. **(14)** So hoch aber ist der Gewinn desselben Kastells [i. e. Saint-Denis] von den Mühlen her, daß, während sie einst an einzelnen Tagen 5 Minen Getreide dem Refektorium der Brüder zu erstatten pflegten, sie nun nicht nachlassen, an einzelnen Tagen 8 zu zahlen, woraus der Gewinn in einzelnen Wochen, nach sicherer Berechnung ermittelt, 40 Scheffel weniger einen halben umfaßt. **(15)** Der Zugewinn an Münzgeld aber beläuft sich auf 146 Pfund und 10 Solidi.

(16) Ein Haus, das oberhalb des Pariser Tores in Richtung Saint-Merry liegt, haben wir für 1000 Solidi gekauft, da wir es, wenn wir häufig an den Geschäften des Königreichs teilnahmen, für angemessen hielten, daß wir und unsere Pferde, aber auch unsere Nachfolger daselbst in durchaus schicklicher Weise Herberge nähmen.

(17) ⟨Einkünfte⟩ aus dem Pariser Tor.

Dieses, das gewöhnlich 12 Pfund zahlte, zahlt uns nun 50, womit ein Zugewinn von 38 Pfund vorliegt.

noch das konkrete verwandtschaftliche Verhältnis, in dem diese zu Abt Suger standen, bekannt ist. Vor allem aber kann der Begriff *nepos* auch – ohne nähere Angaben des genaueren Verwandtschaftsgrades – allgemein einen Nachkommen bezeichnen.

[12] Zum Begriff des „Krappzolls" *(theloneum garantie)* siehe im Glossar den Sammelartikel „Einkünfte und Abgaben".

[13] Siehe zum Begriff der *hospites*, die – rechtlich offenbar besser gestellt – im Rahmen speziell des hochmittelalterlichen Landesausbaus auf grundherrschaftlichen Besitzungen neu angesiedelt wurden, die Ausführungen des Sammelartikels „Grundherrschaft" im Glossar.

[14] Es handelt sich wahrscheinlich um La Courneuve, wo auch die im folgenden erwähnte Kirche Saint-Lucien liegt.

(18) De Trembliaco.

Cum eadem uilla multis angariis a comite Domni Martini, uidelicet exactione tallie frumenti – scilicet quinque modiorum quos ei pro pace concesseram, cum ipse talliam pro uoluntate sua facere consueuisset –, exactione arietum et hospitandi in uilla multis uicibus in anno de rusticorum sumptibus ⟨premeretur⟩, hanc pacem pro his omnibus cum comite fecimus, ut tota uilla in pace nobis remaneret absque exactione et consuetudine aliqua et nos pro eius hominio decem libras singulis annis de marsupio nostro in octabis sancti Dionisii ei daremus. **(19)** Nos autem eandem uillam ob hoc libentius edificauimus et in introitu uille nouam curiam cum granchia noua erigi fecimus, et ut in ea campipars uniuersalis et quatuor carrucarum, in altera uero que in municipio est decime terrarum reponerentur et in utraque usibus nostris stramina reseruarentur. **(20)** Et cum ⟨de⟩ eadem uilla aut uix aut numquam quater uiginti et decem modios annonarum olim habere possemus, ad hoc ipsum rem deduximus, quod ducentos modios decem minus inde a maiore nostro habemus extra hoc, quod seminant, et quod bubulcis et bubus quicquid necesse fuerit amministrant et carrucis boues et necessaria omnia suppeditant, propter quod furni redditum habent. **(21)** Nos uero censum nostrum et tensamentum et mortuas manus et forisfacta et talliam

97–102 cf. Cartellieri Reg. n. 88, p. 138; Tardif, p. 234ab, n. 425 [1137 VI 17; ‚Testament' Sugers] (= Lecoy, p. 337, n. VII): *Unde vero et ubi tam frumentum quam vinum et denarios habeant, determinare curavimus: videlicet in tempore messis a Trembliaco frumentum. Eas enim ibidem multum amplificavimus, et in edificio exterioris curie et horreorum, et aliis quibusque modis.*

(18) ⟨Einkünfte⟩ aus Tremblay.

Da dieses Dorf vom Grafen von Dammartin durch viele belastende ⟨Zwangs⟩abgaben[15], durch Forderung der Abgabe an Getreide – nämlich 5 Scheffel, die ich ihm für den Frieden zugebilligt hatte, während er die Gewohnheit gehabt hatte, die Abgabe entsprechend seinem Willen festzusetzen –, durch Forderung von Widdern und durch häufige Beanspruchung von Quartier im Dorf das Jahr über – unter Aufwendungen seitens der Bauern – bedrängt wurde, haben wir für alle diese Dinge die folgende friedliche Regelung mit dem Grafen ausgehandelt: Das ganze Dorf solle uns in Frieden ohne Forderung und ohne ⟨Anspruch auf⟩ irgendein Gewohnheitsrecht verbleiben, und wir gäben ihm für sein Lehen 10 Pfund jährlich aus unserer Kasse, jeweils in der Oktav des heiligen Dionysius[16]. **(19)** Wir aber ließen ebendieses Dorf deshalb umso lieber ⟨aus⟩bauen, und am Eingang des Dorfes ließen wir ein neues Gut mit einer neuen Scheune errichten und gaben Anordnung, daß in dieser der allgemeine Fruchtanteil[17] und der von den vier Pflugländereien, in der anderen aber, die sich in der befestigten Siedlung befindet, der Zehnt der Ländereien niedergelegt werde, und daß in beiden zu unserem Gebrauch Streu aufbewahrt werde. **(20)** Und während wir einst aus diesem Dorf entweder kaum oder niemals auch nur 90 Scheffel Getreide haben konnten, haben wir die Angelegenheit dahin gebracht, daß wir 190 von dort von unserem Meier haben, ohne das ⟨zu zählen⟩, was ⟨die Leute dort⟩ säen, und daß sie für alles, was für die Ochsenknechte und Rinder nötig ist, sorgen, und daß sie für die Pflüge Rinder und alles, was nötig ist, bereitstellen, wofür sie den Ertrag des Backofens haben. **(21)** Wir aber haben unseren Zins und den Haus- und Hofzins und Sterbefallabgaben[18], und Gerichtsbußen, und eine Abgabe nach unserem Gutdünken; dort beläuft sich

[15] Hier wie auch in *adm* 70,314, 76,345 und 101,463 mit dem allgemeiner gehaltenen Ausdruck (Zwangs-)Abgaben übersetzt, kann der Begriff *angaria(e)* in einem enger geführten grundherrschaftlichen Sinne auch die wegen ihrer Beschwerlichkeit und Gefährlichkeit unbeliebten Fronfuhren bezeichnen, die der Grundholde/abhängige Bauer im Rahmen von Frondiensten zu leisten hatte (siehe hierzu H. K. Schulze, Grundstrukturen der Verfassung im Mittelalter, vol. 1, Stuttgart e. a. [3]1995, p. 151).

[16] 16. Oktober.

[17] Hierbei handelt es sich um eine Naturalabgabe; cf. Glossar unter „Einkünfte und Abgaben".

[18] Im Hinblick auf den seit dem 12. Jahrhundert belegten Begriff der *manus mortua* sind zunächst verschiedene Bedeutungsebenen zu unterscheiden: (1) das lehnrechtlich begründete Heimfallsrecht des Lehnsherren, das dem Lehnsmann bzw. Hörigen die (erbrechtliche) Verfügung über seine Güter verbot; (2) das Recht des Lehnsherren, den ohne männliche Erben gestorbenen Lehnsmann zu beerben; offenbar beziehen sich die hier angeführten Angaben Sugers jedoch (3) auf jene fiskalischen

pro uoluntate nostra habemus, ubi incrementum annone quater uiginti et decem modiorum consistit. **(22)** Curiam autem antiquam muro cinximus, domum ecclesie inherentem pene defensabilem ibidem ereximus. **(23)** Qua municione successores nostri et suos et sua si placet contra omnem hostem defendere poterunt.

(24) De recuperatione Argentoilensis abbatie.

Cum etate docibili adolescentie mee antiquas armarii possessionum reuoluerem cartas et immunitatum biblos propter multorum calumpniatorum improbitates frequentarem, crebro manibus occurrebat de cenobio Argentoilensi fundationis carta ab Hermenrico et coniuge eius Numma, in qua continebatur, quod a tempore Pipini regis beati Dyonisii abbatia extiterat, sed quadam occasione contractus incommodi in tempore Karoli Magni filii eius alienata fuerat. **(25)** Prefatus enim imperator, ut quandam filiam suam ma-

120 Numma *P* : = Mumana *(cf. Dipl. Lud. et. Loth. I in apparatu fontium)*

121–126 cf. J. F. Böhmer, Regesta Imperii I. Neubearb. v. E. Mühlbacher e. a., Hildesheim 1966, p. 332, n. 848; PL 104, 1142–1143 [828; Ludwig der Fromme u. Lothar I.]: *Notum sit … quia Theodrada Deo sacrata … habuisset quod monasterium … Argentogilum, … quod ipsa primo per beneficium … Caroli serenissimi imperatoris, et postea per nostram largitionem tenebat … ad monasterium beati … Dionysii … pertinere deberet. … Qui* [Hilduinus] *… donationem cuiusdam … Ermenrici ac conjugis suae Mumanae, qui praefatum monasterium in suo proprio construxerant, et id per testamenti paginam ad B. Dionysii … monasterium … contulerant, nec non et praeceptum confirmationis Lotharii* [i. e. Chlothar III.] *quondam regis … nobis ad relegendum ostendit … iubemus ut jam dictum monasterium Argentogilum post ipsius … discessum, ad monasterium … martyris Dionysii … recipiatur.*

der jährliche Zugewinn auf 90 Scheffel. **(22)** Das alte Gut aber umgaben wir mit einer Mauer; ebendort errichteten wir ein Haus, das an die Kirche angrenzte und gleichsam zur Verteidigung taugte. **(23)** Dank dieser Befestigung werden unsere Nachfolger sowohl ihre Leute als auch ihren Besitz nach Bedarf gegen jeglichen Feind verteidigen können.

(24) ⟨Einkünfte⟩ aus dem Rückgewinn der Abtei von Argenteuil[19].

Als ich im bereits verständigen Alter meiner Jugendzeit alte Urkunden über Besitzungen aus unserem Schriftenbestand aufrollte und dabei wegen vieler Unrechtmäßigkeiten, die auf zahlreiche Rechtsverdreher zurückgingen, die Bücher über Immunitätsbereiche mir wiederholt vornahm, kam mir immer wieder die Gründungsurkunde über das Kloster Argenteuil von Hermenrich und seiner Gattin Numma in die Hände, worin enthalten war, daß ⟨die Abtei von Argenteuil⟩ seit der Zeit König Pippins als Abtei des heiligen Dionysius auftritt; doch bei Gelegenheit eines ungünstigen Vertrags zur Zeit Karls des Großen, seines Sohnes, war sie entfremdet worden[20]. **(25)** Der vorgenannte Kaiser hatte vom Abt und den Brüdern erreicht, daß er seine

Abgaben, die der Lehnsmann oder Hörige leistete, um sich von dem mit dem lehnsherrlichen Heimfallsrecht verbundenen Verbot der (erbrechtlichen) Güterverfügung zu befreien. – Siehe hierzu den Artikel 'Tote Hand', in: LexMA VIII (1997), coll. 894sq. – Zu der erst seit dem späten Mittelalter im Zusammenhang mit der sog. Amortisationsgesetzgebung entwickelten Bedeutung der „Toten Hand" als Bezeichnung für juristische Personen (Korporationen, Stiftungen) zumeist aus dem kirchlichen Bereich, die einmal erworbenen Besitz nicht erneut veräußern durften, cf. daneben zusammenfassend: W. Ogris, Artikel 'Tote Hand', in: HRG V (1998), coll. 281sq.

[19] Zu den Auseinandersetzungen um das Nonnenkloster von Argenteuil siehe auch den einleitenden Beitrag von G. Annas, pp. 93–95; ferner Große, pp. 142sqq., nn. 32–34 (Kommentar) und Grant (1998), pp. 190–193.

[20] Suger berichtet hier und im folgenden Satz aus einer Urkunde Ludwigs des Frommen und Lothars I. (siehe Quellenapparat). Dort wird mitgeteilt, daß ein König „Lothar" *(Lotharius quondam rex)* die Schenkung Hermenrichs und Nummas (bzw. Nummanas oder Mummas) bestätigt habe. Da dieser aller Wahrscheinlichkeit nach mit Clothar/Chlothachar III. (657–673 König in Neustrien und Burgund; im ganzen Reich [Austrasien?] wahrscheinlich 661/662) identifiziert werden kann, dürfte die Gründung Argenteuils in das 3. Viertel des 7. Jh.s zurückgehen (cf. ferner Art. 'Argenteuil', in: Dictionaire d'histoire et de géographie ecclésiastiques, vol. 4, Paris 1930, coll. 22–39). In diesem Sinne kann Suger hier davon sprechen, daß die Abtei seit der Zeit Pippins zu Saint-Denis gehört habe, wobei hier freilich nicht der fränkische König Pippin I. (III.; der Jüngere; 751–768, Vater Karls des Großen), sondern der ältere karolingische Hausmeier Pippin II. (der Mittlere) (* 640/50; ab 687/88 Hausmeier; † 714) gemeint ist. In Sugers Darstellung fallen beide Pippiniden jedoch

trimonium humanum recusantem ibidem abbatissam sanctimonialium constitueret eo pacto, ut post mortem eius in usum ecclesie reuerteretur, ab abbate et fratribus obtinuerat, sed turbatione regni filiorum filii eius uidelicet Ludouici Pii altercatione, quoad usque superuixerat, perfici non potuit. **(26)** Vnde cum antecessores nostri sepius super hoc laborantes parum profecissent, communicato cum fratribus nostris consilio nuncios nostros et cartas antiquas fundationis et donationis et confirmationum priuilegia bone memorie pape Honorio Romam delegauimus postulantes, ut iusticiam nostram canonico inuestigaret et restitueret scrutinio. **(27)** Qui ut erat uir consilii et iusticie tutor tam pro nostra iusticia quam pro enormitate monacharum ibidem male uiuentium eundem nobis locum cum appendiciis suis, ut reformaretur ibi religionis ordo, restituit. **(28)** Rex uero Ludouicus Philippi charissi-

135 monacharum *ex* monachorum *corr. P*

131–137 cf. Vita Lud. VI., c. XXVII (pp. 216–218): … *successit … papa Honorius … Qui, cum justiciam nostram de monasterio Argentoilensi, puellarum miserrima conversacione infamato, … cognovisset, praecepta regum antiquorum Pipini, Karoli Magni, Ludovici Pii et aliorum de jure loci prefati nunciis nostris oblata perlegisset, … tam pro nostra justicia quam pro earum fetida enormitate, beato Dyonisio et restituit et confirmavit.* Cf. auch Große, p. 146, n. 33 [1129 IV 23; Papst Honorius II.]: … *Stephanus Parisiensis episcopus … monasterium Argentolium, in quo quedam male … uite mulieres uiuebant, quod etiam ex antiquis regum preceptis cognouerat iure monasterio sancti Dyonisii pertinere … monasterio sancti Dyonisii … concessit … ut mulieribus illis … prouideas. Quod … auctoritate nostra firmamus …* Ibid, p. 144, n. 32 [1129 II/III; Kardinallegat Matthäus von Abano]: … *conclamatum est super enormitate … sanctimonialium …*

Tochter[21], da sie einen Ehebund unter Menschen verweigerte, ebendort als Äbtissin der Nonnen einsetzen konnte, mit der Auflage, daß nach deren Tod die Abtei in den Gebrauch der Kirche zurückkehrte, doch bei der Verwirrung des Reiches, die durch den Streit der Söhne seines Sohnes, also Ludwigs des Frommen[22], entstand, konnte dies nicht ausgeführt werden, solange diese lebte. **(26)** Da unsere Vorgänger, obwohl sie sich häufig darum bemühten, nur wenig in dieser Sache vorangebracht hatten, übersandten wir also, nachdem wir uns mit unseren Brüdern darüber beraten hatten, unsere Boten sowie die alten Urkunden bezüglich der Gründung und der Schenkung und die Privilegien der Bestätigungen dem Papst Honorius ⟨II.⟩ – guten Andenkens – nach Rom, wobei wir die Forderung erhoben, er möge unser Recht überprüfen und durch eine Untersuchung nach kanonischem Recht wiederherstellen. **(27)** Da dieser ein Mann der Besonnenheit und ein Schützer des Rechts war, gab er uns das Recht auf ebendiesen Ort mitsamt seinen Zugaben wieder zurück, damit dort die klösterliche Ordnung wiederhergestellt werde, und zwar sowohl aufgrund unseres berechtigten Anspruchs als auch wegen des regelwidrigen Verhaltens der Nonnen, die daselbst ein übles Leben führten[23]. **(28)** König Ludwig ⟨VI.⟩ aber, der Sohn Philipps ⟨I.⟩, unser

zusammen und werden für ein und dieselbe Person gehalten, wenn er von Karl dem Großen (768–814) als dem Sohn Pippins spricht. Wohl auch weil dieses Diplom die bis zur Reform Sugers einzige Urkunde ist, die Rechte der Abtei Saint-Denis (bzw. überhaupt eine Beziehung zw. beiden Klöstern) bezeugt, wurde seine Authentizität bezweifelt und eine Fälschung Sugers in Erwägung gezogen: cf. Th. G. Waldman, Abbot Suger and the Nuns of Argenteuil, in: Traditio 41 (1985), pp. 239–272, und Dufour II, pp. 102sq.; dagegen für die Echtheit: Große, p. 143, n. 32 (Kommentar). Die Erwähnung der genannten Urkunde in der Bestätigung Ludwigs VI. und seines Sohnes Philipp vom 14. April 1129 zeigt die Bedeutung des Dokuments für Sugers Anspruch auf die Rückgabe von Argenteuil.

[21] Gemeint ist Theodrada (*[785]; † 9. Januar 844/853), eine Tochter Karls des Großen aus der Ehe mit Fastrada († 794), die vor 814 das Amt der Äbtissin von Argenteuil übernommen hatte.

[22] Nach dem Tode Kaiser Ludwigs des Frommen (814–840) waren zwischen seinen Söhnen, Kaiser Lothar I. (840–855), König Ludwig dem Deutschen (im ostfränkischen Reich; 840–876) und König (seit 875 Kaiser) Karl dem Kahlen (zunächst in den westfränkischen Reichsteilen; 840–877), sowie dem Enkel Pippin II. (838–852 König von Aquitanien; † nach 864), einem Sohn des bereits 838 verstorbenen Kaisersohnes Pippin I. von Aquitanien, Machtkämpfe ausgebrochen, die schließlich im Vetrag von Verdun 843 (mit der Festlegung der verschiedenen Zuständigkeitsbereiche der drei Brüder – Vorspiel der späteren Trennung zwischen Frankreich und Deutschland/Deutschem Reich) vorläufig beigelegt wurden.

[23] Suger gibt hier eine recht tendenziöse Darstellung der Wiedergewinnung von Argenteuil. Tatsächlich wurde auf einer Synode in Saint-Germain-des-Prés (1129,

mus dominus et amicus noster eandem restitutionem confirmauit et quecumque regalia ibidem habebat, auctoritate regie maiestatis ecclesie precepto firmauit. **(29)** Cuius quidem recuperationis tenorem, si quis plenius nosse uoluerit, in cartis regum et priuilegiis apostolicorum enucleatius poterit repperire. **(30)** Cuius scilicet abbatie et appendiciorum eius, que sunt Trappe, Herencurtis, Chaueniacus, Burdeniacus, Cerisiacus et terra de Monte Meliano et Bunziaco siue de Mosteriolo quod est prope Milidunum et aliorum incrementum quanti constet; qui sapienter illa tractabunt, pro magno prelati cognoscere poterunt. **(31)** De antiquo censu Argentoili qui ad abbatiam non pertinet incrementum est uiginti librarum, quia cum olim non haberemus nisi uiginti libras, modo quadraginta redduntur. **(32)** De annona prius sex modios modo quindecim recipimus.

143 eius *om. l*

139–140 cf. Dufour II, p. 105, n. 281 [1129 IV 14]: … *restituimus, quicquid ibidem nostrum est eisdem conferentes, nihil penitus nobis de omnibus que ad regalem pertinent dignitatem retinentes …*

sehr lieber Herr und unser Freund, bestätigte diese Restitution, und alles, was er dort an Regalien hatte, das bestätigte er für die Kirche durch Verordnung mit der Autorität königlicher Majestät[24]. **(29)** Wenn aber jemand den Vorgang dieses Rückgewinns vollständiger kennen möchte, wird er dies in den Urkunden der Könige und den päpstlichen Privilegien[25] genauer dargelegt finden: **(30)** auf wieviel sich nämlich der Zugewinn dieser Abtei sowie ihrer daran hängenden Ländereien, welche da sind Trappes, Elancourt, Chavenay, Bourdonné, Chérisy, ein Grundstück von Montmélian und Bondy oder von Montereau, was nahe bei Melun ist[26], sowie anderer ⟨Zugaben⟩ beläuft; diejenigen, die diese Dinge verständig behandeln, werden die große Bedeutung des zuvor Gesagten erkennen. **(31)** Vom alten Zins von Argenteuil, der sich nicht auf die Abtei bezieht, beträgt der Gewinn 20 Pfund, da, während wir einst nur 20 Pfund hatten, nunmehr 40 einkommen. **(32)** An Getreide erhalten wir inzwischen 15 gegenüber früher 6 Scheffeln.

genaue Datierung umstritten) die Übertragung der Abtei beschlossen, die dann (zumindest was das Kloster als geistliche Anstalt betraf) vom Bischof von Paris als dem Ordinarius der Diözese Paris vollzogen wurde. Die Rolle von Papst Honorius II. (1124–1130) bestand nur in der Bestätigung dieses Aktes. Zum schwierigen Verhältnis der Abtei Saint-Denis zum Bischof von Paris, das erklären dürfte, warum Suger hier wie auch anderswo jede ehrenvolle Erwähnung des Pariser Bischofs unterläßt, siehe auch *adm* 109 (mit Anm. 58).

Zum Zeitpunkt der Restituierung stand dem Nonnenkloster Argenteuil die durch ihre Beziehung zu Petrus Abaelard bekannte Heloise vor. Möglicherweise ist hierin auch ein Grund zu sehen, wie die Abtei zu ihrem schlechten Ruf kam. Die „Wiederherstellung der klösterlichen Ordnung“ wurde in Form der Vertreibung der Nonnen und ihrer Ersetzung durch Mönche aus Saint-Denis vollzogen. Cf. Große, pp. 141–144, n. 32.

[24] Cf. die im Quellenapparat genannte Urkunde König Ludwigs VI. und seines Sohnes Philipp. Nach Große, p. 145, muß man in diesem Fall unterscheiden zwischen dem Kloster als geistlicher Anstalt, das der Bischof von Paris der Abtei Saint-Denis restituiert hatte, und dem Klostergut, das in der genannten königlichen Urkunde übertragen wurde.

[25] Suger verweist hier nochmals ausdrücklich auf die schon zitierte Urkunde Ludwigs VI. und seines Sohnes Philipp sowie auf eine Reihe päpstlicher Privilegien zur Rückgabe von Argenteuil, cf. Große, pp. 141sqq., n. 32 (Kardinallegat Matthäus von Albano), pp. 144–146, n. 33 (Honorius II.), pp. 146sq., n. 34 (Innozenz II.). Auch in späteren Bestätigungen des Klosterbesitzes von Saint-Denis (sowohl von königlicher wie auch päpstlicher Seite) wird Argenteuil an wichtiger Stelle genannt.

[26] Die aufgeführten Besitzungen von Argenteuil, die den Reichtum der Abtei belegen, finden bereits in einer Bestätigung König Roberts II. aus dem Jahre 1003 Erwähnung; cf. M. Bouquet e. a., Recueil des historiens des Gaules et de la France, Nouv. éd., vol. X, Paris 1874, pp. 582sq., nt. 10.

(33) De Vilcassino.

Vilcassini siquidem quod est inter Isaram et Ettam – nobilem comitatum, quem perhibent immunitates ecclesie proprium beati Dionisii feodum, quem etiam rex Francorum Ludouicus Philippi accelerans contra imperatorem Romanum insurgentem in regnum Francorum in pleno capitulo beati Dionisii professus est se ab eo habere et iure signiferi, si rex non esset, hominium ei debere – hoc insequente incremento dominicaturam Deo auxiliante augmentari elaborauimus. **(34)** Ecclesiam de Cergiaco et curie libertatem ab eodem rege Ludouico obtinuimus. **(35)** A filio uero eius Ludouico uiaturam eiusdem uille et omnes redditus eius preter uinum et auenam in dedicatione ecclesie regia liberalitate pro remedio anime eius, persone et regni protectione obtinuimus. **(36)** Nec minus et quod in Cormeliis habebat et apud Oenitum et quicquid Trappis habebat preter hospicium, sanctis martyribus deuotissime contulit.

153 inter *sup. lin. add. P* 159 incremento] -re- *sup. lin. add. P* 164 et[2]] etiam *l*
165 Oenitum *ex* Oemtum *corr. P*

155–158 cf. Dufour I, p. 465, n. 220 [1124 kurz nach dem VIII 3]: … *cum ad aures nostras pervenisset Alemannorum regem ad ingrediendum et opprimendum regnum nostrum exercitum preparare … ad ipsam sanctissimorum martyrum basilicam … festinavimus … Presente itaque venerabili abbate prefate ecclesie Sugerio … in presentia optimatum nostrorum vexillum de altario beatorum martyrum, ad quod comitatus Vilcassini, quem nos ab ipsis in foedum habemus, spectare dinoscitur, morem antiquum antecessorum nostrorum servantes et imitantes, signiferi iure, sicut comites Vilcassini soliti erant, suscepimus.* Cf. auch Große, p. 149, n. 35 [1131 V 9; Papst Innocenz II.]: *Ad hec comitatum Vilcassini, qui iuris beati Dionisii est, quem karissimus filius noster Lodoicus rex Francorum per te a beato Dionisio in beneficium et foedum suscepisse cognoscitur …* Cf. ebenso Vita Lud. VI., c. XXVIII (p. 218): *Rex autem, vexillum ab altari suscipiens, quod de comitatu Vilcassini, quo ad ecclesiam foedatus est …*
160–161 cf. Dufour I, p. 338, n. 163 [1120 zw. IV 18 u. VIII 2]: … *ecclesiam de Cirgiaco … cum decimis et omnibus ad ecclesiam pertinentibus, ecclesie restituendo, ipsis sanctis martiribus contulimus; curie etiam et propriis domibus beatorum martirum in eadem curia perennem indulgemus libertatem, vicariam omnimodam in curia ipsa et curie domibus conferimus et conferendo confirmamus …* Cf. auch Dufour I, p. 397, n. 189 [1122 III zw. 12 u. Ende]: *Et ecclesiam etiam de Cergiaco cum omnibus ad eamdem ecclesiam pertinentibus, curiam quoque et curie domos … liberam et immunem ab omni exactione, concedimus.* Cf. auch *adm* 154,667–668
161–167 cf. Tardif, p. 256a, n. 469 [zw. 1144 VIII 1 u. 1145 IV 14]: … *luminaribus ipsius ecclesie continuandis, dotis jure, contulimus: videlicet apud Cirgiacum et apud Cor-*

(33) ⟨Einkünfte⟩ aus dem Vexin.

Im Vexin, welches zwischen der Oise und der Epte liegt – einer vornehmen Grafschaft, welche die Immunitäten der Kirche für ein eigenes Lehen des heiligen Dionysius halten, und von der auch Ludwig ⟨VI.⟩, der Sohn Philipps ⟨I.⟩, König der Franken, indem er sich eilig gegen den römischen Kaiser aufmachte, als dieser sich gegen das Frankenreich erhob[27], vor dem gesamten Kapitel von Saint-Denis bekannt hat, er habe das Lehen von ihm [i. e. dem heiligen Dionysius], und ihm schulde er Lehensdienst mit dem Recht des Bannerträgers, wenn er nicht König wäre – ⟨dort also⟩ haben wir mit Gottes Hilfe erreicht, daß durch den nachfolgenden Zugewinn die Erträge des Herrenhofes vermehrt wurden. **(34)** Die Kirche von Cergy und die Freiheit des Gutes haben wir bei ebendiesem König Ludwig ⟨VI.⟩ erhalten. **(35)** Von dessen Sohn Ludwig ⟨VII.⟩ aber erhielten wir anläßlich der Weihe der Kirche das Wegerecht desselben Dorfes und alle seine Einkünfte außer Wein und Hafer dank seiner königlichen Freigebigkeit zugunsten seines Seelenheils, zum Schutz seiner Person und des Reiches. **(36)** Ebenso brachte er, was er in Cormeilles(-en-Vexin) und bei Osny besaß und was auch immer er in Trappes außer der Herberge hatte, in demütigster Weise den heiligen Märtyrern dar.

[27] Im Sommer (Juli) des Jahres 1124 war Kaiser Heinrich V. (1106–1125) überraschend mit einem Heer an den Grenzen des französischen Königreiches aufmarschiert – in der Absicht, die Stadt Reims anzugreifen und damit zugleich seinen Schwiegervater, König Heinrich I. (Plantagenêt), im Kampf um das Herzogtum Normandie zu unterstützen (siehe Ekkehard v. Aura, MGH SS VI, p. 262. – Suger, Vita Lud. VI., c. XXVIII [p. 218]). Auf diese Weise von zwei Seiten militärisch bedrängt, begab sich König Ludwig VI. nach Saint-Denis zum Grab des Hl. Dionysius, seines *„specialis patronus et singularis post Deum regni protector"* (Vita Lud. VI, c. XXVIII [p. 220]) und nahm dort in einem wohlinszenierten rechtssymbolischen Lehnsakt das Banner der vom Kloster lehensabhängigen Grafschaft Vexin vom Hauptaltar der Abteikirche auf (in der späteren Tradition mit der legendären Oriflamme Kaiser Karls des Großen identifiziert und als solche einen wichtigen Bestandteil der französischen Königstheologie bildend). Dem nachfolgenden, an die gesamte Francia *(tota Francia)* gerichteten Aufruf des französischen Königs, der hier als Lehensmann des Hl. Dionysius und seiner Gefährten (nicht des Klosters!) auftrat, zum Lehnsaufgebot folgten schließlich nicht nur – wie bislang üblich – die weltlichen und geistlichen Herren der Krondomäne als dem engeren politisch-rechtlichen Einflußbereich des französischen Königtums, sondern auch die Herren der großen Fürstentümer: Herzog Hugo II. von Burgund, die Grafen Theobald IV. von Blois, Hugo von der Champagne, Wilhelm II. von Nevers, Rudolf von Vermandois und Karl von Flandern. Siehe hierzu zusammenfassend die Ausführungen im einleitenden Beitrag von G. Annas, pp. 97–99.

(37) Nos autem et de his et multis aliis incrementis presertim continua sollicitudine et iugi prouidentia terre cultus et uinearum maiorum et seruientium reprimendo rapacitatem, aduocatorum etiam prauorum importunam refellendo infestacionem, pro quo multa in nouitate nostra milicie usibus expendimus, illuc usque Deo annuente perduximus, ut cum temporibus antecessorum nostrorum fratres nostri ad opus coquine cotidie quinque solidos habere contenti fuissent, de superhabundante incremento omni die alios quinque et feria quinta atque sabbato quatuordecim pro toto irrefragabiliter refectioni fratrum recipiant. **(38)** Et quod adhuc his superest de incremento centum modios annone large consueuit excedere. **(39)** Quod nos post pascha usibus nostris ecclesiis et pauperibus uel quibuscumque oportunitatibus erogandum censuimus, extremis enim mensibus anni aliquando carior annona congregationum improuidentiam punire solet. **(40)** Incrementum denariorum centum et quatuordecim librarum et duodecim solidorum singulis annis consistit.

(41) De Cormeliis Parisiensibus.

De Cormeliis in pago Parisiensi incrementum census octo librarum, cum prius haberemus duodecim libras, modo uiginti. **(42)** De annona decem aut duodecim modios habebamus, nunc decem et octo. **(43)** Apud Centinodium quatuor libras de incremento noui census et de ueteri centum solidos. **(44)** Apud Francorum uillam quadraginta solidos de nouo incremento et quadraginta de ueteri preter feodum. **(45)** Decimam de feodo nostro,

melias quicquid vel in vicaria, vel in advocatione, habebamus, et omnia omnino ibidem ad nos pertinentia, preter vinum nostrum et avenam, preter jacere nostrum et exercitum et equitationem, pro servientis beati Dyonisii submonitione; apud Ooniacum quoque quicquid habebamus preter prelum et jacere nostrum, preter exercitum et equitationem, pro servientis beati Dyonisii submonitione; apud Trappas vero et apud Herencurtem quicquid similiter habebamus, preter jacere nostrum et exercitum et equitationem, pro servientis, ut diximus, beati Dyonisii submonitione. Cf. auch Große, p. 165, n. 44 [1148 IV 20; Papst Eugen III.]: *Ex dono predicti regis quicquid in uilla de Trapis habebat preter annualem hospitationem … et talliam, quam apud Cergiacum in Vilcassino et apud Cormelias uobis donauit.*

168–177 cf. *ord* 5,23–6,37 und Cartellieri Reg. n. 41, p. 132; Lecoy, p. 329, n. IV [1124]

192–195 cf. *ord* 32,170sq.

(37) Wir aber haben es von diesen und vielen anderen Zugewinnen her – besonders durch beständigen Eifer und dauernde Vorsorge für die Bebauung des Landes und größere Weinberge, ⟨ferner⟩ indem wir die Raubgier der Dienstleute niederhielten, auch indem wir die rücksichtslose Anfeindung durch schlechte Vögte zurückwiesen (wozu wir in unserer Anfangszeit vieles für das, was für den Kriegsdienst gebraucht wurde, ausgaben!) – mit Gottes Willen dorthin gebracht, daß unsere Brüder, während sie in den Zeiten unserer Vorgänger zufrieden gewesen waren, zum Küchengebrauch täglich 5 Solidi zu haben, dank einem reichlich überfließenden Zugewinn an jedem Tag 5 weitere und donnerstags sowie am Samstag 14 Solidi insgesamt unwiderruflich zur Stärkung der Brüder bekommen. **(38)** Und was bis hierher an Gewinn von diesen noch übrig ist, geht für gewöhnlich weit über 100 Scheffel an Getreide hinaus. **(39)** Wir hielten es für angemessen, dies nach Ostern zu unserem Gebrauch für die Kirchen und die Armen oder zu welchen Gelegenheiten auch immer auszugeben, denn in den letzten Monaten des Jahres ist manchmal das Getreide teurer und pflegt die mangelnde Voraussicht der Gemeinschaften zu bestrafen. **(40)** Der Zugewinn an Münzgeld beläuft sich auf 114 Pfund und 12 Solidi in den einzelnen Jahren.

⟨Einkünfte aus anderen Besitzungen im Val-d'Oise.⟩

(41) ⟨Einkünfte⟩ aus Cormeilles-en-Parisis.

Von Cormeilles im Gau von Paris beträgt der Zugewinn aus dem Zins 8 Pfund, da wir früher 12 Pfund hatten, nun aber 20. **(42)** An Getreide hatten wir 10 oder 12 Scheffel, nun aber 18. **(43)** Bei Sannois erhalten wir 4 Pfund vom Zugewinn aus dem neuen Zins und von dem alten 100 Solidi. **(44)** Bei Franconville bekommen wir 40 Solidi aus dem neuen Zugewinn und 40 vom alten außer dem Lehen. **(45)** Wir erhalten den Zehnten von unserem Lehen,

quam emimus a Pagano de Gisortio et dedimus clericis matriculariis pro amore Dei, excepta decima clausi nostri quam nobis retinuimus.

(46) De Montiniaco.

Apud Montiniacum quinquaginta solidos de nouo et sexaginta et decem de ueteri.

(47) De Cergiaco.

Apud Cergiacum de bosco quadraginta solidos de censu et hominium militis Theobaldi de Puteolis et quadraginta saumas asinorum.

(48) De Louecenis.

Apud Louecenas, cum quicquid ibidem habebamus, tam censum quam annonam et uinum pro quindecim libris tam nos quam antecessores nostri per annum dare consueuimus, post quedam placita de mansis antiquis, quibus rusticos uinearum cultores de retentione reddituum intercepimus, saluo annuo censu denariorum et annona centum fere modios uini adquisiuimus.

(49) De Vernullello.

De Vernullello, quod quadraginta annis sub uadimonio fuerat, decem libras data redemptione recipimus, cum non nisi sexaginta solidos ante haberemus; cuius loci redditus ad nos pertinentes fratribus infirmis ex integro contulimus.

(50) De Valle Crisonis.

Apud Vallem Crisonis uillam edificauimus, ecclesiam et domum constituimus et carruca terram incultam dirumpi fecimus. **(51)** Que quanti debeat constare, pocius cognoscent qui eam edificare innitentur, cum iam ibidem sint fere sexaginta hospites et adhuc multi uenire eligant, si sit qui prouideat. **(52)** Erat enim locus ille quasi spelunca latronum habens ultra duo miliaria deserti, omnino ecclesie nostre infructuosus raptoribus et satellitibus propter affinitatem nemorum aptus. **(53)** Eapropter ibidem fratres nostros Deo deseruire disposuimus, ut *in cubilibus, in quibus prius dracones habitabant, oriatur uiror calami et iunci.*

216 cf. Cartellieri Reg. n. 121, p. 142; Lecoy, p. 360, n. XI [1145]: *Villa nova quam aedificavimus, quae Val Cresson appellatur …*
224–225 Is 35,7

den wir von Paganus von Gisors gekauft und (mit Ausnahme des Zehnts unseres ⟨Wein⟩gartens, den wir für uns zurückbehalten haben) aus Liebe zu Gott den als Küster tätigen Klerikern gegeben haben.

(46) ⟨Einkünfte⟩ aus Montigny.

Bei Montigny ⟨erhalten wir⟩ 50 Solidi von dem neuen und 70 von dem alten ⟨Zins⟩.

(47) ⟨Einkünfte⟩ aus Cergy.

Bei Cergy ⟨erhalten wir⟩ vom Wald 40 Solidi an Zins, den Lehensdienst des Ritters Theobald aus (Le) Puiset und 40 Saumtierlasten[28].

⟨Einkünfte aus den Besitzungen der Iveline.⟩

(48) ⟨Einkünfte⟩ aus Louveciennes.

Bei Louveciennes haben wir nach einigen Gerichtstagen mit Rechtsweisung über die Leistungen der alten Hufen, durch die wir die Weinbauern gehindert haben, Einkünfte zurückzuhalten, fast 100 Maß Wein erworben, wobei der jährliche Zins an Geld und das Getreide erhalten blieb, während sowohl wir als auch unsere Vorgänger alles, was wir dort hatten, nämlich den Zins wie das Getreide und den Wein, für 15 Pfund im Jahr zu geben pflegten.

(49) ⟨Einkünfte⟩ aus Vernouillet.

Von Vernouillet, das 40 Jahre verpfändet war, erhalten wir 10 Pfund, nachdem die Auslösung gezahlt ist, während wir vorher nur 60 Solidi hatten, und die Einkünfte dieses Ortes, soweit sie uns betreffen, haben wir vollständig für die gebrechlichen Brüder zur Verfügung gestellt.

(50) ⟨Einkünfte⟩ aus Vaucresson.

Bei Vaucresson bauten wir ein Dorf, gründeten eine Kirche und ein ⟨festes⟩ Haus und ließen das unbebaute Land mit einem Pflug aufreißen. **(51)** Welchen Wert dies haben muß, werden vorwiegend diejenigen verstehen, die sich bemühen, das Dorf zu bauen, da dortselbst bereits fast 60 Bewirtschafter sind und viele immer noch zu kommen beabsichtigen, wenn einer da ist, der Vorsorge trifft. **(52)** Denn jener Ort war gleichsam eine Räuberhöhle, weil er allseits zwei Meilen Wildnis hatte; für unsere Kirche war er vollkommen nutzlos, für Räuber und deren Spießgesellen indessen wegen der nahegelegenen Wälder geeignet. **(53)** Deshalb verfügten wir, daß unsere Brüder daselbst Gott dienten, auf daß an Orten, da vormals Drachen hausten, das Grün von Schilf und Binsenrohr aufgehe.

[28] d. h. Esel- oder Maultierlasten (vermutlich an Holz).

(54) Possessionem beati Dyonisii, in qua continetur Mesnile sancti Dyonisii et Domna Petra et cetere uille in ualle castri quod dicitur Cabrosa a multis retro temporibus tribus talliis expositam, uidelicet domino castri Cabrose et domino castri Nielphe et Symoni de Villa Aten, eorum rapacitate omnino fere destitutam non sine magnis expensis ab huiusmodi oppressionibus emancipauimus ea sola, que ad eorum aduocationem iure pertinent, remittentes. **(55)** Nec minus etiam uenationem Iueline infra metas terre, quam beato Dyonisio multis temporibus abstulerant, recuperauimus et, ne in posterum obliuioni traderetur, illuc exeuntes per continuam septimanam ascitis nobis approbatis amicis et hominibus nostris, uidelicet comite Ebroicensi, Amalrico de Monte Forti, Symone de Nielpha, Ebrardo de Villa Perosa et aliis quamplurimis, in tentoriis demorantes singulis diebus tocius ebdomade ceruorum copiam ad sanctum Dyonisium non leuitate, sed pro iure ecclesie reparando transferri et fratribus infirmis et hospitibus in domo hospitali necnon et militibus per uillam, ne deinceps obliuioni traderetur, distribui fecimus. **(56)** Domino uero Cabrose preter antiquum feodum, uidelicet aduocationem terre nostre et medietatem silue, de proprio singulis annis centum solidos damus tanquam feodato nostro, ne reducat manum ad talliam uel terre oppressionem, quos quidem centum solidos in eadem terra pro uoluntate nostra absque contradictione recolligere ualemus.

(57) Ne igitur laboris nostri fructus ex obliuione in irritum deducatur, illa etiam que in Belsa auxiliante Deo augmentari elaborauimus, scripto commendare curauimus.

234 abstulerant] abstulerunt *l*

(54) Die Besitzung des heiligen Dionysius, zu der Le Mesnil-Saint-Denis, Dampierre und die übrigen Dörfer im Tal der Burg, die Chevreuse genannt wird, gehören, war seit langen Zeiten zuvor mit drei Abgaben belegt, nämlich für den Herrn der Burg von Chevreuse, für den Herrn der Burg Neauphle[29] und für Simon von Viltain, und war durch deren Raffgier fast völlig verlassen; nicht ohne große Ausgaben befreiten wir sie von Unterdrückungen dieser Art dadurch, daß wir allein das erstatteten, was zu deren Vogtei mit Recht gehört. **(55)** Ebenso erwarben wir auch die Jagd in der Iveline[30] innerhalb des abgemarkten Gebietes zurück, die man dem heiligen Dionysius vor langer Zeit abgenommen hatte, und damit es nicht für spätere Zeit dem Vergessen anheimgegeben werde, haben wir, indem wir eine ganze Woche dorthin gingen und uns in Zelten aufhielten, wozu wir unsere anerkannten Freunde und Mannen hinzugezogen hatten (nämlich den Grafen von Evreux, Amalrich von Mon(t)fort, Simon von Neauphle, Eberhard von Villepreux und sehr viele andere) veranlaßt – nicht aus Übermut, sondern um das Recht der Kirche wiederherzustellen! –, daß an den einzelnen Tagen der ganzen Woche die Menge des Wildes nach Saint-Denis gebracht und an gebrechliche Brüder[31] und an Fremde[32] im Gästehaus sowie auch an Ritter im Bereich des gesamten Dorfes verteilt werde: dies soll von da an nicht dem Vergessen anheimgegeben werden. **(56)** Dem Herrn zu Chevreuse aber geben wir außer einem alten Lehen, nämlich der Vogtei über unser Land und der Hälfte des Waldes, 100 Solidi jährlich von unserem eigenen Bestand, als wäre er ein von uns Belehnter, damit er nicht wieder die Hand an die Abgabe legt oder zur Unterdrückung des Landes zurückkehrt; diese 100 Solidi können wir in ebendiesem Gebiet nach unserem Willen ohne Widerspruch erheben.

⟨Einkünfte aus den Besitzungen der Beauce.⟩

(57) Damit aber die Frucht unserer Mühe nicht infolge Vergessens ohne Erfolg bleibe, haben wir uns bemüht, auch dasjenige, was wir in der Beauce mit Gottes Hilfe an Zuwachs erwirtschafteten, dieser Schrift anzuvertrauen.

[29] Neauphle-le-Château (oder -le-Vieux).

[30] Forst bei Rambouillet, der schon seit dem 8. Jahrhundert zu Saint-Denis gehörte; cf. *cons* 36 (mit Anm. 14).

[31] Üblicherweise ist den Brüdern nach der Benediktregel Fleischverzehr nicht gestattet; auch Wild fällt unter das Verbot, das Fleisch vierfüßiger Tiere zu essen. Eine Ausnahme gilt für besonders schwache Kranke (cf. BR 36,9 und BR 39,11); siehe auch die Sonderregelung zur Zukost für Kranke in *ord* 18,79sq.

[32] Eine eindeutige inhaltliche Präzisierung des vielschichtigen Begriffes *hospes/hospites* ist an dieser Stelle nicht möglich. Siehe hierzu jedoch die entsprechenden Ausführungen im Sammelartikel „Grundherrschaft“ des Glossars.

(58) Prima uilla beati Dyonisii que uocatur Guilleluallis prope Sarclidas in catalogo Dagoberti regis beato Dyonisio ab eodem rege traditas usque adeo a multis retro temporibus aut semper ita incomposita extiterat, ut nec domus ubi etiam abbas caput reclinaret nec granchia aliqua nec quicquam dominicum in tota uilla existeret. **(59)** Viginti quinque modiolos tantum, qui non excedunt quatuor nostros modios, pro censu terrarum quas colebant, cum modico domorum suarum censu singulis annis persoluebant. **(60)** Ad hanc igitur adaptandam ob amorem dominorum nostrorum sanctorum martyrum accedentes quandam terram, uidelicet trium carrucarum in eadem uilla sitam, pro qua ⟨a⟩ quadraginta annis et ultra guerra maxima agitabatur inter Iohannem Stampensem filium Pagani uirum nobilem et strenuum et quendam alium militem Piguerensem, multo sumptu apud utrumque apposito ecclesie comparauimus et quod uterque querebat, ut neuter haberet, nobis eam retinendo et guerre eorum finem sic imponendo fauore parentum et amicorum, uidelicet Balduini de Corboilo et multorum aliorum, carta nobis firmari fecimus. **(61)** In hac itaque noua terra uidelicet in medio uille loci oblectantes amenitatem, uiuidorum fontium et riuorum decurrentium, amplectentes affinitatem curiam honestam muro cingi fecimus, domum fortem et defensabilem in curia, granchias et queque necessaria ibidem construi multis expensis effecimus et ad superioris Belse releuandam ariditatem uiuario multitudine piscium copioso fere in circuitu perlustrauimus. **(62)** Duas carrucas in eadem terra, unam in noua, alteram in antiqua statuimus et que tam parui constabat, ut ad quinquaginta uel eo amplius annonarum modios singulis annis reddere ualeat, augmentauimus. **(63)** Nam et illum priorem cen-

267 sic *om. l*

(58) ⟨Einkünfte aus Guillerval.⟩

Das erste Dorf des heiligen Dionysius, welches Guillerval heißt, nahe bei Saclas, das in der Aufzählung des Königs Dagobert ⟨I.⟩ dem heiligen Dionysius von ebendiesem König zugeeignet ist[33], hatte bis dahin in einem fort seit langer Zeit zuvor oder immer so ungeordnet bestanden, daß es selbst für den Abt kein Haus gab, wo er sein Haupt hätte hinbetten können, noch eine Scheune, noch irgendein Herrenland im ganzen Dorf. **(59)** Man zahlte jährlich nur 25 kleine Scheffel, die nicht mehr sind als 4 Scheffel nach unserem Maß, als Zins der Ländereien, die man bebaute, zusammen mit dem mäßigen Zins für ihre Häuser. **(60)** Als wir also aus Liebe zu unseren Herren, den heiligen Märtyrern, darangingen, dieses Dorf in einen geeigneten Zustand zu versetzen, da erwarben wir für die Kirche ein Stück Land im Umfang von drei Pflugländereien, gelegen in ebendiesem Dorf, um welches seit 40 Jahren und länger eine heftige Auseinandersetzung zwischen Johannes von Étampes, dem Sohn des Paganus, einem vornehmen und fleißigen Mann, und einem anderen Ritter aus Pithiviers geführt wurde, wobei wir bei jedem der beiden Kontrahenten eine erkleckliche Summe hinterlegten; wir nahmen das Stück Land, das beide verlangten, so daß keiner von ihnen es behalten konnte, und machten so ihrer kriegerischen Auseinandersetzung ein Ende, und mit Einverständnis ihrer Angehörigen und Freunde, nämlich Balduins von Corbeil und vieler anderer, ließen wir es für uns urkundlich bestätigen[34]. **(61)** Auf diesem neu erworbenen Stück Land, mitten im Dorf, ließen wir, da wir uns an der angenehmen Lage des Ortes erfreuten und die Nähe lebendiger Quellen und herabeilender Bäche freudig zur Kenntnis nahmen, ein ansehnliches Gut mit einer Mauer umgeben; ein festes und zur Verteidigung geeignetes Haus auf dem Gut, Scheunen und alles Notwendige ließen wir daselbst unter erheblichen Aufwendungen errichten, und um der Trockenheit der weiter oben liegenden Beauce abzuhelfen, versahen wir es beinahe rundum mit einem Gewässer für Fische, das eine reichhaltige Menge Fische enthielt. **(62)** Zwei Pflüge stellten wir auf diesem Stück Land bereit, einen auf dem neuen, den anderen auf dem alten, und ⟨das Stück Land,⟩ das so wenig einbrachte, vergrößerten wir, so daß es bis zu 50 oder noch mehr Scheffel Getreide jährlich einbringen konnte. **(63)** Denn indem wir auch

[33] König Dagobert I. (623–639) vermachte dem Kloster unter dem Datum des 18. Juli 635 die Besitzung Saclas (*Sarclitas*), cf. MGH Dipl. Imp. I, Hannover 1872, p. 154, n. 36. Diese Schenkung wird in den Gesta Dag. (p. 419,34sqq.) zusammen mit anderen ausdrücklich erwähnt. Sugers Rede von einem „catalogus" bezieht sich daher wahrscheinlich auf die Aufzählung in den *Gesta*. Guillerval ist dort jedoch nicht erwähnt, woraus sich ergibt, daß Suger „*Sarclidas*" offensichtlich als acc. pl. auffaßt (*Sarclidas … traditas*).

[34] Die entsprechende Urkunde ist nicht erhalten.

sum, quem paruissimum reddebant remittentes, tocius terre campipartem preter carrucam de feodo maioris nobis retinuimus. **(64)** Qui ex hoc ipso garrulitatem rusticorum et mutate consuetudinis molestias omnino se sedare spopondit.

(65) De Monaruilla.

Succedit et alia prope illam beati Dyonisii uilla, que dicitur Monaruilla, uilla omnium facta miserrima, que sub iugo castri Mereuille conculcata non minus quam Sarracenorum depressione mendicabat, cum eiusdem castri dominus, quocienscumque uellet, in eadem hospicium, cum quibuscumque uellet, raperet, rusticorum bona pleno ore deuoraret, talliam annone tempore messis pro consuetudine asportaret, lignaria sua bis aut ter in anno carrucarum uille dispendio aggregaret, porcorum, agnorum, anserum, gallinarum importabiles quasque molestias pro consuetudine tolleret. **(66)** Que cum tanta oppressione per multa tempora in solitudinem fere iam redigeretur, audacter resistere et molestias huiusmodi ab hereditate sancta constanter exterminare elegimus. **(67)** Cumque eum in causam traheremus et ipse sibi iure hereditario patris et aui atque attaui consuetudines illas excusaret, ad hoc auxilio Dei et hominum atque amicorum nostrorum consilio res processit, quod Hugo castri dominus fauore coniugis et filiorum, assensu domini regis Ludouici, a quo se habere dicebat, beato Dyonisio in perpetuum omnes omnino consuetudines iniusticiam suam recognoscendo relaxauit, remisit, manu propria iureiurando abiurauit, sicut plenius in carta domini regis Ludouici inuenitur. **(68)** Nos autem ad eius hominium ecclesie nostre retinendum duos Stampenses modios annone, unum frumenti et alterum auene, in curia nostra per manum monachi aut seruientis nostri concessimus. **(69)** Quo quidem predicta uilla eruta tormento, cum prius uix nobis ualeret, decem aut quindecim libras centum Stampenses modios annone per singulos annos, qui sepius centum libras ualent secundum precium annone, per manus ministrorum reddere nobis consueuit.

290 annone] *in* et annonam *corr. man. rec. P* et annonam *l*

jenen früheren, äußerst geringen Zins, den sie zahlten, zurückwiesen, behielten wir den Fruchtanteil des gesamten Gebiets mit Ausnahme des Pfluglandes vom Lehen des Meiers für uns zurück. **(64)** Dieser versprach das Gerede der Bauern darüber und die Beschwerden über das veränderte Gewohnheitsrecht gänzlich zu beschwichtigen.

(65) ⟨Einkünfte⟩ aus Monnerville.

Es kommt noch, nahe bei jenem, ein anderes Dorf des heiligen Dionysius, das sich Monnerville nennt, hinzu; dieses Dorf war von allen am elendsten zugerichtet, da es, unter dem Joch der Burg Mér(é)ville mißhandelt, nicht weniger bettelarm war als durch Unterdrückung seitens der Sarazenen, zumal der Herr dieser Burg, sooft er wollte, in diesem Dorf die Beherbergungsrechte, mit wem auch immer er wollte, mißbrauchte, den Besitz der Bauern mit vollem Munde verschlang, die Abgabe an Getreide in der Erntezeit nach seiner Gewohnheit fortschleppte, sein Brennholz zwei- oder dreimal im Jahr unter Aufwand der Wagen des Dorfes sammeln ließ und an Schweinen, Lämmern, Gänsen und Hühnern unerträgliche Abgaben der belastendsten Art als Gewohnheitsrecht fortnahm. **(66)** Da dieses Dorf durch derartige schwere Unterdrückung über lange Zeiten hinweg beinahe schon in den Zustand der Öde verfiel, beschlossen wir, kühn Widerstand zu leisten und Belastungen dieser Art beständig vom heiligen Erbe zu verbannen. **(67)** Als wir den Burgherrn zur Rechenschaft zogen und er jene Gewohnheitsrechte für sich selbst unter Berufung auf vom Vater sowie von Großvater und Urahn geerbtes Recht verteidigte, schritt die Angelegenheit mit Gottes Hilfe und dem Rat unserer Mannen und Freunde dahin fort, daß Hugo, der Herr der Burg, mit der Einwilligung seiner Frau und seiner Kinder und unter Zustimmung seines Herrn, des Königs Ludwig ⟨VII.⟩, von dem er, wie er sagte, die Burg hatte, seine ⟨bisherige⟩ Ungerechtigkeit einsah und dem heiligen Dionysius für immer alle Gewohnheitsrechte gänzlich überließ und mit eigener Hand einen heiligen Eid schwörend darauf verzichtete, wie es sich vollständiger in einer Urkunde unseres Herrn, des Königs Ludwig ⟨VII.⟩[35], findet. **(68)** Wir aber haben, damit dessen Lehensdienst unserer Kirche erhalten blieb, ihm zwei Scheffel Getreide nach dem Maß von Étampes zugestanden – den einen an Weizen, den anderen an Hafer –, auszugeben auf unserem Gut durch die Hand eines Mönches oder eines unserer Dienstleute. **(69)** Dieser Plage nun entrissen, zahlt uns gewöhnlich dasselbe Dorf durch die Hände von Dienstleuten, während es früher für uns kaum 10 oder 15 Pfund einbrachte, nunmehr pro Jahr beständig 100 Scheffel Getreide nach dem Maß von Étampes, die oft genug 100 Pfund wert sind, entsprechend dem jährlichen Getreidepreis.

[35] Ludwigs Bestätigung der Konzession Hugos von Méréville ist erhalten, cf. Luchaire, n. 139 (zw. 1. VIII. 1144 und 14. IV. 1145).

(70) Possessionem nichilominus que dicitur Rubridum depressione angariarum castri Puteoli omnino destitutam emendare elaborantes, cum quadam die Hugo dominus Puteoli post ruinam castri etiam nos super hoc conuenisset, ut incultam terram depressione castri in solitudinem redactam sub medietate lucri ego et ipse excoleremus, licet hoc quidam compendiosum approbarent, recusauimus et quod cum eo noluimus, per nos efficere ad commodum ecclesie elaborauimus. (71) Nec eum admittere socium in restitucione terre sustinuimus, quem destructorem more antecessorum suorum grauissime persenseramus. (72) Easdem enim consuetudines quas de Monaruilla enumerauimus, uidelicet talliam annone, porcorum, ouium, agnorum, anserum, gallinarum, pullorum, lignorum ab eadem terra more antecessorum suorum abripuerat et ex hoc ipso tam nobis quam sibi infructuose iacentem omnino inutilem reddiderat. (73) Nos igitur miserie terre et dampno ecclesie nostre condescendentes in eadem sterili terra curtem edificauimus turrimque super portam ad repellendos raptores ereximus, tres carrucas ibidem posuimus; uillam que Villana dicitur restituimus, incomposita terre composuimus usque adeo eam meliorando, ut cum uix consueuerit uiginti libras singulis annis, postea nobis centum libras sepius uero centum et uiginti reddidit. (74) Nos uero sanctis martyribus pro tantis beneficiis iure deuoti de eodem

323 annone] *in* et annonam *corr. man. rec. P* annona (*sed* annone *coni.*) *g* et annonam *l*

315sq. cf. Vita Lud. VI., c. XIXsq. (pp. 128sq.)
330–337 cf. *ord* 42,235–241 und *cons* 54,331–334

(70) Die Besitzung, die sich Rouvray(-Saint-Denis) nennt und die aufgrund der drückenden Verpflichtung zu ⟨Zwangs-⟩Abgaben, die ihr seitens der Burg (Le) Puiset auferlegt war, vollkommen aufgegeben war, bemühten wir uns nichtsdestoweniger wiederherzustellen, und als eines Tages Hugo, der Herr von (Le) Puiset[36], nach der Zerstörung der Burg auch mit uns das Gespräch darüber gesucht hatte, daß er und ich um die Hälfte des Preises das unbebaute Land, das durch die Unterdrückung seitens der Burg in Öde versetzt war, wieder bebauen sollten, haben wir, wenngleich manche dies als günstig billigen würden, abgelehnt, und es gelang uns, das was wir mit ihm gemeinsam nicht wollten, aus eigenen Mitteln zum Nutzen der Kirche auszuführen. **(71)** Wir waren nicht einmal bereit, ihn als Teilhaber bei der Wiederbebauung des Landes zuzulassen, denn wir hatten in sehr ernster Weise den Eindruck gewonnen, daß er nach der Sitte seiner Vorgänger ein Zerstörer sei. **(72)** Denn dieselben Gewohnheitsrechte, die wir von Monnerville aufgezählt haben, nämlich die Abgabe an Getreide, Schweinen, Schafen, Lämmern, Gänsen, Hühnern, Junggeflügel und Holz aus diesem Stück Land hatte er nach der Sitte seiner Vorgänger an sich gerissen und das Land, als es infolgedessen sowohl für uns als auch für ihn unbrauchbar dalag, als völlig nutzlos zurückgegeben. **(73)** Indem wir also uns dem Elend des Landes und dem Schaden unserer Kirche helfend zuwandten, bauten wir auf ebendiesem unfruchtbaren Land ein Gehöft; oberhalb des Tores errichteten wir einen Turm zur Vertreibung von Räubern; drei Pflüge setzten wir dort ein; wir stellten das Dorf, das Villaines genannt wird, wieder her, die nicht geordneten Teile des Landstücks fügten wir zusammen, wobei wir es in solchem Grade verbesserten, daß es, während es ⟨zuvor⟩ kaum 20 Pfund regelmäßig hatte zahlen können, uns später jährlich 100 Pfund, sogar öfter 120 entrichtete. **(74)** Wir aber wiesen mit Urkunde und Siegel[37] den heiligen Märtyrern, denen wir zu Recht für so große Wohltaten dankbar ergeben waren, aus

[36] Hugo (III.) von Le Puiset (um 1095–1132), Sohn Ebrards II. von Le Puiset († 1097 auf dem Ersten Kreuzzug vor Antiochia), aus vornehmer Familie stammend, von Suger selbst jedoch als *„vir nequam et propria et antecessorum tirannide sola opulentus“* bezeichnet (Vita Lud. VI., c. XIX [pp. 128–130]). Die von Suger ausführlich beschriebenen Auseinandersetzungen der Abtei von Saint-Denis mit Hugo von Le Puiset (siehe Vita Lud. VI., c. XIX–XXII [pp. 128–170]), die schließlich 1112 mit der Unterwerfung des Burgherrn und der Zerstörung der Burg Le Puiset vorläufig beigelegt wurden, sind durchaus bezeichnend für die langwierigen, aber erfolgreichen Kämpfe des französischen Königtums gegen die kleineren Burgherren in der ersten Hälfte des 12. Jahrhunderts. Zur Familie der Herren von Le Puiset: A. de Dion, Le Puiset au XIe et au XIIe siècles, châtellenie et prieuré, Chartres 1886. – J. L. La Monte, The Lords of Le Puiset on the Crusades, in: Speculum 17 (1942), pp. 100–118.

[37] Die Rede ist hier von der *Ordinatio*.

fructu laboris nostri edificationi ecclesie eorum singulis annis quater uiginti libras usque ad operis expletionem carta et sigillo assignauimus. **(75)** Remouimus etiam ab eadem terra quandam consuetudinem malam uicecomitis Stampensis que palagium uocatur.

(76) De Tauriaco.

Tauriacus igitur famosa beati Dyonisii uilla, caput quidem aliarum et propria ac specialis sedes beati Dyonisii, peregrinis et mercatoribus seu quibuscumque uiatoribus alimenta cibariorum in media strata lassis etiam quietem quiete ministrans intolerabilibus dominorum prefati castri Puteoli angariis usque adeo miserabiliter premebatur, ut cum illuc temporibus antecessoris nostri bone memorie Ade abbatis ut prepositus terre prouiderem, satis adhuc iuuenis accessissem, iam colonis pene destituta langueret, rapacitati Puteolensium data *esca populis Ethiopum* omnino pateret. **(77)** Nec enim ipsa domus propria beati Dyonisii seipsam aliquando tuebatur, quin ipse dominus per satellites suos eam frangeret, quecumque reperta sacrilego spiritu asportaret, adiacentes uillas frequentibus hospiciis confunderet, annone talliam sibi primum, deinde dapifero suo, deinde preposito suo rusticorum uectigalibus ad castrum deferri cogeret. **(78)** Vix qui aderant sub tam nefande obpressionis mole uiuebant.

(79) Cum ergo fere per biennium ibidem demorando his et aliis malis et humane compassionis doloribus et ecclesie nostre dispendio defatigarer, nec nos solum, uerum etiam omnes ecclesie, que in partibus illis terram habentes eque premebantur, conuenimus et, ut iugum importabile et tyrannidem nequissimi castri euitare possemus, diligenti deliberatione contulimus. **(80)** Hinc emersit, quod labore nostro uenerabilis episcopus Carnotensis Iuo pro parte sua, capitulum beate Marie pro sua, abbas sancti Petri pro sua,

353 annone] *in* annonam et *corr. man. rec. P* annonam et *l* 354 uectigalibus] uestigalibus *P, sed sup. lin. man. rec.* vectigalibus 359 nec *iter. P*

349 Ps 73,14
341–347 cf. Vita Lud. VI., c. XIX (p. 136): [Adam abbas] … *remisit me Tauriacum, cui preeram in Belsa, villam beati Dyonisii utilem et annone fertilem, … precipiens ut … ville providerem …*
362–371 cf. Vita Lud. VI., c. XIX (pp. 134–136)

demselben Ertrag unserer Mühe für die Erbauung ihrer Kirche jährlich 80 Pfund bis zur Vollendung des Werkes zu. **(75)** Wir tilgten von demselben Land auch ein übles Gewohnheitsrecht des Vizegrafen von Étampes, das „palagium“[38] genannt wird.

(76) ⟨Einkünfte⟩ aus Toury.

Toury also, das berühmte Dorf des heiligen Dionysius, das Haupt anderer, der ihm eigene und von ihm bevorzugte Sitz des heiligen Dionysius, ⟨ein Dorf,⟩ das Pilgern und Kaufleuten oder auch Wanderern jeder Art Nahrung an Lebensmitteln und denen, die mitten auf dem Weg ermüdet waren, auch Erholung in Frieden darbot, wurde von unerträglichen ⟨Zwangs-⟩Abgaben für die Herren der zuvor genannten Burg (Le) Puiset so erbärmlich niedergedrückt, daß es, als ich zur Zeit unseres Vorgängers guten Angedenkens, des Abtes Adam[39], noch sehr jung dorthin gegangen war, um mich als Propst um das Land zu kümmern[40], von Bauern schon fast verlassen elend darniederlag und, der Raffgier der Leute von Puiset ausgeliefert, als „Fraß den Völkern der Äthiopier“ vollkommen offenstand. **(77)** Denn nicht einmal das eigene Haus des heiligen Dionysius vermochte sich einst davor zu schützen, daß der ⟨Burg⟩herr selbst es durch seine Helfershelfer aufbrach und alles, was er darin fand, in gottloser Gesinnung fortschleppte, daß er ferner die angrenzenden Dörfer durch häufiges Logieren in Unordnung brachte und mit Zwang dafür sorgte, daß die Abgabe an Getreide zuerst ihm selbst, dann seinem Seneschall, dann seinem Propst auf Kosten der Bauern auf die Burg gebracht wurden. **(78)** Diejenigen, die dort waren, konnten unter der Last einer so frevelhaften Unterdrückung kaum leben.

(79) Als ich daher während meines fast zweijährigen Aufenthaltes dort durch diese und andere Mißstände, den Schmerz meines menschlichen Mitleidens und den Schaden für unsere Kirche zu ermatten drohte, kamen nicht wir allein, sondern auch alle Kirchen, die in jenen Teilen Boden besaßen und in gleicher Weise bedrängt wurden, überein und besprachen uns in sorgfältiger Überlegung, um das unerträgliche Joch und die Tyrannei der äußerst argen Burg ablegen zu können. **(80)** Daher kam es dazu, daß auf unser Betreiben der ehrwürdige Bischof Ivo von Chartres[41] für seinen Teil, das Kapitel von Notre-Dame[42] für seinen Teil, der Abt von Saint-Père(-en-

[38] Zu *palagium* (eine Anlege- bzw. Ansiedlungssteuer) cf. Art. ‘palagium’ in: Novum Glossarium Mediae Latinitatis …, P-Pazzu, Kopenhagen 1985–1993, col. 71.

[39] Abt Adam von Saint-Denis (1094–1122).

[40] Zur administrativen Tätigkeit Sugers als Propst von Toury-en-Beauce (1109) siehe den einleitenden Beitrag von G. Annas, p. 82.

[41] Ivo, Bischof von Chartres (1091–1116).

[42] Gemeint ist das Kapitel von Notre-Dame in Chartres.

ecclesia sancti Iohannis de Valleta pro sua, episcopus Aurelianis pro sua, ecclesia sancti Aniani pro sua, abbas sancti Benedicti pro sua, archiepiscopus Senonis pro sua et nos pro nostra gloriosum regem adiuimus Ludouicum, ecclesiarum depopulationem, pauperum et orphanorum deplorationem, ecclesiarum elemosinis antecessorum suorum et suis exheredationem lacrimabiliter exposuimus. **(81)** Qui ut erat uir nobilissime industrie, plenus pietate, ecclesiarum illustris defensor auxiliari spopondit et, quod ecclesias et ecclesiarum bona deinceps destrui a prefato nequam nullo modo pateretur, iureiurando firmauit. **(82)** Quod quidem egregie factum, quo labore, quibus expensis, quam grauiter expletum fuerit, in gestis prefati regis enucleatius inuenitur.

(83) Destructo siquidem radicitus pro merito sue iniquitatis Puteolo castro terra sanctorum tam nostra quam alie pristinam adepte libertatem, que bello aruerant, pace floruerunt, sterilitate reposita fecunditatem culte reddiderunt. **(84)** Cum autem post decessum ante⟨ce⟩ssoris nostri bone memorie Ade abbatis ad huius sancte amministrationis sedem tam immeritus quam absens assumptus essem, pristine uirtutis et laboris non immemor, quia diutius in illa demoratus fueram prepositura, deuocius ad hanc amplifican-

367 Senonis] Senonensis *coni. g*

Vallée)[43] seinesteils, die Kirche Saint-Jean(-en-Vallée)[44] ihresteils, der Bischof von Orleans[45] seinesteils, die Kirche Saint-Aignan d'Orléans[46] ihresteils, der Abt von Saint-Benoit-sur-Loire[47] seinesteils, der Erzbischof von Sens[48] seinesteils und wir für unseren Teil uns an den ruhmreichen König Ludwig ⟨VI.⟩ wandten und diesem die Entvölkerung der Kirchen, das Wehklagen der Armen und Waisen sowie die Tatsache, daß man die Kirchen um ihr Erbe an Almosen – sowohl an solchen der Vorgänger als auch an eigenen – brachte, wehklagend darlegten. **(81)** Da dieser ein Mann vornehmsten Eifers, voll der Frömmigkeit und ein berühmter Beschützer der Kirchen war, versprach er zu helfen, und mit einem Eid bekräftigte er, daß er in keiner Weise mehr dulden werde, daß von da an noch Kirchen und Güter der Kirchen von jenem vorgenannten Gauner geschädigt würden. **(82)** Mit welcher Mühe, mit welchen Ausgaben und unter welcher Beschwernis diese vorzügliche Tat vollendet wurde, das findet sich in den Tatenberichten des zuvor genannten Königs genauer[49].

(83) Als die Burg (Le) Puiset von Grund auf, angesichts ihres Unrechts verdientermaßen, zerstört war, da blühte der Landbesitz der Heiligen, sowohl unserer als auch andere Ländereien, die im Krieg verdorrt gewesen waren und nun ihre alte Freiheit wiedererlangt hatten, im Frieden; sie warfen ihre Unfruchtbarkeit ab und legten die Fruchtbarkeit bebauten Landes wieder an den Tag. **(84)** Als ich aber nach dem Tod unseres Vorgängers guten Angedenkens, des Abtes Adam, zugleich unverdient und in Abwesenheit auf den Stuhl dieses heiligen Amtes erhoben worden war[50], ging ich, wohl eingedenk des Verdienstes und der Mühe früherer Zeit, da ich mich ja länger in jener Propstei aufgehalten hatte, in aller Demut daran, sie zu erweitern.

[43] Saint-Père(-en-Vallée), Benediktinerabtei bei Chartres; Abt Wilhelm I. (1102–1129).

[44] Saint-Jean-en-Vallée, Augustinerabtei, gegründet 1099; der erste Abt war Albert (1099–1112), darauf folgte Abt Stephan (1113–1128).

[45] Johannes (Jean) II., Bischof von Orléans (1096–1135).

[46] Saint-Aignan (Orléans), Benediktinerabtei, zerstört von den Normannen, wiederaufgebaut und geweiht im Jahre 1029 unter König Robert (II.) dem Frommen (996–1031).

[47] Saint-Benoit-sur-Loire (Fleury-sur-Loire), Benediktinerabtei; Abt Simon (1103–1107), darauf folgte Abt Boson (1108–1137).

[48] Daimbert, Erzbischof von Sens (1098–1122).

[49] Nämlich in Sugers Lebensbeschreibung Ludwigs VI. (cf. Vita Lud VI., c. XIX–XXII [pp. 128–170]).

[50] Am 12. März 1122; Suger schildert in der Vita Lud. VI. (c. XXVII [pp. 206–212]) selbst, wie er auf der Rückreise von Rom von seiner Wahl zum Abt von Saint-Denis erfuhr.

dam accessi. **(85)** In curte, quam palo et uimine firmaram, castrum bene muratum erexi, turris propugnaculum principali porte supererigi feci, domos aptas et propugnabiles constitui, libertatem uille immo tocius terre intemeratam conseruaui. **(86)** Unde michi aliquando contigit, quod cum Aurelianum cum militari manu post dominum regem festinarem et prepositum Puteoli priora mala reciprocantem repperissem, turpiter captum tenui et ad sanctum Dyonisium uinctum cum dedecore transmisi. **(87)** Verum quia ecclesiarum bona industria prelatorum pace concrescere et confoueri debent, culturas nostras quas ibidem habebamus dominicas retentis earumdem decimis colonis qui ibidem inhabitarent censuales fecimus, quarum censum, ne obliuioni tradatur, scripto mandari precepimus et ut quanti constet nostro labore incrementum possessionis huius estimetur: de prepositura que non plus quam uiginti libras ualere solebat, quater uiginti libras singulis annis habemus. **(88)** Ceterarum uero consuetudinum cotidianus usus multo melioratus rerum incrementum facillime disserere poterit.

(89) Antiquam uero eiusdem terre aduocationem ad firmitatem Balduini antiquitus pertingentem, qua terra ipsa immaniter longeuitate temporum premebatur, cum nulla alia refellendi succederet uia, contigit aduocationem illam ad quandam puellam filiam filie Ade Piguerensis hereditario iure pertingere. **(90)** Quo cognito amicorum nostrorum consilio multo sumptu eam pro uoluntate nostra nuptui tradere quesiuimus. **(91)** Ad sedandas ergo terre illius inquietudines nolentes more solito indigenarum molestiis eam affligi, cuidam domestico nostro iuueni puellam cum aduocationibus dari fecimus, centum libras denariorum beati Dyonisii tam matrimonio quam patri et matri puelle fauore domini regis Ludouici, de cuius feodo aduocatio constabat, tali pacto contulimus, ut pro pecunia ista et alia uidelicet triginta librarum quas dominus rex inde habuit tam ipsi quam successores eorum nobis et successoribus nostris hominium et seruitium et iusticiam, ubi eos submoneremus, exequerentur; quod si ad hoc deficerent, to-

394 habebamus] b^2 *expunctum videtur P*

385 cf. Vita Lud. VI., c. XXI (p. 164): … *palo et vimine curiam interiorem cingit.*

(85) Auf dem Hofgut, das ich mit Palisaden befestigt hatte, baute ich eine gut gemauerte Burg, über dem Haupttor ließ ich die Schutzwehr eines Turmes errichten, ich baute passende und zur Verteidigung geeignete Häuser, und die Freiheit des Dorfes, vielmehr noch die des ganzen Landstriches bewahrte ich unversehrt. **(86)** Daher gelang es mir eines Tages, daß ich, als ich mit einer Ritterschar unserem Herrn König nach Orléans nacheilte und den Probst von (Le) Puiset dabei angetroffen hatte, wie er die früheren Übeltaten wieder aufnehmen wollte, ihn in einer für ihn schändlichen Weise gefangen hielt und ihn in Fesseln mit Schande nach Saint-Denis sandte. **(87)** Da aber die Güter der Kirchen durch den edlen Fleiß derer, die ihnen vorstehen, im Frieden wachsen und gepflegt werden müssen, behielten wir von unseren Landwirtschaftsgebieten, die wir dort als Herrenland hatten, deren Zehnt und machten sie für die Bauern, die dort wohnten, zinspflichtig, und damit der Zins dieser Gebiete nicht vergessen werde und damit gewürdigt werde, auf wieviel sich der Zugewinn dieser Besitzung dank unserer Mühe belief, ordneten wir an, daß es schriftlich niedergelegt werde: von der Propstei, die gewöhnlich nicht mehr als 20 Pfund einbrachte, haben wir ⟨nun⟩ jährlich 80 Pfund. **(88)** Der um einiges verbesserte tägliche Gebrauch der übrigen Gewohnheitsrechte wird über den Zugewinn an Sachwerten ganz leicht Auskunft geben können.

(89) Was aber die alte Vogtei dieses Gebietes betrifft, die sich von alters her bis nach (La) Ferté-Baudouin erstreckt, in der das Land selbst furchtbar über lange Zeit hinweg bedrückt wurde, da kein anderer Weg zur Beseitigung ⟨dieser Unterdrückung⟩ sich ergab – so trug es sich zu, daß diese Vogtei auf ein gewisses Mädchen, eine Tochter der Tochter Adams von Pithiviers, durch erbliches Recht kam[51]. **(90)** Als wir dies durch Rat unserer Freunde erkannt hatten, versuchten wir sie gemäß unserem Willen zu verheiraten. **(91)** Um die Unruhen in jenem Land beizulegen, wollten wir nicht, daß sie in gewohnter Manier durch Belastungen der Einheimischen geplagt werde, und ließen daher das Mädchen mit den Vogteiabgaben einem gewissen jungen Mann aus dem Umkreis unseres Hauses geben; 100 Pfund an Münzgeld des heiligen Dionysius sowohl für die Ehe als auch für Vater und Mutter des Mädchens schafften wir mit der Gunst unseres Herrn König Ludwig, als dessen Lehen die Vogtei bestand, für diese Abmachung bei, damit für dieses Geld und anderes, nämlich 30 Pfund, die unser Herr König von dort hatte, ebenso sie selbst wie ihre Nachfahren uns und unseren Nachfolgern Lehnsdienst, Dienstbarkeit und Gerechtigkeit erwiesen, soweit wir dies bei ihnen anmahnten; mit ihrer und ihrer Angehörigen Billigung sowie der

[51] Die Urkunde, die diese Vereinbarung enthielt, ist nicht mehr erhalten. Dementsprechend bleibt unklar, ob im folgenden von König Ludwig VI. oder seinem Sohn Ludwig VII. die Rede ist.

tum aduocationis feodum, ac si proprium nostrum esset, eorum et parentum ipsorum concessione ac domini regis fauore, donec nobis satisfacerent, in plenitudine retinere liceret. **(92)** Feodos uero quos ex fisco proprio emimus ad faciendas staciones singulis annis per duos menses in eodem castro Tauriaco subter intitulare curauimus.

(93) De Poionis uilla.

Similiter et Poionis uillam, quam habebat Gaufredus Ruffus a cognato suo Berardo de Essenuilla, ut a nobis idem Berardus tanquam homo noster in feodo haberet, conduximus.

(94) De Feins et Vendrouillare.

Aliam etiam possessionem que dicitur Feins et Vendrouillare cum aliis pertinentibus uillis a Galeranno de Bretoilo et uxore eius Iuditha et strenuo uiro filio eius Ebrardo, qui in expeditione Ierosolimitana occubuit, multo sumptu fere centum quinquaginta marcarum argenti comparatam siue restitutam – dicebatur quippe, quod beati Dyonisii antiquo tempore ex dono Huberti de sancto Galarico extiterat – elemosine beati Dyonisii contulimus sperantes de Dei misericordia, quod ea pauperibus atributa elemosina diuine retributionis beneficium nobis ab omnipotenti Deo misericorditer impetrabit. **(95)** Dixit enim, quod *sicut aqua extinguit ignem, ita elemosina extinguit peccatum* et, ut in sempiternum necessitatibus

436 elemosina] *in* eleemosina *corr. man. rec. P* 439 elemosina] *in* eleemosina *corr. man. rec. P*

429–435 cf. Dufour II, p. 472–473, Appendice II, n. 18 [zw. 1122 III 12 u. 1131 V 8; Galeran II. von Breteuil]: *Terram in pago Aurelianensi tenebamus de beneficio vestro, sed recognovimus eam fuisse datam Sancto Dyonisio pro anima Huberti militis, fratris Walterii de Sancto Walarico, ideoque nos injuste tenere illam. Quapropter, preveniente nos gratia Dei et instante et sollicitante abbate Sancti Dyonisii Sugerio et monachis ejus, eandem terram concessimus et reddidimus Beato Dyonisio. Ego scilicet Walerannus et Judith uxor mea et Evrardus filius meus et Emelina filia mea precamur ergo majestatem vestram* [i. e. Ludovicum VI], *ut hanc concessionem et redditionem vos ipse concedere dignemini.*

438–439 bibl. Sprichwort nach Sir 3,33, cf. Hieronymus, Epistula LXXIX, 5 (CSEL 55,2 [ed. I. Hilberg, Wien 1912], p. 92,10–11): *Sicut aqua extinguit ignem, ita elemosyna peccatum.*

Gunst des Herrn Königs ⟨wurde festgelegt⟩, daß, wenn sie aber darin nachlässig wären, es uns erlaubt sein sollte, das ganze Lehen der Vogtei, gerade als wäre es unser Eigentum vollständig zu behalten, bis sie uns Genüge leisteten. **(92)** Die Lehen, die wir aus eigener Kasse kauften, ließen wir, um für zwei Monate jährlich Quartier in dieser Burg Toury zu machen, unterhalb namentlich aufführen[52].

⟨Weitere Einkünfte aus den Besitzungen der Beauce⟩

(93) ⟨Einkünfte⟩ aus Poinville.

Ebenso brachten wir auch das Dorf Poinville, das Gaufredus Ruffus von seinem Verwandten Berard von Ensonville hatte, an uns, damit es derselbe Berardus gleichsam als unser Gefolgsmann von uns zum Lehen habe.

(94) ⟨Einkünfte⟩ aus Fains und Vergonville.

Zusammen mit anderen dazu gehörenden Dörfern trugen wir der Almosenkasse des Klosters des heiligen Dionysius auch eine andere Besitzung namens Fains und Vergonville zu, die wir von Galeran von Breteuil und seiner Frau Judith sowie deren Sohn Ebrard, einem fleißigen Mann, der auf dem Kreuzzug nach Jerusalem[53] gestorben ist, mit großem Aufwand von beinahe 150 Silbermark gekauft bzw. ⟨dem Kloster⟩ wiederhergestellt hatten – denn es wurde gesagt, daß sie in alter Zeit als Eigentum des heiligen Dionysius aus einer Schenkung Huberts von Saint-Gaury bestanden habe –, und dabei erhofften wir von Gottes Barmherzigkeit, daß diese Besitzung, wenn sie den Armen als Almosen zugeteilt wäre, ⟨uns⟩ die Wohltat göttlichen Lohnes vom allmächtigen Gott in seiner Barmherzigkeit erwirken werde. **(95)** Denn er hat gesagt, „wie das Wasser das Feuer löscht, so tilgt Almosen die Sünde", und damit es ⟨das Dorf⟩ für immer ganz feststehend den Bedürfnissen der

[52] Zu dieser Liste siehe den einleitenden Beitrag von M. Pickavé, p. 158 (Anm. 46).

[53] In einem kurz nach dem 19. April 1148 verfaßten Brief teilt König Ludwig VII. Suger u. a. den Tod des Ebrard von Breteuil mit (Luchaire, Reg. n. 229); es handelt sich demnach um den zweiten Kreuzzug (1145–1149).

pauperum firmius deseruiat, precepto regis Ludoici, quod in archiuis publicis repositum continetur, firmari fecimus.

(96) De Belna.

Sane inter alias una de melioribus beati Dyonisii possessionibus in pago Guastinensi Belna dinoscitur, que etiam spaciosa fere quatuor leugarum spatio, frumenti et uini opulentia ferax, quorumcumque fructuum mirabiliter capax, si non uexetur a seruientibus domini regis seu nostris, omnibus bonis exuberat. **(97)** Que per incuriam procuratorum raro inculta habitatore ad tantam declinauerat inopiam, ut cum ad cameram calciamentorum ecclesie huius pertineret, nullo modo ea persoluere ualeret. **(98)** Inde erat quod cum in manu abbatis pro defectu debiti remaneret, singulis annis seruientibus eiusdem terre pro triginta libris totaliter eam locabat. **(99)** Quam cum dissipatam et pene *in solitudinem red*actam in nouitate prelationis nostre repperissemus, karissimo domino nostro regi Francorum Ludouico, cuius nobilitati tam deuote quam fideliter deseruire satagebamus, tantum ecclesie detrimentum exposuimus. **(100)** Qui etiam in hac terra intolerabiles et pene consumptiuas consuetudines habebat uidelicet tres in anno procurationes, unam de collecta rusticorum sufficientem tam sibi quam suis amministrantium, duas de propriis redditibus sancti Dyonisii, qua calamitate terra penitus consumebatur. **(101)** Qui ut erat eximie liberalitatis ecclesie tantum detrimentum et pauperum angarias miseratus, amoris et seruicii nostri beniuolus procurationem illam de dominicatura ecclesie et nobis in perpetuum relaxauit. **(102)** Illam uero que fiebat de collecta rusticorum octo librarum debito singulis annis, sub precepto regie maiestatis fir-

459 sufficientem] sufficientiam *P*   460 amministrantium] amministrantibus *coni. g l*

453–454 cf. Gn 47,19 (cf. unten 600–601)
453–467 cf. Dufour I, p. 397, n. 189 [1122 III zw. 12 u. Ende]: *Et quoniam in villa … que Belna vocatur, annuatim habebamus duas de proprio monachorum, terciam de collecto* [collecta D] *rusticorum procurationes, rogaverunt nos humiliter abbas et monachi ut pro amore Dei et beatorum martyrum tantam et tam molestam ab eadem villa auferremus consuetudinem; quorum peticioni consensimus et illas quidem, quas de proprio eorum habebamus, procurationes imperpetuum indulsimus; pro tercia vero de collecto rusticorum, ultra octo libras nostra liberalitate exigi prohibemus.* Cf. auch Dufour I, p. 201–203, n. 91 [1113 nach VIII 3].

Armen diene, haben wir es durch eine Urkunde des Königs Ludwig ⟨VI.⟩, die sich in den öffentlichen Archiven[54] abgelegt findet, bestätigen lassen.

(96) ⟨Einkünfte⟩ aus Beaune(-la-Rolande).

Als eine der besseren Besitzungen des heiligen Dionysius unter anderen kennt man freilich Beaune im Gau von Gâtinais, das ebenfalls ausgebreitet in einer Ausdehnung von fast vier Quadratmeilen eine überreiche Menge an Getreide und Wein trägt und in wunderbarer Weise für Früchte aller Art taugt und das, wenn es nicht von Dienstleuten unseres Herrn Königs oder von unseren geschunden wird, so an allen Gütern Überfluß hat. **(97)** Dieses war infolge mangelnder Sorgfalt der Verwalter dadurch, daß es kaum bewohnt wurde, ungepflegt und zu solchem Mangel heruntergekommen, daß es, obwohl es der Schuhwerkskammer dieser Kirche zugeordnet war, nie in der Lage war, seiner Verpflichtung nachzukommen. **(98)** Daher kam es, daß der Abt, da das Land für den Fehlbetrag des Geschuldeten in seiner Hand blieb, es in den einzelnen Jahren den Dienstleuten ebendieses Landes für 30 Pfund insgesamt verpachtete. **(99)** Als wir dieses Gebiet zu Beginn unserer Amtszeit zersplittert und beinahe in Öde verfallen vorgefunden hatten, legten wir unserem Herrn Ludwig ⟨VI.⟩, König der Franken, dessen Hoheit wir ebenso ergeben wie treu zu dienen uns befleißigen, diesen gewaltigen Schaden für die Kirche dar. **(100)** Auch er beanspruchte in diesem Gebiet unerträgliche und beinahe aufreibende Gewohnheitsrechte, nämlich drei Abgaben im Jahr, eine aus der Sammlung der Bauern, die ausreichte für ihn und seine Leute aus dem Kreis der Verwalter, und zwei aus den eigenen Einkünften des heiligen Dionysius, ein Übel, durch das das Land vollständig ausgezehrt wurde. **(101)** Da er von außerordentlicher Großmut war, dauerten ihn der gewaltige Schaden für die Kirche und die den Armen auferlegten ⟨Zwangs-⟩Abgaben, und aus Wohlwollen ob unserer Liebe und Dienstbarkeit erließ er jene Abgabe vom Herrenhof der Kirche und uns für immer. **(102)** Jene ⟨Abgabe⟩ aber, die sich aus der Sammlung der Bauern zu einer Verpflichtung von 8 Pfund pro Jahr ergab, bestätigte er mit einer Urkunde

[54] Die genannte Urkunde Ludwigs VI. ist nicht mehr erhalten, cf. Dufour II, pp. 146sq., n. 300 (zw. 12. März 1122 und 8. Mai 1131). Es existiert nur noch ein Brief des Galeran, in dem er den König von diesem Handel unterrichtet und ihn um seine Zustimmung bittet.

mauit. **(103)** Cuius exhilarati beneficio usurpatas et alienatas tam a maiore quam ab aliis terras nobis retraximus, clausos uinearum uidelicet apud sanctum Lupum a uiginti annis aratris redditos replantari fecimus, alias uineas iuxta Belnam pene destructas restitui fecimus, alias a quodam homine nostro uiginti libris Aurelianensis monete emimus, uillas omnino rapinis exhospitatas rehospitari fecimus.

(104) De decima de Baruilla.

Inter alia decimam quandam de Baruilla quam milites quidam a centum annis sicut dicebant sub censu duorum solidorum habebant, que nobis quotannis uiginti aut triginta annone modiis ualet siue queque perdita prout melius potuimus ad opus ecclesie retraximus. **(105)** Cumque dominice domus satis uilissime ex toto corruissent, hoc potissimum ad has que modo sunt facete et propugnabiles construendas excitauit, quod cum constituissem determinare causas nostras in eadem domo una dierum nutu diuino me absente tam miserabiliter corruit, ut etiam lectum in quo iacerem si adessem et plancatum solarii et tonnas inferioris promtuarii et uasa uinaria omnino confregerit, et sub tanta ruina, quod diuina propiciatio michi pepercerit, omnibus fidem fecerit. **(106)** Granchiam peroptimam ibidem extruximus et stagna duo, que multa piscium copia multo tempore illuc aduentantibus sufficientiam, si bene seruentur, ministrabunt. **(107)** Que quidem terra, quantum auxilio Dei sit meliorata et de quanta miseria fuerit suscitata, certum constat augmentum, quod cum prius triginta libras, nunc sepius plus quam ducentas tantum persoluat.

(108) De Axone burgo qui nunc est Corboilus.

Axonem burgum quidem sancti Dionisii super fluuium Issonam antiqua regum liberalitate sanctis martyribus collatum, sicut in

468 retraximus] rextraximus *P* 491 augmentum] argumentum *l* 492 quam ducentas *iter. P*

seiner königlichen Majestät. **(103)** Erfreut über seine Wohltat nahmen wir die Ländereien, die von dem Meier wie von anderen usurpiert und entfremdet worden waren, für uns wieder ein, und die Weingärten, die vor 20 Jahren umgepflügt worden waren, und zwar bei Saint-Loup(-des-Vignes), ließen wir wieder bepflanzen, andere Weinberge bei Beaune, die fast zerstört waren, ließen wir wieder instandsetzen, wieder andere kauften wir für 20 Pfund in Münzgeld aus Orléans von einem unserer Leute, und die Dörfer, die durch Räubereien völlig von Bewirtschaftern geleert waren, ließen wir wieder zur Bewirtschaftung tauglich machen.

(104) ⟨Einkünfte⟩ aus dem Zehnt von Barville.

Unter anderem brachten wir den Zehnt von Barville (das gewisse Ritter seit 100 Jahren, wie sie sagten, unter einem Zins von 2 Solidi hatten, das uns aber jährlich 20 oder 30 Scheffel Getreide zahlt) oder auch alles andere, was verlorengegangen war, zum Bau der Kirche[55] – so gut wir konnten – wieder an uns. **(105)** Als die Häuser des Herrenhofes in ihrer sehr schlechten Verfassung vollkommen eingestürzt waren, da stachelte folgendes uns hauptsächlich an, zusätzlich zu den ⟨Häusern⟩, die nur elegant waren, auch solche zu bauen, die zur Verteidigung taugen: nachdem ich beschlossen hatte, unsere Angelegenheiten in ebendiesem Haus zum Abschluß zu bringen, da stürzte dieses eines Tages, durch Gottes Willen erst in meiner Abwesenheit, so erbärmlich zusammen, daß es auch das Bett, in dem ich, wenn ich dort gewesen wäre, gelegen hätte, sowie das Plankenwerk des oberen Stockwerks und die Gewölbe der Vorratskammer mitsamt den Weinfässern vollkommen zerschmetterte: und daß unter solchem Zusammenbruch die göttliche Barmherzigkeit mich verschonte, überzeugte alle. **(106)** Eine ausgezeichnete Scheune bauten wir dort, und zwei Teiche, welche durch ihre reichhaltige Menge an Fischen für lange Zeit denen, die dorthin kommen, ein Auskommen bescheren werden, wenn sie gut gewartet werden. **(107)** In welchem Maß dieses Gebiet aber mit Gottes Hilfe verbessert und aus welch großem Elend es erhoben worden ist, darüber gibt der Zugewinn verbindliche Auskunft, da das Gebiet, während es früher 30 Pfund zahlte, nun häufiger mehr als 200 zahlt.

(108) ⟨Einkünfte⟩ aus dem Marktflecken von Essonnes (heute Corbeil).

Den Marktflecken von Essonnes, der dem heiligen Dionysius gehört, jenseits des Flusses Essonnes gelegen, der durch einen alten ⟨Akt⟩ der Freigebigkeit der Könige den heiligen Märtyrern zugeeignet war[56], wie es in deren

[55] Mit *opus* wird generell das Werk, im besonderen (und so auch hier) das Bauwerk bezeichnet, wobei – im Unterschied zu *edificium* und *fabrica* (siehe Glossar) – der Akzent auf der Ausführung liegt.

[56] Essonnes gehörte seit König Pippins I. (751–768) Schenkung im Juli 766 zum Besitz des Klosters; cf. MGH Dipl. Karol. I. (ed. Mühlbacher, Hannover 1909), p. 30, n. 22.

antiquis eorum cartis continetur, atrocitas cuiusdam tyranni in castrum Corboilum transtulit et unde sanctos martyres in terra inde se de celo exheredare elaborauit.

(109) De cella constructa in loco qui dicitur Campis.

Igitur post multa annorum curricula fere ducentorum aut plus, cum mater ecclesia Axone que parrochialis est Corboili sola quasi statua eodem in loco remansisset, eam etiam episcopi Parisienses ex emulatione ingenite monasterii libertatis beato Dyonisio abstulerunt et, ut hoc ipsum fortiter defenderetur, Cluniaco et Cluniaci menbris, uidelicet sancto Martino de Campis et ecclesie de Gornaco, contulerunt. **(110)** Ipsi uero tyranni Corboilensis castri in malitia sua congelati tam miserabiliter omnia sibi subiugauerunt, ut uix quicquam reliqui preter uacuum terre fundum dimiserint et in proprios usus tanquam proprii essent iuris ausu sacrilego redegerint. **(111)** Supererat et quedam capella in honore ut ferebatur beate Marie, qua nullam conspicatus sum minorem, semiruta in loco qui dicitur Campis in qua et anticum altare, quod supra ex solitudine concretam herbam oues et capre frequenter depasce-

alten Urkunden enthalten ist, hatte die Härte eines gewissen Tyrannen auf die Burg Corbeil übertragen; und womit er auf Erden die heiligen Märtyrer ⟨um ihr Erbe gebracht hatte⟩, damit hatte er sich selbst in bezug auf den Himmel um sein Erbe zu bringen vollbracht.

(109) Über das Kloster, das an einem Ort namens Champs gebaut wurde[57].

Nach vielen Jahresläufen, beinahe 200 oder mehr, als die Mutterkirche in Essonnes, die die Pfarrkirche von Corbeil ist, allein gleichsam wie ein Standbild an ebendiesem Ort übriggeblieben war, da entzogen auch die Bischöfe von Paris aus Mißgunst gegenüber der ursprünglichen Freiheit des Klosters[58] diese Kirche dem heiligen Dionysius, und auf daß dieses Vorgehen selbst kräftig verteidigt werde, übergaben sie sie Cluny und den Gliedern von Cluny, nämlich Saint-Martin-des-Champs[59] und der Kirche von Gournay[60]. **(110)** Die Tyrannen der Burg Corbeil aber, erstarrt in ihrer Bosheit, unterwarfen sich alles in so elender Weise, daß sie auf kaum etwas von dem, was übrig blieb, außer dem leeren Erdboden verzichteten und in frevelnder Kühnheit alles ihrem persönlichen Gebrauch zuführten, als hätten sie ein eigenes Recht darauf. **(111)** Es bestand noch eine Kapelle zu Ehren der heiligen Maria, wie man sagte – kleiner als diese habe ich nie eine gesehen –, halb zerfallen, an einem Ort, der Champs genannt wird, in der Schafe und Ziegen häufig auch den alten Altar abweideten, über den infolge der Ver-

[57] d. h. Notre-Dame-des-Champs.

[58] Zwischen dem Bischof von Paris als dem Ordinarius der Diözese und dem darin gelegenen Kloster Saint-Denis bestand seit jeher ein gespanntes Verhältnis. Dieses verschärfte sich am Ende des 11. Jahrhunderts zunehmend. In einer Reihe von päpstlichen Privilegien (bereits seit Alexander II. [1061–1073]) wurde dem Kloster schließlich die Exemtion (freie Wahl des Abtes, Recht auf freie Wahl des Bischofs bei Weihehandlungen usw.) erteilt. Cf. Große, pp. 26sq., und den einleitenden Beitrag von G. Annas, pp. 83sq.

[59] Im Jahre 1059 durch König Heinrich I. von Frankreich (1027/1031–1060) gegründet, war das bei Paris gelegene und offenbar in der besonderen Gunst des französischen Königtums stehende Kloster Saint-Martin-des-Champs 1079 von König Philipp I. von Frankreich (1060–1108) dem benediktinischen Reformkloster Cluny übertragen worden. Neben La-Charité-sur-Loire, Souvigny, Sauxillanges sowie Lewes (England) gehörte das Priorat Saint-Martin-des-Champs zu jenen fünf „Tochterklöstern Clunys“, die als unmittelbar dem Mutterkloster unterstellte, abhängige Großpriorate eine Sonderstellung innerhalb des „*ordo cluniacensis*“, des Verbandes der Cluniacenser, einnahmen (siehe H.-E. Mager, Studien über das Verhältnis der Cluniacenser zum Eigenkirchenwesen, in: Neue Forschungen über Cluny und die Cluniacenser [von J. Wollasch, H.-E. Mager und H. Diener], ed. G. Tellenbach, Freiburg 1959, pp. 167–217, hier p. 174).

[60] Gournay-sur-Marne (Notre-Dame [et St-Jean]), Diözese Paris, Priorat der Clu-

bant. **(112)** Vbi testimonio multorum sepe in die sabbati sanctitatem loci significantes candele uidebantur ardere. **(113)** Quo facto excitati indigene infirmi et post etiam alienigene multi illuc in spe sanitatis concurrebant et sanabantur. **(114)** Cum autem diuino nutu locus ille a multis tam propinquis quam remotis frequentaretur, destinati sunt illuc fratres nostri uenerabiles uiri bone memorie Herueus prior et Odo Torcetensis, qui et Domino nostro et eius beate Genitrici deseruirent locellumque illum diuino cultui adaptare et exaltare operam darent. **(115)** Vbi statim tanta miraculorum copia sub ammiratione omnium in breui effloruit, ut et ab omnibus amaretur, ab omnibus predicaretur et a quibusdam augmentaretur. **(116)** *Multitudo* siquidem *langu*entium *et qui uexabantur a spiritibus inmundis*, necnon cecorum, claudorum et aridorum incommoditas ibidem deponebatur. **(117)** Quorum miraculorum, cum innumera operante beata Dei Genitrice locum celebrem personarent, duo inpresentiarum que uisu aut auditu cognouimus, pagine presenti ad honorem eiusdem loci accommodare curauimus.

(118) Miraculum de muta.

Erat quedam nobilis matrona multis annis uiduata, uidelicet mater uenerabilis uiri abbatis Corbeie Roberti monachi nostri, que cum

524 quibusdam *dubitanter coni. g*: quibus *P* quibuscumque *coni. l*

516–517 und 525–526 Lc 6,17–18

ödung Gras gewachsen war. **(112)** Dort sah man nach dem Zeugnis vieler Leute oft am Feiertag Kerzen brennen, die die Heiligkeit des Ortes anzeigten. **(113)** Durch dieses Geschehen erregt, strömten dorthin einheimische Kranke und danach auch viele Fremde in der Hoffnung auf Genesung eilig zusammen und wurden geheilt. **(114)** Als aber auf diesen göttlichen Wink hin jener Ort von vielen, sowohl aus der näheren Umgebung als auch aus der Ferne, aufgesucht wurde, wurden unsere Brüder Prior Herveus[61] und Odo von Tourcy[62] dorthin beordert, ehrwürdige Männer guten Angedenkens, die dort unserem Herrn und seiner heiligen Mutter dienen und sich bemühen sollten, diesen kleinen Ort zum Gottesdienst geeignet zu machen und zu erheben. **(115)** Dort blühte zum Staunen aller alsbald in kurzer Zeit eine solche Vielzahl an Wundern auf, daß der Ort von allen geliebt, von allen gepriesen und von einigen gefördert wurde. **(116)** Eine Menge an Siechen und an solchen, die von unreinen Geistern geplagt wurden, sowie an Blinden, Lahmen und Ausgedörrten – all deren Ungemach wurde dort abgelegt. **(117)** Da durch das Wirken der heiligen Mutter Gottes unzählige dieser Wunder vom Ruhme dieses Ortes kündeten, befleißigten wir uns, bei der gegenwärtigen Lage der Dinge zwei dieser Wunder, die wir durch Augenschein oder Hörensagen zur Kenntnis genommen haben, auf dieser vor mir liegenden Seite zur Ehre dieses Ortes anzufügen.

(118) Das Wunder an der Stummen.

Es war eine vornehme Matrone viele Jahre lang verwitwet, und zwar die Mutter eines ehrwürdigen Mannes, des Abtes Robert von Corbie[63], eines unserer Mönche, die, weil sie die Stätten der Heiligen um ihres Seelenheils

niazenser; als Gründung des Guy le Roux und seiner Gemahlin Adelaide 1122 den Mönchen von Saint-Martin-des-Champs (bei Paris) übergeben. Siehe hierzu eine Urkunde König Ludwigs VI. aus dem Jahre 1122 (zw. 12. März und Ende März) mit einer Bestätigung der Güterbesitzungen dieses Priorats: Dufour I, pp. 399–403, n. 191. – Knappe Angaben zu Gournay-sur-Marne daneben bei L. H. Cottineau, Répertoire topo-bibliographique des abbayes et prieurés, vol. I, s. l. 1939 (ND Turnhout 1995), col. 1311.

[61] Hervaeus, ein Vertrauter Sugers und langjähriger Prior von Saint-Denis; cf. Vita Lud. VI, c. XXXIV (p. 284), und Vita Sug., p. 386; ferner Grant (1998), pp. 204sq.

[62] Odo von Tourcy, Subprior von Saint-Martin-de-Champs und ein alter Freund Sugers; cf. Grant (1998), pp. 148 und 223

[63] Robert von Corbie († 22. 1. 1142), Mönch von Saint-Denis, später Abt von Corbie (1123–1142), ein enger Freund Abt Sugers (cf. Gallia christ. X, col. 1275). Er ist nach *ord* 45 einer der unterzeichnenden Zeugen der *Ordinatio* (zur Bedeutung seines Sterbedatums für die Datierung der *Ordinatio* siehe auch den einleitenden Beitrag von M. Pickavé, p. 157) und gemäß *adm* 257 Stifter einer *tabula argentea obtime deaurata* im Bereich des Matutinalaltars.

loca sanctorum ob remedium anime sue frequentare consueuisset, cum quadam puella iam duodenne que numquam fuerat locuta illuc deuenit. **(119)** Nocte uero sabbati in eadem ecclesiola cum ipsa muta pernoctans, dum pro se et pro suis diuinas sollicitaret aures, ubi fratres inceperunt *Te Deum laudamus*, uisum est sicut referebat eidem puelle quasi in extasim rapte, quod quedam gloriosa regina *pulcra ut luna, electa ut sol*, cicladibus regiis uestita, auro gemmisque preciosis coronata a sinistro cornu altaris ad dextrum contendens ante eam transibat. **(120)** Que cum eam nomine proprio – Lancendis enim uocabatur – pie satis aduocasset, audiente tam prefata matrona quam aliis multis clara uoce, lingua inusitata 'Domina' respondit. **(121)** Nec deinceps minus loqui aut sciuit aut potuit, quam si toto tempore uite sue locuta fuisset. **(122)** Quod stupendum miraculum qui aderant summo preconio attollentes per diuersas regiones adiacentes reportauerunt. **(123)** Qui uero prius eam per quinquennium mutam et post per quinquennium loquacem cognouimus, locum ipsum sanctum et exaltare et diligere iure debuimus.

(124) De ydropica.

Secundare dignum duximus et aliud sicut promisimus miraculum. **(125)** Ydropica quedam tumida more pregnantis nec minus pre dolore clamosa uoce insanientis, premebatur enim humore aquatico intolerabiliter, manibus amicorum ad sanctam Mariam prefato loco portata est. **(126)** Que cum per multos dies ante sanctum altare delituisset, ipso sue putredinis et corrupti elementi fetore aduentantes multos reiciebat. **(127)** Cumque iam nulla spes succederet sanitatis, tumor enim et sanies ipsam etiam faciem iam fere in informitatem confuderat, murmurabant multi tam sani quam infirmi suppliciter postulantes, ut ab eadem ecclesiola exponeretur. **(128)** Verum fratres nostri uenerandi uiri maluerunt sustinere misericordes eius ingratam presentiam quam inmisericordes absentiam. **(129)** Contigit igitur quadam nocte dominica, in his enim potissimum diuina manus operabatur, illam ydropicam quod non

556 uoce *exp. P* | insanientis] insaniens *coni. l*

---

539 Ambr. Hymnus, cf. Chevallier n. 20086
541 Ct 6,9

willen häufig zu besuchen pflegte, mit einem schon zwölfjährigen Mädchen, das noch niemals gesprochen hatte, dorthin kam. **(119)** Als sie sich aber in einer Samstagnacht mit der Stummen in dem Kirchlein aufhielt, wobei sie für sich und die Ihrigen ihr Flehen vor Gottes Ohr trug, da erschien, wie sie erzählte, in dem Augenblick, als die Brüder das „Te Deum laudamus" anstimmten, dem Mädchen, das gleichsam in Verzückung gefallen war, eine herrliche Königin, schön wie der Mond, erlesen wie die Sonne, in königliche Roben gekleidet, mit Gold und kostbaren Steinen gekrönt, wie sie von der linken Ecke des Altares zur rechten strebend vor ihr vorüberging. **(120)** Als diese sie bei ihrem eigenen Namen sehr liebevoll angerufen hatte – sie wurde nämlich Lancendis genannt –, da antwortete sie, so daß die vorgenannte Matrone ebenso wie viele andere es hören konnte, mit klarer Stimme, mit ungeübter Sprache: „Herrin!" **(121)** Von da an verstand oder vermochte sie nicht weniger zu sprechen, als wenn sie in der ganzen Zeit ihres Lebens gesprochen hätte. **(122)** Dieses staunenswerte Wunder erhoben die, die dabei waren, zu höchstem Ruhm und berichteten es überall in verschiedenen angrenzenden Gegenden. **(123)** Wir aber, die wir sie zuvor fünf Jahre lang als stumm und danach fünf Jahre lang sprechend kannten, mußten mit Recht diesen heiligen Ort erhöhen und lieben.

(124) Die Wassersüchtige.

Wir hielten es für wert, als zweites auch ein anderes Wunder, wie wir versprochen haben, anzuführen: **(125)** Eine Wassersüchtige, angeschwollen wie eine Schwangere, die auch vor Schmerz unablässig mit der Stimme einer Wahnsinnigen schrie (denn sie wurde von der schwellenden Wasseransammlung unerträglich gequält), wurde von Freunden eigenhändig zur heiligen Maria am zuvor genannten Ort gebracht. **(126)** Als diese sich viele Tage lang vor dem heiligen Altar hingeduckt aufgehalten hatte, ließ sie viele, die dorthin kamen, durch den Gestank ihrer Fäulnis und des verderbten Elements zurückweichen. **(127)** Als schon keinerlei Hoffnung auf Gesundheit mehr aufkommen wollte – denn die Schwellung und die verdorbene Körperflüssigkeit hatten auch das Gesicht beinahe zur Formlosigkeit entstellt –, da murrten viele, Gesunde wie Kranke, und verlangten flehentlich, daß sie aus dem Kirchlein hinausbefördert werde. **(128)** Unsere Brüder aber, ehrwürdige Männer, wie sie waren, wollten lieber barmherzig ihre unerwünschte Gegenwart als unbarmherzig ihre Abwesenheit auf sich nehmen. **(129)** In einer Sonntagnacht (denn in diesen wirkte die göttliche Hand am mächtigsten) gelang es also der Wassersüchtigen einzuschlafen, was sie nicht mehr

consueuerat obdormisse, cum subito gloriosa imperatrix uirgo Maria inuisibiliter ad uterum humore refluo exhaustum tam gracile quam nitidum cito restituit. **(130)** Videres et qui aderant tam fratres nostri quam alii multi uiderunt tantam effusi humoris et decursi flegmatis in terra habundantiam, ut cum scutellis et situlis et ollis illa asportare statim oporteret. **(131)** Quanto autem qui aderant ob rei magnitudinem stupuerunt, tanto deuocius laudes omnipotenti Deo et eius Genitrici reddiderunt, *Te Deum laudamus* deplorando cantauerunt et, ut Deus omnipotens sicut inceperat honorem Genitricis sue ibidem continuaret, suppliciter efflagitauerunt.

(132) His igitur et aliis miraculorum et prodigiorum signis prefatum locum insignem diuina dispositione ob amorem Dei Genitricis honorare et exaltare amplectentes edificatum iri instanter incepimus et, ut conuentus fratrum ibidem Deo deseruiret, duodecim fratres cum priore suo constituimus, claustrum, refectorium, dormitorium ceterasque officinas regulares extruximus. **(133)** Ecclesiam ornamentis sacerdotalibus indumentis palliis et palliorum cappis decenter adaptauimus. **(134)** Textus duos uidelicet antiquum textum cotidianum et gradalem Karoli imperatoris a matre ecclesia illuc deferri fecimus. **(135)** Bibliothecam honestam tribus uoluminibus posuimus. **(136)** Nec minus circa uictualia fratrum solliciti duas carrucas in propria terra prope locum locauimus. **(137)** Clausum uinearum aptum magne abbatie et bene ualentem

579sq. cf. Cartellieri Reg. n. 88, p. 138; Tardif, p. 235a, n. 425 [1137 VI 17; ‚Testament' Sugers] (= Lecoy, p. 339, n. VII): *Curboilo vero, apud sanctam Dei genitricem Mariam, quem locum sacratissimum et edificare, et amplificare incipientes …*

gewohnt war, als plötzlich die Jungfrau Maria als herrliche Herrscherin in einer Weise, die man nicht sehen konnte, dem Leib, den sie durch das Abfließen der Flüssigkeit entleert hatte, schnell Schlankheit und Schönheit zurückgab. **(130)** Du hättest sehen können, und die dabei waren, sowohl unsere Brüder als auch viele andere, konnten wohl eine solch überströmende Menge entströmter Körperflüssigkeit und auf den Boden herabgelaufenen Eiters sehen, daß es nötig war, dies ⟨alles⟩ sogleich mit Schalen, Eimern und Schüsseln wegzubringen. **(131)** So sehr aber die, die dabei waren, angesichts der Größe dieses Geschehens staunten, um soviel demütiger erstatteten sie dem allmächtigen Gott und seiner Mutter Lob, sangen unter Tränen „Te Deum laudamus" und flehten inständig voll Demut, der allmächtige Gott möge, wie er begonnen hatte, die Ehre seiner Mutter daselbst weiterhin erweisen.

(132) Auf Grund dieser und anderer Zeichen, die in Wundern und Erscheinungen geschahen, trafen wir, da wir aus Liebe zur Mutter Gottes Wert darauf legten, den zuvor genannten Ort, dem Gott solche Auszeichnung hatte zukommen lassen, zu ehren und zu erhöhen, sogleich Anstalten, ihn ausbauen zu lassen; und damit ein Konvent der Brüder daselbst Gott diente, bestimmten wir zwölf Brüder mit ihrem Prior[64] und errichteten die Klausur, das Refektorium, das Dormitorium und die übrigen der Regel entsprechenden Klosterräume. **(133)** Die Kirche statteten wir mit Gegenständen zu ihrer Ausschmückung, mit priesterlichen Gewändern, mit Brokatstoffen und Chormänteln aus Brokatstoffen aus[65], wie es sich schickt. **(134)** Zwei Bücher, nämlich ein altes Lektionar für den täglichen Gebrauch und ein Graduale von Kaiser Karl[66], ließen wir von der Mutterkirche dorthin bringen. **(135)** Eine würdige Bibel in drei Bänden legten wir dort nieder[67]. **(136)** Und da wir ebenso um den Lebensunterhalt der Brüder besorgt waren, setzten wir zwei Pflugländereien auf eigenem Land nahe diesem Ort ein. **(137)** Wir pflanzten einen Weingarten an, der für eine große Abtei passend und für die

[64] Die Rede von zwölf Brüdern und einem Prior spielt auf Jesus und die zwölf Apostel an. Zu dieser symbolischen Zahlenverwendung cf. Art. '12' in: H. Mayer/R. Suntrup, Lexikon der mittelalterlichen Zahlenbedeutungen, München 1987, coll. 620–645.

[65] Cf. hierzu den Glossarartikel *palliatura, palliatum, pallium*.

[66] Die Schenkung eines Graduale durch einen Kaiser Karl ist nicht weiter belegt. Man könnte dabei wohl am ehesten an Karl den Kahlen denken. Im *Capitulare Carisiacense* (14. Juni 877) vermachte Karl einen Teil seiner Bibliothek dem Kloster Saint-Denis (cf. MGH, Legum sectio II. Capitularia Regum Francorum II,2, edd. A. Boretius/V. Krause, Berlin 1890 [ND Hannover 1980], pp. 358sq., n. 12).

[67] Zur Verwendung des Begriffs *bibliotheca* als Bezeichnung für die Bibel cf. W. Wattenbach, Schriftwesen im Mittelalter, 3. Aufl., Leipzig 1896, pp. 152sqq.

eis plantauimus, uinearum copiam multis modis adquisiuimus. **(138)** Torcularia quatuor penes se in proprio fere quater uiginti modios uini ualentia absque sumptu aliquo ipsi loco edificauimus, usque adeo de copia eis prouidentes, ut quandoque ducentos quinquaginta, quandoque trecentos modios uini large recipiant. **(139)** Prata etiam sufficienter in propriis cespitibus circumfodi fecimus, ortos satis habiles pulmentorum seminibus satis fecimus.

(140) Erat autem quedam altera beati Dyonisii a multis iam temporibus destituta et *in solitudinem red*acta, uno etiam carens *cultore*, que forsitan a uicinis uillis alieno cultore annone modium aut minus reddere consueuerant aut duos aut tres de nucibus sextarios; in qua tres carrucas in curia noua et granchiam nouam eis instituimus. **(141)** Oues et uaccas et nutrituram ad opus eorum propter pascuorum ubertatem et terrarum emendationem ibidem locauimus. **(142)** Aliam etiam beati Dyonisii possessionem prope Brunetum, ex qua sepe decem modios annone et uini fere decem et fenum pabulo iumentorum recipiunt, de proprio obligauimus. **(143)** De molendino etiam a sexaginta fere annis perdito quicquid recuperauimus eis dimisimus ea tamen condicione, ut in sequenti die festi beati Dyonisii uiginti solidos refectorio beati Dyonisii persoluant. **(144)** In eadem etiam uilla centum solidos inter censum et talliam habent, Corboilo uero in circuitu sui decem et septem libras de proprio censu preter alios redditus et uenditionum et nundinarum et aliarum consuetudinum necnon molendinum et furnum et octo modios auene cum gallinis et prebendam integram sancti Exuperii.

600–601 Gn 47,19   607 Brunetum] -t- *exp.?* *P*

Brüder recht wertvoll war; eine Menge Reben in vielen Arten erwarben wir. **(138)** Vier Keltern, die für sich fast 80 Scheffel Wein fassen konnten, bauten wir für diesen Ort bei ihnen auf eigenem Grund ohne jede Ausgabe, und dabei trafen wir bezüglich der Menge soweit Vorsorge für sie, daß sie zuzeiten 250, zuzeiten 300 Scheffel Wein großzügig aufnehmen können. **(139)** Auch ließen wir auf eigenen Grasflächen Wiesen in ausreichendem Maß mit einem ⟨Grenz⟩graben umgeben, und Gärten, die sich für die Saat von Zukost eigneten, legten wir hinreichend an[68].

⟨Weitere Einkünfte für Saint-Martin-des-Champs aus Besitzungen in der Gegend von Corbeil.⟩

(140) Es gab aber eine andere ⟨Besitzung⟩ des heiligen Dionysius, die schon seit langen Zeiten verlassen war und die man in Öde hatte verfallen lassen, der auch ein Bewirtschafter fehlte und die unter einem fremden Bewirtschafter, vielleicht aus den benachbarten Dörfern, an Getreide gewöhnlich einen Scheffel oder weniger entrichtete sowie zwei oder drei Sester an Nüssen; auf dieser ⟨Besitzung⟩ richteten wir auf einem neuen Hof drei Pflugländereien und eine neue Scheune für diese ein. **(141)** Schafe und Kühe, und was man zu ihrer Aufzucht braucht, brachten wir wegen der Reichhaltigkeit der Weiden und zur Verbesserung des Landes dorthin. **(142)** Auch einen anderen Grundbesitz des heiligen Dionysius bei Brunoy, aus welchem man häufig zehn Scheffel Getreide und beinahe zehn Maß Wein sowie Heu zur Nahrung des Zugviehs erhält, verbanden wir aus eigenen Mitteln ⟨der Kirche Notre-Dame-des-Champs⟩. **(143)** Von der Mühle, die seit beinahe 60 Jahren verloren war, haben wir alles, was wir wiedererworben haben, ihnen[69] erlassen, jedoch mit der Auflage, am nächsten Festtag des heiligen Dionysius[70] 20 Solidi dem Refektorium ⟨im Kloster⟩ des heiligen Dionysius zu entrichten. **(144)** In demselben Dorf haben sie auch 100 Solidi an Zins und Abgabe; zu Corbeil, in ihrem Umkreis, aber 17 Pfund vom eigenen Zins, außer anderen Einkünften aus Verkäufen, Jahrmärkten und anderen Gewohnheitsrechten, auch die Mühle und den Backofen, ⟨ferner⟩ acht Scheffel Hafer sowie Hühner und die vollständige Pfründe von Saint-Spire-(de-Corbeil)[71].

[68] Die „Zukost“ *(pulmentum)* wird in der Benediktregel (BR 39) geregelt; siehe *ord* 9,41–10,48.

[69] d. h. den Mönchen im Priorat Notre-Dame-des-Champs.

[70] 9. Oktober.

[71] Philipp, der Bruder Ludwigs VII., vermachte der Abtei Saint-Denis bzw. dessen Priorat Notre-Dame-des-Champs eine Pfründe von Saint-Spire. Eine Bestätigung dieser Schenkung ist unter den Urkunden Ludwigs VII. erhalten (cf. Luchaire, n. 148 [1145–1146]).

(145) De Marogilo.

In pago Meldensi uilla que dicitur Marogilum occasione cuiusdam uiature, quam Ansoldus de Cornello fere usque ad ipsas uille domus possidebat, grauissime infestabatur, cum nec agricole nec alii quilibet uillam exire tuto auderent, quin occasionibus multis uiature a seruientibus Ansoldi raperentur et ad curiam eius intercepti ducerentur, nec minus de pecoribus uillam exeuntibus redimerentur. **(146)** Nos ergo mille solidos pro pace eiusdem uille, ut eandem nobis dimitteret uiaturam, ei in Iero⟨so⟩limitanam expeditionem proficiscenti donauimus et, ut beati Dionisii deinceps constaret, per manum episcopi Meldensis Manasse et ecclesie eiusdem necnon et sigillo comitis Theobaldi annuente eius uxore et filio nobis firmari fecimus. **(147)** Eam enim sicut confessus est iniuste occupauerat.

(148) Commutationis etiam cuiusdam formam successoribus nostris innotescere cupientes, si forte Dei auxilio hoc ipsum in melius aliquando posset immutari, intitulare curauimus. **(149)** Dum nobile regnum Francorum in statu monarchie consisteret, circumquaque sicut se regia potestas extendebat per totam regni tetrarchiam uidelicet in Italia, Lotharingia, Francia, Aquitania, ecclesia beati Dyonisii magnis multisque possessionibus liberalitate regum habundabat. **(150)** Verum quod unitas illibatum conseruabat, filialis diuisio et corrumpere et diminuere elaborauit. **(151)** Hinc est

(145) ⟨Einkünfte⟩ aus Mareuil(-lès-Meaux).

Im Gau von Meaux wurde ein Dorf namens Mareuil aus Anlaß eines Wegerechts, das Ansoldus von Cornillon beinahe bis zu den Häusern selbst dieses Dorfes besaß, auf das schwerste geplagt, da weder die Bauern noch irgendwelche anderen in Sicherheit wagen konnten, das Dorf zu verlassen, ohne daß sie bei vielen Gelegenheiten, bei denen das Wegerecht zur Anwendung kam, von den Dienern des Ansoldus ergriffen, solchermaßen abgefangen an dessen Gut geführt wurden und dann mit Hilfe des Viehs, das aus dem Dorf hinausging, sich loskaufen mußten. **(146)** Wir gaben ihm also, damit er uns für den Frieden des Dorfes das Wegerecht überließe, 1000 Solidi, als er sich auf den Kreuzzug nach Jerusalem[72] begab, und damit es von da an im Besitz des heiligen Dionysius bliebe, ließen wir es durch die Hand des Bischofs Manasse von Meaux mit dem Siegel sowohl von dessen Kirche als auch mit demjenigen des Grafen Theobald mit Zustimmung seitens seiner Gattin und seines Sohnes für uns bestätigen[73]. **(147)** Denn wie er eingestand, hatte er es unrechtmäßig in Besitz genommen.

⟨Regelungen bezüglich der weitgehend verlorenen Gebiete im Westen.⟩

(148) Da wir wünschten, daß auch die Form eines gewissen Tausches unseren Nachfolgern bekannt werde, falls etwa durch Gottes Hilfe dieses selbst einst in ein besseres umgewandelt werden könnte, haben wir uns befleißigt, diesen schriftlich festzuhalten. **(149)** Solange das edle Reich der Franken unter der Herrschaft eines einzigen Königs stand, hatte die Kirche des heiligen Dionysius dank der Großmut der Könige Überfluß an großen und zahreichen Besitzungen überall ringsumher, wie sich die königliche Macht erstreckte, durch die Gesamtheit der vier Reichsteile hindurch, also in Italien, Lotharingien, Francien und Aquitanien. **(150)** Doch was die Einheit des Reiches unversehrt bewahrte, das gelang der Teilung unter den Söhnen zu verderben und zu vermindern[74]. **(151)** Daher kommt es, daß der

[72] Es handelt sich um den zweiten Kreuzzug (1145–1149); cf. *adm* 94,431sq.

[73] Wann dieser Rückkauf stattgefunden hat, ist nicht mit Bestimmtheit anzugeben. Wenn er wirklich im Zusammenhang mit Ansoldus' Teilnahme am zweiten Kreuzzug stand, wäre an die Zeit vor dem Aufbruch des französischen Kreuzfahrerheeres im Sommer 1147 zu denken. Der Text der ausdrücklich erwähnten Bestätigung Graf Theobalds IV. ist erhalten (undatiert): Cartellieri, Reg. n. 33, p. 131; Lecoy, p. 371 („1140 environ"). Zu Theobald cf. *cons* 64 (mit Anm. 38).

[74] Anspielung Sugers auf die bereits in *adm* 25,125sq. (Anm. 22) erwähnten Auseinandersetzungen zwischen den Söhnen Kaiser Ludwigs des Frommen († 840), die schließlich im Vertrag von Verdun (August 843) zu einer ersten Teilung des frän

quod beatus Dyonisius Hecelingas, Herbertingas et Salonam et quamplures alias possessiones amittens uillas etiam que in pago Metensi existunt, uidelicet castrum Gomundas, Blistetot et Cochilingas, perdidit, pro quarum reclamatione, cum sepius apostolico conspectui insisteremus, tum pro iniusticia sua tum pro incommoditate personarum suarum – qui enim eas auferebant, male et pessime absque confessione moriebantur – quasi pro commutatione locum qui dicitur Cella cum appendiciis suis in cartis Ludouici imperatoris denominatis plena libertate beato Dyonisio contulit,

644 cf. Cartellieri Reg. n. 88, p. 138; Tardif, p. 235a, n. 425 [1137 VI 17; ‚Testament' Sugers] (= Lecoy, p. 339, n. VII): *Ea autem, quam nos in episcopatu Metensi acquisivimus, cella …*

heilige Dionysius Esslingen, Herbrechtingen, Salonnes und denkbar viele andere Besitzungen verlor und auch die Dörfer, die im Gau von Metz bestehen, nämlich die Burg Guemines, (Klein-)Blittersdorf und Kochelingen, einbüßte; als wir für deren Rückforderung wiederholt vor dem Angesicht des Papstes eintraten, da übertrug er [i. e. der Graf von Mörsberg] – sowohl für sein Unrecht als auch für den Schaden seitens seiner Leute (denn die, die sie wegnahmen, starben schlecht und in sehr elender Weise und ohne Beichte) – gleichsam zum Tausch in vollkommener Großzügigkeit den Ort, der Zellen genannt wird, nebst seinen Zugaben, die in den Urkunden des Kaisers Ludwig[75] aufgezählt sind, dem heiligen Dionysius; dort brachten

kischen Gesamtreiches in verschiedene Zuständigkeitsbereiche der drei überlebenden Brüder (Pippin I. von Aquitanien war bereits 838 gestorben) führten: Der älteste Sohn Lothar I., der als Kaiser die beiden *sedes imperii*, d. h. Rom und Aachen, für sich beanspruchte, erhielt neben Italien einen langen und schmalen, von Friesland bis zu den Alpen reichenden Gebietsstreifen (sog. „Mittelreich"); Ludwig (dem Deutschen) wurde das *regnum orientalium Francorum* (östlich des Rheins) zugesprochen, während Karl (dem Kahlen, aus der Verbindung Ludwigs des Frommen mit der Welfin Judith) schließlich das gesamte westfränkische Reich einschließlich Aquitaniens zugewiesen wurde. Mittelbar von diesen Reichsteilungen betroffen war auch das Kloster von Saint-Denis, das analog zu zahlreichen anderen größeren Abteien über einen umfangreichen grundherrlichen Streubesitz von der Normandie (Berneval-le-Grand) bis nach Lothringen und zum ostfränkischen Reich verfügte (siehe hierzu auch die nachfolgenden Ausführungen Sugers in *adm* 151).

[75] Die genannten Besitzungen (Esslingen ... Kochelingen) erscheinen alle im sogenannten Testament des Abtes Fulrad und zeigen eindrucksvoll den einst weitgestreuten Besitz des fränkischen Klosters (cf. J. Fleckenstein, Abt Fulrad von Saint-Denis und der fränkische Ausgriff in den deutschen Raum, in: G. Tellenbach [ed.], Studien und Vorarbeiten zur Geschichte des großfränkischen und frühdeutschen Adels, Freiburg i. Br. 1957, pp. 9–39; M. Parisse, Saint-Denis et ses biens en Lorraine et en Alsace, in: Bulletin philologique et historique 1967, pp. 233–256). Suger unternahm große Anstrengungen zur Rückgewinnung der genannten Besitzungen, die jedoch nur im erwähnten Fall von Erfolg gekrönt waren. Meginhard I., Graf von Mörsberg und Sponheim (cf. Art. 'Sponheim', in: LexMA VII (1995), coll. 2132sq.), übertrug nach Verhandlungen in Mainz (August 1125 während der dort stattfindenden Königswahl) dem Kloster von Saint-Denis als Ausgleich für die von seinem Schwiegervater Adalbert (zeitweise von Suger exkommuniziert) einverleibten Besitzungen das Priorat Zellen in Lothringen, das jener erst gegründet hatte (cf. Cartellieri, Reg. nn. 45 und 46, p. 133). Unklar ist allerdings, in welchem Diplom eines *Ludouicus imperator* die beim Tausch genannten Zugaben erwähnt sein sollen und an welchen Kaiser Suger hierbei denkt. Verweist Suger vielleicht auf eine (verlorene) Bestätigung König (eben nicht Kaiser) Ludwigs VII. ? Oder wollte Suger vielleicht auf die päpstlichen Bestätigungen verweisen, die den Ort Zellen mit seinen Zugaben namentlich aufführen (cf. z. B. Große, p. 149, n. 35 [1131 V 9; Innozenz II.])? Ohne Erfolg blie-

ubi fratres nostros ad seruiendum Deo in spe augmentationis et succedentis recuperationis locauimus.

(152) De Caluo Monte.

Ecclesiam quoque sancti Petri in castro Caluo Monte sitam tam abbatiam quam ipsas canonicas canonicis decedentibus, tam a Rotomagensi archiepiscopo Hugone quam a domino rege Francorum Ludouico obtinere elaborauimus, necnon et duodecim fratres cum tredecimo priore ad exaltationem eiusdem ecclesie et diuini cultus propagatione⟨m⟩ reuerenter locauimus et eandem ecclesiam ab eodem reuerendo archiepiscopo consecrari et ante eam cymiterium benedici Deo annuente obtinuimus. **(153)** Que siquidem noua quasi nobile menbrum capiti suo ecclesie beati Dyonisii copulata quanto transeuntibus successoribus nostris a Vilcassino ad Normanniam uel etiam pro conseruatione reliquarum possessionum in eodem pago demorantibus apta siue idonea existit, tanto de propriis ut de acquisitis eam locupletare tanquam nouam plantam et confouere iure decertabit. **(154)** Fratribus uero ibidem Deo deseruientibus quia uineis egent de decimis, quas nobis dedit rex Ludouicus apud Cergiacum, unoquoque anno uiginti modios uini et de decima quam nos acquisiuimus apud Ablegiacum medietatem confirmauimus.

666 decertabit] decertabitur *vel* decertabimus *dubitanter coni. g*

653–656 cf. Doublet, pp. 869–870 [1146 zw. III 31 u. VII 31; Ludwig VII]: *Abbatiam sancti Petri de Caluomonte, cum omnibus appendicitiis* (sic) *suis, quam nos … in Dominicatura habueramus, … contulimus.* Cf. auch Große, p. 165, n. 44 [1148 IV 20; Papst Eugen III.]: *Ecclesiam de Caluomonte cum appenditiis suis, quam uenerabilis frater noster HVGO Rotomagensis archiepiscopus consentiente karissimo filio nostro Ludouico rege Francorum uobis donauit.* Die Urkunde Hugos scheint verloren.
660–661 cf. Cartellieri Reg. n. 90, pp. 138sq.; Lecoy, p. 345, n. IX [1137 VI 17?]: … *quae quasi capiti membrum ecclesiae nostrae inhaeret …*
667–668 cf. *adm* 34,160–161

wir, damit sie daselbst Gott dienten, unsere Brüder unter, in der Hoffnung auf Zugewinn und künftigen Wiedererwerb.

(152) ⟨Einkünfte⟩ aus Chaumont.

Auch bezüglich der Kirche Saint-Pierre (et Saint-Paul), in der Burg Chaumont gelegen (und zwar sowohl bezüglich der Abtei als auch der Kanonissen, als die Kanoniker starben), erreichten wir von Erzbischof Hugo von Rouen[76] wie von unserem Herrn Ludwig ⟨VII.⟩, König der Franken, daß wir sie erhielten[77], und wir setzten dort auch zwölf Brüder mit dem Prior als dreizehntem[78] zur Erhöhung derselben Kirche und zur Ausbreitung des Gottesdienstes in achtbarer Weise ein, und mit Gottes Willen erreichten wir, daß derselbe ehrwürdige Erzbischof diese Kirche weihte und den Friedhof davor einsegnete. **(153)** Was nun diese neue Kirche betrifft, die gleichsam als ein edles Glied der Kirche des heiligen Dionysius als ihrem Haupt verbunden wurde: wie sehr sie geeignet oder angemessen dasteht für unsere Nachfolger, wenn sie vom Vexin zur Normandie hinübergehen oder auch in demselben Gau bleiben, um die übrigen Besitzungen zu bewahren, ebensosehr wird sie [i. e. die Kirche Saint-Denis] mit Recht eifrig bestrebt sein, sie aus eigenem wie aus erworbenem Besitz zu versorgen wie eine neue Pflanze und sie zu pflegen. **(154)** Da aber die Brüder, die dort Gott dienen, keine Weingärten haben, haben wir ihnen vom Zehnt, den König Ludwig ⟨VII.⟩ uns bei Cergy gegeben hat, jährlich 20 Maß Wein und von dem Zehnt, den wir bei Ableiges erworben haben, die Hälfte festgeschrieben[79].

ben Sugers Versuche, durch Vermittlung Ludwigs VII. während des zweiten Kreuzzuges von König Konrad III. und dem Schwabenherzog Friedrich eine Restitution von Esslingen zu erwirken (cf. hierzu R. Peters, Die Entwicklung des Grundbesitzes der Abtei Saint-Denis in merowingischer und karolingischer Zeit [Diss. Düsseldorf 1992], Aachen 1993, pp. 93sq.). Auch die Bemühungen um Salonnes sind weitgehend ohne Erfolg geblieben (cf. Große, pp. 155sq.).

[76] Hugo von Amiens, Erzbischof von Rouen (1130–1164).

[77] Die Übergabe von Saint-Pierre (et Saint-Paul) (Chaumont) scheint nicht ohne den Widerstand des örtlichen Klerus vonstatten gegangen zu sein. In einem Brief an den Abt von Saint-Pierre fordert Ludwig VII. den Klerus unter Drohungen dazu auf, endlich die Obödienz des Erzbischofs von Rouen aufzugeben (Luchaire, n. 168, cf. Gallia christ. XI, 131).

[78] Cf. *adm* 132,582sq. (mit Anm. 64).

[79] Die andere Hälfte des Zehnten von Ableiges hat Suger der Kirche Saint-Paul in Saint-Denis vermacht (Cartellieri Reg. n. 90, pp. 138sq.; Lecoy, p. 346, n. IX).

(155) De Berneualle.

In ea autem que dicitur Berneuallis possessione super Normannici litus maris, in qua etiam primam alicuius prepositure ab antecessore meo suscepi obedientiam, quam etiam in tempore strenuissimi regis Henrici adhuc satis iuuenis ab oppressione exactorum regiorum quos dicunt graffiones multo labore multisque placitis emancipaueram, parrochiales ecclesias quas Rogerius presbiter et frater eius Gaufredus hereditario iure sibi uendicabant, ad dominicaturam ecclesie in nouitate prelationis nostre retraximus easque et redditus earum thesaurario ad renouandas et augmentandas ecclesie huius palliaturas in sempiternum contulimus et, quia fere nullos redditus ad hoc supplendum habebat, aliam quandam uillam in partibus istis que dicitur Quadraria nuper edificata adiunximus. **(156)** Et hec quidem quatuor marcas ecclesie, uero septem libras, si tamen meliorari non poterit, persoluit. **(157)** Redditus uero alios consuetudinarios prefate uille Berneuallis tam in censibus quam in aliis fere usque ad quindecim libras sicut credimus augmentari fecimus. **(158)** Consuetudinem autem quam uulgo dicunt aquariam quamque in tempore bone memorie antecessoris nostri a preposito nostro qui eam occupauerat, excutere adiuuimus, festiuo piissimi regis Dagoberti anniuersario refectioni fratrum assignauimus.

(159) Villas etiam Moriniacum, Liliacum et Floriacum, cum non consueuissent reddere plus quam septem aut decem libras, ut triginta aut ad minus uiginti quinque reddant, elaborauimus. Idem et de Monte Fusceoli.

671–684 cf. Cartellieri Reg. n. 89, p. 138; Lecoy, p. 342, n. VIII [1137 VI 17]: *Noverit ergo fidelium universitas … quod ecclesias praeposituræ de Berneval spectantes, tam illam scilicet Sancti Martini quam alias a jure sacerdotum haereditario avi et attavi per nos divina cooperante gratia extractas … ad reparationem ornamentorum Beati Dionysii … thesauro donavimus. Villam vero quae dicitur Quadraria, a nobis utique aedificatam, similiter thesauro liberam et quietam omnino tribuimus.*

(155) ⟨Einkünfte⟩ aus Berneval(-le-Grand).

In der Besitzung aber, die Berneval(-le-Grand) genannt wird (oberhalb der normannischen Meeresküste; dort übernahm ich auch von meinem Vorgänger die erste Obödienz[80] einer Propstei), die ich auch in der Zeit des äußerst gestrengen Königs Heinrich ⟨I.⟩ – damals war ich noch recht jung – durch große Mühe und viele Gerichtstage von der Unterdrückung seitens königlicher Eintreiber, die man „graffiones"[81] nennt, befreit hatte, habe ich zu Beginn meiner Amtsführung die Pfarrkirchen, die der Presbyter Rogerius und sein Bruder Gaufredus nach Erbrecht für sich beanspruchten, zum Herrengut der Kirche zurückgeführt und sie sowie ihre Einkünfte für immer dem Thesaurar zur Verfügung gestellt, um die Bestände der Kirche ⟨von Saint-Denis⟩ an Paramenten zu erneuern und zu erweitern[82], und weil dieser beinahe keine Einkünfte hatte, um diese Aufgabe vollständig zu erfüllen, fügten wir in diesen Landesteilen noch ein anderes Dorf hinzu, das Carrières genannt wird und erst kurz zuvor erbaut worden war. **(156)** Und dieses ⟨Dorf⟩ zahlt 4 Mark für die Kirche, aber 7 Pfund, wenn es sich dennoch nicht verbessern lassen kann. **(157)** Die anderen auf Gewohnheitsrecht beruhenden Einkünfte des zuvor genannten Dorfes Berneval(-le-Grand) aber – sowohl im Zins als auch in anderen ⟨Abgaben⟩ – haben wir auf beinahe 15 Pfund, wie wir glauben, vergrößern lassen. **(158)** Dasjenige Gewohnheitsrecht, das man im Volk „aquaria"[83] nennt und welches wir zur Zeit unseres Vorgängers guten Angedenkens von unserem Propst, der es in Besitz genommen hatte, herauszuschlagen geholfen haben, haben wir zur Feier des Jahrgedächtnisses des allerfrömmsten Königs Dagobert ⟨I.⟩[84] für eine Mahlzeit der Brüder festgeschrieben.

(159) Wir erreichten auch, daß die Dörfer Morgny, Lilly und Fleury, obwohl sie gewöhnlich nicht mehr als 7 oder 10 Pfund zahlten, 30 oder zumindest 25 zahlen. Dasselbe gilt für Château-sur-Epte.

[80] Zur administrativen Tätigkeit Sugers als Propst von Berneval-le-Grand (1107–1109) siehe die Ausführungen im einleitenden Beitrag von G. Annas, pp. 81sq.

[81] Zur Bezeichnung *graffiones* für einen königlichen Gefolgsmann cf. Art. 'grafio', in: J. F. Niermeyer, Mediae Latinitatis Lexicon Minus, Leiden 1976, p. 472 (bes. 3.).

[82] Cf. *adm* 287–288.

[83] Hierbei handelt es sich um Fischzugtage, an denen es einem einzelnen oder einer Gemeinde gestattet war, an einem bestimmten Ort auf Fischfang zu gehen; cf. mit zahlreichen Belegen: Glossarium diplomaticum, ed. E. Brinckmeier, vol. 1 (ND Aalen 1961), p. 138.

[84] Der Jahrestag für Dagobert I. am 19. Januar wurde erst 1108 unter Sugers Vorgänger Abt Adam wieder eingeführt; cf. R. Barroux, L'anniversaire de la mort de Dagobert à Saint-Denis au XIIe siècle: charte inédite de l'abbé Adam, in: Bulletin philosophique et historique 1942–3 (1945), pp. 131–150. Cf. auch *cons* 68,417 (mit Anm. 39).

⟨II. De edificiorum institutione⟩

(160) De ecclesie ornatu.

His igitur reddituum incrementis taliter assignatis ad edificiorum institutionem memorandam manum reduximus, ut et ex hoc ipso Deo omnipotenti tam a nobis quam a successoribus nostris grates referantur et eorum affectus ad hoc ipsum prosequendum et si necesse sit peragendum bono exemplo animetur. **(161)** Neque enim aut penuria aliqua aut quodcumque impedimentum cuiuscumque potestatis timendum erit, si ob amorem sanctorum martyrum de suo sibi secure seruiatur. **(162)** Primum igitur quod Deo inspirante huius ecclesie incepimus opus, propter antiquarum maceriarum uetustatem et aliquibus in locis minacem diruptionem ascitis melioribus, quos inuenire potui de diuersis partibus, pictoribus eas aptari et honeste depingi tam auro quam preciosis coloribus deuote fecimus. **(163)** Quod quia etiam in scolis addiscens hoc facere, si umquam possem, appetebam, libentius compleui.

(164) De ecclesie primo augmento.

Verum cum iam hoc ipsum multo sumptu compleretur, inspirante diuino nutu propter eam quam sepe diebus festis, uidelicet in festo beati Dyonisii et in indicto et in aliis quamplurimis, et uidebamus

709 eas] eos *g l* 715 Dyonisii] dyonii *P*

710–711 cf. *cons* 14,104–105 und *adm* 182,822sq.
714–718 cf. *ord* 36,198–37,209 und *cons* 10,81–12,100

⟨II. Die Errichtung von Bauwerken⟩

(160) Die Ausschmückung der Kirche.

Nachdem wir die jeweiligen Zugewinne an Einnahmen solchermaßen aufgezeigt haben, legen wir nunmehr Hand an, um die Erinnerung daran aufzuzeichnen, wie die Bauwerke errichtet wurden, auf daß einerseits daraufhin dem allmächtigen Gott von uns wie von unseren Nachfolgern Dank erwiesen werde und andererseits durch das gute Beispiel deren [i. e. der Nachfolger] Wille beseelt werde, dies selbst zu verfolgen und wenn nötig zu vollenden. **(161)** Denn weder irgendeinen Mangel noch irgendein Hindernis seitens irgendeiner Macht wird einer fürchten müssen, wenn er um der Liebe zu den heiligen Märtyrern willen aus eigenem Vermögen, unbesorgt um sich selbst einen Dienst leistet. **(162)** Als erstes Werk also[85], das wir auf Gottes Eingebung hin an dieser Kirche in Angriff nahmen, veranlaßten wir in Demut, daß das ursprüngliche Mauerwerk, da es schon so alt war und an einigen Stellen zu bersten drohte, instandgesetzt und in ehrenhafter Weise mit Gold und mit kostbaren Farben bemalt wurde – hierzu hatte ich die besten Maler, die ich in verschiedenen Gebieten finden konnte, beigezogen. **(163)** Dies vollbrachte ich umso lieber, als ich schon, während ich in den Schulen lernte, mir wünschte, dies einmal tun zu können[86].

(164) Die erste Erweiterung der Kirche[87].

Doch bereits während dies unter beträchtlichem Aufwand ausgeführt wurde, gab uns der göttliche Wille ein, die edle und von göttlicher Hand geweihte ⟨Kloster⟩kirche[88] zu vergrößern und zu erweitern – wegen der unerträglichen Situation, die wir häufig an Festtagen, nämlich am Fest des heiligen Dionysius[89], am Lendit[90] und an denkbar vielen anderen, sahen und empfanden

[85] Zur Reihenfolge der Baumaßnahmen siehe den einleitenden Beitrag von A. Speer, pp. 39–44.

[86] Um das Jahr 1091, im Alter von zehn Jahren, als *puer oblatus* der Abtei von Saint-Denis übergeben, erhielt der junge Suger seine Erziehung und schulische Ausbildung in den folgenden Jahren zunächst in der Schule von Saint-Denis-de-l'Estrée, der sich ein wohl ebenfalls mehrjähriger schulischer Aufenthalt in einem nicht näher bekannten Kloster (bis 1106) anschloß. Siehe hierzu die Ausführungen im Beitrag von G. Annas, pp. 79sq.

[87] Ein genaues Datum für den Beginn der Renovierungs- und Erweiterungsarbeiten ist nicht bekannt, wohl aber der Abschluß der „ersten Erweiterung" mit der Weihe am 9. Juni 1140. Damit ist ein terminus ante quem für die im folgenden beschriebenen Arbeiten gewonnen. Cf. hierzu den Beitrag von A. Speer, pp. 40–42.

[88] Hinweis auf die „consécration légendaire"; cf. *cons* 47,283–286 (mit Anm. 26).

[89] 9. Oktober

[90] Der Lendit dauerte vom ersten Mittwoch nach dem Fest des Hl. Barnabas

et senciebamus importunitatem – exigebat enim loci angustia, ut mulieres super capita uirorum tanquam super pauimentum ad altare dolore multo et clamoso tumultu currerent – ad augmentandum et amplificandum nobile manuque diuina consecratum monasterium uirorum sapientum consilio, religiosorum multorum precibus, ne Deo sanctisque martyribus displiceret, adiutus hoc ipsum incipere aggrediebar tam in capitulo nostro quam in ecclesia diuine supplicans pietati, ut qui *inicium* est et *finis*, id est *A* et *ω*, alpha et o, bono initio bonum finem saluo medio concopularet, ne *uir*um *sanguinum* ab edificio templi refutaret, qui hoc ipsum toto animo magis quam Constantinopolitanas gazas obtinere preobtaret. **(165)** Accessimus igitur ad priorem ualuarum introitum et deponentes augmentum quoddam, quod a Karolo Magno factum perhibebatur honesta satis occasione, quia pater suus Pipinus imperator extra in introitu ualuarum pro peccatis patris sui Karoli Martelli prostratum se sepeliri non supinum fecerat, ibi-

719 diuina] diuiuina *P*   723–724 A et ω, alpha et o] Alpha et Omega *g l p*

---

716 cf. Ovid, Fasti 4, 417: *Exigit ipse locus, raptus ut virginis edam.*
723–724 Apc 1,8 und 21,6
725 II Sm 16,7sq.

(denn die Enge des Ortes erzwang es, daß die Frauen über die Köpfe der Männer, gleichsam über einen Fußboden, unter großem Schmerz und schreiendem Gewühl zum Altar eilten) –, und so, unterstützt durch den Rat weiser Männer und durch die Fürbitte vieler Mönche[91], daß es Gott und den heiligen Märtyrern nicht mißfallen möge, ging ich selbst daran, dies zu beginnen, wobei ich sowohl in unserem Kapitel als auch in der Kirche die Treue Gottes flehentlich anrief, derjenige, der Anfang und Ende ist, also A und Ω, Alpha und Omega, möge einen guten Beginn durch eine unversehrte Mitte mit einem guten Ende verbinden und nicht den als einen Mann der Blutschuld von der Erbauung des Tempels verweisen[92], der diese ⟨Erbauung⟩ innezuhaben sich selbst mit ganzem Gemüt mehr wünschte als die Schätze Konstantinopels ⟨zu besitzen⟩. **(165)** Wir gingen also an den vorderen Eingang mit Flügeltüren, und indem wir eine Erweiterung, von der man glaubte, daß sie von Karl dem Großen[93] gemacht worden sei (bei einer sehr ehrenvollen Gelegenheit, da sein Vater, König Pippin ⟨I.⟩[94], für die Sünden seines Vaters Karl Martell[95] außerhalb im Eingangsbereich der Türflügel hingebreitet, nicht auf dem Rücken liegend, sich hatte bestatten lassen[96]), darin aufgehen ließen,

(11. Juni) bis zum Vorabend des Festes des Hl. Johannes des Täufers (24. Juni); cf. *ord* 9,43 (mit Anm. 5).

91 Beratungen vor wichtigen Entscheidungen erwähnt Suger häufiger; cf. auch *adm* 26,130; 67,299; 90,407 (cf. ferner den Beitrag von M. Pickavé, p. 161 [Anm. 3]). An dieser Stelle scheint Suger vor allem auf zwei Dinge abzuheben: 1. auf den Rat, der nicht unbedingt mit dem *consilium fratrum* (wie *cons* 47,281 und *cons* 54, 327) identisch sein muß, sondern auch außerhalb des Klosters eingeholt worden sein könnte, und 2. auf die das Unternehmen fördernden Gebete der Brüder (Suger sagt, er sei *„adiutus“*).

92 Hinweis auf David und Salomon: Nicht David, sondern erst Salomon durfte den Tempel bauen (cf. II Sm 7,13); Davids Blutschuld bestand darin, daß er wissentlich den Tod des Feldherrn Uria verschuldet hatte (II Sm 11,14sq.).

93 Karl der Große (768–814); cf. *adm* 24 (mit Anm. 20).

94 König Pippin I. (III.; der Jüngere), Sohn des karolingischen Hausmeiers Karl Martell aus der Ehe mit Chrodtrud, der nach dem Tode seines Vaters 741 zunächst im westlichen Teil des Frankenreiches (Neustrien, Burgund, Provence) herrschte; nachdem sein älterer Bruder Karlmann († 754) im Jahre 747 der Herrschaft zugunsten eines geistlichen Lebens entsagt hatte, Hausmeier des gesamten fränkischen Reiches; 751–768 († 24. 9. 768) fränkischer König, jedoch nicht – wie Suger fälschlich vermerkt – mit kaiserlichen Würden ausgestattet; die Erneuerung eines weströmischen Kaisertums *(translatio imperii)* blieb vielmehr seinem Sohn, Karl dem Großen (768–814), vorbehalten (800 Kaiserkrönung zu Rom).

95 Karl Martell („der Hammer“), Sohn des Karolingers Pippin II. (des Mittleren) (687/88–714) aus einer Friedelehe mit Chalpaida, ab 720 bis zu seinem Tode 741 als fränkischer Hausmeier bezeugt.

96 Dieses Grab Pippins *„ad casa sancti domni Dyonisii martyris, ubi ipse … re-*

dem manum apposuimus. **(166)** Et quemadmodum apparet et in amplificatione corporis ecclesie et introitus et ualuarum triplicatione, turrium altarum et honestarum erectione instanter desudauimus.

(167) De dedicatione.

Oratorium sancti Romani ad famulandum Deo sanctisque eius angelis dedicari a uenerabili uiro Rothomagensi archiepiscopo Hugone et aliis quamplurimis episcopis obtinuimus. **(168)** Qui locus quam secretalis, quam deuotus, quam habilis diuina celebrantibus, qui ibidem Deo deseruiunt ac, si iam in parte, dum sacrificant, eorum in celis sit habitatio, cognorunt. **(169)** Eadem etiam dedicationis celebritate in inferiori testudine ecclesie dedicata sunt hinc et inde duo oratoria ex una parte sancti Ypoliti sociorumque eius et ex altera sancti Nicholai a uenerabilibus uiris Manasse Meldensi

736–755 cf. *ord* 33,180–37,209 und *cons* 42,233–46,280
742 cf. II Cor 5,2

legten wir dort Hand an. **(166)** Und wie es sich auch in der Erweiterung des Leibes der Kirche zeigt, so arbeiteten wir leidenschaftlich im Schweiße unseres Angesichtes auch an der Verdreifachung des Eingangs und der ⟨Eingangs-⟩ türen und an der Errichtung hoher und ehrenvoller Türme.

(167) Die Weihe ⟨der ersten Erweiterung⟩[97].

Wir erreichten, daß die Kapelle des heiligen Romanus von einem ehrwürdigen Mann, dem Erzbischof Hugo von Rouen, und überaus zahlreichen anderen Bischöfen[98] zum Dienst für Gott und seine heiligen Engel geweiht wurde. **(168)** Wie besonders, wie andachtsvoll, wie geeignet dieser Ort ist für diejenigen, die heilige Handlungen feierlich begehen, das wissen diejenigen, die ebendort Gott dienen, gleich als wenn ihre Wohnung, während sie das Opfer darbringen, zum Teil schon im Himmel wäre. **(169)** Bei derselben Weihefeierlichkeit wurden im unteren Gewölbe der Kirche auf beiden Seiten zwei Kapellen, auf der einen Seite die des heiligen Hypolit und seiner Gefährten, auf der anderen die des heiligen Nikolaus[99], durch ehrwürdige Männer geweiht – durch Bischof Manasse von Meaux[100] und Bi-

quiescit et domnus et genitor noster Pippinus rex requiescere videtur" nennt Karl der Große in einer Urkunde für das Kloster aus dem Jahre 769, in der er u. a. den fortdauernden Gebetsdienst wieder regelt, bei dem die Mönche „*ibidem ipsum locum custodire debeant et ibi assiduae in psalmis et missas et ceteris obsecrationum orationibus vel peculiares orationes pro nobis et pro domno adque glorio(so) genitore nostro deum preces exorare die et nocte non desistant*" (MGH Dipl. Karol. I, n. 55, p. 81,30sqq.). Dieses *augmentum* ist gleichfalls erwähnt in der Baubeschreibung der Basilika von Saint-Denis aus dem Jahre 799 aus dem Kloster Reichenau, Codex Aug. 238, ff. 159v–160r. Siehe ferner den Brief Ludwigs des Frommen an Abt Hilduin von Saint-Denis, MGH Epistolae V (Karolini aevi III), p. 326, n. 19 über den Ort der Bestattung Pippins: „*Quique cum quanta se humilitate ante limina basilicae sanctorum martyrum perfuncto huius vitae curriculo sepeliri preceperit, titulus etiam ipsius conditorii innotescit*". Zur kultgeschichtlichen und baugeschichtlichen Bedeutung cf. van der Meulen/Speer (1988), pp. 172–178 und 180–186 (zur Baubeschreibung von 799).

[97] 9. Juni 1140; zum Ablauf der Weihe cf. den einleitenden Beitrag von A. Speer, pp. 45–48.

[98] Hugo von Amiens, Erzbischof von Rouen (1130–1164); cf. die ausführlichen Bischofslisten in *ord* 34,185–187 und *cons* 42,236–238.

[99] Cf. *ord* 34,184sq. und *cons* 43,255–257; zur Frage der abweichenden Patrozinien cf. A. Speer/M. Pickavé, Abt Sugers Schrift *De consecratione*. Überlieferung – Rezeption – Interpretation, in: Filologia Mediolatina 3 (1996), pp. 226sq., ferner die Ausführungen im einleitenden Beitrag von A. Speer, pp. 40sq. und 59.

[100] In *cons* 42,238 wird anstelle von Manasse II., Bischof von Meaux (1134–1158), in diesem Zusammenhang Odo II., Bischof von Beauvais (1133–1144), erwähnt.

episcopo et Petro Siluanectensi, quorum trium una et gloriosa processio, cum per hostium sancti Eustachii egrederetur, ante principales portas transiliens cum ingenti cleri decantantis et populi tripudiantis turba episcopis preeuntibus et sancte insistentibus consecrationi per singularem atrii portam de antiquo in nouum opus transpositam tercio ingrediebantur et ad honorem omnipotentis Dei festino opere completo, cum in superiore parte elaborare accingeremur, aliquantulum fatigatos recreabant, et ne laboris aut penurie alicuius timore deprimeremur, gratantissime sollicita⟨ba⟩nt.

(170) De portis fusilibus et deauratis.

Valuas siquidem principales accitis fusoribus et electis sculptoribus, in quibus passio saluatoris et resurrectio uel ascensio continetur, multis expensis, multo sumptu in earum deauratione, ut nobili porticui conueniebat, ereximus. **(171)** Necnon et alias in dextera parte nouas, in sinistra uero antiquas sub musiuo, quod et nouum contra usum hic fieri et in arcu porte imprimi elaborauimus.

(172) Turrim etiam et superiora frontis propugnacula tam ad ecclesie decorem quam et utilitatem, si oportunitas exigeret, uariari condiximus.

(173) Litteris etiam cupro deauratis consecrationis annum intitulari, ne obliuioni traderetur, precepimus hoc modo:

Ad decus ecclesie, que fouit et extulit illum,
Suggerius studuit ad decus ecclesie,
Deque tuo tibi participans martyr Dyonisi
Orat, ut exores fore participem paradisi.

752 festino] festiuo *g l p*

767–774 cf. *cons* 45,266–269

schof Petrus von Senlis[101] –, und während die eine und herrliche Prozession dieser drei durch die Pforte des heiligen Eustachius[102] hinaustrat, vor den Haupttüren vorüberging, wobei in gewaltiger Menge der Klerus sang und das Volk jubelte, trat man drittens, indem die Bischöfe vorangingen und sich der heiligen Weihehandlung zuwandten, durch die einzelne Tür des Atrium, die von dem ursprünglichen Werk in das neue überführt worden war, wieder ein; da zur Ehre des allmächtigen Gottes das Werk schnell vollendet war, ermunterten die ⟨Bischöfe⟩ uns, da wir uns ja rüsteten, im oberen Teil ⟨der Kirche⟩ zu arbeiten, aber ein wenig ermattet waren, und spornten uns in liebenswürdigster Weise an, uns nicht von der Furcht vor Mühe oder vor irgendeinem Mangel niederdrücken zu lassen.

(170) Die gegossenen und vergoldeten Türen.

Die Haupttüren, auf denen die Leidensgeschichte des Heilands, seine Auferstehung und Himmelfahrt ⟨in Bildern⟩ enthalten sind – hierzu waren Gießer und ausgewählte Modelleure[103] herbeigerufen worden –, brachten wir unter großen Ausgaben, wobei ein hoher Kostenanteil für die Vergoldung verwendet wurde, so an, wie es einer edlen Vorhalle wohl anstand. **(171)** Auch ⟨brachten⟩ wir andere Türen ⟨an⟩, neue auf der rechten Seite, auf der linken aber die alten unter einem Mosaik, das wir hier, gleichfalls neu, gegen den Brauch anfertigen und im Bogen der Tür anbringen ließen.

(172) Auch den Turm und die oberen Schutzwehren der Frontseite zu verändern – zur Zierde der Kirche wie zu ihrem Nutzen, falls eine Notwendigkeit dazu Anlaß gäbe –, trafen wir Absprachen.

(173) Auch ließen wir in vergoldeten Kupferbuchstaben das Jahr der Weihe, damit es nicht der Vergessenheit anheimgegeben werde, folgendermaßen als Inschrift anbringen[104]:

> Zur Ehre der Kirche, die ihn gehegt und erhoben hat,
> zur Ehre dieser Kirche hat Suger Mühe verwendet:
> und indem er dir, o Märtyrer Dionysius, von deinem Eigentum einen Anteil erstattet,
> fleht er zu dir, du mögest Fürbitte leisten, daß er Anteil am Paradies erhalte.

[101] Petrus, Bischof von Senlis 1134/8–1151.

[102] M. Wyss (Atlas historique [1996], p.149) lokalisiert die Porte Saint-Eustache „à l'extrémité orientale du collatéral sud de l'église abbatiale". Für eine Identifizierung mit der elfenbeinernen Tür *(eburneum ostium – cons* 93,571), die Gasparri (p. 193, Anm. 97) vorschlägt, gibt es keine Anhaltspunkte; eher läge eine Übereinstimmung mit der ehernen Tür (*porta enea – cons* 43,245) nahe.

[103] Zur Herstellung der bronzenen Türen cf. im Glossar den Artikel *fusor*.

[104] Zu diesem Weiheepitaph cf. den einleitenden Beitrag von S. Linscheid-Burdich, pp. 113sqq.

Annus millenus et centenus quadragenus,
Annus erat uerbi, quando sacrata fuit.

(174) Versus etiam portarum hii sunt:

Portarum quisquis attollere queris honorem,
Aurum nec sumptus operis mirare laborem.
Nobile claret opus, sed opus, quod nobile claret,
Clarificet mentes, ut eant per lumina uera
Ad uerum lumen, ubi Christus ianua uera.
Quale sit intus, in his determinat aurea porta.
Mens hebes ad uerum per materialia surgit
Et demersa prius hac uisa luce resurgit.

(175) Et in superliminari:

Suscipe uota tui, iudex districte, Sugeri,
Inter oues proprias fac me clementer haberi.

(176) De augmento superioris partis.

Eodem uero anno tam sancto et tam fausto opere exhilarati ad inchoandam in superiori parte diuine propiciationis cameram, in qua iugis et frequens redemptionis nostre hostia absque turbarum molestia secreto immolari debeat, accelerauimus et quemadmodum in scripto consecrationis eiusdem superioris operis inuenitur, Deo cooperante et nos et nostra prosperante cum fratribus et conseruis nostris tam sanctum, tam gloriosum, tam famosum opus ad bonum perduci finem misericorditer obtinere meruimus, tanto Deo sanctisque martyribus obnoxii, quanto nostris temporibus et laboribus tam diu differendo agenda reseruauit. **(177)** *Quis* enim *ego sum aut que* domus *patris mei*, qui tam nobile, tam gratum edificium uel inchoasse presumpserim uel perfecisse sperauerim, nisi diuine misericordie et sanctorum auxilio martyrum fretus totum me eidem operi et mente et corpore applicuissem. **(178)** Verum qui dedit uelle dedit et posse et quia bonum opus fuit in uoluntate, ex Dei adiutorio stetit in perfectione. **(179)** Quod quidem gloriosum opus quantum diuina manus in talibus operosa protexerit,

796–797 cf. *cons* 46,277–279
797–798 I Sm 18,18
801–803 cf. Phil 1,6 und 2,13; cf. auch *cons* 65,403–404

Das Jahr tausend einhundert und vierzig
war dasjenige Jahr des ⟨inkarnierten⟩ Wortes, in dem sie geweiht wurde.

(174) Die Verse auf den Türen aber sind folgende[105]:

Wer du auch bist, der du die Herrlichkeit dieser Türen rühmen willst:
bewundere das Gold – nicht die Kosten! – ⟨und⟩ die Leistung dieses Werkes!
Edel erstrahlt das Werk, doch das Werk, das da edel erstrahlt,
soll die Herzen erhellen, so daß sie durch wahre Lichter
zu dem wahren Licht gelangen, wo Christus die wahre Tür ist.
Welcher Art dieses ⟨wahre Licht⟩ innen ist, das gibt die goldene Tür hiermit an.
Der schwerfällige Geist erhebt sich mit Hilfe des Materiellen zum Wahren,
und obwohl er zuvor niedergesunken war, ersteht er neu, wenn er dieses Licht erblickt hat.

(175) Und über der Tür:

Nimm, strenger Richter, die Gebete deines Suger an,
laß gnädig mich zu deinen eigenen Schafen gezählt werden!

(176) Die Erweiterung des oberen Teils[106].

In demselben Jahr beeilten wir uns, beglückt durch das ebenso heilige wie glücklich vollbrachte Werk, im oberen Teil mit einem Raum der göttlichen Versöhnung zu beginnen, in dem das immerwährende und sich wiederholende Opfer unserer Erlösung ohne Belästigung durch die Massen in Abgeschiedenheit dargebracht werden sollte. Und wie es in der Schrift über die Weihe dieses oberen Werks[107] sich findet, durften wir, da Gott uns half und uns und unser Vorhaben förderte, gemeinsam mit unseren Brüdern und Mitbrüdern gnädigerweise den Vorzug haben, daß ein so heiliges, so herrliches, so ruhmreiches Werk zu einem guten Ende durchgeführt wurde; dabei sind wir Gott und den heiligen Märtyrern deshalb so sehr verpflichtet, weil er durch so langes Aufschieben das, was geschehen sollte, für unsere Zeit und unser Bemühen aufbewahrt hatte. **(177)** Denn wer bin ich, und was ist meines Vaters Haus, der ich ein so edles, so vollkommenes Gebäude zu beginnen mir anmaßen oder zu vollenden hätte hoffen können, wenn ich nicht im Vertrauen auf das göttliche Erbarmen und auf die Hilfe der heiligen Märtyrer mich diesem Werk ganz, mit Leib und Seele, gewidmet hätte! **(178)** Doch der das Wollen gab, der gab auch das Können, und weil das Werk gut war im Wollen, stand es dank Gottes Hilfe auch in seiner Vollendung. **(179)** In welchem Maße nämlich Gottes Hand, die bei solchen Vorgängen wirksam war, dieses herrliche Werk beschützt hat, dafür ist auch ein sicheres Argu-

[105] Zu den Versen cf. den einleitenden Beitrag von S. Linscheid-Burdich, pp. 120sqq.

[106] Hiermit ist der Chor gemeint.

[107] Hinweis auf Sugers frühere Schrift *De consecratione*.

certum est etiam argumentum, quod in tribus annis et tribus mensibus totum illud magnificum opus et in inferiore cripta et in superiore uoltarum sublimitate tot arcuum et columpnarum distinctione uariatum, etiam operture integrum supplementum admiserit.

(180) Unde etiam epitaphium prioris consecrationis una sola sublata dictione huius etiam annalem terminum concludit hoc modo:

Annus millenus et centenus quadragenus
Quartus erat uerbi, quando sacrata fuit.

(181) Quibus etiam epitaphii uersibus hos adiungi delegimus:

Pars noua posterior dum iungitur anteriori,
Aula micat medio clarificata suo.
Claret enim claris quod clare concopulatur,
Et quod perfundit lux noua, claret opus
Nobile, quod constat auctum sub tempore nostro.
Qui Sugerus eram, me duce dum fieret.

(182) Promptus igitur urgere successus meos, cum nichil mallem sub celo, quam prosequi matris ecclesie honorem que puerum materno affectu lactauerat, iuuenem offendentem sustinuerat, etate integrum potenter roborauerat, inter ecclesie et regni principes sollempniter locauerat, ad executionem operis nos ipsos contulimus et cruces collaterales ecclesie ad formam prioris et posterioris operis coniungendi attolli et accumulari decertauimus.

(183) De continuatione utriusque operis.

Quo facto cum quorumdam persuasione ad turrium anterioris partis prosecutionem studium nostrum contulissemus, iam in al-

828 attoli] *ex* attolendi *corr. man. rec. P* 830 turrium] turrim *l p*

813–814 cf. *adm* 173,773–774
822sq. cf. *cons* 14,104–105 und *adm* 2,23–24 u. 163,710–711
825–826 cf. Cartellieri Reg. n. 88, p. 138; Tardif, p. 233a, n. 425 [1137 VI 17; ‚Testament' Sugers] (= Lecoy, p. 334, n. VII): … *quomodo valida Domini manus me pauperem … cum principibus ecclesie et regni consedere fecerit* … Cf. Ps 112,8 (cf. I Sm 2,8); zu diesem Bibelzitat cf. auch Vita Lud. VI., c. XXVII (p. 212).

ment, daß in drei Jahren und drei Monaten[108] jenes erhabene Werk in seiner Gesamtheit, sowohl in der Krypta unten als auch in der Höhe der Gewölbe, nuanciert durch die Vielfalt im Formenreichtum der Bogen und Säulen[109], auch eine vollständige Ausführung der Bedachung geschehen ließ.

(180) Daher auch umschließt die Inschrift der früheren Weihe, wenn man daraus nur ein Wort entfernt, die Jahreszahl auch dieser Weihe[110], und zwar folgendermaßen:

> Das Jahr tausend einhundert vierzig
> und vier war dasjenige Jahr des ⟨inkarnierten⟩ Wortes, in dem sie geweiht wurde.

(181) An diese Verse der Inschrift ließen wir auch die folgenden sich anschließen[111]:

> Indem der neue Teil als späterer sich dem früheren verbindet,
> erstrahlt die Halle, die in ihrer Mitte erhellt ist.
> Denn es erstrahlt, was sich strahlend Strahlendem vermählt,
> und weil neues Licht es überströmt, strahlt das edle Werk,
> welches dasteht, erweitert zu unserer Zeit,
> ich, Suger, war es, unter dessen Leitung es ausgeführt wurde.

(182) Bereit, meine Fortschritte voranzutreiben, da ich nichts unter dem Himmel lieber wollte, als nach der Ehre der Mutter Kirche zu streben, die mich als Knaben mit mütterlicher Zuneigung genährt hatte, mich als Jüngling, auch wenn er Fehler machte, gestützt hatte, die mich im Mannesalter mit ihrer Macht gestärkt hatte, die mir ehrenvoll zwischen den Fürsten der Kirche und des Reiches einen Platz angewiesen hatte, ⟨deshalb also⟩ brachte ich mich selbst zur Ausführung dieses Werkes ein und befleißigte mich eifrig, die Kreuzarme der Kirche sich zu der Form erheben und auftürmen zu lassen, mit der das frühere und das spätere Werk verbunden werden sollten.

(183) Die Fortsetzung der Arbeit an beiden Werken.

Als dies geschehen war und wir auf den Rat einiger Leute unseren Eifer daran gesetzt hatten, die Arbeit an den Türmen des vorderen Teils fortzu-

[108] Von der Grundsteinlegung am 14. Juli 1140 bis zur Weihe des Chores am 11. Juni 1144 waren genau genommen drei Jahre und elf Monate vergangen. Suger benutzt hier offenbar eine „symbolische" Datierung.

[109] Einen Eindruck von dem angesprochenen Formenreichtum vermitteln die Abbildungen bei Formigé (1960), p. 129 (fig. 100: Chorumgang) und pp. 178sq. (fig. 162–164: Krypta) sowie bei van der Meulen/Speer (1988), pp. 332sq. und 337 (Abb. 15, 17 und 26: Chorumgang) und pp. 325sq. (Abb. 6–8: Krypta).

[110] Die Weihe fand am 11. Juni 1144 statt; die genannte Parallelinschrift findet sich in *cons* 45,268sq. und bezieht sich auf die Weihe des Westbaus am 9. Juni 1140.

[111] Zur Weiheinschrift cf. den einleitenden Beitrag von S. Linscheid-Burdich, pp. 114sqq.

tera parte peracta diuina sicut credimus uoluntas ad hoc ipsum nos retraxit, ut mediam ecclesie testudinem quam dicunt nauim innouare et utrique innouato operi conformare et coequare aggrederemur, reseruata tamen quantacumque porcione de parietibus antiquis, quibus summus pontifex dominus Iesus Christus testimonio antiquorum scriptorum manum apposuerat, ut et antique consecrationis reuerentia et moderno operi iuxta tenorem ceptum congrua coherentia seruaretur.

(184) Cuius immutacionis summa hec fuit, quod si interpolate in naui ecclesie occasione turrium ageretur, aut temporibus nostris aut successorum nostrorum tardius aut numquam quocumque infortunio sicut dispositum est perficeretur. **(185)** Nulla enim rerum importunitas rerum auctores urgeret, quin noui et antiqui operis copula longam sustineret expectationem. **(186)** Sed quia iam inceptum est, in alarum extensione aut per nos aut per quos dominus elegerit, ipso auxiliante perficietur. **(187)** Preteritorum enim recordatio futurorum est exhibitio. **(188)** Qui enim inter alia maiora etiam admirandarum uitrearum operarios materiem saphirorum locupletem promptissimos sumptus fere septingentarum librarum aut eo amplius administrauerit, peragendorum supplementis liberalissimus Dominus deficere non sustinebit. **(189)** Est etenim inicium et finis.

⟨III. De thesaurorum augmentatione⟩

(190) De ornamentis ecclesie.

Ornamentorum etiam ecclesie descriptionem, quibus manus diuina administrationis nostre tempore ecclesiam suam sponsam uocatam exornauit, ne ueritatis emula subrepat obliuio et ex-

833 testudinem] testitudinem *l*

835–839 cf. *cons* 45,283–286
853 cf. Apc 1,8 und 21,6
856–857 cf. Apc 21,2

setzen, und dies im einen Teil bereits durchgeführt war, da zog, wie wir glauben, der göttliche Wille uns dahin zurück, daß wir daran gingen, das mittlere Gewölbe der Kirche, das man Schiff nennt, neu zu gestalten und beiden neugestalteten Werken anzupassen und anzugleichen; ein möglichst großer Anteil der alten Wände, denen der oberste Priester, unser Herr Jesus Christus, nach dem Zeugnis alter Schriften ⟨selbst⟩ die Hand aufgelegt hatte[112], wurde dennoch dabei erhalten, damit sowohl die Ehrfurcht vor der alten Weihe als auch der passende Zusammenhalt gemäß dem einmal begonnenen Verlauf für das neue Werk bewahrt werde.

(184) Das Ergebnis dieses Tausches war dieses: Wenn man die Arbeit im Kirchenschiff unterbräche und in der Angelegenheit der Türme handelte – zu unseren Zeiten oder denen unserer Nachfolger –, dann könnte in Folge jedes beliebigen Unglücks das Werk erst später oder gar niemals so vollendet werden, wie es geplant ist. **(185)** Denn keine Ungunst der Umstände würde die Urheber der Dinge drängen, daß die Verbindung des neuen Werkes mit dem alten nicht eine lange Wartezeit würde erdulden müssen. **(186)** Da aber mit der Erweiterung der Seitenschiffe schon begonnen worden ist[113], wird diese entweder durch uns oder durch die, die der Herr dazu ausersieht, mit seiner Hilfe vollendet werden. **(187)** Denn das Gedenken an vergangene Dinge stellt uns die künftigen vor Augen. **(188)** Der Herr nämlich, der in seiner großen Güte unter anderem noch größerem auch für die Werktätigen, die die wunderbaren Fenster schufen, für das Saphirmaterial in reichhaltiger Menge, für mehr als ausreichende Aufwendungen von fast 700 Pfund oder noch mehr gesorgt hat, der wird auch nicht ertragen, bei der Ergänzung dessen, was noch ausgeführt werden muß, zu fehlen. **(189)** Denn er ist Anfang und Ende.

⟨III. Die Vermehrung der Schätze⟩

(190) Die Gegenstände zum Schmuck der Kirche.

Eine Beschreibung auch des Kirchenschmucks anzuführen, durch den die Hand Gottes zur Zeit unserer Amtsführung seine Kirche, die seine Braut genannt wird, ausgeschmückt hat, hielten wir für wert, damit nicht neidisches Vergessen der Wahrheit das Beispiel unseres Handelns wegnehme und

[112] Hinweis auf die *consécration légendaire*; cf. *cons* 47,283–286 (mit Anm. 26).

[113] Zur Frage der Erweiterung der Seitenschiffe cf. van der Meulen/Speer (1988), pp. 104sq.; ferner S. McK. Crosby, The Royal Abbey of Saint-Denis from Its Beginnings to the Death of Suger, 475–1151 (ed. and compl. by P. Z. Blum), New Haven-London 1987, pp. 267–277 und 339–360.

emplum auferat agendi, intitulare dignum duximus. **(191)** Dominum nostrum ter beatum Dyonisium tam largum tam benignum et confitemur et predicamus, ut tot et tanta credamus apud Deum efficisse, tot et tanta impetrasse, ut centupliciter quam fecerimus ecclesie illius profecisse potuissemus, si fragilitas humana, si uarietas temporum, si mobilitas morum non restitisset. **(192)** Que tamen ei Deo donante reseruauimus hec sunt.

(193) De tabula aurea superiori.

In tabula illa que ante sacratissimum corpus eius assistit circiter quadraginta duas marcas auri posuisse nos estimamus, gemmarum preciosarum multiplicem copiam, iacinctorum, rubetorum, saphirorum, smaragdinum, topaziorum necnon et opus discriminantium unionum quantam nos reperire numquam presumpsimus. **(194)** Videres reges et principes multosque uiros precelsos imitatione nostra digitos manuum suarum exanulare et anulorum aurum et gemmas margaritasque preciosas ob amorem sanctorum martyrum eidem tabule infigi precipere. **(195)** Nec minus etiam archiepiscopi et episcopi ipsos sue desponsationis anulos ibidem sub tuto reponentes Deo et sanctis eius deuotissime offerebant. **(196)** Venditorum etiam gemmariorum tanta de diuersis regnis et nationibus ad nos turba confluebat, ut non plus emere quereremus, quam illi uendere sub amministratione omnium festinarent.

(197) Versus etiam eiusdem tabule hii sunt:

Magne Dyonisi, portas aperi paradisi,
Suggeriumque piis protege presidiis.
Quique nouam cameram per nos tibi constituisti,
In camera celi nos facias recipi
Et pro presenti celi mensa saciari.
Significata magis significante placent.

871–872 imitatione (*ex* inuitatione *corr.*) *P l p* : invitatione *g*

865–879 cf. *cons* 62,380–64,403

beseitige. **(191)** Wir bekennen und preisen unseren Herrn, den dreimal heiligen Dionysius[114], als gleichermaßen freigebig und gütig, so daß wir glauben, daß er so viel und so Gewaltiges bei Gott erreicht hat, so viel und so Gewaltiges ⟨durch seine Fürbitten⟩ erlangt hat, daß wir hundertmal soviel, wie wir tatsächlich getan haben, seiner Kirche hätten zugute tun können, wenn nicht die menschliche Gebrechlichkeit, die Wechselhaftigkeit der Zeitläufe und die Unbeständigkeit der Gewohnheiten dagegen gewesen wären. **(192)** Was wir dennoch dank Gottes Geschenk ihm vorbehalten konnten, ist folgendes:

(193) Die goldene Tafel oben[115].

Auf jene Tafel, die sich vor seinem allerheiligsten Leib befindet, haben wir nach unserer Schätzung etwa 42 Goldmark verwendet, außerdem eine so zahlreiche Menge an kostbaren Edelsteinen, Hyacinthen, Rubinen, Saphiren, Smaragden, Topasen, dazu ein Werk aus verschiedenen Perlen, soviel wie wir uns nie angemaßt hätten finden zu können. **(194)** Man hätte Könige und Fürsten und viele herausragende Männer sehen können, die, um es uns gleichzutun, die Finger ihrer Hände von Ringen entblößten und das Gold, die Edelsteine und kostbaren Perlen ihrer Ringe aus Liebe zu den heiligen Märtyrern in eben diese Tafel einarbeiten ließen. **(195)** Ebenso brachten auch Erzbischöfe und Bischöfe selbst die Ringe ihres Amtsgelübdes, die sie daselbst sicher niederlegten, Gott und seinen Heiligen in demütigster Weise dar. **(196)** An Händlern, auch an Verfertigern von Edelsteinarbeiten strömte eine so große Schar aus verschiedenen Reichen und Völkern bei uns zusammen, daß wir nicht mehr zu kaufen hätten suchen können, als jene bei der Dienstbarkeit aller zu verkaufen sich eilten.

(197) Die Verse auf dieser Tafel sind folgende[116]:

> Erhabener Dionysius, öffne du die Türen des Paradieses
> und schütze Suger durch deine treue Hilfe;
> du, der du dir durch uns eine neue Wohnung errichtet hast,
> laß uns Aufnahme finden in der Wohnung des Himmels,
> und statt an dem hier gegenwärtigen Tisch an dem im Himmel uns sättigen.
> Das, was hier zeichenhaft dargestellt wird, gefällt mehr als dasjenige, das bezeichnet.

[114] Zur Formel „*ter beatus Dionysius*" cf. *ord* 4,14 (mit Anm. 1).

[115] Gemeint ist das Antependium vor dem Altar im Hochchor, auf dem die Schreine der Heiligen Märtyrer aufgestellt waren.

[116] Zu den Versen auf der goldenen Tafel cf. den einleitenden Beitrag von S. Linscheid-Burdich, pp. 125sqq.

(198) Quia igitur sacratissima dominorum nostrorum corpora in uolta superiore quam nobilius potuimus locari oportuit, quadam de collateralibus tabulis sanctissimi eorum sarcofagi nescimus qua occasione erepta quindecim marcas auri reponendo ulteriorem frontem eiusdem et operturam superiorem undique inferius et superius deaurari quadraginta ferme unciis elaborauimus. **(199)** Tabulis etiam cupreis fusilibus et deauratis atque politis lapidibus inpactis propter interiores lapideas uoltas necnon et ianuis continuis ad arcendos populorum tumultus, ita tamen, ut uenerabiles persone sicut decuerit ipsa sanctorum corporum continentia uasa cum magna deuocione et lacrimarum profusione uidere ualeant, circumcingi fecimus.

(200) Eorumdem uero sanctorum tumulorum hii sunt uersus:
Sanctorum cineres ubi celicus excubat ordo,
Plebs rogat et plorat, clerus canit *in decacordo.*
Spiritibus quorum referuntur uota piorum,
Cumque placent illis, mala condonantur eorum.
Corpora sanctorum sunt hic in pace sepulta,
Qui post se rapiant nos orantes prece multa.
Hic locus egregium uenientibus extat asilum,
Hic fuga tuta reis, subiacet ultor eis.

(201) De crucifixo aureo.

Adorandam uiuificam crucem, eterne uictorie saluatoris nostri uexillum salutiferum de quo dicit apostolus: *Mihi autem absit glo-*

888 quadam *l p*: quedam *P g* 896 uasa] uase *g*

887sq. cf. *cons* 59,362
901 cf. Ps 91,4 u. 143,9
904 Antiphon Corpora sanctorum sunt in pace sepulta, Hesbert n. 1935
909–910 cf. Venantius Fortunatus, Hymnus in honore sanctae Crucis (ed. G. M. Drewes, Analecta Hymnica 48, Leipzig 1905, p. 74sq.; ed. W. Bulst, Hymni latini antiquissimi LXXV, Psalmi III, Heidelberg 1956, p. 129): *Vexilla regis prodeunt,| fulget crucis mysterium* …; cf. auch oben 907 und Venantius 7, 4 (alternativ): *reisque dona veniam.*
910–911 Gal 6,14

⟨Die Schreine der Heiligen.⟩

(198) Da es sich aber gehörte, den allerheiligsten Leibern unserer Herren im oberen Gewölbe einen so vornehmen Platz zu geben[117], wie wir nur konnten, ließen wir, da eine der seitlichen Tafeln ihres hochheiligen Sarkophags bei einer uns unbekannten Gelegenheit entwendet worden war, dessen jenseitige Front und die obere Bedeckung von beiden Seiten, unten und oben, mit etwa 40 Unzen vergolden, wofür wir 15 Goldmark zahlten. **(199)** Auch ließen wir die Schreine nahe bei den inneren steinernen Gewölben mit gegossenen und vergoldeten Kupferplatten, in die geschliffene Steine[118] eingefügt waren, sowie mit daran hängenden Türen umgeben, um das Gedränge des Volkes abzuhalten – aber so, daß dennoch ehrwürdige Personen, wie es sich ziemte, die Schreine selbst, die die Leiber der Heiligen bargen, mit großer Ehrerbietung und unter Tränenflüssen sehen konnten.

(200) Die Verse auf diesen Gräbern der Heiligen aber sind folgende[119]:

> Wo die himmlische Ordnung über die sterblichen Überreste der Heiligen wacht,
> fleht unter Tränen das Volk, singt zum Dekachord der Klerus.
> Deren Seelen werden die Gelübde dieser Frommen dargebracht,
> und wenn sie jenen wohlgefällig sind, werden deren Sünden vergeben.
> Die Leiber der Heiligen sind hier in Frieden bestattet,
> die uns zu sich ziehen sollen, die wir flehentlich vielerlei Bitten vortragen.
> Dieser Ort ragt heraus als eine vorzügliche Freistatt für die, die hierher kommen,
> hier ist eine sichere Zuflucht für die Beschuldigten, es unterliegt der, der ihnen schaden will.

(201) Der goldene Kruzifix[120].

Das anbetungswürdige, Leben spendende Kreuz, das heilbringende Zeichen des ewigen Sieges unseres Erlösers, über welches der Apostel sagt:

[117] Hinweis Sugers auf die Aufstellung des Reliquienschreines im Hochchor; siehe hierzu die Ausführungen von D. Gaborit-Chopin in: Le trésor de Saint-Denis (1991), pp.124sq.; cf. ferner S. Komm, Heiligengrabmäler des 11. und 12. Jahrhunderts in Frankreich. Untersuchung zu Typologie und Grabverehrung, Worms 1990, pp. 97sq.

[118] Zum Schleifen von Edelsteinen cf. im Glossar den Artikel *polire, politor.*

[119] Zu den Versen cf. den einleitenden Beitrag von S. Linscheid-Burdich, pp. 126sqq.

[120] Sugers goldener Kruzifix ist nicht mehr erhalten; eine Beschreibung des Kreuzes findet sich jedoch in einem Inventar aus Saint-Denis aus dem Jahre 1634 (Bibl. Nat., ms. fr. 18765, ff. 260–262), abgedruckt bei Ph. Verdier, La grande croix de l'abbé Suger à Saint-Denis, in: Cahiers de civilisation médiévale 13 (1970), pp. 1–31, bes. pp. 28–31. Siehe ferner die Ausführungen von D. Gaborit-Chopin in: Le trésor de Saint-Denis (1991), pp. 124–126, sowie bei Gasparri (1996), pp. 217–219 (Anm. 216 und 217).

riari, nisi in cruce domini mei *Iesu Christi*, quanto gloriosum non tantum hominibus quantum etiam ipsis angelis *filii hominis signum* apparens in extremis *in celo*, tanto gloriosius ornatum iri tota mentis deuocione, si possemus, inniteremur iugiter eam cum apostolo Andrea salutantes: *Salue crux que in corpore Christi dedicata es et ex menbris eius tanquam margaritis ornata.* **(202)** Verum quia sicut uoluimus non potuimus, quam melius potuimus, uoluimus et perficere Deo donante elaborauimus. **(203)** Hinc est quod preciosarum margaritarum gemmarumque copiam circumquaque per nos et per nuncios nostros queritantes, quam preciosiorem in auro et gemmis tanto ornatui materiam inuenire potuimus, preparando artifices periciores de diuersis partibus conuocauimus, qui et diligenter et morose fabricando crucem uenerabilem ipsarum ammiratione gemmarum retro attollerent et ante, uidelicet in conspectu sacrificantis sacerdotis, adorandam domini saluatoris imaginem in recordatione passionis eius tanquam et adhuc pacientem in cruce ostentarent.

(204) Eodem sane loco beatus Dyonisius quingentis annis et eo amplius, uidelicet a tempore Dagoberti usque ad nostra tempora, iacuerat. **(205)** Vnum iocosum, sed nobile miraculum, quod super his ostendit nobis Dominus, sub silentio preterire nolumus. **(206)** Cum enim hererem penuria gemmarum, nec super hoc sufficienter michi prouidere ualerem – raritas enim eas cariores facit –, ecce duorum ordinum trium abbatiarum, uidelicet Cistellensis et alte-

930 nobile miraculum (*ex* miraculum nobile *corr.*) *P*: miraculum nobile *g l p*

912–913 Mt 25,30

915–916 Passio sancti Andreae apostoli (ed. R. A. Lipsius/M. Bonnet, Acta Apostolorum apocrypha II, 1, Leipzig 1898, pp. 24, 8–25, 2 [cf. app. ad loc.])

930–931 cf. Vita Lud. VI., c. XXXIV (p. 284): … *unum contigit quod silentio preterire dignum non videtur.*

933 cf. Isidor von Sevilla, Etymologiae XVI, 6, 2 (ed. W. M. Lindsay, Oxford 1911): *Pretiosi lapides ideo dicti sunt quia care valent, sive ut a vilibus discerni possint, seu quod rari sint.*

„Fern sei mir, mich zu rühmen außer des Kreuzes meines Herrn Jesus Christus", – so herrlich es (nicht so sehr den Menschen wie den Engeln selbst) als Zeichen des Menschensohnes hoch im Himmel erscheint, so würden wir uns mit aller Demut des Herzens anstrengen, es umso herrlicher schmücken zu lassen, wenn wir nur könnten, indem wir es beständig mit dem Apostel Andreas grüßten: „Sei gegrüßt, du Kreuz, das du dem Leib Christi geweiht und mit seinen Gliedern gleichwie mit Perlen geschmückt bist!" **(202)** Doch da wir es nicht vollenden konnten, wie wir wollten, wollten wir es ⟨wenigstens⟩ so gut wir konnten, und dank Gottes Geschenk vollbrachten wir es. **(203)** Daher erwarben wir überall selbst und auch durch unsere Boten eine Menge kostbarer Perlen und Edelsteine, stellten das kostbarste Material an Gold und Edelsteinen, das wir für eine so bedeutende Ausschmückung finden konnten, bereit, riefen aus verschiedenen Gegenden recht erfahrene Kunstfertige zusammen, welche in ebenso sorgfältiger wie behutsamer Arbeit das ehrwürdige Kreuz von der Rückseite her dadurch erheben sollten, daß man die Edelsteine selbst bewunderte, und vorn, auf der dem Zelebranten sichtbaren Seite, das anbetungswürdige Bild unseres Herrn und Heilands in der Vergegenwärtigung seines Leidens, gleichsam als litte er gerade jetzt am Kreuz, zeigen sollten.

(204) An diesem Ort freilich hatte der heilige Dionysius 500 Jahre und noch mehr, nämlich von der Zeit Dagoberts ⟨I.⟩ bis zu unseren Zeiten, gelegen[121]. **(205)** Ein merkwürdiges, doch edles Wunderzeichen, das uns der Herr bei diesen Dingen dargeboten hat, wollen wir nicht mit Stillschweigen übergehen. **(206)** Denn als ich wegen des Mangels an Edelsteinen ⟨noch⟩ in Verlegenheit war und dafür nicht selbst hinreichend Vorsorge treffen konnte (denn ihre Seltenheit macht sie umso kostbarer), siehe, da traten ⟨Leute⟩ aus drei Abteien zweier Orden, nämlich aus Cîteaux[122] und einer anderen Abtei

[121] Cf. *cons* 87,538–88,545 sowie in Anm. 52 den Hinweis auf Gesta Dag., p. 406; zur Lage der Heiligengräber siehe ferner van der Meulen/Speer (1988), pp. 132–140.

[122] Aus der evangelischen Armutsbewegung des 11. Jahrhunderts (Forderung nach „*vita evangelica et apostolica*") hervorgegangene Klostergründung (1098) des Wanderpredigers Robert von Molesme in der Nähe von Dijon (Diözese Chalon-sur-Saône). Nach diesem benediktinischen Reformkloster – Mutterkloster zahlreicher Neugründungen zunächst in Frankreich, später auch in Italien (ab 1120) und im Deutschen Reich (ab 1123) – ist der Orden der sog. Zisterzienser benannt, der nach einer ersten, noch relativ bescheidenen Anfangsphase nicht zuletzt durch das wortgewaltige Wirken des (Hl.) Bernhard von Clairvaux (1113 Eintritt Bernhards und seiner Gefährten in das Kloster; 1115 Gründung von Clairvaux) in der ersten Hälfte des 12. Jahrhunderts einen enormen Aufschwung erlebte (gerade auch im Hinblick auf das spannungsreiche Gegen- und Miteinander zu der älteren benediktinischen Reformbewegung der Cluniazenser). Mit einem guten Uberblick über die allgemeine Geschichte von Cîteaux bzw. der Zisterzienser: C. Sommer-Ramer, Die Zisterzienser,

rius abbatie eiusdem ordinis et Fontis Ebraldi, camerulam nostram ecclesie inherentem intrantes gemmarum copiam, uidelicet iacinctorum, saphirorum, rubetorum, smaragdinum, topaziorum, quantam per decennium inuenire minime sperabamus, emendam nobis obtulerunt. **(207)** Qui autem eas habebant, a comite Theobaldo sub elemosina obtinuerant; qui a thesauris auunculi sui regis Henrici defuncti, quas in mirabilibus cuppis toto tempore uite sue congesserat, per manum Stephani fratris sui regis Anglici receperat. **(208)** Nos autem onere querendarum gemmarum exhonerati gratias Deo referentes quater centum libras, cum plus satis ualerent, pro eis dedimus. **(209)** Nec eas solum, uerum etiam multam et sumptuosam aliarum gemmarum et unionum copiam ad perfectionem tam sancti ornamenti apposuimus. **(210)** De auro uero obrizo circiter quater uiginti marcas nos posuisse, si bene recordor, meminimus. **(211)** Pedem uero quatuor euangelistis comp-

940 elemosina] *in* eleemosina *corr. man. rec. P* 945 etiam *sup. lin. P*

desselben Ordens sowie aus Fontevrault[123] in unsere Kammer, die an die Kirche anschließt, ein und boten uns eine Menge Edelsteine, nämlich Hyazinthe, Saphire, Rubine, Smaragde, Topase, so viele, wie wir in zehn Jahren niemals zu finden hoffen konnten, zum Kauf an. **(207)** Ihre Besitzer hatten sie vom Grafen Theobald ⟨von Blois⟩ für Almosen erhalten; dieser hatte sie durch die Hand seines Bruders Stephan, des Königs von England, aus den Schätzen seines Onkels, des verstorbenen Königs Heinrich ⟨I. Beauclerc⟩[124], bekommen, welche er in der ganzen Zeit seines Lebens in wunderbaren Gefäßen[125] gesammelt hatte. **(208)** Wir aber, befreit von der Last, die Edelsteine suchen zu müssen, sagten Gott Dank; 400 Pfund zahlten wir dafür, obwohl sie weit mehr wert waren. **(209)** Nicht allein diese, sondern auch eine große und aufwendige Menge anderer Edelsteine und Perlen verwandten wir auf die Vollendung dieses hochheiligen Schmuckstückes. **(210)** An lauterem Gold aber erinnern wir uns etwa 80 Mark eingesetzt zu haben – wenn ich mich recht entsinne. **(211)** Den Fuß aber[126], geschmückt mit den

in: Helvetia Sacra. Abt. III, vol. 3/1, Bern 1982, pp. 27–86 (mit ausführlicher Bibliographie pp. 66–86). – Daneben: Die Zisterzienser. Ordensleben zwischen Ideal und Wirklichkeit. Ausstellungskatalog Bonn 1980. – Ferner: Die Cistercienser. Geschichte – Geist – Kunst, edd. A. Schneider e. a., Köln 1974, hier bes. A. Schneider, Die Geschichte der Cistercienser, pp. 11–56.

[123] Fontevrault (Fontevraud, Fons Ebraldi) bei Saumur (Anjou), um 1101 von dem charismatischen Wanderprediger Robert von Arbrissel († 1116) gegründete monastische Gemeinschaft männlicher und weiblicher Religiosen, die rasch starken Zulauf fand und vor allem durch den (Hoch-)Adel weitreichend gefördert wurde (u. a. Grablege des Hauses Plantagenêt). Organisatorisch durchaus ungewöhnlich bestand das von einer Äbtissin geleitete Fontevrault aus einem Frauenkloster (mit einer Kommunität zumeist adeliger Jungfrauen und Witwen, die nach der Benedikt-Regel lebten), dem ein männlicher Konvent (nach der Augustinus-Regel) zugeordnet war. Cf. zusammenfassend (jeweils mit weiterführenden Literaturhinweisen) J.-M. Bienvenu, Artikel 'Fontevrault', in: LexMA IV (1989), coll. 627–629. – K. S. Frank, Artikel 'Fontevrault', in: LThK³ III (1995), coll. 1347sq.

[124] Mit dem hier als verstorben bezeichneten *rex Henricus* ist Heinrich I. Beauclerc (*1068–1135) gemeint, ein Sohn Wilhelms des Eroberers († 1087) und seit 1100 König von England; aus der Ehe seiner Schwester Adela († 1138) mit Graf Stephan (Etienne) von Blois († 1102) waren die zwei Söhne Theobald (Thibaud) IV. (II.) († 1152), Graf von Blois (cf. *cons* 64 mit Anm. 38), und Stephan (Stephen; Etienne) (* um 1096; † 1154), Graf von Blois und seit 1135 als Nachfolger seines Onkels Heinrich I. Beauclerc König von England, hervorgegangen.

[125] Hierbei handelt es sich womöglich um die sog. *cuppae Constantini*, die in einem *Inventarium pontificale* aus dem 13. und 14. Jh. erwähnt werden; cf. Ph. Verdier, La grande croix de l'abbé Suger à Saint-Denis, in: Cahiers de civilisation médiévale 13 (1970), pp. 1–31, hier p. 7 (Anm. 22).

[126] Um 1160–1170 wurde im Maasgebiet für das Kloster Saint-Bertin in Saint-

tum et columpnam, cui sancta insidet imago, subtilissimo opere smaltitam et saluatoris historiam cum antique legis allegoriarum testimoniis designatis et capitello superiore mortem Domini cum suis imaginibus ammiranter per plures aurifabros Lotharingos, quandoque quinque, quandoque septem, uix duobus annis perfectam habere potuimus.

(212) Tanti igitur et tam sancti instrumenti ornatum altius honorare et exaltare misericordia saluatoris nostri accelerans domnum papam Eugenium ad celebrandum sanctum pascha, sicut mos est Romanis pontificibus in Galliis demorantibus, ob honorem sancti apostolatus beati Dyonisii, quod etiam de Calixto et Innocentio illius predecessoribus uidimus, ad nos adduxit, qui eundem cruci-

953 ammiranter *scrips.*: ammirante *P g l p*

vier Evangelisten, und den Schaft, auf dem das heilige Bildnis thront und welcher in feinster Emailarbeit gefertigt ist, die Geschichte des Heilands mit dazu dargestellten allegorischen Zeugnissen des Alten Testaments, ferner weiter oben auf dem Knauf den Tod des Herrn, ⟨all dies jeweils⟩ mit seinen Bildern in wunderbarer Weise, konnten wir durch mehrere lothringische Goldschmiede – zeitweise fünf, zeitweise sieben – in kaum zwei Jahren vollendet haben.

(212) Um also die Zierde eines so erhabenen und so heiligen ⟨Kirchen⟩geräts in noch höherem Maße zu ehren und zu erheben, sandte das Erbarmen unseres Heilands eilends unseren Herrn, den Papst Eugen ⟨III.⟩[127], zu uns zur Feier des heiligen Osterfestes, wie es bei den römischen Päpsten aus Ehrerbietung für das heilige Apostelamt des heiligen Dionysius[128] üblich ist, wenn sie sich in der Gallia aufhalten (was wir auch von Calixtus ⟨II.⟩ und Innozenz ⟨II.⟩, seinen Vorgängern, gesehen haben[129]); dieser [i. e. Eugen ⟨III.⟩]

Omer ein ebenfalls mit Grubenschmelz dekorierter Kreuzfuß gefertigt. Er gilt als verkleinerte Replik des emailierten Kreuzfußes, den Suger für den großen goldenen Kruzifix *adm* 211,950sq. in Auftrag gegeben hatte (cf. D. Kötzsche in: Rhein und Maas. Kunst und Kultur 800 bis 1400. Katalog der Ausstellung Köln 1972, pp. 254sq. mit Abb.).

127 Papst Eugen III. (1145–1153); im Rahmen eines längeren Aufenthaltes in Frankreich 1147 bis 1148 nahm der Papst in Saint-Denis am Osterfest (20. April) des Jahres 1147 eine Festkrönung vor. – Siehe hierzu R. Große, Saint-Denis (wie p. 83, Anm. 81), p. 231 mit Anm. 68. – Zum Aufenthalt Papst Eugens III. in Saint-Denis (Festkrönung) und Paris siehe: Regesta Pontificum romanorum ab condita ecclesia ad annum post Christum natum MCXCVIII, edd. S. Loewenfeld, F. Kaltenbrunner, P. Ewald. T. II (ab a. MCXLIII ad. a. MCXCVIII), Leipzig 1888, nn. 9021–9077. – Cartellieri Reg., n. 135, p. 144. – H.-W. Klewitz, Die Krönung des Papstes, in: ZRG KA 30 (1941), pp. 96–130, hier p. 102 (zur Festkrönung).

128 Zum Apostelamt des Dionysius cf. *adm* 245,1091 (mit Anm. 147).

129 Papst Innocenz II. (1130–1143), der während des 1130 ausgebrochenen Schismas ([Gegen-]Papst Anaklet II. [1130–1138]) nach Frankreich ausgewichen war, beging das Osterfest (19. April) des Jahres 1131 in Saint-Denis, verbunden mit einer Festkrönung. – Siehe R. Große, Saint-Denis (wie p. 83, Anm. 81), pp. 228 und 235 (mit dem Hinweis, daß entsprechend der Darstellung Sugers in der Vita Lud. VI., cap. XXXII [p. 262], die Festkrönung Innocenz' II. hier als ein konstitutiver Akt verstanden wurde: Erst nachdem König Ludwig VI. und König Lothar III. Innocenz II. als rechtmäßigen Papst – gegen Anaklet II. – anerkannt hatten, war dieser auch das unbestrittene Oberhaupt der Christenheit; daher wurde er erneut – nun in Saint-Denis – festlich gekrönt.). – Zum Aufenthalt von Papst Innocenz II. in Saint-Denis cf. auch: Vita Lud. VI., cap. XXXII [p. 262–264]. – Cartellieri Reg., n. 69, p. 136. – H.-W. Klewitz, Die Krönung des Papstes, in: ZRG KA 30 (1941), pp. 96–130, hier pp. 102 und 115. – M. Bur, Suger, abbé de Saint-Denis, régent de France, Paris 1991, p. 153.

Quellenmäßig nicht belegt ist hingegen ein Aufenthalt Papst Calixt' II. (Guido von

fixum ea die sollempniter consecrauit, de titulo uere crucis Domini que omnem et uniuersalem excedit margaritam, de capella sua portionem in eo assignauit, publice coram omnibus quicumque inde aliquid raperent, quicumque ausu temerario in eum manum inferrent, mucrone beati Petri et gladio Spiritus sancti anathematizauit. **(213)** Nos autem idem anathema inferius in cruce intitulari fecimus.

(214) Principale igitur beati Dyonisii altare, cui tantum anterior tabula a Karolo Caluo imperatore tercio speciosa et preciosa habebatur, quia eidem ad monasticum propositum oblati fuimus, ornatum iri accelerauimus et utrique lateri aureas apponendo tabulas quartam etiam preciosiorem, ut totum circumquaque altare appareret aureum, attollendo circumcingi fecimus. **(215)** Collateralibus quidem candelabra uiginti marcarum auri regis Ludouici Philippi, ne quacumque occasione raperentur, ibidem deponentes iacinctos, smaragdines, quascumque gemmas preciosas apposuimus et apponendas diligenter queritare decreuimus.

(216) Quorum quidem uersus hii sunt in dextro latere:

Has are tabulas posuit Sugerius abbas
Preter eam, quam rex Karolus ante dedit.

966–967 cf. Vita Lud. VI., c. X (pp. 66–68): … *anatemate innodantes, mucrone beati Petri perfoderunt*. Cf. auch c. XXIV (p. 176): … *muchrone beati Petri, anathemate scilicet generali detruncans* …

weihte den Kruzifix an diesem ⟨Oster⟩tag feierlich, und aus seiner Schatzkammer teilte er von dem Titulus des wahren Kreuzes unseres Herrn, welches all und jede Perle übertrifft, ein Teilchen diesem ⟨unserem⟩ zu, und öffentlich, vor allen, bannte er alle, die etwas davon stehlen, und alle, die in frevelnder Kühnheit ihre Hand danach ausstrecken sollten, durch das Schwert des heiligen Petrus und das Schwert des Heiligen Geistes. **(213)** Wir aber ließen diesen Bannspruch unterhalb auf dem Kreuz als Inschrift anbringen.

⟨Der Hauptaltar[130]⟩

(214) Den Hauptaltar des heiligen Dionysius also, für den man nur die früher von Karl ⟨dem Kahlen⟩, dem dritten Kaiser[131], gestiftete schöne und kostbare Platte hatte, beeilten wir uns ausschmücken zu lassen, da wir an diesem Altar als Oblatus zu klösterlichem Behuf dargebracht worden waren[132], und indem wir zu beiden Seiten goldene Tafeln anbringen und als vierte eine noch kostbarere hinzufügen ließen, ließen wir ihn so einfassen, daß der ganze Altar ringsherum golden erschien. **(215)** An den Seiten jedoch setzten wir Kerzenleuchter[133] von König Ludwig ⟨VI.⟩, dem Sohn Philipps ⟨I.⟩, im Wert von 20 Goldmark ein, damit sie bei keiner Gelegenheit gestohlen würden, fügten ebendort Hyazinthe, Smaragde und alle möglichen Edelsteine hinzu und gaben Anweisung, sich sorgfältig um den Erwerb weiterer, die noch angebracht werden sollten, zu bemühen.

(216) Die Verse[134] auf den Seiten sind folgende; auf der rechten Seite:

> Diese Altartafeln brachte Abt Suger an,
> mit Ausnahme derjenigen, die König Karl ⟨der Kahle⟩ zuvor gestiftet hat.

Vienne; 1119–1124) in Saint-Denis zur Zeit des Osterfestes; im Rahmen einer ausgedehnten Frankreich-Reise (1119/20) hatte der Papst zwar auch die Abtei von Saint-Denis aufgesucht, doch sind entsprechende Besuche offenbar nur für die Zeit unmittelbar vor bzw. nach dem Konzil von Reims (Oktober 1119) nachzuweisen. Cf. hierzu B. Schilling, Guido von Vienne – Papst Calixt II. (MGH, Schriften 45), Hannover 1998, pp. 695 (zu 1119 Oktober 19) und 699 (zu 1119 November 27) sowie p. 411. Daneben auch Grant (1998), p. 195. – Allgemein zu Papstbesuchen in Saint-Denis cf. Grant (1998), pp. 193–196.

130 Zum Hauptaltar siehe die Ausführungen von D. Gaborit-Chopin in: Le trésor de Saint-Denis (1991), pp. 123–125; ferner Formigé (1960), p. 93 (fig. 78).

131 Cf. *ord* 22,100 (mit Anm. 11).

132 Dies geschah im Jahre 1091, als Suger 10 Jahre alt war; cf. hierzu die Ausführungen im einleitenden Beitrag von G. Annas, p. 79 mit Anm. 63.

133 Damit werden die Kerzenleuchter gemeint sein, von denen Suger in der Vita Lud. VI. (c. XXXIII [p. 276]) berichtet, der König habe sie kurz vor seinem Tode der Abtei vermacht.

134 Zu den Versen cf. den einleitenden Beitrag von S. Linscheid-Burdich, pp. 128sqq.

Indignos uenia fac dignos, uirgo Maria.
Regis et abbatis mala mundet fons pietatis.

(217) In sinistro latere:
Si quis preclaram spoliauerit impius aram,
Eque dampnatus pereat Iude sociatus.

(218) Vlteriorem uero tabulam miro opere sumptuque profuso, quoniam barbari et profusiores nostratibus erant artifices, tam forma quam materia mirabili anaglifo opere, ut a quibusdam dici possit '*Materiam superabat opus*', extulimus. **(219)** Multa de acquisitis, plura de quibus ecclesie ornamentis, que perdere timebamus, uidelicet pede decurtatum calicem aureum et quedam alia, ibidem configi fecimus. **(220)** Et quoniam tacita uisus cognitione materiei diuersitas, auri, gemmarum, unionum absque descriptione facile non cognoscitur, opus quod solis patet litteratis, quod allegoriarum iocundarum iubare resplendet, apicibus litterarum mandari fecimus.

(221) Versus etiam idipsum loquentes, ut enucleatius intelligantur, apposuimus:

Voce sonans magna Christo plebs clamat 'osanna'.
Que datur in cena, tulit omnes hostia uera.
Ferre crucem properat, qui cunctos in cruce saluat.
Hoc, quod Abram pro prole litat, Christi caro signat.
Melchisedech libat, quod Abram super hoste triumphat.
Botrum uecte ferunt, qui Christum cum cruce querunt.

(222) Hec igitur tam noua quam antiqua ornamentorum discrimina ex ipsa matris ecclesie affectione crebro considerantes, dum

993 tacita] *ex* cita *corr.* *P*

---

990 Ovid, Metamorphoses 2, 5

Durch Gnade laß, o Jungfrau Maria, die Unwürdigen Würde erlangen,
die Sünden des Königs und des Abtes möge die Quelle der Liebe abwaschen.

(217) Auf der linken Seite:

Falls irgendein Gottloser diesen herrlichen Altar beraubt,
soll er, mit Recht verdammt, zugrundegehen, vereint mit Judas.

(218) Die jenseitige Tafel aber veredelten wir durch bewundernswerte Arbeit und überströmenden Aufwand (da die fremden[135] Kunstfertigen aufwendiger arbeiteten als unsere), mit sowohl in der Form als auch im Material bewunderungswürdiger Reliefarbeit[136], so daß manche hätten sagen können: „Das Werk übertraf das Material". **(219)** Vieles an erworbenen, mehr noch von denjenigen Gegenständen zum Schmuck der Kirche, die wir zu verlieren fürchteten, zum Beispiel einen goldenen Kelch mit verkürztem Fuß und gewisse andere, ließen wir dort einarbeiten. **(220)** Und da bei stummer Kenntnisnahme durch den Augenschein die Verschiedenartigkeit des Materials, des Goldes, der Edelsteine und der Perlen ohne Beschreibung nicht leicht verstanden wird, haben wir das Werk, das allein den Unterwiesenen sich erschließt, und das im Glanz herrlicher Allegorien erstrahlt, der Schrift anvertrauen lassen.

(221) Wir haben zum gründlicheren Verständnis auch die Verse, die dasselbe aussprechen, hinzugesetzt:

Das Volk, das mit lauter Stimme sich vernehmen läßt, ruft Christus „Hosanna" zu.
Das wahre Opfer, das im Mahl sich hingibt, hat alle getragen.
Das Kreuz zu tragen eilt er, der am Kreuz alle rettet.
Das Fleisch Christi bezeichnet das, was Abraham anstelle seines Sohnes opfert.
Melchisedech opfert, weil Abraham über den Feind triumphiert.
Die Christus mit dem Kreuz suchen, tragen die Weintraube mit der Tragstange.

⟨Weitere *ornamenta.*⟩

(222) Wenn ich also aus Liebe zu unserer Mutter Kirche selbst häufig diese neuen wie die alten Kostbarkeiten in ihrer Verschiedenheit anschaute,

[135] Zu den verschiedenartigen Bedeutungen von *barbarus* cf. den Art. 'barbarus', in: Mittellateinisches Wörterbuch I: A-B, München 1967, coll. 1365–1369. Philippe Verdier (La grande croix de l'abbé Suger à Saint-Denis, in: Cahiers de civilisation médiévale 13 [1970], pp. 1–31, bes. p. 17, Anm. 62) ist der Auffassung, '*barbari*' verweise auf merowingische Handwerker, die erwähnte „jenseitige Tafel" sei demnach aus einer älteren umgearbeitet worden. Diese Deutung ist am Text jedoch schwer zu belegen.

[136] Zur Art des *opus anaglyphum* cf. den entsprechenden Glossarartikel.

illam ammirabilem sancti Eligii cum minoribus crucem, dum incomparabile ornamentum quod uulgo crista uocatur auree are superponi contueremur, cordetenus suspirando '*omnis*' inquam '*lapis preciosus operimentum tuum, sardius, topazius, iaspis, crisolitus, onix et berillus, saphirus, carbunculus et smaragdus*'. **(223)** De quorum numero preter solum carbunculum nullum deesse, immo copiosissime habundare gemmarum proprietatem cognoscentibus cum summa ammiratione claret.

(224) Vnde cum ex dilectione decoris domus Dei aliquando multicolor gemmarum speciositas ab exintrinsecis me curis deuocaret, sanctarum etiam diuersitatem uirtutum de materialibus ad inmaterialia transferendo honesta meditatio insistere persuaderet, uideor uidere me quasi sub aliqua extranea orbis terrarum plaga, que nec tota sit in terrarum fece, nec tota in celi puritate, demorari, ab hac etiam inferiori ad illam superiorem anagogico more Deo donante posse transferri. **(225)** Conferre consueui cum Iherosolimitanis et gratantissime addiscere, quibus Constantinopolitane patuerant gaze et sancte Sophie ornamenta, utrum ad comparationem illorum hec aliquid ualere deberent. **(226)** Qui cum hec maiora faterentur, uisum est nobis, quod timore Francorum ammiranda

1017 exintrinsecis] extrinsecis *dubitanter coni. p*

1010–1012 Ez 28,13
1016 cf. Ps 25,8
1019–1020 cf. Vita Lud. VI., c. XXVII (p. 206): … *semivigilans videor videre me* …

wenn ich betrachtete, wie jenes bewunderungswürdige Kreuz des heiligen Eligius[137] zusammen mit kleineren ⟨Kostbarkeiten⟩ und wie jenes unvergleichliche Prunkstück, das gemeinhin „crista"[138] genannt wird, auf den goldenen Altar gesetzt wurden, dann seufzte ich von Herzen und sprach: „Ein jeder kostbare Stein dient dir als Decke: Sarder, Topas, Jaspis, Chrysolith, Onyx, Beryll, Saphir, Karfunkel und Smaragd". **(223)** Daß an deren Zahl außer dem Karfunkel keiner fehlte, sondern vielmehr alle in überströmender Menge vorhanden waren, ist denen, die die Eigenschaften der Edelsteine kennen, klar und erfüllt sie mit höchster Bewunderung.

(224) Als daher mich einmal aus Liebe zum Schmuck des Gotteshauses die vielfarbige Schönheit der Steine von den äußeren Sorgen ablenkte und würdiges Nachsinnen mich veranlaßte, im Übertragen ihrer verschiedenen heiligen Eigenschaften von materiellen Dingen zu immateriellen zu verharren[139], da glaubte ich mich zu sehen, wie ich in irgendeiner Region außerhalb des Erdkreises, die nicht ganz im Schmutz der Erde, nicht ganz in der Reinheit des Himmels lag, mich aufhielt, und ⟨glaubte,⟩ daß ich, wenn Gott es mir gewährt, auch von dieser unteren ⟨Region⟩ zu jener höheren in anagogischer Weise hinübergetragen werden könne. **(225)** Ich pflegte mich mit Jerusalempilgern[140], denen die Schätze von Konstantinopel und die Kostbarkeiten der Hagia Sophia zugänglich gewesen waren, zu besprechen und sie mit freudigem Interesse zu fragen, ob das, was hier liegt, verglichen mit jenen ⟨Schätzen⟩ irgendetwas gelten könnte. **(226)** Da diese sagten, die ⟨Schätze⟩ hier seien bedeutender, nahmen wir an, daß die bewundernswerten

[137] Le trésor de Saint-Denis (1991), Kat. Nr. 1, pp. 56–59 mit Abb. eines Fragments aus der Dekoration mit „verres cloisonnés" (cf. *adm* 278,1231), ferner pp. 42–43 mit historischen Abbildungen. Dieses Kreuz wird mit dem in den *Gesta Dagoberti* erwähnten Kreuz des heiligen Eligius identifiziert, cf. Gesta Dag., p. 407,17sqq.: „*Crucem etiam magnam, quae retro altare aureum poneretur, ex auro puro et pretiosissimis gemmis insigni opere ac minutissima artis subtilitate fabricari iussit, quam beatus Eligius, eo quo illo in tempore summus aurifex ipse in regno haberetur, cum et alia, quae ad ipsius basilicae ornatum pertinebant, strenue prepararet, eliganti subtilitatis ingenio, sanctitate opitulante, mirifice exornavit*".

[138] Le trésor de Saint-Denis (1991), Kat. Nr. 13, pp. 92–98 und p. 123; die hier beschriebene *crista* gilt als „escrain" Karls des Kahlen.

[139] Suger wendet hier den Vorwurf Bernhards von Clairvaux aus *Apologia* XII. 28 (S. Bernardi Opera, vol. III [edd. J. Leclercq/H. Rochais, Rom 1974], pp. 104–106) um, daß der äußerliche Kirchenschmuck von der inneren Frömmigkeit ablenke; cf. den einleitenden Beitrag von A. Speer, pp. 63–65.

[140] Jerusalempilger oder Teilnehmer des ersten Kreuzzuges (1096–1099) bzw. – als ein zusätzlicher Beleg für eine längere Entstehungszeit dieser bereits 1144/45 begonnenen Schrift – des zweiten Kreuzzuges (1145–1149), der das Hauptheer jeweils auf der auch bei Pilgern beliebten Route über Konstantinopel geführt hatte.

que antea audieramus caute reposita essent, ne stultorum aliquorum impetuosa rapacitate Grecorum et Latinorum ascita familiaritas in sedicionem et bellorum scandala subito moueretur. **(227)** Astucia enim precipue Grecorum est. **(228)** Vnde fieri potuit, ut maiora sint que hic sub tuto reposita apparent, quam ea que non tuto propter scandala ibidem relicta apparuerunt. **(229)** Ammiranda siquidem et fere incredibilia a uiris ueridicis quampluribus et ab episcopo Laudunensi Hugone in celebracione misse de sancte Sophie ornamentorum prerogatiua necnon et aliarum ecclesiarum audieramus. **(230)** Que si ita sunt, immo quia eorum testimonio ita esse credidimus, tam inestimabilia quam incomparabilia multorum iudicio exponerentur.

(231) *Habundet unusquisque in suo sensu*; michi fateor hoc potissimum placuisse, ut quecumque cariora, quecumque carissima sacrosancte eucharistie amministrationi super omnia deseruire debeant. **(232)** *Si libatoria* aurea, si *fial*e auree et si *mortariola aurea* ad collectam *sanguin*is *hircorum* aut *uitulorum* aut uacce ruffe ore Dei aut prophete iussu deseruiebant, *quanto magis* ad susceptionem *sanguinis* Iesu *Christi* uasa aurea, lapides preciosi, queque inter omnes creaturas karissima continuo famulatu, plena deuocione exponi debent. **(233)** Certe nec nos nec nostra his deseruire sufficimus. **(234)** Si de sanctorum Cherubim et Seraphim substantia

1038 credidimus] credimus *g l p*

1031 sprichwörtl., cf. auch Wilhelm von Tyra, Chronicon 2, 10 (CCCM 63 [ed. R. B. C. Huygens, Turnhout 1986], p. 174, 18): *… quod odio inexorabili Grecorum astucie populum semper nostrum persequi ardentissime studuerint …*

1040 Rm 14,5

1043 I Mcc 1,23

1044–1046 Hbr 9,13sq.

Stücke, die wir früher hatten nennen hören, aus Furcht vor den Franken vorsichtshalber versteckt worden seien, damit nicht durch die unbeherrschte Raubgier irgendwelcher Toren das bereits gebilligte vertraute Verhältnis zwischen Griechen und Latinern sich plötzlich in Aufruhr und Anlaß zu Kriegen wandelte[141]. **(227)** Denn Hinterlist ist besonders eine Eigenschaft der Griechen. **(228)** Daher konnte es dazu kommen, daß die Dinge, die hier sicher verwahrt zu sehen sind, bedeutender sind als jene, die wegen der Vorfälle dort ungesichert zurückgelassen und zugänglich waren; **(229)** zumal wir Staunenswertes und beinahe Unglaubliches von mehreren wahrheitsliebenden Männern und von Bischof Hugo von Laon[142] über den außerordentlichen Rang der Kostbarkeiten der Hagia Sophia wie auch anderer Kirchen bei der Feier der Messe gehört hatten. **(230)** Wenn dies so ist, vielmehr weil wir deren Zeugnis glaubten, daß es so ist, dann sollten Dinge, die so unschätzbar wie unvergleichlich sind, dem Urteil von vielen vorgelegt werden!

(231) Mag ein jeder in seinem Sinne Überfluß haben: ich sage, daß mir folgendes vornehmlich angemessen schien: daß alles, was besonders kostbar ist, und alles, was äußerst kostbar ist, vor allem dem Dienst an der hochheiligen Eucharistie gewidmet sein solle. **(232)** Wenn nach dem Wort Gottes oder auf Geheiß des Propheten goldene Kannen, goldene Schalen, goldene Mörser dazu dienten, das Blut von Böcken, Kälbern oder einer roten Kuh aufzunehmen, um wieviel mehr müssen, um das Blut Jesu Christi aufzunehmen, goldene Gefäße, kostbare Steine und was auch immer es an besonders Kostbarem unter allen Geschöpfen gibt, in beständiger dienstbarer Ergebenheit und vollkommener Demut bereitgestellt werden! **(233)** In dieser Hinsicht können sicherlich weder wir noch was uns gehört hinreichend unsere Dienstbarkeit erzeigen. **(234)** Wenn in einer neuen Schöpfung unser Wesen nach dem Vorbild des Wesens der heiligen Cherubim und Seraphim verwan-

[141] Wohl einer der geläufigen Bescheidenheits-Topoi Sugers, hier möglicherweise mit einem Hinweis auf die – bei allem Wohlwollen – durchaus vorhandenen (latenten) Spannungen zwischen dem französischen Heer und dem byzantinischen Kaiser Manuel I. Komnenos (1143–1180) während des zweiten Kreuzzuges (1145–1149), die vor allem von einer starken antibyzantinischen Partei unter Führung Bischof Gottfrieds von Langres geschürt wurden (nicht zuletzt nach dem Bekanntwerden eines Waffenstillstandes zwischen dem byzantinischen Kaiser und dem Selçuken-Sultan Mas'ud von Konya 1147). Cf. zur angespannten Situation in Konstantinopel im Herbst 1147: V. G. Berry, The Second Crusade, in: K. M. Setton (ed.), A History of the Crusades, vol. 1, Philadelphia 1955, pp. 463–512, hier pp. 487–492. – St. Runciman, A History of the Crusades, vol. 2, Cambridge 1952, pp. 262–269 (dt. Übers.: Geschichte der Kreuzzüge, vol. 2, München 1958, pp. 252–259). – H. E. Mayer, Geschichte der Kreuzzüge, Stuttgart e. a. [8]1995, pp. 94sq.

[142] Hugo, Vorsteher des Domkapitels von Orléans, war von August 1112 bis März 1113 Bischof von Laon, cf. *adm* 225,1023–1025.

noua creatione nostra mutaretur, insufficientem tamen et indignum tante et tam ineffabili hostie exhiberet famulatum. **(235)** Tantam tamen *propiciationem pro peccatis nostris* habemus. **(236)** Opponunt etiam qui derogant debere sufficere huic amministracioni mentem sanctam, animum purum, intentionem fidelem. **(237)** Et nos quidem hec interesse precipue, proprie, specialiter approbamus. **(238)** In exterioribus etiam sacrorum uasorum ornamentis nulli omnino eque ut sancti sacrificii seruitio, in omni puritate interiori, in omni nobilitate exteriori debere famulari profitemur. **(239)** In omnibus enim uniuersaliter decentissime nos oportet deseruire redemptori nostro, qui in omnibus uniuersaliter absque exceptione aliqua nobis prouidere non recusauit, qui nature sue nostram sub uno et ammirabili indiuiduo uniuit, qui nos in parte dextere sue locans regnum suum ueraciter possidere promisit Dominus noster qui uiuit et regnat per omnia secula seculorum.

(240) Altare etiam quod testimonio antiquorum sanctum nominatur altare, sic enim consueuit dicere gloriosus rex Ludouicus Philippi ab infantia sua, dum hic nutriretur, se a senioribus loci didicisse, quia cum uetustate, tum defectu fidelis custodie, tum etiam propter frequentem mocionem, que fit nobilissimi apparatus occasione, qui diuersi diuersis, excellentes excellentioribus festis apponuntur, minus honeste comptum apparebat, ob reuerentiam sanctarum reliquiarum renouare excepimus. **(241)** Sacratus siquidem lapis porphireticus qui superest are non minus qualitatiuo colore, quam quantitatiua magnitudine satis aptus, concauo ligno auro operto ipsa uetustate interpolata admodum disrupto cingebatur,

1075 satis] satus *P*

1052 I Jo 4,10
1063 cf. Mt 25,33sq.
1073–1132 cf. *ord* 22,100–28,149

delt würde, so würde es dennoch nur einen unzulänglichen und unwürdigen Dienst an dem so erhabenen und so unaussprechlichen Opfer darbieten können. **(235)** Dennoch haben wir für unsere Sünden eine so erhabene Sühne. **(236)** Es halten auch diejenigen, die dem nicht uneingeschränkt beipflichten, dagegen, für diesen Dienst müsse ein heiligmäßiger Geist, ein reines Herz, eine gläubige Absicht genügen[143]. **(237)** Auch wir gestehen zu, daß dies vorzüglich, wesentlich und besonders von Bedeutung ist. **(238)** ⟨Doch⟩ erklären wir auch in Hinsicht auf den äußeren Schmuck der heiligen Gefäße, daß man für überhaupt nichts ebenso dienstbereit sein müsse wie für den Dienst am heiligen Opfer, und zwar sowohl in aller Reinheit im inneren wie in aller Vornehmheit im äußeren. **(239)** Denn in allem, in jeder Hinsicht, ist es unsere Aufgabe, in der schicklichsten Weise unserem Erlöser zu dienen, der es nicht verschmäht hat, in allem, in jeder Hinsicht, ohne irgendeine Ausnahme für uns zu sorgen, der seinem Wesen das unsere in einer einzigen, wunderbaren, unteilbaren Einheit vereint hat, der uns zu seiner Rechten einen Platz gegeben und uns versprochen hat, wahrhaftig sein Reich zu besitzen, er, unser Herr, der da lebt und herrscht in alle Ewigkeit.

⟨Der „Heilige Altar" und die *Detectio* der Reliquien.⟩

(240) Auch trafen wir aus Ehrfurcht vor den heiligen Reliquien Anstalten, den Altar, der nach dem Zeugnis der Alten der „Heilige Altar"[144] genannt wird – der ruhmreiche König Ludwig ⟨VI.⟩, der Sohn Philipps ⟨I.⟩, pflegte nämlich zu sagen, so habe er es von den Älteren des Ortes gelernt, als er von Kindheit an hier großgezogen wurde[145] –, wieder instandzusetzen, da er zu wenig ehrenvoll gepflegt erschien, zum einen infolge seines Alters, zum anderen, weil eine verläßliche Aufsicht fehlte, schließlich auch, weil er anläßlich besonders feierlicher Ausschmückung, wie sie jeweils verschieden zu verschiedenen Festen, ausgezeichnet für besonders ausgezeichnete Feste vorgenommen wird, so häufig bewegt worden war. **(241)** Der Altarstein aus Porphyr, der auf diesem Altar ist – sehr passend sowohl durch die Qualität seiner Farbe wie durch das Ausmaß seiner Größe –, war umschlossen von einem konkaven, mit Gold überzogenen Holz, welches selbst durch die inzwischen vergangene Zeit seines Alters ziemlich zerstört war; man glaub-

143 Möglicherweise ein Hinweis Sugers auf seine Auseinandersetzung mit Bernhard von Clairvaux über das rechte Verständnis des Kirchenschmuckes; cf. *adm* 224 mit Anm. 139.

144 Hierbei handelt es sich um den Matutinalaltar (siehe Abb. 2), den Abt Hilduin (814–841) unter Kaiser Ludwig dem Frommen einrichten und der Trinität hatte weihen lassen.

145 König Ludwig VI. hatte ebenso wie Suger die zur Abtei gehörende Schule von Saint-Denis-de-l'Estrée besucht (bis 1092); cf. den einleitenden Beitrag von G. Annas, p. 80.

cuius concaui faceta compositione in anteriori parte locatum brachium sancti Iacobi apostoli idipsum litteris interius attestantibus peruia candidissimi cristalli apercione credebatur. **(242)** Nec minus in dextera parte uniformiter litterarum apparitione brachium prothomartyris Stephani recondi, in sinistra uero eque sancti Vincenti leuite et martyris brachium titulus interius perorabat.

(243) Nos igitur tantarum et tam sanctarum reliquiarum protectione muniri appetentes, eas uidere, eas deosculari, si Deo displicere non timerem, gratantissime multo temporum processu rapiebar. **(244)** Assumens igitur ex deuocione audatiam et antiquitati honorem ueritatis conseruans modum et diem detegendi ipsas sanctas reliquias elegimus sacratissima, uidelicet die martyrii beatorum martyrum dominorum nostrorum octauo scilicet idus octobris. **(245)** Aderant siquidem diuersarum prouintiarum archiepiscopi et episcopi, qui gratantissime quasi ex debito apostolatus Galliarum ad tante sollempnitatis celebrationem pia uota deferre accesserant, archiepiscopi scilicet Lugdunensis, Remensis, Turonensis et Rotomagensis, episcopi uero Suessionensis, Beluacensis, Siluanectensis, Meldensis, Redonensis, Aletensis et Venetensis, abbatum etiam et monachorum siue clericorum atque obtimatum conuentus, sed et populi promiscui sexus turba innumerabilis.

(246) Decantata igitur eadem sollempnitatis die tercia, cum iam in

1088 martyrii] martyris *l*

te, daß dank feinsinniger Gestaltung der Höhlung im vorderen Teil ⟨des Altars⟩ ein Arm des heiligen Apostels Jakobus seinen Platz gefunden habe, da dies innen eine Inschrift bezeugte, wobei klarster Kristall durch eine Öffnung Einblick gewährte. **(242)** Auch war in gleicher Weise eine Schrift auf der rechten Seite zu sehen, daß ⟨hier⟩ ein Arm des Erzmärtyrers Stephanus ruhe, auf der linken ⟨Seite⟩ aber nannte eine Inschrift im Innern einen Arm des gleichfalls heiligen Leviten und Märtyrers Vincentius.

(243) Ich nun, der ich danach strebte, im Schutz so erhabener und so heiliger Reliquien Sicherheit zu finden, wurde im Verlauf langer Zeit in freudigem Verlangen dahin gerissen, sie sehen und (wenn ich nicht fürchtete, Gott darin zu mißfallen) sie küssen zu wollen. **(244)** Indem ich nun aus meiner Hingabe Kühnheit schöpfte und zugleich gegenüber der alten Zeit die Ehrfurcht vor der Wahrheit bewahrte, wählten wir die Weise und den Tag aus, die heiligen Reliquien zu entbergen, nämlich am hochheiligen Tag des Martyriums unserer Herren, der heiligen Märtyrer, also dem achten Tag vor den Iden des Oktober[146]. **(245)** Zugegen waren Erzbischöfe und Bischöfe der verschiedenen ⟨Kirchen⟩provinzen, die mit großer Freude, gleichsam weil sie es dem Apostelamt[147] über die Gallia schuldeten, herbeigekommen waren, um zur Feier eines so erhabenen Festes fromme Gebete darzubringen – nämlich die Erzbischöfe von Lyon, Reims, Tours und Rouen, sowie die Bischöfe aus Soissons, Beauvais, Senlis, Meaux, Rennes, Saint-Malo und Vannes[148] –, ferner ein Kreis von Äbten, Mönchen oder Klerikern und von Adligen, aber auch eine zahllose Schar von Volk beiderlei Geschlechts.

(246) Nachdem an diesem ⟨genannten⟩ Tag der Feierlichkeit[149] die Terz

[146] 9. Oktober 1138 (?). Der Tag der *Detectio* ist absichtsvoll auf den Festtag des Hl. Dionysius gelegt. Jedoch tun sich mit Bezug auf die Datierungsfrage gleich zwei Probleme auf: Suger hat sich verrechnet; er hätte den *siebten* Tag vor den Iden angeben müssen. Das größere Problem stellt aber die genaue Jahresangabe dar; zur Datierungsfrage der *Detectio* cf. die Ausführungen im einleitenden Beitrag von A. Speer, pp. 41sq. (mit Anm. 79).

[147] Dionysius galt als Apostel Galliens, Saint-Denis als „zweites Rom“, cf. *ord* 4,14 (mit Anm. 1).

[148] Falco von Bothéon, Erzbischof von Lyon 1139–1142; Hugo von Ferté, Erzbischof von Tours 1133–1147; Ioslenus von Vierzy, Bischof von Soissons 1126–1152; Hamelin, Bischof von Rennes 1127–1141; Donaldus, Bischof von Saint-Malo 1120–1144; Evenus, Bischof von Vannes 1137–1143; Hugo von Amiens, Erzbischof von Rouen 1130–1164; Odo II., Bischof von Beauvais 1133–1144; Petrus, Bischof von Senlis 1134–1151; Manasse, Bischof von Meaux 1134–1158. Der Reimser Bischofsstuhl war für zwei Jahre vakant (1138–1140) und wurde erst am 2. Juni 1140 durch Samson von Mauvoisin wiederbesetzt, der bis zum 22. 9. 1161 als Erzbischof amtierte.

[149] Als Vorbild mag Suger die von Haimon beschriebene *Detectio corporum macharii Areopagitae Dionysii sociorumque eius* gedient haben, die im Jahre 1050 im Bei-

conspectu omnium assistentium celeberrima tante diei ordinaretur processio, tanta certe rei ueritatis fiducia solo patrum testimonio et titulo referti, ac si iam omnia uidissemus, archiepiscopos et episcopos, abbates et autenticas assistentes personas ad efferendam aram asciuimus, quod eam aperire, quod sanctissimarum reliquiarum thesaurum uidere uellemus, exposuimus. **(247)** Dicebant ergo quidam ex familiaribus nostris consulte quidem, quod et persone et ecclesie fame tucius fuisset, si secreto, utrum ita esset ut littere loquebantur, uideretur. **(248)** Quibus ilico fidei feruore excitus responsum reddidi magis mihi placere, si ita est ut legitur ab omnibus contuentibus sciri, quam si secreto inspexissem omnes non contuentes dubitare. **(249)** Deferentes igitur in medium prefatam aram ascitis aurifabris qui locellos illos, quibus sanctissima brachia continebantur, ubi supersedebant cristallini lapides, titulos eorum offerentes diligenter aperirent, sicut sperabamus omnia plenarie Deo annuente uidentibus cunctis inuenimus. **(250)** Causam etiam repositionis reliquiarum in eisdem locellis inuenimus uidelicet quod Karolus imperator tercius qui eidem altari subiacet gloriose sepultus, ad tuicionem anime et corporis de theca imperiali eas sibi assumi et penes se reponi imperiali edicto assignauerit. **(251)** Argumentum etiam anuli sui depressione signatum, quod ualde omnibus placuit, ibidem repperimus. **(252)** Nec enim

1109 sciri *dubitanter coni. g p*: scire *P l*   1117–1118 theca imperiali] *cf. ord 25,118* techa imperialis capelle

gesungen war und sich bereits vor den Augen aller Anwesenden die außerordentlich feierliche Prozession dieses so erhabenen Tages formierte, da riefen wir (allein durch das Zeugnis der Väter und durch die Inschrift von so großem Vertrauen erfüllt, daß die Sache gewißlich wahr sei, als ob wir bereits alles gesehen hätten) Erzbischöfe und Bischöfe, Äbte und glaubwürdige Leute, die zugegen waren, herbei, um den Altar hochzuheben, und erklärten, daß wir ihn öffnen, daß wir den Schatz der hochheiligen Reliquien sehen wollten. **(247)** Einige von unseren Vertrauten sagten – mit Bedacht –, daß es für den Ruf meiner Person wie auch der Kirche sicherer gewesen wäre, wenn man im Verborgenen nachgesehen hätte, ob es sich so verhielte, wie die Schriften besagten. **(248)** Diesen gab ich, angespornt von der Leidenschaft meines Glaubens, sogleich zur Antwort, mir sei es lieber, daß alle, wenn sie es sähen, wüßten, ob es so sei, wie man liest, als wenn ich im Verborgenen Einblick genommen hätte und alle, weil sie es nicht sähen, zweifelten. **(249)** Also brachten wir den vorgenannten Altar[150] in die Mitte, und als wir Goldschmiede herbeigerufen hatten, um jene Altargräber, in denen die hochheiligen Arme ruhten, vorsichtig dort öffnen zu lassen, wo die kristallenen Steine eingesetzt waren und deren Inschriften darboten, da fanden wir dank Gottes Willen alles vollkommen so, wie wir es hofften, wobei alle es sehen konnten. **(250)** In eben diesen Altargräbern fanden wir auch den Grund dafür, daß die Reliquien ⟨hier⟩ beigesetzt waren, nämlich weil Karl ⟨der Kahle⟩, der dritte Kaiser[151], der unter diesem Altar ehrenvoll bestattet liegt, zum Schutze seiner Seele und seines Leibes mit kaiserlichem Edikt angeordnet hatte, daß sie von der kaiserlichen Schatzkammer zu ihm genommen und bei ihm beigesetzt würden. **(251)** Auch fanden wir daselbst die Urkunde, mit einem Abdruck seines Ringes gesiegelt, was alle sehr zufriedenstellte[152].

sein höchster geistlicher und weltlicher Würdenträger stattfand, um die Behauptung der Mönche von St. Emmeram (Regensburg) zu entkräften, selbst im Besitz der Gebeine des Hl. Dionysius zu sein. Cf. M. Félibien, Histoire de l'abbaye royale de Saint-Denys en France, Paris 1706 (ND Paris 1973), Recueil de pieces justificatives, seconde partie, pp. clxv–clxxj, bes. pp. clxvij–clxix. Ferner van der Meulen/Speer (1988), pp. 195–198. Zum liturgischen Verlauf der *Detectio* cf. die Parallstelle in der *Ordinatio* sowie den einleitenden Beitrag von A. Speer, pp. 22, 30sq. und 50.

150 Es handelt sich offenbar um einen Tragaltar (Portatile); seine voraufgegangene Beschreibung (*adm* 241,1073sqq.) läßt vermuten, daß er eine Kastenform hatte, wie sie sich zwischen dem 11. und 13. Jahrhundert neben dem Typ des Tafeltragaltars durchsetzte. Mehrere Exemplare derartiger beweglicher Altäre aus dem 12. Jahrhundert, ganz ähnlich dem von Suger beschriebenen, werden vorgestellt von S. Soltek, Kölner romanische Tragaltäre, in: Ornamenta Ecclesiae. Kunst und Künstler der Romanik in Köln (Katalog der Ausstellung Köln 1985), vol. 2, Köln 1985, pp. 403–409.

151 Karl der Kahle (840–877; seit 875 Kaiser); cf. *ord* 22,100 (mit Anm. 11).

152 Bei dieser als „kaiserliches Edikt“ bezeichneten Urkunde handelt es sich wahr-

sine causa ante sanctum illud altare septem lampades in uasis argenteis, que nos quidem dissoluta refecimus, incessanter tam die quam nocte in sempiternum ardere constituisset, nisi maximam spem et corporis et anime in sanctarum reliquiarum repositione credidisset. **(253)** Sumptibus enim illarum et anniuersarii sui et suorum refectioni possessionem suam que dicitur Ruoilum cum appendiciis sigillis aureis confirmauit. **(254)** Hinc est etiam quod in sollempnitatibus diuersis fere sexaginta magni et honesti cerei sex, quales alibi in ecclesia aut raro aut numquam apponuntur, circa idem altare accenduntur. **(255)** Hinc est etiam quod quociens altare beati Dyonisii, tociens et idem altare nobili apparatu adornatur.

(256) Crucem etiam mirabilem quantitatis sue que superposita est inter altare et tumulum eiusdem Karoli, in cuius medio fama retinuit confixum nobilissimum monile Nantildis regine, uxoris Dagoberti regis, ecclesie fundatoris, aliud uero in frontem sancti Dyonisii – tamen huic minori nullum equipollere peritissimi artifices testantur – erigi fecimus maxime ob reuerentiam sanctissime boie ferree que in carcere Glaucini sacratissimo colo beati Dyoni-

(252) Und nicht ohne Grund hätte er veranlaßt, daß vor jenem Altar sieben Lampen in silbernen Gefäßen (die wir freilich, weil sie zerstört waren, wiederherstellen ließen) für immer Tag und Nacht unaufhörlich brennen sollten, wenn er nicht die größte Hoffnung für Leib und Seele an die Tatsache geknüpft hätte, daß hier heilige Reliquien bestattet waren. **(253)** Denn für die Aufwendungen für diese ⟨Lichter⟩ sowie für das Gedächtnismahl an seinem Jahrestag wie an dem seiner Verwandten setzte er seine Besitzung, die Rueil heißt, nebst ihrem Zubehör mit goldenen Siegeln fest[153]. **(254)** Daher kommt es, daß an fast 60 verschiedenen Festen sechs große und ansehnliche Wachskerzen, wie sie anderswo in der Kirche selten oder nie aufgestellt werden, rund um diesen Altar angezündet werden. **(255)** Daher kommt es auch, daß auch dieser Altar stets mit vorzüglichem Schmuck versehen wird, sooft dies am Altar des heiligen Dionysius geschieht.

⟨Das große Kreuz.⟩[154]

(256) Auch ließen wir das Kreuz, welches, bewundernswert ob seiner Größe, aufgestellt ist zwischen dem Altar und dem Grab eben dieses Karl ⟨des Kahlen⟩, errichten – die Überlieferung hielt daran fest, in seiner Mitte sei ein äußerst vortreffliches Halsband der Königin Nantildis, der Gattin König Dagoberts ⟨I.⟩, des Gründers dieser Kirche[155], befestigt, ein anderes aber an der Front ⟨des Altars⟩ des heiligen Dionysius (allerdings bezeugen höchst erfahrene Kunstfertige, diesem kleineren komme nichts gleich!) –, vor allem aus Ehrfurcht vor dem hochheiligen eisernen Halsband, welches im Kerker des Glaucinus um den hochheiligen Hals des heiligen Dionysius

scheinlich um dasselbe Dokument, von dem Suger auch in *ord* 25,125sq. sagt, daß es den Reliquien beigelegt war.

153 Cf. *ord* 27,132 (mit Anm. 17).

154 Das Kreuz – als „Kreuz Karls des Kahlen" bezeichnet – gehört zu den reichen Ausstattungsgegenständen, die Karl der Kahle der Abteikirche von Saint-Denis hatte zukommen lassen. Das Kreuz ist nach 1610 spurlos verschwunden. Eine Beschreibung findet sich noch bei Michel Félibien (1706) und im Inventar von 1634; siehe auch die Ausführungen von D. Gaborit-Chopin in: Le trésor de Saint-Denis (1991), pp. 48–50.

155 Wenn Suger hier den „ruhmreichen und berühmten" (*cons* 8,59) merowingischen König Dagobert I. (608–638/9) als *fundator* der Kirche von Saint-Denis bezeichnet, dann bezieht er sich, wie auch die Dagobert-Erzählung in *cons* 8,59–9,80 belegt, auf die legendarische Darstellung der *Gesta Dagoberti*. Anders aber als die Gesta-Erzählung nahelegt, ist Dagobert nicht der Erbauer der ersten Kirche, wohl aber geht auf ihn die großzügige Erneuerung der Grabstätte des Hl. Dionysius und seiner Gefährten sowie die Errichtung eines monastischen Gebetsdienstes („*Ordinem autem psallentium ibidem ad instar monasterii Agaunensium et sancti Martini Turonis instituerat* …" – Gesta Dag., P. 421,12sq.) zurück, wodurch die Dionysiusverehrung in Saint-Denis einen festen liturgischen Rahmen erhielt. Cf. hierzu ausführlich van der Meulen/Speer (1988), pp. 136–147.

sii innexa, cultum et uenerationem tam a nobis quam ab omnibus promeruit.

(257) Ea etiam parte abbas uenerabilis Corbeie bone memorie Robertus, huius sancte ecclesie professus et ab infantia nutritus, quem eidem Corbeiensi monasterio abbatem preesse Deo donante exhibuimus, tabulam argenteam obtime deauratam pro recognitione professionis sue et multorum ecclesie beneficiorum gratiarum actione fieri fecit.

(258) Chorum etiam fratrum quo ualde grauabantur, qui assidue ecclesie insistebant seruitio, frigiditate marmoris et cupri aliquantisper infirmum, in hanc que nunc apparet formam laboribus eorum compacientes mutauimus et propter conuentus augmentationem Deo auxiliante augmentare elaborauimus.

(259) Pulpitum etiam antiquum quod ammirabile tabularum eburnearum subtilissima nostrisque temporibus inreparabili sculptura et antiquarum hystoriarum descriptione humanam estimationem excedebat, recollectis tabulis que in arcarum et sub arcarum repositione diutius fedabantur refici dextraque parte restitutis animalibus cupreis, ne tanta tamque mirabilis deperiret materia, ad proferendam superius sancti euangelii lectionem erigi fecimus. **(260)** In nouitate siquidem sessionis nostre impedimentum quoddam, quo medium ecclesie muro tenebroso secabatur, ne speciositas ecclesie magnitudinis talibus fuscaretur repagulis, de medio sustolli feceramus.

(261) Nec minus nobilem gloriosi regis Dagoberti cathedram, in

gefügt war[156] und dem wir ebenso wie alle verdientermaßen Andacht und Verehrung erweisen müssen.

⟨Weitere Ausstattungsgegenstände.⟩

(257) In diesem Teil ließ auch der ehrwürdige Abt guten Angedenkens, Robert von Corbie[157], der in dessen [i. e. des Dionysius] heiliger Kirche seine Profeß abgelegt hatte und von Kindheit an hier erzogen worden war (und dessen Erhebung zum Abt für das genannte Kloster von Corbie wir dank Gottes Gnade erwirkt haben), eine silberne, herrlich vergoldete Tafel[158] anbringen, zum Gedächtnis seiner Profeß und um Dank für viele Wohltaten der Kirche abzustatten.

(258) Ferner gestalteten wir aus Mitleid mit deren Beschwerden den Chor der Brüder, in welchem sie, die sich beständig dem Dienst der Kirche widmeten, sehr unter der Kälte des Marmors und des Kupfers litten und der ⟨zudem bereits⟩ eine Zeitlang instabil war, in die heute sichtbare Form um, und wegen des Anwachsens des Konvents gelang es uns mit Gottes Hilfe, ihn zu vergrößern.

(259) Die alte Kanzel[159], welche die menschliche Vorstellung übertraf – denn sie war wunderbar durch die außerordentlich feine Schnitzerei ihrer Elfenbeintafeln[160], wie man sie auch zu unserer Zeit nicht wiederherstellen konnte, und durch die Darstellung alter Geschichten – ließen wir gleichfalls wieder instandsetzen, nachdem wir die Tafeln, die durch die Unterbringung in und unter Kästen länger verdorben wurden, wieder versammelt hatten; auf der rechten Seite setzten wir die kupfernen Tiere wieder instand, damit nicht ein so kostbares und wunderbares Material verdürbe, und ließen alsdann die Kanzel etwas erhöht zur Lesung des heiligen Evangeliums errichten. **(260)** Wir hatten ja bereits zu Beginn unserer Amtszeit ein gewisses Hindernis, wodurch die Mitte der Kirche mit einer finsteren Mauer abgeschnitten wurde, aus der Mitte entfernen lassen, damit nicht die Schönheit der Kirche in ihrer Größe durch solche Gatterwerke verdüstert werde.

(261) Auch den edlen Thron[161] des ruhmreichen Königs Dagobert ⟨I.⟩ (auf

[156] Diese Szene ist im linken Bildfeld des Türsturzes der Tympanonzone des Nordquerhausportals dargestellt (siehe Abbildung auf dem Umschlag).

[157] Zu Robert von Corbie cf. *adm* 118,536 mit Anm. 63.

[158] Nach Panofsky (1979), p. 199 handelt es sich bei der verlorenen Tafel Roberts von Corbie um ein Antependium für den Matutinalaltar; allerdings bleibt Sugers Lokalisierung („*ea parte*") unbestimmt; die Rede ist zuvor von Ausstattungsgegenständen im Bereich des „Heiligen Altars".

[159] Die alte Kanzel wurde von den Hugenotten zerstört; cf. Panofsky (1979), p. 200.

[160] Zur *sculptura* der Elfenbeintafeln cf. den Glossarartikel *sculptor*.

[161] Le trésor de Saint-Denis (1991), Kat. Nr. 5, pp. 63–68. Siehe auch Gesta Dag.,

qua ut perhibere solet antiquitas reges Francorum suscepto regni imperio ad suscipienda obtimatum suorum hominia primum sedere consueuerant, tum pro tanti excellentia officii, tum etiam pro operis ipsius precio antiquatam et disruptam refici fecimus.

(262) Aquilam uero in medio chori ammirantium tactu frequenti dedeauratam reaurari fecimus.

(263) Vitrearum etiam nouarum preclaram uarietatem ab ea prima, que incipit a stirps Iesse in capite ecclesie, usque ad eam que superest principali porte in introitu ecclesie, tam superius quam inferius magistrorum multorum de diuersis nationibus manu exquisita depingi fecimus. **(264)** Una quarum de materialibus ad inmaterialia excitans Paulum apostolum molam uertere prophetas saccos ad molam apportare representat.

(265) Sunt itaque eius materie uersus isti:

Tollis agendo molam de furfure, Paule, farinam.
Mosaice legis intima nota facis.
Fit de tot granis uerus sine furfure panis,
Perpetuusque cibus noster et angelicus.

(266) Item in eadem uitrea, ubi aufertur uelamen de facie Moysi:

welchem, wie eine alte Überlieferung berichtet, die Frankenkönige, wenn sie die Herrschaft über das Reich übernommen hatten, zunächst zu sitzen pflegten, um den Lehnseid ihrer Adligen entgegenzunehmen)[162], ließen wir wiederherstellen, da er alt und brüchig geworden war; ⟨dies taten wir⟩ ebenso wegen der herausragenden Bedeutung seines so erhabenen Amtes wie wegen des Wertes, den das Werk selbst hatte.

(262) Den Adler[163] in der Mitte des Chores aber, der durch die häufige Berührung derer, die ihn bewunderten, seine Vergoldung eingebüßt hatte, ließen wir neu vergolden.

⟨Die Fenster⟩

(263) Von der erlesenen Hand vieler Meister aus verschiedenen Völkern ließen wir die neuen Fenster in ihrer leuchtenden Vielfalt, beginnend mit jenem ersten im Chorhaupt der Kirche, welches mit „Wurzel Jesse"[164] beginnt, bis zu demjenigen, das über dem Hauptportal am Eingang der Kirche ist, oben wie unten in Malerei gestalten. **(264)** Eines von diesen, das uns vom Materiellen zum Immateriellen hin treibt, zeigt den Apostel Paulus, wie er eine Mühle dreht, und die Propheten, wie sie Säcke zur Mühle bringen[165].

(265) Und so sind die Verse zu diesem Thema[166]:

> Indem du die Mühle treibst, nimmst du, Paulus, das Mehl aus der Kleie,
> das Innerste von Moses Gesetz machst du bekannt.
> Aus so vielen Körnern ohne Kleie wird das wahre Brot,
> eine Speise auf ewig für uns und die Engel.

(266) Ebenso ⟨heißt es⟩ auf demselben Fenster dort, wo der Schleier vom Gesicht des Mose genommen wird[167]:

p. 416,17sqq.: „*Cumque, ut Francorum regibus mos erat, super solium aureum coronatus resideret, omnibus coram positis, ita exorsus est: 'Audite me …'*".

162 Zu *hominium* siehe die Ausführungen des Sammelartikels „Lehenswesen" im Glossar.

163 Der hier genannte Ambo in Adlerform in der Mitte des Mönchschores existiert nicht mehr; cf. Panofsky (1979), p. 201.

164 Cf. Grodecki, Études I (1976), p. 75, Abb. VI; ferner Grodecki, Études III (1995), p. 51 zum authentischen Bestand erhaltener Medaillons; p. 53, Abb. 16: die beiden von Suger eingehender beschriebenen Fenster befinden sich nebeneinander in der Kapelle des heiligen Peregrinus.

165 Cf. Grodecki, Études I (1976), panneau c4, p. 197; zur Anordnung der Medaillons des ganzen Fensters p. 99; ferner Grodecki, Études III (1995), pp. 55–58.

166 Zu den Fenster-*titutli* cf. den einleitenden Beitrag von S. Linscheid-Burdich, pp. 134sqq.

167 Cf. Grodecki, Études I (1976), panneau c5, p. 197; ferner Grodecki, Études III (1995), pp. 55sq.

Quod Moyses uelat, Christi doctrina reuelat.
Denudant legem, qui spoliant Moysen.

(267) In eadem uitrea super archam federis:

Federis ex archa Christi cruce sistitur ara,
Federe maiori uult ibi uita mori.

(268) Item in eadem, ubi soluunt librum leo et agnus:

Qui Deus est magnus, librum leo soluit et agnus.
Agnus siue leo fit caro iuncta Deo.

(269) In alia uitrea, ubi filia pharaonis inuenit Moysen in fiscella:

Est in fiscella Moyses puer ille, puella
Regia mente pia quem fouet ecclesia.

(270) In eadem uitrea, ubi Moysi Dominus apparuit in igne rubi:

Sicut conspicitur rubus hic ardere nec ardet,
Sic diuo plenus hoc ardet ab igne nec ardet.

(271) Item in eadem uitrea, ubi pharao cum equitatu suo in mare demergitur:

Was Mose verhüllt, enthüllt die Lehre Christi.
Die Mose entkleiden, legen das Gesetz bloß.

(267) Auf demselben Fenster ⟨steht⟩ über der Bundeslade[168]:

Aus der Lade des Bundes wird durch das Kreuz Christi der Altar errichtet;
für einen erhabeneren Bund will das Leben ⟨selbst⟩ hier sterben.

(268) Ebenso ⟨liest man⟩ auf demselben Fenster dort, wo Löwe und Lamm das Buch entsiegeln[169]:

Er, der der erhabene Gott ist, der Löwe und das Lamm, er entsiegelt das Buch.
Lamm oder Löwe, Fleisch wird er und ist darin mit Gott verbunden.

(269) Auf einem anderen Fenster, dort, wo die Tochter des Pharao Mose im Körbchen findet ⟨,ist zu lesen⟩[170]:

Jener Knabe im Körbchen ist Mose, das königliche Mädchen,
das ihn in gottesfürchtigem Sinn pflegt, ist die Kirche.

(270) Auf demselben Fenster, dort, wo dem Mose der Herr im Feuer des Dornbusches erschien ⟨, lauten die Verse⟩[171]:

So, wie hier der Dornbusch zu sehen ist, wie er brennt und doch nicht verbrennt,
so brennt der, der von diesem göttlichen Feuer erfüllt ist, und verbrennt doch nicht.

(271) Ebenso ⟨liest man⟩ auf demselben Fenster dort, wo der Pharao mit seiner Reiterei im Meer versenkt wird[172]:

[168] Cf. Grodecki, Études I (1976), panneau c2, p. 98; ferner Grodecki, Études III (1995), pp. 59–68. Auf dem Glasfenster findet sich die folgende Inschrift (Études III, pp. 59 und 61):
FEDERIS: EX. ARCA. CRUCE./XRI. SISTITUR. ARA.
FEDERE. MAIORI. VULT. IBI. VITA./MORI.

[169] Cf. Grodecki, Études I (1976), panneau c3, p. 197; ferner Grodecki, Études III (1995), pp. 68sq.

[170] Cf. Grodecki, Études I (1976), p. 26, Abb. I; auf pp. 94sqq. und p. 163 cf. die Hinweise zu den einzelnen Medaillons; ferner Grodecki, Études III (1995), pp. 75–77. – Zum Ecclesia-Synagoge-Motiv siehe innerhalb des Schemas des ganzen Fensters bei Grodecki, Études I (1976), panneau c2, cf. die Ausführungen auf p. 95; ferner Grodecki, Études III (1995), pp. 69–75.

[171] Cf. Grodecki, Études I (1976), panneau c3, Kommentar dazu auf p. 96; cf. p. 37, Abb. II. Ferner Grodecki, Études III (1995), p. 78.

[172] Cf. Grodecki, Études I (1976), panneau c4, p. 97, Abb. X, Kommentar auf p. 96; ferner Grodecki, Études III (1995), pp. 78sq.

Quod baptisma bonis, hoc milicie pharaonis
Forma facit similis causaque dissimilis.

(272) Item in eadem, ubi Moyses exaltat serpentem eneum:
Sicut serpentes serpens necat eneus omnes,
Sic exaltatus hostes necat in cruce Christus.

(273) In eadem uitrea, ubi Moyses accipit legem in monte:
Lege data Moysi iuuat illam gratia Christi.
Gratia *uiuificat*, *littera* mortificat.

(274) Unde quia magni constant mirifico opere sumptuque profuso uitri uestiti et saphirorum materia, tuicioni et refectioni earum ministerialem magistrum sicut etiam ornamentis aureis et argenteis peritum aurifabrum constituimus, qui et prebendas suas et quod eis super hoc uisum est, uidelicet ab altari nummos et a communi fratrum horreo annonam, suscipiant et ab eorum prouidentia numquam se absentent.

(275) Septem quoque candelabra, quoniam ea que Karolus imperator beato Dyonisio contulerat sua uetustate dissipata apparebant, opere smaltito et optime deaurato componi fecimus.

(276) Vasa etiam tam de auro quam preciosis lapidibus ad dominice mense seruitium, preter illa que reges Francorum et deuoti ecclesie eidem officio deputauerunt, beato Dyonisio debita deuocione adquisiuimus, magnum uidelicet calicem aureum septies ui-

1209 materia] materiae *dubitanter coni. p*

1207 II Cor 3,6

Was die Taufe an den Guten tut, das tut am Heer des Pharao
ein äußerlich gleicher Vorgang und ⟨zugleich⟩ ein völlig anderer Grund.

(272) Ebenso ⟨heißt es⟩ auf demselben ⟨Fenster⟩ dort, wo Mose die eherne Schlange erhöht[173]:

Wie die eherne Schlange alle ⟨anderen⟩ Schlangen tötet,
so tötet Christus, am Kreuze erhöht, alle Feinde.

(273) Auf demselben Fenster ⟨liest man⟩ dort, wo Mose auf dem Berg das Gesetz empfängt[174]:

Nachdem das Gesetz dem Mose gegeben ist, fördert die Gnade Christi es.
Die Gnade macht lebendig, der Buchstabe aber tötet.

(274) Daher, weil die Fenster sehr kostbar sind – auf Grund der wunderbaren Arbeit und der reichlich geflossenen Ausgaben für das bemalte Glas und das Saphirmaterial – haben wir zu ihrem Schutz und zu ihrer Wiederherstellung einen Meister bestellt, der diesen Dienst übernehmen soll, wie auch einen erfahrenen Goldschmied für den goldenen und silbernen Zierrat; diese sollen ihre Pfründen und was ihnen darüber hinaus angemessen scheint, erhalten, nämlich Münzgeld vom Altar und Getreide aus dem gemeinsamen Speicher der Brüder, und sich niemals aus der Fürsorge für diese ⟨ihnen anvertrauten Dinge⟩ entfernen.

⟨Altarschmuck und liturgische Gefäße.⟩

(275) Auch ließen wir sieben Kerzenleuchter in Emailarbeit mit feinster Vergoldung ⟨wieder⟩ zusammensetzen, da diese, die Kaiser Karl ⟨der Kahle⟩ dem heiligen Dionysius gestiftet hatte, durch ihr Alter zerstört schienen[175].

(276) Auch erwarben wir für den heiligen Dionysius in gebührender Ehrfurcht Gefäße[176], sowohl aus Gold wie auch aus kostbaren Steinen, zum Dienst am Tisch des Herrn (zusätzlich zu denen, die die Frankenkönige und fromme Menschen der Kirche zu ebendiesem Behufe zugeeignet hatten); insbesondere ließen wir einen großen goldenen Kelch[177] von 140 Unzen

[173] Cf. Grodecki, Études I (1976), panneau c6, p. 93, Abb. IX, Kommentar auf p. 97; ferner Grodecki, Études III (1995), pp. 79–81.

[174] Cf. Grodecki, Études I (1976), panneau c5, Kommentar auf p. 99; ferner Grodecki, Études III (1995), pp. 81sq.

[175] Bei diesen Kerzenleuchtern aus dem Besitz Karls des Kahlen handelt es sich wohl nicht um jene von Suger bereits in *adm* 252 erwähnten. – Zur Herstellung der Emailarbeiten cf. den Glossarartikel *opus smaltitum*.

[176] Zu den in *De administratione* genannten liturgischen Geräten allgemein siehe D. Gaborit-Chopin in: Le trésor de Saint-Denis (1991), pp. 126sq.

[177] Der hier beschriebene große goldene Kelch ist nicht mehr vorhanden; er kann weder mit dem sogenannten „coupe des Ptolémées“ (Le trésor de Saint-Denis [1991],

ginti unciarum auri gemmis preciosis scilicet iacinctis et topaziis ornatum pro alio, qui tempore antecessoris nostri uadimonio perierat, restitui elaborauimus.

(277) Aliud etiam uas preciosissimum de lapide prasio ad formam nauis exsculptum, quod rex Ludouicus Phylippi per decennium fere uadimonio amiserat, cum nobis ad uidendum oblatum fuisset, eiusdem regis concessione sexaginta marcis argenti comparatum cum quibusdam floribus corone imperatricis beato Dyonisio obtulimus. **(278)** Quod uidelicet uas tam pro preciosi lapidis qualitate quam integra sui quantitate mirificum inclusorio sancti Eligii opere constat ornatum, quod omnium aurificum iudicio preciosissimum estimatur.

(279) Vas quoque aliud quod instar iuste berilli aut cristalli uide-

Gold, der mit kostbaren Steinen, nämlich Hyazinthen und Topasen geschmückt war, als Ersatz schaffen für einen anderen, der zur Zeit unseres Vorgängers durch Verpfändung verlorengegangen war.

(277) Auch ein anderes sehr kostbares Gefäß, das aus Praser zur Form eines Schiffes geschnitzt war[178] und das König Ludwig ⟨VI.⟩, der Sohn Philipps ⟨I.⟩, fast zehn Jahre lang durch eine Verpfändung verloren hatte, kauften wir mit Erlaubnis desselben Königs, als es uns zur Begutachtung vorgelegt worden war, für 60 Silbermark und brachten es mit einigen Blüten aus der Krone der Kaiserin[179] dem heiligen Dionysius dar. **(278)** Von diesem Gefäß nun, welches wunderbar ist sowohl im Blick auf die Qualität des kostbaren Steins als auch durch die Tatsache, daß er bei seiner Größe unversehrt ist, steht fest, daß es durch Fassungsarbeit[180] des heiligen Eligius ausgeschmückt wurde, was nach dem Urteil aller Goldschmiede als höchste Kostbarkeit gilt.

(279) Auch ein anderes Gefäß, das wie ein Maßgefäß[181] aus Beryll oder

Kat. Nr. 11, pp. 83–86) noch mit dem sogenannten „calice de Suger" (Le trésor de Saint-Denis [1991], Kat. Nr. 28, pp. 173–176) oder einem „calice de saint Denis" (Le trésor de Saint-Denis [1991], Kat. Nr. 25, pp. 160–162) identifiziert werden.

[178] Le trésor de Saint-Denis (1991), Kat. Nr. 23, pp. 152sq.; bei diesem Gefäß handelt es sich um das sogenannte Weihrauchschiffchen des Hl. Eligius. Mit Praser ist ein grüner Stein gemeint.

[179] Mit dieser poetischen Umschreibung dürfte Suger goldgefaßte farbige Glassteine in vermutlich floraler Gestaltung (sog. „verres cloisonnés") bezeichnen (siehe die folgende Anm.). Welche Kaiserin gemeint sein soll, ist unklar: möglicherweise Mathilde (1102–1167), die Tochter des englischen Königs Heinrich I. Beauclerc. Sie war von 1114 bis zu dessen Tod 1125 mit Kaiser Heinrich V. verheiratet. 1127 heiratet sie Gottfried von Anjou und verbringt ihr Leben zum größten Teil in Frankreich.

[180] Bei den „verres cloisonnés", den oben genannten „Blüten aus der Krone der Kaiserin", handelt es sich um in Gold gefaßte Steine oder Perlen aus Glas. Diese Fassungstechnik, bei der im Unterschied zu den oben erwähnten Schmelzverfahren der Emailtechnik das Glasmaterial nicht erhitzt wird, bringt Suger in Verbindung mit dem „bewunderungswürdigen Kreuz des heiligen Eligius" (*adm* 222,1008 mit Anm. 179). Einen Eindruck von der Technik und der Pracht der „verres cloisonnés" vermittelt ein Fragment aus dem Kreuz des heiligen Eligius (Le trésor de Saint-Denis [1991], Kat. Nr. 1, fig. 1a, p. 57) sowie eine in derselben Technik gearbeitete Schmuckfibel (Le trésor de Saint-Denis [1991], Kat. Nr. 1, fig. 3, p. 59). Cf. auch Panofsky (1979), pp. 218sq.

[181] Le trésor de Saint-Denis (1991), Kat. Nr. 27, pp. 168–172; dieses Gefäß gilt als Vase der Eleonore von Aquitanien. Das Maß von 1 *iusta* entspricht 1 pint (0,93 lit.). Bei diesem reich verzierten Gefäß handelt es sich um ein Geschenk der Eleonore von Aquitanien an Ludwig VII. auf ihrer Hochzeitsreise. Auf dem Fuß findet sich die folgende Inschrift (die aber möglicherweise auf eine spätere Restaurierung zurückgeht): „+ HOC VAS SPONSA DEDIT. ANOR REGI. LUDOVICO. MITADOL[us]. AVO MIHI REX. S[an]C[tis] Q[ue] SUGER[ius]".

tur, cum in primo itinere Aquitanie regina nouiter desponsata domino regi Ludouico dedisset, pro magno amoris munere nobis eam, nos uero sanctis martyribus dominis nostris ad libandum diuine mense affectuo⟨si⟩ssime contulimus. **(280)** Cuius donationis seriem in eodem uase gemmis auroque ornato uersiculis quibusdam intitulauimus:

Hoc uas sponsa dedit Aanor regi Ludouico.
Mitadolus auo, michi rex, sanctisque Sugerus.

(281) Comparauimus etiam prefati altaris officiis calicem preciosum de uno et continuo sardonice, quod est de sardio et onice,

1237 eam] rex *l p*

1244–1246 cf. Isidor von Sevilla, Etymologiae XVI, 8, 4: *Sardonyx ex duorum nominum societate vocata; est enim ex onychis candore et sardo.*

Kristall erscheint, ⟨gab⟩ uns als besonderes Geschenk seiner Liebe unser Herr, der König Ludwig ⟨VII.⟩, während es ihm die Königin von Aquitanien[182] auf ihrer ersten Reise, als sie eben verheiratet war, gegeben hatte, wir aber brachten es unseren Herren, den heiligen Märtyrern, in liebevollster Weise dar, damit es beim Opfer am Tisch Gottes Verwendung finde. **(280)** Den Vorgang dieser Schenkung ließen wir auf ebendiesem Gefäß, das mit Edelsteinen und Gold geschmückt ist, in einigen Versen als Inschrift anbringen[183]:

> Dieses Gefäß gab als Braut Eleonore dem König Ludwig ⟨VII.⟩.
> Mitadolus hatte es ihrem Großvater gegeben, mir der König, und den Heiligen gab es Suger.

(281) Für den Dienst an dem vorgenannten Altar erwarben wir auch einen kostbaren Kelch[184] aus einem einzigen unzerteilten Sardonyx (was von Sarder und Onyx kommt), bei dem in einem einzigen ⟨Stein⟩ das Rot des

[182] Eleonore (Aliénor) von Aquitanien (1122–1204), Erbtochter Herzog Wilhelms X. von Aquitanien und als solche über eine Reihe größerer Herrschaften im westfranzösischen Raum verfügend (Herzogtümer Guyenne und Gascogne, die Grafschaften Poitiers, Saintes und Bordeaux); in erster Ehe (1137) verheiratet mit König Ludwig VII. von Frankreich, den sie 1147 bis 1149 auf dem zweiten (mißglückten) Kreuzzug ins Heilige Land begleitete. Nachdem offenbar bereits seit längerer Zeit nachhaltige Spannungen zwischen den beiden Ehepartnern bestanden hatten, wurde die als politisches Zweckbündnis geschlossene Ehe am 21. März 1152 aufgelöst. Suger selbst, der den französischen Thronfolger als Mitglied einer hochrangig besetzten königlichen Gesandtschaft auf der Reise zu seiner Braut 1137 nach Aquitanien begleitet hatte, war offenbar zeit seines Lebens um eine Aufrechterhaltung der Ehe bemüht gewesen. Nur zwei Monate später vermählte sich die von Gervasius von Canterbury als *„prudens femina valde, nobilibus orta natalibus, sed instabilis“* bezeichnete Eleonore von Aquitanien mit dem um wenige Jahre jüngeren Grafen Heinrich Plantagenêt von Anjou (1154–1189 als Heinrich II. König von England). Nach den beiden Töchtern aus der ersten Ehe mit König Ludwig VII. von Frankreich, Marie († 1198) und Alix († nach 1195), waren aus dieser zweiten Verbindung insgesamt acht Kinder hervorgegangen, darunter auch Richard I. Löwenherz († 1199) und Johann Ohneland († 1216). – Zum bewegten Leben Eleonores von Aquitanien: cf. William W. Kibler (ed.), Eleanor of Aquitaine: Patron and Politician, Austin 1976. – Ferner D. Laube, Zehn Kapitel zur Geschichte der Eleonore von Aquitanien, Bern e. a. 1984. – M.-R. Jung, Artikel ‘Eleonore (Aliénor), Kgn. v. Frankreich’, in: LexMA III (1986), coll. 1805–1807 (mit weiterführenden Literaturhinweisen).

[183] Zu dieser und den nachfolgend genannten Inschriften auf den verschiedenen liturgischen Gefäßen (*adm* 282,1250sq. und *adm* 285,1262sq.) cf. die Ausführungen im einleitenden Beitrag von S. Linscheid-Burdich, pp. 144sqq.

[184] Le trésor de Saint-Denis (1991), Kat. Nr. 28, pp. 168–172; dieser Kelch wird als „calice de Suger“ bezeichnet.

quo uno usque adeo sardii rubor a nigredine onichini proprietatem uariando discriminat, ut altera in alteram proprietatem usurpare inniti estimetur.

(282) Vas quoque aliud huic ipsi materia, non forma persimile, ad instar amphore adiunximus cuius uersiculi sunt isti:

Dum libare Deo gemmis debemus et auro,
Hoc ego, Sugerius, offero uas Domino.

(283) Lagenam quoque preclaram quam nobis comes Blesensis Theobaldus in eodem uase destinauit, in quo ei rex Sicilie illud transmiserat, et aliis in eodem officio gratanter apposuimus.

(284) Vascula etiam cristallina que in capella nostra cotidiano seruitio altaris assignaueramus, ibidem reposuimus.

(285) Nec minus porphiriticum uas sculptoris et politoris manu ammirabile factum, cum per multos annos in scrinio uacasset, de amphora in aquile formam transferendo auri argentique materia altaris seruitio adaptauimus et uersus huiusmodi eidem uasi inscribi fecimus:

Includi gemmis lapis iste meretur et auro,
Marmor erat, sed in his marmore carior est.

Sarders, seine Eigenart wandelnd, sich so weit von der Onyx-Schwärze abhebt, daß man meint, die eine Eigenschaft versuche sich die andere anzueignen.

(282) Auch ein anderes Gefäß[185], das diesem selbst dem Material, nicht aber der Form nach sehr ähnlich, ⟨sondern vielmehr⟩ wie eine Amphore ⟨geformt⟩ ist, fügten wir hinzu, dessen Verse folgendermaßen lauten:

> Da wir es Gott schuldig sind, ihm in Edelsteinen und Gold zu opfern,
> bringe ich, Suger, dieses Gefäß dem Herrn dar.

(283) Auch eine ausgezeichnete Wasserkanne[186], die uns Graf Theobald von Blois[187] in demselben Behältnis zugeeignet hat, in dem es ihm der König von Sizilien[188] übersandt hatte, fügten wir anderen ⟨Gefäßen⟩ zu demselben Zweck freudig hinzu.

(284) Auch legten wir dort kleine Kristallgefäße[189] nieder, die wir in unserer Kapelle zum täglichen Dienst am Altar bestimmt hatten.

(285) Ein Gefäß aus Porphyr, das von der Hand eines Steinmetzen und eines Schleifers[190] in bewundernswerter Weise angefertigt war, machten wir, da es viele Jahre hindurch nutzlos in einem Kasten gelegen hatte, zum Dienst am Altar bereit, indem wir es mit dem Material von Gold und Silber von einer Amphore in die Form eines Adlers[191] umgestalteten, und Verse der folgenden Art ließen wir auf ebendiesem Gefäß eingravieren:

> Dieser Stein verdient es, mit Edelsteinen und Gold eingefaßt zu werden:
> Marmor war er, doch in diesen ⟨Einfassungen⟩ ist er kostbarer als Marmor.

[185] Hierbei handelt es sich um Sugers berühmte Sardonyxkanne („auguière de sardoine"); cf. Le trésor de Saint-Denis (1991), Kat. Nr. 29, pp. 177–181. Zu der von späterer Hand nachgetragenen Inschrift cf. den einleitenden Beitrag von M. Pickavé, p. 156.

[186] Bei dieser *lagena preclara* handelt es sich möglicherweise um ein Kristallgefäß; cf. Le trésor de Saint-Denis (1991), Kat. Nr. 26, pp. 163–166.

[187] Zu Graf Theobald IV. von Blois cf. *cons* 64,397 (mit Anm. 38) sowie *adm* 146,629 und 207,939.

[188] Roger II., Herzog der Normandie und Begründer des normannischen Königreiches Sizilien (1105–1154), der 1130 von (Gegen-)Papst Anaklet II. zum König von Sizilien erhoben worden war (cf. H. Houben, Roger II. von Sizilien. Herrscher zwischen Orient und Okzident, Darmstadt 1997). Suger stand mit ihm in freundschaftlichem Briefverkehr (cf. Cartellieri Reg. nn. 153 und 154, pp. 145sq.).

[189] Siehe hierzu die Ausführungen von D. Gaborit-Chopin in: Le trésor de Saint-Denis (1991), Kat. Nr. 30, p. 182.

[190] Zur Bezeichnung der beteiligten Handwerker cf. im Glossar die Artikel *sculptor* sowie *politor.*

[191] Hierbei handelt es sich um Sugers berühmte Adlervase; cf. Le trésor de Saint-Denis (1991), Kat. Nr. 31, pp. 183–187.

(286) Pro quibus omnibus Deo omnipotenti et sanctis martyribus grates referimus, quod sanctissimo altari, cui sub preceptione sancte regule nos a puero offerri uoluit, unde ei honorifice seruiremus, copiose largiri non renuit.

(287) Quia ergo diuina beneficia non occultare, sed predicare utile et honestum cognouimus, palliorum quod diuina manus tempore amministrationis nostre huic sancte ecclesie contulit augmentum designauimus implorantes, ut in anniuersario ad propiciandam diuine maiestatis excellentiam et fratrum deuocionem ampliandam et successorum abbatum exemplum exponantur. **(288)** Nec enim pro tot et tantis commissis uel enormitate scelerum meorum tam sera quam rara satisfacere penitentia sufficit, nisi uniuersalis ecclesie suffragiis innitamur.

1269–1273 cf. Cartellieri Reg. n. 88, p. 138; Tardif, p. 234b, n. 425 [1137 VI 17; ‚Testament' Sugers] (= Lecoy, p. 338, n. VII): *Rogavimus etiam fratres nostros, ut eadem die* [anniversario], *ea, que divina munificentia in tempore administrationis nostre eidem ecclesie contulit, sive palliorum, sive auri aut argenti ornamenta exponatur ... ut et fratrum devotio sacris orationibus esurienti anime mee miserrime accumuletur, et successorum abbatum instantia circa cultum ecclesie Dei animetur.*

(286) Für all diese Dinge statten wir dem allmächtigen Gott und den heiligen Märtyrern Dank ab, weil er es nicht verschmähte, demjenigen allerheiligsten Altar[192] reichlich Geschenke zuteil werden zu lassen, an dem es ihm gefiel, uns von Kindheit an unter der Vorschrift der heiligen Regel darbringen zu lassen, wodurch wir ihm in ehrenvoller Weise dienen können.

⟨Paramente und Bitte um Gebetsgedenken.⟩

(287) Da wir also für nützlich und ehrenvoll erachten, die göttlichen Wohltaten nicht zu verbergen, sondern sie vielmehr zu preisen, haben wir in bittflehender Absicht angeordnet, daß der erweiterte Bestand an Paramenten, den die göttliche Hand zur Zeit unserer Amtsführung dieser heiligen Kirche verschafft hat, ⟨nach meinem Tod an meinem⟩ Jahrestag ausgestellt werde, um die erhabene göttliche Majestät zu versöhnen, die Hingabe der Brüder zu vermehren und nachfolgenden Äbten ein Beispiel zu geben. **(288)** Denn für so vieles und so Schwerwiegendes, das ich begangen habe, oder für die Ungeheuerlichkeit meiner Verfehlungen kann meine ebenso späte wie seltene Reue nur dann Genugtuung leisten, wenn ich auf die Fürbitte der Kirche in ihrer Gesamtheit vertrauen kann.

[192] Gemeint ist der Hauptaltar *(altare principale)*, cf. *adm* 214,969–971.

III. Quellen (mit dt. Übersetzung)

Die Sugers Schriften betreffenden Passagen aus der Handschrift Paris, Bibl. Maz., cod. 2017 (= M)[1]

⟨p. 257⟩ De ampliacione ecclesie beati Dyonisii, de ymagine crucifixi usque ad ualuas eiusdem.

Quia tempore domini Sugerii uenerandi abbatis sancti Dyonisii ecclesie *angustia exigebat*, ut in *diebus festi*uis *uidelicet indict*i *beati Dyonisii* et dedicacionis, in *deosculacione sanctarum reliquarum inter innumera populorum milia ex ipsa sui compressione nullus pedem mouere uale*bat, *ex ipsa* eciam *sui constrictione* nonnulli, quasi *statu*e lapides *marmore*e, *sta*bant immobiles, *mulieres eciam super capita uirorum*, ne deprimerentur, eleuate quasi *super pauimentum incede*bant, *ad augmentandum nobile manuque diuina monasterium consecratum precibus religiosorum* assentiens animum dedit. Hoc a puericia sua sicut refert plus *quam Constantin⟨opolitan⟩as gazas peropta*uerat[2] et ideo cum hoc inconueniens regi Francie Ludouico pluries retulisset, eo consilium prebente et auxilium promittente opus illud inchoauit. *Ad ualuarum igitur introitum augmentum quoddam deponens, quod a Karolo magno factum perhibebatur honesta satis occasione, quia pater suus Pippinus extra portas pro peccatis patris sui Karoli Martelli prostratum se sepeliri non supinum fecerat, manum apposuit*[3].

Accitis quoque lathomis, cementariis et scultoribus[4] ex quadraria sita prope Pontisaram lapides extrahi ordinauit[5]. Ad quod opus

[1] Zu diesen Textauszügen siehe den einleitenden Beitrag von M. Pickavé, p. 151; Edition und nebenstehende Übersetzung von Martin Pickavé.

[2] *adm* 164, *cons* 11/12

[3] *adm* 165

[4] Cf. *cons* 17

[5] Cf. *cons* 22sq.

Auszüge aus einer anonymen Chronik des 14. Jahrhunderts

Die Erweiterung der Kirche des heiligen Dionysius, vom Abbild des Gekreuzigten bis zu ihren Türen.

Weil zur Zeit des Herrn Suger, des verehrten Abts von Saint-Denis, die Enge der Kirche erzwang, daß an den Festtagen des heiligen Dionysius, d. h. dem Lendit und der Kirchweihe, bei der Anbetung der heiligen Reliquien unter den unzähligen Tausenden von Menschen aufgrund der eigenen Bedrängnis keiner einen Fuß bewegen konnte, infolge auch des eigenen Eingezwängtseins einige unbeweglich, fast wie Statuen aus Marmorstein, dastanden und auch Frauen, die, damit sie nicht niedergedrückt würden, über die Köpfe der Männer gehoben wurden, ⟨darauf⟩ wie auf einem Fußboden einherschritten, faßte ⟨Suger⟩ dem Bitten der Mönche beipflichtend den Vorsatz, die edle und von göttlicher Hand geweihte Klosterkirche zu erweitern. Dies hatte er sich von seiner Kindheit an, wie er berichtet, mehr als die Schätze Konstantinopels gewünscht. Und nachdem er diesen Mißstand dem König Ludwig ⟨VII.⟩ öfter berichtete, begann er deshalb dieses Werk, wobei ihm der König mit Rat zur Seite stand und Hilfe versprach. Er legte also Hand an den Eingang mit Flügeltüren, indem er eine Erweiterung aufgehen ließ, von der man glaubte, daß sie von Karl dem Großen gemacht worden war; bei einer sehr ehrenvollen Gelegenheit, da sein Vater, ⟨König⟩ Pippin ⟨I.⟩, für die Sünden seines Vaters Karl Martell außerhalb im Eingangsbereich der Türflügel hingebreitet, nicht auf dem Rücken liegend, sich hatte bestatten lassen.

Nachdem er auch Steinmetze, Maurer und Bildhauer herbeigerufen hatte, ordnete er an, aus einem nahe bei Pontoise gelegenen Steinbruch Steine herauszuziehen. Bei diesem Werk, für das sich Edle und Gemeine mit Un-

cum *nobiles et ignobiles, brachiis pectoribus et lacertis* ob honorem beati Dyonisii frequentissime laborarent[6], unum *contigit dignum* scriptu[7]. *Quadam* enim *die cum ymbrium refusione aerem tenebrosa obtexisset opacitas* et *pro impluuii infestacione plaustris ad quadrariam* adductis *adiutores* deessent *consue*ti[8], *quidam imbeciles et debiles cum aliquibus pueris* et *bubulc*is propinquis, qui tunc *ocio uaca*bant, *numero decem ad quadrariam accesserunt cumque unam cordarum assumentes columpne innect*erent, *aliam sudem in terra iacentem dimit*terent[9] et *pio zelo* accensi dixissent: '*sancte Dyonisi, pro te ipso uacantem accipiens sudem si placet nos adiuua*'[10], *mox uoluntate Dei et sanctorum quos inuoca*uerant, columpnam, quam centum homines uix poterant trahere, *extraxerunt* et plaustro imponentes *ad ecclesi*am *destinauerunt*[11].

Primo quidem turres altas et honestas erigens usque ad capellam sancti Michaelis, ad dedicacionem capelle plures episcopos euocans, qui illam debito more et cum solempni processione benedixerunt[12], *ualuas* postmodum *principales electis fusoribus et scultoribus deaura*ri fecit[13]. Aliisque ab utroque latere appositis turres in superiori parte non solum *ad ecclesie decorem,* sed *utilitatem* eciam, *si oportunitas* adesset, fortificari fecit[14] et hoc anno domini millesimo centesimo quandragesimo primo[15]. Inde ad *preces religiosorum*[16] superiori parte turrium non peracta a crucifixo usque ad turres ab utroque latere nauim edificari incepit consilio quoque utens *porcion*em ⟨p. 258⟩ *de parietibus antiquis, quibus dominus Iesus Christus manum apposuerat* in dedicacione ecclesie, seruando, ut huic nouo *operi coherer*et[17]. Euocatis quoque *episcop*is et *abbat*ibus et in inicio noui operis in *presentia regis Ludouici* solem-

[6] *cons* 23
[7] *cons* 24
[8] *cons* 25
[9] *cons* 26
[10] *cons* 28
[11] *cons* 30
[12] Cf. *cons* 42/43
[13] *adm* 170
[14] *adm* 172
[15] *adm* 173, *cons* 45
[16] *adm* 164
[17] *adm* 183

terarmen, Brust und Oberarmen zur Ehre des heiligen Dionysius häufig abmühten, geschah etwas, das aufzuschreiben würdig ist. Eines Tages nämlich, als infolge eines Regengusses düstere Finsternis die Luft bedeckt hatte und, als die Wagen am Steinbruch eintrafen, die gewohnten Helfer wegen der Heftigkeit des Regens abwesend waren, eilten einige Schwache und Gebrechliche zusammen mit einigen Jungen und den nahen Ochsentreibern, die nun Zeit hatten – insgesamt zehn an Zahl – zum Steinbruch. Sie nahmen ⟨nur⟩ eines der Seile auf, schlangen es um eine Säule und ließen einen anderen Pflock auf dem Boden liegen, wobei sie beseelt von frommem Eifer sagten: „Heiliger Dionysius, hilf uns, wenn es Dir gefällt, indem Du selbst den freibleibenden Pflock aufnimmst“. Bald zogen sie durch den Willen Gottes und der Heiligen, die sie angerufen hatten, die Säule, die hundert Männer kaum ziehen konnten, heraus, legten sie auf einen Wagen und brachten sie zur Kirche.

Zuerst erbaute er die hohen und ehrwürdigen Türme bis zur Kapelle des heiligen Michael und rief zur Weihe der Kapelle mehrere Bischöfe, die sie auf angemessene Weise und mit einer feierlichen Prozession weihten; dann ließ er die Haupttüren vergolden, für die er Gießer und Bildhauer ausgewählt hatte. Mit anderen Dingen, die er von beiden Seiten hinzufügte, ließ er die Türme nicht nur zur Zierde der Kirche, sondern auch zu ihrem Nutzen, falls eine Notwenigkeit dazu bestehe, befestigen; und dies im Jahr des Herrn 1141. Dann begann er auf Bitten der Mönche, obwohl der obere Teil der Türme noch nicht ausgeführt worden war, vom Kruzifix bis zu den Türmen von beiden Seiten das Kirchenschiff erbauen zu lassen, wobei er sich auch des Ratschlags bediente, einen Teil der alten Wände, denen der Herr Jesus Christus bei der Weihe der Kirche die Hand aufgelegt hatte, zu bewahren, so daß er diesem neuen Werk verbunden wurde. Als auch Bischöfe und Äbte zusammengerufen worden waren und zum Beginn des neuen Werkes in Anwesenheit des König Ludwigs ⟨VII.⟩ eine feierliche Pro-

pni *processione* peracta[18] *cum ipsi* cum *aqua benedicta cementum propriis manibus confecissent*, cum *hymn*is et laudibus *primos* in fondamentis *imposuerunt lapides*[19], *ipse* eciam *rex propriis manibus* lapides in fondamento *posuit* et interim, cum deuote cantaretur *Lapides preciosi omnes muri tui*[20], nonnulli episcopi anulos episcopales in fondamentis proiciebant[21]. In hoc et superioritate turrium opere *per triennium* insistit[22]. Quo spacio locum, in quo nunc corpora sanctorum martirum requiescunt, ex auro et lapidibus fabricari fecit mensamque altaris ex lapidibus preciosis[23]. Ad quod opus multi *episcopi et archiepiscopi* accedentes *Deo et sanctis* martiribus *anulos* suos *pontificales offerebant*, ut ibi infigerentur[24]. *Ultro eciam rex* Francie ac *comes* Campanie *Theobaldus* aliique *optimates et principes perlucidas smaragd*os et *distinct*os *smaragd*ites *rubetos*que et *iacintos* ac *preciosas margaritas offere*bant et *ad* ipsum opus *peragendum* dictum abbatem incitabant[25].

⟨p. 266⟩ De uiolencia uentorum, que tamen edificium nouum ecclesie beati Dyonisii miraculose ut creditur non destruxit

Mense Ianuario reiteratis uicibus uentus inauditus fuit, qui in multis regionibus ecclesias et edificia subuertit et terre an⟨n⟩uosas arbores coequauit. Nec est pretereundum silencio, que cum de precepto regis Francie Ludouici abbas Sugerius ecclesiam ampliaret et *prefatum noui augmenti opus capitellis arcubus superioribus ad altitudinis* ⟨cacumen⟩ ⟨p. 267⟩ *produceretur, cum necdum principales arcus singulariter uoluti uoltarum cummulo cohere⟨re⟩nt, terribilis et pene intollerabilis obnubilacione nubium, inundacione ymbrium, impetu ualidissimo uentorum subito tempestatis exorta est procella que usque adeo inualuit, ut non solum ualidas domos sed eciam lapideas turres et ligneas tristegas concusserit*[26]. Qua *tempe-*

[18] *cons* 50
[19] *cons* 52
[20] *cons* 53
[21] Cf. *cons* 63
[22] *cons* 57
[23] Cf. *cons* 59–62
[24] *adm* 195, *cons* 63
[25] *cons* 64
[26] *cons* 67

zession stattgefunden hatte, legten diese unter Hymnen und Lobpreisungen in den Fundamenten die ersten Steine nieder, nachdem sie selbst mit eigenen Händen unter Verwendung von Weihwasser den Mörtel zubereitet hatten. Auch der König selbst legte mit den eigenen Händen im Fundament Steine nieder, und währenddessen, als demütig das „Lapides preciosi omnes muri tui" gesungen wurde, warfen einige Bischöfe ihre Bischofsringe in die Fundamente. Mit diesem Werk und mit dem oberen Teil der Türme war er noch drei Jahre beschäftigt. In dieser Zeit ließ er den Ort, an dem nun die Leiber der heiligen Märtyrer ruhen, mit Gold und Edelsteinen herrichten und auch eine Altarplatte aus kostbaren Edelsteinen. Viele Bischöfe und Erzbischöfe, die zu diesem Werk kamen, boten Gott und den heiligen Märtyrern ihre Bischofsringe dar, damit sie dort eingearbeitet würden. Freiwillig boten auch der König von Frankreich und der Graf der Champagne Theobald und andere Vornehme und Fürsten strahlende Smaragde und gemaserte smaragdähnliche Steine, Rubine und Hyazinthe und kostbare Perlen dar. Und so trieben sie den genannten Abt zur Fortführung des Werkes an.

Die Gewalt der Stürme, die jedoch das Bauwerk der neuen Kirche des heiligen Dionysius auf, wie man glaubt, wundersame Weise nicht zerstört hat.

Im Monat Januar erhob sich mehrere Male ein unerhörter Wind, der in vielen Gegenden Kirchen und Gebäude zerstörte und Bäume, die reich an Jahren waren, dem Erdboden gleichmachte. Man darf nicht mit Schweigen übergehen, daß, als der Abt Suger auf Befehl des französischen Königs Ludwig ⟨VII.⟩ die Kirche erweiterte und das vorgenannte Werk der neuen Erweiterung mit den oberen Kapitellen und Bogen zur vollen Höhe fortführte, als die Hauptbogen, einzeln gewölbt, noch nicht mit dem Scheitel der Wölbungen zusammenhingen, urplötzlich ein Gewittersturm losbrach, furchtbar und fast unerträglich aufgrund der Verfinsterung durch Wolken, der Überschwemmung durch Regengüsse und der sehr starken Kraft der Winde, der schließlich so sehr erstarkte, daß er nicht nur feste Häuser, sondern auch steinerne Türme und hölzerne Wehrbauten erschütterte. Während dieses

*state quadam die aniuersario gloriosi Dagoberti regis cum uenerabilis Carnotensis episcopus Gaufridus missa*m anniuersari *ad principale altare celebraret, tantus oppositorum uentorum impetus prefatos arcus nullo suffultos podio impi⟨n⟩gebat, ut miserabiliter tremuli et quasi hinc inde fluctuantes subito pestiferam minarentur ruinam*[27]. *Quorum quidem operturarumque inpulsionem cum episcopus expauesceret, sepe manum benedictionis in ea parte extendebat et brachium sancti Symeonis signando instanter opponebat, ut manifeste nulla sui constancia, sed sola Dei pietate et sanctorum merito ruinam euadere appareret sicque cum multis in locis firmissimis ut putabatur edificiis multa ruinarum incommoda intulisset, uirtute repulsa diuina titubantibus in alto solis et recentibus arcubus nichil* preferre *ualuit incommodi*[28].

⟨p. 269⟩ De translacione corporis beati Dyonisii sociorumque eius et de consecracione altaris eorundem.

Sugerius abbas peracta camera sancti Dyonisii noua ad celebracionem translacionis r*egem Ludouicu*m, *regina*m quoque *Alienor*dem *matr*emque *eius* atque *obtimates regni*[29] ad diem sancti *Barnabe apostoli* inuitauit[30]. *De diuersis* uero *nationum et regnorum proceribus nobilibus et gregariis militum et peditum turmis*, qui ibidem aduentarunt, *nulla* supputacio competit[31]. *Archiepiscoporum uero et episcoporum assistentium hec intitulata sunt nomina*:

Samson Remorum archiepiscopus,
Hugo Rothomagensis archiepiscopus,
Guido Senonensis archiepiscopus,
Gaufridus Burdegalensis archiepiscopus,
Theobaldus Cantuariensis archiepiscopus,
Gaufredus Carnotensis,
Ioslenus Suessionensis,
Nicolaus Cameracensis,
Simo Nouiomensis,

[27] *cons* 68
[28] *cons* 69
[29] *cons* 77
[30] *cons* 75
[31] *cons* 78

Unwetters, am Jahrestag des ruhmvollen Königs Dagobert ⟨I.⟩, als der ehrwürdige Bischof Gaufredus von Chartres die Messe zum Jahrestag am Hauptaltar feierte, erfaßte eine solche Kraft der anstürmenden Winde die genannten Bogen, die von keinem Unterbau unterstützt waren, so daß sie, jämmerlich zitternd und gleichsam hin- und herschwankend, plötzlich verderbenbringend einzustürzen drohten. Als der Bischof mit Entsetzen das Schwanken der Bogen und der Bedachung sah, streckte er seine Segenshand mehrmals dorthin aus und hielt beim Segnen den Arm des heiligen Greises Simeon eindringlich entgegen, so daß er deutlich sichtbar nicht durch seine Beharrlichkeit, sondern allein durch die Gnade Gottes und das Verdienst der Heiligen den Einsturz vermied. Und obgleich dieses Unwetter vielerorts an, wie man glaubte, sehr dauerhaften Bauten Einsturzschäden verursachte, vermochte es so, da es durch göttliche Kraft abgewehrt wurde, keinen Schaden zu stiften, wenn auch in der Höhe die einzeln stehenden und frisch gemauerten Bogen ins Wanken gerieten.

Die Translation der Leiber des heiligen Dionysius und seiner Gefährten und die Weihe ihres Altars

Nachdem die neue Wohnung für den heiligen Dionysius fertiggestellt worden war, lud Abt Suger zur Feier der Translation am Tag des heiligen Apostels Barnabas König Ludwig ⟨VII.⟩, die Königin Eleonore und die Mutter des Königs wie auch die Fürsten den Königreiches ein. Keine Berechnung wird den verschiedenen Vornehmen, Adligen und Scharen an Rittern und Mengen an Fußvolk aus Völkern und Reichen, die dort erschienen waren, gerecht. Dies aber sind aufgezählt die Namen der anwesenden Erzbischöfe und Bischöfe:

Samson, Erzbischof von Reims,
Hugo, Erzbischof von Rouen,
Guido, Erzbischof von Sens,
Gaufredus, Erzbischof von Bordeaux,
Theobald, Erzbischof von Canterbury,
Gaufredus, ⟨Bischof⟩ von Chartres,
Ioslenus, ⟨Bischof⟩ von Soissons,
Nikolaus, ⟨Bischof⟩ von Cambrai,
Simon, ⟨Bischof⟩ von Noyon,

Elias Aurelianensis,
Odo Beluacensis,
Hugo Autissiodorensis,
Aluisus Attrebatensis,
Guido Cathalanensis,
Algarus Constantiensis,
Rotrocus Ebroyocensis,
Milo Taruanensis,
Manasses Meldensis,
Petrus Syluanetensis.[32]

Hi *omnes cum alcioribus personis ecclesie sue*[33] in processione solempni cum rege interfuerunt. Antequam tamen exaltarentur corpora ad locum pro ipsis fabricatum, abbas et conuentus de loco suo, ubi a tempore domini Dagoberti iacuerant, ubi nunc est capella sancti Demetrii assumentes illa *in exitu chori decentissime locau*erunt, ut autem *expedite processio* intra *et extra ecclesiam perlustrare posset*[34]. *Regem* Francie predictus abbas rogauit, *ut per optimates suos ab ipsa obuiantem arceret turbam*, quod *per se ipsum et suos facturum libent*issime *respondit*[35]. Religiosi igitur cum in Dei *laud*ibus *pernoctas*sent[36], ⟨p. 270⟩ *summo mane archiepiscopi* et *episcopi* prefati affuerunt *episcopaliter* induti[37], qui *aquam benedictam* ante martires compositam extra et intra *parietes ecclesie* spargere inceperunt[38]. Et dum processio fiebat *rex et decuriones* cum *uirgis et baculis impetum* superueniencium hominum *arcebant*[39]. *Peracta consecratione* a prefato rege et episcopis dicta *corpora* assumuntur sacrosancta[40], que *per claustrum cum candelabris et crucibus et aliis festiuis ornamentis, odis* quoque *et multis laudibus processerunt*[41]. Que redeuntes cum *ante eorum nouam sepulturam*

[32] *cons* 79
[33] *cons* 80
[34] *cons* 81
[35] *cons* 82
[36] *cons* 83
[37] *cons* 84
[38] *cons* 84/86
[39] *cons* 86
[40] *cons* 87–92
[41] *cons* 93

Elias, ⟨Bischof⟩ von Orléans,
Odo, ⟨Bischof⟩ von Beauvais,
Hugo, ⟨Bischof⟩ von Auxerre,
Alvisus, ⟨Bischof⟩ von Arras,
Guido, ⟨Bischof⟩ von Châlons-sur-Marne,
Algarus, ⟨Bischof⟩ von Coutances,
Rotrocus, ⟨Bischof⟩ von Évreux,
Milo, ⟨Bischof⟩ von Thérouanne,
Manasse, ⟨Bischof⟩ von Meaux,
Petrus, ⟨Bischof⟩ von Senlis.

Diese alle nahmen mit höherrangigen Persönlichkeiten ihrer Kirche an einer festlichen Prozession mit dem König teil. Bevor jedoch die Leiber zu dem für sie angefertigten Ort erhoben wurden, nahmen der Abt und der Konvent sie von ihrem Ort, wo sie seit der Zeit des Herrn Dagobert gelegen hatten ⟨und⟩ wo nun die Kapelle des heiligen Demetrius ist, auf und legten sie auf das angemessenste an den Ausgang des Chores, so daß ferner die Prozession unbehindert innerhalb und außerhalb die Kirche durchschreiten konnte. Der vorgenannte Abt bat den französischen König, er möge durch seine Fürsten die entgegendrängende Menge von dieser Prozession fernhalten; dieser versprach, dies werde er gerne selbst mit den Seinigen durchzuführen. Nachdem die Mönche also die Nacht mit dem Lob Gottes verbracht hatten, erschienen am frühen Morgen die genannten Erzbischöfe und Bischöfe in bischöflicher Kleidung, und sie begannen die Wände der Kirche innen und außen mit dem vor den Märtyrern bereiteten Weihwasser zu besprengen. Und während die Prozession vonstatten ging, hielten der König und seine Dekurionen den Andrang der herannahenden Menschen mit Ruten und Stöcken in Schranken. Nach vollzogener Weihe wurden die genannten allerheiligsten Leiber vom König und den Bischöfen aufgenommen, und sie schritten mit Leuchtern und Kreuzen und anderem zur Feier gehörenden zeremoniellen Gerät unter Gesängen und auch mit vielfachem Lobpreis durch den Kreuzgang. Als sie zurückkamen, wurden sie vor ihre neue Grab-

posuissent, *ara*m illam *archiepiscop*us *Remensi*s *consecra*uit[42], infra quam postmodum predicta sanctorum corpora collocauit. Et dum hoc solempne celebraretur officium, episcopi, qui aduenerant, altaria capitii superius et inferius solempniter consecrauerunt[43].

⟨p. 292⟩ De[44] crucifixo aureo ecclesie beati Dyonisii quem papa Eugenius consecrauit et quomodo abbas Sugerius ecclesiam auro et iocalibus dotauit.

Abbas ecclesie beati Dyonisii Sugerius *euocat*is *perit*is *artifici*bus *in auro*[45] ad decorem ecclesie *de quater uiginti marcis aur*i *obrizi*[46] fabricari fecit *ymaginem* crucifixi, quam gemmis et margaritis ornatam[47] super criptam, in qua corpus *beat*i *Dyonisi*i fere *quingentis annis iacuerat*[48], statuerat collocari. Ut autem tam honorabile iocale *exaltare*tur, decentius *dominum papam Eugenium*, qui tunc temporis in Franciam uenerat et *sanctum pascha* in ecclesia gloriosi martirum celebrauerat, rogauit ut illud benediceret[49], et solempnia deuotissime peregit et *de titulo uere crucis domini que omnem et uniuersalem excedit margaritam, de capella sua porcionem in eo assignauit, publice* eciam et *coram omnibus quicumque inde aliquid raperent, quicumque ausu temerario in* illud *manum inferrent, mucrone beati Petri et gladio Spiritus sancti anathematizauit*[50] et hoc quidem *anathema idem* abbas *inferius in cruce intitulari fecit*[51]. Huic reuerentissimo abbati semper fuit precipua intentio et studium, ut insignem ecclesiam suam omni gloria et honore extolleret, religiose ordinaret et eam reditibus opulentam edificiis amphorem ornamentis etiam et iocalibus decoratum redderet. Cuius rei luce clariora exstant indicia. Ultra namque mensam altaris gloriosi martiris Dyonisii, in qua *posu*erat *quadraginta duas marcas auri*

42 *cons* 95

43 Cf. *cons* 96

44 Qe *cod. in margine „MCXLVIII“*

45 *adm* 203

46 *adm* 210

47 *adm* 203–211

48 *adm* 204

49 *ex* -dixeret *corr.*

50 *adm* 212

51 *adm* 213

stätte gelegt. Der Erzbischof von Reims weihte jenen Altar, in den er dann die genannten Leiber der Heiligen legte. Und während dieses Offizium festlich gefeiert wurde, weihten die anwesenden Bischöfe in feierlicher Weise sowohl oben als auch unten die Altäre des Kirchenhaupts.

Der goldene Kruzifix der Kirche des heiligen Dionysius, den Papst Eugen ⟨III.⟩ weihte, und wie Abt Suger die Kirche mit Gold und Edelsteinen ausstattete.

Suger, der Abt der Kirche des heiligen Dionysius, ließ erfahrene Kunstfertige herbeirufen und zur Zierde der Kirche in Gold ein Abbild des Gekreuzigten von 80 reinen Goldmark anfertigen, das er ⟨auch⟩ mit Edelsteinen und Perlen verzierte und über der Krypta, in der der Leib des heiligen Dionysius fast 500 Jahre gelegen hatte, aufzustellen anordnete. Um ferner das so ehrenvolle Schmuckstück ⟨noch zusätzlich⟩ herauszuheben, fragte er auf geziemende Weise Papst Eugen ⟨III.⟩, der zu dieser Zeit gerade nach Frankreich kam und das heilige Osterfest in der berühmten Kirche der Märtyrer zelebrierte, es zu weihen. Und ⟨der Papst⟩ vollzog die Feierlichkeiten in gebührender Weise, und er teilte von dem Titulus des wahren Kreuzes unseres Herrn, welches all und jede Perle übertrifft, ein Teilchen aus seiner Kapelle diesem ⟨unserem⟩ zu. Auch bannte er öffentlich und vor allen alle, die etwas davon stehlen, und alle, die in frevelnder Kühnheit ihre Hand danach ausstrecken, durch das Schwert des heiligen Petrus und das Schwert des heiligen Geistes. Und diesen Bannspruch ließ der Abt unterhalb auf dem Kreuz als Inschrift anbringen. Die hauptsächliche Absicht und das Bemühen dieses verehrtesten Abtes war es immer, seine berühmte Kirche in jeder Art von Ruhm und Ehre zu erheben, sie mit der gebotenen Frömmigkeit zu führen und sie mit wiedererworbenen Gebäuden reich zu machen, wie ein mit Ausstattung und auch mit Schmuckstücken verziertes Gefäß. Hierfür bestehen Zeugnisse, die klarer sind als Licht. Denn über die Platte des Altars des ruhmreichen Märtyrers Dionysius hinaus, für die er 42 Goldmark auf-

*gemmarum*que *preciosarum multiplicem copiam, iacinctorum, rubetorum, saphirorum, smaragdinum* et *topaziorum*[52], in *fronte* et circuitu capse *corpor*um *quindecim marcas auri* cum *quadraginta ferme unciis reposu*it[53] ac *cupreis tabulis fusilibus ac deauratis* totum opus *circumcingi fecit*[54]. Ad *principale altare* eciam cum tribus aureis *tabul*is *a* rege *Karolo* ⟨p. 293⟩ *Caluo* concessis unam superaddidit ex auro, *ut totum altare* ex *aur*o cingeretur[55] et altaris *latera candelab*ris *viginti marcarum auri* decorauit[56]. *Calicem* eciam *aureum* ponderis septendecim marcarum *auri* et semis *iacinctis et topaziis ornatum* qui[57] *uadimonio perierat* ecclesie *restitu*it[58]; *uas eciam preciosum de lapide prasio ad formam nauis* auro inclusum[59]. *Aliud* eciam *uas* ad *instar iuste* ex *berill*o sibi a *regina* Francie collatum in thesauro ecclesie reposuit[60] cum quodam *eciam calice de sardio,* qui *a nigredine onichinii* aliquantulum differt[61]. Dedit eciam *lagenam* que fuerat *Theobald*i *com*itis *Blesensis*[62] et eciam *aquil*am de *porphiretic*o preciosam[63] necnon et multa alia iocalia preciosa, ut in talibus ecclesia sua inter ceteras excellere[64] uideretur.

[52] *adm* 193
[53] *adm* 198
[54] *adm* 199
[55] *adm* 214
[56] *adm* 215
[57] quod *cod.*
[58] *adm* 276
[59] *adm* 277/278
[60] *adm* 279
[61] *adm* 281
[62] *adm* 283
[63] *adm* 285
[64] expellere *cod.*

brachte und eine große Menge an kostbaren Edelsteinen, Hyazinthen, Rubinen, Saphiren, Smaragden und Topasen, verwendete er für die Front und die Seiten des Sarkophags der Leiber 15 Goldmark zusammen mit fast 40 Unzen, und mit gegossenen und vergoldeten Kupfertafeln ließ er das ganze Werk umgeben. Dem Hauptaltar mit den drei von König Karl dem Kahlen gestifteten Goldtafeln fügte er auch eine weitere aus Gold hinzu, damit der ganze Altar mit Gold eingefaßt würde, und die Seiten des Altars verzierte er mit Kerzenleuchtern im Wert von 20 Goldmark. Auch gab er der Kirche einen goldenen Kelch im Gewicht von 17 Goldmark, der mit Halb-Hyazinthen und Topasen geschmückt war und durch Verpfändung verlorengegangen war, zurück, ferner ein kostbares Gefäß aus Praser zur Form eines Schiffes ⟨geschnitzt⟩ und mit Goldeinfassung. Auch legte er ein anderes Gefäß mit der Form eines Maßgefäßes aus Beryll, das ihm die Königin von Frankreich gegeben hatte, zusammen auch mit einem gewissen Kelch aus Sarder, der sich von der Onyx-Schwärze ein wenig unterscheidet, in den Schatz der Kirche. Er gab ferner eine Wasserkanne, die dem Grafen Theobald von Blois gehörte, und auch einen kostbaren Adler aus Porphyr und auch viele andere wertvolle Kostbarkeiten, so daß seine Kirche in derartigen Kostbarkeiten unter anderen Kirchen herauszuragen scheint.

Vita Sugerii[1]

[**378**] Videtur itaque vir ad hoc divinitus directus, ut non unum tantum cui praeerat locum, sed totum Francorum illustraret imperium; ad hoc promotus, non ut unum monachorum genus, sed universos Ecclesiae ordines singulariter ipse proveheret. Illud siquidem de hoc viro mirari libet, quod in tam brevi corpuscolo talem natura collocaverit animum, tam formosum, tam magnum: nisi quod liquido per hunc ostendere voluit posse sub qualibet cute animum latere formosissimum, et quovis loco nasci virtutem; et ut sciremus brevitate corporis animum non infirmari, sed animi viribus corpus ornari. Verum quia falsam de illo opinionem in quorumdam cordibus convaluisse scio, illud sciendum, absentem hunc et longe positum[2] ad regimen vocatum fuisse, nil tale suspicantem, sed et accessisse invitum. Nec illi reniti licuit aut obscure vitam transigere, eo quod in medium jam illud protulisset ingenii vigor et eruditio, vel magnorum virorum nobiles amicitiae, immo quod supra haec [**379**] omnia est, divina dispensatio, quae hunc Ecclesiae suae vas in honorem praeparaverat. Tanta enim illum notitia invaserat, ut, etiamsi in extrema reconderetur, pristina tamen illum probitas demonstraret et virtutes proderent, in quibus a puero exercitatus fuerat. Tanta illum lux propter prima et integra consilia circumfulgebat, ut quamvis vellet tenebras habere, non posset. Mirabantur omnes animum in illo moderatum, excellentem, omnem tumorem seculi calcantem, et quicquid vulgus timere solet vel optare ridentem, in mundo quidem constitutum, sed meliore sui parte coelestibus inhaerentem.

[1] Auszüge aus Lib. I & II (Lecoy, pp. 378–380 und 390–393); nebenstehende Übersetzung von Susanne Linscheid-Burdich.

[2] Zur Wahl Sugers zum Abt von Saint-Denis am 12. März. 1122 cf. Vita Lud. VI., c. XXVII (p. 206–212); Suger schildert dort, wie er auf der Rückreise von Rom von seiner Wahl zum Abt von Saint-Denis erfuhr. Cf. auch *adm* 84.

Auszüge aus dem ersten und zweiten Buch der *Vita Sugerii* des Wilhelm von Saint-Denis

[**378**] Es scheint, daß dieser Mann durch göttliche Fügung dorthin geführt worden war, um nicht nur diesem einen Kloster, dem er vorstand, sondern dem ganzen Frankenreich Glanz zu verleihen; daß er zu diesem Amt erhoben worden war, nicht um nur den Stand der Mönche, sondern alle Ordnungen der Kirche in einzigartiger Weise selbst voranzubringen. Darüber mag man freilich bei diesem Mann staunen, daß die Natur in einem so kurzen kleinen Körper einen solchen Geist untergebracht hat, einen so prächtigen, so bedeutenden: nur weil sie daran deutlich zeigen wollte, daß unter jeder beliebigen Haut ein überaus prächtiger Geist verborgen sein könne und Tüchtigkeit an jedem beliebigen Ort geboren werden könne; und damit wir wüßten, daß durch die Kleinheit des Leibes der Geist nicht beeinträchtigt werde, sondern der Leib durch die Kräfte des Geistes geschmückt werde. Doch da ich weiß, daß in den Herzen gewisser Leute eine falsche Meinung über ihn sich hartnäckig hält, soll man wissen, daß er in seiner Abwesenheit und weit entfernt zur Leitung berufen wurde, er, der nichts dergleichen argwöhnte und auch unfreiwillig ⟨die Leitung⟩ antrat. Doch war es ihm nicht gestattet, sich zu weigern oder im Dunkel das Leben zu verbringen, weil ihn seine Verstandeskraft und Bildung bereits allgemein bekannt gemacht hatte, oder die vornehmen Freundschaften mit bedeutenden Männern, vielmehr noch, was über all dem steht, [**379**] die göttliche Fügung, die ihn als Gefäß zur Ehre für ihre Kirche im voraus bereitgehalten hatte. Denn so große Bekanntheit war über ihn hereingebrochen, daß, selbst wenn er sich in den entlegensten ⟨Bereichen⟩ verbergen wollte, dennoch seine seit altersher bestehende Rechtschaffenheit auf ihn hinwiese und seine Tugenden, in denen er sich von Kindesbeinen an geübt hatte, ihn verrieten. So großes Licht umstrahlte ihn wegen seiner erstrangigen und untadeligen Ratschläge, daß er, obgleich er lieber im Dunkel verharren wollte, es nicht konnte. Alle bewunderten in ihm seinen gemäßigten, ⟨dabei⟩ herausragenden Geist, der alle Aufgeblasenheit der Welt mit Füßen trat, alles, was der Pöbel gewöhnlich fürchtet oder sich wünscht, verlachte, der zwar in der Welt stand, doch mit dem besseren Teil seiner selbst dem, was im Himmel ist, anhing.

[**380**] Verum quia illustri viro ab aemulis humilitas objicitur generis[3], non considerant caeci et hebetes ad majorem illius laudem pertinere vel gloriam suos effecisse nobiles, quam nasci de nobilibus. Sed et Plato ait neminem regem non ex humilibus oriundum, neminem non humilem ex regibus. Omnia ista longa varietas miscuit, et sursum deorsum fortuna versavit[4]. Nobiles efficit animus, quem in hoc viro talem constat fuisse, ut hunc non immerito descripsisse credatur, qui ait: „Animus intuens vera, peritus fugiendorum ac petendorum, ..."

[**388**] Erat quidem corpus breve sortitus et gracile, sed et labor assiduus plurimum detraxerat viribus. Victus tamen parsimonia, et ciborum qui gulam irritant mo[**389**]dus, et diligens sui custodia ad senectutem eum, Deo juvante, produxit. Cibus illius nec satis vilis, nec satis exquisitus. Nunquam de qualitate causatus est, nunquam de apparatus genere. De singulis quae apponebantur illi modicum quid praegustabat: reliquum transmittebat pauperibus, sine quibus nunquam illum vidi refici. Esu carnium nunquam est usus, nisi cum illum corporis coegisset infirmitas, et amicorum auctoritas compulisset. Vinum non gustabat, nisi prius aquam largissime miscuisset. Aestatis vero tempore aquam puram crebrius hauriebat. Qui, cum multimoda gratiarum obtineret genera, uno tantum caruit munere, quod assumpto regimine nunquam apparuit pinguior quam privatus extiterat: cum alii fere omnes quantumvis antea fuerint tenues, post manuum statim impositionem buccis et ventre, ne corde dixerim, soleant impinguari. Omni tempore vel aestatis vel hiemis, quoniam somno contentus erat brevissimo, post coenam aut legebat, aut legentem diutius audiebat, aut considentes exemplis instruebat illustribus. Lectio quidem erat de libris Patrum autenticis; aliquando de ecclesiasticis aliquid legebatur historiis. Narrabat vero, ut erat jocundissimus, nunc sua, nunc aliorum, quae vel vidisset vel didicisset gesta virorum fortium, aliquotiens usque ad noctis medium; sicque modicum quiescebat in cubili, quod nec ni-

[3] Cf. Vita Sug. VI., c. XXVII (p. 212): – *novit enim insufficientia nostri tam generis quam scientie* –.

[4] Seneca, Ad Lucilium, ep. 44,4: *Plato ait neminem regem non ex servis esse oriundum, neminem servum non ex regibus. Omnia ista longa varietas miscuit et sursum deorsum fortuna versavit.*

[380] Da aber dem berühmten Mann von Neidern die Niedrigkeit seiner Familie vorgeworfen wird, bedenken die Blinden und Stumpfsinnigen nicht, daß es jenem zu höherem Lob oder Ruhm gereicht, die Seinigen geadelt zu haben als von Adligen abzustammen. Doch auch Plato sagt, niemand sei König, der nicht aus Niedrigen hervorgehe, und niemand, der nicht niedrig sei, stamme von Königen ab. All dies hat lang anhaltende Wechselhaftigkeit vermischt, und das Schicksal hat es nach oben und nach unten gedreht. Adlig macht einen der Geist, und es steht fest, daß in diesem Mann ein solcher ⟨Geist⟩ war, daß man glaubt, nicht zu Unrecht habe ihn der beschrieben, der da sagt: „Ein Geist, der das Wahre anschaut, der sich darin auskennt, was man meiden, was man erstreben soll ...“.

[388] Er hatte zwar einen kleinen und zierlichen Körper, doch auch die beständige Mühe hatte seinen Kräften sehr viel entzogen. Doch Sparsamkeit an Nahrung, maßvoller Genuß von Speisen, die den Gaumen reizen, [389] und sorgsames Wachen über sich selbst führten ihn mit Gottes Hilfe zu einem hohen Alter. Seine Speise war nicht gerade schlecht, nicht gerade ausgesucht. Niemals beklagte er sich über ihre Beschaffenheit, niemals über die Art der Zurüstung. Von den einzelnen Speisen, die aufgetragen wurden, verkostete er eine mäßige Menge vorab: das übrige überließ er den Armen, ohne die ich ihn niemals speisen sah. Vom Verzehr von Fleisch machte er nie Gebrauch, außer wenn ihn körperliche Schwäche dazu zwang und die Autorität von Freunden ihn dazu nötigte. Wein kostete er nur, wenn er zuvor sehr reichlich Wasser hineingemischt hatte. Zur Sommerzeit aber schöpfte er häufiger reines Wasser. Obwohl er vielerlei Arten von Gunst genoß, fehlte ihm doch nur eine Gabe: nämlich daß er nach Antritt der Leitung niemals beleibter erschien, als er als Privatmann gewesen war: während beinahe alle anderen vorher beliebig schmächtig gewesen sind, werden sie doch gewöhnlich sogleich nach der Handauflegung an Backen und Bauch, um nicht zu sagen: am Herzen, zunehmend fett. Zu jeder Zeit, im Sommer wie im Winter, las er, da er mit einem sehr kurzen Schlaf zufrieden war, nach der Mahlzeit entweder selbst oder hörte länger dem, der vorlas, zu oder unterwies diejenigen, die da saßen, mit berühmten Beispielen. Bei der Lesung handelte es sich um die Bücher der ⟨Kirchen⟩väter im Original; manchmal wurde auch etwas aus der Kirchengeschichte gelesen. Er erzählte aber, ein höchst liebenswürdiger Unterhalter, wie er war, bald eigene Taten, bald die anderer tapferer Männer, die er selbst gesehen oder von denen er Kenntnis bekommen hatte, manchmal bis Mitternacht; sodann ruhte er ein

mis esset horridum, nec satis delicatum. Illud declinabat summopere ne quicquam agere videretur quod in habitu vel vitae genere appareret notabile. Viro quippe bono simulationem judicabat indignam; [**390**] et ambitionem perversa, ut ait Stoicus, sequi via, minus arbitrabatur honestum.

Post quietem expergefactus somno, postquam solemni more Matutinorum celebrasset officium, prima cotidie luce ad ecclesiam festinabat. Ubi, antequam accederet ad altare, secus sepulchra Martyrum provolutus humiliter, Deo se totum in precibus mactans, subjecta pavimenta lacrymis humectabat; sicque sacerdos venerabilis tam devote quam celebriter salutares oblaturus hostias procedebat. Hora vero sanctissimi sacrificii, quis digne referat qua compunctione succendi, qua ubertate lacrymas vel gemitus, ut revera praesentem habens Deum, profundere consueverit? At vero in Nativitate Salvatoris, vel Resurrectione, seu ceteris praecipuis sollemnitatibus, mirum in modum erat et devote festivus et festive devotus: festivus ore, devotus corde, adeo ut nullum penitus seculi negotium ad se ingredi permitteret, neque rerum tristium, quantum in ipso erat, mentionem admitteret; asserens debere laetum transiri diem, et in Dei laudibus totum expendi. In quibus scilicet diebus si quando, ut assolet, nox superveniens illum vespertinis laudibus celeberrime insistentem deprehendisset, dicebat nihil referre utrum laus divina nocte consummaretur an die, dum illius esset nox, cujus et dies: tantum ne praeter morem celebritas videretur minorari in aliquo. Hic, sicut scriptum legerat, *stare fecit cantores contra altare, et in sono eorum dulces fecit modos, et dedit in celebrationibus decus, et ornavit tempora usque ad consummationem vitae*[5].

[**391**] Erga fratres infirmantes non aliter afficiebatur, quam si carnaliter generasset singulos, quos in Christo Jesu spiritaliter ipse genuerat. Quorum curationi et medicos non modicis sumptibus ipse praevidit, et redditus annuos, ut succincte loquar, duplicatos sua reliquit industria. Cujus rei cum testes extent plurimi, tum ego fratrum minimus, ejus pietati prae caeteris obnoxius. Nemo enim ejus compassionem uberius, nemo liberalitatem profusius sensit.

[5] Sir 47,11–12.

wenig auf seinem Bett, das weder allzu arg noch sehr bequem war. Besonders trachtete er danach, nicht den Anschein zu erwecken, er tue irgendetwas, was in seiner Gewohnheit oder der Art seines Lebens bemerkenswert erschiene. Denn er beurteilte Verstellung als etwas, das eines guten Mannes unwürdig war; [**390**] und noch weniger hielt er es für ehrenwert, der Ehrsucht auf verdorbenem Wege zu folgen, wie der Stoiker sagt.

Wenn er, nachdem er in feierlicher Weise die Matutin gefeiert hatte, nach der Ruhe vom Schlaf erwacht war, eilte er täglich beim ersten Licht zur Kirche. Dort warf er sich, bevor er zum Altar schritt, demütig beim Grab der Märtyrer nieder, brachte in seinen Gebeten sich selbst ganz Gott dar, benetzte den Boden unter ihm mit Tränen und schritt so als ein ehrwürdiger Priester einher, bereit, die heilbringenden Opfergaben ebenso demütig wie feierlich darzubringen. In der Stunde des allerheiligsten Opfers aber – wer vermag würdig zu berichten, von welcher Reue er dann gewöhnlich entzündet wurde, in welcher strömenden Fülle er Tränen und Seufzer sich ergießen ließ, wie einer, der Gott wahrhaftig gegenwärtig hat!

Andererseits aber war er bei der Geburt des Heilands oder bei seiner Auferstehung oder bei den anderen Hochfesten in staunenswertem Maße sowohl in demütiger Weise festlich gestimmt als auch in festlicher Freude von Demut erfüllt: voller Festfreude in seiner Miene, voller Demut in seinem Herzen, so daß er ganz und gar keine Angelegenheit der Welt auf sich eindringen ließ und auch, soweit es bei ihm lag, keine Erwähnung trauriger Dinge gestattete, indem er erklärte, der Tag müsse freudig verbracht werden und ganz im Lobe Gottes aufgehen.

Wenn manchmal an solchen Tagen, wie es zu sein pflegt, die hereinbrechende Nacht ihn überraschte, wie er gerade in sehr feierlicher Weise beim Lobgesang der Vesper war, dann pflegte er zu sagen, es spiele keine Rolle, ob das Lob Gottes bei Nacht oder bei Tag vollendet werde, da die Nacht dem zu eigen sei, dem auch der Tag gehöre: auf daß nur nicht der Eindruck entstehe, die Feierlichkeit werde in irgendetwas abweichend von der üblichen Weise verringert. Hier ließ er, wie er gelesen hatte, da es geschrieben stand, „die Sänger gegen den Altar hin stehen, und zu ihrem Klang machte er liebliche Weisen, und er gab den Feierlichkeiten Pracht und verlieh den Zeiten Schmuck bis ans Ende seines Lebens."

[**391**] Gegenüber kranken Brüdern war er von solcher Zuneigung, als hätte er sie, jeden einzelnen, leibhaftig gezeugt, die er in Jesus Christus dem Geiste nach selbst hervorgebracht hatte. Zu deren Pflege sorgte er unter nicht geringen Ausgaben selbst für Ärzte und hinterließ ferner jährliche Einkünfte, die er, um es kurz zu sagen, durch seinen Fleiß verdoppelt hatte. Gibt es dafür zahlreiche Zeugen, so bin doch ich, der geringste der Brüder, mehr als die übrigen seiner Güte dankbar verpflichtet. Denn niemand hat sein Erbarmen in reicherem Maß, niemand seine Freigebigkeit in großzügi-

Quae ob id cuncta seriatim non refero, ne vel inaniter de tanti viri gratia videar gloriari, vel fastidium audientibus sermo afferat incultior prolixus. Dominus illi retribuat pro me, et opera misericordiae illius tior pie respiciat. Sed jam famulum suum remunerasse Dominus et peccata illius purgasse credendus est, cujus in aeternum exaltavit cornu et gloriam dilatavit.

Qui inter alia quae nobiliter gessit et strenue, varios de cunctis regni partibus asciverat artifices, lathomos, lignarios, pictores, fabros ferrarios vel fusores, aurifices quoque ac gemmarios, singulos in arte sua peritissimos; ut ligno, lapide, auro, gemmis et omni pretiosa materie Martyrum memoriam exornarent, et ex veteri novam, ex angusta latissimam, ex tenebrosiore splendidam redderent ecclesiam. In quibus nec spes eum fefellit, nec fortuna destituit. Nam qualiter ejus votum facultas juverit, prosecuta sit felicitas, nosse cupientibus praeclara clamant opera. Ornavit quoque ecclesiam omni copia pretiosae supellectilis, vasis scilicet aureis et argenteis, fialis, onichinis et sardoncis, [**392**] prasinis, cristallinis, vel omni lapide pretioso, palliis quoque purpureis, cicladibus auro textis, et indumentis olosericis: quibus addidit opera non contemnenda vitri vel marmoris, et vasa sancta multiplicavit.

Extant magnorum virorum quamplures ad illum epistolae, inter quos illi crebrius scripserunt Petrus abbas Cluniacensis et Bernardus Clarevallensis, ambo vita et scientia atque, quod post ista est, eloquentia clarissimi: quorum testimonio satis apparet, quam clarus hic vel cujus opinionis apud omnes vel propinquos vel remotos extiterit. Scripsit quoque idem Deo amabilis pater Bernardus summo Pontifici Eugenio brevem quidem epistolam, sed non breves viri istius laudes continentem[6]: in qua illum asserit apud Caesarem quasi unum de curia fuisse Romana, apud Deum quasi unum de curia coelesti, non aliter quam David sanctissimum, in domo Dei ingredientem per omnia et egredientem. Abbas nihilominus Cluniacensis, consideratis aliquando ejus operibus et structuris, cum ad cellulam respexisset brevissimam, quam sibi ad manendum vir summe philosophus extruxerat, in hanc fertur altius ingemiscens

[6] Bernard von Clairvaux, Epistolae, ep. 309: *Ad Papam Eugenium de laude domini Sugerii Abbatis* (S. Bernardi Opera, vol. VIII [edd. J. Leclercq/H. Rochais, Rom 1977], p. 229).

gerer Weise erfahren. Dies alles führe ich nun nicht der Reihe nach aus, und zwar zum einen, um nicht den Anschein zu erwecken, ich wolle mich in eitler Weise mit der Gunst eines so erhabenen Mannes brüsten, und zum anderen,damit nicht mein allzu ungebildeter und ausschweifender Vortrag den Zuhörern Überdruß bereitet. Möge statt meiner der Herr es ihm vergelten und gütig die Werke seiner Barmherzigkeit berücksichtigen. Doch muß man glauben, daß der Herr schon jetzt seinen Diener belohnt und von seinen Sünden gereinigt hat, dessen Horn er auf ewig erhöht und dessen Ruhm er ausgebreitet hat.

Unter anderen Dingen, die er in vornehmer Weise und mit Fleiß ausführte, hatte er aus allen Teilen des Reiches Kunstfertige herangezogen, Steinmetze, Zimmerleute, Maler, Eisenschmiede oder Gießer, Goldschmiede und Verarbeiter von Edelsteinen, jeweils besonders Erfahrene in ihrer Kunst⟨fertigkeit⟩, auf daß sie mit Holz, mit Stein, mit Gold, mit Edelsteinen und jeglichem kostbaren Material die Memoria der Märtyrer ausschmückten und die alte Kirche zu einer neuen, die enge zu einer sehr weiten, die allzu dunkle zu einer strahlend hellen machten. Darin täuschte ihn weder seine Hoffnung, noch ließ ihn sein Glück im Stich. Denn auf welche Weise seine Befähigung sein Gelübde förderte und das Glück es zur Ausführung brachte, das rufen seine hochberühmten Werke denen zu, die es wissen wollen. Auch schmückte er die Kirche mit aller Fülle kostbaren Geräts, nämlich mit goldenen und silbernen Gefäßen, mit Schalen aus Onyx und Sardonyx, [**392**] Praser, Kristall oder auch jeglichem kostbaren Stein, auch mit purpurnen Paramenten, mit golddurchwirkten Mänteln und mit reinseidenen Gewändern; diesen fügte er nicht gering zu schätzende Werke aus Glas oder Marmor hinzu und vermehrte die heiligen Gefäße.

Es existieren noch sehr zahlreiche Briefe erhabener Männer an ihn, unter welchen ihm häufiger Petrus, der Abt von Cluny, und Bernhard von Clairvaux geschrieben haben, beide hochberühmt in ihrer Lebensführung und ihrem Wissen und, was sich danach ergibt, in ihrer Beredsamkeit; aus deren Zeugnis geht hinreichend klar hervor, wie berühmt, in welch gutem Ruf er bei allen dastand, bei Menschen seines nächsten Umkreises wie bei weit entfernten. Auch hat ebenderselbe Vater Bernhard, der Gott lieb ist, an Papst Eugen einen Brief geschrieben, der zwar knapp gehalten ist, aber nicht eben knapp gehaltene Äußerungen zum Lob dieses Mannes enthält; in diesem führt er aus, jener sei beim Caesar gleichsam einer aus der römischen Kurie, bei Gott ein Angehöriger des himmlischen Hofes gewesen, nicht anders als der hochherzige David, der im Hause des Herrn unbeschränkt ein- und ausging. Nichtsdestoweniger soll der Abt von Cluny, der einmal dessen Werke und Gefüge betrachtet hatte, beim Anblick der äußerst engen Zelle, die jener Mann – im höchsten Maße ein Philosoph! – für sich selbst als Wohnung gebaut hatte, tief aufseufzend in die folgenden denkwürdigen

erupisse sententiam: „Omnes“, inquit, „nos homo iste condemnat, qui non ipse sibi ut nos, sed Deo tantum aedificat“[7]. In omni siquidem amministrationis suae tempore nihil propriis aedificavit usibus, praeter humilem illam ecclesiae adhaerentem cellulam, decem vix pedes in latitudine et quindecim in longitudine continentem: quam decimo antequam decederet anno ideo sibi ipse statuerat, ut vitam ibi recolligeret, quam in secularibus diu [**393**] se fatebatur sparsisse negotiis. In hac itaque horis sibi licitis lectioni vacabat, et lacrymis vel contemplationi. In hac secularium vitabat tumultum et declinabat frequentiam. Ibi, sicut de Sapiente dictum est, nunquam minus solus erat, quam cum solus erat: quoniam ad optimos quosque, quocumque fuerint seculo, animum mittebat. Cum his illi colloquium, cum his studium erat. Hic illi quiescenti pro pluma erat palea, pro mollitie lini substernebatur lanea parum levis laena, quae interdiu honestis tegebantur tapetibus. Illud lectorem ammoneo, me multa praeterire de virtutum numero, dum studeo brevitati, et ad id quod me paulo superius promisisse memini breviter narraturus accelero.

[7] cf. Petrus Venerabilis, Tractatus contra Petrobrusianos (PL 189, 764A-B).

Worte ausgebrochen sein: „Über uns alle“, so sagte er, „spricht dieser Mann ein vernichtendes Urteil, er, der nicht selbst für sich, so wie wir, sondern allein für Gott gebaut hat!“ – zumal er in seiner gesamten Amtszeit nichts für eigene Zwecke gebaut hat außer jener bescheidenen kleinen Zelle, die an die Kirche anschließt und die kaum zehn Fuß in der Breite und fünfzehn in der Länge umfaßt: diese hatte er im zehnten Jahr vor seinem Tode selbst für sich gebaut in der Absicht, dort das Leben wieder aufzusammeln, das er, [**393**] wie er sagte, lange in weltlichen Geschäften versprengt hatte.

In dieser kleinen Zelle widmete er sich daher in den Stunden, in denen es ihm vergönnt war, der Lesung unter Tränen und geistlicher Betrachtung. In dieser Zelle mied er den Tumult der weltlichen Dinge und wich der Menge aus. Dort war er, wie es über den Weisen heißt, nie weniger allein, als wenn er allein war: denn er ließ seinen Geist hinziehen zu gerade den Besten, wo sie auch in der Welt sein mochten. Mit diesen hatte er sein Gespräch, ihnen galt sein Interesse. Wenn er ruhte, hatte er hier statt eines Daunenbettes Stroh, statt der weichen Glätte des Leinens wurde ein kaum geglätteter Mantel aus Wolle ausgebreitet, ⟨Dinge⟩, die tagsüber von Decken dezent bedeckt wurden.

Ich erinnere den Leser, daß ich, da ich mich um knappe Darstellung bemühe, vieles von der Menge seiner Vorzüge übergehen muß, und ich beeile mich daher, kurz von dem zu erzählen, was ich, wie ich mich erinnere, etwas zuvor versprochen habe.

IV. Anhang

Glossar

1. Einzelbegriffe

ala

Belegstellen: *cons* 49,299; 58,351.
adm 186,846.

Die Bezeichnung *ala* für Seitenräume, insbesondere für die Seitenschiffe einer Basilika, findet sich häufiger; z. B. wurde Abt Rudolf von Saint-Trond 1138 im linken Seitenschiff vor dem Eingang zu Krypta und Chor bestattet: *in sinistra ala ante introitum criptae et chori* (*Gesta abb. Trudonensium*, cont. II; MGH SS 10, 332, geschrieben Ende 12. Jh.). In *cons* 49,299 und 58,351 verwendet Suger *alae* zusammen mit der Chormitte *(medium)* für die Fortsetzung der alten Seitenschiffe in seinem neuen Chor, also für den gegenüber dem Hochchor niedrigeren Chorumgang mit den Säulen. Dies entspricht dem sog. *Tractatus de combustione et reparatione Cantuariensis ecclesiae* des Gervasius von Canterbury, der 1185 bei der Beschreibung der Chorschranken zwischen den Pfeilern, die Chor und Presbyterium umgeben, sagt, daß sie den *corpus ecclesiae* von seinen Seiten, die *alae* genannt werden, abtrennt: „*murus …, qui chorum cingens et presbiterium corpus ecclesiae a suis lateribus, quae alae vocantur, dividebat*" (*Chronica Gervasii monachi Cantuariensis*, ed. W. Stubbs, The Historical Works of Gervase of Canterbury, vol. 1 [Script. Rer. Brit. 73], London 1879, p. 13). In *adm* 186,846 werden die Seitenschiffe als Teil des Neubaus des Langhauses (*navis*, siehe dort) genannt. Entsprechend schreibt Wilhelm von Malmesbury (um 1080 – um 1142) in der *Vita s. Dunstani* nach 1120, daß Dunstan (gest. 988) die Kirche in Glastonbury (Somerset) erweitert habe: „*et ut latitudo longitudini conquadraret, alas vel porticus quas vocant adiecit*" (*Vita s. Dunstani, auct. Willelmo monacho Malmesbiriensis* I, 16, ed. W. Stubbs, Memorials of Saint Dunstan Archbishop of Canterbury [Script. Rer. Brit. 63], London 1874, p. 271). *Porticus* ist ebenfalls eine mehrfach nachzuweisende Bezeichnung für Seitenschiff (siehe *porticus*).

apsis

Belegstelle: *cons* 48,290.

Apsis im Osten der Kirche über der Krypta: Der Begriff wird von Suger in heutigem Sinne gebraucht. Isidor von Sevilla, *Etymologiae* XV, 8, 7 (ed. W. M. Lindsay, Oxford 1911) erläutert: „*Absida Graeco sermone, Latine interpretatur lucida, eo quod lumine accepto per arcum resplendeat*". – Siehe auch *chorus*.

arcus

Belegstellen: *ord* 34,183.
cons 9,70; 49,296; 67,410; 68,420; 69,430.
adm 171,762; 179,807.

Die allgemein übliche Bezeichnung *arcus* für Bogen benutzt Suger für die Bogen auf den Säulen im Chor, also die Arkadenbogen (*cons* 9,70; *adm* 179,807), für die Gurtbogen im Hochchor (*cons* 67–69) und für den Bogen über dem Portal (*adm* 171,762). – Siehe dazu G. Annas/G. Binding, *Arcus superiores*. Abt Suger von Saint Denis und das gotische Kreuzrippengewölbe, in: Wallraf-Richartz-Jahrbuch 50 (1989), pp. 7–24.

atrium

Belegstelle: *adm* 169,750.

Bei der Weihehandlung des Westbaus „trat man ... durch die einzelne Tür des Atrium, die von dem ursprünglichen Werk in das neue überführt worden war, wieder ein". Zuvor war man durch die Pforte des heiligen Eustachius hinausgetreten und vor den Haupttüren vorübergegangen; d. h. das Atrium muß vor dem Westbau gelegen haben. Es wird sonst von Suger nicht erwähnt. Isidor von Sevilla, *Etymologiae* XV, 3, 4 (ed. W. M. Lindsay, Oxford 1911) erläutert, daß das *atrium* ein Bau sei, der breiter oder schmaler als ein Haus und innen auf drei Seiten von einer *porticus* umgeben ist. Ein Atrium, zumeist im Westen vor der Kirche gelegen, wird vielfach in den Quellen erwähnt (siehe Lehmann-Brockhaus) und bezeichnet hier allgemein einen Vorhof vor dem Kircheneingang.

aula

Belegstelle: *adm* 181,817.

Siehe hierzu die Belege im einleitenden Beitrag von S. Linscheid-Burdich, pp. 114sq. und 118sq.

aurifaber siehe Sammelartikel „*artifex* und andere Handwerker"

basilica

Belegstellen: *cons* 8,66; 10,83; 40,225.

Der Begriff *basilica* als Bezeichnung für den karolingischen Gründungsbau von Saint-Denis entnimmt Suger den *Gesta Dagoberti*, aus denen zwei der Belegstellen zitiert sind (cf. *cons* 8–9). Sugers Terminologie unterscheidet sich deutlich von der seines Vorbildes Leo von Ostia *(Narratio de cons.)*, der wie auch sonst üblich (siehe den Artikel *ecclesia) basilica* synonym mit *ecclesia* verwendet.

burgus siehe Sammelartikel „Ortschaften“

caementarius siehe Sammelartikel „*artifex* und andere Handwerker“

caementum

Belegstellen: *ord* 40,223sq.
cons 52,317.

Der Satz *cons* 52,317 ist wörtlich aus *ord* 40,223 übernommen. *C(a)ementum* ist der aus Kalk, Sand und Wasser gemischte Mörtel. – Siehe *maceria.*

caesor molarum

Belegstelle: *cons* 22,156.

Der *caesor molarum* entspricht dem *caesor lapidum* (1143 für Saint-Riquier, 1151/65 für Chartres, 1164 und 1197 für Andres bei Boulogne-sur-Mer erwähnt) und bezeichnet in der Regel den im Steinbruch beschäftigten Steinbrecher bzw. den dort oder auf der Baustelle Steine mehr oder weniger grob zuhauenden Steinmetz, hier aber den Brecher und Hersteller von Mühlsteinen. – Siehe G. Binding, Der Baubetrieb im Mittelalter, Darmstadt 1993, p. 285.

camera – camerula

camera

Belegstellen: *cons* 72,447.
adm 97,449; 176,789; 197,883sq.

camerula

Belegstellen: *cons* 72,445.
adm 206,935.

Suger nennt seinen Wohnraum, „der an die Kirche anschließt“ (*adm* 206,935), *camera* oder *camerula* (*cons* 72,445 und 447, dort beide Begriffe). Ferner heißt die Schuhwerkskammer der Kirche (*adm* 97,449) ebenso *camera* wie ein Kapellenraum im Obergeschoß des Westbaus (*adm* 176,789: Raum der göttlichen Versöhnung); ferner bezeichnet *camera* allgemein den Wohnsitz der Heiligen, sodann die erstrebte Wohnung im Himmel (*adm* 197,883sq.).

campipars siehe Sammelartikel „Einkünfte und Abgaben"

capella

Belegstellen: *ord* 25,118sq.
adm 111,510; 212,963; 284,1255.

Suger verwendet *capella* in der doppelten Bedeutung, die sich im Laufe des frühen Mittelalters entwickelt hat. Ursprünglich bezeichnete der Begriff die königliche Kapelle (nach der *cappa* des heiligen Martin genannt) mit dem 'Staats'schatz (siehe *theca)* unter Obhut der *cappellani* (*ord* 25,118sq.) und entsprechend die Schatzkammer des Papstes (*adm* 212,963), sodann aber die Kapelle, in der Suger täglich die Messe feiert (*adm* 284,1255), und schließlich kleine Beträume ohne Pfarrechte (*adm* 111,510). – Siehe auch *oratorium.*

capitellum

Belegstellen: *cons* 33,195; 67,410.
adm 211,952.

Säulenkapitell in üblicher Verwendung.

capitulum siehe Sammelartikel „*claustrum* und andere Klostergebäude"

carpentarius siehe Sammelartikel „*artifex* und andere Handwerker"

carruca

Belegstellen: *adm* 19,100; 20,107; 50,217; 60,262; 62,276; 63,281; 65,291sq.; 73,330; 136,590; 140,603.

Carruca bezeichnet in mittelalterlichen Texten in der Regel ein zweirädriges Pflugwerkzeug (manchmal auch nur einen zweirädrigen Wagen), *carrucata* das damit bearbeitete Land. Suger verwendet von diesem Gebrauch abweichend *carruca* für beide Begriffe homonym, was eine eindeutige Übersetzung bisweilen erschwert. – Siehe dazu Ch. Higounet, Notes sur 'carruca' chez Suger, in: Miscellanea mediaevalia in memoriam Jan Frederik Niermeyer, Groningen 1967, pp. 241–244; Art. 'carruca', in: Mittellat. Wörterbuch, Bd. II, 2. Lief., München 1969, coll. 311sq.; zur antiken und frühmittelalterlichen Bedeutung des Terminus: Th. J. Rivers, The meaning of 'carruca' in the 'Leges Barbarorum', in: Traditio 40 (1984), pp. 297–300.

castellum siehe Sammelartikel „Ortschaften"

castrum siehe Sammelartikel „Ortschaften"

censuales siehe Sammelartikel „Einkünfte und Abgaben“

census siehe Sammelartikel „Einkünfte und Abgaben“

chorus

Belegstellen: *cons* 81,505; 85,530; 86,533; 96,583.
adm 258,1148; 262,1169.

Mit *chorus* bezeichnet Suger entsprechend der ursprünglichen Bedeutung die Schar der Engel – so wie *chorea* den Reigen der Bischöfe (*cons* 85,526) bezeichnet –, aber auch den Raum, in dem der „Chor“ agiert (*cons* 81,505; *adm* 258,1148; 262,1169); diesen nennt er in *cons* 48,290 auch *absis*. – Siehe auch Mittellat. Wörterbuch, Bd. II, 4. Lief., München 1971, coll. 547–550.

claustrum siehe Sammelartikel „*claustrum* und andere Klostergebäude“

coemeterium (cimiterium)

Belegstellen: *cons* 43,245; 44,262.
adm 152,659.

Bezeichnung für den Friedhof, der an die Kirche angrenzt.

columna

Belegstellen: *ord* 34,183.
cons 9,68,70; 20,139; 23,160; 26,177sq.; 33,196; 49,296; 58,350sq.
adm 179,807; 211,950.

Suger folgt mit seiner Ausdruckswahl eindeutig Isidor von Sevilla, *Etymologiae* XV, 8, 14–15 (ed. W. M. Lindsay, Oxford 1911), dessen Erläuterungen Hrabanus Maurus, *De universo*, lib. XIV, cap. 23 (PL 111, 403D–404B) wörtlich übernommen und um ikonologische Interpretationen ergänzt hat, wie z. B.: „*Columnae enim sunt Apostoli et doctores Evangelii*“. Suger spricht ebenfalls von den *columnae*, welche die Apostel und Propheten bezeichnen (*cons* 58,350sq.). Ferner spricht er von *columna* bei der Beschaffung der Säulenschäfte aus dem Steinbruch (*cons* 23,160). Schließlich sorgte er dafür, daß die Schäden an den geborstenen großen Kapitellen (*capitelli*, bei Isidor *capitolia*, bei Hrabanus *capitella)* und den die Säulen tragenden Basen (*bases*, ebenso bei Isidor [*Ethymologiae* XV, 8, 13] und Hrabanus) behoben wurden (*cons* 33,196). In der Bedeutung von Schaft (*adm* 211,950) verwendet Suger *columpna* bei der Beschreibung des goldenen Kruzifix (*adm* 210–211), der auf einem geschmückten Kreuzfuß aufruht, selbst in feinster Emailarbeit gefertigt ist (*adm* 211,950sq.) und einen reich verzierten Knauf *(capitellum)* besitzt (*adm* 211,952). An den übrigen sechs Stellen benutzt er das Wort *columna*, wenn er die Säulen als Ganzes erwähnt. – Siehe

G. Binding, *columna – pilarius* / Säule – Pfeiler, in: Festschrift Fritz Wagner, edd. F.-R. Hausmann e.a., Hildesheim 2000.

consecrare, consecratio – dedicare, dedicatio

consecrare, consecratio

Belegstellen:	*ord*	34,187.
	cons	7,48; 42,236; 46,272; 47,285; 72,450; 74,459; 81,506; 84,522; 87,537; 93,567; 95,579sq.; 96,582; 96,604; 97,606.
	adm	152,659; 164,719; 169,750; 173,767; 176,792; 180,810; 183,838; 212,962.

dedicare, dedicatio

Belegstellen:	*ord*	40,222.
	cons	43,253; 52,316.
	adm	35,163; 167,736; 167,738; 169,742sq.; 201,915sq.

Suger verwendet beide Begriffe ohne erkennbaren Unterschied in der Bedeutung, wenngleich mit einer deutlichen Präferenz für *consecrare* gegenüber *dedicare*. Mit *consecratio* oder *dedicatio* wird im kirchenrechtlich-liturgischen Sprachgebrauch neben der Weihe neu errichteter Bauten auch die Weihe von Umbauten, Neubauten, teilweise wiedererrichteten und exsekrierten Gebäuden bezeichnet, auch wenn, wie im *Decretum Gratiani* ausdrücklich festgehalten, das Kirchengebäude als Ganzes nur einmal konsekriert wird. Als dem Bischof vorbehaltene Pontifikalhandlung zählt der Kirchweihritus zu den bedeutendsten kirchlichen Riten überhaupt. Von Anbeginn an war die Kirchweihe eng mit der Altarweihe und der Reliquiendeposition verbunden. Schon vom 8. Jahrhundert an existieren Kirchweihordines, die den liturgischen Ablauf der Kirchweihe präzise festhalten. – Siehe H. P. Neuheuser, Die Kirchweihbeschreibungen von Saint-Denis und ihre Aussagefähigkeit für das Schönheitsempfinden des Abtes Suger, in: Binding/Speer (1993), pp. 116–183, bes. pp. 119–123; ferner van der Meulen/Speer (1988), pp. 144sq. und pp. 164–167.

corpus

Belegstelle: *adm* 2,22; 166,733.

Zweimal überträgt Suger die Bezeichnung *corpus* auf den Kirchenbau, die *ecclesia materialis*: „in Erweiterung des Leibes der Kirche". Hierzu Binding (1998), pp. 406–411 mit Nachweisen. – Siehe auch unter *navis* und *ala*.

crypta
Belegstellen: *cons* 48,291sq.; 49,296; 96,593.
adm 179,806.
Den Kirchenraum unter der Apsis bezeichnet Suger wie auch sonst allgemein üblich als Krypta und meint damit einen räumlich selbständigen Raum unter dem Chor.

curia – curtis – curticula siehe Sammelartikel „Grundherrschaft"

decima(e) siehe Sammelartikel „Einkünfte und Abgaben"

decurio(nes)
Belegstelle: *cons* 86,535.
In den Schriften Sugers als Beleg singulär und auch im zeitgenössischen Sprachgebrauch durchaus ungewöhnlich, verweist der aus dem klassischen Latein stammende Begriff des *decurio* offenbar auf einen nachgeordneten 'militärischen Befehlshaber/Amtsträger', der wohl eher kleinere, subalterne Aufgaben zu erfüllen hatte (der Kompetenz nach vielleicht vergleichbar mit einem 'Unteroffizier'). Da jedoch eine genauere inhaltliche Präzisierung dieses Ausdrucks angesichts des Mangels aussagekräftiger Parallelstellen nicht möglich ist, wurde der Begriff in seiner eingedeutschten Form („Dekurionen") übernommen.

dedicare, dedicatio siehe *consecrare, consecratio*

denarius siehe Sammelartikel „Münzwesen"

dominicatura siehe Sammelartikel „Grundherrschaft"

dominicum siehe Sammelartikel „Grundherrschaft"

domus hospitalis siehe Sammelartikel „*claustrum* und andere Klostergebäude"

domus infirmorum siehe Sammelartikel „*claustrum* und andere Klostergebäude"

dormitorium siehe Sammelartikel „*claustrum* und andere Klostergebäude"

dos
Belegstellen: *ord* 34,188.
cons 44,260.

Der aus der rechtlichen Sphäre stammende Begriff *dos* bezeichnet im allgemeinen die „Zuwendung des Mannes an die Frau anläßlich der Eheschließung“ (W. Ogris, Art. 'Dos', in: Handwörterbuch zur Deutschen Rechtsgeschichte [edd. A. Erler/E. Kaufmann], vol. 1, Berlin 1971, coll. 775–778, hier col. 775); dieser „Brautschatz“ oder „Muntschatz“ bzw. *dotalitium* diente der materiellen Absicherung der Ehefrau im Falle der Verwitwung. Die *dos* konnte „aus Liegenschaften, Vieh oder Geld bestehen und war in ihrer Höhe und Beschaffenheit von Rang, Stand und Vermögen des Mannes und der Frau abhängig“ (Hans K. Schulze, Grundstrukturen der Verfassung im Mittelalter, vol. 2, Stuttgart e. a. ^{2}1992, p. 30). Eine Übersetzung des Begriffes *dos* im Sinne dieser – eherechtlichen – Bedeutung mit dem Ausdruck „Mitgift“ ist zwar grundsätzlich möglich, und auch bewußt gezeichnete Anklänge an das Bild von „Braut“ und „Bräutigam“ sind in diesem Zusammenhang nicht gänzlich auszuschließen; wesentlich für das Verständnis des Ausdrucks *dos* im Kontext der Suger'schen Schriften sind darüber hinaus jedoch vor allem die kirchenrechtlichen Implikationen, die mit diesem Begriff verbunden sind: Die Wendung *dos ecclesiae* bezeichnet demnach jene Güter und Rechte, die der Bauherr/Erbauer *(aedificator)* einer Kirche übertrug und die dem baulichen Erhalt der Kirche sowie dem Unterhalt der dort tätigen Priester dienen sollten (Art. 'Dos ecclesiae', in: Du Cange, Glossarium mediae et infimae Latinitatis. Editio Nova a Leopold Favre, vol. 3, ND der Ausgabe 1883–1887, Graz 1954, p. 187). Die Ausstattung einer Kirche mit einer angemessenen *dos ecclesiae* gehörte in diesem Sinne – wie verschiedene, immer wieder erneuerte Verfügungen einzelner Konzilien bestätigen – zu den Pflichten eines Bauherrn (cf. hierzu allgemein: W. Schöller, Die rechtliche Organisation des Kirchenbaues im Mittelalter vornehmlich des Kathedralbaues. Baulast – Bauherrschaft – Baufinanzierung, Köln-Wien 1989. – G. Binding, Baubetrieb im Mittelalter, Darmstadt 1993, pp. 33–40). Auf diese offenbar seit alters her bestehende Verpflichtung des Bauherrn könnte schließlich auch die ergänzende Bemerkung *sicut solet fieri* in *cons* 44,260 hinweisen. Namentlich für das 12. Jahrhundert ist das Auftreten zweckgebundener Schenkungen, die zur Deckung einzelner Ausgaben im Rahmen der Kosten für den Bau und den Unterhalt der kirchlichen Gebäude gestiftet wurden, nicht ungewöhnlich. Stiftungen *ad ornamenta et ad sarta tecta* oder – wie hier – *ad luminaria* bildeten vielmehr zunächst eine Art von „Kristallisationskern“, an den sich andere Güterkomplexe anlagerten; zumeist erfolgte erst in späteren Jahren eine „technische“ Zusammenfassung der einzelnen für den Bau und Unterhalt der kirchlichen Gebäude bestimmten Güter und Einkünfte in einem gesonderten Vermögensfonds der *fabrica ecclesiae* (siehe hierzu: G. Binding, Baubetrieb im Mittelalter, Darmstadt 1993, pp. 45sq.).

Die in *ord* 34,187–191 sowie – leicht modifizierend und zugleich ergänzend – in *cons* 44,260–265 erwähnten Verfügungen *ad luminaria* beziehen sich jeweils auf den gleichen rechtlichen Vorgang: die zweckbestimmte Festlegung der Einkünfte aus einem zwischen der Kirche von Saint-Michel und dem Friedhof gelegenen Grundstück der Kirche von Saint–Denis, die hier einer verbesserten Beleuchtung der drei im Westen der Klosterkirche gelegenen Kapellen des heiligen Bartholomäus, des heiligen Hippolyt sowie des heiligen Romanus dienen sollten (*ord* 34,180sqq.); dieses Grundstück – in der *Ordinatio* als *terra regiae domus* bezeichnet (*ord* 34,188) – hatte Abt Suger offenbar zuvor für 80 libri von Wilhelm von Corneil erworben (*ord* 34,188–190). Während diese Stiftung jedoch in der *Ordinatio* von 1140 mit Begriffen des kirchlichen Rechts als *dos catholica* bezeichnet wird (*ord* 34,188), erläutert Suger diesen stiftungsrechtlichen Sachverhalt in der wenige Jahre später entstandenen Schrift *De consecratione* mit der umschreibenden Wendung *quasi pro dote*. Sollte also möglicherweise im erzählerischen Zusammenhang von *De consecratione* – gleichsam als Ausdruck der mit der Stiftung verbundenen Intentionen – der Gedanke einer „Mitgift" im Vordergrund gestanden haben, die Suger der Kirche von Saint–Denis aus Anlaß der Fertigstellung der Westteile ausgesetzt hätte? Tatsächlich hat Abt Suger in seinen Schriften wiederholt einzelne Begriffe wie z. B. *consilium* oder *luminaria* in durchaus unterschiedlichen Bedeutungen verwendet, so daß die Festlegung *einer* verbindlichen Übersetzung eines entsprechenden Ausdrucks hier wie auch bei anderen Wendungen nicht immer möglich ist.

ecclesia

Zahlreiche Erwähnungen (siehe Index).

Nach Honorius Augustodunensis (um 1080 – um 1157) *Gemma animae* I, 126sq. (PL 172, 585B–C) wird die Kirche *(ecclesia)* durch sieben Namen bezeichnet, *ecclesia, synagoga, basilica, domus, aula, oratorium, templum* sowie *monasterium, sacellum* und *capella*. In der Tat werden alle Bezeichnungen ohne Unterschiede verwendet. – Siehe *aula, basilica, capella*.

effigies

Belegstelle: *cons* 8,63.

Suger wählt für die Erscheinung der heiligen Märtyrer, wie ein Blick in die Tradition zeigt, mit Bedacht das Wort *effigies* und betont auf diese Weise sowohl die real identifizierbare Erscheinung wie die geistliche Realität dieser Erfahrung. Beda Venerabilis etwa gebraucht *effigies* im Zusammenhang der nachösterlichen Erscheinungsberichte: Christus erscheint *in alia effigie*; cf. Beda Venerabilis, *In Lucam* VI, 36 (CCSL 120 [ed. D. Hurst]), p. 417,2150–2159; id., *In Marcum* IV, 12 (CCSL 120), pp. 643,1888–644,1908.

exhibitio – exhibere

Belegstellen: *cons* 43,247; 81,503.
adm 2,16; 187,848; 234,1051; 257,1145.

Die Grundbedeutung „darbieten", „vor Augen stellen" liegt auch der Verwendung in *cons* 81,503 zugrunde, wo Suger die Erhebung der Heiligen aus ihren Kapellen schildert, sowie in *cons* 43,247; dort wird die Eucharistiefeier zum Abschluß der Weihe des Westbaus als „Darbieten des wahren Leibes und Blutes Christi" umschrieben. In diesem weiteren Sinn als Synonym für die gesamte Meßfeier kommt dieser Terminus vereinzelt schon im *Sacramentarium Leonianum* vor. Neben dem Schaucharakter eucharistischer Verehrung bringt *exhibitio* den Darbringungscharakter des eucharistischen Meßopfers *per sacramenta significationis* (Hugo von St. Viktor, In hier. coelest., lib. IV [PL 175, 996C]) zum Ausdruck, so wie Suger auch vom „Darbieten eines unzulänglichen und unwürdigen Dienstes" (*adm* 234,1051) spricht. Ferner „erwirkt" Suger dank der Gnade Gottes die Erhebung Roberts von Corbie zum Abt (*adm* 234,1144sq.).

fabrica

Belegstelle: *cons* 30,186.

Der Säulenschaft wurde – so Suger in *cons* 30,186 – auf einem Wagen *(in plaustro)* „zur Baustelle der Kirche" *(ad ecclesie fabricam)* gebracht. Unklar ist, ob Suger mit *fabrica* (im Unterschied zu *opus)* auch die Bauhütte der Kirche meint; denn mit *fabrica* wird gewöhnlich entweder die Bauhütte als bauausführende Organisation oder die Baukasse als bauverwaltende Institution bezeichnet, jedoch auch der im Entstehen begriffene Bau. – Siehe G. Binding, Baubetrieb im Mittelalter, Darmstadt 1993, pp. 31–50.

fenestra – vitrea

fenestra

Belegstelle: *cons* 13,103.

vitrea

Belegstellen: *cons* 49,301.
adm 188,849; 263–273,1171–1205 (7x).

Suger unterscheidet die Fenster *(fenestrae)*, durch welche die Brüder mit den Reliquien flohen, d. h. die Maueröffnungen, von den farbigen Glasfenstern *(vitreae)*, durch die „das wunderbare und ununterbrochene Licht" (*clarissimarum uitrearum lux mirabilis et continua* – *cons* 49,301) scheint; in diesem Sinne spricht er auch bei deren ausführlicher Beschreibung von der „vielfarbigen Pracht der neuen Fenster" (*uitrearum novarum preclaram uarietas* – *adm* 263–273, ebenso *adm* 188,849). Das entspricht der Tradition. Honorius Augustodunensis (um 1080 – 1157) spricht von durchsichtigen Fenstern, welche die Unwetter draußen lassen und das Licht hineinführen: *„perspicuae fenestrae, quae tempestatem excludunt et lumen introducunt“* (*Gemma animae* I, 130 [PL 172, 586B]). Sicard von Cremona (um 1155 – 1215) unterscheidet zwischen Fensteröffnungen: *„fenestras, quae clausae turbinem excludunt patulae includent“*, bzw. *„cancellos, qui sunt arcae fenestrae“*, und *„vitrum fenestrarum, per quod nobis radius solis jaculatur“*, d. h. Fensterglas (*Mitrale* I, 4 [PL 213, 21A–D]).

feudum siehe Sammelartikel „Lehnswesen“

Francia – Gallia

Francia

Belegstelle:	*adm*	149,637.

Franci

Belegestellen:	*ord*	38,213.
	cons	8,59; 50,307; 75,464; 82,510.
	adm	33,155,157; 99,455; 149,635; 152,655; 226,1027; 261,1165; 276,1219.

Gallia

Belegstellen:	*cons*	76,469; 89,553.
	adm	212,959; 245,1092.

Im Hinblick auf die sprachliche Erfassung größerer politischer Einheiten verfügte noch das hohe Mittelalter über keine weithin verbindliche und gefestigte historisch-geographische Terminologie: Namentlich politisch-geographisch offene Begriffe wie z. B. *Francia*, *Germania* oder *Gallia* konnten je nach Kontext durchaus unterschiedliche historisch-politische Gebilde umschreiben; sie bedürfen daher – wie Carlrichard Brühl (id., Deutschland–Frankreich. Die Geburt zweier Völker, Köln-Wien 1990, pp. 130–180, hier p. 180) sicherlich zu Recht hervorgehoben hat – „jeweils der Interpretation von Fall zu Fall“. Exemplarisch bestätigt werden diese zunächst allgemein gehaltenen Beobachtungen durch den inhaltlich keineswegs konsistenten Gebrauch der Begriffe *Franci* und *Francia* in den Schriften des Abtes von Saint-Denis (vor allem – mit insgesamt 70 Erwähnungen – in der *Vita Ludovici regis grossi)*. Während Suger den Ausdruck *Gallia* offenbar bevorzugt in einem politisch-geographisch übergreifenden Sinne verwendet, „when he wants to include such units as Normandy within the larger royal territory“ (J. duQuesnay Adams [wie unten, 1993] p. 177. – Cf. Vita Lud. VI., c. XVI, p. 102 [*„Normannia, que pars est Gallie“*]; c. XXIII, p. 171 [*„rex Gallie“*]), verweisen die Begriffe *Francia* bzw. *regnum Franciae* offenbar zunächst auf den unmittelbaren politischen Herrschafts- und Einflußbereich des französischen Königs, der sich zumindest anfänglich auf das Gebiet der Krondomäne (Ile-de-France) konzentrierte. In den späteren Schriften Sugers scheint sich demgegenüber – so jedenfalls die Ergebnisse der semantischen Untersuchungen Jeremy duQuesnay Adams' – ein gewandeltes politisches Verständnis der *Francia* bzw. des *regnum Franciae* abzuzeichnen: „In his earliest political memories he appears to have thought more frequently and instinctively of the realm as the Ile-de-France or a somewhat broader extension thereof; by his late sixties the realm had come to assume far grander proportions in his conscious and reflexive mind" (J. duQuesnay Adams [wie unten, 1993] p. 176). Von einer ähnlichen sprachlichen Ambivalenz ist auch der Begriff der *Franci* geprägt: Allgemein dem *rex (Francorum)* bzw. *regnum (Francorum/Franciae)* – als Frankreich (*adm* 33,157) ebenso wie als merowingisches bzw. karolingisches Frankenreich (*adm* 149,635) – zugeordnet, verweist der jeweils kontextuell gebundene Begriff der *Franci* sowohl auf das ältere Volk bzw. den Stamm der Franken (auch in ihrer historischen Kontinuität; cf. *adm* 226,1027) als vor allem auch auf die Angehörigen des zunächst auf die Krondomäne beschränkten, später begrifflich expandierenden *regnum Franciae* der Ile-de-France.

Angesichts dieser hier nur in einem kleinen Ausschnitt gebotenen semantischen Beobachtungen zu der von Suger verwendeten politisch-geographischen Terminologie, die sich vor allem auf die Untersuchungen von Jeremy duQuesnay Adams stützen, wurde auf eine möglicherweise verfälschende Übertragung der Begriffe *Francia* und *Gallia* verzichtet.

Cf. zu diesen Überlegungen: M. Lugge, „Gallia" und „Francia" im Mittelalter. Untersuchungen über den Zusammenhang zwischen geographisch-historischer Terminologie und politischem Denken vom 6.–15. Jahrhundert (Bonner historische Forschungen 15), Bonn 1960. – Ch. T. Wood, *Regnum Francie*: A Problem in Capetian Administrative Usage, in: Traditio 23 (1967), pp. 117–147. – B. Schneidmüller, *Nomen Patriae*. Die Entstehung Frankreichs in der politisch-geographischen Terminologie (10.–13. Jahrhundert) (Nationes 7), Sigmaringen 1987, pp. 114–130, insbes. pp. 129sq. – J. duQuesnay Adams, The Patriotism of Abbot Suger, in: Proceedings of the Annual Meeting of the Western Society for French History 15 (1988), pp. 19–29. – Id., The *Regnum Francie* of Suger of Saint-Denis: An Expansive Ile-de-France, in: Historical Reflections/Réflexions Historiques 19 (1993), pp. 167–188.

fundamentum

Belegstellen: *ord* 39,219; 40,224; 42,231.
cons 16,119sq.; 51,312; 52,318; 54,324; 58,355.

Siehe hierzu mit ausführlichen Belegen das entsprechende Kapitel zu *fundamentum* in Binding (1998), pp. 283–314.

fusor

Belegstelle: *adm* 170,757.

Suger erwähnt in *adm* 170,757 die für das Hauptportal neu angefertigten gegossenen Türflügel und weist darauf hin, daß er damit ausgewählte Handwerker beauftragt hat. In *cons* 59,373sq. und *adm* 199,893 nennt er gegossene und vergoldete Platten zur Wandverkleidung. Die Herstellung derartiger Werkstücke erfolgte während des gesamten Mittelalters in der Technik des Wachsausschmelzverfahrens, wie Theophilus Presbyter es in seinem Werk *De diversis artibus* III,51 (ed. C. R. Dodwell, London 1961) am Beispiel eines gegossenen Rauchfasses beschreibt. U. Mende (Die Bronzetüren des Mittelalters: 800–1200, München 1983, p. 11) schildert, wie nach prinzipiell gleichem Verfahren auch große Stücke wie Türen gefertigt werden, und weist nach, daß „die beiden Teilbereiche, die Fertigung des Gußmodells und die Durchführung des Gusses, in der Hand zweier Meister" liegen konnten (ibid., p. 12). Der gewünschte Gegenstand wird zunächst in Wachs modelliert, dieses Modell wird mit Ton umkleidet, der mit Gußkanälen versehen wird – soweit die Aufgabe des Modelleurs, den Suger *adm* 170,757 mit dem Begriff *sculptor* kennzeichnet. Beim Brennen des Tons fließt das Wachs heraus, die zurückbleibende tönerne Gußform kann nun mit geschmolzenem Metall gefüllt werden. Nach dem Erkalten des gegossenen Stücks wird die tönerne Form entfernt, wobei sie zerstört wird. Diese Arbeitsschritte erfordern Erfahrung und Sorgfalt eines eigens ausgebildeten Meisters, des Gießers *(fusor)*. – Siehe ferner den Sammelartikel „*artifex* und andere Handwerker".

gazophilatium

Belegstellen: *ord* 42,236; 44,244.
cons 54,329; 56,337.

Mit *gazophilatium* ist in Mc 12,41 und Lc 21,1 der zur Schatzkammer des Tempels gehörige Opferkasten für das allgemeine Geldopfer bezeichnet, der sich im Vorhof der Frauen befand und allgemein zugänglich war. Im Mittelalter ist *gazophilatium* neben *thesaurus* ein verbreiteter Begriff für „Schatzkammer" sowohl als Raum wie als Institution. Die beiden Stellen in *cons* 54,329 und 56,337 sind Zitate aus *ord* 42,236 und 44,244 und bezeichnen jeweils die Kasse, so ausdrücklich *ord* 44,244 und *cons* 56,337: *ad arcam* (Kasten) *gazophilatii*. Bereits in den *Gesta Dagoberti* ist ein *gazofilatium* erwähnt. Hierbei handelt es sich um einen auf Geheiß König Dagoberts I. unmittelbar am Hauptaltar angebrachten *(ante cornu altaris)* Opferkasten, damit das dort gesammelte Geld, das die Pilger als Spende gaben, aus der Hand des Priesters an die Armen verteilt werden konnte. Cf. Gesta Dagoberti I, cap. 19 (ed. B. Krusch, MGH SS rer. Merov. II, p. 407): „*Gazofilatium quoque ante cornu altaris eiusdem ecclesiae ex argento fieri iussit, ut, introducta ab offerentibus alimonia, per manum sacerdotis ipsa pauperibus erogaretur substantia* [...]". – Siehe auch *theca*, die königliche Schatzkammer. Mit *thesaurarius* (*adm* 155,680) wird der Verwalter der Kircheneinkünfte bezeichnet.

geometrica et arithmetica instrumenta siehe *instrumentum*.

gradus
Belegstellen: *cons* 48,293; 95,576.
Treppen zum Chor, der über der Krypta liegt und dadurch gegenüber dem Kirchenschiff erhöht ist.

granchia
Belegstellen: *adm* 19,99; 58,256; 61,273; 106,486; 140; 603.
Die Scheune gehörte gewöhnlich zu einem Gut, siehe *curia*. Einmal benutzt Suger für den Getreidespeicher der Mönche das auch traditionelle Wort *horreum* (*adm* 274,1213).

holocaustum – sacrificium
holocaustum
Belegstellen: *cons* 5,28; 57,349; 61,383.
sacrificium
Belegstellen: *ord* 36,201
cons 72,446
adm 238,1057
In der sakramententheologischen Sprache des 12. Jahrhunderts betont *holocaustum* – insbesondere in der Verbindung mit *odor* oder *odoriferum* – vor allem den Reinigungs- und Opfergedanken. In diesem Sinne findet sich *holocaustum* auch im Kirchweihordo des 12. Jahrhunderts (PR XII [n. XVII], 61 [ed. M. Andrieu (1938)], pp. 190sq.). Hildebert von Lavardin plädiert in einem Brief an Wilhelm von Champeaux unter Berufung auf Gregor den Großen (In Ezechielem, II, 8, 16 [PL 76, 1037C]) für eine Bevorzugung von *holocaustum*, wodurch gegenüber *sacrificium* stets ein Ganzopfer bezeichnet werde (Epistolae I,1 [PL 171, 142B]; cf. hierzu J. Châtillon, Le mouvement canonical au moyen age. Réforme de l'église, spiritualité et culture, Paris-Turnhout 1992, p. 329 und pp. 369sq.). Der Ursprung in der alttestamentlichen Vorstellung des Brandopfers spiegelt sich noch bei Hugo von St. Viktor wieder, der im Gleichnisbild des reinigenden Feuers eine Verbindung von Opfer- und Reinigungsgedanken schafft (Expositio in hierarch. coelest., lib. VI [PL 175, 1043B und 1044B]). Auch für Hugo bezeichnet *holocaustum* in besonderer Weise die innere ganzheitliche Anteilnahme des Opfernden

(De sacramentis I, 12 [PL 176, 362D]). Suger knüpft insbesondere in *De consecratione* an diesen pseudo-dionysischen Reinigungsgedanken an, indem er in dem „angenehmen Brandopfer des geläuterten Geistes“ (*cons* 5,28) die Voraussetzung für die vor allem durch das Sakrament der Eucharistie bewirkte Rückkehr der *puriores* zu ihrem Ursprung sieht (*cons* 98,614–617).

hominium siehe Sammelartikel „Lehnswesen“

horreum
Belegstelle: *adm* 274,1213.
Getreidespeicher der Mönche, seit der Antike übliche Bezeichnung; ansonsten verwendet Suger den Begriff *granchia* (Scheune), die zu einer *curia* (siehe dort) gehört. Schon auf dem St. Galler Klosterplan ist um 830 ein solcher Getreidespeicher: *horreum vel repositio fructum annalium,* verzeichnet.

hospites siehe Sammelartikel „Grundherrschaft“

immunitates
Belegstellen: *adm* 24,117; 33,154.
Mit den sog. „Immunitätsprivilegien“, die der Herrscher Bistümern, Klöstern und Stiften verleihen konnte, war eine Befreiung der betreffenden Empfänger von ‘öffentlichen’ Diensten und Leistungen sowie vom Kriegsdienst verbunden. Zugleich wurde mit diesen Privilegien das Verbot an die weltlichen Amtsträger (vor allem Grafen) ausgesprochen, die entsprechenden Immunitätsbezirke (im allgemeinen die Kirche und ihre grundherrschaftlichen Besitzungen) zu betreten und Abgaben zu erheben (diese fielen an die Kirche zurück). Von Suger selbst wird der Begriff *immunitates* hier offenbar jeweils im Sinne von „Immunitätsprivilegien“ – und weniger als Bezeichnung für entsprechende Immunitätsbezirke – verwendet.

instrumentum
Belegstellen: *cons* 23,164; 49,297; 81,506.
adm 212,956.
Bezeichnung für das Werkzeug der Dienstleute (*cons* 23,164), für sakrale Gerätschaften für die Kirchenweihe (*cons* 81,506) und für das Goldkreuz, dessen *sancti instrumenti ornatus* durch die Papstweihe erhöht wird (*adm* 212,956). Die in *cons* 49,297 erwähnte Angleichung von altem und neuem Gewölbe der Kirche *geometricis et arimeticis instrumentis* hat zu Fehldeutungen geführt, es sind nicht näher bezeichnete und zu deutende geometrische und arithmetische Hilfsmittel, jedenfalls keine „Instrumente“, d. h. Geräte. – Siehe dazu G. Binding: *Geometricis et arimeticis instrumentis.* Zur

mittelalterlichen Bauvermessung, in: Jahrbuch d. Rhein. Denkmalpflege 30/31 (1985), pp. 9–24.

lapis angularis
Belegstelle: *cons* 58,356.
Siehe hierzu mit ausführlichen Belegen das entsprechende Kapitel zu *lapis angularis* in Binding (1998), pp. 315–338.

lathomus siehe Sammelartikel „*artifex* und andere Handwerker"

libra siehe Sammelartikel „Münzwesen"

luminar – luminarium
Belegstellen *ord* 24,112; 27,137; 28,146; 29,151; 34,190.
cons 44,261 (*luminarium*).
In den Schriften des Abtes Suger von Saint-Denis – zu verweisen ist hierbei vor allem auf die *Ordinatio* aus dem Jahre 1140 – ist mehrfach die Verwendung des Begriffes *luminaria* nachzuweisen, dessen Übersetzung jeweils in Abstimmung auf die entsprechende Textpassage, d. h. kontextuell gebunden, erfolgen muß. Grundsätzlich sind drei Möglichkeiten der Übertragung zu unterscheiden, die sich jeweils am Gebrauch dieses Ausdrucks in der *Ordinatio* orientieren: (1) als Bezeichnung für die „Leuchter"; (2) zur Benennung von „Lichtern", die offenbar mit Öl gespeist wurden (*ord* 29,151; cf. daneben *ord* 24,112 und *ord* 27,137: *luminaria septem lampadarum*: Lichter der sieben Lampen); darüber hinaus jedoch ist eine genauere inhaltliche Abgrenzung gegenüber dem allgemeineren Begriff „Leuchter" – wie das Beispiel in *ord* 28,146 zeigt – nicht immer möglich; (3) in einem übertragenen Sinne als Ausdruck für „Beleuchtung" (vor allem von Kirchen und Kapellen) (*ord* 34,190; *cons* 44,261); im Hinblick auf den in *ord* 34,180–191 und *cons* 44,260–265 geschilderten stiftungsrechtlichen Sachverhalt – das Aussetzen einer *catholica dos* [...] *ad expensas emendorum luminariorum* – ist hier eine Übersetzung des Ausdrucks *luminaria* mit dem Oberbegriff der „Beleuchtung" zu bevorzugen: Im Vordergrund der entsprechenden Verfügung steht offenbar weniger die Deckung der Kosten für einzelne Leuchter oder Lichter als vor allem eine grundsätzliche Verbesserung der Beleuchtung in den drei genannten Kapellen im Westen der Abteikirche von Saint–Denis. Zu zweckgebundenen Stiftungen *ad luminaria* siehe auch das Glossarstichwort *dos*.

maceria

Belegstellen: *cons* 33,195.
adm 162,707.

Suger bezeichnet die alten, Risse aufweisenden Mauern mit dem Begriff *maceria*, der das in Lehm gesetzte Mauerwerk im Unterschied zu den durch Zement (siehe *caementum)* verbundenen Steinen bezeichnet. Suger verwendet den Begriff in allgemein üblicher Weise für altes Mauerwerk, wofür es zahlreiche mittelalterliche Belege gibt.

magister

Belegstellen: *ord* 29,150.
adm 263,1174; 274,1210.

Während in *ord* 29,150 ein *Magister Prior* genannt wird, erscheinen in *adm* 263,1174 und 274,1210 Glasermeister (siehe Sammelartikel *„artifex* und andere Handwerker"); im übrigen verwendet Suger diese ansonsten übliche Bezeichnung für Handwerksmeister nicht.

maior siehe Sammelartikel „Grundherrschaft"

marca siehe Sammelartikel „Münzwesen"

marmor

Belegstellen: *cons* 9,67; 11,92; 20,138.
adm 258,1149; 285,1263.

Marmor ist ein kostbares Material. König Dagobert I. ließ die erste Kirche von Saint-Denis *„cum mirifica marmorearum columpnarum varietate"* ausstatten (*cons* 9,67), und Suger bemühte sich um *„marmoreas aut marmoreis equipollentes columpnas"* (*cons* 20,138). In *adm* 258,1145 erwähnt Suger Marmor und Kupfer als Materialien im Chorraum. Der hohe Materialwert führt zur appellativen Verwendung des Begriffs *marmor* auch für hochwertige Steine; so verwendet Suger ihn in der Inschrift auf der Porphyrvase *adm* 285,1265. Das Suchen und Auffinden von Marmorsäulen durch Gottes Hilfe findet sich in der in der Mitte des 11. Jahrhunderts verfaßten *Vita Popponis abb. Stabulensis* von Everhelm (MGH SS 11, 307): *„Marmoreas proinde columpnas ad id similiter opus, divina vere provisione, inibi invenit, ubi nulli umquam eius natura loci marmor invenire dedit"*.

miles – militia

miles

Belegstellen: *cons* 78,477.
adm 47,201; 55,242; 60,265; 104,475.

militia

Belegstelle(n): *adm* 37,172; [271,1200 (Heer des Pharao)].

Grundsätzlich sind im Zusammenhang mit dem Begriff des *miles* (Ritter) bzw. – zur Bezeichnung der Gesamtheit – der *militia* (Ritterschaft) drei verschiedene Bedeutungsebenen zu unterscheiden:

(1) Amt: *miles* als eine sich seit dem 11. Jahrhundert neu formierende, unterste Stufe einer (öffentlichen) 'Diensthierarchie'.

(2) Würde: *miles* als Titel eines Mannes, der im Rahmen eines bestimmten Rituals zum Ritter erhoben (gegürtet, nicht geschlagen!) wurde und damit gegenüber seinen Standesgenossen eine Rangerhöhung erfuhr.

(3) Stand: Im Verlaufe des 11. und 12. Jahrhunderts gelang es einer Reihe 'sozialer Aufsteiger', über den Erwerb der Ritterwürde Aufnahme in den Adel zu finden. Gegenüber dem alten Adel der Fürsten, Herzöge, Grafen und (Frei-)Herren konstituierte sich auf diese Weise der niedere Adel, der im rechtlichen Sinne die 'Ritterschaft' *(militia)* bildete. Tatsächlich ist auch der Sprachgebrauch Sugers, dessen Familie wahrscheinlich selbst dem Kreis der *militia* angehörte (siehe den einleitenden Beitrag von G. Annas, pp. 78sq.), von einem entsprechenden 'ständisch'-rechtlichen Verständnis des Begriffes *miles* bzw. *militia* geprägt.

Zu dieser Unterscheidung zusammenfassend: W. Paravicini, Die ritterlich-höfische Kultur des Mittelalters, München 1994, pp. 3–4. – Zum Begriff der *militia* im Verständnis Sugers (im Vergleich zu Bernhard von Clairvaux) siehe (knapp, am Beispiel der *Vita Ludovici grossi regis)*: A. Graboïs, *Militia* und *Malitia*. The Bernardine Vision of Chivalry, in: The Second Crusade and the Cistercians, ed. M. Gervers, New York 1992, pp. 49–56, hier pp. 52–54.

monasterium

Belegstellen: *ord* 24,109.
adm 109,503; 164,719; 257,1144.

Suger verwendet den Begriff in *adm* 109,503 und 257,1144 für das Kloster in seiner Gesamtheit, während er ihn in *ord* 24,109 und *adm* 164,719 als Synonym für *ecclesia* gebraucht.

municipium siehe Sammelartikel „Ortschaften"

natio – regnum

natio

Belegstellen: *cons* 78,476.
adm 196,878; 263,1174.

regnum

Belegstellen: *ord* 25,115.
cons 8,60; 77,475; 78,477; 98,619sq.
adm 16,83; 25,126sq.; 33,156; 35,164; 149,635sq.; 182,825; 196,877; 239,1063; 261,1165.

Eine vor allem auch sprachlich angemessene Erfassung der in den Schriften Sugers wiederholt erwähnten politischen „Kategorien" ist – wie nicht zuletzt die Wortfelduntersuchungen von Jeremy duQuesnay Adams (zu *regnum* und *Francia*) nachdrücklich belegen – mit verschiedenen Schwierigkeiten verbunden, die im Rahmen dieses Artikels jedoch nur knapp angedeutet werden können. Allein an vergleichsweise wenigen, im übrigen eher nachgeordneten Stellen wird der Begriff der *natio/nationes* eingeführt, der indes keinesfalls mit dem heutigen Nationen- oder Nationalitätsbegriff gleichgesetzt werden darf. Als verwandte und oftmals synonym gebrauchte Wörter des Mittellateinischen sind in diesem Zusammenhang *populus* und *gens* zu nennen. Im engeren (früh- und hochmittelalterlichen) Sinne verweist der Ausdruck *natio* zunächst allein auf die Abstammung bzw. Herkunft einer Person oder Gruppe (als Abstammungsgemeinschaft, ähnlich der *gens)*. Seit dem 12. Jahrhundert wird zwar der bislang häufiger verwendete Begriff *gens* durch denjenigen der *natio* (insbesondere in der pluralischen Verwendung von *nationes)* weitgehend abgelöst, doch enthält der Ausdruck zu diesem Zeitpunkt sicherlich noch nicht jene politischen Implikationen erst späterer Jahrhunderte, die auf eine mögliche Bedeutung im Sinne von „Staatsvolk" hinweisen könnten. Im Hinblick auf die von Suger erwähnten *nationes* sollte man daher einer Übersetzung durch den inhaltlich vergleichsweise neutralen Begriff „Völker" den Vorzug geben.

Nicht die *natio* (in dem oben genannten Sinne), sondern das *regnum Franciae*, das von der *gens Francorum* und dem *rex Francorum* getragen wird, bildet den eigentlichen politischen Bezugs- bzw. Argumentationsrahmen Sugers. Der Begriff *regnum* benennt zunächst allgemein einen Herrschaftsbereich im Sinne von (König-)Reich, verweist gelegentlich auch – in einem übertragenen Sinne – auf die königliche Würde selbst (cf. Vita Lud. VI., c. I [p. 10]; c. XIV [p. 86]). Ausgehend von quantifizierenden semantischen Untersuchungen zur Verwendung der Begriffe *regnum*, *patria*, *Francia* und *Franci* in den Schriften Sugers hat Jeremy duQuesnay Adams darüber hinaus ein breit gefächertes Spektrum von insgesamt neun verschiedenen Bedeutungsebenen des Ausdrucks *regnum* (vor allem in Verbindung mit *Francia/Franci)* herausgearbeitet, das auf eine grundsätzliche inhaltliche Offenheit dieses Begriffes (und dies nicht nur bei Suger) hindeutet: Das 'Reich Gottes' wird ebenso als *regnum* (*cons* 98,619sq.) bezeichnet wie das Frankenreich der Merowinger (*cons* 8,60) und später der Karolinger (*adm* 25,126; 149,635sq.), Königreiche (Vita Lud. VI., c. XXXIII [p. 270]) ebenso wie offenbar kleinere selbständige Herrschaftsgebilde (*cons* 78,477; *adm* 196,877); die Wendung *regnum Franciae* schließlich kann sowohl auf das hochmittelalterliche Frankreich in seiner Gesamtheit (bzw. ohne die Herzogtümer der Normandie und Aquitaniens) als auch auf die Krondomäne (Ile-de-France) als den Herrschaftsbereich im engeren Sinne der *reges Francorum* verweisen. Siehe in diesem Zusammenhang auch die entsprechenden Überlegungen im Glossarartikel *Francia – Gallia*.

Zu diesen Ausführungen C. Brühl, Deutschland – Frankreich. Die Geburt zweier Völker, Köln-Wien 1990, pp. 243–267, insbes. pp. 260sq. – B. Schneidmüller, *Nomen Patriae*. Die Entstehung Frankreichs in der politisch-geographischen Terminologie (10.–13. Jahrhundert), Sigmaringen 1987 (Nationes 7), pp. 34–103, pp. 125–147, insbes. pp. 131–139. – Ch. T. Wood, *Regnum Francie*: A Problem in Capetian Administrative Usage, in: Traditio 23 (1967), pp. 117–147. – J. duQuesnay Adams, The *Regnum Francie* of Suger of Saint-Denis: An Expansive Ile-de-France, in: Historical Reflections/Réflexions historiques 19 (1993), pp. 167–188.

navis
Belegstellen: *adm* 183,833; 184,841.
Allgemein verbreitete Bezeichnung für das Kirchenschiff: „... *mediam ecclesie testudinem, quam dicunt navim, innovare*“ (*adm* 183,833).

nobiles siehe Sammelartikel „Politisch-soziale Führungsschichten“

officina siehe Sammelartikel „*claustrum* und andere Klostergebäude“

operarius siehe Sammelartikel „*artifex* und andere Handwerker“

opertura
Belegstellen: *cons* 40,226; 69,423.
adm 179,808; 198,891.
Opertura bezeichnet die Bedachung (*adm* 179,808) bzw. das Dachwerk der Kirche, für das Suger zwölf große Balken im Wald schlagen läßt (*cons* 40,226) und das zusammen mit den Gurtbogen bei einem Unwetter ins Wanken gerät (*cons* 69,423). Daneben bedeutet *opertura* auch die obere und untere Bedeckung des von Suger im neuen Chor aufgestellten Reliquienschreins des heiligen Dionysius und seiner Gefährten (*adm* 198,891). In der *Vita Ludovici* werden gar zweimal kostbare Pferdedecken entsprechend bezeichnet (Vita Lud. VI, c. XXXII [p. 264]). – Siehe dazu: G. Annas/G. Binding, *Arcus superiores*. Abt Suger von Saint-Denis und das gotische Kreuzrippengewölbe, in: Wallraf-Richartz-Jahrbuch 50 (1989), pp. 7–24.

optimates siehe Sammelartikel „Politisch-soziale Führungsschichten“

opus anaglyphum
Belegstelle: *adm* 218,989.
Unter dem Begriff können Ziselier- und Stanzarbeiten, aber auch, wie Suger durch den Zusatz *tam forma quam materia [mirabile]* in *adm* 218,899 verdeutlicht, reliefartige Arbeiten verstanden werden. Da Suger besonders die Verwendung des Goldes hervorhebt, ist es wahrscheinlich, daß die von ihm beschriebene Tafel in Treibarbeit aus Gold gefertigt wurde. Die für derartige Werkstücke erforderlichen Arbeitsschritte werden exemplarisch von Theophilus Presbyter in seiner Schrift *De diversis artibus* III, 78 (ed. C. R. Dodwell, London 1961) beschrieben: Aus einer Metallplatte werden durch wiederholtes Erhitzen, Hämmern und Punzen halbplastische Figuren herausgearbeitet. Zur Stabilisierung werden die getriebenen Reliefs mit einer Mischung aus Ziegelmehl und Wachs ausgegossen, ehe das Werkstück am vorgesehenen Ort angebracht wird. – Siehe B. Bänsch/S. Linscheid-Burdich, Theophilus, *Schedula diversarum artium*: Textauszüge, in: *Ornamenta ecclesiae*. Kunst und Künstler der Romanik. Katalog zur Ausstellung des Schnütgen-Museums, ed. A. Legner, Köln 1985, vol. 1, pp. 363–375; ferner J.-H. Baumgarten, Goldschmiedetechniken, ibid., pp. 377–384.

opus smaltitum
Belegstelle: *adm* 275,1215.
Für die Herstellung von Emailarbeiten standen im 12. Jahrhundert zwei Techniken zur Verfügung: zum einen der aus Byzanz bekannte Zellenschmelz (Email cloisonné), zum anderen der besonders im Rhein-Maasgebiet hochgeschätzte Grubenschmelz (Email champlevé). Das Verfahren des Zellenschmelzes beschreibt Theophilus Presbyter um 1125 in seiner Schrift *De diversis artibus*: Innerhalb einer Goldblechfassung auf goldenem Grund werden schmale Goldstreifen als stegförmige Begrenzungen der einzelnen Farbfelder aufgelötet. In die so entstandenen figürlichen Umrisse wird die Farbglasmasse als geschlämmter Brei eingefüllt. Nach dem Brennvorgang wird das Werkstück poliert, die goldenen Stege, die die Farbfelder begrenzen, bilden Linien in der farbigen Oberfläche (cf. Theophilus, De diversis artibus III, 53 [ed. C. R. Dodwell, London 1961]); Ausführungen zu beiden Schmelztechniken z. B. bei B. Bänsch in: *Ornamenta Ecclesiae*. Katalog zur Ausstellung Köln 1985, vol. 1, pp. 378sq.; G. Haseloff, Email im frühen Mittelalter: frühchristliche Kunst von der Spätantike bis zu den Karolingern, Marburg 1990, bes. p. 12; cf. ferner den Artikel ‘Email’ in: Lexikon der Kunst, vol. 2, München 1996, pp. 313–316). Zur Anfertigung von Grubenschmelz hingegen werden in einer starken Folie aus weniger edlem Material (z. B. Kupfer) die vorgesehenen Farbfelder als Vertiefungen angelegt, die mit

der Schmelzmasse gefüllt werden. Nach dem Brennvorgang sind die metallenen Begrenzungen der Farbfelder als Linien sichtbar, die dann ebenso wie die Umgebung des Emailfeldes vergoldet werden können. Sugers Formulierung *opere smaltito et optime deaurato* läßt darauf schließen, daß er für die beschriebenen Leuchter die Herstellung von Grubenschmelz in Auftrag gegeben hat. Als ältestes erhaltenes Werkstück maasländischer Grubenschmelztechnik ist das Kopfreliquiar des heiligen Papstes Alexander aus dem Jahre 1145 bekannt; das Verfahren des Grubenschmelzes ist jedoch gewiß weit früher im Maasgebiet gepflegt worden (cf. D. Kötzsche in: Rhein und Maas. Kunst und Kultur 800 bis 1400. Katalog der Ausstellung Köln 1972, pp. 248sqq.). Ein weiteres bedeutendes Werk maasländischer Emailkunst ist auch der *adm* 211 erwähnte Kreuzfuß von Saint-Omer (cf. dort Anm. 126). Möglicherweise stand Suger für die Emailarbeiten in Kontakt mit einem maasländischen Atelier.

oratorium

Belegstellen: *ord* 34,184–190.
cons 43,242–256; 44,264; 46,271; 49,300; 59,364; 81,504.
adm 167,737; 169,744.

Mit *oratorium* sind verschiedene Kapellen in der Kirche bezeichnet, auch der Kapellenkranz am Chorumgang (*cons* 49,300); davon unterschieden wird die *capella* mit verschiedenen Funktionen (siehe *capella*). Suger folgt wohl der Erklärung von Isidor von Sevilla, *Etymologiae* XV, 4, 4 (ed. W. M. Lindsay, Oxford 1911): „*oratorium orationi tantum est consecratum, in quo nemo aliquid agere debet nisi ad quod est factum*“.

ornamenta (ornamentum)

Belegstellen: *ord* 20,89; 30,156; 38,215.
cons 9,72; 50,308; 66,405; 93,573.
adm 133,585; 190,854sq.; 209,947; 219,991; 222,1006 und 1009; 225,1025; 229,1036; 237,1056; 274,1210.

Ornamenta sind alle aus Gold und Silber (*adm* 274,1210) oder Edelsteinen (*ord* 30,156; *cons* 66,405), aber auch aus kostbaren bestickten Stoffen hergestellten Geräte für den liturgischen Gebrauch (*ord* 38,215; *cons* 93,573; *adm* 222,1006) wie Altarschmuck, Schreine, Reliquiare, Gefäße, Leuchter, Priestergewänder (*ord* 20,89; *adm* 133,585) und Tuche an den Wänden (*cons* 9,72). Suger verwendet die Bezeichnung im allgemein üblichen Sinne. Siehe im Überblick *Ornamenta ecclesiae*, Katalog zur Ausstellung Köln 1985, 3 vol., bes. vol. 2.

palatium
Belegstelle: *cons* 20,142.
Der Begriff *palatium*, üblicherweise die Bezeichnung für frühmittelalterliche Herrscherpaläste, so auch von Suger in der *Vita Ludovici* zweimal verwendet (Vita Lud. VI, c. XXVII [p. 206] und c. XXVIII [p. 222]), wird in *cons* 20,142 von Suger für die Diocletians-Thermen in Rom gebraucht: „*in palatio Diocleciani et aliis termis*". Die dort von ihm gesehenen Säulen preist auch der Magister Gregorius (12./13. Jh.) in seinem Romführer *Mirabilia urbis Romae*: „*Ubi* ⟨*palatium Diocleciani*⟩ *tantae altitudinis columnas repperi, quod nemo lapillum usque ad capitale potest proiicere*".

Siehe hierzu: Gregorius Magister, Narratio de mirabilibus Urbis Romae (R. B. C. Huygens, Textus Minores 42, Leiden 1970). – H. Castritius, Palatium. Vom Haus des Augustus auf dem Palatin zum jeweiligen Aufenthaltsort des römischen Kaisers, in: Die Pfalz, ed. F. Staab, Speyer 1990, pp. 9–47. – G. Binding, Deutsche Königspfalzen, Darmstadt 1996, bes. pp. 21–26.

palliatura, palliatus, pallium
Belegstellen:

palliatura	*adm*	155,681.
palliatus	*cons*	81,505; 93,570.
pallium	*ord*	20,88.
	adm	1,10; 13,73; 133,585; 287,1269.

Kostbare Textilien zu unterschiedlicher liturgischer Verwendung, die zusammenfassend mit dem Begriff Paramente bezeichnet werden können, zählen als Bestandteile des Kirchenschatzes zu denjenigen Stücken, deren Erwerb Suger als Leistung für die Kirche Saint-Denis geltend macht (*adm* 1,10; 287,1269 erwähnt er die Anordnung, sie am Jahrestag – vermutlich seines Todes – auszustellen und so mit dem Gebetsgedenken zu verknüpfen). Die Verwendung des Wortes *pallium* in der Vita Lud. VI (c. XXXIII [p. 276]: „*cappas de pallio pretiosas decem*") macht es wahrscheinlich, daß damit ein kostbarer Stoff, der sich zur Verfertigung von Chormänteln *(cappae)* eignet, also etwa Brokat- oder Seidenstoff, gemeint ist. Diese Deutung läßt sich auch zur Erschließung der Belege in *ord* und *adm* heranziehen, wo es um liturgisch zu verwendende Textilien aus kostbarem Stoff geht; welcher Art die Stücke im einzelnen sind und welche Funktion sie haben, geht nicht eindeutig aus dem Text hervor. Lediglich im Falle von *adm* 133,585: *palliorum cappis* wird erkennbar, daß es sich um Chormäntel aus dem als *pallium* bezeichneten kostbaren Stoff handelt. Brokat- und Seidenstoffe fanden Verwendung auch als Wandbehänge, Vorhänge, Altarbekleidungen etc. Siehe A. v. Euw, Schatzkammern annonischer Kirchengründungen. St. Georg, in: *Monumenta Annonis*. Köln und Siegburg. Weltbild und Kunst im hohen Mittelalter, Katalog der Ausstellung Köln 1975, p. 168.

Palliatura ist bei Suger die Gesamtheit derartiger Ausstattungsstücke. Die *tentoria palliata* in *cons* 81,505 sind die im Kirchweihordo PR XII (n. XVII), 1 (ed. M. Andrieu [1938], p. 176) erwähnten Zelte, in denen die Reliquien in der Nacht vor der Weihe der Kirche aufbewahrt werden; der Zusatz *palliatis* (*cons* 81,505; 93,570) zielt auf den liturgischen Charakter wie auf das Material. – Zum Bestand an Paramenten in der Abtei Saint-Denis und zu ihrer Verwendung siehe E. B. Foley, The Treasury of St.-Denis according to the Inventory of 1234 (Paris, Bibliothèque Mazarine 526), in: Revue Bénédictine 105 (1995), pp. 167–199.

pavimentum

Belegstellen: *ord* 37,206.
cons 12,98; 48,293.
adm 164,717.

In *cons* 48,293 wird der Chorfußboden über der Krypta ohne nähere Charakterisierung erwähnt. In *ord* 37,206 und danach zitiert in *cons* 12,98 und *adm* 164,717 werden die dichtgedrängten Köpfe der Kirchenbesucher mit einem Fußboden verglichen.

pedagi(c)um siehe Sammelartikel „Einkünfte und Abgaben“

perlustrare

Belegstellen: *cons* 35,205; 39,220; 49,302; 81,508.
adm 61,275.

Das im Zusammenhang mit dem Licht der Chorfenster verwendete Wort *perlustrare* (*cons* 49,302) darf nicht überinterpretiert werden, da es mehrfach benutzt wird: den Wald durchstreifen auf der Suche nach geeigneten Bäumen, in einer Prozession durch die Kirche ziehen oder (etwas) rundum mit einem Gewässer für Fische versehen (*adm* 61,275).

pictor siehe Sammelartikel „*artifex* und andere Handwerker“

podium siehe *suffragium*

politor

Belegstelle: *adm* 199,893.

Das Verb *polire* bezeichnet bei Theophilus (*De diversis artibus*, III, 95 [ed. C. R. Dodwell, London 1961]) die Gesamtheit der Techniken zum Bearbeiten von Edelsteinen; dabei handelt es sich um Reibevorgänge auf härterem Stein unter Hinzufügen von Wasser – auf diese Weise wird die Form erarbeitet – sowie glanzgebende Poliervorgänge mit Hilfe von befeuchteten Ziegeln. Das Ergebnis ist ein rundlich geschliffener, „gemugelter“ Stein mit glatter Oberfläche, auch Cabochon genannt, als Material werden Halbedelsteine bevorzugt. Besatz mit derartigen Cabochons ist ein beliebtes Dekorationselement auf Bucheinbänden, Gemmenkreuzen und anderen sakralen Geräten. – Siehe ferner den Sammelartikel „*artifex* und andere Handwerker".

porticus
Belegstellen: *cons* 16,116.
adm 170,760.
Die Vorhalle im Westen der alten Kirche „beiderseits von zwei Türmen" (*cons* 16,116) wird in den Neubau übernommen und noch einmal im Zusammenhang mit den vergoldeten Türflügeln des Westportals erwähnt (*adm* 170,760). Über das bauliche Aussehen der *porticus* ist nichts zu sagen, da der Begriff allgemein für sehr verschiedene Bauteile verwendet wird: Vorhalle, Säulengang, Seitenschiff, und vielfach nicht genauer zu bestimmen ist. Bei Suger scheint der Begriff *porticus* mit *porta*, der Tür, in Verbindung zu stehen; er folgt damit Isidor von Sevilla, *Etymologiae* XV, 7, 3 (ed. W. M. Lindsay, Oxford 1911): „*porticus, quod transit sit ... quasi porta, eo quod sit apertus*". – Siehe dazu C. Dudley, E. Jackson, E. Fletcher, Porch and Porticus in Saxon Churches, in: Journal of the British Archeological Association 3, 19 (1957), pp. 1–13, sowie van der Meulen/Speer (1988), pp. 179–187.

principes siehe Sammelartikel „Politisch-soziale Führungsschichten"

proceres siehe Sammelartikel „Politisch-soziale Führungsschichten"

procurationes siehe Sammelartikel „Einkünfte und Abgaben"

propugnaculum
Belegstellen: *cons* 38,218.
adm 85,386; 172,764.
Propugnaculum kommt in der Bibel einmal vor im *Canticum canticorum* (Hohelied) 4,4: „*sicut turris David collum tuum quae aedificata est cum propugnaculis*". Diesen Satz nehmen zahlreiche Autoren bis hin zu Durandus von Mende in seinem *Rationale divinorum officiorum* I, 1, 21 (CCCM 140 [ed. T. M. Thibodeau], p. 19,246sq.) auf. Aber auch sonst findet sich der Begriff sehr häufig in unterschiedlichen Zusammenhängen, immer in der Bedeutung von „Schutzwehr", so z. B. bei Isidor von Sevilla, *Etymologiae* XV, 2, 19sq. (ed. W. M. Lindsay, Oxford 1911): „*Murus autem turribus propugnaculisque ornatur ... Propugnacula pinnae murorum sunt, dicta quia ex his propugnatur*"; bei Gregor dem Großen, *Homiliae in Hiezechihelem prophetam* II, III, 23 (CCSL 142 [ed. M. Adriaen], p. 255,602sq.): „*Turris itaque*

nostra cum propugnaculis suis aedificata est", und öfter, etwa bei Hildegard von Bingen (1098–1179) in *Scivias* I, visio quarta, cap. 3 (CCCM 43 [ed. A. Führkötter], p. 66,208sq.): „*propugnaculum ex quadris lapidibus construxi*".

Propugnaculum bedeutet allgemein Schutzwehr. Über die formale Gestaltung kann nichts ausgesagt werden; die Schutzwehr kann als Wehrgang mit Zinnen ausgebildet sein, aber auch anders geformt werden. Ein Zinnenkranz ist dargestellt auf den Zeichnungen, die den Ezechiel-Kommentar des Richard von St. Viktor in Hinblick auf *propugnacula* illustrieren (W. Cahn, in: Gesta 15,1–2 [1976], pp. 247–254 und Art Bulletin 76 [1994], pp. 53–68). Im Kölner Schreinsbuch *Scabinorum* heißt es zum 18. Dez. 1349: „*propugnaculum, quod dicitur erkyere*" (H. Planitz/T. Buyken, Die Kölner Schreinsbücher des 13. und 14. Jahrhunderts, Weimar 1937, Nr. 1930, p. 531).

Domus propugnabiles, Häuser, die zur Verteidigung taugen, oder verteidigungsfähige Häuser, werden in *adm* 85,387 und 105,480 erwähnt.

pulcher, pulchritudo

Belegstellen: *ord* 34,183.
cons 8,64; 9,73; 43,249; 47,287; 49,302.
adm 119,541.

Anders als erwartet und entgegen der weitverbreiteten Auffassung, in Suger einen Kronzeugen für eine mittelalterliche Ästhetik zu sehen, finden sich in Sugers Schriften nur wenige Belege für „schön" oder „Schönheit". Sugers Sprachgebrauch ist sehr allgemein. So findet sich in Verbindung mit „schön"/„Schönheit" keines der Merkmale, die in der mittelalterlichen Lehre vom Schönen den beiden maßgeblichen Traditionen, der dionysischen oder der augustinischen, zugerechnet werden. Erst recht fehlt jede Verbindung von „schön" oder „Schönheit" mit einer bestimmten *ars*. Alle Deutungen künstlerischer Tätigkeit, besser Kunstfertigkeit, von einer bestimmten philosophisch-theologischen Schönheitsauffassung her müssen daher unter einen generellen hermeneutischen Vorbehalt gestellt werden. – Siehe hierzu Art. 'Schöne, das' in: LexMA VIII (1997), coll. 1531–1534; ferner A. Speer, Kunst und Schönheit. Kritische Überlegungen zur mittelalterlichen Ästhetik, in: Craemer-Ruegenberg/Speer (1994), pp. 945–966.

quadraria

Belegstellen: *cons* 17,127; 22,154; 25,171; 26,177.
adm 155,683 [Carrières].

In *cons* 17,127 wird die für jeden Bau notwendige Auffindung eines Steinbruchs wie auch die Beschaffung der Handwerker erwähnt. Dieser Steinbruch bei der Burg Pontoise, der bisher zur Gewinnung von Mühlsteinen genutzt wurde, diente nun der Gewinnung von Säulenschäften. In *adm* 155,683 wird der Ort *quadraria* = Carrières erwähnt.

refectorium siehe Sammelartikel „*claustrum* und andere Klostergebäude"

regnum siehe *natio*

sacramentum, sacramentalis

Belegstellen: *cons* 37,211; 81,506; 98,614; 98,617.

Sugers Sakramentenverständnis zeigt deutliche Anklänge an die theologische Diskussion seiner Zeit, insbesondere an die Sakramententheologie Hugos von St. Viktor. Das gilt auch für den engeren Kontext der Kirchweihe. Suger verbindet, ja parallelisiert vor allem im Prolog und im Epilog von *De consecratione*, aber auch an verschiedenen Stellen, an denen er die unmittelbare Wirkung des sakramentalen Handelns auf die Beteiligten schildert (so etwa *cons* 80, 85 und 97), die Weihe der Kirche und die Heiligung der Gläubigen. Auch Hugo beginnt seine Kirchweihallegorese im dritten Kapitel seines Kirchweihtraktats mit der Aussage: „*Domus dedicanda, anima sanctificanda est*" (De sacramentis, II, 5, 3 [PL 176, 441A]). Auf diese Weise wird die liturgische Handlung der Kirchweihe zu einem Teil des *opus restaurationis*. Suger greift ganz offensichtlich dieses Zentralmotiv der Theologie Hugos auf, wenn er in *cons* 98 die Wirkungen der im Sakrament gespendeten Gnadenmittel als Heilshandeln Gottes in Christus deutet. – Zur Theologie des *opus restaurationis* und seiner sakramententheologischen Bedeutung bei Hugo von St. Viktor siehe ausführlich: S. Ernst, Gewißheit des Glaubens. Der Glaubenstraktat Hugos von St. Viktor als Zugang zu seiner theologischen Systematik (BGPhThMA N. F. 30), Münster 1987, pp. 209–279.

sacrificium siehe *holocaustum*

sculptor

Belegstellen: *cons* 17,129.
adm 170,757; 285,1257.

Der Begriff *sculptor* wird für Kunstfertige verschiedener Arbeitsbereiche, die sich auf unterschiedliche Materialien erstrecken, verwendet. Zur Bedeutung des Begriffs *sculptor* siehe im Überblick C. R. Dodwell, The Meaning of 'Sculptor' in the Romanesque Period, in: Romanesque and Gothic. Essays for G. Zarnecki, Bury St. Edmunds 1987, pp. 49–61. Zur Spezifizierung der jeweils gemeinten Tätigkeit verwendet Suger ihn gekoppelt mit anderen Handwerkerbezeichnungen, wie ja auch die Fertigung des Werkstücks den Einsatz verschiedener Fachleute erfordert: In *adm* 170,757 *(fusores et sculptores)* sind Modelleure zur Verfertigung des Gußmodells (cf. Artikel *fusor)* gemeint, in *adm* 285,1257 erwähnt Suger die Adlervase, an der ein *sculptor* und ein *politor* tätig waren. Während der *sculptor* in eher bildhauerischer Tätigkeit die Form des Gefäßes neu bestimmt, also Steinmetzarbeiten ausführt, übernimmt der *politor* die bei der Bearbeitung von Edelsteinen üblichen Arbeitsgänge, die dem Werkstück eine ebene Oberfläche und Glanz verleihen.

Je nach dem verwendeten Werkstoff kann *sculpere* auch das Fertigen von Schnitzarbeiten meinen; so erwähnt Suger *adm* 259,1154 die *sculptura* der Elfenbeintafeln an der Kanzel. Über Elfenbeintafeln auf Bucheinbänden, die sich zur Zeit Karls des Kahlen in Saint-Denis befanden, und ihren hohen künstlerisch-technischen Rang cf. D. Gaborit-Chopin, Elfenbeinkunst im Mittelalter, Berlin 1978, pp. 64sqq. – Siehe ferner den Sammelartikel „*artifex* und andere Handwerker".

solarium
Belegstelle: *adm* 105,484.
Oberes Stockwerk eines festen Hauses als Wohnbau auf einem Gut, siehe *curia*.

solidus siehe Sammelartikel „Münzwesen"

suffragium – podium

suffragium
Belegstellen: *ord* 4,19.
cons 10,82; 12,98; 15,110; 30,185; 61,383; 68,421.

podium
Belegstelle: *cons* 68,420.
Suffragium bezeichnet die Fürsprache der Heiligen (z. B. *cons* 10,82) ebenso wie die Hilfe der Männer, welche die eingezwängten Frauen über die Köpfe der Menschen hinwegheben (*cons* 12,98). Im besonderen Fall von *cons* 68,420sq., wo die Hauptbogen beim Gewittersturm „von keinem Unterbau unterstützt waren und sich keinen Stützgerüsten entgegenstemmten" („*nullo suffultos podio, nullis renitentes suffragiis*"), werden mit *podium* und *suffragium* hölzerne Stützkonstruktionen zur Bogenmauerung (Lehrgerüst) bezeichnet. Da Suger das entsprechende Fachvokabular fehlt, verwendet er zwei Begriffe für die als Arbeits- und Stützgerüst notwendige hölzerne Konstruktion unter den Gewölbebogen.

Siehe dazu: G. Annas/G. Binding: *Arcus superiores*. Abt Suger von Saint-Denis und das gotische Kreuzrippengewölbe, in: Wallraf-Richartz-Jahrbuch 50 (1989), pp. 7–24. – A. Hubel/M. Schuller, Der Dom zu Regensburg, Regensburg 1995, Abb. 45.

tabulatum

Belegstelle: *cons* 33,193.

Tabulatum ist generell das aus Holzbalken gezimmerte Stockwerk, dann auch die Fachwerkwand, hier in *cons* 33,193 wohl das Gebälk des Dachwerks. Bei Isidor von Sevilla, *Etymologiae* XV, 3, 12 (ed. W. M. Lindsay, Oxford 1911) heißt es: „*Tabulata olim ligneae domus fiebant*". Siehe dazu den Bericht in den *Annales Francorum* zu 817 (MGH SS 1, 204) über den Einsturz des Aachener *lignea porticus*, deren „*marcida et putrefacta, quae contignationem et tabulatum sustinebant, transtra* (Querbalken)", das Gewicht nicht mehr tragen konnten. – Siehe hierzu: O. Lehmann-Brockhaus, Schriftquellen zur Kunstgeschichte des 11. und 12. Jahrhunderts für Deutschland, Lothringen und Italien, Berlin 1938, mit zahlreichen Nachweisen. – W. Zimmermann, *Ecclesia lignea* und *ligneis tabulis fabricata,* in: Bonner Jahrb. 158 (1958), pp. 414–452. – C. Ahrens (ed.), Frühe Holzkirchen im nördlichen Europa (Veröff. d. Helmsmuseums 39), Hamburg 1982. – Siehe auch *trabes.*

tallia(e) siehe Sammelartikel „Einkünfte und Abgaben"

templum

Belegstellen: *cons* 18,133; 58,358.
adm 164,725.

Mit *templum* wird der biblische Tempel Salomons bezeichnet, davon unterschieden der gegenwärtige Kirchenbau als *ecclesia*, in der sich verschiedene Kapellen befinden. – Siehe *oratorium.*

testudo – volta

testudo

Belegstellen: *cons* 16,118; 49,298.
adm 169,743; 183,833.

volta

Belegstellen: *cons* 48,291; 67,412.
adm 179,807; 198,888; 199,894.

Volta ist die allgemein verbreitete Bezeichnung für Gewölbe, bei Suger das Gewölbe der Apsis und des Chores. Bei Isidor von Sevilla, *Etymologiae* XV, 8 (ed. W. M. Lindsay, Oxford 1911) kommt diese Bezeichnung nicht vor; bei ihm ist *arcus* der Bogen, aber auch das Gewölbe, während *testudo* die Überdeckung des Tempelinnenraums in Nachahmung des Himmels und folglich konkav ist. Bei Suger hingegen ist *testudo* das Gewölbe der Krypta (*cons* 48,291) bzw. das Gewölbe im Hochchor (*cons* 67,412; *adm* 179,807 und 198,888). Es macht den Eindruck, als wenn Suger unter *volta* mehr den gewölbten Raum, unter *testudo* hingegen das eigentliche Gewölbe versteht und damit dem allgemein üblichen mittelalterlichen Gebrauch folgt, gemäß dem *testudo* das Gewölbe, aber auch das Dach meint.

theca

Belegstellen: *ord* 25,118.
adm 250,1117.

Kaiserliche Schatzkammer (*de theca imperiali – adm* 250,1117), aus der Reliquien gegeben werden, bzw. aus dem Schatz der kaiserlichen Kapelle (*de techa imperialis capelle; ord* 25,118) Karls des Kahlen. – Siehe auch *capella* und *gazophilatium*.

theloneum siehe Sammelartikel „Einkünfte und Abgaben"

trabes

Belegstellen: *cons* 34–40; 197–224 (5x).
In antiker Tradition ist dies die Bezeichnung für Baumstämme und für die daraus anzufertigenden Balken für das Dachwerk der Kirche von Saint-Denis.

tristega

Belegstellen: *cons* 38,218; 67,416.
Suger benutzt das selten verwendete Wort *tristega* (auch *tristegum)* in Verbindung mit *propugnaculum* (Schutzwehr) und steinernen Türmen jeweils im Sinne von Verteidigungsbauten. Vorzustellen ist ein erhöhter hölzerner Raum oder eine Verteidigungsplattform. In anderen Quellen wird so eine Kammer, ein oberes Stockwerk oder ein Glockenstuhl bezeichnet. Im *Chronicon Walteri de Hemingburgh de gestis regum Angliae* aus der 1. Hälfte des 14. Jahrhunderts (H. C. Hamilton, vol. 2, London 1849, p. 247) wird zu 1306 berichtet: „*Et iussit eam poni supra murum castri de Berewyk in tristega lignea fixa, ut sic a transeuntibus videri posset et cognosci*". Schließlich sind die *Miracula s. Bertini* (cap. 6) zu nennen, die anläßlich des Normanneneinfalls um 860 über einen Dachaufbau der Kirche Saint-Bertin in Saint-Omer berichten (AA. SS. Boll. Sept. II, p. 597; J. v. Schlosser, Schriftquellen zur Geschichte der karolingischen Kunst, Wien 1892, Nr. 619): „*Nec mirum, tristegum enim (ut vulgariter loquamur) trium tripodum ordinibus factum fuerat, excepta summa claxendice*" (V. Jansen, Round or Square? The Axial Towers of the Abbey Church of Saint-Riquier, in: Gesta 21 [1982], pp. 83–90). Als hölzerner (beweglicher?) Verteidigungsturm wird *tristega* nach 1182 für die Burg von Gournay-sur-Marne sowie zu 1107 für die Burg von Le Puiset erwähnt: „*bellica instrumenta,*

erigitur tristegas tres pugnantibus ...“, und zu 1112: „*quod tristega turris in eadem munitione ... apparebat*“ (V. Mortet, Recueil des textes relatifs à l'histoire de la architecture ... en France au moyen âge XIe–XIIe siècles, Paris 1911, pp. 335 und 337).

villa siehe Sammelartikel „Ortschaften“

vitrea siehe *fenestra*

volta siehe *testudo*

2. Sammelartikel

1) Politisch-soziale Führungsschichten

nobiles
Belegstellen: *cons* 78,477; 82,511.
optimates
Belegstellen: *cons* 64,398; 77,476; 82,510.
adm 245,1096; 261,1166.
principes
Belegstellen: *cons* 64,398
adm 182,825; 194,871.
proceres
Belegstelle: *cons* 78,477.
Im Hinblick auf die differenzierende Benennung der politisch-sozialen Führungsschichten im Frankreich des 12. Jahrhunderts bedient sich der Abt von Saint-Denis einer durchaus präzisen Begrifflichkeit, die nicht allein auf den weiterreichenden politischen Kenntnisstand Sugers hindeutet, sondern zugleich von einem ausgewiesenen Bewußtsein für bestehende soziopolitische 'Rangordnungen' geprägt zu sein scheint. An der höchsten Stelle der weltlichen Hierarchie steht demnach der König von Frankreich, der gar „von Rechts wegen“ – so zumindest die Ausführungen Sugers in der *Vita Ludovici grossi regis* (cf. Vita Lud. VI., c. XXVII [p. 222]) – dem (römisch-)deutschen Kaiser überlegen sei. Diesem zugeordnet sind die *principes*, die jedoch keinesfalls mit der Gruppe der *optimates (regni)* gleichzusetzen sind: Allgemein-unverbindlich zunächst auf eine besonders ausgezeichnete, vornehme Gemeinschaft verweisend, konzentriert sich der Begriff *principes (regni)* im weltlichen Bereich auf die Angehörigen des Hochadels, auf die mit dem

Königtum konkurrierenden Inhaber der großen Fürstentümer (Herzöge von Burgund, Grafen von Flandern, von Blois-Champagne u. a.; siehe exemplarisch das von Suger beschriebene französische Heeresaufgebot gegen Kaiser Heinrich V. im Jahre 1124: Vita Lud. VI., c. XXVIII [p. 224]); zu den *principes ecclesiae* gehören demgegenüber die hohen kirchlichen Würdenträger, Erzbischöfe und Bischöfe (*adm* 182,825).

Von einer größeren inhaltlichen Offenheit ist schließlich der Gebrauch des Begriffes *optimates (regni)* geprägt, der in einem erweiterten, über die (verfassungsrechtliche) Ebene der *principes* hinausgreifenden Sinne die Gesamtheit der am politischen Geschehen aktiv beteiligten 'Vornehmsten des Reiches', d. h. die auf das Königtum ausgerichteten politisch-sozialen Führungsschichten des Reiches, zu erfassen sucht. Während der Begriff des *nobilis* wohl allgemein-unverbindlich einen Adeligen benennt, als adjektivische Ergänzung auch ein Mitglied des Hochadels zusätzlich würdigen kann, wird der Begriff *proceres* offenbar bevorzugt zur Bezeichnung von Angehörigen der königlichen 'Entourage' – und hier vor allem für hochstehende höfische Amtsträger wie z. B. den Seneschall Gui de Rochefort (cf. Vita Lud. VI., c. X [p. 52]) – verwendet.

Siehe zu diesen Unterscheidungen auch E. Bournazel, Le gouvernement capétien au XIIe siècle 1108–1180. Structures sociales et mutations institutionnelles, Limoges 1975, pp. 136sq.

2) Lehnswesen

feudum

Belegstellen:	*ord*	32,172.
	cons	38,216.
	adm	33,155; 44,192; 45,192; 56,244; 63,281; 91,413 u. 418; 92,420; 93,427.

hominium

Belegstellen:	*adm*	18,96; 33,158; 47,200sq.; 68,305; 91,416; 261,1166.

Die mittelalterliche Gesellschafts- und Verfassungsordnung wurde wesentlich durch das sog. „Lehnswesen" geprägt. Suger selbst allerdings verweist nur vereinzelt – und durchaus unsystematisch – auf lehnsrechtliche Sachverhalte oder bedient sich allgemein der geläufigen Terminologie des Lehnswesens. Das Lehnsverhältnis zwischen dem Lehnsherrn und dem Vasallen wurde durch zwei durchaus unterschiedliche Momente bestimmt:

(1) Personal durch den Rechtsakt der Mannschaftsleistung (*homagium* bzw. in der älteren, auch von Suger bevorzugten Form *hominium)*, mit der sich der Lehnsmann zu Dienst und Gehorsam verpflichtete. Bekräftigt wurde die Mannschaftsleistung durch die Ablegung des Lehns- oder Vasallen-

eides mit der Verpflichtung des Vasallen, dem Lehnsherrn mit Rat und Tat (*consilium et auxilium*: Hof- und Heerfahrt) beizustehen.

(2) Dinglich durch die Investitur, die eine (dingliche) Rechtsbeziehung auf der Grundlage eines (Lehns-)Objektes begründete: Der Lehnsmann erhielt aus der Hand des Lehnsherrn ein Lehen oder andere nutzbare Rechte. Entsprechend dem allgemeinen Sprachgebrauch wird dieses (Lehns-)Objekt auch von Suger mit dem geläufigen Begriff des *feudum* belegt.

3) Grundherrschaft

curia
Belegstellen: *adm* 11,63; 19,99; 22,111; 34,160; 61,272sq.; 68,307; 140,603; 145,623.

curticula
Belegstelle: *adm* 10,61.

curtis
Belegstellen: *adm* 73,328; 85,385.

dominicatura
Belegstellen: *adm* 33,159; 101,464; 155,678.

dominicum
Belegstellen: *adm* 58,256; 87,394; 105,479.

hospites
Belegstellen: *ord* 9,45
adm 10,61; 11,63 und 66; 51,219; 55,241.

maior
Belegstellen: *adm* 20,105; 63,281; 103,468.

Als „ein Kernelement der mittelalterlichen Agrarverfassung (W. Rösener, Agrarwirtschaft, Agrarverfassung und ländliche Gesellschaft im Mittelalter, München 1992, p. 7) bildete die wirtschaftliche und soziale Organisationsform der „Grundherrschaft" bis weit in das späte Mittelalter hinein die entscheidende Grundlage geistlicher und weltlicher Herrschaft. „Unter Grundherrschaft wird [...] die Herrschaft über Personen verstanden, die von einem Grundbesitzer Land zur Bearbeitung und wirtschaftlichen Nutzung in eigener Regie erhalten haben. Durch die Landleihe wird das grundherrlich-bäuerliche Rechtsverhältnis begründet. Als Gegenleistung für die Nutzung von Grund und Boden schulden die damit Beliehenen ('Grundholden' oder 'Hintersassen') ihrem Grundherrn Abgaben und vielfach auch Dienstleistungen ('Frondienst')" (H. K. Schulze, Grundstrukturen der Verfassung im Mittelalter, vol. 1, Stuttgart e. a. ^{3}1995, p. 96).

Ausnahmslos alle der hier zusammengestellten Belegstellen zur allgemeinen grundherrlichen Begrifflichkeit konzentrieren sich auf Sugers Schrift

„Über die Verwaltung". Nicht als eine systematische Abhandlung über die grundherrschaftliche Organisation des Klosters von Saint-Denis angelegt, sondern Zeugnis „domaniale[r] Rechenhaftigkeit" (L. Kuchenbuch, Ordnungsverhalten im grundherrlichen Schriftgut vom 9. zum 12. Jahrhundert, in: Dialektik und Rhetorik im früheren und hohen Mittelalter. Rezeption, Überlieferung und gesellschaftliche Wirkung antiker Gelehrsamkeit vornehmlich im 9. und 12. Jahrhundert, ed. J. Fried, München 1997, pp. 175–268, hier p. 253), werden hierbei jedoch – über die Nennung der zu leistenden Abgaben und Dienste hinaus (siehe hierzu den entsprechenden Glossarartikel) – allgemeine grundherrschaftliche Sachverhalte nur randhaft erwähnt.

Der Begriff *curtis* bezeichnet eine der ältesten agrarwirtschaftlichen Betriebseinheiten. Ursprünglich – bei den römischen Agrarschriftstellern – zur Benennung jenes Teiles der (spät-)antiken *villa* verwendet, der dem eigentlichen Wirtschaftshof entsprach, verweist der Ausdruck *curtis* im 12. Jahrhundert allgemein auf den Herrenhof (Fronhof, Salhof) als Mittelpunkt einer klösterlichen oder weltlichen Grundherrschaft. Wohl entsprechend ihrer Größe und Bedeutung waren die bei Suger erwähnten *curtes* mit einem gewissen baulichen Aufwand ausgestattet: Ein offenbar neu angelegter Herrenhof verfügte beispielsweise über einen oberhalb des Tores errichteten „Turm zur Vertreibung von Räubern" (*adm* 73,331), ein weiterer, mit Palisaden befestigter Hof war in ein gemauertes *castrum* eingebunden und durch ein *propugnaculum turris* oberhalb des Haupttores geschützt (*adm* 85,386). Bei den darüber hinaus wiederholt aufgeführten *curiae* und – inhaltlich nur schwer abgrenzbar – *dominica* bzw. *dominicaturae* handelt es sich demgegenüber wahrscheinlich um nachgeordnete Hofanlagen, nicht selten mit Scheunen (*granchia*: *adm* 19,99; 58,256; 61,273; 140,603), die allerdings ebenfalls durch schützende Mauern (cf. *adm* 22,111sq.; 61,272) und ein festes Haus (*domus [fortis et] defensabilis*; cf. *adm* 22,12 61,272) gesichert sein konnten. Einen kleineren Hof bezeichnet Suger schließlich auch als *curticula*. – Siehe ferner den Sammelartikel „Ortschaften". – Bewirtschaftet und verwaltet wurden diese landwirtschaftlichen Güter im allgemeinen – sofern der Grundherr dies nicht selbst übernehmen konnte – von sog. Meiern (*maiores*). Vor allem in der ersten Hälfte des 12. Jahrhunderts waren auf verschiedenen bislang noch wenig kultivierten Ländereien der Abtei von Saint-Denis sog. *hospites* angesiedelt worden (u. a. in La Courneuve, Le Tremblay, Beaune-la-Rolande). Ausgehend von der älteren Bedeutung des Begriffes im Sinne von „Fremder, Gast" sind in diesem Zusammenhang zinspflichtige (abhängige) Bauern gemeint, die – von auswärts kommend – im Rahmen des agrarwirtschaftlichen Landesausbaus mit der Erschließung von Neuland (Rodungen) betraut waren; wohl nicht zuletzt aufgrund der Schwere ihrer Arbeit bei gleichzeitig hohen Erträgen waren diese *hospites* gegenüber den einfachen Hörigen einer Grundherrschaft rechtlich in der Regel besser gestellt. – Siehe zu *hospites* G. Lebel, Histoire administrative, économique et financière de l'abbaye de Saint-Denis, Paris 1935, pp. 87sq. – J.-F. Lemarignier, La France médiévale: Institutions et Société, Paris 1970, p. 168.

4) Ortschaften

burgus
Belegstellen: *ord* 19,82.
adm 108,493,494.

castellum
Belegstelle: *adm* 2,26.

castrum
Belegstellen: *cons* 22,155; 23,163.
adm 3,29; 14,75; 54,227,229; 65,286,288; 67,300; 70,314sq., 317; 76,345; 77,355; 79,361; 83,378; 85,385; 92,422; 108,497; 110,506; 151,643; 152,653.

municipium
Belegstelle: *adm* 19,100.

villa
Belegstellen: *ord* 13,58; 21,92; 23,104; 24,110,112; 28,148.
adm 3,32; 4,34,39; 5,43; 6,43; 11,63; 18,89,92,94; 19,98; 20,102; 35,162; 50,216; 54,227; 55,242; 58,252,256; 60,262; 61,270; 65,285sq.,292; 69,308; 73,330; 76,341; 77,352; 85,387; 94,430; 103,472; 140,601; 144,612; 145,619sq.,622,624; 146,625; 151,642; 155,683; 157,686; 159,693.

Die Ortsbezeichnungen, die Suger verwendet, lassen sich nur schwer systematisieren. Mit *villa* bezeichnet er in einem weiten Sinn ein Dorf oder ganz allgemein eine Ortschaft. Bisweilen sind darunter aber wahrscheinlich nur kleinere Ansammlungen von Häusern zu verstehen (z. B. *adm* 94,430 und 103,472). Dagegen bezeichnen *burgus*, *castellum*, *castrum*, *municipium* befestigte Orte: *castrum* in der Regel eine Burg (zu der manchmal eine *villa* gehört) und nur in Einzelfällen einen befestigten Ort (z. B. *adm* 151,642). Beispielhaft für Sugers variable Verwendung sind die Bezeichnungen für den Ort Saint-Denis, der sowohl *burgus* (*ord* 19,100), *castellum* (*adm* 2,26), *castrum* (*adm* 3,29) als auch *villa* (*adm* 11,63 und 55,242) genannt wird. – Siehe auch den Sammelartikel „Grundherrschaft": *curia – curtis – curticula*.

5) Einkünfte und Abgaben

campipars
Belegstellen: *adm* 19,99; 63,280.
censuales
Belegstelle: *adm* 87,395.
census
Belegstellen: *ord* 9,45; 13,58,62; 19,84.
cons 44,264.
adm 6,43; 8,55; 9,59; 10,62; 21,108; 31,147; 41,186; 43,190; 47,200; 48,204,208; 59,258,259; 63,279; 87,396; 104,476; 144,612,614; 157,687.
decima(e)
Belegstellen: *ord* 12,54; 32,172.
adm 19,101; 45,192,194; 87,395; 104,474sq.; 154,667,669.
pedagi(c)um
Belegstelle: *adm* 7,48.
procurationes
Belegstellen: *adm* 100,459; 101,463.
tallia(e)
Belegstellen: *adm* 18,90sq.; 21,109; 54,228; 56,246; 65,290; 72,323; 77,353; 144,613.
theloneum (garantie)
Belegstellen: *adm* 3,30; 8,58.

Mit der grundherrschaftlichen Organisation des mittelalterlichen (geistlichen wie weltlichen) Grundbesitzes waren zugleich verschiedene wirtschaftliche Rechte des Grundherren auf Dienste, Abgaben und „Gebühren" (bei Suger als *procurationes* bzw. *talliae* bezeichnet) der Grundholden verbunden. Hierbei ist grundsätzlich zu unterscheiden zwischen den vor allem im frühen Mittelalter bevorzugt geleisteten Naturalabgaben und der in der Regel jüngeren, seit dem 11./12. Jahrhundert sich verstärkt durchsetzenden Form der Geldleistungen.

Mit dem Begriff *census* wurden im Mittelalter verschiedene Abgaben und „Gebühren" bezeichnet, darunter auch der sog. Darlehenszins, mit dem heute allgemein der deutsche Ausdruck „Zins" verbunden wird. Sugers Ausführungen hingegen beziehen sich im allgemeinen offenbar auf den von den Zinspflichtigen *(censuales)* zu leistenden sog. „Grundzins" (*census, census de rure, landsculdi* etc.) als eine „für das grundherrlich–bäuerliche Rechtsverhältnis besonders charakteristische Abgabe" (H. K. Schulze, Grundstrukturen der Verfassung im Mittelalter, vol. 1, Stuttgart e. a. ^{3}1995, p. 149). Der sog. „Grundzins" war das „Entgelt für die Nutzung von Grund und Boden, das generell, aber in unterschiedlicher Höhe gefordert wurde. Die Leistung erfolgte überwiegend in Form von Getreide oder Geld, zum kleineren Teil in Vieh, Geflügel und Eiern" (H. K. Schulze [^{3}1995], p. 149).

Zum Begriff des *census* und seinen vielfältigen Bedeutungen siehe allgemein auch: P. Leisching, Artikel 'Census', in: LexMA II (1983), coll. 1616sq. – Du Cange, Glossarium mediae et infimae Latinitatis. Editio Nova a Leopold Favre, vol. 2, Graz 1954 (ND der Ausgabe 1883–1887), pp. 257–260.

Der Ausdruck *decima(e)* (Zehnt) bezeichnet eine Ertragsquote in Höhe des zehnten Teiles an Ernteerträgen – bei Getreide („großer Zehnt"), Obst und Gemüse („kleiner Zehnt") – bzw. bei Schlachtvieh („Fleisch- oder Blutzehnt"). Als eine Abgabe kirchenrechtlichen Ursprungs sollte der Zehnt im Prinzip kirchlichen Zwecken dienen; durch die Bemühungen namentlich der geistlichen (aber auch der weltlichen) Grundherren, die Zehntrechte für ihren grundherrlichen Besitz zu erwerben, ergaben sich jedoch im Laufe der Zeit enge Verbindungen zwischen Grundherrschaft und Zehntherrschaft. Zu den Naturalrenten gehörte schließlich der sog. *campipars*, der einen prozentualen Fruchtanteil bezeichnet; nähere Angaben über die Höhe dieses „Fruchtanteils" allerdings fehlen bei Suger.

Weitere Einnahmen erwuchsen dem Grundherrn darüber hinaus aus verschiedenen Rechtstiteln wie z. B. den bei Suger allerdings nur vereinzelt erwähnten Zollprivilegien (bzw. Zöllen: *t[h]eloneum* als ein im hohen Mittelalter allgemein geläufiger Sammelbegriff, der allerdings je nach Inhalt eine zusätzliche Spezifizierung erfahren konnte). Durchaus bemerkenswert, da im zeitgenössischen administrativ-ökonomischen Schriftgut als Beleg weitgehend singulär, ist in diesem Zusammenhang die Nennung eines *theloneum garantie* (Krappzoll) in *adm* 8,58: Erhoben wurde diese Abgabe auf den sog. „Krapp" (*garantia*, *garentia*, *warantia*, *warentia*: Färberröte), ein aus dem Mittelmeerraum stammendes Rötegewächs, das erst seit dem 12. Jahrhundert – zunächst im niederländischen Seeland – intensiver angebaut wurde; aus den roten Wurzeln dieser Pflanze wurde ein Farbstoff gewonnen, der im Mittelalter zur Rot- und Gelbfärbung von Textilien verwendet wurde.

Der Begriff *pedagium* (bei Suger: *pedagicum)* leitet sich von dem lateinischen Begriff für „Fuß" = pedes ab und bezeichnet eine Abgabe vom „Beschreiten der Straße durch Mensch und Tier" (O. Stolz, Zur Entwicklungsgeschichte des Zollwesens innerhalb des alten Deutschen Reiches, in: VSWG 41 [1954], pp. 1–41, hier p. 6). Über diese Bedeutung als „Wegegeld" hinaus konnte der Ausdruck *pedagium* jedoch allgemein auch einen Passierzoll bezeichnen (zu Lande und zu Wasser), der sowohl auf die reisenden Personen selbst wie auf die von diesen mitgeführten Transportmittel erhoben wurde.

Siehe zu diesem Begriff (allerdings bezogen auf die Verhältnisse des frühmittelalterlichen fränkischen Reiches): H. Adam, Das Zollwesen im fränkischen Reich und das spätkarolingische Wirtschaftsleben. Ein Überblick über

Zoll, Handel und Verkehr im 9. Jahrhundert (VSWG Beihefte 126), Stuttgart 1996, p. 56. – Daneben allgemein: G. Despy, Les tarifs de tonlieux (Typologie des sources du moyen âge occidental 19), Turnhout 1976. – E. Pitz, Artikel 'Zoll' (I. Mittel- und Westeuropa), in: LexMA IX (1998), coll. 666–669. – A. Eichstaedt, Artikel 'Zoll', in: HRG V (1998), coll. 1753–1757.

6) Münzwesen

denarius

Belegstellen:	*adm*	3,34; 15,79; 40,183; 48,208; 91,411.

libra

Belegstellen:	*ord*	19,82; 28,148; 34,188; 42,236,240; 44,243.
	cons	44,263; 54,329,333; 56,336.
	adm	4,34,38; 5,42; 6,44sq.; 7,49; 9,59; 11,66; 13,71; 15,80; 17,85,87; 18,96; 31,149; 40,183; 41,187; 43,189; 48,205; 49,212; 69,309,310; 73,332sq.; 74,336; 87,399; 91,411,414; 98,452; 102,466; 103,471; 107,491; 144,614; 156,685; 157,687; 159,694; 188,851; 208,944.

marca

Belegstellen:	*adm*	3,33; 94,432; 156,684; 193,867; 198,890; 210,948; 215,975; 277,1228.

solidus

Belegstellen:	*ord*	5,24,30sq.; 6,34sq.; 9,46; 12,54; 13,59; 29,152.
	cons	72,443.
	adm	3,30; 4,35sq.; 5,42; 8,54,56; 9,59,62; 15,80; 16,82; 37,174; 40,183; 43,190; 44,191; 46,197; 47,200; 49,213; 56,245,247; 104,476; 143,611; 144,612; 146,625.

Grundsätzlich ist im Hinblick auf die von Suger verwendeten Begriffe des Geld- und Münzwesens zu unterscheiden zwischen dem sog. Zählgeld (tatsächlich geprägte Münzen) und dem – hier weitaus häufiger berücksichtigten – sog. Rechengeld, d. h. größeren Geldeinheiten, die nur als Berechnungsgrundlage dienten und tatsächlich nicht ausgeprägt wurden. Hierzu gehörten bis weit in das 13. und 14. Jahrhundert hinein die Werte der Mark (Gold und Silber) *(marca)*, des Pfundes *(libra)* und des Schillings *(solidus)*: einer Mark entsprachen (in der Regel, mit regionalen Abweichungen) zwei Pfund, einem Pfund zwanzig Schillinge (jeweils auf der Grundlage von Gewichtseinheiten). Tatsächlich geprägt wurde im frühen und hohen Mittelalter im wesentlichen nur eine Münze, der Pfennig *(denarius)*: 12 Pfennige *(denarii)* entsprachen hier der nächst höheren Rechnungseinheit eines Schillings *(solidus)*. Der Begriff *denarius* trägt bei Suger jedoch nur die Bedeutung „Münzgeld".

7) *claustrum* und andere Klostergebäude

capitulum
Belegstellen: *ord* 24,109.
adm 164,722.

claustrum
Belegstellen: *ord* 37,208.
cons 93,572.
adm 132,583.

domus hospitalis
Belegstelle: *adm* 57,241.

domus infirmorum
Belegstelle: *ord* 18,79.

dormitorium
Belegstelle: *adm* 132,584.

officina
Belegstelle: *adm* 132,584.

refectorium
Belegstellen: *ord* 18,80; 24,110; 27,145.
adm 14,76; 132,583; 143,611.

Claustrum bezeichnet allgemein die Klausur, im besonderen wohl auch den Kreuzgang im Ganzen, für den auch in anderen Quellen des 12. Jahrhunderts keine einheitliche Benennung zu finden ist. Der Gang selbst heißt *porticus* oder *ambitus*. In *adm* 134,583sq. erwähnt Suger: „*claustrum, refectorium, dormitorium ceterasque officinas regulares extruximus*". Mit dem Begriff *claustrum* ist hier wahrscheinlich der Kreuzgang gemeint (ebenso wie in *ord* 37,208), während *cons* 93,572 eher allgemein auf die Klausur verweist. Zur Klausur gehören das *dormitorium* als Schlafraum, das *refectorium* als Speiseraum sowie die übrigen Räumlichkeiten, die zusammenfassend mit dem Ausdruck „*officinae*" (keineswegs nur im engeren Sinne von „Werkstätten") belegt werden. Einer entsprechenden Begrifflichkeit bedienen sich darüber hinaus beispielsweise auch die Bestimmungen einer 826 unter Papst Eugen II. abgehaltenen Synode, hier allerdings nicht in einem genuin klösterlichen Kontext, sondern im Hinblick auf eine gemeinsame Lebensweise des Kathedralklerus: „*Itaque omnibus unum sit refectorium ac dormitorium seu ceterae officinae ad usus clericorum necessariae*" (MGH Conc. II,2, p. 570, 18B–20B [c. VII]). – Das mehrfach genannte *capitulum* ist zumeist als Beschluß oder Versammlung der Mönche zu verstehen. In *ord* 24,109 und *adm* 164,722 werden *capitulum* und *monasterium* bzw. *ecclesia* parallel genannt; aber auch hier ist nicht klar, ob der Versammlungsraum (Kapitelsaal) oder die Versammlung selbst gemeint ist.

8) *artifex* und andere Handwerker

Belegstellen:

artifex	*cons*	34,198.	
	adm	203,922; 218,988; 256,1137.	
aurifaber	*cons*	59,367.	
	adm	211,953; 249,1111; 274,1211; 278,1232.	
caementarius	*cons*	17,129.	
caesor molarum	*cons*	22,156.	(siehe Einzelbegriff)
carpentarius	*cons*	36,207.	(siehe Einzelbegriff)
fusor	*adm*	170,757.	(siehe Einzelbegriff)
lathomus	*cons*	17,129.	
magister	*adm*	263,1174; 274,1210.	
operarius	*cons*	17,129; 26,174; 57,342.	
	adm	188,849.	
pictor	*adm*	162,708.	
politor	*adm*	285,1257.	
sculptor	*cons*	17,129.	(siehe Einzelbegriff)
	adm	170,757; 285,1257.	

Für die am Bau und dessen Ausschmückung beteiligten Handwerker verwendet Suger keine einheitlichen Fachbezeichnungen. Die zum Bau seiner Kirche beschaften Fachkräfte zählt er in *cons* 17,129 auf: „Eine große Menge geschickter Maurer, Steinmetze, Bildhauer und andere Arbeiter folgte" („*cementariorum, lathomorum, sculptorum et aliorum operariorum sollers succedebat frequentia*"). *Operarii* sind allgemein die Handwerker. In *cons* 57,342 betreibt er mit einer vielköpfigen Schar von Arbeitern *(operarii)* die Vollendung des Werks; in *adm* 188,849 werden die *operarii*, die die Fenster geschaffen haben, in *adm* 263,1174 und 274,1210 deren *magistri*, und in *cons* 26,174 die *operarii* im Steinbruch erwähnt. *Operatores* sind in *cons* 31,189 allgemein die Arbeitenden. Den Begriff *artifex* verwendet Suger in *adm* 203,218 und 256,1137 für Goldschmiede in Bezug auf das Altarkreuz und das Antependium. In *cons* 34,198 fragt Suger Pariser Holzhandwerker *(artifices lignorum)*, wie Balken für seine Kirche aufzufinden seien. In *cons* 36,207 geht er mit den *carpentarii* in den Wald, um die Bäume fällen zu lassen. Die in *cons* 17,129 genannten *cementarii* und *lathomi* sind die Maurer und Steinmetzen (G. Binding, Baubetrieb im Mittelalter, Darmstadt 1993, pp. 285–290). Die *sculptores* sind für Ausstattungsstücke zuständig: in *adm* 285,1257 wird ein Gefäß aus Porphyr erwähnt, „das von der Hand eines Steinmetzen und eines Schleifers *(sculptoris et politoris manu)* in bewundernswerter Weise angefertigt war" (*politi lapides*, also geglättete Steine, waren in die vergoldeten Kupfertafeln der Schreine eingefügt, *adm* 199,893). In *adm* 259,1154 wird die außerordentlich feine Schnitzerei *(sculptura)* von

Elfenbeintafeln gepriesen. Für die gegossenen und vergoldeten Türen waren nach *adm* 170,757 Gießer *(fusores)* herbeigerufen und Modelleure *(sculptores)* ausgewählt worden. Über ihre Funktion informiert Hans Drescher aufgrund seiner subtilen Beobachtungen an den Portalen (um 1015) und der Säule des Bischofs Bernward in Hildesheim (in: Bernward von Hildesheim und das Zeitalter der Ottonen. Ausstellungskatalog Hildesheim 1993, vol. 1, pp. 337–351). Mehrfach werden Goldschmiede *(aurifabri)* erwähnt. Schließlich nennt Suger in *cons* 22,156 den Verfertiger von Mühlsteinen *cesor molarum*. Wandmalereien stellen *pictores* her (*adm* 162,708), die aus verschiedenen Gegenden herbeigeholt wurden. – Siehe T. Erb, Die Handwerkerbezeichnungen im Mittellatein (Linguistische Studien Reihe A, Arbeitsberichte 46), Berlin 1978. – Cf. auch *Vita Sugerii* (Anhang, p. 394, 98–101).

Lateinischer Wortindex

Index verborum

U

Index nominum et locorum

Register

Ortsregister

Personenregister

Karten

1 Lukas
2 Georg, Gauburga
3 Barnabas
4 Sixtus, Felicissimus, Agapitus
5 Maria
6 Christophorus
7 Stephanus
8 Edmund
9 Benedikt
10 Brunnen
11 Ringstollenconfessio mit den urspr. Gräbern der hl. Dionysius, Eleutherius und Rusticus

Abb. 1: Rekonstruierter Grundriß der Krypta zur Zeit Sugers
(nach J. Formigé)

1 Obergeschoß: Romanus (Michael, Maria)
2 Hippolyt (Laurentius, Sixtus, Felicissimus, Agpitus)
3 Grablege Pippins
4 Bartholomäus (Nikolaus)
5 Ambo
6 Vergoldetes Adlerpult
7 Matutinalaltar (Trinitätsaltar)
8 Großes Kreuz beim Grab Karls des Kahlen
9 Grab Karls des Kahlen
10 Nordportal → Friedhof
11 Südportal → Kreuzgang und Kloster
12 *inter duo altaria*
13 Hauptaltar (Salvatoraltar)
14 Goldener Kruzifix
15 Altar mit den Reliquienschreinen des hl. Dionysius und seiner Gefährten
16 Innozenz und Mauritius
17 Osmana
18 Eustachius
19 Peregrinus
20 Maria
21 Cucuphas
22 Eugen
23 Hilarius
24 Johannes der Täufer und Johannes der Evangelist

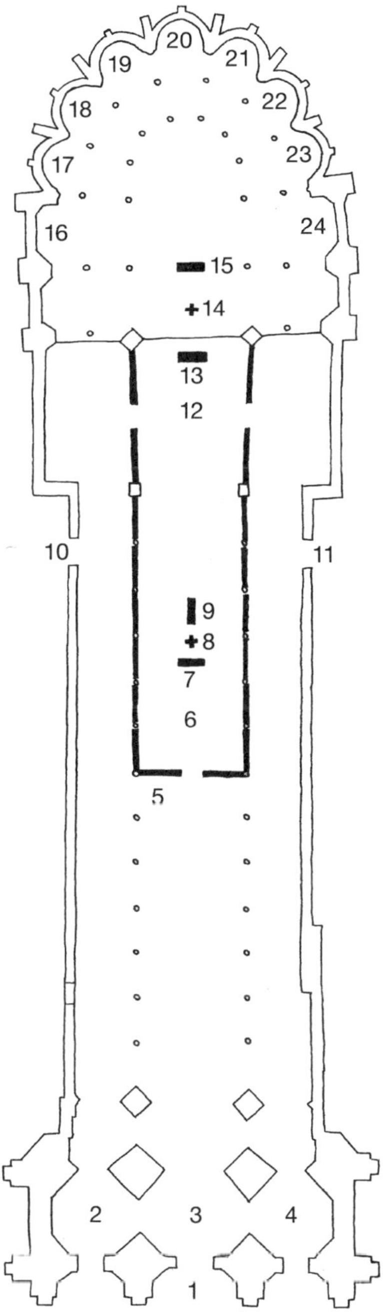

Abb. 2: Rekonstruierter Grundriß der Abteikirche zur Zeit Sugers (nach M. Wyss)

Abb. 3: Saint-Denis und weitere Umgebung
(nach L. Grant)

Tournai
Cambrai
Lothringen
Trier
Noyon
Laon
Soissons
Reims
Châlons-
sur-Marne
(Klein-)
Blittersdorf
Kochlingen
Metz
Zellen
Salonnes
Troyes
Clair-
vaux
Sens
Beaune-la-Rolande
Auxerre
Vézelay
Cîteaux
Bourges
Burgund
Cluny

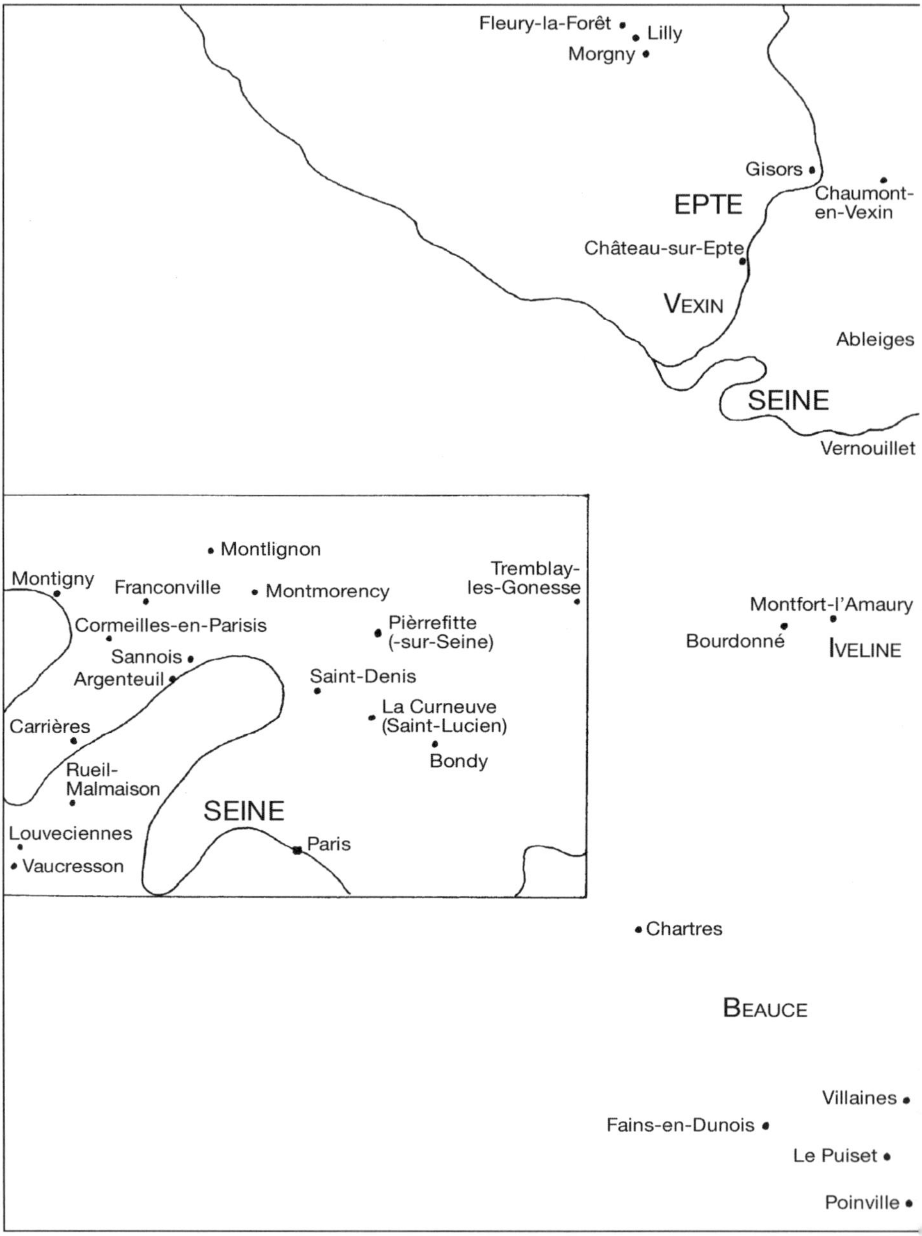

Abb. 4: Saint-Denis und engere Umgebung
(nach L. Grant)

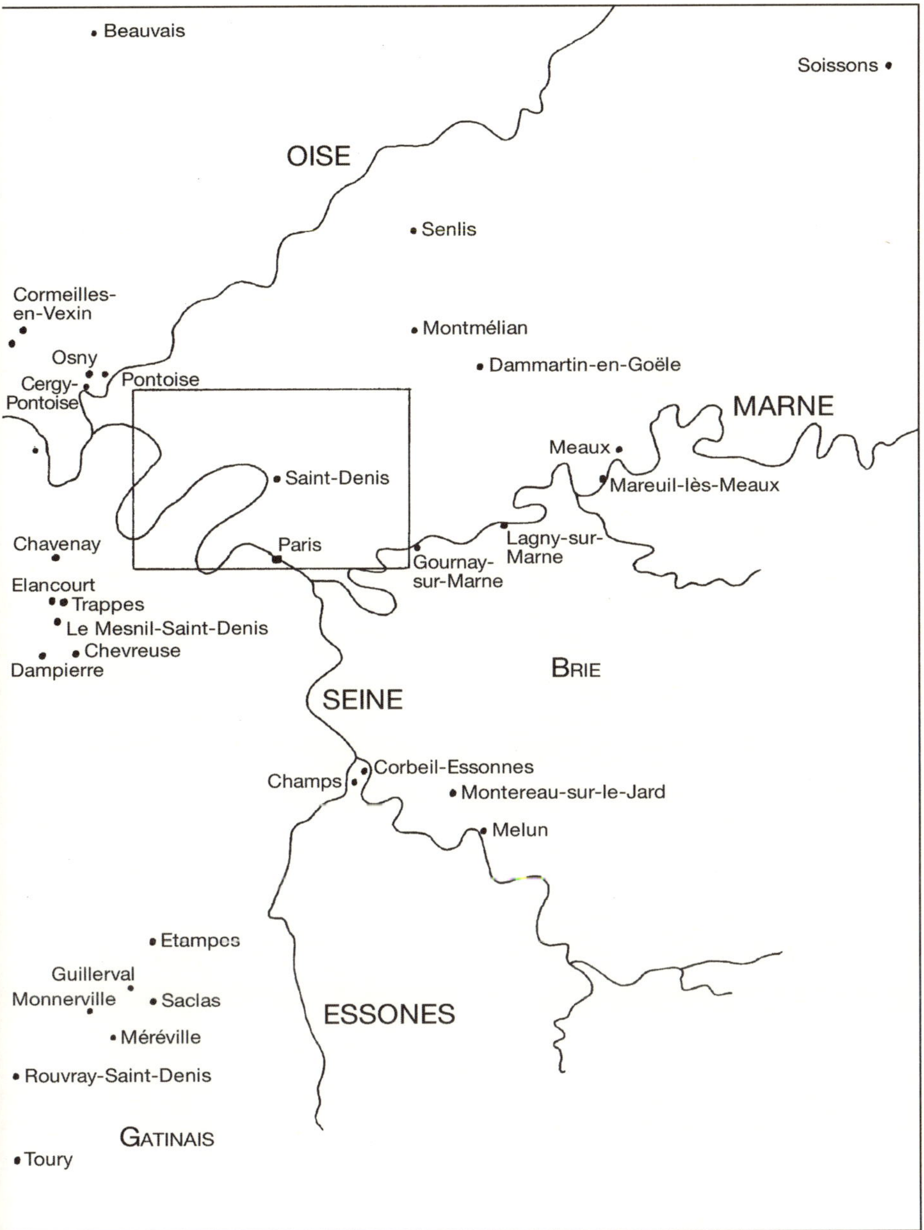

Beauvais
Soissons
OISE
Senlis
Cormeilles-
en-Vexin
Montmélian
Dammartin-en-Goële
Osny
Cergy-
Pontoise
Pontoise
MARNE
Meaux
Mareuil-lès-Meaux
Saint-Denis
Chavenay
Paris
Lagny-sur-
Marne
Gournay-
sur-Marne
Elancourt
Trappes
Le Mesnil-Saint-Denis
Chevreuse
Dampierre
BRIE
SEINE
Corbeil-Essonnes
Champs
Montereau-sur-le-Jard
Melun
Etampes
Guillerval
Monnerville
Saclas
ESSONES
Méréville
Rouvray-Saint-Denis
GATINAIS
Toury